城镇化与古村落保护论文集

城镇化与古村落保护论文集

中国文物学会古村镇专业委员会
广西壮族自治区文物局
编

谢日万　张囤生　主编

文物出版社

图书在版编目（CIP）数据

城镇化与古村落保护论文集 / 中国文物学会古村镇专业委员会，广西壮族自治区文物局编. —北京：文物出版社，2015.12
ISBN 978-7-5010-4433-7

Ⅰ.①城… Ⅱ.①中…②广… Ⅲ.①城市化—中国—文集②村落—保护—中国—文集 Ⅳ.①F299.21-53②K928.5-53

中国版本图书馆CIP数据核字（2015）第263416号

城镇化与古村落保护论文集

编　　者　中国文物学会古村镇专业委员会
　　　　　广西壮族自治区文物局

责任编辑　段书安
装帧设计　李　红
责任印制　陈　杰
责任校对　孙　雷

出版发行　文物出版社
地　　址　北京市东直门内北小街2号楼
邮　　编　100007
网　　址　http: //www.wenwu.com
邮　　箱　web@wenwu.com
经　　销　新华书店
印　　刷　北京盛天行健艺术印刷有限公司
开　　本　889×1194　1/16
印　　张　30.5
版　　次　2015年12月第1版
印　　次　2015年12月第1次印刷
书　　号　ISBN 978-7-5010-4433-7
定　　价　460.00元

《城镇化与古村落保护论文集》编委会

目 录

序

2013年12月12日，中央城镇化工作会议召开，强调了国家在推进城镇化过程中，要注意加强文化遗产的保护。2014年4月30日，住建部、文化部、国家文物局、财政部联合召开加强传统村落保护工作电视电话会议，并出台《关于切实加强中国传统村落保护的指导意见》。2014年5月8日，国家文物局召开会议，重点推进270个全国重点文物保护单位和省级文物保护单位集中成片传统村落保护利用工程。在这国家层面紧锣密鼓一步紧似一步的大力推动下，中国传统村落的保护利用工作面临前所未有的好形势。在这一背景下，2014年9月20日，由中国文物学会古村镇专业委员会、广西壮族自治区文化厅主办的《城镇化与古村落保护研讨班》，在广西龙胜各族自治县举办。

近百名来自全国各地文物局、博物馆、科研单位的专家、学者，就城镇化进程中不同类型的古村落保护利用的目标、机制、模式、方法和策略等问题进行了深入的探讨，有的还具体涉及到古村镇文化创意产业、旅游规划设计、非物质文化遗产传承以及台湾古村落的保护发展。特别值得称道的是，作为研讨班文件《中国历史文化名镇名村保护和整治导则》的发放。涉及到古村落保护利用方方面面的细化导则，是原福建省文物局郑国珍局长多年心血的结晶，他的现场精彩讲解为这个研讨班增色许多。研讨班征集到相关论文一百多篇，在广西壮族自治区文化厅大力支持下，由自治区文物局和中国文物学会古村镇专业委员会主持，甄选优秀文章予以编辑出版 。

目前，住建部会同文化部等四部门，公布列入名录的中国传统村落2555个，从2014年开始到2016年，中央财政将按平均每村300万的标准，提供共11亿补助资金。国家文物局国保省保集中成片传统村落保护利用工程，首批51个保护修缮工程和环境整治项目全面铺开。第二批也已启动。我们在广西龙胜的研讨班一结束，很多代表即转赴福建，参加国家文物局召开的传统村落保护利用工作现场会。据悉，首批启动的51个传统村落，均已编制完成了《传统村落保护发展规划》，正在分步有序地推动文物修缮、消防、环境整治和基础设施项目。据称，试点传统村落在进行保护实践的同时，也参考了诸多国外案例。这很令人高兴。近些年，本人踏足海外尤其是欧洲一些地方，在城镇，在乡间，发现总体面貌百年不变，几百年的房舍随处可见。在德国莱茵河畔一个小镇上，建于1198年的旅馆仍在营业；在法国西北部的一座小城，700多年前的宾馆依旧矗立，且灯火辉煌。异国他处，无论是理念还是实践，的确有许多方面值得我们学习。

中国文物学会古村镇专业委员会，2013年5月成立。生逢其时，正赶上国家在推进城镇化过程中，全力加强传统村落的保护工作的好形势。我们积极投身其中。这些年来，我国传统村落数量锐减的趋势得到控制并获得有效的保护，站在一个社团组织的角度，深受鼓舞，也深感慰藉！利好形势，在发达地区，尤其是长三角和珠三角效果较为明显。在一些偏远地区，我们看到的景象，还是不尽人意。

这些地方，还要在做好充分准备的基础上，加快步伐，加大力度。四川泸县新溪古镇，距泸州市17公里，长江之畔，始建于明正德年间（1506—1521）。曾为重要的漕运码头，繁华一时，街上遍布茶铺、客栈、饭馆、脚行。后由于公路的发达，交通中心转至兆雅，新溪逐渐少人问津。我因与泸县文物部门一二十年的交往，先后数次抵新溪，目睹了古镇的衰落。现如今，除600米青石板老路依旧外，大部分房屋均破旧不堪，有的因长久无人居住，已是危房。新溪已列入中国传统村落名录，可获得中央几百万的补助资金。毫无疑问，要整修好古镇，这笔钱远远不够。即便最后当地政府钱筹够了，新溪按规划整治好了，又有多少年轻人愿意回来呢？2014年4月，曾造访广西壮族自治区钟山县，这里处于古代内地到南越的通道上，多汉族聚居区，散落不少规划讲究、内涵丰富的传统村落。龙道村，初建于宋，现主体建筑清道咸时期，高墙深院，错落有致，院院相通。浮雕对联许多，少有绘画。很多房屋处于快要散架状态，破败，危殆！基本无人居住，大多户人家在村外建起了新房舍。面对这种状况，县文管所陈所长一路感叹：怎么办？怎么办？怎么办？龙道村也已列入中国传统村落名录，中央财政补贴的几百万恐已到手，但能修好几栋房子？同四川泸县的新溪古镇一样，如最后经费凑足，龙道村整治完好，已移驻村外的百姓会搬回来吗？我一度曾想，这些地方如盼望一个好的前景，一定要发展旅游业。新溪古镇距泸州机场不远，且有高速路直达成都和重庆，车程都在二三小时之内；从桂林到钟山再到龙道等传统村落也很便利，且沿途风光旖旎。旅游业开展起来，肯定促进当地各方面的发展。但旅游开发过度，又会对传统村落的保护造成危害。保护是我们必须担当的历史责任，但采取何种途径，如何使之能够更好地适应当下和未来的社会发展形势，也不得不深思熟虑。

承载历史文化信息的传统村落，属文化遗产保护不可或缺的部分。客观地讲，中国城镇化的进程可以更早，有关的各项政策跟进可以更快，这样就能避免中国传统村落很多不必要的损失。当前，中国传统村落的保护和利用，虽然形势不错，但仍面临种种困难。首要的还是经费，中央和地方双管齐下，总能够逐步解决。古村古镇空心化以及旅游过度开发的现象，不得不面对，应该予以特别的重视。在做好古村古镇保护规划的基础上，也要做好适当的活化利用规划，这是需要在实践中探讨并尽早解决的重要问题。

张囤生

中国文物学会副会长

中国文物学会古村镇专业委员会会长

历史文化名镇名村的保护、传承与发展

◎ 郑国珍

在我国漫长的以农耕文明为主体的传统社会里，90% 的人们劳动生息在村里乡间，久而久之，村落成了地缘性、血缘性先民的聚居地，集镇演进为城乡交汇、乡里交流的区域中心。由村镇构成的庞大自然社会形态，成为传统中国社会结构的主体和劳动人民展现生存与发展智慧、安身立命并创造色彩斑斓之独特文化的纽带。而历史文化名镇名村作为各地村镇中文化遗产最为集中、同时也是最显唯一性、真实性、完整性的展示与演绎场所，诚然应该成为当前文化遗产保护、传承与合理运用中需要全社会特别关注的重点。

《中华人民共和国文物法》第十四条就规定："历史文化保存文物特别丰富并且具有重大历史价值或者革命纪念意义的城镇、街道、村庄，由省、自治区、直辖市人民政府核定公布为历史文化街区、村镇，并报国务院备案。"明确提出了区别于自然村镇属性的"历史文化村镇"概念，并以法律条文确定了其在我国文化遗产保护体系中的地位。2003 年，建设部和国家文物局公布了中国历史文化名村、名镇评选方法，随后产生我国第一批历史文化名村、名镇名单，标志着"历史文化名村""历史文化名镇"两个概念及其内涵、评选标准和保护制度正式建立。2008 年国务院第 524 号令公布《历史文化名城名镇名村保护条例》，规定"历史文化名城、名镇、名村的申报、批准、规划、保护适用本条例"，显示了保护监督管理工作日趋规范化。2012 年 12 月住房城乡建设部、文化部、财政部联合发出的《关于加强传统村落保护发展工作的指导意见》，2014 年 4 月住房城乡建设部 文化部 国家文物局 财政部联合发出的《关于切实加强中国传统村落保护的指导意见》及随附的《地级市传统村落保护整体实施方案编制要求》，将保护的对象扩展到"传统村落"的定义范畴，强调了对"传统村落"保护的具体要求和相应必须采取的措施。

福建历史文化名镇名村保护工作起步较早，在全国尚未开展中国历史文化名村名镇评选之前，福建省人民政府即根据《中华人民共和国文物法》第十四条规定于 1999 年 5 月、2003 年 1 月率先公布两批福建省历史文化名镇名村；嗣后，又于 2007 年公布第三批、2012 年 1 月公布第四批，走在了全国前列。在建设部与国家文物局于 2003 年、2005 年、2007 年、2008 年、2010 年、2014 年联合公布的前后六批共 528 个中国历史文化名镇名村中，福建省以 13 镇、29 村入选，占全国核定公布总数的近 8%，名列前茅。2012 年 12 月，在住房和城乡建设部、文化部、财政部三部委联合公布的第一批 28 个省共 646 个中国传统村落名录中，福建省有 48 个传统村落入选，在总数上与山西省并列第三位。

据冯骥才先生披露的资料："自 2000 年至 2010 年，我国自然村落由 363 万个锐减到 271 万个"，平均每年少 9 万个！"其中不乏历史创造、文化景观、农耕时代见证的乡土建筑"。住房和城乡建设部村镇建设司赵晖司长表示，如今全国"有较高保护价值的村落已不足 5 千个"。依 2030 年中国城镇化率将从 2012 年的 52.5% 增加到 65% 左右，意味着还会有 3 亿农村人口进入城镇工作生活，自然村落锐减的压力诚然不容乐观！颇有价值的历史文化村镇正日益失于保护而濒临损毁，福建亦不例外，的确非常迫切需要社会各界"施以援手"。

一　福建历史文化名镇名村的多样性

福建境内历史文化名镇名村形成的主导因素，大体可以归纳为四类：一是与农耕生活相应的，由人口的自然集聚而形成的传统聚落村镇；二是由于位处某个时期的交通节点，导致辐射周边范围增大，形成的区域性交通枢纽、贸易墟市或集镇；三是基于政治或军事目的不断完善其各项相关功能，或为自卫而增强了典型性防御设施的据点、寨堡、卫所等，形成的聚居性村镇；四是在历史上因某类事件或某位人物，使其内涵及各方面特性获得提升，成为某项纪念性村镇。

将福建的历史文化名镇名村按其核心内涵进行区分，可归纳为传统聚落类（山地型、水岸型）、区域中心类（城镇型、集市型）、军事城堡类（卫所型、寨堡型）、纪念类（事件型、人物型）等八种形式。不同类型的历史文化村镇的遗存类型和数量有较大差别，主要体现为：

1. 传统聚落类历史文化名镇名村，以宅第民居为主，其他类型建筑数量较少。特别是单姓聚落，除了本姓祠堂及几处土地庙外，很少有其他公共建筑。这主要是由于这类传统聚落本身规模较小、历史上人口数量不多，经济模式和历史职能相对单一。

2. 区域中心类历史文化名镇名村，除了宅第民居外，店铺作坊等商业建筑、坛庙祠堂等公共建筑较多，时空布局多样化，聚落容纳性较强，承担着区域政治中心、经济中心、文化中心等众多职能，是众多家族势力、经济利益团体角逐的历史舞台。

3. 军事城堡类历史文化名镇名村，防御性突出，至今普遍都残留一段城墙或者仅存城墙遗址，城内街巷鱼骨状，建筑密集，功能分区明显，遗存类型比较多样。

4. 纪念类历史文化名镇名村，纪念性建筑往往位于中心位置，且表现出一定的排它性，村落的遗存类型相对单一些。

二　历史文化名镇名村的约束因素及其对策

对历史文化名镇名村的保护、传承与发展，到目前为止还尚未形成一套科学合理而又完整有效的方法。保护、传承与利用之所以陷入困境，往往是由于这些村镇的保护与发展手段贫乏，基本都是依靠单一的投入或微薄的旅游收益得以实行，而旅游带来的负面影响却不可小视。这主要表现为：

1. 由于旅游配套设施如餐馆、商铺等接踵而至，以及部分景观的随意复原建造，历史文化名镇名村最为重要的真实性正逐步丧失。

2. 由于村落建设普遍存在急功近利的短视行为，历史进程中幸存的颇具自身特色的传统风貌景观屡遭破坏，历史文化名镇名村最为重要的完整性受到严重蚕食。

3. 由城乡二元化结构带来的发展瓶颈依然存在，大量从历史文化名镇名村中获益的资金被投资主体截取他用，居住在历史文化名镇名村的高素质人群继续向城市转移，历史文化名镇名村可持续发展的助推力日益匮乏。

历史文化名镇名村作为客观的社会存在，其保存现状是自然力与社会力互为作用的共同结果。总体而言，自然力是破坏因子，其结果必然是村落形态的不断趋于劣化；社会力包括维护和破坏两种因子，是不确定的波动因素。就历史文化名镇名村传统风貌遭破坏的一面而言，交通闭塞、经济落后地区的自然力和社会力相对均衡，交通便捷、经济发达地区主要以社会力为主。从历史文化名镇名村的保护、传承角度考察，对历史文化名镇名村实施有效保护的约束因素，大致可以归纳为自然性、被动性、主动性几类。

1. 历史文化名镇名村中的古建筑，数量众多，类型多样，如何能够对它们实施持续的维护，始终是历史文化名镇名村保护的第一要务。然而，面对琳琅满目的古建筑，维修的报批手续，施工的传统技艺，相当繁缛，经常是修完一幢，紧跟着又有一大批接踵报修。经年累月的修缮与维护，无疑需要有相对稳定的资金与技术力量的支持。此外，针对古建筑的保护与利用，还存在着许多业界长期争执不休的原则性问题尚未得到明确的界定。其中，不仅有文物部门与规划部门在保护范围与建设控制地带划定上的不同意见，也有文物界与建筑界的“保护”与“利用”之争，以及文物维修“不改变文物原状”“整旧如旧”“可识别性”等原则之争，甚至维修材料、技术工艺与手法、材料配比之上的各式分歧等亦不少。凡此种种，都是目前尚未形成明确评判标准、并困扰着历史文化村镇各项保护手段的采纳以及保护过程的顺利进行。

2. 历史文化名镇名村中存在的各种改建、添建、拆建行为，究其原因，归根结底还是因为传统住宅条件与农民日益增长的居住要求之间的矛盾。农民的居住要求，最初源于家庭人口增长、组建新家庭的压力，人均居住空间过于狭小，生活设施不足，但更高层次的要求是因为基于经济条件改善，以及农民对“现代家居”环境的追求。从换位思考的角度考虑，农民的居住追求是时代的必然，是不能被抑制的，应有相应的解决矛盾方法，如可以依据建筑物保护等级的不同，采取改善传统住宅的居住条件或者寻求新的宅基地等，否则，肆意无序的扩建、改建、添建现象只会越发严重，不断蔓延，直接威胁历史文化名镇名村的生存。因此，一方面需要历史文化名镇名村的保护、传承者们转变观念，在不影响传统住宅真实性、完整性的基础上，积极探索局部的功能更新的途径与办法，以满足新时代农民的居住基本需求；另一方面，需要相应的实事求是的土地政策，为农民提供新的宅基地，或是通过产权置换的形式为农民提供免费的新宅基地，以便将历史文化名镇名村中具有保护价值的传统旧宅产权合理作价，收归或捐献给政府乃至集体所有，用于相应的社会需求。

3. 历史文化名镇名村需要发展，而发展的目标必然带来利益的产生。新的利益的生成前提，往往是因为引进了新的运营模式，或是有了新投资主体的强势介入。于是，就产生了新的有关利益分配的问题，这一矛盾，在已经有了收益的历史文化名镇名村之中可谓是屡见不鲜，从而也极大地影响到了历史文化名镇名村发展的前景预期。按照谁投入、谁收益的原则，投资主体或经营主体自然将占到收益的主要部分，而获得开发的属于村民集体或个人所有的资源主体往往收入甚微，由此就产生了投资主体、经营主体与资源主体之间的收益分成矛盾。在现行的二元社会经济体制下，既得利益集团在各种改革之中参与分配，都可以占有制度上的诸多收益，而“权利贫困”者们往往却只能承受这一利益分配的既成事实，历史文化名镇名村的治理危机也就由此而不断地滋生、蔓衍。即使在政府主导下可以让资源主体获得较大比例的收益，然而在历史文化名镇名村之中价值较高的部分往往都是体量庞大、装修精美或年代久远的祖屋、书院、祠堂、宫庙之类，这些建筑的产权有的很难界定，有的则产权人数众多，如何在资源主体之间进行合理的收益分配，仍然还是处于两难的境地。

4. 历史文化名镇名村的城镇化，既是人口由农村向城镇迁移聚集的过程，同时又表现为地域景观的变化、产业结构的转变、就业生活环境的变革，是人口、地域、社会经济组织形式和生产生活方式由传统的乡村型社会向现代城镇社会转化的过程，是一个国家或地区经济社会发展进步的主要反映和重要标志。历史文化名镇名村既是一种生活形态，亦是一种文化现象，总是处在不断长消与传承中，如果仅仅局限于要求保护某些特定年代的建筑与历史环境，往往会导致主观上的偏见，从而失去历史文化名镇名村固有的完整的传统形态。因此，对作为传统村落文化载体的历史建筑、遗迹和古树名木等，切不能因为害怕农民生活方式的变更造成文物古迹的破坏，而实施博物馆式的静态保护。对历史文化名镇名村而言，最需要提倡的，应该是农村传统生活方式在现代保护理念上的合理延续，而绝对不应该只是城市生活方式在这里的简单复制。

5. 历史文化名镇名村开展的新农村建设，是一项旨在缩小城乡两极分化并与农村人口分享国家发展成果的系统性工程，主要是通过政府在政策和经济上的扶持，改善传统村落面貌，提高农村居民的生活水平。但具体到分布地域广泛、形态各异、内涵丰富的历史文化名镇名村时，却往往遭遇无所适从的局面。最大的困惑，就是历史文化名镇名村保护过程中无所不在的“新”“旧”之争：历史风貌需要的是全面保护，还是建设“新”扬弃“旧”？是破“旧”立“新”，还是抑“新”护“旧”？在传统历史文化面前，历史文化名镇名村建设如果仅仅只局限于传统村落面貌的整治，显然无法破解传统村落历史文化保护与传承的困局，因此，寻求在历史文化保护前提下开展历史文化名镇名村的新农村建设之新思路，在现阶段就显得更加重要。

6. 历史文化名镇名村的“空壳化”现象日趋严重。我国正处在经济高速发展的阶段，以工业化和城镇化为主要手段的经济发展模式使城镇成为主要受益者，城镇与农村在社会、经济等各方面的两极分化现象日益明显。面对城镇在就业机会和收入方面的巨大吸引力，大量农村人口向城镇集聚，直接导致了农村人口特别是青壮年人口的减少，伴随出现传统村落物质的、精神的“空壳化”日益成为非常严重的社会问题。历史文化名镇名村与一般传统村落相比，由于受到历史文化保护和需求的各种限制，发展相对较之缓慢，在我国城市经济和城镇化水平不断提高的背景下，客观上存在着与城镇争夺人口、避免消亡的更大压力。

三　历史文化名镇名村保护传承与发展之道路

对历史文化名镇名村的保护性开发，应建立在对传统村落历史资源进行全面、深入的考古调查，并形成准确综合评价的基础上。每一处的历史文化名镇名村都需要在客观、全面登录的基础上予以区分、归纳，从中提炼出有利于传统村落原态历史与人文保护的发展路径。这一发展模式，可以是适度开发的观光旅游，但更多的应该是遵循着历史文化名镇名村原态衍生、演化的特色、延伸产业，以及原生态原住民的生活体验，而基于传统村落形态完整性保护的功能更新及生态修复，应当成为历史文化名镇名村保护、传承与发展的主要方向。

1. 适度灵活的土地政策。抓紧编制历史文化名镇名村土地利用规划和建设规划，科学合理安排历史文化名镇名村的建设用地和宅基地，根据区域资源条件修订历史文化名镇名村的宅基地使用标准，至关重要。在编制历史文化村镇的土地利用规划和乡村建设规划时，由于要充分考虑保护具有深厚历史文化沉淀的古街古巷、古树名木、古建遗迹以及传统村落内外环境风貌，对历史文化名镇名村内的宅基地，决不应当“复垦为耕地”，而是需要在历史文化名镇名村整理过程中合理规划，另辟新区或将新旧建筑相互融入整体规划之中，以最大限度地传承历史文化村镇原有的历史价值。在进行城镇化建设的进程中，尤其要跳出“先基建、后招商”和靠贱卖村落土地置换基础设施的老路，要在切实保护传统村落各项历史资源的基础上，严格实施历史文化名镇名村的完整保护与新区另辟，实行在增值中推进整合的发展思路。

2. 适度开发的建设原则。历史文化名镇名村的最大特点，就在于自身具有的历史风貌格局、传统建筑与生活气息，如果说一般的农村也许可以用几张图纸、几个式样、几种格调来进行大体一致的村庄建设的话，那么每个历史文化名镇名村都是能充分体现各自风范的不同建筑群体，以大拆大建、白纸画图、撤村并村的“大手笔”在这里绝对是不可取的。

历史文化名镇名村的底蕴越深，那么幸存的物质、非物质文化遗产就越多，保护、传承的方法可以多种多样，但是开发利用的手段却需要严格控制、谨慎实施。目前，我国财力还是相当有限，农村居民收入水平亦不高，尽管中央已经和正在采取一系列措施逐步增加财政向“三农”的投入，但短期内不可能有大量增加，历史文化名镇名村的发展主要还得立足于自身已有的基础，积极去谋求解决村镇发展中急需解决的紧迫问题，逐步改造并提升宜居指数，加大对“两水”（饮水和灌溉用水）、“三网”（电、路、通讯网）、“两气”（沼气、液化气）等带有政策性的基础设施的建设性投入，在有效保护历史文化名镇名村的基础上，引导并推行符合传统村镇传承、发展规律的适度开发。

3. 专项规划中的特色维护。历史文化名镇名村是最具民族与地方特色的传统村镇，在改善农村人居环境的同时，必须尽量保留原有村落格局、原有历史风貌、原有文化传承。一个历史文化名镇名村，若失去自身传统特色，就会很快蜕变成一个新型小城镇，也就吸引不了寻求特色产业的投资，以及追求传统原生态的城市游客来此消费。有关传统村落发展要素的科学提炼，是历史文化名镇名村保护发展规划的生命线，依次，相关的生产生活或纪念要素就可以在一个历史现象或几个阶段性发展现象的高度下得到凝聚与概括。每一个历史文化名镇名村，只有具备了真实的、完整的发生、发展的过往，那么她的鼎盛或遗留才会有血有肉、令人追思、流连忘返；也只有如此，我们的历史文化名镇名村保护发展规划才能达到透过现象、发现本质的深度，达到科学引导之目的。

4. 传统产业的培育与复兴。在现代社会环境下，历史文化名镇名村的发展前景是相当严峻的。除了已经较好地开展了传统特色旅游的历史文化名镇名村取得一定成效外，大部分的历史文化名镇名村还处在日渐衰败、无力维护的处境。究其原因，往往是曾经成就这些历史文化名镇名村发展繁荣的社会历史因素已经变化，有的甚至还转变为阻滞其发展的因素。诸如，曾经的军事重镇因其险峻而无人涉足、交通要衢因路网改变而商旅绝迹、桃花源式的田园村落因环境闭塞而乏人问津等。若能对这些历史文化名镇名村及其传统产业进行合理培育，提升相关的文化内涵与就业机会，引导合乎规律的历史文化名镇名村经济文化复兴，以期达到处于现实之中的发展前景。

对历史文化名镇名村而言，只有实施符合其自身发展规律的指导方针，依托传统产业资源挖掘新的发展机会，才有可能达到现代与历史的相互融合、相互依存。对饱含历史记忆的历史文化名镇名村进行保护，使传统产业重新焕发生机，努力促成这些凝聚着千百年发展优秀基因的文化家园之发展，造就更多人与自然和谐共处的原生态传统空间。

为了有效保护福建的历史文化名镇名村，维护其淳朴民风、民俗和节庆活动、文化艺术等历史传统的传承，确立每个历史文化名镇名村所根植的文化、风格和个性与形象基调，支持城镇化进程中对传统村落的可持续保护与合理利用，实现现代的人与传统的村落在集约、智能、生态、人文、适应中和谐发展，能够成为发展地方经济文化的新增长点，在福建省财政厅、福建省文化厅的大力支持下，福建省文物局、福建省考古博物馆学会（现更名为福建省文物考古博物馆学会）组织了包括福建博物院、厦门大学人文学院历史系、福建师范大学闽台区域研究中心以及文化文物、规划、环保、旅游等部门和历史文化名镇名村所在地的专业人员、学会会员，组成历史文化名镇名村调查研究课题组，对全省历史文化名镇名村开始了长达近十年的专题调查研究，并形成相应的调查报告，收入由福建省文物考古博物馆学会主编的《福建历史文化名镇名村丛书》。每一个历史文化名镇名村调查报告，主要包含以下两个方面的内容：一是传统村落的社会经济和历史人文内涵，具体包括传统村落的生态环境与地理位置、聚落成长与行政建置、市场网络与生计模式、人口发展与家庭婚姻、宗族发展与社会阶层、宗教信仰与仪式活动、年节行事与日常礼俗、民间故事与社区记忆等内容，这部分内容主要由厦门大学与福建师范大学等院校师生负责调查；二是传统村落的物质文化与建筑形制特点，具体包括传统村落的空间构成与聚落格局、民居建筑和宗祠、寺庙道观等各种公共建筑，以及桥梁、塔幢、牌坊等单体和小品建筑的勘察分析，这部分内容主要由福建博物院文保中心专业人员负责完成。此外，对古村落的环境保护与发展规划等，将由福建省文物考古博物馆学会视相关方面委托情况，另行组织有关专家进行编写。

我们希望，通过组织开展近十年之久的福建历史文化名镇名村的科学调查与结集成《福建历史文化名镇名村丛书》编辑出版，不仅能够使人们对福建历史文化名镇名村的历史文化与建筑景观有一个清晰的认识和了解，同时也为今后有效保护和合理利用历史文化名镇名村的物质文化和非物质文化遗产，构建和谐社会主义新农村，提供科学的依据与参考。

作者

郑国珍，中国文物学会副会长，福建省文物考古博物馆学会理事长。

新型城镇化过程中加强传统村落保护利用的对策思考

◎ 周乾松

在新型城镇化过程中切实加强我国传统村落保护利用，是贯彻落实党的十八大提出“建设优秀传统文化传承体系，弘扬中华优秀传统文化”的根本要求和重大文化工程。传统村落是我国农耕文明的精粹和中华民族的精神家园，蕴藏着丰厚的历史文化信息和自然生态景观资源。长期来，伴随着“农业现代化、乡村城镇化、郊区城市化和新农村建设、乡村旅游开发、城乡统筹发展”的多重挑战和冲击，传统村落不断遭受“建设性、开发性、旅游性”的破坏。目前，“千村一面、万村一貌”的“特色危机” 正成为共性问题；而且不少传统村落仍在遭受“持续性破坏”，甚者濒临消亡；加快抢救和保护刻不容缓。尤其在未来5年，我国新型城镇化将出现快速发展的趋势，在这特殊时期，切实加强“传统村落乡土建筑保护、非物质文化遗产抢救，自然环境生态资源保护”，显得更为紧迫，意蕴深远。这对于建设社会主义文化强国，增强国家文化软实力、提升国际影响竞争力，都具有重要的历史意义和现实价值。

一 我国传统村落的保护价值与现状问题

（一） 我国传统村落具有文化与自然遗产的多元价值

我国传统村落是各民族千百年留下的宝贵遗产。中华民族历史便是从村庄聚落发展起来的，不同民族在不同自然环境中，形成不同特色的自然村落形态，文化传统丰富多样。中华优秀传统文化最深远绵长的根脉就在传统村落，大量重要的历史人物和历史事件，都跟传统村落有密切关系，甚至是发源地。几千年来，各民族都选择在良好自然环境的聚落村庄里繁衍生息、生产、生活，不仅建造了大量传统民居、文物古迹等物质文化遗产，而且积累了各种乡土文化、传统民俗等非物质文化遗产；精致巧妙地保存了中华民族世世代代积累的生存智慧、生活理想与生生不息的生命轨迹。

中华优秀传统文化的根基在农村每一个传统村落体现着当地的传统文化建筑艺术和村镇空间格局，反映着村落与周边自然环境的和谐关系，都是活着的文化与自然遗产，体现了一种人与自然和谐相处的文化精髓和空间记忆，是具有不可再生、潜在利用价值的重要旅游资源。

传统村落是我国文化遗产信息量最大的最后一块阵地。它既有独特的历史价值、文化价值；又有科学“史考”的见证价值、研究价值，“史鉴”的学术价值、教育价值，“史貌”的审美价值、欣赏价值；还有发展旅游的经济价值；更重要的是具有中华民族的独特精神价值。可以说，传统村落是我国乡村历史、文化、自然遗产的“活化石”和“博物馆”，可称之为中华民族的根脉、“人类与自然结合的共同作品”和“东方文化的精神家园”。

（二）我国传统村落保护现状不容乐观，加强保护刻不容缓

长期以来，伴随着“农业现代化、乡村城镇化、郊区城市化、新农村建设”的多重挑战和冲击，传统村落不断遭受“建设性、开发性、旅游性”破坏现象较为普遍，尤其是近年来传统村落大量消失。目前，“千村一面、万村一貌”的“特色危机”已成为共性问题。相关调查数据表明，“我国在2000年拥有363万个自然村，但到2010年只有271万个，10年共消失90万个自然村，可见自然村落消亡之势不可阻挡。2012年，全国传统村落调查汇总的数字表明，我国现存村庄又缩减为230万个”，2年多时间消失了41万个，令人触目惊心。而且这些消失的村落中有多少具有文化保护价值的传统村落，则无人知晓，也无法知道，因为从没有任何部门、机构或个人做过这个调查。因此本课题认为，我国传统村落保护不容乐观，正处于“生死存亡”的关头。许多传统村落仍在遭受“持续性破坏”，消失速度正在加剧；大量乡土建筑年久失修，满目疮痍；各种新式建筑频频出现，与传统风貌格格不入；不少传统村落的过度开发，很多不恰当的仿古，使传统村落不伦不类；许多文化和自然遗产仍在遭受各种各样的破坏，最重要的民族、民间、民俗文化正在加速消逝，中华优秀传统文化面临传承危机。正如民俗学家冯骥才痛惜地说：“很多古村落就是本厚厚的古书，只是很多还来不及翻阅，就已经消亡了。古村落没有了，非遗也没了。如果没有文化，没有文化身份，民族的自豪感、凝聚力不用说，连民族本身也没有了，无法识别。这就是我们保护村落的非常重要的一个原因。”

未来5年，我国传统村落将面临新型城镇化、城乡一体化、乡村旅游开发的多重挑战。如不及时加强保护，分散在全国各地、各具特色的传统村落及乡土建筑，将随时面临着被拆、迁、整、改、并等种种危险，保护形势相当严峻。因此，在新型城镇化过程中，切实加强我国传统村落乡土建筑保护、非物质文化遗产传承和自然景观、生态资源保护，迫在眉睫，意蕴深远。

（三）我国传统村落保护利用的现状与问题

一是长期以来对传统村落遗产的稀缺性、重要性认识不足、保护乏力，使传统村落乡土建筑面临“老龄化、空巢化”的“自然性颓废”。二是农村规划无序性使传统村落频遭“撤并扩张性破坏”失去“可印象性”；加上农村用地政策不完善及随意“拆旧建新”导致传统村落“自建性破坏”。三是新农村建设中“求新求洋”与“旧村改造”决策误导的“建设性破坏”；“急功近利”、追求政绩及其“形象工程”误区导致的“开发性破坏”。四是不少地方政府“重开发利用、轻保护管理”的现象相当普遍；有的地方政府将名村文化遗产当做旅游资源进行违规转让经营；一些传统村落“过度商业化开发”的“旅游性破坏”正在蔓延。五是传统村落保护法规不健全；行政体制存在“多头管理”缺陷；新农村建设有关政策存在弊端；乡土建筑产权分散不清带来保护瓶颈困难。六是传统村落保护范围广，制定标准规范难；乡土建筑数量多、规模大，维修费用高、资金匮乏；地方财政对传统村落保护投入严重不足；传统村落研究保护人才匮乏，乡土建筑保护的技术力量十分缺乏。

二　新型城镇化过程中加强我国传统村落保护的对策思考

在新型城镇化过程中切实加强我国传统村落保护利用，是贯彻落实党的十八大提出“建设优秀传统文化传承体系，弘扬中华优秀传统文化”的根本要求和重大文化工程。各级政府应以高度的文化自觉和文化自信，从对民族对历史负责、维护国家文化安全的高度，充分认识传统村落保护的重要性，以“等不起”的紧迫感，“坐不起”的责任感，“慢不得”的危机感，切实采取有效措施，尽可能多地保全传统村落这一民族瑰宝和文化基因。这对于建设文化强国，传承优秀传统文化，增强国家文化软实力和区域经济竞争力，都具有重要的现实意义和深远的历史意义。具体的对策思考如下：

（一）改革“政绩考核”弊端，建立传统村落保护领导小组，政府部门各司其职，人大、政协加强检查督察

1. 各级政府应建立“保护责任追究制”，将传统村落保护纳入政绩考核

一是端正决策指导思想，确立保护传统村落就是发展文化生产力、增强文化软实力、就是最大政绩的新理念，并将保护列入重要议事日程。二是改革“政绩考核”弊端，把传统村落保护作为加快城镇化的主要任务，纳入各级政府及领导的政绩考核中；并完善“保护责任追究制”，绝不能以牺牲宝贵的传统村落资源，为眼前的经济利益或自身的政绩服务。三是创新保护与发展“双赢”新路。要正确处理好传统村落保护与加快城镇化、与城乡一体化、与城乡统筹发展的“三者关系”；坚持“抢救第一，保护为主，合理利用，加强管理”的原则，探索创新保护与发展相互促进、相得益彰的“双赢”新路。

2. 地方政府应建立传统村落保护领导小组，职能部门各司其职，密切配合

一是建立传统村落保护领导小组。由党政领导牵头，农委、建设、规划、文化、文物、财政、国土、旅游等部门负责人和文保专家组成“传统村落保护领导小组”，负责本市、县范围内的传统村落保护利用的协调指导工作，并将传统村落保护的好坏，作为考核政绩的重要内容。职能部门分别负责对传统村落的保护、利用、开发、管理工作，定期研究一些政策措施，协调解决一些问题。二是职能部门应各司其职，密切配合：①政府发布通告，明确规定传统村落保护范围，并设立标志说明。②文化文物部门负责对古民居建筑群和非物质文化遗产进行保护管理，建立文保档案，明确专人负责。③建设规划、土地管理部门负责对传统村落内的建设活动进行管理。④旅游主管部门负责传统村落开发旅游的监督管理。⑤宣传部门通过多种途径形式加大宣传力度，增强全社会重视传统村落保护的良好氛围和舆论环境，激发提高全体村民的自发保护意识。⑥由农委办牵头、相关职能部门各司其职，全力配合做好传统村落的保护、利用、开发、管理工作。

3. 各级人大、政协应组织专家检查团对传统村落保护进行巡回督察和指导

从我国先后公布五批历史文化名镇名村以来，保护工作做得如何，一直没有系统检查过；传统村落即使是国家历史文化名镇名村保护开发，都长期处于缺乏监督或无人监管状态。因此，各级人大、政协应尽快组织专家检查团进行巡回督察，切实解决目前传统村落保护开发存在的问题，并对以后如何加强保护利用作出政策性、规范性、可操作的意见和措施，以确保传统村落保护与发展的“双赢”。

（二）切实加强传统村落保护的宣传教育，全面开展传统村落遗产的调查评估，建立传统村落名录制度，实行分类保护与分级管理

1. 各级政府应向社会公众尤其是领导干部开展文保宣传教育活动

一是广泛开展社会宣教。充分利用广播、电视、报刊、网络等媒体，举办各类展览、讲座、专题研讨、学术交流会、知识竞赛等系列活动，提高全社会对传统村落文化与自然遗产的保护意识和责任感。二是加强领导干部宣教。各级党校、行政学院应设置必读的“文化遗产保护专题课”，以提高各级官员的文保意识和文化自觉。三是各级新闻媒体应充分发挥传统村落保护的舆论宣传及监督曝光的重大作用；努力营造全社会重视传统村落文化遗产保护利用的良好氛围。

2. 地方政府应完善普查调研，公布传统村落名录，实施分类保护，分级管理

一是全面完善普查调研工作。地方政府应采取“全面、规范、有序”的普查方法和步骤，对辖区内传统村落进行三不漏（不漏村镇、不漏线索、不漏项目）的全面普查，对传统村落具有保护价值的古民居、古祠堂宗庙、古树、古墓、古桥、古塔及历史名人、风俗习惯、民间传说和自然生态环境等进行全面调查摸底，尽可能全面掌握本区域传统村落的数量、种类、分布、价值及其历史和生存状态，为制定传统村落保护规划提供依据。二是建立和公布传统村落名录。建设、文化、文物部门应尽快联合组建多学科专家队伍，深入传统村落实地调研，系统清理传统村落遗产，高标准做好传统村落保护的价值评估工作；并在研究建立价值体系、评估标准的基础上，对传统村落进行甄别、分类、评级，分类建立名录档案，确定保护范围对象；公布传统村落名录，实行分类保护，分级管理。

3. 农办、建设、文化、文物等部门应合力抓好传统村落的申报和认定工作

一是申报名录，应保尽保。要加紧传统村落名录和文物保护单位的申报审批工作，对未列入文保单位和名录的古驿道、古井等一般性文物古迹，也要形成鉴定意见，明确其价值，并提出可行的保护利用建议。二是强化非遗保护，制定乡规民约。要强化传统村落非物质文化遗产保护，抓紧民间艺术传承人的申报和认定；建立传统村落保护志愿者队伍；加紧传统村落保护法规政策的制定与宣传，并指导农民群众制定乡规民约。

（三）尽快制定《传统村落保护利用规划》，并将传统村落保护纳入“城镇化”“城乡统筹”“文化发展”总体规划中管理

1. 应尽快制定《传统村落文化与自然遗产保护利用规划》及其实施办法

一是尽快制定保护规划。地方政府要在摸清区域内传统村落整体情况，按照高标准、高起点、有特色、规范化的要求，科学编制保护利用总体规划，规定传统村落保护、整治、更新的区域和范围，并明确具体实施的政策和措施。二是严格保护规划要求。要严格限制核心保护区的改建、扩建、室外装修；建设控制区要严格限定改造区域，严格保存传统村落原有的肌理，严格限定拆迁范围，建筑风格、高度、密度、色彩等控制指标等。三是要制定相应的近期、中期、长期保护工程，针对性制定保护措施和方案。

2. 应对不同传统村落有区别地制定不同的《传统村落保护利用规划》

一是价值较大的原真性保护。对一些古民居分布较多、乡土建筑价值较大、自然生态环境较好的传统村落，要单独编制《保护规划》和控制性详细规划，实施原真性保护，规范乡土建筑修缮、拆迁、新建建筑用地审批等，做到先规划再建设。二是价值不大的风貌性保护。对一些规模较小、乡土建筑价值不

大的传统村落，坚持文化和自然遗产保护优先，处理好改善村民生活居住环境与保护乡土建筑的关系，结合村庄整治、农居改造、灾害避险、农家乐休闲旅游等编制工程建设规划，统筹推进传统村落的保护与发展。

3. 应将传统村落保护利用纳入“城镇化”总体规划

一是强化规划的科学管理。地方政府应将传统村落保护内容纳入到“加快城镇化”总体规划中，形成良性互动；加快城镇化发展规划的制定和实施，也应与当地传统村落保护规划相一致，突出乡村特色、地方特色和民族特色，切实把传统村落保护好、利用好。二是强化保护与开发的良性循环。在加快城镇化规划中，既要注重改善传统村落基础设施条件，使生活其中的村民享受现代生活条件，提高生活质量；更要加强传统村落文化遗产、人文环境、自然生态的有效保护和合理利用，使广大村民在开发旅游中增加收入，尝到甜头，从而形成保护与开发的良性循环。

4. 应将传统村落保护利用规划纳入省市级传统村落保护规划的管理范围

一是保护利用规划纳入省市级管理。对传统村落的主要建设活动，必须经过市级以上建设、规划、文物等部门审查同意。凡涉及传统村落保护开发的建设项目，必须依法接受文物部门专家小组评估和认定程序。二是建立有效保护的监控制度，及时听取社会各阶层的意见和建议，及时掌握并预测保护发展的各种动态，有效地促进传统村落保护与发展。

（四）尽快出台传统村落保护法规，完善保护管理体制，创新制度设计安排，强化传统村落遗产的有效保护利用

1. 尽快制定《传统村落保护利用条例》和创新保护制度政策

一是尽快出台保护法规。地区政府可先行出台《传统村落保护利用管理办法》，明确规定传统村落“有效保护、合理利用、适度开发、科学管理”的方针，强化“历史真实性、风貌完整性、生活延续性” 的保护原则。对文物保护单位、不可移动文物，应按照文物法规在原地原址保护。二是完善保护利用制度，扩大历史文化名村的评选范围，让更多的传统村落乡土建筑，在加快城镇化过程中得到有效保护。三是完善土地置换“一户一基”的政策，加大传统村落保护用地的倾斜和保障，对村落环境改造建设中恢复水渠、古道、水塘、古墙寨所需用地，可作为农用地处理等政策措施；支持村民通过城镇保障房建设进行异地搬迁或原地修缮等方式改善居住条件。

2. 完善管理体制，加强传统村落遗产的科学管理

一是加强科学管理，分级保护。对不同价值的传统村落、乡土建筑制定详细的保护档案，分等定级，运用微机进行管理，跟踪其变化情况，及时采取相应的保护措施。二是重点抢救发掘传统村落非物质文化遗产，并加强发掘、研究、展示、传承、利用，建立保护数据库，利用微机建档，方便查询等。三是发动社会各界、全民参与传统村落保护管理，建立“政府为主、企业为辅、社会参与”的传统村落保护新机制，把传统村落保护开发纳入科学化、规范化、法制化的轨道。

3. 创新制度安排，强化传统村落遗产的有效保护

一是创设“传统村落称号”制度、“称号浮动制和濒危撤牌制”“年度评估制和成效测算制”等制度，实行动态保护。二是严格执行保护规划和重大建设项目审批、核准和备案制度，并实行“旅游开发项目公示、听证制度”。三是采取必要手段确保《保护规划》的依法实施，建立定期专家检查、通报制度和公众舆

论监督机制。

（五）各级政府要将传统村落保护列入财政预算，地方政府要加强政策支持力度，多种方式筹集保护管理资金

1. 各级政府应加大投入力度，将传统村落保护纳入本级财政预算

政府是传统村落保护的主体投资者，这是政府公共职能所决定。一是省、市级政府应在城市维护费中确定一定比例的传统村落保护费，逐年加大保护维修资金的投入。二是县级政府应将传统村落保护经费纳入本级财政预算，并随地方财政收入的增长而同步增加，以确保传统村落乡土建筑等重点文化遗产保护经费的投入；即使县级财政困难、保护经费紧张，也要先制定好保护规划和措施，以确保不拆除、不烧毁、不盗卖。三是地方财政应将传统村镇出让土地所得的留成返还传统村镇用作保护，市级财政也可以考虑在土地出让收益中提取适当比例，建立传统村镇保护利用发展基金，用于支持重点扶持项目。建议将国家级、省级历史文化名镇、名村纳入生态保护补偿范围。

2. 地方政府应采取多层次、多种方式筹集传统村落保护利用基金

一是采取市场化运作方式。由政府牵头，理顺关系，通过土地、房屋产权的置换或租赁等方式，鼓励、吸纳社会资金、风险投资基金、民间集资、使用人出资等多种资本，参与传统村落乡土建筑的保护与开发。二是建立政府奖励制度，对传统村落、乡土建筑保护的优秀项目和有突出贡献的个人给予奖励，发挥财政资金“四两拨千斤”的引导促进作用。三是建立“传统村落保护基金会”。制定政策措施，吸引社会捐赠、赞助等；或采取股份合作制形式，向社会、企业募集资金用于传统村落的保护利用；或制定合理的收益分配办法，加大传统村落的保护开发力度。四是税收返还保护经费。旅游企业的地税收入应适当返还为保护经费，以形成建立以“名镇名村旅游收入来保养名镇名村”的良性运作机制；建议对传统村镇范围内景点的旅游收入实行属地分成，分成收入用于传统村镇的整治管理。

3. 地方政府应规范保护与开发资金的比例，解决保护与开发错位的倾向

一是规范保护与开发资金的比例。有的名镇名村保护开发投入几亿、几十亿资金，但大多数资金主要非用于保护，而用于旅游开发及房地产项目，实质是借保护之名进行开发旅游赚钱；甚至会带来“开发资金越巨大，旅游开发、新建项目也就越大越多、名镇名村遗产遭受破坏程度就愈大”。二是合理分配旅游收入。名镇名村旅游收入应先提取“保护维修费后再分配”；门票收入应至少有30%以上资金用于保护与维修，以解决目前旅游公司拿大头，实际用于保护资金较少的不正常状况。三是严禁变相出让传统村落遗产资源。切不可采取以牺牲传统村落格局风貌及其自然景观环境为代价，去获得保护开发资金；严禁以任何名义和方式承包或变相出让传统村落遗产资源，更不能“一刀切”全部拆迁原住民；切忌盲目引进开发商，单纯按商业营利模式进行商业化开发建设的破坏。

（六）创新“村民自保、私保公助”“产权转移、公保私用”“认领、认养、认保”方式，实行“多元化、社会化、转移性”保护

1. 鼓励村民自保、村集体筹资保护和产权转移村集体或政府收购保护

一是“村民自保、私保公助”。即鼓励扶助村民依靠自身力量“自保”，在文物部门指导下负责维修、管理和使用，政府给予适当补助维修经费；但明确要求所有者不能随意拆毁，享受补助者在乡土建筑的

使用、管理、开放、展示和处分等方面应履行相应的义务。二是“产权转移、公保私用”。即产权人村民无能力承担修缮经费时，可将“产权转移村集体”或由政府“收购产权”，垫资修缮乡土建筑，产权人享有看管居住权，以后村民有能力可以回购产权。三是村集体筹资保护。村集体利用旅游收入、信贷资金维修集体所有建筑，补贴经济困难的村民或者垫资抢修乡土建筑；村集体对修缮好的乡土建筑享有相应的权益。这些措施提高了村集体和农民的保护热情，有效改善了乡土建筑的保护状况和环境景观。如浙江省兰溪市诸葛村由群众自发组成民间组织募集资金，维修、管理乡土建筑。

2. 鼓励社会公众“认领、认养、认保”和租用、购买等方式参与保护利用

一是转移性保护。引导农民与社会公众在自愿基础上实现乡土建筑产权或使用权的转移性保护，即鼓励社会组织、企业和个人认领、认养、认保等等方式参与保护利用。二是社会化保护。对未列入文保单位、保护点，村民“自保”有困难又需要抢救保护的乡土建筑，可以单体出让、整体出租使用年限等方式，允许企业和个人租用或购买产权实现保护利用。如浙江龙游县鼓励各种社会资金，在不拆毁乡土建筑的前提下，通过购买非国有乡土建筑等方式，参与全县传统村落乡土建筑的保护和利用。三是产权置换保护。即将乡土建筑的所有权与经营权分开，由农户自己出让经营权，或由村集体以屋基置换建新居的形式，获取乡土建筑的产权，再由集体出让经营权，由企业或个人来经营管理，以加快传统村落保护利用。

（七）传统村落的“有效保护利用”要与“合理整治、适度开发、发展旅游”相结合

1. 传统村落保护利用要与改变贫困落后面貌、改善农民生活需求相结合

一是传统村落保护利用要与改变贫困落后面貌相结合。由于传统村落大都地处偏远，交通不便，发展滞后，基础设施落后，居住环境和现代生活不协调。要改变这些贫困落后面貌，就必须加强传统村落的抢救保护利用，处理好加强传统村落保护与提高农民生活品质的关系。既要高度重视乡土建筑的抢救保护，又要热切关注群众民生，合理安排保护利用项目；既要科学整治村落格局风貌及其自然生态环境，又要加强村庄基础设施建设，改变传统村落贫困落后的面貌，改善农民生产生活条件，使生活在乡土建筑里的村民同样能享受现代文明生活。二是传统村落保护利用要与改善农民生活需求相结合。传统村落的乡土建筑、民间文化、民风习俗、自然环境、优美生态、天然景观等，实际上都是城市所不具备的稀缺资源，是城市居民所向往的生活场景，将日趋成为现代人旅游和提高生活品质所必不可少的重要内容，并将成为传统村落原住民取用不竭的宝贵财富。地方政府应出台政策措施，将引导居民自保获益与传统村落保护利用有机结合起来，达到既保护好传统村落遗产，又充分发挥其历史、研究、教育、审美、观赏等价值和作用。现在老百姓看到传统村落保护利用吸引城市游客的良好效果，对政府加强传统村落保护利用非常支持。

2. 传统村落有效保护要与发掘研究、合理整治、适度开发相结合。

一是传统村落有效保护必须发掘研究遗产和合理整治环境。只有充分发掘、研究好传统村落的历史文化与自然遗产，才能作为资源利用，才能在合理开发中发挥其历史文化价值和自然景观价值。同时，传统村落有效保护必须进行科学的合理整治。要按照建设新村、保护老村的思路，对传统村落进行科学的规划整治，按照不损害乡土建筑本体、格局和历史风貌的原则，改善水、电、通讯等基础设施，使原有居民能够在世代居住生活的传统村落里享受到现代生活的便利，并延续固有的文化传统和生活方式。二是传统村落开发利用是有效保护的必要途径。合理开发利用既要整治传统村落格局风貌等自然遗产，又要保护乡土建筑等文化遗产，更要传承乡土民俗文化等非物质文化遗产。在此基础上进行科学有序的开发利用，发展乡

村文化休闲旅游，让城市居民和旅游者参与其中，使传统文化基因获得当代表达。这样才能使传统村落“三类遗产”得到有效的保护传承发展；才能创造良好的经济收益和社会效益；最终实现“保护促进利用、利用强化保护”的良性循环。这才是文化人类学意义上的传统村落保护与利用。

（八）传统村落保护利用必须以民为本，调动农民积极性，尊重村民自治的权利，让开发成果惠及全体村民、社会共享

1. 传统村落保护利用必须依靠农民，调动农民积极性，尊重村民自治权利

一是传统村落保护利用要调动农民积极性。广大农民是传统村落保护的重要力量，要加大宣传力度，使农民群众认识到保护传统村落的价值意义以及与其切身利益的关系，引导和鼓励全体村民参与传统村落保护与利用。尤其是乡土建筑保护与村民生活、生产密切相关，没有村民的积极保护与维修，乡土建筑也就失去生机和人气，并加速消亡的过程。因此传统村落乡土建筑的保护决不能采用迁走民众、建立全封闭博物馆式的保护方法。二是保护利用要尊重村民自治的权利。地方政府应充分尊重原住民的知情权、自治权、参与经营权、决策权和监督权；不应以各种形式取代村民权利的行使，使村落文化、民族文化在政府包装与商业运作中失去它的本色和原生态；尤其不能一味地想着开发和旅游，把传统村落变成纯粹的赚钱工具；旅游开发不可干扰当地村民的正常生活，应维持农村宽松、安静的人居环境。

2. 传统村落保护利用要写入村民公约，要让开发成果惠及村民，全民共享

一是传统村落保护要求应写入村民公约。这是传统村落有效保护的重要前提和基本保障，既有助于约束村民无序的建设行为，提高村民热爱遗产、自我保护的意识；又有助于村民积极整治乡村环境，开发自然生态景观，利用乡土建筑及其非物质文化遗产优势，大力发展休闲旅游、观光农业；举办以民俗风情为主要内容的民俗节日和灯会、庙会，游园、联欢等农村文化活动，实现传统村落保护与发展双赢的新路。二是传统村落保护要注重村民经济和文化利益。要把注重增加村民的经济利益和尊重维护村民习俗的文化权益，作为保护利用的出发点和落脚点，切实维护村民在保护开发中获取收益，让开发利用成果惠及全体村民，社会共享。

（本文系国家社科规划项目《我国历史村镇文化遗产保护利用的实证研究》部分成果）

参考文献

[1] 联合国教科文组织：《关于历史地区的保护及其当代作用的建议》，文物出版社，1976 年。
[2] 国际古迹遗址理事会：《保护历史建筑、古遗址和历史地区的环境》，文物出版社，2005 年。
[3] 国务院：《关于加强文化遗产保护的通知（国发[2005]42 号）》，文物出版社，2005 年。
[4] 国务院：《关于推进社会主义新农村建设的若干意见》，文物出版社，2006 年。
[5] 冯骥才：《中国传统村落保护——“传统村落成为被失落的角落”》，济南纵论，2011-06-12。

作者

周乾松，中共杭州市委党校、杭州行政学院教授，国家社科规划项目《我国历史村镇文化遗产保护利用的实证研究》负责人。

解决瓶颈之困

——小议古民居保护所有权转让存在的政策问题

◎ 张宏明

在举国上下大力推进城镇化的历史进程中，传统古民居和古村落作为优秀文化遗产和特色乡村的最重要载体，受到了来自中央领导、国家层面和社会各界前所未有的高度重视。李克强总理在全国城镇化会议上大声疾呼，要少拆房，慎砍树，留住乡愁，引起全社会的普遍好评和强烈共鸣。最近，中央作出了关于户籍制度改革的决定，将新中国长期推行的城、乡二元结构“合二为一”，还农民一个真正的公民与国民待遇，是一项意义深远的重大决策，对于彻底解决古村镇与古民居保护上一直存在的因观念落后，人才缺乏，信息闭塞，资金匮缺，技术标准低下等种种问题的困扰，也将是一次彻底的颠覆。

我们应该承认这样一个事实：目前居住于古村落和古民居内的绝大多数原住居民，是一个经济上极度贫困的社会群体，他们在传统观念上固然是古代意识文化的守望者，可在物质文化遗产的价值方面，却是实实在在的破坏者。因为贫困，他们拿不出多少钱用于老房子的修缮或内部适于现今生活条件的更新；又因为生活需要，往往对古建筑的建筑布局、空间、尺度的原有设计意义了解甚少，只是按照自己的需要随便拆除或更改，从这个角度考察，说这些居民没有什么文化知识是绝不过分的。实用、功利、近视而且贫困的原住居民能利用古民居的方式只有几个狭窄的渠道，即自住、自毁、租借、转让，或者开展旅游卖东西。所以，即便在一些旅游经济搞得好的地方，古民居也都是商铺充斥，仅仅是利用古民居外在的建筑轮廓模式，变成赚钱的工具，既与文化遗产保护无关，也经常是现阶段中国社会发展的常态现象。

如何切实解决古民居保护存在的巨额资金缺乏问题，是当下应急待开展的工作之一。古村落与古民居就其所有权关系看，主要是私人所有，村落中部分公共设施如道路、桥梁、宗祠或公共活动场所，则属于集体所有，也有个别地方确定宗祠等属于国家房产部门，其数量并不太多。虽然为数不少古村落中的公共设施、宗祠、古塔、桥梁及规模较大、价值较高的古民居已被文物部门列入国家、省、市、县文物保护单位，住建部门也公布了不少传统古村落或历史建筑，但这两个部门的行为仅仅只是单向的行政行为，并不能改变所有权关系，而且国家在文保上的资金支持导向也只是补助，并不是列为文保单位或定为其他名目的什么资质，就可以由国家统包起来，这既不合法，也与情理相悖。再从古民居传承至今的数量来看，仅全国各级文保单位就已多达二十多万处，古民居在全国十八个省市区的数量多达上百万处，国家每年的扶持资金虽然连年大幅度增长，总额已达一百多亿，但对于拥有百万之众的古民居来说，每个项目均摊不到一万元。对一般的古民居而言，每年正常的维修护理费都不够，何况规模体量大的古建筑群，修缮一次就需上百万甚至上千万的资金，同时古建筑修缮不可能“一劳永逸”，每年全国的文保经费应确定在300–500亿元之间，才有可能满足实际的需求！如此看来，巨大的资金缺口短时间内一时难以解决，而年久破漏的文物的修缮却不可能日久等待，这个现实的问题如何能尽快得到解决呢？

我们已经明白，古民居的巨额资金不可能仅仅期待由政府财政单一渠道来解决，那么只能通过社会各部门、各方面的广泛参与来最终解决。综合全国各地已形成或正在采取的各种办法，目前主要由以下几种方式：1. 出租，2. 转让，3. 认租，4. 购买，5. 原住居民名义所有或参股，使用权转移，使用年限不一，6. 政府征购，7. 企业购买，8. 个人购买八种。个人购买有农村人之间转让，也有城市居民购买，其用途各有不同，或自住，或经营办公，情形林林总总，但真正用于文化遗产或办公益事业、博物展览者为数甚少，绝大多数是为了储备资源、置业经商，或者追求休闲的方式，这说明目前我国古民居资产置换人之间的理念还处于一种比较初级的阶段，距离“利益”的目的追求不远，而这种状态对文化遗产保护极其有害。仅举一个例子来说，虽然表面上看，新主人可能因理念不同，资金多，会有助于建筑本体的保护、延续，由于缺乏明确的“高尚”目标，对“物”的历史，“人”的背景缺乏了解或研究，古民居转让因居民的频繁变化极易让本身鲜活的人文历史变成一栋死气沉沉的建筑模型，这是让人最担心的事情。

尽管现存古民居的转让风潮中存在着种种不尽如人意的地方，但它却是保护古民居的一种前瞻性的趋势，因为新主人比较原住居民而言，拥有更多的维修资金、理念、信息以及更广泛的用途是显而易见的。如果住宅的功能不仅仅用于生活居住，那么它被社会关注与重视的程度也会比过去高出若干个层级。作为文化遗产的一种建筑载体，其构造设计的理念与建造技艺、建筑布局与建筑材料、砖瓦、木石等微观景物，无不承载着历史印痕，渗透着历代先祖的聪明才智，闪烁着整个民族的文明经历，正是我们今天重视文化遗产，保护农耕文明生活经历的渊源缘由。通过它们，可以留下中华民族发展至今的深刻记忆，成为我们的精神慰藉和生生不息的强大动力源泉。

但是，目前古民居物权转移存在政策上的瓶颈限制，如果有农村户籍的人或拥有农村户籍且已经初步富裕起来的人相互之间买卖，表面上看不违反规定，实质上对保护古民居的意义不大。古民居保护的目的是保护、传承、弘扬，农民之间的买卖目的更多的是利益驱动，甚至或许是控制资源的利益前瞻，其出发点与落足点都是逐利，也许少数人是出于公益，而且资金、理念、信息、技术与利用的多元方式是农民兄弟不擅长的。所以，期望农民自身间的“互助”来有效保护古民居，至少在现阶段是不现实的路径。既然依靠国家财力保护全部古民居不行，依靠农民自身自发保护也行不通，还有什么好的办法可以推广呢？

现在有不少拥有城市户籍的人到农村购买古民居，因为缺少政策支持，往往不能办理产权证，只好采用租用或民间契约的方式获得古民居的使用权，极不利于投入巨资修缮保护。我国过去是城乡二元结构，不允许城里人到农村置办房产，本来是着眼于对农民利益的维护，是从强化社会稳定的角度出发。然而单纯的购买土地盖房与购买已成文物的古民居并不是同样的事情，也与买农民现有新建住房有所不同。为了切实加强对古民居稀缺文化资源的保护，国家层面应考虑古民居实际需求的状况，将买古民居与买宅基地及新建住房区别开来，在政策上做出修订与调整。如此不仅可以调动城里人购买古民居的热情，同时也将提高维修古民居的积极性，并在法律层面切实保护购买者的产权与物权。法律还应同时规定购买者必须遵守的几个原则，比如不得拆除新建，不得易地搬迁，购买后在利用上不得危害古民居的完整安全等等，以便使之传承永远。

户籍制度的改革，使我们看到了古民居物质文化遗产充满希望的未来，城乡一体，户籍统一，再也不分什么城里人、农村人的身份差别，古民居的流转可能会变得顺畅一些。但是，事情总有两面性，如果户籍改革具体操作时不严加限制，农村人变城里人的脱胎换骨可能仅仅是穿上一件新衣而已。企图用户籍换土地的行为是一种历史的短视，也是对农民利益的最后一次掠夺。不解决土地问题，改革难以真正成功。如果让新兴的“城里人”仍然拥有自留地与宅基地，那么，对于原先城里人来说，同样是不公平。解决这个问题，国家层面应出台顶层设计的惠民政策，通过市场价格调剂予以赎买，给农民以合理的而不是低价的补偿，使之形成老有所养，中有所业，幼有所学的正常机制，以便最终实现土地的国有化。

作者

张宏明，安徽省文物局。

古村镇文化遗产利用探究

◎ 刘炳元

古村镇文化遗产是不可再生的文化资源，每个古村镇的文化遗产均具有程度不同的历史、文学、艺术、科研等价值和利用价值。合理利用古村镇的文化遗产，既是经济社会发展的需要，更是保护文化遗产的需要。如何合理利用古村镇文化遗产，有许多问题需要研究。本文仅就古村镇文化遗产的合理利用、利用形式、编制规划等问题作一些肤浅的阐述。

古村镇文化遗产是先民们在一定的历史时期创造具有历史价值、文学价值、艺术价值和研究价值的有形物质遗存与无形的非物质形态遗存。文化遗产具体的是指物质文化遗产和非物质文化遗产。物质文化遗产主要包含不可移动文物和可移动文物；非物质文化遗产则包括“各种实践、表演、表现形式、知识体系和技能及其有关的工具、实物、工艺品和文化场所[1]。”古村镇文化遗产是一笔十分宝贵的财富，具有很高的利用价值。

一　保护好古村镇丰富的文化遗产

古村镇，特别是世界文化遗产、中国历史文化名村名镇、中国特色景观旅游名村名镇和中国最有魅力休闲乡村的村镇，均具有丰富的文化遗产。在这些古村镇中，多数具有悠久的历史，是省级以上的文物保护单位，或列入省级以上的“非遗”名录，或省以上文物保护单位和省以上“非遗”名录兼而有之。

例如，被联合国教科文组织列入世界文化遗产名录的安徽省西递村。该村始建于北宋皇元祐年（1049），至今已有960多年历史。现存124幢明清建筑保护完好，其中村头的三间四柱五楼的青石牌坊，村中的敬爱堂、履福堂、大夫第等是古建筑中的精品。全村的古建筑群被国务院公布为全国重点文物保护单位[2]。

又如广东省的石龙镇，该镇早在3500年前便有人类聚居。明朝嘉靖年间（1522—1566）建圩，清代乾隆中期建镇。1927年，曾为广东省直辖市。抗日战争期间，改称为区、市、镇，新中国成立后设镇至今[3]。石龙镇在清末至民国年间是广东四大名镇[4]之一。现存的周恩来演讲台以及长一千多米的中山路是孙中山与国民革命军东征讨伐陈炯明的历史见证。广九铁路石龙铁路南桥是全国重点文物保护单位。2009年该镇在国际花园城市评选中，还荣获本届国际宜居城镇组的第一名[5]。此外，还有醒狮头制作技艺、泗洲灯笼仔制作技艺、红漆描花传统木履制作技艺、新昌鼓制作技艺、李全和麦芽糖及糖柚皮制作技艺等非物质文化遗产。以上例子说明古村镇，特别是历史文化名村镇，均有丰富的文化遗产。

古村镇丰富的文化遗产一定要保护好。首先，政府要加大保护文化遗产的力度。根据国务院国发［1997］13号文要求文物保护“五纳入”的精神，地方政府也应该把文化遗产保护纳入当地经济社会发展计划；纳入村镇建设规划；纳入市、县的财政预算；纳入村镇管理体制改革；纳入村镇及其上级的领导责任制。如果能做到“五纳入”，就说明地方政府真正重视文化遗产的保护工作，也体现地方政府真正加大了文化遗产的保护力度。其次，动员村民和居民积极保护本地的文化遗产。在动员中，除了从大道理方面提高村民和居民对保护文化遗产的认识，增强“文物法”与“非遗法”的观念之外。广泛宣传本地文化遗产的价值，特别是利用价值，对于调动村民和居民参与保护的积极性是有效的。同时，大力宣传子孙后代保护祖先的遗产也责无旁贷，以克服依赖思想，增强自主保护、自觉保护的责任感。这种宣传对于产权非公有的各级文物保护单位和各级“非遗”名录尤为重要。再次，动员社会力量参与保护文化遗产。社会力量包括企事业单位、人民团体、群众组织和各界人士。在他们之中，不乏热爱文化遗产和保护文化遗产的有识之士，一旦他们认识到某些文化遗产的价值，就不惜花费财力、物力投入保护。四川民营企业建川实业集团在成都市大邑县安仁古镇建造的建川博物馆聚落，就是社会力量参与文化遗产保护的典型事例。除此之外，全国也有不少民营企业参与文化遗产保护，据东莞市的不完全统计，近十年来就有40余家民营企业和老板参与文化遗产的保护工作。

古村镇丰富的文化遗产只有引起当地政府和群众的重视，群策群力，才能得到有效的保护，才有合理利用的基础。

二　合理利用也是对文化遗产的保护

《文物保护法》和《非物质文化遗产保护法》制定的工作方针，均有“合理利用”的规定。合理利用文化遗产就要正确处理保护与利用的关系。在对待保护与利用的问题上，有两种情况是值得注意的。一种是只讲保护不讲利用；另一种则相反，只讲利用不讲保护。这两种情况都是把保护与利用对立起来。显然，这两种情况是与文化遗产保护工作方针相悖的，最终是不利于文化遗产的保护。众所周知，古村镇中的传统建筑，除了祠堂、寺庙、牌坊等少数是公有之外，绝大多数古民居都是私人的财产。这些传统建筑如果无人居住或不使用，常年关闭门窗，则容易潮湿、虫蛀、发霉而导致木结构腐烂，瓦面漏水、墙体开裂甚至坍塌。因此，除了加强保护之外，合理利用古村镇的文化遗产就尤为必要了。

那么，在文化遗产的利用中，何谓合理?

第一，利用文化遗产必须符合法律法规。保护固然要依法，利用更加要依法。《文物保护法》《非物质文化遗产保护法》以及《历史文化名城和历史文化街区、村镇保护条例》等法律、法规，就是利用的法律基础。在利用文化遗产时，应严格依法办事，不得违反上述法律、法规以及有关的法律、法规。如果违反法律、法规，其他的利用工作做得再好，也是不合理的。因此，依法利用，是衡量文化遗产的合理利用的根本标准。

第二，利用文化遗产必须确保文化遗产和人员的安全。利用文化遗产，特别是利用传统建筑、纸扎类和民俗类的文化遗产，必须强调做好防火安全工作。不然，一旦发生火灾，就造成不可估量的损失。

2014年1月，云南省香格里拉县独克宗古城发生火灾，就烧毁土木结构的房屋200多栋，部分文物、唐卡及其他佛教文化艺术品也被烧毁。造成这次火灾的原因是经营者用电不慎，导致窗帘起火引起火灾[6]。这个事故警示文化遗产的利用者和管理者，在利用古村镇文化遗产的过程中，必须树立“责任重于泰山”的责任感，必须把文化遗产和人员安全放在重中之重的位置。因此，文化遗产和人员的安全问题，是衡量是否合理利用古村镇文化遗产的最重要条件。

第三，利用文化遗产必须确保其本体及风貌不受破坏。不论物质文化遗产还是非物质文化遗产，均有文化遗产本体和风貌问题。物质文化遗产的本体，主要是文物本身和保护范围之内的文物，其风貌是指环境风貌；非物质文化遗产的本体，主要也是“非遗”名录本身，其风貌则是相关的艺术风貌。在利用过程中绝对不能破坏其本体的本真性和相关的风貌。

经过多年的宣传，在文物的利用中，已逐步引起利用者和管理者对不破坏文物本体和环境风貌的重视。但在非物质文化遗产的利中则有出现改变非遗名录的原状和风貌的现象。以某地利用“卖身节”为例。该节起源于明末清初。当地有田地的大户人家，每年在开耕之前，都贴出雇请长工的启事。没有田地的青壮年在农历二月初二日，坐在村前的树下，头戴斗笠、身披粗布巾，以示“卖身”，等待雇请。有田地的大户人家，就前来挑选“卖身”的青壮年。有的“卖身”当长工，有的“卖身”打短工。久而久之，当地就形成“卖身”集市。后来当地农民就把农历二月初二这一天称为“卖身节”[7]。从“卖身节”形成来看，这个“节”是饱含辛酸的。新中国成立后曾一度更名为“翻身节”、“欢乐节”，并且中断了较长的时间。十多年前，恢复了“卖身节”，并利用“卖身节”搭台，经济唱戏。但“卖身节”的活动内容和形式却完全变了，参加活动的人们相互泼水或用水枪射水，其场面非常热闹。“卖身节”看不到历史上“卖身”的本义和韵味，名与实不符。这种利用“非遗”的合理性是值得研究的。

第四，利用文化遗产必须讲求良好的效益。古村镇文化遗产的利用，特别是古村文化遗产的利用，应理直气壮地讲求良好的效益。在强调社会效益、把社会效益放在首位的同时，也毫不掩饰地讲经济效益。那种只讲经济效益，以牺牲文化遗产为代价，盲目追求经济效益固然不允许，但只讲社会效益而不讲经济效益，也不符合党的十八大关于“要坚持把社会效益放在首位，社会效益和经济效益相统一，推动文化事业全面繁荣、文化产业快速发展”的精神。利用古村文化遗产讲求经济效益是古村文化遗产保护的需要。古村的古建筑较多，其中，大多数古民居属私人所有。按《文物保护法》的规定，“非国有不可移动文物由所有人负责修缮、保养。”这些古民居单靠农民自己保护维修有一定的困难。靠政府出资维修也难以全部解决。这样，就需要利用古村的文化遗产增加经济收入，以补充古建筑保护维修经费不足的问题。利用古村文化遗产讲求经济效益也是增加农民收入的需要。农民是最讲实际的，如果农民感到经常有很多人来参观村里的文物古迹，不但毫无得益，而且还干扰了他们的正常生活，农民是不会支持古村开放让游客参观的。

综上所述，衡量利用古村的文化遗产是否合理，虽然目前还未见有统一的标准，但上述几点，应该是起码的要求。

三　古村镇文化遗产的利用形式

古村镇文化遗产的利用形式大致有如下几种：

（一）利用古村镇文化遗产发展旅游

古村镇文化遗产是重要的旅游资源，其对游客有较大的吸引力。许多古村镇都利用本身的文化遗产积极发展旅游业，旅游成为利用古村镇文化遗产的一种主要形式。

利用古村镇文化遗产发展旅游业，符合中央发展乡村旅游的要求。早在2009年，国务院《关于加快发展旅游业的意见》就提出“实施乡村旅游富民工程”。要求“在妥善保护自然生态、原居环境和历史文化遗存的前提下，合理利用民族村寨、古村古镇，建设特色景观旅游村镇”[8]。此后，国家住建部、国家旅游局在全国开展“中国特色景观旅游村镇”的评选工作，先后公布了二批共216个“全国特色景观旅游名镇（村）示范名单”[9]。在这些特色景观旅游名镇村中，不乏具有丰富文化遗产的古村镇。其中，知名度较高的山西的乔家堡，浙江的诸葛，湖南的韶山，广东的南社、歇马，四川的天宫院等村和天津的杨柳青，河北西柏坡，上海朱家角，江苏的周庄、同里，安徽西递、宏村，江西的江湾，河南的神垕，福建湄洲，广东的虎门，广西的黄姚，重庆的白帝，云南的和顺等镇。说明这些古村镇利用文化遗产发展旅做得比较好，也说明开展旅游是古村镇利用文化遗产的主要形式。

在利用古村镇文化遗产发展旅游业中，浙江的诸葛村和江苏的周庄镇是搞得比较成功的。据报道，诸葛村正确处理了文物保护与旅游发展的关系。将旅游的收益用于古村落的有效保护。10多年来维修古建筑5万多平方米，并对古村落进行了综合性整治。诸葛村旅游业的发展带动了村里第三产业的发展，也促进了集体经济的发展，带动了村民致富，村民的福利待遇提高了[10]。

又据周庄旅游发展有限公司介绍，周庄在古镇保护和开发旅游的过程中，始终坚持“保护古镇、建设新区、发展经济、开辟旅游”的理念，坚持“保护为主、适度开发”，走“边保护边发展，以发展促保护”的可持续发展之路。2010年全镇旅游总收入21.5亿元，2010年全镇农民人均纯收入16，796元，比2001年增加10，000余元[11]。

从诸葛村和周庄利用文化遗产发展旅游业的实践中看到，他们利用文化遗产发展旅游业的指导思想和目的是明确的，都是为了保护好文化遗产和提高农民的收入。虽然，社会上对他们发展旅游业曾有商业味过浓等微言。但只要他们不违法，不破坏和影响文化遗产本体的本真性和风貌，不出现安全事故，即使在利用文化遗产发展旅游业的过程中出现一些失误，也不应横加指责和非议，而应提出善意的批评和给予热情的帮助，使古村镇的文化遗产得以有效保护和合理利用，为当地富民作贡献。

（二）利用古村镇文化遗产建立社会教育基地

古村镇的文化遗产的内涵是丰富的、多元的，除了少数封建糟粕之外，其余的多数是优良传统文化。例如，有的古村耕读文化明显，像广东恩平的歇马村。全村215户，655人，是中国历史文化名村。该村建于元朝至正年间，至今有670多年历史。据考证，明、清两朝，该村中举人以上的有285人，当上二品官员的有5人，有“举人村”之称[12]，这样的村就可以着重建立勤奋好学教育基地。如此类推，有抵抗外国、外族侵略或勤俭致富优良传统文化遗产的古村镇，就可以着重建立爱国主义教育基地、国防教育基地和勤俭致富的教育基地。

古村镇利用文化遗产建立社会教育基地，不仅能取得社会效益，而且也能取得经济效益。作为社会教育基地，特别是爱国主义教育基地，一般都不收门票。有人以为，不收门票就没有经济效益。其实不然。门票虽然少收或者没有门票收入，但参观游览的观众和游客却多了，观众和游客到古村镇参观社会教育基地，总是要吃、住或购物的，这样就能给当地带来综合性的经济效益。农民或居民卖些土特产之类的商品，也能有所收益。

（三）利用古村镇文化遗产建立教学实习基地

有的古村镇不仅历史文化底蕴深厚，传统建筑门类齐全，美轮美奂，而且风光秀丽，环境优美，非常适合美术院校的师生进行写生创作，这类古村镇就可以着重建立美术院校写生创作基地。在这方面，安徽的宏村已率先与全国60多所美术院校合作，建立了美术院校师生写生基地。广东省郁南县兰寨村也利用村中的传统建筑和南江河畔的美丽风光，先后与广州美术学院、广西师范大学等十多所高等美术院校合作，建立了两广高等美术院校写生创作基地。此外，一些古村镇还可以利用特有的文化遗产，与相关的高等院校建立教学实习基地。

（四）利用古村镇文化遗产发展文化产业

十八大报告中提出，要将文化产业发展成为国民经济支柱性产业。要发展新型文化业态，提高文化产业规模化、集约化、专业化水平。古村镇发展文化产业具有文化资源优势，有的古村镇所具有丰富的物质文化遗产，除了可以利用发展旅游业，进行爱国主义教育、国防教育、教学实习之外，多姿多彩的非物质文化遗产也可以利用其发展文化产业。例如，天津杨柳青镇的年画是国家级非物质文化遗产，知名度较高，而老百姓对年画又有较大的需求量。像杨柳青年画这样的非物质文化遗产，应该把其作为文化产业做大做强，朝着规模化、集约化、专业化方向发展。从传媒报道中看到，杨柳青镇已重视把年画作为文化产业的一项重要内容，加快推进杨柳青年画产业化进程。

古村镇利用文化遗产发展文化产业，首先要增强发展文化产业的意识，提高对文化产业在国民经济中占有重要位置的认识；其次，深入挖掘古村镇蕴藏的文化遗产，并分析研究哪些文化遗产可以发展文化产业；其三，以自主利用为主。所谓自主利用，是指以文化遗产所有人或传承人利用其所拥有的文化遗产为主；以当地人（当地企业家、发展商、投资商或对发展文化遗产感兴趣的人）利用为主；其四，以市场为导向，政府加大扶持力度。

利用古村镇文化遗产的形式有多种多样，上述几种只不过较为常见的形式而已。

四　编制古村镇文化遗产的利用规划

古村镇文化遗产要利用得好，编制合理利用的规划很有必要。有了合理利用的规划，才能有效保护文化遗产；有了合理利用的规划，才能纳入文化产业统筹发展；有了合理利用的规划，才能产生良好的社会效益和经济效益。编制古村镇文化遗产合理利用的规划，当然不是孤立地单纯地编制利用规划，这里只不过是阐述文化遗产的利用问题，才只提编制文化遗产的利用规划。一般地说，利用规划离不开保护规划。但过去有的保护规划却往往忽视利用的内容。因此，需要强调在编制保护规划时要重视利用内容的编制。

编制文物保护规划已有规范性的要求。但对文化遗产保护规划，即包含物质文化遗产和非物质文化遗产的保护规划，目前还未看到编制整个文化遗产规划的规范性文本。因此，这里只就编制古村镇文化遗产利用规划的一般要求，提几点浅见：

第一，古村镇文化遗产利用规划要强调科学性。古村镇文化遗产利用规划的科学性，首先，要符合法律法规，符合邓小平理论、“三个代表”重要思想和科学发展观，以及党的十八大的精神，符合历史唯物主义观点和文化遗产的实际。其次，要正确处理文化遗产的利用与保护关系。在保护中利用，在利用中保护，坚持保护为主，合理利用，把利用与保护统一起来。在规划中必须强调对文化遗产的有效保护，只有对文化遗产进行有效的保护，文化遗产的利用才可以持续发展；同时，也只有对文化遗产的合理利用，才能更好地促进古村镇文化遗产的保护。

第二，古村镇文化遗产利用规划要注重前瞻性。古村镇文化遗产利用规划的前瞻性，从地域来说，既要立足当地，又要眼望古村镇所在的省、市乃至全国和国际，努力打造文化遗产的名牌，使之成为当地乃至全国和国际有较高知名度的品牌；从时空来说，既要立足当前，又要眼望长远，不要急功近利。须知，一个古村镇文化遗产的利用成效是难以一蹴而就的；从战略来说，既要做好文化遗产本体的利用，又要把文化遗产的利用从整个文化产业发展战略乃至当地经济社会发展战略予以考虑，使之朝着规模化、集约化、专业化方向发展。总之，编制文化遗产利用规划，切莫忽视前瞻性。

第三，古村镇文化遗产利用规划要着重可行性。编制文化遗产利用规划的起点要高，但起点高不等于凌空起步。文化遗产利用规划要做到高起点，就应该找准起步点，这个起步点就是文化遗产本体、风貌和当地的实际。应从文化遗产的实际出发，定位要准、思路要广、创意要新、措施要实、效果要好，这样的利用规划才具有可行性和操作性。不然，编制出来的利用规划只能束之高阁，既浪费人力，又浪费财力，不仅不能促进文化遗产的利用，而且不能有效地保护文化遗产。

古村镇的文化遗产是不可再生的文化资源，是一笔十分宝贵的财富。既要保护好，也要利用好，充分发挥其在实现中华民族伟大复兴中的作用，造福农民，造福群众。

注释

[1] 联合国教科文组织《保护非物质文化遗产公约》。
[2] 参见：百度百科 西递村。
[3] 参见：百度百科 石龙镇（广东东莞市石龙镇）。
[4] 清末至民国年间广东四大名镇是：省（广州）佛（佛山）陈（陈村）龙（石龙）。
[5] 参见：中国新闻网。
[6]《香格里拉火灾原因初步查明》（《洛阳晚报》2014 年 1 月 13 日）。
[7] 参见：百度百科卖身节。
[8] 国发〔2009〕41 号文。
[9] 见国家住建部、国家旅游局：建村［2010］36 号文和建村［2011］104 号文。
[10]《浙江兰溪诸葛村：旅游收入用于传统古建风貌保护》（中国报道，2013 年 04 月 14 日）。
[11]《周庄打造“中国第一水乡”品牌的发展路径》（政协苏州市委员会网站，2012-1-12）。
[12] 参见：百度百科歇马村。

作者

刘炳元，中国文物学会专家委员会委员，中国人民解放军体育学院客座教授，中国管理科学研究院特约研究员，中国科学院地理所旅游研究与规划设计中心兼职研究员。

保护古村镇文化遗产的基本元素

◎ 俞剑勤

通过对古村镇、文化遗产等基本要素的释读，以明晰古村镇文化遗产的保护价值和意义，从而让各级政府和社会大众了解古村镇的深刻内涵和保护范畴，进一步带动或提高全社会保护文化遗产的积极性和能动性。

引言

随着城镇化的快速推进和新农村建设的广泛开展，我国古村镇保护利用工作得到了全面开展，各种效应也较为明显。从各地古村镇发展实践看，因各自不同的管理模式和利益格局，不同程度地存在着盲目建设开发、项目同化、民俗呆板等问题，更为严重的是有的地方因为对古村镇保护知识认识的不足，导致很多历史悠久、遗存丰富的完整古村镇遭到不同程度的“蚕蚀”和“肢解”，数量日益减少，从而影响了地方经济和社会主义新农村的建设。因此，做好古村镇概念、内涵等相关保护知识的认识和普及等基础性工作，设法继续让这些古村镇散发光热并活化，是我们当前必须应该考量的。

一　古村镇文化遗产等相关概念

古村镇保护是国家历史遗产保护体系中的重要组成部分，并且伴随着社会经济的发展和国民文化素质的提高而越来越受到重视。2005 年 10 月，由中国城市规划学会和山西省建设厅主办的中国古村镇保护与发展国际研讨会在山西省临县碛口古镇召开，来自国内外的 50 多位专家学者以及一些镇村代表参加了研讨会，共同签署发表了《中国古村镇保护与发展碛口宣言》。2013 年 5 月 27 日，中国文物学会古村镇专业委员会在湖州市荻港村正式成立，签署《中国古村镇保护与发展荻港宣言》。从这两个宣言可以看出，古村镇的概念在法律界和学术范围都还未有明确的界定，与此相对应的是国务院颁发的《历史文化名城名镇名村保护条例》中名镇名村的申报条件更具有严格的理论意义，泛指那些形成于历史年代，聚落环境、街巷风貌、民居建筑、历史文脉、传统氛围至今依然保存较好的村庄和集镇。此文所谈的古村镇的内涵就稍显清晰和宽泛了。我们可粗陋理解所谓的古村镇含义应是本世纪初才在社会大众中流行并俗称的“词汇”，确切地说或从狭义上理解应指那些“在一个历史时期或某个特定的历史阶段，在某个区域形成并保存各类有形或无形的文物遗存特别丰富并且具有重要的文物价值和优秀传统文化的城镇、村庄”。

“文化遗产”观念的引入，突破了传统的“文物”观念的局限性，强化着遗产的环境意识、共享意识，以及全社会都必须承担管理和保护的理念，促使人们从“大文物”的观念来看待古村镇文化遗产的保护。目前，我国文化遗产的概念从中央到地方，包括文化、建设、规划、旅游等部门和单位也都得到了广泛的运用和重视，但从国际上说，影响最大的法律文件是联合国教科文组织的《保护世界文化和自然遗产公约》为依据，《公约》中所指的“文化遗产”分为三类：monuments groups of buildings sites，翻译中文分别是：文物、建筑群、遗址。可以看出，这三类文化遗产大体等同于我国《文物保护法》中所指的“古文化遗址、古墓葬、古建筑、石窟寺、石刻、壁画、近代现代重要史迹和代表性建筑等不可移动文物”。对应我国文化遗产的定义，一方面则是在《公约》和相关世界文献理念基础上的更进一步的理解，另一方面是我国原有“文物”概念的扩充。2005 年 12 月，国务院发布《关于加强文化遗产保护的通知》（国发〔2005〕42 号），指明文化遗产包括物质文化遗产和非物质文化遗产，其中，物质文化遗产在《文物保护法》中都有所涵盖，《非物质文化遗产保护法》在 2011 年也开始实施。据此，我国的文化遗产概念外延国际文献概念的基础上，包含不可移动文物和可移动文物、物质与非物质文化遗产。

古村镇在漫长的历史变迁中，真实地记录着至少当地历史文化和社会发展的脉络，是文化多样性的重要物化载体，具有丰富的科学文化内涵。所以，我们从广义上也可以这样对古村镇文化遗产下定义，它是承载中国农耕文明的最重要载体，是区域内多种历史文化的集合，作为乡土中国的最基本单位，深含了中国文化的根基和底蕴，遗存的古民居、祠堂、庙宇、桥梁等物质文化遗产，具有鲜明地域特征，附着居住者的衣食起居、劳动生产、宗教礼仪、民间艺术等富有代表性的非物质文化遗产，还拥有丰富的传统农工商系统和生态资源。延伸的说法，它是自身的价值向社会价值的演变。

中国幅员辽阔、历史悠久、民族众多，多样地理、多种气候、多元文化，形成了各具特色的古村镇。《碛口宣言》的签署，吸引了全社会对古村镇保护和发展问题的关注，《荻港宣言》是《碛口宣言》在我国保护古村镇保护工作的延续和深化，它更加明确指出了中国古村镇文化遗产在城镇化快速推进过程中保护的重要性和紧迫性，亟待解决的问题及保护、发展建议。这也从古村镇固有的特性上，明确了我国各级地方政府和相关部门在保护古村镇工作方面，不是所有的村镇都是要保护的，要综合各方面考虑的，尤其是价值属性认定和优秀文化传承方面是前置的，也就是首先要从概念上知道这个村镇是不是“古”的。

二　古村镇文化遗产的保护价值和意义

各类大小的古村镇作为推进我国经济社会发展的重要资源，有其自身的文化特性和特有功能，引领着中华优秀文化传承方向。我们探讨其蕴涵的文化深意，不妨先以全面的、发展的、动态的思维模式探讨并认识古村镇文化遗产的保护价值和意义，或较为妥当。

价值的基本解释，一是商品的一种属性，其大小取决于生产这件商品所需的社会必要劳动时间的财产价值；一是积极作用。在文物界谈到价值，一般指文物本身的价值。古村镇是我国村镇历代生活的缩影，是几千年耕读生活的写照，见证了中华文明的发展过程，记录了人类历史的演变和发展。所遗存的文化史遗是我国文化遗产体系中的代表性文物，具有核心价值作用，它是展示和研究农业、经济文明的重要实物。至于价值界定，应包含“实体说”、“属性说”、“关系说”、“意义说”四种模式，并以此角度为出发点，才能正确、清楚、适当的探求此类文化遗产保护的意义。

首先，它是中华五千年文明的历史见证。我们的原始祖先，在从穴居野处，构木为巢，逐渐脱离原始状态时起，就开始了群居的聚落、村寨、城堡等原始的小城镇雏形。进入“文明社会”后，小城镇逐渐发展成了保卫奴隶主、封建专制国家统治者的设防城堡、城市、都城、商埠。恩格斯在其《家庭私有制和国家的起源》中写道：“在新的设防城市的周围，屹立着高峻的墙壁并非无故。它们的壕沟，深陷为氏族制度的墓穴，而它们的城楼，已耸入文明时代了。……这是建筑艺术上的巨大进步，同时也是危险增加和防卫增加的标志。”恩格斯这一段话，主要是说明社会生产力发展的一个划时代的形象标志，他这里所说的文明时代的标志，也就是小城镇发展中的一个历程。在中国的小城镇、村寨从原始社会的中心聚落，到设防城堡、城寨，到专为保卫奴隶主和封建统治者的王城王都，到各级官署城池、郡州府县、乡镇城市的历史文献记载和实物遗址遗存非常丰富，其脉络历历可寻。从考古发展发掘的一些资料来看，数量最多、文化内涵、城镇规划、建筑遗产丰富的小城镇，贯穿着人类自原始社会后期以来六七千年的发展历程，是人类现代文明的发展的历史见证。县以下的城镇虽然规模稍小，但其丰富的文化传承和特征，展示了文化、社会、经济及宗教发展完整的画卷，是我国五千年文化发展的缩影，保护意义重大。

其次，它是传统文化智慧的传承倡导和现代新文化的桥梁。现在很多各行各业的人士，都普遍有着如下错误的概念：“认为当今的社会是一个都市价值取向的社会，无形之中，我们照着都市生活的模型来模塑乡村的景观。”这种认识和做法是建立在完全否定古村镇传统基础之上的，似乎从城里搬来一套全新的文化体系，就可挽救现在乡村社会的困境。文化的全球化，不加以区分和提炼升华，难免使文化的多样性趋于同一化，人类的创造力和思维活力就会趋向呆板。费孝通在《乡土重建》一书中指出：“根植于乡村的民间文化具有鲜明的农业社会特征，其精华部分是与传统农业社会相适应的文明和智慧。”古村镇文化遗产在村民的日常生活中发挥着维护乡村内部平衡、维系乡村生活和谐、丰富乡村文化生活等功用，保护传承和提倡古村镇文化遗产的多样性，不但为社会更新和适应新变化提供了智慧源泉，而且它不同于现代文化的异质性特征，是全社会人类重新传承传精神和文化、探索未来文化、经济发展的资源和工具。

最后，它还是国家文化“软实力”的象征。一个国家的综合国力，既包括由经济、科技、军事实力等组成的“硬实力”，也包括以文化、价值观念、社会制度、意识形态吸引力体现的“软实力”。习近平总书记也指出：“中华文化包含着中华民族最根本的精神基因，代表着中华民族独特的精神标识，中华优秀传统文化是我们最深厚的文化软实力”。显而易见，在当今世界，文化在综合国力竞争中的地位和作用更加明显，但相对硬实力而言，文化软实力对社会更具有渗透力、影响力和辐射力。保护古村镇就是提高国家软实力长期复杂的工程之一，它是经济发展、时代进步和社会文明的标志，往往代表了一时期或一个区域的生产力发展水平。同时，古村镇文化遗产的保护和发展是全面建成小康社会的一项重要内容，不仅是我国文化建设和发展的重要组成部分，更是关系着国家的文化软实力建设和文化安全。从立足本土现实的基础上，通过古村镇的保护，使各国人民了解中国的历史文化，认识当代中国，从而推动中华文化走向世界中发挥积极作用。关注和研究古村镇保护建设，对于有效促进整个现代化建设事业，振奋人们的精神，更好地为经济建设、文化建和生态文明建设服务，提升国家的综合国力，意义重大，影响深远。

三　古村镇文化遗产的内在涵义

一般来说，内在的含义，也是通常所说的内涵。文化遗产的内涵是这一有形或无形遗存的内在本质属性之和。从单一的、间断的、静止的逻辑观点去分析，好似有所欠缺。我们从上述古村镇文化遗产价值的外延和超文物的保护意义角度出发，可以来探析它所固有的内在含义，理解也较为深刻。

一是独特的、鲜明的时代变迁性。时代的基本解释是历史上以经济、政治、文化等状况为依据而划分的时期。村落的形成是动态的，其每处物质文物文化遗产和非物质文化遗产都是历史和时间的沉积，随着历史的年轮，原有的社会功能特性辐射出更多的人类学、社会学、生态学新生事物，体现了其独有的文明演进的时代特征，记录着社会发展的文明信息，是活着的文化生命体。不难发现，古村镇文化遗产在历史长河中的时代烙印是非常鲜明的，它所反映的是当时的经济和社会状态及政治制度，以此了解和认识其所处时代的村镇生活、民俗风情、耕读礼乐、贸商往来、岁俗时令等方方面面，反之，没有时代性的历史产物也就不能称之为文化遗产了。

二是处处充满着深厚的人文精神。事实上，每一个传承至今的古村镇都有一部厚厚的人文历史。任何文化遗产都要是人为创造的，“人”包括一定时期的自然人和民间社会团体，所以与人的关系是密不可分的。现在的古村镇都有独具风格的实体，从建筑技术上说，是缩版的“营造学”，充满着了强烈的人文感，反映的是建筑主人的身份、动机和所处的时代背景等，充满着那时人们的人生观、审美观、价值观等丰富的思想内涵。这也是文化遗产和自然遗产的最大区别。如古村镇中建筑物的选址、材料的选取、制作工艺的斟酌、格局的布置，强调的是人与自然和谐关系，是天、地、人合一的完美写照；古村镇生产生活中的事件、传说故事、市井戏曲、琴艺、技技的创作思想、表演的主题等，无不涉及人和事的联系。

三是艺术性与工艺性的完美结合。不管是物质还是非物质的文化，从开始构思到创作完成，无处不体现出人们在那个时期里赋予的特殊方式——艺术性。这种特殊方式是当时人们固有的审美观和情操，结合已有的技艺，还有灵感的升华，在文化发展领域发挥得淋漓尽致。古村镇传统文化的艺术制作和表现的形式门类众多，古村镇中民居、宗祠、牌坊、桥梁等建筑艺术；民间文学、音乐、戏剧、传统手工艺等文化传承都具有各自的工艺特点，展现的成果就是极高的艺术性体现。

四是得天独厚地理环境的差异性。不同的地域，造就了不同的文化遗产。在布局上，北方的古村镇建筑多地处平原，受建筑礼制影响较多，讲究的是等级森严、肃穆、大气；而南方民居确稍显随意，依山而建、就水而居，秀气、小巧。形制方面，北方传统民居大多是前屋后院或前园后屋，高墙厚重；南方厅堂民居多以四合院落或三合院为居中，以厢房构造格局围合，各单体间以鹅卵石的弄堂或走马楼相接。北方的多风沙和南方的多雨水气候特点，在我国古村镇上发展史上是一目了然的。在日常生活的风俗上，地域方面也有很大的不同，如戏曲的腔调、传统节日的习俗、农耕时令等。

古村镇是祖先留给我们一本无字的历史书卷，它所呈现出的文化传统属性是多元的，除了上面几点外，还有丰富的教化知识、独特的民族特色、天地人相应的地域性等内在属性，探索、研究这些文化内涵也是保护传承我国历史文化遗产的的需要，更是值得我们去继承和发扬光大。

四　古村镇文化遗产的类型

中国是一个农业大国，源远流长的农业文明孕育着中华文明的母体和基础，各地历史上形成的富有特色的古村镇文化遗产就是中华文明的体现之一。古村镇通常反映出在一个特定的区域内人们的传统生产生活的实际需求和活动，以及在此过程中形成的社会意识形态、文化习俗、宗教信仰等传统文化，这类文化遗产的形成受到自然环境、人类活动、社会生产关系等多因素的制约，并在形成类型上表现出较大的差异性。古村镇是人们与自然、社会长期互动的作品，而对这些中华古文明的"活化石"进行分门别类，就得从它的内部构成来剖析。

我们来看下古村镇文化遗产的构成要素：它包括物质要素和在这些基础上形成的非物质要素。物质要素又分为两大类：自然要素和人为要素。从一般意义上讲，自然要素主要包括地形地貌、气候、水文、植被等方面，这些都不同程度决定着古村镇的类型和人们的生活方式，从某种程度上讲，自然要素对古村镇的形成类型起着最为基础的塑造作用。人为要素是形成古村镇的核心要素，是古村镇的文化根底，因为人一方面要在改造自然的同时，还要不停的为适应自然的过程中中锻炼并创造自己所在区域特有的东西。非物质要素主要是指古村镇的精神文化生活层面，它是判别不同类型古村镇的重要参考。

我国现存比较完整的和保护价值较高的古村镇还是较多的，主要集中在江苏、浙江、广东、福建和湖南、贵州、江西一带，其中浙东、皖南、闽南等地最为突出。可由于地理变迁和文化扩散的复杂性，要将这些星罗棋布的古村镇进行科学的划分是比较困难的。罗列以下几种划分方式：

根据我国相关法律的规定，以保护级别可分为：世界文化遗产、全国重点文物保护单位、国家级历史文化名镇名村、省级历史文化名镇名村和省级文物保护单位、优秀文化传统村落、魅力乡村、古建筑群、历史文化街区等。

按照文化背景和历史区域又可分为以下几种：一是大家风范的徽派古村镇，以安徽西递、江西婺源为代表；二是肃穆大气的北方大院落，以山西乔家大院为代表；三是小巧精致玲珑的江南水乡古村镇，以江苏周庄、浙江乌镇为代表；四是朴实无华的西北古村镇，以陕西韩城党家村为代表；五是浪漫怡情的西南古村镇，以四川黄龙溪、重庆合川涞滩为代表；六是个性独特且鲜明的岭南古村镇，以福建永定、广东开平为代表；七是清秀端庄的湘黔古村镇，以湘南青岩为代表；八是各领风骚的南诏古村镇，以云南和顺为代表。

按照古村镇的文化价值可以从民居建筑、地方民俗、风水文化、产业文化等多个方面得以体现。以产业文化为例，依据历史演进中产业支撑的不同，现存古村镇大体又可分为四种类型：一是耕织结合型，即自给型农牧业和自给型家庭副业的结合，一些地处大山深处的古村镇多此类；二是以商助耕型，即自给型农业与商业发展的结合，这些古村镇多处于水陆交通干道或靠近城市的地区，有酒坊、染坊、油坊、钱庄、当铺、药店等；三是手工助耕型，即自给型农业和商业型手工医药业的结合，如刺绣、编织、雕刻、加工等；四是商业织耕型，即自给农业和商业型农业相结合，如经营蚕桑、茶叶、蔬菜、瓜果、烟叶等。这些产业文化遗存在古村镇得到了不同程度的保留。

结语

古村镇文化遗产保护工作是一项复杂的系统和综合性工程，而概念的认定、内涵的明确、类型的辨别等前提性工作，又只是这整体工作的第一步，关系着整个保护工作的顺利进行和开展。而在当前，我国古村镇文化遗产的认定工作，在很多地方又没从古村镇的特性出发，从而不能从根本上认识到保护古村镇文化遗产的重要意义和保护价值，加上工业化、城市化迅猛发展，古村镇的萎缩呈逐渐加快趋势。作为社会各阶层和团体，我们应该拓宽遗产的保护视野，跳出"小文物"保护观念的桎梏，运用历史的、科学的、发展的观点去明晰古村镇保护范畴，使真正让地方富有特色的、优秀的古村镇文化遗产融入现代社会的服务框架，并成为中华民族伟大复兴的文化主流之一。

参考文献

[1]《联合国教科文组织保护世界文化公约选编》，法律出版社，2006年。
[2] 罗哲文：《我国历史小城镇（包括村寨）的保护发展与建设之管见》，《古建园林技术》，2011年第1期。
[3] 刘守柔 闰华芳：《"文化遗产"概念回溯及我国之运用》，《中国文物科学研究》，2009年1月第1期。
[4] 刘炳元：《文化遗产内涵的本质属性探究》，《中国文物科学研究》，2010年3月第1期。
[5] 孙明泉：《简论古村镇文化资源的再生性开发》，中国城市网，2010年1月。
[6] 徐赣丽：《乡村智慧：古村镇文化遗产的价值》，《中国社会科学报》，2011年6月。

作者

俞剑勤，浙江省金华市金东区文物监察大队。

古村镇抢救性和适应性保护之管见

◎ 詹祥云　汪梁

一　引言

我国幅员辽阔、历史悠久、民族众多，多样地理、多种气候、多元文化。所谓五里不同风，十里不同俗。形成了各具特色的古村镇。这些朴实、生动、鲜活、极富文化内涵的古村镇，是中国传统建筑精髓的重要组成部分，真实地反映了农业文明时代的乡村经济和极富人情味的社会生活。它凝聚了劳动人民的智慧，沉淀了民族的优秀文化，传承了丰富的历史信息，具有重要的历史、科学、文化、艺术、教育、旅游等价值，是中华民族宝贵的历史文化遗产。

令人遗憾的是，当前我国城镇化进程正在加速，新农村建设如火如荼。当人们享受到越来越便捷舒适的生活时，有多少人还记得回头向我们的祖宗前辈生存其中却被我们遗忘的古村镇投去一瞥！农耕时代，中华民族丰富灿烂的民间文化正是从一个个村落中孕育而出的，但在工业时代的今天，这些文明的摇篮正以惊人的速度消失。据住建部的统计，在过去几十年的工业化、城镇化过程中，传统村落大量消失，现存数量仅占全国行政村总数的 1.9%，目前具有较高保护价值的传统村落不到 5000 个。数据是枯燥的，但也是直观的，我们必须清醒地意识到，这些独特的历史文化遗产是极其脆弱和不可再生的。虽然我们在保护方面做了一些工作，但形势依然严峻，保护古村镇已成为当前社会广泛共识的迫切任务，势在必行、刻不容缓。

在对待古村镇的保护与发展问题上，应综合性和整体性的加以考虑，同时辩证扬弃地吸收其历史文脉，以可持续的发展思想为指导，将古村镇的经济社会发展与自身历史文化传统、自然生态环境进行有机结合，使古村镇既能体现地域文化特色，又能满足现代居民日益增长的生活需求，促进古村镇的保护与发展走向一条和谐的道路，应是我们共同追求的方向和目标。

二　保护古村镇的意义

古村镇的价值已被社会逐渐认可，受到越来越多的广泛关注，虽然他的价值不能等同于故宫、颐和园和长城等。可是最能体现民众精神本质与气质的民间文化一直活生生存在于古村镇中。因为他见证了中华民族历史演进的过程，是我国历史文化遗产重要组成部分，而今在时间积累沉淀中所蕴藏的绵绵韵味，正是浓浓乡愁的最基本载体。因此当我们在充分认识古村镇价值的同时，保护好他们具有十分重要的意义。

（一）古村镇是延续中华民族农耕文明的根脉

人类的文明由远古到今天，经历两次“转型”。一是由渔猎文明转为农耕文明；再一次就是近一个世纪——农耕文明向现代工业文明的转化。在文明转型期间，新旧事物的更迭非常无情，人们是不会很快的就能看到正在逝去的事物内在的文化价值和精神价值，松动和瓦解甚至消亡是必然的。同时随着经济全球化趋势和现代化进程的加快，我国的文化生态正在发生巨大的变化，文化遗产及其生存环境受到了严重的威胁。其中便是外来文化的冲击，如商品性的、快餐式的、粗鄙又新奇的流行文化的充盈。其结果是“外国的月亮比中国圆”“外面的世界真精彩”。

如果说中华民族五千年历史文明都在农耕文明里，那么村落则是我们农耕生活遥远的源头与根据地。在漫长的岁月里，交通不便，信息隔绝，各自发展，自成形态，造就了中华文化的多样并存与整体灿烂。倘若没有了这花团锦簇般各族各地根性的古村镇，中华文化的灿烂又从何谈起。至今至少一半中国人还在这种“农村社区”里种地生活，生儿育女，享用着世代相传的文明。因而，保护好古村镇显得尤为重要，这不仅仅是在保护文化领域中的某一部分，而是有着守卫国家文化独立与安全的深远意义。正如冯骥才先生说的：“文化似乎不直接关系国计民生，但却直接关系着民族的性格、精神、意识、思想、言语和气质，抽出文化这根筋脉，一个民族将会成为植物人”。

（二）古村镇是我国历史文化遗产的重要组成部分

在五千年农耕时代，村落是最基本的社会单元。我国民族众多，地域多样，气候迥异，形成了形态缤纷、风情各异的村落文化，至今保持着及其丰富的历史记忆和根脉，以及厚重的文化遗产。如古村镇的规划、各类建筑、历史遗址，这些属于物质文化遗产；而其中的民俗、音乐、舞蹈、戏剧、曲艺、杂技、武术、医药和各种传统技艺等等又属于非物质文化遗产。如果我们只注重古村镇的物质文化遗产，里面的非物质的成分渐渐没了，那么他就会失去生命与灵魂。反之亦然。可以说，古村镇是物质和非物质文化遗产的综合体，这两类遗产互相融合，互相依存，同属一个文化与审美的基因，是一个独特的整体，是活态和立体的，缺一不可。

目前，我国近7万处各级文物保护单位中，有半数以上分布在农村乡镇，还有1300多项国家级“非遗”和7000多项省、市、县级“非遗”，绝大多数都在古村镇里，从数字中我们不难看出，古村镇是承载着中华民族大部分历史的记忆和基因。

（三）古村镇是感召游子、记住乡愁的纽带

“让居民望得见山、看得见水、记住乡愁”，这是2013年12月，中央城镇化工作会议提出来的，这说明党中央高度重视城镇化建设工作。这也是对古村镇重要性的最大肯定。

古村镇，承载着历史的基因，是许多人儿时的家园。法国著名导演吕克·贝松曾说：“童年是人类的父亲。”从这个意义上说，村落就像是“人类的父亲”。中华民族是个大团圆民族，爱乡土，爱家国，与生俱来，一脉相承，根深蒂固。在中国的传统节日里，如元宵节、端午节、中秋节、重阳节等，

尤其是春节、清明节，在外奔波的游子们以势不可挡力量纷纷踏上归家的征程。“旧路青山在，余生白首归”。落叶归根，是中国人，特别是海外华人华裔世代坚守的戒规。只要身在异乡为异客，不论男女老少，贫富贵贱，就必然认定自己和祖辈曾经所生活的那方热土，那个村落，那处田园，那栋祠庙……就是永远的家与国，永远寻根为祖的故乡。

三　古村落的现状

在当今经济社会发展现实中，我国用30年的时间走过了西方200年的城镇化历程。截止到2012年末，中国城镇化率已达到52.57%，与世界平均水平大体相当；城镇居住人口达6.9亿。加快城镇化进程，仍是我国统筹城乡协调发展的一项重大决策，未来人口向城镇聚集的趋势仍不可逆转。城镇化的快速推进虽然可作为经济发展的引擎和驱动力，但也几乎使地域特色、乡土文明摧毁蚕食。

随着工业化、城镇化快速发展，城市的个性迅速消失，“千城一面”的现象已向乡村蔓延。古村落在自然和人为损毁的双重威胁下，存续数量锐减，消逝的情况正日益加剧。据国家统计数据显示，2000年，我国自然村总数为360余万个，到2010年，仅仅过去十年，总数锐减为270万个。十年内消失了90万个自然村，相当于每天消失将近300个自然村，而这些消失的自然村中包括许多历史文化悠久的古村落。为此引起党中央和国务院高度重视，2012年4月，由建部、文化部、国家文物局、财政部联合启动了中国首次传统村落的调查。依据《传统村落评价认定指标体系（试行）》，共上报近1.2万个村落，并于2012年12月和2013年8月，相继公布第一批、第二批全国传统村落共计1561个。令人痛惜的是我国目前具有较高保护价值的传统村落不足5000个。对于我们这个传统的农耕国家可谓是个“惊天”数字。足以显示古村镇消亡其势迅猛和不可阻挡。也许我们可以解释为对古村镇的改造和保护缺乏文化准备；也可以解释为老百姓迫切需要解决实际的生活问题；还可以解释为在政绩压力下不得已而为之。但是当我们的后代找不到自己的根脉，找不到自我的历史和文化凭证。当他们知道这是我们所作所为——是我们亲手把一个沉甸甸、厚重的生命，变成亮闪闪的失忆者，我想他们一定会责骂我们这一代人的无知、愚昧。

应该说，古村镇的保护是困难的。谈及古村镇的保护，清华大学建筑学院教授楼庆西曾感叹：“比保护故宫还难！”。因为他不是文物，不是文保单位，而是依然活着的古老社区，如今他正在发生“质”的变化。如越来越多的古村镇因农民外出打工而出现“空巢现象”；不少古村镇经年历久，多已破败，重修无力；有些在匆匆忙忙开发旅游使古村镇面目全非，甚至不伦不类。尤其是在经济发达地区，不少古村落已经从地图上抹去。当然还有一个不可回避的难题就是随着城乡一体化的推行，城市与乡村的距离正在逐步的拉近和平等化，人们通过电视、网络和外出务工了解到现代生活的舒适和方便，因此对居住环境要求也越来越高。世居在昏黑又潮湿的古建筑已无法满足日益增长的现代生活需要，考虑到采光，他们会把外窄内似宽的窗户去掉，代之的是宽敞的铝合金窗；考虑到天井在日常居住中的湿冷和不便，他们会在其上部添盖玻璃瓦件；考虑到更好地改善居住条件，他们会把整个老宅拆掉重建……这种新旧观念差异对整个古村镇的保护是致命的，也是硬伤，更是一道不可逾越的鸿沟。

近年来党中央、国务院一直对古村镇的保护不断加大力度。如2003年，建设部和国家文物局联合发布了首批22个历史文化名镇（村）名单，在社会各界引起极大反响。一些专家、学者认为，这是中国历史文化遗产保护中一个新的里程碑。截至目前公布了 528 个中国历史文化名镇（村），同时还公布了 1561 个全国传统村落。2013 年 7 月，习近平总书记在湖北鄂州考察时特别强调："实现城乡一体化，建设美丽乡村，不能大拆大建，特别是古村落要保护好"。这对于古村镇保护撑起了"保护伞"。随后于 2013 年 12 月召开的中央城镇化工作会议中，对推进城镇化提出了六大主要任务，同时就对城镇化进程中的遗产保护提出了"要传承文化，发展有历史记忆、地域特色、民族特点的美丽城镇"等要求。2014 年，住建部、财政部、文化部、国家文物局四大部门为加强传统村落保护，改善人居环境，实现传统村落的可持续发展，联合出台了《关于切实加强中国传统村落保护的指导意见》。

四　保护古村镇的建议和探索

应该说，党中央、国务院及相关部门为保护古村镇可谓是费尽心思、呕心沥血。但笔者认为，我国的古村镇在大环境保护下，应结合他的保存现状、分布特点、建筑特征，采取相对应的对策实施保护和利用。

一是对公布的全国传统村落进行立法管理，通过法律来约束人们的行为意识。

二是依据法律法规，对全国传统村落全面落实编制整体保护规划，确定核心保护区域和建设控制区域，明确核心保护区域内不得进行拆旧建新和扩建，如果已经影响到日常生活和生产的，必须按原状进行维修或加固；建设控制区域内允许进行新建和扩建，但必须与当地的传统建筑的高度、体量、外观形象及色彩保持一致。由于要保持传统村落的整体性和真实性，而众多的传统村落在建设用地方面是有限的，使得难以满足村内人口增长和村民日常生活的需求，可另辟新区进行缓解，为此国土部门在对其用地指标及"一户一宅制"上应给予政策倾斜。如此，不仅在新农村建设和美丽乡村建设中杜绝大拆大建和涂脂抹粉现象发生，又保持了传统村落的原汁原味。

三是对古村镇建立"六级"联动保护机制。即国家、省、市、县、乡、村层层签订保护责任书的"六级"联动保护机制，每月汇总各地古村镇的动态情况，并将这一保护机制纳入各级年终目标责任考核，国家根据上报结果采取相应的保护措施，并定期或不定期进行检查和抽查。

四是探索全国传统村落保护模式的创新尝试。如要求各地申报一批在文化遗产和传统乡土建筑富集、保存基础条件较好、文化底蕴深厚的古村镇进行项目保护示范试点工程。明确需因地制宜，划出保护片区，不建设新场馆，尊重和保持乡村文化的现状，充分利用当地现有的设施，建设民俗博物馆和乡村博物馆，收集和展览富有地域特色、活态文化特色和集体记忆的文化遗产，包括乡土建筑、街区遗产，农业遗产、农业生产劳作工艺、服饰、民间风俗礼仪、节庆习俗等，实现传统村落的整体性和真实性保护。按照成熟一个验收一个的原则，组织专项验收小组对申报竣工的试点进行验收，验收通过后向社会公布，并形成规范化标准，逐步进行推广实施，使传统村落能够得到真正的保护。

五是依据传统村落的自身特色，挖掘整理，发展符合当地的特色旅游产业，坚决遏制为求短期利益而盲目地开发，做到保护中开发，开发中保护。按当地的建筑风格、风貌、地域文化、宗教礼仪和民间习俗等并尊重自然、爱护生态环境，严格保护，科学规划，倡导以人为本的科学发展观。使古村镇的人文景观和自然景观有机融为一体。充分展示古文化之美，古村镇之美。

保护古村镇，就是保护民族的精神家园。保护好古村镇便是保护我们千百年传统的见证，一旦不加以保护，那么我们厚重与丰富的历史文化就变得瘠薄和单一了。留得住古村镇，才能记得住乡愁。没了古村镇，何处觅乡愁？今天，我们对古村镇加以保护和呵护的同时，更是在为我们的子孙后代保护一份巨大的、珍贵的、不可替代的财富。

作者

詹祥云，江西婺源博物馆。
汪梁，江西婺源县文物局。

价值分析视角下的古村镇保护利用

◎ 雷蕾

价值关系是定义和解读古村镇功能和作用的基本依据。不同的价值关系产生不同的村镇形式和功能。古村镇一旦产生，就是一种文化生命体，并在一个历史过程中通过积淀、融汇、聚散、再生、隔离等机制实现自我发展并创造新的功能价值，从而获得新的生命力。在现代社会，古村镇在城乡耦合、文化传承、特色产业发展、旅游休闲等方面具有重要的价值，对古村镇新旧价值的揭示和维系是保证古村镇保护、利用、开发的前提和要义。

古村镇保护利用是中国传统文化保护领域里的重点和难点。古村镇保护之难，既表现为理论层面对古村镇本质认识模糊、评价缺乏理性依据，又表现为过度的商业化开发设计和伪文化性质的主题公园化倾向。深入分析这两个层面的困境，我们会发现，它们其实都凸现出一组涉及价值判断的基本问题，即古村镇究竟是什么？古村镇保护的核心是什么？古村镇有什么当代价值？在这些问题没有解决好的时候，相关保护利用不可避免地陷入了尴尬的悖论怪圈，一方面是保护呼声和力度都在逐年加大，而另一方面却是大片的村镇正在消失和变异，而且出现了受到保护开发的村镇反而加快了文化消失的普遍性问题。当前，生态理念、文化保护、可持续发展理论等逐渐成为全球共识，并形成了一种新的语境，我们有可能以新的视角审视这些问题，这是时代带给我们的机遇。本文借用价值哲学的分析方法对古村镇问题进行探究，希望这种尝试能对以上问题有一些新的回应。

一　从价值分析角度看古村镇的盛衰演化

（一）价值分析的方法作用简介

价值分析是价值哲学研究的概念工具。价值哲学认为，价值是价值主体（人）和价值客体（万事万物）之间的核心联系，价值关系不仅反映主体对客体的价值诉求，而且会通过主客体之间的相互作用产生价值事实[1]。价值事实构成的价值世界是客观世界的重要组成部分。在人类社会的各个领域，价值世界从无到有，从小到大，随着人类利用和改造世界能力的不断增强，价值关系的范围日益广阔，价值世界的内容也日趋丰富。价值分析就是建立在这种背景下，以价值世界的各类现象为研究对象，以主客体之间的深层关系为关注点，着重分析价值关系作用机制的研究方法。价值分析对于解读社会的各类复杂现象具有方法论上的优势，是指导实践发展的一把钥匙。

（二）古村镇问题的结构和深度

联合国教科文组织在《实施〈世界遗产公约〉操作指南》中将古村镇列入文化景观的范围，指出它们是“人类社会和居住点长期演化过程的例证”。历史研究表明，在漫长的发展过程中，古村镇的演化一方面受到特定区域的地理、物产等自然条件的支持和制约，一方面又与人类社会文明程度、科技水平、思想观念、精神信仰、文化传统密切相关。对此，学者们从时间、空间、文化、民族等不同角度切入，对古村镇发生、发展规律、外部条件、内在动力和运行机制等问题进行研究，并取得了众多重要的成果。但是，对古村镇实质、古村镇保护利用的终极目标的认知，却仍旧未能达成共识，这与古村镇问题的复杂性、多样性、综合性有着密切的关系。这也是本文试图解决的一个核心问题。

（三）价值分析的创新性和必要性

古村镇展示了“可持续土地利用的特殊技术以及人类与自然特定的精神关系”[2]，这个表述显示出国际上对古村镇这类文化景观认识的一个角度，与价值哲学对“关系”范畴的关注有着思路上的契合。长期以来，虽然古村镇的文化价值、经济价值、审美价值已经获得了肯定，但是这种判断是以具体领域的功能和作用作为标准的。这种以具体学科理论作为判定依据的方法，在操作层面指导实践是必要和可行的，但它们并不能解决普遍意义上的价值判断问题。特别是在面对古村镇本质问题、古村镇在新时代背景下的意义作用时，这种单一学科的方法就无法统领和驾驭，必须有一个能够跨学科、进行深入分析并提供普遍性意义的概念和方法进行指导，这时作为哲学方法的价值分析就显示出它的优势。在古村镇保护利用问题突出、评价标尺紊乱的今天，采用哲学的视角进行重新审视，既有必要也有可能。

二　不同类型的古村镇及其深层根据

（一）不同类型古村镇及其产生动因

从发生学的角度来观察，古村镇最初的产生至少有以下几种基本类型：处于交通要道的中继点和转换点的交通节点型古村镇；作为区域商贸交易、文化交流、行政管理中心的区域中心型古镇（村）；因军队驻防、要塞设置而建筑的要塞堡垒型古村镇；由于大家族迁徙和繁衍而形成的望族聚落型古村（镇）；以及为宗教圣山圣地朝拜提供服务的朝觐服务地型古村镇等几大类。这些古村镇在形成阶段的动因是各不相同的。

以交通要道型的古村镇为例，这类村镇的前身通常是陆路、水陆运输的驿站、码头，货物运输到此需要进行卸载、转运，人员经过这里需要短暂的休息调整，于是提供吃、住、货物寄存、交易、转运的各类服务便应运而生，码头库房、酒铺饭馆、客栈旅社、钱号当铺等成为这类村镇的主要功能模块，流动人群的基本生活需求和货物运输需要决定了村镇最初的功能和形态，人与古村镇之间内在的价值关系成为交通要道型古村镇形成的重要动因。

望族聚居是中国古村镇的独特现象，也是数量最多的古村镇类型。在宗族观念强大的传统社会，

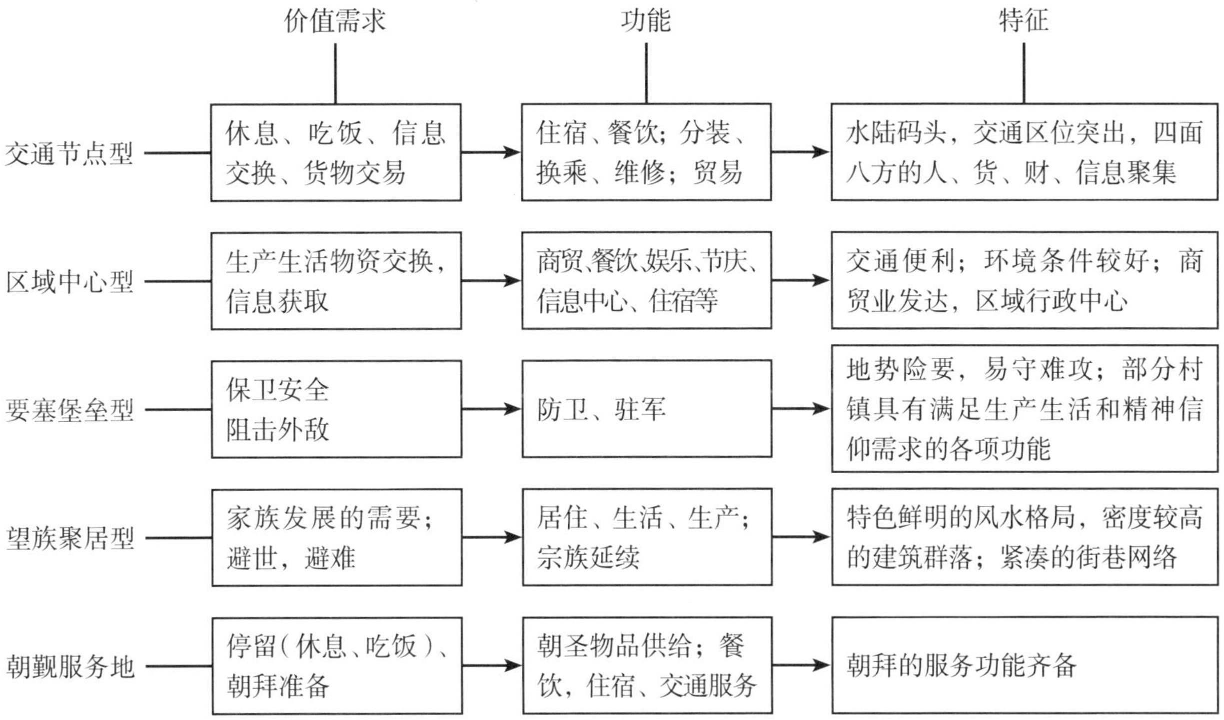

图 1　古村镇产生的动力结构

以姓氏为依据发展起来的村庄比比皆是。为保证家族长久的繁衍生息，这类村镇从一开始建设就抱有明确的目标，尤其是高度重视风水，坚持宗族伦理。这些诉求充分体现在这类古村镇的环境风貌、村落格局、建筑形态等方面，并使之成为村庄持续经营的基本依托。除了上述的两种类型，其他三种类型的古村镇在形成过程中也存在着独特的动力系统（图 1），而这些动力的核心，就是人对古村镇的价值需求。价值关系就是人类社会与古村镇之间最深层的联系。

（二）古村镇消亡的内外因素

价值关系的决定性，还可以从古村镇消亡的因素中进行考察。从内部因素来看，一些古村镇原有的家族衰落、人员流失，传统的生活共同体解体，村庄内在的发展需求和延续动力不再强大，对维系村庄的共同文化传统也不再重视，导致人与古村镇之间的价值关系衰弱直至消失，最终造成村镇的萎缩和消亡。

从外部因素来看，交通网络的改变，水资源减少，自然环境变化，战争、流寇、社会动乱等，使古村镇与人之间原本平衡的价值关系被打破，再也无法满足人的价值需求，于是这些村镇就丧失了发展根基，逐渐走向没落。这种外部条件变化导致的古村镇消亡现象在中国的当代尤其突出。

在对传统文化缺乏理性评价和大跃进式的城市化背景下，不成熟的保护方式和开发模式，脱离传统文化环境的建筑设计和业态规划，以城市生活方式为参照的原住民诉求等等，都在破坏着原有的人地价值关系，使古村镇变得面目全非或者消失；而从反方向来看，一些大搞旅游产业的古村镇，看似延续了古村镇的生命，但其中过度的商业开发、伪文化的嫁接，已经是政府追求政绩、原住民追求短期利益的体现，开发的方向是建成满足游客不成熟消费诉求的“主题公园”[3]，这里表现的是人与古村镇之间全新的价值关系，当过量的纪念品商店、餐馆、酒店成为这类村镇的主要功能模块，原有价值关系在事实上已经消失，传统古村镇已经弱化甚至死亡。

对古村镇产生、消亡因素的考察表明，古村镇与人之间是典型的人地价值关系，这种价值关系是人类社会与村镇存亡的深层联系。不同类型的古村镇虽然在形式上呈现出不同的功能，但是这些功能都是价值实现的承载和表达，主体功能传递特定村镇的核心价值。如果旧有价值关系被破坏，古村镇也就失去的它原有的生命力，因此保护好这种价值关系，就是古村镇保护的核心目标。

三　古村镇的发展演化和价值衍生

（一）古村镇是一种文化生命体

我们说古村镇是一种文化生命体时，是在用一种隐喻来强调古村镇的以下特性：古村镇一旦产生并进入发展进程，它就像一个生命体那样具有一种适应环境变化，产生自组织性的再生衍化能力，并成为一个具有自我发展性质的社会文化微观系统。随着古村镇系统与外界的各种交流互动，特别是随着村镇的扩展延续，随着村镇内居民这种行为主体、价值主体的变化，古村镇会生发出不同于以往的新景观、新结构、新文化，而这些新的事物我们可以称之为新功能，对其更高的概括则是某种新价值的载体和表达。一个古村镇只要它还继续存在并有所发展，这个微观系统在与更大系统的物质、能量、信息交换过程中就会产生新的功能和价值。而我们对古村镇保护利用目的经常并不是要借助古村镇恢复旧的生活共同体，而是要对其原初的和衍生的功能和价值进行保护，并对其中的文化事项和价值体系进行展示和体验，进行文化的传承传播。

（二）古村镇的几种基本演化机制

古村镇在功能和价值上的发展衍生有着一套精巧而系统的机制，正是古村镇的演化机制保证了其功能的多样性、景观的系统性、价值的衍生性。在此，谨对古村镇的内在演化机制做一点粗线条的梳理，我们认为大概有以下五种主要的作用机制：

1. 积淀机制——“汀渚效应”

古村镇从产生的第一天开始，就自动成为一种文化积累的载体，它们在漫长而缓慢的发展过程，不断接收外来的文化、信息，并将这些信息沉淀下来，成为村镇自身发展的一部分。这种机制非常类似河流中汀渚的产生发展过程，泥沙积聚沉淀产生汀渚，而文化的积淀使村镇扩张、发展，所以我们称之为古村镇演化的“汀渚效应”。可以说，这是古村镇演化的一种最基本的机制。

2. 融汇机制——“结点效应”

将古村镇放入大的时空背景下考察，我们会发现，古村镇的发展变化都是在大的文化网络之中进行的，而且由于突出的交通、商贸、军事区位优势，古村镇常常是大文化网络中的密集分布的小结点，它们将四面八方的文化、信息流汇聚起来，为文化交流提供空间，并促进文化的融会和发展。在这个过程中，古村镇也实现了功能的发展，文化的演进。结点效应是古村镇演化的另一种普遍机制。

3. 聚散机制——“蜂巢效应”

除了一些具有特定价值诉求的村镇，大多数的古村镇都是一个开放的系统，它们在发展过程中，既会接受外来物质、信息，也对外输出着当地的文化，人员、物资，它们就像一个个蜂巢，发挥着聚集和疏散的功能，在发挥这些功能的同时，古村镇也获得了自身的成长和发展。

4. 消化再生机制——“熔炉效应”

那些具有足够规模、经济社会影响力较强的村镇，在发展过程中，能够在吸收外来信息、掌握新思想、新文化的同时，将这些成果进行消化，并创造出新的内容，促进古村镇形成独特的文化风格、村镇景观、建筑形式以及其他文化产品。这种具有强大文化创新能力的村镇，就像一个热力滚滚的熔炉，将外来的所有物质都重新提炼、锻造，显示出一种吸纳之力、消化之功、创造之绩，对此，我们称之为“熔炉效应”。

5. 隔离区别机制——“樊篱效应”

一些少数民族、或者具有独特文化传统的地区，为了避免外来人群、外来文化、强势经济对本民族、本地区的渗透和影响，有“岛屿型”演化的现象。这些村镇有的选址偏僻隐秘，外界难于进入；有的语言独特，无法为外界所了解。通过在交通、语言等领域设置“樊篱”，村镇保持了相对独立的思想意识、生活方式和文化特色，与周边地区形成了差异化发展，达到了区别、隔离的作用。这种机制经常孕育出高度特色化的古村镇文化系统，这是具有亚文化特征的村镇维持其发展的特殊机制。

（三）古村镇的功能多元和价值衍生

文化的演进推动着古村镇的发展演化，这种演化主要表现为从单一功能发展出多元功能，其背后是更多的价值衍生，特别在新的时代背景下，这种价值的发展甚至表现出衍生出更多的价值。这里仍以交通节点型的村镇为例来说明。这类村镇最初形成时只有满足货物转运、人员休整的基本功能，它与人们之间的价值关系是简单的。但是，当其中一些古村镇发展成为更多人流、货流、资金流聚集的地区，人们对古村镇也就产生了复杂化、多样化的价值需要，如资金融通的需要、定居的需要——随之而来的是对生存环境和质量、建筑特色的要求，对生活物质供给的需求，对教育、医疗的需要等等。为处理好新的价值关系，古村镇会自发地运行积淀、融汇、聚散等机制，创造出更多新的功能以适应这种发展，如房屋和街巷密度增大以满足人口不断增加的需要，产生商铺、票号、市场、当铺、学校、医馆以及小手工作坊等公共服务设施，还可能形成特色化的民居建筑。

在新的社会环境条件下，古村镇的传统功能还会与人们新的价值观念产生交集，推动价值的衍生。比如对于今天的人来说，古村镇是中国传统文化的重要载体，古村镇保存的建筑格局和历史风貌会成为艺术审美的对象，古村镇还是现代旅游产业发展的重要依托。在演化机制的作用下，古村镇的功能多元和价值衍生表现为如下的过程（图 2）。

四　古村镇的现代价值评价

（一）现代社会为什么还需要古村镇

与建立在农业文明基础上的传统社会不同，以工业文明为基础的现代社会，发展迅猛、变化剧烈、内在的追求效率和经济效益。它高度肯定人的价值，肯定人在客观世界发展变化中的影响力和决定性，

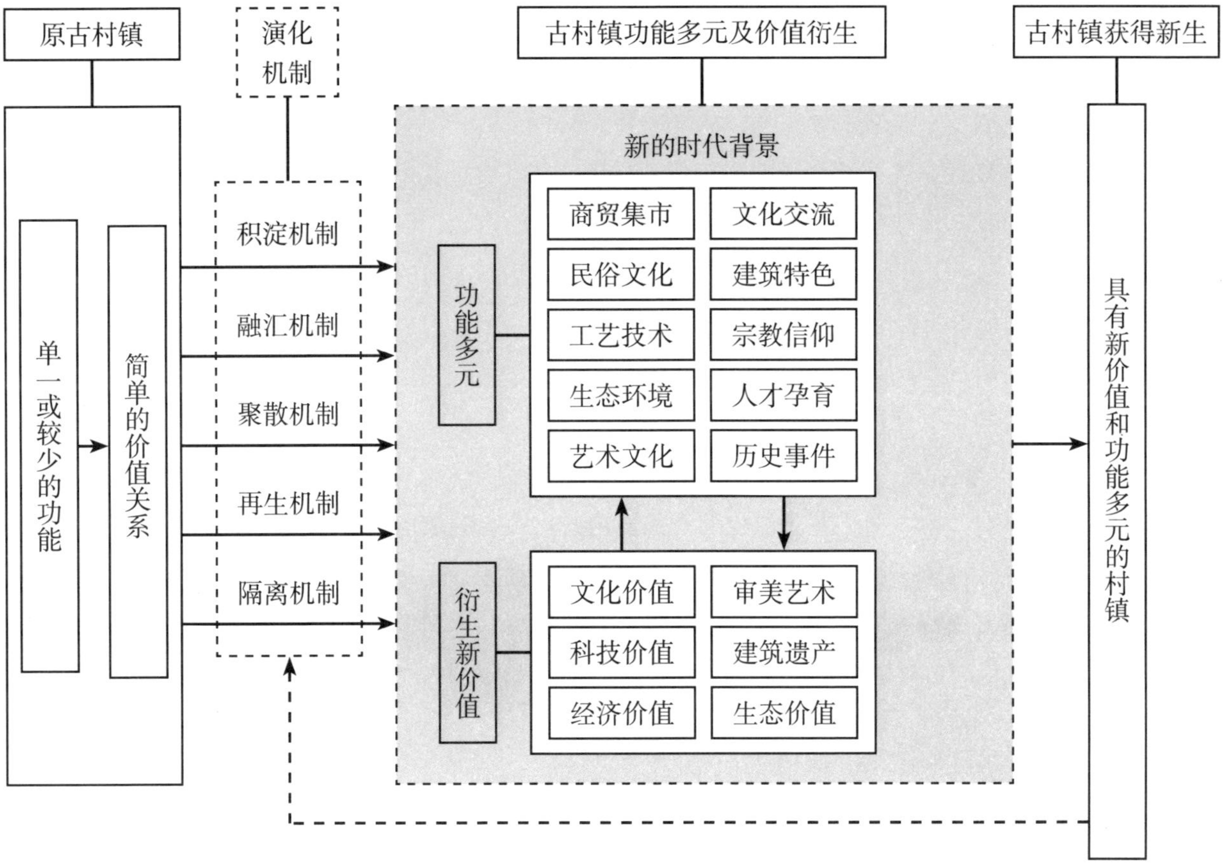

图 2　古村镇的发展演化和价值衍生

重视人的价值需求的实现。尤其在 20 世纪以来科技进步的推动下，人的这种能力变得日益强大，甚至已经成为地球地质和生态演变中的核心力量，被科学家惊呼为“人类世”。但是，对人类主体价值的高度重视的同时,对客体价值的忽视也使现代社会发展遭遇了诸多困境,自然环境的破坏和资源的枯竭、高度追求经济发展带来的人本身的异化、城市人口的过度聚集等等，都成为现代社会愈发激烈的矛盾现象。为了解绝现代社会的这些矛盾问题，生态文明、可持续发展的理念开始成为工业文明之后新的发展思路。重视客观世界的作用，尊重自然，有节制地利用资源，保护家园，成为当前全世界呼吁的发展路径。这些思想，在中国传统文化中有诸多体现，而作为中国传统文化的重要载体，古村镇天人合一、重视环境，在不违背自然规律的前提下进行改造利用，与生态文明的精神如出一辙，它们表达的思想观念和价值理念是中国现代社会发展的重要借鉴。

（二）古村镇的现代价值简述

古村镇所承载的传统文化对现代社会的价值是古村镇还需要存在的根本原因。具体到实践领域，古村镇对于现代社会至少还有以下几个方面的价值：

城乡功能耦合——古村镇所处的乡村地区是大都市发展的绿色背景，是城市绿色系统的点缀和补充；同时，乡村地区还是城市重要的副食品、新鲜菜品供应地；从城市自身的扩张和发展来看，乡村将是城市疏散大都市人口、组团式发展、提升城市人口生活质量（田园化生存）的重要依托。

文化传承——法国汉学家巴诺曾经直言不讳的地说过：“不妨把中国理解为两个部分，城市的中国和农村中国，农村中国是中国的，城市中国是世界的，因为后者丧失了中国文化的特色”。在中国快速城市化的时代，古村镇几乎已经是中国文化保留和传承的最后阵地，对中国的文化复兴具有重要意义。

特色产业发展——从多年的保护利用经验来看，古村镇可以通过发展生态农业、都市农业、乡村旅游，满足人们日益增加的休闲、体验和文化娱乐等需要，是统筹城乡发展，提升农村居民生活水平，调整农村产业结构的重要依托。

审美艺术朝觐——优美的自然风光、精美的建筑雕塑，使许多古村镇成为审美艺术欣赏的对象，成为人们对抗都市病和寻找精神家园的价值资源。

新农村建设依托——古村镇的传统格局、建筑形式、人地关系处理方式、装饰风格是新农村建设的参照，对打造具有地域文化特色的新农村的具有现实意义。

小区域商贸发展——许多传统村镇原本是区域内的商品交易中心，有些村镇因为新的交通网络的改变而成为交通节点，这些村镇通过基础设施改造，有条件成为服务于新农村社区发展的商贸节点。

总之，从不同主体与古村镇的价值关系中进行考察，会发现古村镇在现代社会新的价值，创造出符合时代要求的新的功能，为古村镇保护利用找到切实的理论依据和发展出路。

五 结语

我们生活在一个经济高速增长、创造层出不穷的时代，同时，我们也生活在一个文化消失、价值紊乱的时代。在这个时代，由于缺乏一种标尺，一种洞见和远见，古村镇的保护利用出现了诸多悖论。导致这些悖论的原因很多，但从认知层面看，还是因为缺乏对古村镇及其价值的深入认识。本文通过价值哲学视角的研究，发现古村镇保护利用的本质是对价值关系的保护，价值关系是决定古村镇存亡的深层根据。古村镇作为一种文化生命体，有积淀、融汇、聚散、消化再生、隔离区别五种基本的演化机制，这些机制的作用推动古村镇功能的多元和新价值的生成，并由此实现文化生命的延伸。对于现代社会来说，古村镇所承载的“天人合一”等传统理念是实现可持续发展的核心支撑，它们对城乡耦合、文化传承、特色产业发展、新农村建设等具有积极的现代价值。以上的一些分析是一种理论上的尝试，希望这种研究思路能够引起对古村镇问题的重新思考和重视。

参考文献

[1] 王玉樑：《21 世纪价值哲学：从自发到自觉》，人民出版社。
[2] 孙华：《文化景观是什么？》，中国文物报，2012-6-15。
[3] 李骊明：《西安历史文化名镇名村保护与发展》，陕西人民出版社，2012 年。

作者

雷蕾，西安市社会科学院历史文化与旅游研究所副研究员，文化产业研究中心主任。

城镇化下古村镇文化遗产保护的思考

◎ 黄秀陵

城镇化是由农耕为主的传统农业社会向以工业为主的现代城市社会逐渐转变的历史过程，也是一个农业人口转化为非农业人口、农业地域转化为非农业地域、农业活动转化为非农业活动的过程。它是农业文明向工业文明特别是现代工业文明发展过程的必然结果，是一个自然的历史发展过程。2011年12月，中国社会蓝皮书发布，我国城镇人口占总人口的比重将首次超过50%，标志着我国城市化率首次突破50%。国家统计局局长马建堂在分析2013年中国运行特点时介绍，2013年中国城镇化率为53.73%，比上年提高1.16个百分点。城镇化的趋势在我国日益突显。城镇化是一个逐渐转变的历史过程，涉及社会的方方面面，必然会带来以"发展与保留"为主线的系列矛盾，因此，需要统筹协调、科学谋划。从目前的情况看，在推进城镇化的过程中，不少地方没有科学规划，为了政绩"大干快上"，让不少古村镇及其文化遗产逐渐消失。因此，在城镇化这个不可逆转发展历史下，如何科学、有效地保护我们的古村镇文化遗产，是值得我们每个人认真思考的课题。

一　古村镇的历史价值和现状

古村镇主要是分布在广阔的农村和县城的边缘，是人们世世代代生活、劳作、繁衍之地。因此，古村镇特别是相对完整的古村镇，它不但保留着一个地方、一个区域在一定历史时期里比较重要的建筑，彰显了当时建筑艺术的精华和成就，还蕴藏着传统优秀的民风民俗，反映一定历史时期的历史风貌，记载着历史的文脉和足迹。人们常说"一方水土养育一方人"，这"水土"也就包含着文化。一个个古村镇的存在，记录着我们及其我们祖祖辈辈生活的"痕迹"，是我们不可或缺的精神家园，蕴藏着丰富多彩的历史文化信息和遗产，有物质的和非物质的，是承载和体现中华民族传统文明的重要载体，也是全人类精神文明财富的重要组成部分。

随着城镇化的建成，经济发展了、社会进步了，但不少古村镇也随之消失或被破坏。人们发现，记忆中的故乡正在渐渐失去。这让很多人怅然若失。漂泊在外的游子，更是失去了灵魂的寄所，扼腕叹息。

我有幸参加重庆市涪陵区第二次和第三次全国文物普查工作，在第三次文物普查工作中，我们发现在消失的文物点中，古建筑占了相当大的比例。特别是在经济相对发展较快的长江沿线地区，看到二十多年前还存在的古民居、古寺庙、古桥梁等古建筑，而今少数因为年久失修已是支离破碎，更多的是因为“社会经济发展”需要，变成了一栋栋光鲜无比的“新民居”或厂房群。真的不敢想象再这样发展下去，是不是哪一天，我们的老房子、古建筑都会荡然无存，果真如此，后果真的是太可怕了。从全国来看，这其实只是冰山一角，“最近十年，我国每天消失 80 个村落，其中也包含大量传统村落。最近 30 年，4 万多处不可移动文物消失！”国务院参事、中国民间文艺家协会主席冯骥才为此感到痛心疾首，并一直为加强保护不断呼吁。

古村镇的保护工作不容置疑，迫在眉睫。这不仅仅是有些人所说的“文人怀旧”，而是为了让老百姓“望得见山，看得见水，记得住乡愁”，同时更重要的也是为了留住我们民族文化的根脉。

二　古村镇保护策略

首先，科学界定，保有所值。中华民族是一个多民族的大家庭，且有着悠久的历史，浩瀚的历史长河，犹如大浪淘沙。历史的涤荡已经无情湮没了许多应该保留而没有保留下来的东西，留在当下的，有些也是满目疮痍、破旧不堪，抢救、保护已是刻不容缓的事情，特别是在城镇化建设加速的今天，犹显紧迫。当然，旧的东西也不是都有价值的，需要去全面保护。去其糟粕、取其精华，从来就是我们传承历史的优良传统，因此、需要科学的界定与甄别。这就需要从中央到地方建立起科学、缜密的古村镇界定标准体系，确保应保尽保，且保有所值。

其次，全面普查，做到有数。要保护好古村落，首先要了解古村落的基本情况，比如古村落的数量、种类、分布、价值、现存状态等基本情况，要摸清古村落的家底，才能为下一步的保护工作创造条件。我国到目前为止，先后开展了三次全国文物普查工作。特别是第三次全国文物普查工作，是在 2010 年底才完成。这为我们了解古村落的情况打下了一个良好的基础。接下来，在 2012 年住房和城乡建设部、文化部、文物局、财政部又联合发文，在全国开展了传统村落的调查工作。目前已经公布两批中国传统村落名录共 1561 处，云南最多，294 个，贵州次之，292 个，东部一些经济发达省如浙江、广东、福建也不少。这些传统村落既有汉族人聚居的地区，也有少数民族聚居的地区，且形成年代久远，其中明清的占绝大多数，元代以前的也有一定的数量，也包含不少文物保护单位和非物质文化遗产代表名录，涵盖了多个民族的典型村落，也充分体现了我国文化的多样性。

到目前为止，国家文物局已先后公布了六批中国历史文化名镇（村）名单。这些举措，在一定程度上，摸清了全国古村镇的基本情况。

第三，形神兼备，整体保护。保护古村镇，不只是要保护古村镇里的古民居、古建筑，还要保护与之相匹配的环境，特别是与古民居随之而成并保留下来的非物质文化遗产，诸如独特的习俗、曲种、一些特殊的传统技艺等等，都要纳入古村镇保护的范畴。重庆市涪陵区大顺乡大顺村被公布为第一批中国传统村落，该乡不仅现存有具有较高历史、艺术、科学价值的较为集中的传统村落，更难能可贵的是，当地还保留了现已被公布为重庆市级非物质文化遗产名录的涪陵御锣。大顺是清代嘉庆皇帝的老师周煌的故乡，因为在他告老还乡之时，嘉庆皇帝念他有功，赏赐朝廷贡品“苏锣”一套，派宫廷乐师演奏开道送其回府，后来“苏锣”就留在了涪陵大顺，因是皇帝御赐，当地人就尊称为“御锣”。“御锣”在流传过程中逐渐融入地方音乐元素，成为一种当地人们喜闻乐见的、具有浓郁地方特色的民间艺术，故世人称其为“涪陵御锣”。“涪陵御锣”至今仍在演奏，传唱。在保护大顺村这个传统古村落时，不仅仅要保护好传统的古民居，同时还要保护好“涪陵御锣”，保护好“涪陵御锣”活动的习俗，这是活态传承的必然要求。

在不少地方，为了保护古民居，古建筑，开放古村镇，就将原居民迁出，使之成为一个空村镇，其实这样非常不利于古村镇的保护和利用。祖先留下的古民居，形成的古村镇，如果没有人居住，人去楼空，房屋就会破损，就无法代代相传，一个无人居住的古村镇，也就没有了人气。古民居“如果失去了人气炊烟，无人居之，不能联通昨天与今天，更承接不了今天与明天，终将难逃破败废弃的命运”。（方立新《古民居的生命在“有民居之”》见《新华每日电讯》2013 年 12 月 6 日）

第四，统筹规划，和谐发展。古村镇在城镇化的今天如何保护，首先要根据每个古村镇的具体情况，在做好保护的前提下，进行科学规划。在实施的过程中，要树立科学发展观的理念，坚持以人为本，要推进以人为核心的城镇化，而不是为推进城镇化而人为地将每个村镇都弄成大而全的村镇。坚决杜绝“村镇城市化”现象，应该根据每个古村镇的具体情况，制定科学合理的规划蓝图，在城乡一体化的进程中，要保留古村镇的原始风貌，生态环境。特别是要保护一些经历了几百年甚至上千年历史的村庄，尽可能地减少对原始环境的干扰和破坏，要尽可能在原有村庄形态上，改善居民生活条件，顺势而为地将古村镇的保护与城镇化的建设融为一体。千万不能简单地、一味地用新建筑替代老建筑，否则就割断了我们与历史、文化的联系，忽略了对居民应有的情感尊重，忽略了传统文化的内涵，这对古村镇的保护来说是莫大的悲哀。

在古村镇的保护过程中，要严格按照制定的保护规划，逐步实施，决不能为了某些领导的“政绩”，头脑发热，不按科学规律办事。要在古村镇的保护与经济的发展中找到一个平衡点，统筹规划，协调发展。

第五，科学保护，合理利用。《中华人民共和国文物保护法》明确规定了文物保护工作的基本方针是“保护为主，抢救第一，合理利用，加强管理”。在加强古村镇保护的同时，我们也应该考虑如何合理利用，而不是为保护而保护，要树立科学的保护与利用理念。在 2013 年中国文化遗产保护无锡论坛上，文化部副部长、国家文物局局长励小捷就提出“文物要在利用中保护”的理念。在“海峡两岸建筑遗产再利用”研讨会上，他又说：与“冻结式保护”和“拆古建新”这两种极端方式相比，“再利用”才是科学的选择，它能在“遗产保护”与“社会经济发展”的矛盾中建立相容并存的关系。因此，在实施古村镇保护的方案中要融入合理利用，将科学保护与合理利用有机结合起来，统筹兼顾。这样，既实现了古村镇的保护，又将古村镇建筑遗产再次融入到经济、社会的发展之中，使其成为具有活力的，与社会经济协调发展的有效组成部分。

现在，对于古村镇的保护，国家相关部门非常重视，已经出台了一系列的政策和规定，同时也采取了相应措施和手段。但实际情况来看，城镇化下的古村镇的存续状况仍不乐观，这需要全社会共同参与，加大督导与宣传，从根本上改变人们的观念。才能真正实现社会经济快速发展的同时，留住我们古村镇这个“精神家园”。

作者

黄秀陵，重庆市涪陵区博物馆文博副研究馆员。

政府对保护古村落的责任与担当

◎ 江智猛

古村落亦称传统村落，是指聚居年代久远，具有历史、文化、科学、艺术、社会、经济价值的历史村落。既包括村落的规划、各类建筑、桥梁、庙宇、名木古树等物质文化遗产，也蕴含各类民风习俗、传统节日、民间信仰、传统技艺等非物质文化遗产，是物质文化遗产和非物质文化遗产的综合体。目前对古村落在概念和内涵方面还没有明确的统一标准，许多学者认为古村落必须具备以下几个条件：（1）年代久远；（2）保护价值高；（3）与自然融为一体；（4）村落规划出色；（5）周围景观优美等。

伴随着“农业现代化、乡村城镇化、郊区城镇化和新农村建设、乡村旅游开发、城乡统筹发展”的多重挑战和冲击，传统村落不断遭受“建设性、开发性、旅游性”破坏，给古村落文化遗产带来毁灭性的打击。针对这些问题和现象，国家各有关部门、社会各界相关人士越来越重视和关注古村落及其文化的保护和开发。各级政府部门作为农村古村落的管理部门，要把古村落保护当做责无旁贷的责任，并采取切实有效的措施，绝不能以牺牲宝贵的古村落资源为眼前的经济利益或政治业绩。如何能正确处理好传统文化与现代化之间的矛盾，把新农村建设与古村落保护两项工作有机结合起来，是摆在各级政府和干部面前的一件功在当代，利在千秋的大事。

一　古村落面临的困境和问题

我国传统村落是6000年农耕文明的结晶，不仅数量众多、分布广泛，而且历史积淀深厚、文化个性鲜明。传统村落大多始建于明清时期，有的可追溯到南宋时期。这些村落之所以能保存至今，就在于其具有浓郁的历史风貌、优美的自然生态环境、科学布局的人文景观、精彩纷呈的民族特色。我国自21世纪以来逐步重视对传统村落保护。目前，我国不可移动文物约有40多万处，其中近7万处各级文物保护单位中，有半数以上分布在农村乡镇，还有1300多项国家级“非遗”和7000多项省、市、县级“非遗”，绝大多数都在传统村落里。然而，在现代化、乡村城镇化、新农村建设进程中，我国传统村落不断遭受“建设性、开发性、旅游性”的破坏，近年来传统村落大量消失。相关调查数据表明，我国在2000年拥有363万个自然村，但到2010年只有271万个。2009年至2010年，中国村落文化研究中心20个课题组267人集中对我国长江、黄河流域以及西北、西南17个省113个县的902个乡镇传统村落文化遗存进行综合性复查。据“遗存实情”记录统计数据显示：颇具历史、民族、地域文化和建筑艺术研究价值的传统村落，2004 年总数为 9707 个，至 2010 年仅存 5709 个，平均每年递减 7.3%，每天消亡 1.6 个传统村落。2012 年全国传统村落调查汇总的数字表明：我国现存村落缩减为 230 万个，村落消亡迅猛势头不可阻挡。据统计，目前 31 个省共登记上报现存具有传统性质的村落 11567 个，其中公布为第一批中国传统村落仅 646 个。

虽然我国古村落历史文化资源丰富，但“千村一面、万村一貌”的“特色危机”的新农村建设不断建设和推进，不少传统村落正在遭受“持续性破坏”，甚至濒临消亡。当前存在问题主要如下：

（一）保护意识淡薄

一些地方政府和职能部门对传统村落遗产的稀缺性、重要性认识不足，所具有的历史文化价值认识模糊，还未能从历史传承、文化沉淀的战略高度去认识古村落的宝贵价值，未能以长远发展的眼光依法加以保护利用。再加上一些村民对古村落自觉保护不够，保护乏力，以致古村落遭人为破坏严重。

（二）新旧观念矛盾

富裕起来的农民为了改善居住条件，不断以“新”代“旧”、以“洋”代“土”、以“今”代“古”，拆建改造了大量百年老宅。特别是一些地方政府将新农村建设错误理解为新村建设，求新求洋，造成古村落传统风貌的丧失。同时，城镇化扩张性发展使许多村落被圈为城中村、新农村建设误区及其对传统村落实行“萎缩”管理，使不少传统村落渐趋消失或衰败。

（三）追求政绩误区

有的地方为追求政绩而急功近利，追求传统村落乡土建筑的经济价值，“重开发利用，轻保护管理”的现象相当普遍。一些具有重要价值的乡土建筑因保护管理不善遭到损毁，尤其是成功申报定级的历史文化名村，面临着旅游性、开发性的破坏，正在走上文化遗产“加速折旧”、“文化变异”之路。还有许多地区对农村旧区重建或盲目大拆大建，甚至按照城市模式大搞“村庄建设城镇化”。古村落难逃被拆毁或迁移的命运。

（四）保护利用冲突

古村落是重要的历史文化遗产，在数量急剧减少的现代社会，其承担的传播和延续文明的社会功能远远超越了其作为居民住所的功能。但由于受到经济条件的制约，古民居的保护缺少资金，大多数古村落只能任其由于人为破坏和自然衰败而日趋破落，村落内居民对现代文明的向往与城市居民对乡村历史文化的厚爱都受到严重阻碍。一些地方盲目对传统村落进行旅游开发，未制订保护利用规划，简单采取商业化模式运作——“把古迹当景点，把遗产当卖点”，将传统村落变成赚钱的新路，甚至将传统村落整体转让承包，或将经营权变相转卖给旅游公司开发经营。随意改变原生态文化的真实性，甚至擅自进行迁建、移建，新建“仿古街”、“假遗存”，严重破坏传统村落原真性文化特征和原生态自然环境。

（五）政策存在弊端

传统村落保护在我国兴起较晚，有关的法规制度建设相对滞后；传统村落概念范围不明确；《文物保护法》、《国家历史文化名城名镇名村条例》没有对传统村落作出保护要求与规定；各地的地方性保护法规都具有明显的局限性和地域性。在我国，村镇的建设规划、自然遗产由住房和城乡建设部管理，物质文化遗产由国家文物局管理，非物质文化遗产由文化部管理。传统村落具有物质和非物质文化遗产及自然遗产，但至今没有一个明确的部门专门负责。有的政策鼓励农民将未列入文物保护单位的乡土建筑自愿拆除改造。如政府制订新农村建设项目的财政补贴政策，是按村镇实际投入金额的百分比予以补贴。这种按投入金额的补贴政策，可能致使千百年来幸存的传统村落遗产遭遇灭顶之灾。

（六）保护管理困难

传统村落保护范围广，乡土建筑数量多、规模大，维修费用高、资金匮乏。许多乡土建筑的维修费用要高于新建建筑，现行政策规定文保专项资金不能补贴私人产权的建筑，使乡土建筑无法及时维修保护，只能“任其毁损”。地方财政对传统村落保护投入严重不足，再加上乡土建筑市场的“萎缩”，建造、修缮乡土建筑的民间工匠早已纷纷改行，熟知乡土建筑的形制样式和特色工艺的工匠已经后继无人。同时，当前古村落保护的策略和模式中，倾向于对古村落里建筑物本身的保护，而忽视了建筑物里的非物质文化遗产及其传承人的保护，从而只保护了一个“文化空壳”，或者使文化失去了真实性。而且从根本上来说，保护古村落还是保护我们的“文化之根”，我们的“精神家园”，而不是一个“文化空壳”。

漳州作为国家历史文化名城，现有1650多个行政村、1万多个自然村，其中不乏中国、福建省历史文化名村及中国传统村落、中国景观村落。截至目前，我市被评为国家级和省级历史文化名镇（村）分别为4个和7个，中国传统村落6个。中国传统古村落方面，漳州当前有7个村子入选，南靖县书洋镇田螺坑村、平和县霞寨镇钟腾村，在入选中国历史文化名村的同时也入选了中国传统古村落。其余5个村子分别为平和县大溪镇庄上村、芗城区天宝镇洪坑村、漳浦县旧镇镇石牛尾村、平和县芦溪镇芦溪村、龙海市东园埭美村为国家级历史文化名村。漳州的“国字号”、省级的传统村落同样面临着缺乏保护和过度开发的问题。据了解，由于漳州的古村落大都位处偏远地区，古厝的主人大多经济不富裕，依靠他们自身，很难对古镇古民居进行有效的维护。加之，有的古厝居民保护意识淡薄，随意拆掉古建筑盖新屋，进而破坏了古厝的整体风貌。此外，农村建设缺乏整体规划，也导致传统村落建设出现无序建设的情况。

二　保护古村落的意义

我国古村落数量众多、丰富多彩、价值独特。它不仅拥有丰厚的物质和非物质文化遗产，而且具有丰富多彩的自然生态景观遗产；是我国农耕文明的根基、精粹和各个民族的“DNA博物馆”，也是我国不可再生的文化资源和富有利用价值的旅游资源，更是优秀传统文化的重要载体和中华民族的精神家园。

习近平总书记在湖北考察时强调：特别是古村落要保护好。这对于建设美丽中国，建设文化强国，传承中华传统文化，增强民族自豪感和心灵归属感，提升国家文化软实力和国际影响竞争力，都具有重要的现实价值和深远的历史意义。漳州是国务院公布的第二批国家历史文化名城，历史文化资源丰富，古城、古镇、古村、古街四位一体，形态完备，古镇古村是历史文化名城的重要组成部分。加强古镇古村的保护和整治，是尊重历史、崇尚文明的体现，是启动乡愁记忆，打造漳台文化品牌的需要，是构建历史文化与现代文明相融的文化旅游城市的要求，是加快建设富美漳州的必然选择。各级各部门要充分认识古镇古村保护和整治工作的重要性，进一步增强责任感和紧迫感，把古镇古村保护和整治作为我市农村经济社会发展的重要支撑，作为“美丽乡村”建设的重要内容，作为发展乡村旅游的重要载体，切实加大保护和整治力度，保护和传承好古镇古村的建筑形态、自然环境、传统风貌以及民俗风情，使人们记住乡愁，更好地将这些珍贵的历史文化遗产传承给后人。

三　保护古村落的原则

古镇、古村的保护和整治，要全面贯彻实施《中华人民共和国文物保护法》、国务院《历史文化名城名镇名村保护条例》，树立“尊重历史，尊重现实，修旧如旧，体现特色，提升品位”的理念，坚持继承传统，改善古镇古村群众生活环境。漳州要以凸显闽南文化元素、延续历史命脉、保留生态群落、保护历史古迹、留住历史记忆为主线，加大投入，强化管理，科学指导，力争经过多年的努力，使古镇古村基础设施水平得到明显改善，历史环境和传统建筑风貌得到有效保护，打造一批具有一定代表性和示范作用的古镇古村，打响“记住乡愁·根在漳州”文化品牌。

（一）规划引领，彰显特色

因地制宜、分类指导，科学编制古镇古村保护规划，突出地方特色，以规划为依据，有计划有重点地推进古镇古村保护和整治。

（二）保护优先，合理利用

重点保护好历史建筑、古街古巷、传统格局，以及与古镇古村密切相关的景观环境，真正留住历史的记忆。在保护前提下，适度进行合理利用，打造古镇古村品牌，发展乡村文化休闲旅游业。

（三）注重生态，改善环境

树立顺应自然、保护自然的生态文明理念，遵循“一村一特”“一村一策”的工作思路，结合“美丽乡村”建设，从解决环境“脏乱差”问题入手，完善古镇古村基础设施，切实改善群众生产、生活条件，提高人居环境品质。

（四）政府主导，社会参与

强化政府主导地位，切实加大公共财政对古镇古村保护和整治的支持力度，广泛引导和发动社会各方力量投资投劳，做到古镇古村保护利用依靠社会、保护利用成果全体群众共享。

四　保护古村落的任务

（一）完善规划设计

按照国务院《历史文化名城名镇名村保护条例》和保护规划要求，进一步明确我市古镇古村保护和整治项目清单，精心组织项目设计，组织审查项目施工方案，确保规划设计高质量。各地要编制具体翔实、操作性强的建设规划，广泛听取基层和农民群众的意见，提高规划的科学性、民主性和可行性。

（二）建立资料档案

各地要对古镇古村保存现状进行全面普查，组织专家进行评估、鉴定，摸清历史文化资源的分布和数量，建立完整的古镇古村档案。建立保护名录制度，将符合认定条件的古镇古村列入保护名录，并作为申报“国家历史文化名镇名村”“中国传统村落”“全国特色景观旅游名镇（村）”等的前提条件。

（三）加强风貌控制

坚持“尊重历史，修旧如旧，体现特色，提升品位”，在保持原有风貌的基础上，按照保护规划，对古镇古村进行维护和整治，不搞大拆大建。加强对农房建设的管理和引导，新房建设应与古镇古村统一协调。保护好古镇古村文物、闽南传统建筑、古街古巷、传统格局，以及与古镇古村密切相关的景观环境。保护古树名木，加强植树绿化，突显古镇古村的田园意境。加大对传统艺术、传统民俗、人文典故、地域风情等非物质文化遗产的挖掘力度，彰显古镇古村对台文化特色以及建筑文化、农耕文化、水利文化、生态文化等独特魅力。

（四）完善基础设施

进一步完善古镇古村的道路、供水、排水、供电、通信、网络、垃圾处理等基础设施，加强公用设施配套和公共服务体系建设。古街巷道路应保护原有地面铺装和排水设施，合理建设停车场、消防设施、旅游集散中心与标识等公共配套设施，完善旅游基础配套设施。

（五）推进特色产业发展

要善于挖掘和整合各古镇古村的独特资源，促进资源优势向发展优势转化，注重产业支撑，打造“一镇一业”“一村一品”的发展格局。鼓励发展旅游产业，促进古镇古村可持续发展。引进市场机制，培育和发展古镇古村休闲旅游、民间工艺作坊、乡土文化体验、传统农家农事参与、民俗风情文化等文化休闲旅游产品，打造我市古镇古村旅游品牌。

五　古村落保护的措施

（一）提高保护意识

古村落是历史的产物，是历史的沉淀，有着深厚的文化内涵。因此，它既是一种不可再生的历史文化资源，也是一种珍贵的民族资源。从某种角度来讲，我们现存的那些古村落，都是中华民族几千年灿烂文化不可缺少的一部分缩影。要强化保护意识，坚持保护为主的方针，将古村落的保护纳入到各级政府、各级有关部门的重要议事日程，并在工作中抓紧抓实。尤其要加强对古村落保护的宣传，提高全社会的保护意识，共同保护好不可再生的历史文化资源——古村落。

（二）加强组织领导

县级政府是古镇古村保护和整治建设的实施主体，主要领导要亲自抓，分管领导负责具体落实。市、县两级规划建设、文化文物、旅游、国土资源等主管部门和相关部门要加强沟通协调，形成合力，切实解决古村镇保护和整治工作中的实际问题。

（三）强化技术指导

进一步规范保护和整治行为，成立专家服务团或咨询委员会。组织专家服务队伍，加强技术指导和服务，引导各地筛选确定保护和整治项目，审查项目施工方案，定期深入现场指导保护和整治工作。

（四）加大资金投入

一是建立“政府主导、社会参与、群众自筹”的古镇古村保护和整治资金筹措机制。各地要安排一定专项资金，用于规划编制和基础设施建设补助。二是鼓励引导社会力量采取捐资、投资、合资等办法，参与古镇古村保护利用。鼓励支持我市国有企业做好古镇古村、历史街区的保护和利用工作。

（五）加强用地保障

各地要根据规划，对古镇古村内严重影响整体风貌的民居，以及因人口增长确需改善居住条件的农户进行异地搬迁安置，本着引导人口转移、符合土地利用总体规划、节约集约用地和急需确需的要求，安排好异地安置区建设用地指标。各地各级政府在建设用地指标安排上，要给予倾斜和保障。

（六）加大依法管理

各级文化、规划、公安等行政执法机构，要依法制止违反有关法律法规的行为，严厉打击破坏文化遗产的各类违法行为。对因玩忽职守造成文化遗产破坏、被盗或遗失的，要追究有关责任人的法律责任。

（七）抓紧项目实施

各县（市、区）要确定至少一个以上的古镇、古村、古街作为示范点（优先选择各级历史文化名镇名村、传统村落、特色景观旅游名镇名村，详附件），并抓紧制定保护和整治的实施方案，细化项目清单和建设内容，倒排工作计划，确保今年取得初步成效。各级各有关部门要切实把古镇古村保护和整治工作摆上重要议事日程，定期进行督查通报，确保工作进度和成效。

（八）抓好宣传发动

要在文化遗产日和重大节庆活动期间，通过举办展示、论坛、讲座等活动，使公众更多地了解古镇古村的丰富内涵。各新闻媒体要通过开设专题、专栏等方式，大力宣传保护古镇、古村落的目的和意义，宣传古镇古村的自然景观和人文历史，宣传《中华人民共和国文物保护法》《历史文化名城名镇名村保护条例》等法规，营造自觉保护氛围，使村民主动参与到古镇古村落保护工作中。同时，大力宣传保护古镇古村落的先进典型，及时曝光违法行为和案件，发挥舆论监督作用。

（九）合理开发利用

一是要把保护古村落与发展文化旅游业相结合。以发展促保护，以保护促发展应该是古村落保护工作的基本原则。与发展旅游业相结合是保护发展古村落的最好出路，要加紧编制古村落保护规划和旅游规划。规划的编制要处理好保护与利用的矛盾，做到合理有序开发，处理好开发利用与保护古村落物质文化和非物质文化原生态的关系。建议由旅游等相关部门牵头成立文化旅游联合体，打破县域限制，将地理位置相近的古村落点点联合，把分散于不同乡镇的点状分布的古村落凝聚在一起，形成古村落群，大力发展古村落游，打造文化旅游线路。二是保护古村落与建设新农村相结合。新农村建设涉及经济、政治、文化、社会和法制建设，而古村落保护工作与之相辅相成。新农村建设对古村落保护是挑战，更是机遇。如果规划有序，措施得当，新农村建设将与古村落保护相互促进。三是保护古村落与建设美丽乡村相结合。古村落保护与改善居民生活条件、居民追求现代化生活的意愿和行动并不矛盾。要在保护的前提下，把自来水、煤气、电力和通讯设施引入各家各户，实现人居环境的现代化。只有古村落的居民生活舒适方便、有幸福感，才能真正保护好古村落。

附件一

第一批12个古镇古村保护和整治项目名单

县　区	保护和整治对象	级　别
芗城	天宝洪坑村	国家
龙文	蓝田湘桥村	省级
龙海	东园埭尾村	国家
漳浦	旧镇石牛尾村	国家
云霄	火田溪口村	
诏安	西潭山河村	省级
东山	铜陵古城	
平和	大溪庄上村	国家
南靖	云水谣村	省级
长泰	陈巷山重村	国家
华安	马坑和春村	省级
台商投资区	潘厝村	县保

附件二

漳州市各级名镇、名村、古街名录

<table>
<tr><td>中国历史文化名镇</td><td colspan="2">平和县九峰镇（2010 年）</td></tr>
<tr><td rowspan="3">中国历史文化名村</td><td colspan="2">南靖县书洋镇田螺坑土楼群（2003 年）</td></tr>
<tr><td colspan="2">平和县霞寨镇钟腾村（2014 年）</td></tr>
<tr><td colspan="2">龙海市东园镇埭尾村（2014 年）</td></tr>
<tr><td>省级历史文化名镇</td><td colspan="2">南靖县梅林镇（2012 年）</td></tr>
<tr><td rowspan="6">省级历史文化名村</td><td colspan="2">南靖县书洋镇塔下村（2003 年）</td></tr>
<tr><td colspan="2">南靖县书洋镇石桥村（2003 年）</td></tr>
<tr><td colspan="2">龙文区蓝田镇湘桥村（2007 年）</td></tr>
<tr><td colspan="2">南靖县书洋镇河坑村（2007 年）</td></tr>
<tr><td colspan="2">诏安县西潭乡山河村（2012 年）</td></tr>
<tr><td colspan="2">华安县马坑乡和春村（2012 年）</td></tr>
<tr><td rowspan="6">中国传统村落</td><td rowspan="3">第一批：2012 年 12 月 17 日</td><td>平和县大溪镇庄上村</td></tr>
<tr><td>平和县霞寨镇钟腾村</td></tr>
<tr><td>南靖县书洋镇田螺坑村</td></tr>
<tr><td rowspan="3">第二批：2013 年 8 月 26 日</td><td>芗城区天宝镇洪坑村</td></tr>
<tr><td>漳浦县旧镇石牛尾村</td></tr>
<tr><td>平和县芦溪镇芦溪村</td></tr>
<tr><td>全国特色景观旅游名镇</td><td colspan="2">华安仙都镇（2011 年）</td></tr>
<tr><td>全国特色景观旅游名村</td><td colspan="2">长泰县陈巷镇山重村（2011 年）</td></tr>
<tr><td rowspan="2">福建省特色景观旅游名镇</td><td colspan="2">漳浦县湖西乡（2011 年）</td></tr>
<tr><td colspan="2">南靖县书洋镇（2011 年）</td></tr>
<tr><td>福建省特色景观旅游名村</td><td colspan="2">平和县文峰镇三平村（2011 年）</td></tr>
<tr><td>中国历史文化名街</td><td colspan="2">漳州历史古街</td></tr>
<tr><td rowspan="9">各县（市、区）传统古街</td><td colspan="2">芗城区浦南镇解放路</td></tr>
<tr><td colspan="2">龙海市石码镇石码古街区</td></tr>
<tr><td colspan="2">漳浦县旧镇古街</td></tr>
<tr><td colspan="2">云霄县云陵镇和平路</td></tr>
<tr><td colspan="2">诏安县南诏镇文化古街</td></tr>
<tr><td colspan="2">东山县铜陵镇古城明清街</td></tr>
<tr><td colspan="2">平和县山格镇山格老街</td></tr>
<tr><td colspan="2">华安县新圩镇古渡头</td></tr>
<tr><td colspan="2">长泰县沿溪镇下市后街</td></tr>
</table>

作者

江智猛，福建省龙海市委宣传部。

政府对新型城镇化进程中古村镇保护的主导作用

◎ 牛长立

古村镇是人类共同的记忆，是中国传统文化之“根”，具有丰富的内涵。在新型城镇化进程中古村镇及其文化遗产保护面临机遇的同时，也遭受破坏的威胁，保护工作刻不容缓。地方政府的核心管理在实现古村镇可持续发展保护中发挥着主导作用。

一　新形势

古村镇：城镇化中的共同记忆

村落或乡镇是中国社会之基层社区的典型单元，是中国社会或文化之最基础的部分，是中国传统文化之“根”。古村镇是形成于历史年代，其聚落环境、街巷风貌、民居建筑、历史文脉、传统氛围保存较好，保存文物特别丰富并且具有重大历史价值或者革命纪念意义的城镇、村庄。古村镇的价值在于其乡村智慧。乡村智慧是乡村生活整体所蕴涵的智慧，是在乡村环境中，经过长期的历史积淀和优化选择的结果。利用乡土知识和民间智慧建设当代农村，不仅有利于社会稳定和人口安全，还可以克服城市生活的弊病，重建乡村传统、乡村生活价值，使乡村仍然保持活力并能够可持续发展，守护人类的“精神家园”[1]。

直到20世纪初，中国的乡村还是世界上最美的乡村。100多年前来到中国乡村的瑞典人奥斯伍尔德·喜仁龙在《北京的城墙和城门》中如是说，“中国的每一个居民区，甚至小镇和村落，都筑有城垣”，反映出外国人对中国乡村风貌的独特美感产生的印象深刻。不过，自“五四”运动以来，中国社会的文化和知识界逐渐形成了一个否定“传统文化”、把它看做是“现代化”的阻碍、因此视其为革命对象的话语体系。20世纪二三十年代中国的乡村逐渐没落了，中国农村经济萧条、民生凋敝的状况日益严重。此后直至解放前，国家的动荡导致中国的乡村缺乏发展的动力。“文化大革命”在一定程度上也是以“传统”为革除对象的最为激进的又一轮社会实践，它把以村落为基础的“中国传统日常生活世界”作为批判的对象，认为它是“沉重的”“封闭的”和“狭隘的”，因而也是需要“变革”的，由此古村镇及其民间的各种乡土文化也被认为给人以“封建”“落后”的印象，甚或作为“负面”价值的物质载体而成为“破四旧、立四新”之革命对象。在以“除旧布新”为基调的现代化经济建设中，那些尚存的传统生活方式的痕迹和生活节奏从外部世界看来依旧悠然舒缓的古村镇，迅速地解体、凋敝和消失，日渐变得稀缺。

但是，国人对古村镇的保护，从未停止过，保护工作也逐步走向规范化、制度化。20世纪二三十年代开始的“乡村建设运动”中，包括梁漱溟、晏阳初、黄炎培等在内的一批有识之士，为拯救没落的农村开始奔波，他们或注重农业技术传播，或致力于地方自治和政权建设，或着力于农民文化教育，或强调经济、政治、道德三者并举，旨在为破败的中国农村寻一条出路。改革开放以来“文化自觉”中形成了古村镇热。它是在改革开放取得初步成功、经济高速增长持续有日、人民生活实现温饱和初步富足、人民可自由支配的时间增多、市民社会的闲暇生活方式逐渐确立、全体国民的民族自尊心和文化自信心空前高涨、全球化进程促使国际文化交流空前活跃等一系列大背景下自然而然地形成的。1980年代村镇保护研究始于江南六镇的保护工作，开创了我国村镇保护的先河，至1990年代建筑领域的学者逐渐从聚落景观、乡土建筑、民居改造等方面对村镇保护进行研究；到1990年代末期，地理领域的学者也着手对历史文化村镇的进行研究，主要集中在古村镇空间意象等方面。同时，许多地方政府陆续进行了历史文化名镇的保护工作；一些历史文化村镇内保存较完整的传统民居建筑群，相继被列入全国重点文保单位加以保护。21世纪以来，随着2000年“皖南古村落”申报世界文化遗产的成功，2002年《中华人民共和国文物保护法》关于“历史文化村镇”保护的明确规定，2003年中国首批历史文化名镇（村）的公布，2005年《中国古村镇保护与发展碛口宣言》和2006年的《中国古村落保护西塘宣言》，以及同年国务院发布的《关于推进社会主义新农村建设的若干意见》，提出村庄治理要突出“乡村特色、地方特色和民族特色，保护有历史文化价值的古村落和古民宅”，把古村落保护也纳入到“新农村建设”的题中应有之义。截至2014年，全国已公布了六批中国历史文化名镇和中国历史文化名村。

21世纪初开始的新型城镇化建设为古村镇保护创造了新的机遇。古村镇及其民间的各种乡土文化在城镇化进程中日甚一日地变成了不可多得的文化财富，变成了抢救和保护的对象，变成了可供开发的资源、可供欣赏的景观和需要予以发扬光大的传统。古村镇保护与发展绝不仅仅是当地的局部问题，而且是关系到整个国家甚至全人类的文化延续与发展的全局性问题。新型城镇化建设，新农村建设，美丽乡村建设，旨在美化乡村面貌，改善农村生产环境，提高农家经济收入，优化农民生活品质。在美丽乡村建设中实施古旧建筑的修复改造、历史文化的挖掘提炼，意在弘扬、传承先祖的精神风格、血缘情怀、聪明才智。同时，保持古村镇的高品位、高美誉度，对旅游者才会有更大的吸引力，对周边乡村的社会主义新农村建设就会有更大影响力。在新型城镇化进程中，古村镇肩负着双重的使命，一方面它要保护古代特殊的艺术和技能不至于断绝，另一方面要从更深层次上弥合古代文化与现代文化的裂痕，重新整合开创出中国真正意义上的现代文明。从这个意义上讲，古村镇的保护主要是指对古代特殊的艺术和技能的保存和传承，而古村镇发展则包含着两个方面的含义，一方面指物质文明的进步，另一方面则是指继承和发扬古代的优秀文化遗产，使之重新融入到我们的现代生活中去，成为一个自主创新的文化中心，不断地补充和整合中国现代文化。

二　新挑战

古村镇：城镇化中的适度开发

随着经济社会的发展和人们生产生活方式的改变，尤其是城镇化进程的快速推进，传统文化的生存空间日益狭窄，古村镇及其依托其间的本土文化受到强烈冲击。具有多重价值的不可再生的古村镇文化遗产，受到自然损毁和人为破坏的双重威胁，主要形式有：一是开发性破坏，短视的政绩冲动，不合理建设、过度开发利用的“人工化、商业化、现代化”倾向，传统古村镇的中心地段大多数被改造为商业集贸街区，无节制地扩展空间，严重破坏原型的空间形态、传统格局及古建筑。二是生活性破坏，由于居民生活方式的改变，对居住空间与环境质量改善的要求，传统居住空间不能满足生活需求导致对传统建筑空间与形式普遍进行改造，失去传统原型的意义及文化性特征。三是自然性破坏，传统的建筑多为木结构、土筑墙木构架或砖石木构，年久失修而腐朽破坏[2]。四是建设性破坏，近年来古村镇成为旅游经济发展的重要资源，由于利益的驱使，同时缺少必要法规及合理的开发计划与规划设计，新农村建设中产生的“拆旧建新”“求新求洋”的“新村庄建设”偏向。五是保护性破坏，保护规划制定与实施不到位，或古村镇保护规划不够完善、缺乏科学性和可操作性；或执行规划随意，朝令夕改，缺乏严肃性；或“先开发后规划”“先破坏后治理”；加之保护理念、管理机制、资金来源、合理利用等方面都有许多障碍，导致在“保护”旗号下，古村镇中的特色街区被夷为平地，大体块、单一模式的住区在古村镇中不断立起，新、旧肌理的不协调日益凸显，古村镇失去了往日的特色，古村镇居民失去了原有的生活氛围[3]。

古村镇自然损毁和人为破坏致使文化遗产面临着诸多挑战，比如环境容量饱和、空间超负荷，居民社会结构变异、周边土地资源过度开发，过度商业化、商业色彩过浓，旅游开发模式单一、旅游资源同质化、旅游开发“克隆”现象严重、千镇一面、万村一貌的“特色危机”，不合理的门票收费、利益分配扭曲的问题，各自为政、伞兵作战等共性问题[4]。这些问题的存在，不仅与遗产保护发展目标相悖，而且丰富多彩的古村镇遗产资源也没能得到有效利用[5]。

古镇浓浓的文化底蕴，该如何延续？我们应该在不可逆转的城镇化进程的大背景下理解包括古村镇在内的整个中国社会与文化变迁的大格局。我国政府长期面临着严峻的“三农问题”，政府长期以来一直在致力于推进小城镇的发展和城市的规划与建设事业，而新一轮致力于解决“三农问题”的努力便是当前的“社会主义新农村建设”。城镇化进程中的乡镇正处于不可逆转的城市化的进程中，一部分重新集聚，一部分正在衰退或萎缩，一部分正在成为城市的一部分从而改变其社会存在形式。与此同时，建设部、国家文物局及一些地方政府共同为保护为数众多的“历史文化名城”以及“历史文化名村（镇）发布了很多法规和政策。关注和“重新”发现古村镇的社会文化运动，实际上是有国家行政的介入与推动，其背后更深刻的原因体现了经济建设、现代化发展和保护传统文化遗产之间密切而又复杂的关联。我们必须清醒地意识到，古村镇历史文化遗产是极其脆弱和不可再生的。虽然我们在保护方面做了一些工作，但形势依然严峻，保护古村镇已经成为国际社会达成广泛共识的迫切任务，势在必行、刻不容缓。

三　新思维

古村镇：发展是最好的保护

地方政府的核心管理在实现古村镇可持续发展保护中发挥着主导作用。我们从古村镇保护规划编制、保护修复措施、保障机制三个方面，扼要叙述如下：

（一）规划编制

各级政府要提高认识，做好古村古镇的保护利用规划。不仅要抓紧编制古村古镇保护规划，更要将古村镇保护纳入城镇化总体规划，列入当地经济社会发展规划，明确保护地段、保护街区、保护对象、保护规划的法律性，制定相应的规划实施保护措施，安排专项保护资金，并鼓励社会力量参与古村镇保护。同时加强文物文化部门与建设、土地、园林、宗教、旅游各部门之间的协调和沟通，一方面在实践中不断修改完善，提高保护利用规划水平；另一方面加强和发挥联合执法作用，确保保护规划顺利实施。

（二）保护修复

政府文物文化部门要做好文物古迹登记建档、保护修复规划和对居民和游客的教育工作。首先，登记建档。一是深入调查古村镇，发动专家和社会各界推荐，找出拥有传统建筑、传统选址格局、丰富非物质文化遗产、具有保护价值的村镇，不断丰富古村镇资料信息。二是对全国范围内尚存的古村镇进行勘查，全面搜集、记录和保存古村镇的历史文化信息，全面掌握古村镇的数量分布、保存状况和使用管理情况。有重点有针对性地制定保护规划和实施方案。三是对历史环境中现存的所有建筑逐一进行甄别、分类、定级。既对历史上的环境结构和传统建筑予以充分的保护和尊重，又对晚近的具有时代典型性和再利用价值的公共建筑、工业建筑等有选择地加以保留与更新，对历史环境中新建筑如何体现城乡新景观的品位和环境形象进行探索，把不同文明阶段的遗产和要素整合起来。四是依托于中国传统村落的评选，抓紧制定地区古村镇认定标准，开展评审认定工作，建立古村镇名录。对已登记的传统村落进行补充调查，完善村落信息档案[6]。

其次，保护修复规划。规划要坚持分类保护原则，根据古镇、古村落的历史价值和建筑风貌保持的完好程度，按照“历史真实性”“生活真实性”“风貌完整性”进行分类保护。存古，就是对保护尚好的重点村庄、集镇，遵守不改变原状原则，进行保护性修缮，坚持“修旧如旧，以存其真”。复古：就是对建筑物质量尚好、但局部损毁、不能适应现代生活的、具有保护价值的民居，在恢复其原风貌的基础上，对内部进行更新改造，重新定位其功能，可以考虑建设民居博物馆、民俗博物馆或者是发展旅游的纪念馆。创古，就是在继承大量历史文化“基因”的基础上创新式修整复兴。同时，坚持整体保护原则。古村镇既要保护古建筑物质形体，又要保护周边环境与氛围[7]。

再次，对居民和游客的教育。深入开展新型城镇化进程中古村镇文化遗产保护的宣传教育工作，唤起公众对古村镇重要地位和多重价值的社会认知，认识到保护利用古村古镇等历史文化遗产是人类社会进步、文明发展的必然要求，是促进当地经济社会可持续快速健康发展的重大举措，是现代村镇建设的重要部分。同时，引导和鼓励广大民众自觉参与古村镇文化遗产的保护[8]。

（三）保障机制方面

我们从保护管理办法、保护机构和人员、保护资金三点分别叙述。首先，保护管理办法。各级政府应高度重视古村镇的保护，在国家法律的基础上建立健全法律法规和规章制度，省级人大制定古村镇保护实施意见和管理办法，同级政府制定相应的地方性法规、规章，市县级行政主管部门也要制定具有地方针对性的规范性文件，完善地方法规，为古村镇保护提供有效的法治保障。执法部门加大执法力度，增强各级文物保护机构的权威性，强化建设规划部门依法审批、许可古镇村旅游开发项目的严肃性，实行依法保护开发古村镇[9]。

其次，保护机构和人员。建立“政府为主、企业为辅、社会参与”的保护新机制，发动社会各界、全民参与古村保护与管理。加强文物保护管理机构和队伍建设[10]，成立古村镇保护管理专业部门，配齐增强文物保护管理人员，加强管理。发挥政府统一协调的作用，协调保护、规划、建设等各部门关系，在政策、管理、资金等方面统筹协调，建立长效的工作机制，形成合力。完善古村镇文物保护管理体制，切实加大管理力度和监督力度。建立专家队伍，以普查的方式到各村镇进行考察、论证，为文化遗产及时保护提供依据；建立村落民俗志或村落非物质文化遗产志[11]。

再次，保护资金。积极探索建立适合古村镇文化遗产保护的资金投入机制。设立古村镇保护专项资金和专门账户，专款专用，并提交财政、审计部门监督。坚持“以政府补贴为辅，以市场运作为主”，坚持政府投入为引导，社会投入为主体，接受企业捐助、采取群众筹资等方式和谁投资谁受益的原则，政府可以整理出可供交易的房产档案，统一打包整合历史风貌建筑遗产，将古村古镇保护利用纳入招商引资项目库，加大招商引资力度，对从事历史古迹保护的开发企业建立投资、建设和运营体制，通过政府投资、财政补贴、价格体系的相互协同，完善企业合理投资回报机制[12]。

注释

[1] 徐赣丽：《乡村智慧：古村镇文化遗产的价值》《新华日报》，2012 年 5 月 22 日。

[2] 巫纪光、邱灿红：《传统古村镇的保护与旅游开发问题的浅探》《中国勘察设计》，2002 年第 10 期。

[3] 杜锦、万艳华：《“体验”视角下信阳地区古村镇形态认知体系初探》《第三届“21 世纪城市发展”国际会议论文集》2010 年，第 285–292 页。

[4] 江济农：《古村镇保护现状及改善方法》《中华建设》，2012 年第 2 期。

[5] 邵秀英：《汾河流域古村镇景观分异与旅游发展模式研究》《中国地理学会 2012 年学术年会学术论文摘要集》，2012 年，第 110–111 页。

[6] 马海燕：《古村镇遗产保护与旅游发展研究论略》《盐城工学院学报（社会科学版）》，2012 年第 4 期。

[7] 杨水荣：《谨防对古村镇建设性破坏》《中国建设报》，2007 年 6 月 29 日。

[8] 陈悦：《中国古村镇保护与发展获港宣言》《湖州日报》，2013 年 6 月 7 日。

[9] 张铁梅：《浅析山西沁水柳氏民居古村落的保护和旅游开发》，李锦生，霍耀中，张世满编《不可再生的遗产：中国古村镇保护与发展碛口国际研讨会论文集》，200 6 年第 106 页。

[10] 市政协调研组：《关于我市古村镇保护和开发利用的建议》《六盘水日报》，2012 年 7 月 30 日。

[11] 苗向东：《新城镇建设要保护古村镇》《北海日报》，2011 年 9 月 22 日。

[12] 天津市建设工程技术研究所：《传承津卫文化留住城市之魂———天津市历史建筑及古村镇保护的研究》《城市》，2014 年第 1 期。天津市建设工程技术研究所：《传承津卫文化留住城市之魂———天津市历史建筑及古村镇保护的研究》《城市》，2014 年第 1 期。

作者

牛长立，南京大学考古学与博物馆学博士，内蒙古大学中国史博士后，内蒙古师范大学科技史博士后。

古村镇文化遗产的现状和价值认定

◎ 易琳

古村镇文化遗产是我国文化遗产中极为重要的一部分，随着现代城市化步伐的加快，古村镇文化遗产面临着数量减少和人为破坏的困境，这无疑与我国大力倡导保护文化遗产的宗旨相悖。那么，什么样的古村镇文化遗产值得我们重点注意和保护，什么样的又应该让路于当地的经济建设呢？本文将通过整理和归纳，细数我国古村镇文化遗产的现状和解答如何对其进行价值认定。

一　古村镇文化遗产的定义

根据建设部和国家文物局2003年10月8日发布的中国历史文化名镇或中国历史文化名村评选办法，历史文化名镇（村）应当具备下列条件之一："在一定历史时期内对推动全国或某一地区的社会经济发展起过重要作用，具有全国或地区范围的影响；或系当地水陆交通中心，成为闻名遐迩的客流、货流、物流集散地；在一定历史时期内建设过重大工程，并对保障当地人民生命财产安全、保护和改善生态环境有过显著效益且延续至今；在革命历史上发生过重大事件，或曾为革命政权机关驻地而闻名于世；历史上发生过抗击外来侵略或经历过改变战局的重大战役以及曾为著名战役军事指挥机关驻地；能体现我国传统的选址和规划布局经典理论，或反映经典营造法式和精湛的建造技艺；或能集中反映某一地区特色和风情，民族特色传统建造技术。"以及"建筑遗产、文物古迹和传统文化比较集中，能较完整地反映某一历史时期的传统风貌、地方特色、民族风情，具有较高的历史、文化、艺术和科学价值，现存有清代以前建造或在中国革命历史中有重大影响的成片历史传统建筑群、纪念物、遗址等，基本风貌保持完好。"

可以说，历史文化名镇（村）的评选条件基本囊括了我国古村镇文化遗产的价值类别，包括了物质文化遗产和非物质文化遗产两个方面，显得相当全面。然而，自2003年起，至今国家仅仅从四万多乡镇中评选出了252个历史文化名镇和347个历史文化名村。面对如此的悬殊的比例，人们不禁要发问了，所谓历史文化名镇（村）的依据何在呢。评选办法是这样划定的标准：首先要看原状保存程度，要求"镇（村）内历史传统建筑群、建筑物及其建筑细部乃至周边环境基本上原貌保存完好；或因年代久远，原建筑群、建筑物及其周边环境虽曾倒塌破坏，但已按原貌整修恢复；或原建筑群及其周边环境虽部分倒塌破坏，但'骨架'尚存，部分建筑细部亦保存完好，依据保存实物的结构、构造和样式可以整体修复原貌。”其次现状还要具有一定规模，“镇的总现存历史传统建筑的建筑面积须在5000平方米以上，村的现存历史传统建筑的建筑面积须在2500平方米以上。”最后还得是“已编制了科学合理的村镇总体规划；设置了有效的管理机构，配备了专业人员，有专门的保护资金。”

这样一个限定下来，尽管我国坐拥丰富的古村镇资源，也不得不面对披沙拣金，大浪淘沙的结果了。少数出名的，有特殊意义和价值，值得开发的古村镇在国家政策的扶持下被保护和开发了起来，然而，更多的古村镇文化遗产的现状又是如何呢。

二 古村镇文化遗产的现状

“作为不可复制、不可再生的文化资源，古村镇集中体现了传统社会的生产方式、生活方式、文化习俗和社会结构，具有极高的保护价值和旅游价值。自20世纪80年代末开始，古村镇旅游在我国悄然兴起并蔚然成风[1]，至今已经成为旅游业的一大热点，发展旅游也成为实现古村镇经济发展和遗产保护最常用的途径。”因此，谈到古村镇文化遗产的现状，其实就是探寻古村镇旅游发展的现状。而针对当前我国古村镇文化遗产的旅游开发程度，可以分为三类，分别是开发成熟型，半开发型和待开发型。

开发成熟型的古村镇，也可以称为开发过度的古村镇，数量不多，但名气不小，都是当地乃至全国鼎鼎有名的名村名镇，如：周庄古镇、丽江古城、婺源古镇、乌镇、西递宏村和芙蓉镇等，这些古村镇都经过了长期的商业运作和成熟的旅游开发，一方面吸引了大量的游客，给当地带来了很好的经济效益，也为当地居民提供了大量的就业岗位，提高了居民的收入水平；另一方面，也存在着大量的问题，从旅游业的角度来看普遍存在的有：

“其一，产品同质化。目前诸多的古村镇，特别是同属一个区域的古村镇之间在资源特点、游览项目、服务内容等方面大同小异，资源雷同与开发单一所导致的产品同质化现象非常突出。例如，在江南古镇中，周庄、同里、乌镇等特点类似，游客也多是参观古民居、坐游船、看古戏等；而去宏村的很多游客觉得没有必要再去西递，反之亦然。

其二，过度商业化。对于古村镇旅游开发，人们经常抱怨的一个问题是过度商业化。目前越来越多的古老村镇已经演化成一个大型的旅游商品超市，人人皆商、处处开店的状况使得最初的历史风貌日益消失。尽管古村镇开发中的商业化问题屡遭诟病，但似乎没有哪个地方可以避免，而且越是旅游发达的地方，这个问题越严重。

其三，文化空心化。对于游客来说，到古村镇旅游，除了欣赏古老的建筑和村落格局外，也希望能体验与之相关的生活方式，然而受各种因素影响，目前许多已经开发旅游的古村镇，旅游者所能见到的实际上是一个渐渐失去灵魂的、静态的、空壳化的建筑群落。文化空心化具体表现为人的置换与文化的置换：一方面，本地人，特别是本地年轻人大多搬出古村镇，留下的除了老人外，就是外地经营者，人口置换比较普遍；有些地方为了降低管理难度，将居民全部或者部分搬迁到新村居住，白天再让部分人回到古村镇工作，彻底将古村镇变成一个提供“真实建筑，虚假生活”的主题公园，失去其文化真实性；另一方面，古村镇内的许多建筑被改造为商铺，原有的、传统的历史风貌和文化底蕴越来越淡，取而代之的是日益浓厚的商业气氛。

其四，矛盾复杂化。实践中，旅游发展所带来的经济收益，往往很难在不同利益相关者之间按照让每一方都满意的方式进行分配，从而引发不同群体之间的矛盾。近几年，开发旅游的古村镇中，当地居民对政府和外来企业的不满、居民不同群体之间的矛盾、本地人与外地人的冲突、不同政府部门之间的纷争层出不穷，利益冲突重生，社会分化明显。随着开发旅游的古村镇数量越来越多，矛盾就越来越普遍；随着古村镇旅游越来越发达，矛盾就越来越复杂。[2]”

然而，尽管问题重重，我们依然可以看到，这些成熟开发的古村镇在旅游开发所带来的红利下，得到了当地和上级政府各部门的支持和本地大多数居民的参与，将本村（镇）历史建筑群保护得比较好，一部分传统风俗和特色也作为旅游特色保留了下来，在外观上大致保留了过去的风貌。

相比之下，半开发型的古村镇，也可以称之为开发中的古村镇，数量同样不少，在全国各地古村镇旅游如火如荼发展的大背景下，各地政府，但凡有古村镇的旅游资源，都想在这个旅游的大蛋糕里咬下一口，因此通过各种方式，包括政府主导或者经营权出让等，想把手中的古村镇盘活，其结果有两种，一种就是以上所说的走上正轨后游人大量涌入，开发至成熟乃至过度；另一种自然是开发因为种种原因陷入停滞，最终面临进退两难的窘境。

我们以和平镇为例，此镇地处闽西北，建置于唐朝，是福建省历史最悠久的古镇之一。《南方周末》在2006年的一篇专题报道中提到了和平古镇，文章中这样写道：“早在2002年，和平人就听到要开发旅游的消息。当时，当地政府出面组织成立了‘南武夷’旅游开发公司，开始时动作也挺大，收购民宅，卖起门票。还计划在古村外另找一块地建房，让老居民搬出来生活。但因资金有限，没过多久，开发的事便没了下文。一些老宅卖了之后，这两年没人管理，已成为附近村民的垃圾场甚至茅厕。直到去年9月，刚刚组建几个月的上海大境堂公司才正式与当地政府签订协议，投资3个亿开发和平古镇，当地政府在开发公司中占两成股份。这家公司首先在离古镇3公里之外的‘天成岩’风景区驻扎下来。在半年时间里，把“天成岩”变成了一片喧哗的工地。因为收购、修缮古民居涉及上百户居民的迁移，没个三年五载难以完成，该公司决定把难啃的骨头——古镇开发延后推进。[3]”

近十年之后的今天，当我们再回过头来看和平古镇的现状，静静的古镇跟十年前仿佛没有太大的变化，只有愈加倾颓腐朽的木制建筑和坐在老屋子前面晒太阳的留守老人，而并非如当地政府预料的那般将古镇的旅游资源充分的开发和保护起来。为何，原因有几个：第一，传播力度不强，游客仅能通过亲朋好友口口相传的方法前来古镇旅游；第二，旅游资源开发程度低，可玩项目偏少，对游客的吸引力也偏低[4]；第三，和平古镇的改造投入不多，当地居民从开发中获利少，不仅使搬迁工作困难重重，也使相关副业没有形成规模；第四，古镇旅游的特色也不鲜明，没有特别的优势，发展潜力有限。第五，交通有所改善，但依然不算方便，地理位置过于偏僻。

总的来说，以和平古镇为代表的一系列半开发的古村镇文化遗产在经历了十年的旅游大开发之后，并没有达到预期的效果，反而陷入了更加尴尬的境地：前期投入宣传后旅游市场反响不佳，导致旅游开发公司成本回收慢，继而造成后续资金跟不上，使得景区建设停滞，又使得景区对游客的吸引力更低，进入无限死循环。

究其原因，当然是多方面的，有政府的政策问题，有开发公司的规划问题，有旅游公司的宣传问题，也有村民不配合的问题。然而最主要的还是因为这一类古村镇文化遗产本身的价值认定问题，可以说我国的古村镇文化遗产的数量是庞大的，开发的数量也是极大的，但古村镇旅游市场的容量却是有限的，这就造成了一部分价值不高的古村镇文化遗产在旅游市场是无法得到预想的回报。但随着周庄，丽江等古村镇旅游人数过于饱和的问题逐渐显现出来，这一类的古村镇也有机会凭借自身的优势吸引游客，努力做大做强，跻身于开发成熟的古村镇之列。

至于第三类待开发，也可以称为未开发的古村镇文化遗产，从目前的状况和趋势来看，其在未来得到成熟开发的机会也几乎为零，因为其前期开发难度大，投入回报低，市场不明。因此，这一类的古村镇文化遗产将会根据当地政府的建设规划采取修缮保留或拆掉重建。

从以上古村镇文化遗产的三种情况我们可以很明显地看出对其进行价值认定的重要性，这不仅是旅游开发的必做功课，也是保护古村镇文化遗产的前提条件。毕竟各地方政府的文化遗产保护资金极为有限，必须要有所取舍，在保护古村镇文化遗产的时候分清重点和主次。其次，保护的资金必须要借旅游市场的助力，高价值的古村镇文化遗产无疑意味着更好的旅游开发潜力和投资回报。这样一来，如何对古村镇文化遗产进行价值认定，用什么样的标准来量化考察就显得至关重要了。

对于古村镇文化遗产的价值认定标准问题，早有国内学者注意并研究出了很好的成果，邵秀英、李静以山西省碛口古镇为对象，对村镇旅游的旅游环境进行了细致的评估[5]（2007）。赵勇等则从物质文化遗产和非物质文化遗产两个方面选出了十五项指标作为历史文化村镇的评价体系[6]（2006）。朱晓翔则运用因子分析法对古村镇旅游资源的价值进行了评价[7]（2006）。此外，还有多位研究者运用了层次分析法（AHP）建立模型，对古村镇文化遗产进行了价值判断，如孙萍就运用 AHP 模型对江南古镇的旅游资源进行了定量分析（2008），见表 1 。

表 1　古村镇文化遗产价值认定体系权重分配表

第二层因素	权　重	第三层因素	权　重	第四层因素	权　重
历史文化价值	0.8	历史价值	0.35	年代久远程度	0.22
				与重大历史事件人物关联	0.09
				反映历史脉络环节程度	0.04
		艺术价值	0.16	典型性	0.06
				与地形地貌完美结合程度	0.06
				艺术精美程度	0.04
		科学价值	0.12	工程技术代表性	0.05
				科学考察价值	0.04
				科普教育意义	0.03
		审美价值	0.08	保存完整度规模	0.03
				美感度	0.02
				奇特度	0.02
		民俗风情价值	0.05	民俗代表性	0.02
				宗教代表性	0.02
				其他代表性	0.01
		环境价值	0.04	环境容量	0.02
				环境绿化程度	0.02
区位条件	0.2	交通通达性	0.1		
		与服务中心距离	0.05		
		景点区域组合	0.05		

从表 1 我们可以看到 AHP 的评估思路，从古村镇文化遗产的各个方面出发，以不同的权重来表现不同方面对于价值认定的影响，显得科学而又全面，值得我们肯定和采用，此外，因子分析法也相当科学而使用，此方法将古村镇文化遗产的价值认定因子排列如下：

（1）年代久远程度，根据保留资料的年代进行评分，具体标准为：明代之前计 8 分；明前至明中期 5 到 7 分；明末清初至清中 2 到 4 分；清末至民国 1 分。

（2）重要历史事件或名人，根据事件和名人的影响力大小进行评分，具体标准为：具有世界范围影响力的计 8 分；全国范围内的 6 到 7 分；省内的 4 到 5 分，地方内的 1 到 3 分。

（3）反映历史脉络程度，主要体现在当地古建筑群的保存程度、对传统节日的保留程度以及对当地风俗的保持和地方传统产业三个方面。具体标准为：三项均保存完整计 8 分；较为完整 5 到 7 分；某项完整 2 到 4 分；保存一般 1 分。

（4）古建筑群的规模，主要通过古建筑的数量，体量和占地面积三个指标来衡量，具体标准为：根据三项指标从 8 分到 1 分酌情考虑。

（5）与自然适应程度，主要依据两个方面，一是选址和建筑布局是否符合传统的风水观念，二是与当地的自然环境是否相宜，具体标准为：非常适宜计 8 分；较为适宜 5 到 7 分；一般 2 到 4 分；不相宜 1 分。

（6）地方特色，分为建筑特色和文化特色两个方面，具体标准为：两者都很突出计 8 分；较为突出 5 到 7 分；某一项突出 2 到 4 分；均不突出 1 分。

（7）建筑的工艺水平，包括了建筑的构建主体和装饰工艺水平、建筑小品、建筑装饰物等，具体标准为：建造技术高超，装饰精致且数量多计 8 分；工艺水平高 5 到 7 分；水平偏低 2 到 4 分；工艺水平一般的 1 分。

（8）科考和教育价值，表现在能对自然科学、社会科学和教学科研提供素材和依据，可以用文物保护单位的级别来评分，具体标准为：国家级计 4 分；省级 3 分；市级 2 分；县级 1 分。

（9）其他，包括了爱国教育、保留地方和少数民族文化、保留地方语言和文字等方面的价值，具体标准为：五种内容和功能以上计 4 分；三到五种 3 分；一到三种 2 分；一种及以下 1 分。

（10）区位条件，包括了所处的地理位置、交通条件、与周边旅游区的关系，具体标准为：地理位置优越，交通十分便利，与周边景区存在互补关系计 6 分；三者缺一 4 分；缺二 2 分；都不具备 1 分。

（11）旅游地的资源容量，指的是景区在一定时间内不影响到游客旅游体验和质量所能维持的最高旅游利用水平，具体标准为：容量为 5000 人 / 天及以上计 6 分；3000 人 / 天及以上 5000 人 / 天以下 4 分；1000 人 / 天及以上 3000 人 / 天以下 2 分；1000 人 / 天以下 1 分。

（12）客源条件，指的是旅游资源所能吸引的客源范围、最大辐射半径、吸引客源层次等方面因素，具体标准为：客源条件优越计 6 分；较好 4 分；好 2 分；一般 1 分。

（13）当地的旅游形象，形象越好，旅游价值自然也就越高，可以用该地区获得的荣誉来评分，具体标准为：5A 景区计 6 分；4A 景区 4 分；3A 景区 2 分；影响力很小的 1 分。

（14）景区基础设施建设及管理水平，包括了景区的住宿、餐饮、卫生和娱乐的建设和管理，具体标准为：设施完善，管理水平高计 6 分，较为完善 4 分，水平一般 2 分。

（15）资源的分布状态，一个景区的景点越紧凑，游客也就越便利，具体标准为：景点布局合理且紧凑计6分，较为合理4分，一般合理2分，不合理1分。

通过以上满分总计一百分的因子模型评分后，可以将古村镇文化遗产分为五个等级，从高到低依次为：

1. 得分值≥90　　极具开发潜力和保护价值，需要政府优先大力开发
2. 89≥得分值≥70　　具有相当的开发潜力和保护价值，值得政府投入开发
3. 69≥得分值≥50　　具有一定的开发潜力和保护价值，值得政府考虑开发和投入
4. 49≥得分值≥30　　开发潜力和保护价值不高，根据当地具体情况斟酌开发和保护
5. 得分值≤29　　不具备保护和开发的价值，应配合当地政府的城建政策

古村镇文化遗产是我国文化遗产宝库中的瑰宝，也是旅游资源的新型领域，虽然饱含了历史的风霜，却在市场经济下的今天重新焕发出无限的活力，如何保护，如何开发，如何使当地居民受益，如何调整保护和开发的关系，政府职能要扮演一个怎样的角色，这些问题都值得我们深深地思量。本文谨就古村镇文化遗产的现状和价值认定这两个方面进行了总结和归纳，希望对我国的古村镇文化遗产的保护和开发有所裨益。

注释

[1]、[2]宋端：《古村镇旅游的问题和难题》，旅游学刊，2010（6）：11-12

[3]徐钟：《正在改变的古镇》，南方周末，2006（5）

[4]邵秀英，李静：《古村镇旅游地的旅游环境评价及案例研究》，旅游科学，2007（6）：61-66

[5]赵勇，张捷等：《历史文化村镇保护评价体系及方法研究——以中国首批历史文化名镇（村）为例》，地理科学，2006（4）：497-505

[6]朱晓翔：《我国古村落旅游资源及其评价研究》，硕士学位论文，2005，5：1-68

[7]孙萍：《江南古镇旅游文化资源评价》，今日科苑，2009（6）：146

参考文献

[1]胡海林，王林：《中国历史文化名镇名村空间结构分析》，地理与地理科学，2008（3）：109-112。

[2]阮仪三，袁菲：《江南水乡古镇的保护与合理发展》，城市规划学刊，2008（05）。

[3]孙静，苏勤：《古村落里边有开发的视觉影响与管理》，人文地理，2004，19（4）；4-7。

[4]张力华，王辉：《古民居在城郊旅游开发中的保护与利用——以中国历史文化名镇上海朱家角为例》，上海城市管理职业技术学院学报，2008（06）。

[5]李娜：《历史文化名城保护及综合评价的AHP模型》，人文地理，2004，19（4）：4-7。

[6]邵秀英，李静：《古村镇旅游地的旅游环境评价及案例研究》，旅游科学，2007（6）：61-66。

[7]赵勇，张捷等：《历史文化村镇保护评价体系及方法研究——以中国首批历史文化名镇（村）为例》，地理科学，2006（4）：497-505。

[8]余华玲，周密：《四川古镇开发模式初探》，新西部（下半月），2008（09）。

[9]张哲：《关于古镇商业旅游开发过程中外部性问题的研究》，现代商业，2007（10）。

[10]李堃：《西塘古镇旅游核心竞争力的培育》，无锡商业职业技术学院学报，2008（04）。

[11]冯淑华：《古村旅游模式初探.北京第二外国语学院学报》，2002（4）：32-35。

[12]阮仪三，王景慧，王林：《历史文化名城保护理论与规划》，同济大学出版社，1999。

[13]朱晓翔：《我国古村落旅游资源及其评价研究》，硕士学位论文，2005，5：1-68。

[14]宋瑞：《古村镇旅游的问题和难题》，旅游学刊，2010（6）：11-12。

作者

易琳，武汉科技大学文法与经济学院。

城镇化进程中古村镇文化遗产保护研究

◎ 陈星辰

随着全球化趋势的加强和城市现代化浪潮的加快，人们已经认识到保护人类历史文化遗产的重要性和紧迫性。古村镇文化遗产作为国际社会提出的新型事业，是我们步入城镇化和进行新农村建设时必须担负的历史责任。本文从古村镇文化遗产保护的现状和问题出发，以期找到促进我国古村镇文化遗产保护有效政策。

一　古村镇文化遗产的概述

根据《保护世界文化和自然遗产公约》的规定，属于以下各类内容之一者，可列为文化遗产：1）文物：从历史、艺术或科学角度看，具有突出、普遍价值的建筑物、雕刻和绘画，具有考古意义的成分或结构，铭文、洞穴、住区及各类文物的综合体；2）建筑群：从历史、艺术或科学角度看，因其建筑的形式、同一性及其在景观中的地位，具有突出、普遍价值的单独或相互联系的建筑群；3）遗址：从历史、美学、人种学或人类学角度看，具有突出、普遍价值的人造工程或人与自然的共同杰作以及考古遗址地带。

文化遗产概念上分为有形文化遗产和无形文化遗产，包括物质文化遗产和非物质文化遗产。物质文化遗产是具有历史、艺术和科学价值的文物；非物质文化遗产是指各种以非物质形态存在的与群众生活密切相关、世代相承的传统文化表现形式。物质和非物质文化遗产所能赐予现代人的，是它有助于现代人对自身、对自身与环境关系的理解。物质和非物质文化遗产最本质的意义是人类所做事情的记忆，物质和非物质文化遗产正是通过恢复人类过去的记忆服务于现在的。我们认为，不同类型的遗产其价值有所不同，但从总体上看，人类文化遗产的价值主要体现在历史、艺术、科学、教育及经济等方面。

根据我国古村镇的评选办法，古村镇是指那些“建筑遗产、文物古迹和传统文化比较集中，能较完整地反映某一历史时期的传统风貌、地方特色和民族风情，具有较高的历史、文化、艺术和科学价值，现存有清代以前建造或在中国革命历史中有重大影响的成片历史传统建筑群、纪念物、遗址等，基本风貌保持完好”的村镇。古村镇是人类文明的结晶，具有丰富的文化底蕴，历经朝代的更替，见证历史的变迁，反映独特的民风民俗，是不可再生和不可替代的历史文化遗产。

二　古村镇文化遗产保护和立法概述

（一）国外古村镇文化遗产保护和立法概述

历史文物具有唯一性及不可逆性，一旦损坏就无法修复。历史古村镇的重要性，不在于它内部可能会有珍贵文物，而是它具有一定的规模，能够反映一定时期典型的历史风貌。由于历史古村镇具有独特性，因此在保护中应采取一些有助于其他历史文化遗产类型的方法和措施。

文化遗产是1972年联合国教科文组织在《保护世界自然和文化遗产公约》中提出的概念，包括文物、建筑群和遗址。后来又把外延扩大到文化景观和非物质文化遗产。文中所谓的古村镇文化遗产保护指的是文物、建筑群、遗址等物质文化遗产以及文化景观和非物质文化遗产等的保护。

当今世界，维护城市的历史风貌，保护文化遗产已成为许多国家的共识，而且形成法律化。

1834年，希腊有了第一部保护估计的法律，这是国际上第一部具有现代意义上的文物保护的国家立法；1840年，法国公布了首批保护建筑群567栋，1887年通过了第一部历史建筑保护法，首次规定了保护文物建筑是公共事业，政府应该干预；意大利在20世纪50年代已形成较系统的保护古迹、古村镇一致的法律，并于1990年颁布了古城区保护管理新法。从18世纪末，一些国际型组织颁布了不少文件督促各国保护现有的历史古迹，《雅典宪章》《威尼斯宪章》《马丘比丘宪章》《内罗毕建议》《佛罗伦萨宪章》《华盛顿宪章》等几个重要的国际会议文件都对历史街区和古村镇保护特别重视。

20世纪60—70年代，世界范围内形成了一个保护文物古迹及其周边环境的高潮，保护历史文化遗产的国际组织通过了一系列宪章和建议，确定保护的原则，推广先进方法，协调各国的历史文化遗产保护工作。

综上，可以看出各国历史文化遗产保护立法的详尽性、较强的操作性，另外，立法正从地区和国家向国际化趋势转变，这说明历史古迹世界性的特征。古村镇文化遗产可以按其价值大小分为不同范围、不同级别进行区别保护，但古村镇文化遗迹保护与传承是伴同人类自身发展的一种自发进行的活动，并且它还必须依赖法律制度的保障，才得以持续性实施。

（二）国内古村镇文化遗产保护和立法概述

我国古村镇文化遗产的保护始于20世纪80年代。1986年，国务院在公布国家第三批历史文化名城时，首次提出要“对古文物比较集中，或能完整的体现出某一历史时期的传统风貌和民族地方特色的街区、建筑群、小镇、村落等予以保护”。此后，许多地方政府开始加强了历史文化名镇的命名和保护工作，一些名镇那些保存较为完整的传统民居建筑群被列入全国重点文物保护单位。2002年，《中华人民共和国文物保护法》对历史文化名镇作出了明确的规定。2003年，建设部和国家文物局公布了第一批历史文化名镇。2008年，国务院颁布了《历史文化名城镇名村保护条例》使古名村镇保护合法化。同时不少专家学者在古村镇保护方面作出了自己的贡献，主要代表人物有刘敦祯先生、彭一刚先生、陆元鼎教授、陈志华先生等。

三　我国古村镇文化遗产利用现状及问题

古村镇文化作为城市发展过程中形成的文化形态，其价值体现着城市发展历程中的源头，与此同时，它本身也包含着深厚的精神内涵——广泛意义的民族文化传统、民族审美情感和民族价值取向。但随着城镇化的加快，古村镇当前的环境日趋恶化，古村镇文化的保护工作还存在或多或少的问题。

20 世纪 90 年代以来，在加快城镇化及其旧城改造中，我国许多古村镇普遍出现了“急于求成”、“求大、求全、求洋”的倾向，众多古镇面临着“千镇一面、万村一貌”的“特色危机”。从总体上看，历史文化名镇名村基本正处于三种状态：1）原交通闭塞、经济落后、无力改造的古村镇得以幸存，但下一步的保护较为复杂，抢救工作和保护任务繁重；2）交通便利、经济较发达区的古村镇严重毁损，但残破的历史文化遗迹必须加快保护和发掘；3）河流纵横、水运落后、公路连通较迟、离城市较偏远的水乡古镇保存完好，但已成为历史文化名镇的西塘、乌镇等古村镇，如今又出现“保护开发性破坏与旅游资源性破坏”并存的共同趋势。

目前，社会各界对历史村镇文化遗产保护已形成基本共识，但从局部来看，历史村镇文化遗产保护利用的形势不容乐观，仍然存在一些问题，主要表现在以下六个方面：

1. 保护古村镇文化遗产的主观认识不到位。“旧城改造”决策口号的失误，“旧城变新貌”指导思想的偏差，开发商“金钱至上”的观念，地方领导认识误区和保护意识淡薄。以“保护”为名进行“返老归童”“杀鸡取卵”式开发，使许多古村镇在大拆大建中以“破旧”“落后”为借口，遭受着“人工化”“商业化”和“现代化”的保护性破坏和旅游性破坏。

2. 对古村镇开发和保护缺少统一管理和长远布局。一些古村镇“重申报”“轻管理”“重旅游开发、轻遗产保护”“急功近利的近视病”“涸泽而渔的短期行为”等现象依然存在。有的地方只看重古村镇经济价值和社会影响，以“把名镇名村保护当做旅游经济资源开发”为借口，进行商业、旅游开发，却没有把文化遗产保护管理工作放在应有的重要地位。

3. 古村镇保护缺乏完善的、科学的和可操作性的规划。执行规划随意性、缺乏严肃性；“先开发后规划”“先破坏后治理”等个案不少。保护规划审批不严，“跑政府”与“变通专家”日益流行；领导意志代替法律法规，“偷梁换柱”违规开发现象也时有存在。

4. 古村镇文化遗产保护法规缺失，体制存在弊端、制度不健全、管理不到位、执法不严、相互推诿导致历史村镇遭受“建设性、开发性、旅游性”破坏。如著名的古镇乌镇，未经省文物局和建设厅批准，县建设局越权审批、过度开发，使乌镇的环境质量直线下降。由此可见，有关古村镇保护的法律法规立法还不够完善，执法还不够严谨，依法管理还存在欠缺。

5. 政府等相关部门没有处理好“利用”和“保护”两者的关系。“重短期的旅游利益、轻长远的社会价值”；“重开发商利润、轻居民权益”的现象较为普遍。有的地方政府与开发商联合，“急功近利”发展旅游事业，将名镇名村文化遗产当做旅游资源，进行违规转让经营，更有甚者将名镇全部拆迁，把所有权置换给旅游公司经营。这种深层次“保护性破坏”的古村镇模式的示范效应，正扩散到全国各地，值得国家有关部门高度重视。

6. 古村镇开发缺乏理论研究和科学指导，学术界对古村镇保护理论的研究明显滞后于开发的需要。

至今，由于缺乏科学保护的理论指导，保护工作仍延续粗放式、经验式管理和浅层次监管阶段，不少地方政府把古村镇保护当做房地产开发、旧城改造来做。还有古村镇保护管理队伍整体素质不高，专业人才严重缺乏，保护资金严重不足，政策扶持不够，制度缺失等，都是影响历史村镇保护的重要原因。

四　古村镇抢救性和适应性保护的对策和建议

1. 加强宣传教育工作，引导政府官员、开发商、政府等全社会人员强化对古村镇文化遗产的保护意识。国家文物局、建设部、各级政府等都应该高度重视古村镇的保护，人大、政协应组织专家检查团，定期进行巡回督察，各部门应各司其职，各尽其责。另外，要注重发挥新闻媒体对古村镇保护的宣传和舆论监督的作用，使古村镇文化遗产保护观念深入人心。

2. 科学制定《古村镇文化遗产保护规划及实施办法》，确保古村镇文化遗产合理有效的保护开发。国家文物局应制定国家、省、市、县四级“古村镇称号”标准制度，尽快确定各地的古村镇保护等级和保护区域，实行递升保护等级和上下浮动制度。各级政府建立古村镇濒危、撤牌制度，推行“成效测算制和年度评估制”。对古村镇保护、开发、建设和维修项目，要严格实行规划审批、公示、听证制度，建立有效的全民保护监督制度。同时应全面建立古镇村遗产保护的监测体系及其预警系统。

3. 完善古村镇文化遗产保护法规体系和保护管理体制。制定《古村镇历史建筑保护管理条例》，明确规定保护的基本原则、主要内容、目标、要求及其开发利用的审批程序。增强各级文保机构的执法权威性，当务之急要加强“保护管理和开发监督”的力度，特别要强化建设规划部门依法审批许可旅游开发的严肃性。同时地方政府应配齐文物保护管理人员，切实加大保护管理监督力度，建立“政府为主、企业为辅、社会参与”的保护新机制。

4. 建立多学科的专家发掘、研究、保护网络系统。各级政府可以考虑建立“古村镇保护开发审议委员会”，最为政府的决策咨询机构。加强文物保护专业人才的培养和传统技艺工匠队伍的建设；高度重视吸收专家学者、有识之士等的保护建议；注重发挥新闻媒体宣传及舆论监督作用；可采取特聘“公众监督评议员”“文物保护志愿者”等办法，以形成全社会、全民重视历史村镇保护管理的良好氛围。

5. 加大古村镇文化遗产保护的财政支持力度。调动各级政府、社会各界和个人的积极性，多种方式筹措古村镇文化遗产保护管理建设资金。县级以上的政府应该把保护经费纳入本级财政预算，以确保古村镇保护工作正常运转。地方政府可以采取市场化运作方式，通过土地、房屋产权的置换或租赁等方式，鼓励、吸纳民营资本、风险投资基金、民间集资、使用人出资等资本，参与历史村镇的保护与开发；古村镇旅游收入要先提取“保护维修费后再分配”，门票收入应至少有 50% 以上资金用于保护与维修，以形成建立以“历史村镇旅游收入来保养历史村镇”的良性运作机制。以牺牲古村镇文化遗产和周围环境为代价，去获得保护开发资金是古村镇开发和保护的大忌。

6. 学习借鉴国外古村镇保护的经验，探索“社会化保护”的新路。要果断停用“旧城改造”口号；实施“新旧两利、合理分离、有机更新”的保护模式；借鉴西欧、日本对古建构筑物采取“凝固保护法”和“保存保全法”的经验；推广绍兴仓桥直街“以古为本”“以居为本”的保护模式和做法。鼓励国内外民间资本参与古建（构）筑物、古民居的保护利用和经营管理，在政府缺乏资金、无力全面保护的两难情况下，采取“不求所有、但求所在”的有效对策，无疑是目前的积极探索和现实选择；事实表明古建（构）筑物在利用中管理是较有效的保护。

古村镇保护工作任重道远，在未来“城乡一体化”的推进中，我们应以敬畏历史、敬畏文化、敬畏先人之心，探索一条古村镇文化遗产保护和经济社会协调发展的共赢道路。

参考文献

［1］王云霞：《文化遗产的概念与分类探析》，理论月刊，2011 年。

［2］周乾松：《古村镇历史文化遗产保护的思考——以浙江为例》，中共杭州市委党校学报，2003（1）。

［3］阙中有，徐海燕：《保护村镇文化景观的理论探讨——基于非物质文化遗产保护理论》，新学理论，2010（35）：31–32。

［4］王蕴锦：《城市化进程下的历史文化遗产保护策略分析》，科技向导，2014（3）：159。

［5］周乾松：《加强我国历史村镇文化遗产保护的对策思考》，中国党政干部论坛，2011（8）：28–29。

［6］王冰，马邀：《浅谈文化遗产保护与利用的研究》，黑龙江史志 2014（5）：150。

［7］成斌：《皖南古村镇遗产保护的真实性研究》，武汉大学建筑设计专业，2004 年。

［8］王国安：《古村镇文化遗产保护与现代城市功能融合研究——基于浙江慈城的实践》，中共宁波市委党校学报，2011（1）：115–120。

［9］陈晓宇：《历史文化村镇的现状问题及对策研究》，天津大学，2007 年。

［10］中国古村镇保护网 http://www.zggzbh.com/html/guzhenbaohu/2012/0919/3352.html

作者

陈星辰，武汉科技大学研究生。

论中国城镇化与古村镇文化遗产的保护

◎ 刘焕云

一 前言

21世纪是中国人的世纪，中国正走向稳健发展的道路，迈向富强、康乐与和平统一。近年来，国际社会关于“中国特色”“中国经验”“中国奇迹”的惊叹与讨论不绝于耳，中国的崛起，不再是学术研究的名词，而是事实，甚至连世界超强美国，都感受到中国发展的压力。在傲人的经济成就和数字下，中国人的“盛世情怀”跃然而出。不过，一个国家的强盛与否，不仅是看G D P或者是精良先进武器的数量，更要看他的文化和价值观，甚至是国民的爱国精神。如果中国崛起能以文化复兴，重建汉唐的文化盛世，使中国的综合国力上升，人民生活水平提高，经济实力强大，完成中国的经济现代化，找回与国力相符的文化影响力，这才是中华民族之伟大复兴。

“中国崛起”既然已经成为不可抵挡的世界潮流，有人以“盛世中国”即将来临而立论。现今，中国逐渐成为世界经济发展的引擎，也成为世界市场的中心。中国大陆在十八大之后，持续国家发展的目标，就是到本世纪中叶，基本实现现代化，实现城镇化与实现中国梦，而实现中国梦必须弘扬创新中华文化。现阶段，中国要坚持发展是硬道理的战略思想，坚持以经济建设为中心，全面推进社会主义经济建设、政治建设、文化建设、社会建设、生态文明建设，深化改革开放，推动科学发展，不断夯实实现中国梦的物质文化基础。吾人深信，中国的城镇化，必将改变中国人的命运，并给全体中国人民带来福祉。

由于古村镇承载着中华民族悠久深厚的文化底蕴，是中华优秀传统文化的最基本物化载体，记录和反映着中华民族历史文脉的延续和传承，是中华先祖留给我们的宝贵物质和精神财富。保护好古村镇文化遗产，对于传承人类文明，促进社会和谐发展，具有重大现实意义。十八大之后，随着城镇化的快速推进和新农村建设的广泛开展，中国大陆各地历史悠久、遗存丰富的古村镇，其存量必将日渐稀少，历史价值愈显弥足珍贵。是以，如何在经济社会发达与转型发展的关键时期，由官方与民间共同推动古村镇文化遗产保护，了解古村。

二　转型期中古村镇的保护问题

“全球化”（globalization）在 21 世纪的今天已和自由、民主一样，成为人人朗朗上口、大家耳熟能详的一个概念。然而，在全球化的同时，反全球化的呼声也在世界各地响起，如何在全球化的同时，能兼顾各国家、各族群悠久的文化传统与文化特色，已成为文化界所关切的议题，所谓“think globally; act locally”，就是当前文化产业发展的口号之一。中国三十几年来在改革开放政策下，已经逐渐成为一个相当富裕的社会。但是经济上的富裕，如果没有文化的转型与提升，这个社会仍然是“贫穷的富裕”，中国目前就处在这一“贫穷的富裕”处境当中。在这种处境之下，许多古城镇及传统建筑，也正受到全球化的冲击，而面临着转型的问题。因为，近三十多年来，大陆各地区钢筋水泥建造的“洋房”或钢构的“铁皮屋”，在城市地区大量出现，甚至独栋或联栋的高级豪宅，亦不断地被推出贩卖；乡下农田之间，一栋一栋的豪华农舍亦不断地涌现。所有新式建筑已经成为“现代化”和“进步”的象征，由新式洋房所构造的景观也已成为许多地区城乡的典型面貌。大陆普遍的社会的变迁，人口大量向都市移动，存在于传统城镇与农村中的各式建筑，逐渐面临没落、衰颓与转型的命运了。

其实，中国各地保存有许多古老的城镇与村落，其中建筑文化是最有特色的一环，尤其是许多传统建筑民居，是祖先落地生根定居后，所建造的生命场所与生活空间，各种建筑民居，蕴涵了许多中华文化意涵。然而，改革开放进步后，各地农村人口大量外流，传统建筑也逐渐没落瓦解。加上许多传统建筑本身有保存与使用年限，人口外流，也造成建筑物的弃置或闲置，传统建筑再不思考如何加以保存活化，终有一天会消失殆尽。

事实上，中华民族因历史悠久，在居住建筑物或民居（民宅）方面，历经几千年来的发展，早已形成有特色而趋近统一的型式。例如，大至朝廷的宫室、城墙、宗庙，小至一般庶民居住的民宅等。民宅，又称为民居，乃庶民百姓日常私密居住之所，从架木为巢，到地上建筑，民居的样式、材料、格局、雕饰，随历史、族群、地域、气候等之不同，而展现出差异性，例如北方是分布式合院，南方是聚合式合院。我们以客家建筑为例，像在福建山区的客家人，由于体认到生活在敌对环境中，客家民居就发展出独特多层的土楼伙房建筑，来增强共同生活上互助与防卫功能。各式各样的土楼，主要分布于中国大陆福建西南部和广东东北部，特别是在与客家语言不同的族群交界地区。土楼建筑样式，始于南宋时期，有方楼、圆寨、五凤、合院等样式。规模有大有小，一眼望去，秩序井然，结构坚实，有客家人早期在北方防御外族入侵的民居色彩，其材料则和南中国本土材质息息相关。这种独特的建筑型态，是客家先民智慧的结晶，是客家文化孕育出来的产品，是人类建筑历史独特的篇章，也正是客家建筑文化艺术的奇葩。台湾的客家人所建造的传统建筑依其规模及形式，约可分成竹篙屋、单手、一堂二横。一堂二横伙房屋会因各部分之作法不同，而产生许多不同类型，如一般型、水淋身型、五虎下山型、五间见光型。此外还有一堂多横、多堂多横等常见的客家民居。中国传统建筑，无论是从简单的竹篙屋、一堂二横、一堂多横，再到较复杂的聚合式民居，所有建筑型式，都营造了具有文化意涵的空间意象，蕴涵着以空间组织具现了中国人的伦理关系、渊源关系、天人关系和风水学。各种民居所形成的景观，早已形成当地的特色。

我们以台湾彰化刘氏民居为例，传统民居建筑所构成的“家”，真正体现了人的身体、家和大自然宇宙生态三个意象之间的密切关系，是一种拟人化的思想产物。中国人和“家”往往以人的身体为原型（archetype），合院的建筑，既由正身、落鹅和两边“横屋”（厢房、护龙）形构而成，其形状有如一个巨人伸出双臂护卫家居之人。厅下是头脑，两边横屋为左右双手，加上围墙，像手臂般环抱着一个通于天地的生活空间，由家庭到宗族、邻里。有些传统的围屋、伙房更是由许多合院互相紧邻而成，形成保甲单位，成为一防御体系，更象征着许多身体紧靠着，大家互相团结起来，护卫着家族间的集体生命繁衍与发展。合院所具现的伦理关系、渊源关系、天人关系和风水关系，是层层相连，形成一个宜人的生活空间系统。每一家的门口都通向邻里，有出有入，以伦理关系为本；“男女有别、长幼有序”的伦理关系，依照前述的空间安排来获得定位，最终则聚集在“厅下”。厅下有神明与祖先牌位，是客家文化生命渊源关系的象征。厅下又面对庭院、内外禾埕，代表渊源关系和天人关系的相衔接。厅下大门有堂号牌，堂前接个天井与庭院，庭院通向内外大门，其上有天，内外有地。也就是说，中国人的伦理关系，本于祖先，祭祀则可以通于天，酒洒于地，达到天地人合一的最高风水境界。

台湾彰化的刘氏民居空照图

科学与技术的进步，是现代社会最显而易见的动力，现代社会可以称为科技社会。中国近三十多年来不断地奋发图强，在经济建设上已经成为许多开发中国家的楷模。然而，科学与技术的进步，却也使得中国社会文化、建筑材料、形式起了非常大的变化。科技是指称自然科学与自然技术的结合，现代人将“科学”与“技术”分而言之。西方的科学是奠基于希腊哲学家面对于理论、理性、真理等观念的讨论，以“为知识而知识”的客观态度上，经西方近代的发扬，普遍及全球，成为普遍的科学。“技术”（techne）在希腊时仅止于制造（teuchô）和“创作”（poiesis）的意思，后者是指按照一定的观念所预见的型式（例如建筑的观念），结合在已有的材料上（例如：混凝土，钢骨）而形成某一种新的物质性的产品（例如：民居、大厦、摩天大楼）。

大陆由于科技的进步，使得社会经济由农业社会进入到工商业社会，大量人口涌入都市及其市郊，传统大家庭逐渐瓦解，核心家庭、小家庭兴起，造成古村镇瓦解，城市及其郊区的住宅需求殷切，新式的建筑一栋栋兴起，各式各样的公寓、集合式住宅、大厦不断被建造出来，甚至演进到郊区透天豪宅的出现，使得各地的景观起了非常大的变化。而就乡村而言，由于人口的外流，生育率的降低，乡村产业的变化，传统中国人的乡村聚落也面临了大转型期。中国人原本有安土重迁的特质，居住在乡村的人们，自经济起飞之后，大量的青壮人口逐渐进入都市谋生，年轻子弟也到外地都会区求学，使得乡村风貌起了变化。在经济繁荣、辛苦打拼之下，中产阶级兴起，国人有能力购画来点缀家屋或建造新房子——农舍洋房，在儒家“富润屋、德润身”的观念之下，中国各地农村建筑景观彻底地改变了。

建筑艺术在现代化的演进，有其内外在的理由。艺术演进的内在理由是指型式本身的变动。例如，西方油画到十九世纪末，为了控制光的表现，而导致古典空间的拆解，引发了印象派的空间结构；而后者更导衍出对传统空间更具破坏性，而重新组合新的空间结构之立体画派。其次，艺术演进的外在理由，是指终极信仰、观念系统或政治、经济状况对于审美观点和艺术兴衰的影响。例如，哥德式教堂的兴起，主要在寻求去除大教堂沉甸甸的四壁，而代之以空灵的玻璃画窗。科学与技术的发展对于建筑艺术演进的内在和外在理由，皆有影响。一方面，关于建筑艺术型式的问题，科技常能提供分析的方法和形式的观念（例如对空间和视觉色彩的看法），甚至提供建筑艺术创造的题材。当代的建筑艺术发展，受到科技的影响很大。可以从材料、型式、题材三方面，概略言之。

首先，从材料而言，艺术家在创造之时受材料很大的限制。新材料的发现，常能赋予艺术家更大的自由，进而产生新的艺术形式。例如，在古代合院建筑中，砖瓦、竹木或笨重石头的使用，对于空间的处理限制很大，如今钢筋水泥、金属玻璃铝材的使用，给予建筑设计家更大的自由，可以发挥更大的想象力，建造出新式建筑。其次，从建筑形式而言，不但由科技所产生的新材料会引发新的形式，而且科学的观念和分析方法，亦能启发新的建筑艺术形式。例如，一座多重功能的综合大楼之设计，势必动用详密的科学分析，甚至使用计算机参与制图。一栋栋集合式住宅或传统的公寓形式，引进欧式的造型手法，建造欧式中庭、水池的形式，就要有新材料与新形式相配合。最后，从题材而言，科技提供建筑艺术创作许多题材上的灵感，像摩天大楼的设计，台北 101 大楼的建造，各式大建筑物的取材，与科技发展都是息息相关的。利用新的题材与新的材料，寻求新的表现形式，经由创造的想象来予以探索，可以在建筑艺术的直觉性、象征性和空灵性中获得新的启发。

我们检讨现代化科技的中国社会，就以和文化资产较有关联者来说，至少有下列数点：

1. 由于工业发展的需要，西方具有优势的科技文明大量输入我国，以致我国传统文化受到巨大的冲击，国人乃逐渐产生一种“喜新厌旧”的自卑心理，对于西方的文化，一味地盲目模仿、抄袭，而对于中国本土固有的传统文化，却有意地加以忽视、抛弃。因此，对于古迹、古物、民族艺术等等文化资产，往往漠不关心，甚至任意破坏。

2. 随着经济的蓬勃发展，各种工程建设也不断地展开，于是原有的山川、河流、古迹、名胜迭遭破坏，祖先所遗留给我们的自然景观、人文资产，都在各种工程建设的名义下，变成了牺牲品。

3. 随着经济的成长，社会的变迁，人们的价值观念也起了很大的变化。工商社会的人们，更重视现实利益，而忽视精神价值，于是，不论古迹古物、民俗艺术，或者是自然文化景观，往往在经济利益的驱使下，被盗卖、被破坏、被忽视、被牺牲。

4. 人们在基本的物质生活获得满足之后，开始要求文化生活的提升，所谓“衣食足而后知荣辱，仓廪实而后知礼义”。因此，社会上便有一部分人开始大声呼吁重视文化资产的保存。本来，经济建设之发展与文化资产之保存，有可能发生“不可得兼”的冲突，这是在经济发展的过程中，容易面临的问题。

目前，我国古迹古物及自然文化景观等文化资产，虽已尽力维护，但是还存在一些问题，兹分别举例说明如下[1]：

（一）古迹的失修

有些古迹寺庙，庙壁早已斑驳，地面八角红砖大多龟裂，木质部分都已腐蚀，木雕画梁的油漆都已脱落殆尽。有些保存得较完整的古厝，但也有日渐倾颓之势。

（二）古迹的破坏

许多古迹遭受惊人的破坏，取而代之的是新式建筑。如台湾台南市的节孝坊，翘脊被民宅侵占，圣旨由私人搬回家中供奉。台南县的学甲慈济宫，原以保存叶王交趾烧而闻名，但这批极具艺术价值的交趾烧，早被偷窃一空。台北县贡寮乡草岭的“虎字碑”上，刻满了游客“来此一游”的刻痕。嘉义王得禄将军墓前，原设有文官、武将、石马、石虎、卧羊等，也遭受到人为的破坏。鹿港龙山寺、台南武庙等，为了求香火鼎盛亦经常任意整修或加添新物，严重破坏了建筑物原有的风貌与价值。

（三）古迹的整修不当

有些古迹管理人员，因缺乏专业知识与文化艺术素养，以致将古迹整修得面目全非，价值大损。例如台南市的赤崁楼，在 1975 年整修时被漆得五颜六色，古意全失。而文昌阁原有系南方建筑格式，却被擅改为北方建筑风貌，显得不伦不类。延平郡王祠原为福州建筑体，却被整修为日本神社形式。亿载金城原有护城河围绕，景色绝佳，如今护城河已被市政府填平。基隆海门天险内城垣仿制的古炮台，仿炮比例太小，和现残留城垣墙面不对称。甚至有些古迹中的古石碑刻字被抹去，重新刻文表彰。凡此种种，也严重损害了古迹的价值。

（四）古迹的拆除

台北市林安泰古厝由于市政府要修建敦化南路而遭到拆除，松山古厝“义和堂”也由于业主要改建大楼而被拆迁。苗栗公馆五谷宫尚未列入古迹，就被管理人叫怪手拆除。这些都是极其可惜的事！

（五）都市规划与古迹维护的矛盾

有些古迹或自然文化景观，都在都市规划的名义下，惨遭破坏。以台北市为例，为了兴建北门高架桥，而让承恩门（北门）瑟缩在桥下的一角；为了开拓一条延平南路，就铲平了台北府城隍、巡抚衙门和市政史司三座传统建筑；北一女和师专的兴建，就取代了往日的文武庙等等。

（六）古物与神像的流失

近年来，古物与神像被窃、流失的情形日趋严重，历史博物馆、鹿港民俗文物馆、板桥林家花园等等，都有失窃的纪录。龙山寺的观音像和显济宫的保生大帝像，竟在香港的古董店中出现。新庄慈佑宫和新竹金山寺的十八罗汉神像，也先后不翼而飞。至于全台各地的古碑石、古匾额、古石像等被偷窃的，就更不胜枚举了！

（七）其他

其他如遗址之被窃掘、红树林之遭砍伐、稀有动物之被滥捕等等，更是常见报端，声不绝耳。吾人认为：文化资产是一个民族最宝贵的精神财富，也是一个民族涵育其成员最宝贵的养分，如放任此种破坏情形继续下去，那么至少会产生下列之严重后果：

1. 过去中国文化辉煌灿烂之花果会随着文化资产之被破坏，而逐渐凋零，甚至会产生文化断根的现象，后代子孙将无法再看到传统建筑艺术之美，无法再看到历史文物之精华，从而对本土文化产生陌生感。

2. 文化资产是最容易培养本土认同、民族情感、爱国情操的工具。参观故宫，可以令人发思古之幽情；参观博物馆，可以令人缅怀先人开拓之精神；参观卢沟桥，可以激发国人同仇敌忾之心。如果这些文化资产遭到破坏，而政府也不予重视，则对民族意识与爱国精神之培养，恐怕大有妨害。

3. 近年来中国经济蓬勃发展，人民的生活水平大幅地提高，大多数的人已有余力从事休闲娱乐活动，但是我们却无法及时提供足够的名胜古迹等场所与民族艺术等欣赏活动，人民只好投入声色犬马、吃喝玩乐活动之中，于是粗俗文化到处充斥，奢靡腐化之风气盛行。如果政府能尽力修复各种文化资产或是建立文化园区、博物馆等，提供给民众参观、学习、欣赏，则必能发挥净化人心、提升生活质量之功效！

4. 自从政府开放出国观光之后，中国人有更多的机会接触到世界各国的古迹古物、民族艺术与自然文化景观等文化资产，因而对中国本土的文化资产之遭受破坏，可能感触更深，而要求及早进行保存工作之愿望也必更浓。

所以，中国各地文化资产之保存问题，即有如上述之严重性。经由许多学者专家之大声疾呼，政府已关注此一问题。如今，许多大专院校已成立“文化资产维护技术系”或相关系所，以及国家文物资源维护中心，以学术专业主动地、积极地负起了保存传统文化资产的责任。尤其是大众传播媒体如电视、杂志、报纸等，更常常报导文化资产遭受破坏的情形，以期唤起全民对文化资产的重视，进而促请政府继续重视文化资产的保存问题。

三　城镇化与古村镇文化遗产的保护

科技的发展带来社会的进步，也带来了传统文化被破坏与变迁的问题，人文精神的觉醒，强调传统的历史意义与重要，也成为当代文化发展的课题。传统古村镇到底有没有保存的必要，或是思考如何加以转型，活化传统建筑文化，并保留其中蕴涵的文化特色，这是21世纪所面临的新的思考方向。由于在现代化历程中，合院式的建筑已被公寓式建筑所逐渐取代了。公寓中的家庭，变成了一个孤立的单位，失去了原先应有的伦理关系、渊源关系和天人关系，也失去了身体的原型，更失去了家族团结的空间意象。现代公寓中，既难有伦理性的房间安排，又无放置祖先牌位之处，更缺乏可以用来浇花、养鱼、妙合天人的庭院空间。在现代公寓中，中国人的伦理观念，逐渐被淡化，脱离了它原先得以具现的生活空间。晚近，新的透天独栋建筑和集合式住宅日渐流行，然而，无论新的生活空间如何兴起，也无论其建筑形式如何，总是要能在拟人化身体的意象中综合着客家人的伦理关系、渊源关系和天人关系，同时也要配合现代符合环境生态的地理风水观。维系着这些传统精神，配合现代生活的步调来进行创造新文化，传统的建筑才能以新的面貌，在现代社会中延续下去。

当吾人了解古村镇建筑存在的现况之后，即应思考是否抛弃自己旧建筑传统，而转而拥抱西式洋房建筑？还是秉持文化意识与思古幽情，设法活化传统建筑，而思有以保存之、活化之、光大之？如何活化传统建筑？其实是很严肃的课题。

今天，古村镇统已面临了转型期，经由集体有意识的反思，加以活化，使其再度发挥新的生命力，是当务之急。否则面对分产、地震、天灾、台风、土石流的威胁，古村镇的建筑物有朝一日会消失殆尽。

活化传统建筑之道，有以下几个方向：

1. 对具有保存价值及富有历史文物性质的建筑，由各级政府征得所有权人同意，编定为古迹，并拨款维修、保存，发挥古建筑的作用，延长合院的寿命，避免拆除或毁灭的命运。这是一种经由法律制度对合院的保存力量。

2. 对比较不具有保存价值的合院，仍鼓励其所有人重视祖先财产的维护与保存。毕竟合院是大家族的文化资产，维系着家族或宗族感情与伦理，不可轻易变卖或弃置。这虽是一种道德劝说，但建筑文化意识的觉醒与传播，政府或个人都需自觉觉他、己立立人的提醒。文化保护意识的普遍觉醒，要靠人们互相传扬。古村镇建筑实存的生活空间意象，必须要经由名师指点、解说，才能让人发思古之幽情，激发保存文物的意识。

3. 活化传统建筑最重要的是，在推动建筑文艺复兴运动的同时，必须以新的理念、创新的精神，思考传统建筑物的转型，把现存的古建筑，加以活化，配合乡镇产业的特色，以经营管理理念来经营古建筑，如：改为民宿休憩中心、或文物保存中心，或文物交流中心，或文史工作室、数据库。这样才能吸引访游客上门，认识传统合院建筑之美与其文化特色内涵。

4. 选定一乡镇一三合院，加上一乡镇一特色产业计划，透过网络营销其经营理念，让海内外华人经由网络认识传统建筑与古村落之美。数字化的建置保存，也是“在地全球化”（Loglobalization）的重要做法。例如配合旅游文艺节，在选定的合院建筑举办活动，如举办福菜腌渍比赛，让游客品尝福菜的风味，一方面替福菜推广营销，另一方面培训解说员，向游客解说合院所蕴涵之历史、空间意象、伦理关系、渊源关系及天人关系等文化意义，认识古建筑之美。

今日老旧的古村落及传统建筑民居式微之际，有加以活化经营的必要，必须发挥中国人的创造力，以发展为保存、以创新为传承之具体做法，营造一个宜人的生活空间。政府也有必要全面检讨国土使用政策，提供适当土地或松绑法令，让民间可以建造各式之建筑民居，营造理想之文化内涵实践空间。现代社会科技进步的结果，建筑材料、形式、题材都受到很大的影响与改变。现代建筑的建造，其材料或住宅结构可考虑 SC（钢骨）、RC（钢筋混凝土）、SRC（钢骨混凝土）等三大类，其中钢骨和钢骨混凝土造价较高，却适合用来加强抗震系数。虽然，建筑物耐震度和钢料没有必然关系，不同的材料也能达到相同耐震强度，即使是木造房屋也可达到相同耐震度，并非新材料就一定比较好，洋房水泥所排放的二氧化碳，也可能是健康的杀手，故必须考虑何种建材比较适宜各地地理与天然条件。就传承与创新的角度而言，现代的建筑形式，仍有赖政府与民间共同思考如何表现出具有中国各族系建筑艺术的形式。在科技进步的社会，传统与现代建筑需要中国人发挥更大的艺术创造力，重振中国建筑所蕴涵的人文精神，以人存在的现代意识，来赋予科技世界中的建筑以新意义。如此，中国人才能在 21 世纪创造出新的文化整合。

四　城镇化与古村落非物质文化遗产之保护—台湾的个案

古村镇记录和反映着中华民族历史文脉的延续和传承，是祖先留给我们的宝贵物质和精神财富。

保护好古村镇文化遗产，对于传承人类文明，促进社会和谐发展，具有重大现实意义。历史悠久、遗存丰富的古村镇必须加以保护与活化。而古村镇中的非物质文化遗产，也是中华民族的瑰宝，为了继承和弘扬中华民族优秀传统文化，促进社会主义精神文明建设，加强非物质文化遗产保护、保存工作，亦是迈向中华民族伟大复兴之进程中，一项很重要的工作。中国已经制定“非物质文化遗产法”，其对象包括中国境内各族人民世代相传并视为其文化遗产组成部分的各种传统文化表现形式，以及与传统文化表现形式相关的实物和场所。

其内容包括：

（一）传统口头文学以及作为其载体的语言；

（二）传统美术、书法、音乐、舞蹈、戏剧、曲艺和杂技；

（三）传统技艺、医药和历法；

（四）传统礼仪、节庆等民俗；

（五）传统体育和游艺；

（六）其他非物质文化遗产。

以上各项属于非物质文化遗产组成部分的实物和场所，凡属文物的，适用《中华人民共和国文物保护法》的有关规定，国家应对能体现中华民族优秀传统文化，具有历史、文学、艺术、科学价值的非物质文化遗产，采取认定、记录、建文件、保存、传承、传播等措施予以保护。而且，国家保护非物质文化遗产，应当注重其真实性、整体性和传承性，使其有利于增强中华民族的文化认同，有利于维护国家统一和民族团结，有利于促进社会和谐和持续发展。

特别是传统礼仪、节庆等民俗是文化之结晶，是人们日常生活之依据。传统民俗之保存与社会的发展，是可以齐头并进的。中国在改革开放政策之后，随着工商社会的发展，信息科技的日新月异，使得传统民俗逐渐变迁，可能慢慢受到忽视而有被遗忘的危机，导致传统民俗之传承出现断层和流失的危机。依据2011年2月25日《中华人民共和国非物质文化遗产法》之规定，各省、市、自治区与各县、市均应进行境内非物质文化遗产的调查、名录登录，使其能永续的传承与传播。换言之，配合文化资产意识的觉醒，维护传统文化资产与产业正是良好时机，文化资产政策可望成为中国各地区经济发展的重要策略，并可望成为地方经济与产业再生的重要象征。目前西欧与美日各国已经开始将文化政策结合都市发展策略，并且产生“文化保存”“古迹再生”“文化消费”“文化产业”等新的产业文化经营形态。中国自十八大以来，城镇化与追求中华民族复兴，是全国一致的目标。针对新一波“文化复兴”（cultural renaissance），各地区亦应该将文化政策融入于其发展策略中，且与小区居民生活相互结合，对于具有地方特色的产业，予以延续其文化特色，藉以成为新的经济竞争力，期以带动地方的发展。例如推动文化园区或推动小区文化再造运动，都可看出鼓励地方特色产业朝向文化产业发展。文化搭台，经济唱戏，物质与非物质文化资产都是地方吸引观光客的摇钱树，亦是地方美学的化身与标章。

以台湾苗栗李氏公厅为例，苗栗通霄李腾清家族因为曾受清朝光绪皇帝御准升表五世同堂，所以其家族祭典也因而有名。原来李氏家族，其渡台开基始于李火德公第二十五代孙李应龙公，应龙公字德万，其上六世祖常紫公，字黄埔，移居“大湖洞”开基以降，六传到德万公“名纬烈”。德万公于十六岁时（乾隆三十九年，1774年），披荆斩棘，冒险犯难，单身渡海来台，定居彰化县东势角土牛（今台中县石冈乡）。到了嘉庆二十三年（1819 年）来到苗栗，先居住在苗栗芒埔（今苗栗市），后辗转定居于苗栗县铜锣乡竹森村九邻（旧称铜锣湾庄三座厝涧窝）开基创立家业，繁衍后裔，至今已超过二百四十七年了[2]。嘉庆六年（1801 年），李应龙来台后第四世孙李腾清出生，后来李腾清育有五子，孙有二十一人，曾孙四十二人，元孙二人，一脉宗传，五世同居、五世同堂[3]。1887 年由地方士绅如新竹县竹南二堡粤籍禀生陈万青、恩贡生刘廷珍、生员吴汤兴、刘廷翰、黄文龙、曾肇祯等人，具保向清政府举报事实册，到了光绪十五年（1889 年），获得光绪皇帝御准升表，同一年李腾清之孙，文秀才李祥甫又获得闽浙总督再准升表。当御准升表五世同堂圣旨经中央层层行政程序到达台湾省新竹县竹南二堡李家时，李腾清已经去世，乃由宗族代表跪接圣旨。其后，并将完整受赐仪节于扫墓时在公厅前面一一演练呈现，向祖先在天之灵禀告。从此，御准升表五世同堂成为李氏家族莫大的荣耀，每年扫墓时一定要演练一番。

台湾早期都有俗称“报马仔”的传报生，手拿铜锣，身穿制式服装，边走路边喊“报”“报”，向公厅前面走来报喜，传报圣旨的到来。随后又有扫角队六人，人人手拿长长之扫角（长喇叭）排成两列，沿途吹奏扫角。过去只有非常重要的仪式客家人才会请扫角队来吹奏，每当长长的扫角一吹，低沉的“不”“不”声相传可以驱赶妖魔鬼怪，所以说是很神圣的乐器。当扫角队抵达公厅后，骑马的武官，一身戎装随之到达公厅，起身下马；因李氏公厅有皇帝颁发的圣旨，所有的官员来到门前都要步行，以表示尊重。接着，搭乘两人扛抬的客家轿而来的文官，一身官服装扮，下轿后由司仪司号“宣读圣旨”：“奉天承运皇帝诏曰：乡民李腾清，光绪十三年经新竹县竹南二堡，经粤籍禀生陈万青、恩贡刘延珍、生员吴汤兴、刘廷翰、黄文隆、曾肇禛等具禀保李腾清五代同堂，祀典仪式按古礼进行，管理人李玉添，同四房代表接诏”。[4]李家子孙则跪迎圣旨。当年圣旨到达李家时，李腾清已经去世，而且当圣旨送抵李家时，正巧李氏家族要出门扫墓。因此，每年李腾清的后代都会在扫墓前先回到公厅祭祖，重现当年接圣旨情景，接着展开祭祖仪式。受皇帝表扬的李腾清，逝世后葬于铜锣乌眉坑，每年颁圣旨仪式完成后，李家后代就会到李腾清公的“凤形风水”前挂纸。此一坟上有一只石雕的凤，气势磅礴，凤的旁边有一叠书，代表“书香门第”世家，另外把堪舆师的姓名雕刻在墓碑上面，是很少见的[5]。

祭典中文官乘轿到公厅前宣读圣旨，身穿清代官服乘轿，在轿夫抬轿前行之下，配合客家八音吹奏，浩浩荡荡到李氏公厅前下轿，行礼如仪的宣读圣旨。藉祭仪展演，把过去客家轿之制作与彩绘，依据清代文献，整理出其三十六个掌故：拱门八宝、承先启后、文化薪传、书香琴韵、琴棋沐春、十全如意、天赐玉玺、十世同居、万子朝臣、天赐龙门、万世流芳、四平八稳、五世同堂、福寿双全、长生不老、绵延不绝、延年益寿、孔雀开屏、如沐春风、喜鹊报喜、双喜临门、双双对对、松鹤延年、顶天立地、六六大顺、日月星辰、仙桃献寿、腾龙驾雾、统佩长流、五官赐福、五福临门、花开富贵、吉祥如意、双龙点睛、龙吟浪翻。

李氏公厅所用文官轿，整座轿之形状近似于官服，清代的官服，只有皇帝、皇后及太子才着九龙服，皇子与亲王只准用四爪九蟒龙，将军及四品文武官员准用三爪八莽龙，七品以下用五蟒，所以这顶文官轿又可称为莽龙桥。轿身 36 个部位，分属以上 36 个名称。整顶轿状似一件官袍。从以上可知，清代客家轿之规模及其所蕴含之文化意涵。

祭典中展现的客家文化尚有：八音吹奏乐曲、司仪用客家古音执三献礼、行礼生行三跪九叩古礼，以及特殊之百年祭典祭品。这些祭品都是遵照古法制成，一般场合早已失传。如：

站鸡站鸭：先将鸡鸭内脏掏空，再以竹子撑起脖子底座，翅膀和脚用竹子及月桃制成的绳子 固定，滚烫成型，双双对对的站鸡站鸭有“起家立业”之意。

油网：从猪肚取出后直接覆盖在鸡鸭上，让鸡鸭鲜活美丽，讨好神明。

玉兔：猪肚内填满笋干，再依形状塑出。

寿桃：客家人的敬拜神明祖先，如拜天公、庙宇祭祀等都有它的出现，一般都是喜事的场合使用。

福腿：猪的大腿肉切的圆圆的，像官帽，中间切十字划出一个洞，相连的猪脚穿洞而象征子孙出头天。

猪羊：使用全只且生的猪羊当牲礼，表示祭祀非常隆重。

菜肴：菜肴丰盛，当天有十八种熟食的菜碗，祭品非常的丰富。

总之，各地有各地之文化特色，也有各地的物质与非物质文化遗产，都需要加以保护与发扬。非物质文化遗产最大的问题就是欠缺有系统的调查与编码分类。零星不全的资料，成为阻碍传统民俗文化传承与发展的重大原因。许多不为人知的老民俗师，传承长久以来代代相传的知识与技术，若缺乏完整有系统的普查与纪录，将迅速淡出舞台。加上新时代经济文化的冲击，新的民俗习惯渐渐成型，传统民俗可能走下舞台，渐趋消失或凋零。

依据《中华人民共和国非物质文化遗产法》，县级以上人民政府应当将非物质文化遗产保护、保存工作纳入发展规划，应对县境内的非物质文化遗产进行调查，并依法定程序审查后，列册追踪。各地之古村或应建立传统艺术、民俗及有关文物之调查、采集、整理、研究、推广、保存、维护及传习之完整个案数据，亦应拟具传统艺术及民俗之保存维护计划，就其中濒临灭绝者详细制作纪录、传习，或采取为保存所作之适当措施。也就是说，为达成国家非物质文化遗产法的法令与政策相关规定内容，古村落应进行传统民俗普查行动，期待经过普查，以建立村中的各类文化遗产数据库，发掘出更多有特色文化遗产。藉由普查、研究达成古村落之传统民俗、生命礼仪等文化资产项目之保存目的，作为后续推动之保存、维护、活化等相关工作之基础，提升古村落传统民俗、生命礼仪文化资产之保存现状，增进对古村落传统文化的认识及落实对古村镇文化遗产之保护。

总之，古村镇承载着中华民族悠久深厚的文化底蕴，是中华优秀传统文化的最基本物化载体。保护好古村镇文化遗产，对于传承人类文明，促进社会和谐发展，具有重大现实意义。十八大之后，必须实现城镇化与实现中国梦，而实现中国梦必须弘扬创新中华文化，必须不断夯实实现中国梦的物质文化基础。吾人深信，中国的城镇化，必将改变中国人的命运，并给全体中国人民带来福祉。

注释

[1] 洪泉湖：《我国文化资产保存政策之研究》，（台北）文史哲出版社，1985 年，页 20–25。

[2] 李元福主编，李元勋总策划：《李氏宗族史记》，苗栗李世宗族谱修编撰委员会，2003 年 12 月，页 7。

[3] 陈水木编著：《返去就时代—李玉罗先生用映象写李历史专辑》，苗栗县文化局：2003 年 5 月，页 12–12。

[4] 2006 年，李氏公厅祭仪展演，由客委会文教处处长钟万梅担任武官骑马，由联合大学李隆盛校长担任文官乘轿并宣读圣旨。

[5] 李子源编著：《台湾龙穴〈上〉》，（台北）益群书店股份有限公司，2003 年 12 月，页 13。

作者

刘焕云，台湾「国立」联合大学客家研究学院文化观光产业学系副教授，博士。

历史的安居

——中国传统建筑复兴的可能性

◎ 邓曦泽

中国传统建筑能否广泛复兴而成为民用建筑常用样式之一，使某些城镇呈现传统风格，关键是传统样式的单体建筑能否大型化而提供足够的室内空间，从而满足现代生活的功能需求。实际上，无论古代的传统建筑还是近期新建的传统建筑，都不乏以实用为主的大型建筑。在大型化的基础上，只要成本能维持在允许的范围内，传统建筑就一定能够复兴，而复兴思路为：将传统建筑材料与现代建筑材料相结合，以传统建筑风格为主要风格。在选择传统建筑复兴的样本时，首先应选择那些以实用功能为主的具有普适性的样本，其次才是其他满足特殊需求的样本。

一　缘起、问题与方法

约20年前，我的家乡（一个农业大县，中等发展水平）开始了修建砖混结构的楼房的潮流。至今，在乡村，这种楼房遍布乡野，而有的人家开始了第二波建设，向质量更高的楼房发展。多年前，我在广东珠三角地区发现，这一地区的人家已经开始了第二波建房潮流。当时，珠三角地区与家乡的住宅建设给我的感觉是，也许除了土地使用权审批外，一切都处于无序状态。我从外行的角度记下了当时的感想。我觉得，统一的基本规划之缺失导致了无序状态，导致了资源浪费、建筑群艺术美的缺失、建筑民族性的流失、历史感的流失。我并不认为政府一定应该把民用建筑（尤其是住宅）给统一起来，但是，非强制性的建议、倡导是应该的，这并非政府权力的肆意扩张。而对于基本规划，我是支持政府具有一定强制权的，但是，政府在它该作为的地方缺乏有效作为。

关于建筑的一些问题，我虽有一些想法，但本没有打算正式成文，因为建筑问题不在我熟悉的领域之内。后来，一个偶然的机会，碰到一位搞建筑研究的朋友，朋友多次建议我把想法写出来。斗胆之下，有了此文。

本文的基本问题是：中国传统建筑能否在当代社会得以复兴？

本文的基本方法是功能分析与条件分析相结合。把现代社会对建筑的功能要求作为自变量，在此前提下，考察古代建筑能否满足现代社会的主要需求。如果能满足，则传统建筑能在现代社会存在并发展；否则，则最多只能作为调剂品、艺术品或古董。

二　大型化：传统建筑能否复兴的关键

今天，当我们行走在大城小镇，看到的几乎都是千篇一律的建筑样式，缺乏艺术韵味，没有文化底蕴，没有历史感。人们难免疑问：为什么不采用传统建筑样式把某些城镇（或城镇的某些区域）在整体上建设为传统建筑风格呢？若此，既具有实用功能，也具有较高的审美价值，还有助于维护本民族的历史文化。的确，建筑蕴涵极其丰富的文化蕴涵、历史蕴涵，是一个民族的民族性、历史性的集中表达。一个自信、不忘本的民族，应该尽可能维护自己的历史文化。而传统建筑作为本民族历史文化的集中表达，也应该尽可能继承、发展与弘扬。

但是，当我们设想某些城镇的建筑在整体上呈现传统风格，我们的问题就不是古代建筑的保护问题，保护针对的是既有老建筑，而不是新建。我们的问题也不是艺术性传统建筑在现代社会能否生存下去的问题，如风景区中的仿古建筑建设的可能性问题，因为这种环境中的建筑，审美是第一位的，而实用是第二位的，要个别复制仿造，不难，但要广泛推广，很难。并且，我们的问题也不是对传统建筑某些元素的继承或借鉴问题，例如，不是给现代建筑戴“瓜皮帽”那种借鉴。要使某些城镇建筑在整体上呈现传统风格，则必须大规模新建传统风格的建筑。因此，本文力图论证的乃是传统建筑的广泛复兴的可能性，即传统建筑样式可以广泛地、大规模地新建，成为现代中国民用建筑的常用样式之一，包括成为居住建筑（城乡居民住宅、公寓、别墅等）、宿舍建筑（学生宿舍、职工宿舍等）、教育建筑（各级学校的教学楼等）、办公建筑（办公楼等）、文化建筑（剧院、图书馆等）、商业建筑（商场、旅店等）等的常用样式之一。之所以说传统建筑样式复兴乃是将之作为民用建筑的常用样式之一，乃是因为，一方面，传统建筑样式只有成为常用样式的备选样式，它才可能大规模复兴；另一方面，即便传统建筑样式可以大规模新建，也没有必要将之作为民用建筑的唯一样式，而应该多样化。至于复兴传统建筑，是否需要考虑将之扩展为工业建筑的常用样式，则另当别论，也并不重要。只要传统建筑能成为民用建筑的常用样式之一，它就能复兴。

传统建筑要得以复兴，必须满足现代生活的需求。将现代生活的需求作为自变量，或者作为讨论传统建筑的复兴可能性的前提，这是我们首先要明确的。我们必须以现代需求为前提，这不是现代对古代的压迫，不是对历史的绝情，而是为了我们当下以及未来的生活。对于历史文化（包括古代建筑），我们不能停留于文化悲情、文化感伤，甚至呼天抢地的文化哀鸣。如果传统建筑无法满足现代需求，再怎么悲鸣，也挽救不了它式微的命运（除了作为艺术品或古董）。例如，一些矮小的古代建筑样式，如某些民居，虽然不乏美感，但是，它很难在当前的城镇化进程中被大量、大规模、广泛地复制，因为其功能太弱，不能为现代生活提供足够大的室内空间。所以，这种建筑不可能复兴，最多可作为历史的陈迹，定点地保护起来。而只要一种建筑样式不能进入中国现代化进程中城镇化的潮流，成为城镇化建设大潮中民用建筑常用备选样式之一，则该样式只能被边缘化。

人类的需求，可以在不同角度进行分类。对于本文来说，对建筑的需求可以分为实用与审美两大类。传统建筑式微的同情者，主要是从审美角度考虑问题的，他们哀叹的是传统建筑审美价值的流失。诚然，人类可以建造一些非实用的建筑物，但是，绝大多数的建筑物都要满足一定的实用需求。如果一种建筑物不能满足实用需求，它只能在很小范围内存在。本文讨论传统建筑的复兴问题，不是讨论它能否在现代社会中小范围存在的问题，而是讨论它能否大范围存在的问题。一种建筑样式要具备什么条件才能在现代社会中大范围存在？当一种建筑样式能作为民用建筑常用备选样式之一，它才可能在现代社会大范围存在；而只要一种建筑样式能作为民用建筑常用备选样式之一，它就能够在现代社会大范围存在。

由于民用建筑有许多具体类型，每种类型都各有具体功能，如何考察传统建筑能否具有这些具体建筑的功能呢？逐一讨论，很麻烦，且抓不住要害。根据现代生活的基本特征，我们可以更便捷地把握传统建筑能否满足现代需求的问题。

较之于古代生活，现代生活中的公共交往更加频繁，交往规模更大，交往所要达到的目的也更多，这就要求作为主要交往场所的许多民用建筑（如教学楼、办公楼、图书馆等）具备更多更复杂的具体功能，并且这些功能经常必须实现在构成整体的单体建筑物中，从而使在建筑物中的交往成本控制在一定范围内。这就要求这些民用建筑必须能被大型化，为交往提供足够的室内空间。当然，这并不是说，每一栋民用建筑都必须是大型的，而是说，如果我们需要，民用建筑能被大型化。如果一种建筑样式不能被大型化，则它不可能满足现代生活的经常性需求，也就不能作为民用建筑常用样式。

因此，传统建筑要在现代社会中获得广泛应用，成为民用建筑常用样式，必要条件是传统单体建筑必须能被大型化。这里的大型化针对的是单体建筑而不是建筑群，不是把建筑修建成建筑群的规模化。大型化的前提是有小型的单体样本。对于传统建筑的大型化，包括三种情况：对单体建筑的底面积扩大；对单体建筑的高度增加（增加层数）；同时扩大单体建筑的底面积与增加高度。同时，大型化还有一个前提，即大型化后能够保持原有风格。传统建筑必须在满足大型化后能够同时保持传统建筑的风格，才称得上是能大型化。否则，就是新的样式。传统建筑必须能够大型化，才能满足现代社会由于交往规模的扩大而产生的对大型室内空间的需求，也才能成为现代社会的民用建筑常用样式，得到发展与广泛运用。只有在能大型化的基础上，才能进一步考虑建筑的具体风格、室内空间的布局安排、室内室外的装饰，以及建筑与周围环境的相互呼应等具体问题。同时，只要传统建筑能够大型化，它就能够具备现代社会所需要的各种具体功能，也就能够成为现代社会的民用建筑常用样式，其复兴就具有现实可行性。传统建筑的规模化也很重要，因为这不但节约成本，并且建筑群有景观效应，也更能完整、全面地保存与积淀历史文化。只不过，只要传统建筑能够大型化，具有复兴可行性，规模化就不是大问题。

中国传统建筑能够大型化吗？——能。中国古代不乏大型建筑，这本足以说明传统建筑可以大型化。不过，由于古今生活对功能的要求有所不同，所以，不能以古代大型建筑证明传统建筑在现代社会中可以大型化。这里就 20 世纪以后的新建筑略举数例，说明传统建筑的确可以大型化而满足现代生活的功能需求，从而成为现代社会的民用建筑常用样式。例一，1954 年竣工的重庆大礼堂是传统建筑样式，它满足了现代生活的功能需求。重庆大礼堂被评为“亚洲二十世纪十大经典建筑”，梁思成评价重庆市人民大礼堂为“二十世纪五十年代中国古典建筑划时代的最典型的作品”（图 1）。例二，梁思成为四川大学设计的教学楼，现为四川大学望江校区的行政楼，在成都市磨子桥，一环路外侧。此楼虽非完全沿袭古代建筑样式，但一看即知此楼当归属于传统建筑样式。同时，该楼以前为教学楼，近年改为行政楼，这说明它可以满足现代生活的多功能需求（图 2）。例三，成都一品天下饮食一条街，其建筑都是新建的，风格是传统的，这说明传统建筑在现代社会中可以作为商业建筑。只不过，也许由于投入的不足、规划的不充分、设计施工的欠精工，一品天下只是提供了一个合格的实例，而非成

图1 重庆大礼堂

图2 梁思成为四川大学设计的教学楼，现为办公大楼

功的典范，还有很大的改进空间。

此外，有一些非实用为主的古代建筑，也可以作为复兴的参考样本。当然，对这些建筑样式，首先需作实用性改造。例如，北京天坛祈年殿，直径32.72米，高36.80米（殿高31.60米，3层殿基合计高5.20米），可以提供很大的室内空间，满足许多功能。不少古代兴建的多层佛塔也可作为样本，如：应县木塔（山西应县佛宫寺释迦塔），建于辽清宁二年（1056年），塔高67.31米，平面为八边形，底层每边长5.58米，外观为五层，内部还有四个暗层，共九层；开封繁塔，建于北宋开宝七年（977年），是开封现存最早的建筑，在宋代它曾是一座六角九层，80余米高的巨型佛塔，现在的繁塔通高36.68米，塔基面积501.6平方米；北京慈寿寺塔：万历四年（1576年）兴建，为密檐式八角形十三级实心砖塔，通高约50米，塔基为3层，呈八角形。这些塔的高度足以满足现代社会绝大多数情况的需求，而繁塔的底面积也相当大，可以提供巨大的室内空间。不过，应县木塔和北京慈寿寺塔比开封繁塔的底面积小，此种样式的底面积尚需扩大，如果其底面积适当扩大后仍能保持美感，则完全具有广泛适用性。

这些样本说明，传统建筑完全可以在现代社会中得到广泛运用，得到发展与改进。

我们希望传统建筑被广泛运用，是希望保留其艺术风格及其积淀的历史文化。但是，一切收益都是有成本的。传统建筑在理论上可以大型化而为今所用，但这并不意味着传统建筑是经济的，如果成本过高，也会影响其普适性。

如果要求具有同样的实用功能，分别采用传统建筑与西式现代建筑（现代建筑的主流风格也不是西方传统风格），何种方案的成本更高呢？

建造的成本不外乎两大块，土地成本与建造成本。关于土地成本，虽然传统建筑常常需要一些附属设施增加美感，但这也是不一定的。大体来说，单层使用面积相同的传统建筑与现代建筑，二者土地成本相当。例如，丽江古城的民居，也是密密的住宅，看不出它比单层使用面积相同的现代建筑多占土地。所以，土地成本并不构成采取传统建筑样式的障碍。关于我国所有居民住宅的占地情况，我们可以作简单的计算。假定给中国人每人 66 平方米的住房（三口之间 200 平方米，这已经很不错了）；再假定中国人口为 13 亿。若此，住房面积为 858 亿平方米。但这样计算时，假定的是所有住房都是单层建筑。再假定全国住房平均建 5 层（乡村平均 3 — 5 层，城市平均 5 — 7 层），则 858 亿平方米住房约需土地 172 亿平方米，即 1.72 万平方公里。但这并不意味着我们需要新占 1.72 万平方公里土地，因为中国已建有许多住房，占了许多面积。尤其是农村，由于没有集约化建设，土地利用率其实很低。农村住宅主要是单层与两层建筑，如果增加到 3 — 5 层，则可少占许多土地。所以，如果按乡村平均 3 — 5 层重新改造住宅区（含住宅及其环境），同等农村人口的住宅区占地面积只会大大降低，而不会增加。而绿化等公共设施，无论采取什么建筑样式，都应该搞，所以其所占之地，不应视采取传统建筑样式而增加的土地成本。当前，在农村进行科学的统筹规划与集约化建设，不但可使住宅区占地大大减少，减少土地浪费，还有利于人口小规模集中，便于提供公共服务，降低乡村社会运行成本。而在建设中大量采用传统建筑风格，则有利于民族文化的积淀、传承与弘扬。此方面，政府大有可为之处。因此，对于采取传统建筑样式，土地成本并不是大问题。

由于传统建筑非常强调精雕细琢，故其建造成本经常可能大于现代建筑，但是，这也不应构成传统建筑广泛运用的严重阻碍，因为古代生产力水平远低于现代，既然古代都能承担的建造成本，现代为什么不能呢？如果具有同样功能，传统建筑的成本（含土地成本与建造成本）比现代建筑多了 X，而传统建筑的收益比现代建筑多了 Y，这 Y 就是艺术风格、历史感、民族性等精神收益，那么，我们是否值得为这精神收益多支付一定成本呢？我认为是值得的，也是必要的，因为增加的成本是可以确切地用货币来衡量的，并且是一次性支付，虽然收益很难用货币来准确衡量，但大体可以说，收益是不菲的，并且是长期的，甚至是永久性的。一个民族应该尽可能维护自己的传统、历史、文化。况且，希望传统建筑被广泛运用，并非要把所有民用建筑都建造为传统风格的，而是希望传统建筑成为民用建筑常用样式的备选样式之一。

因此，成本问题并不是传统建筑复兴的重要障碍，大型化问题才是其关键。大致可以说，如果传统主流风格的建筑样式能够修建 3 — 8 层，就足以在城乡广泛复兴。3 — 5 层的建筑，可以大量在乡村新建；5 层以上的，可以大量在城镇新建。

成本问题既可以解决，则传统建筑在现代社会的复兴完全具有现实可行性，完全可以让历史安居于现代社会新建的传统建筑样式中，同时，我们也可以安居于历史之中，实现历史地安居。

三　几个相关问题

从上面的论述大体可以得出，传统建筑完全是有现代生命力的，不过，上面的论述只是一般性的，还需要对之作一些具体的说明与限定。

（一）普适性与地方性问题

中国传统建筑的样式有很多，如何选择复兴样本，对传统建筑之复兴具有指导性意义。中国传统建筑之古代样本，可以北京紫禁城一带的建筑为代表；现代样本，就我所了解的情况看，大概可以重庆大礼堂、四川大学行政楼为代表。此外，还可把丽江古城民居（含木府）作为样本。丽江古城不但大量沿袭了中原建筑风格（当然也因地制宜），更重要的是，它主要是实用为主的民居，对我们今天的民居建设具有样本意义；同时，木府中也有大型建筑，而这大型建筑中既有办公楼性质的，也有私家性质的。所以，丽江古城是一个复合的样本。

以上几个样本具有普适性，其普适性表现为：（1）许多建筑是大型建筑，说明中国传统建筑可以大型化；（2）这些建筑许多是实用型建筑，能够满足实用需求；（3）取材受限很小，可以大量借用现代建筑材料如水泥、钢筋；（4）对地形的依赖也很小。

以上几个样本代表了传统建筑的主流风格，可以运用于各种功能的民用建筑，如住宅、办公场所、教学楼、图书馆、商业场所等。

有些建筑风格，只适用于特定地形，如湘西的吊角楼。有些建筑风格，由于受材料的限制，显然无法广泛运用，如傣族的竹楼。当然，竹楼的干栏式风格，可以借助其他材料来表现。

许多呼吁复兴传统建筑（风格）的人，只是关注那些十分具有艺术韵味（历史韵味蕴涵在其中）的样本，选择样本时具有浪漫主义的唯美倾向，如以那些著名景观建筑为样本，这是不妥的，至少是很片面的。因为那些艺术韵味十足的样本，很多不是以实用功能为主的，根本不能广泛推广运用，只能在特定条件下针对特殊用途被小规模地复兴。如果以唯美倾向选择样本，恐怕不但不能实现传统建筑的真正复兴，反而使其复兴走向歧途，堵死了复兴的广阔大道，走进崎岖小径。

在选择传统建筑的复兴样本时，首先应选择具有普适性即可以广泛推广的一般性建筑作为样本，这种建筑样本必须是以实用功能为主的。例如，天坛的确壮观、雄浑、韵味深厚，但不能作为传统建筑复兴的样本，因为天坛属于特殊用途的建筑，并不以实用功能为主。再如，苏州园林虽有一定实用功能，但它过于文人化，可为富家宅院，而不是可以广泛推广的样本。但是，重庆大礼堂、四川大学行政楼，大体可以说，是可以作为广泛推广的样本，因为二者都以实用功能为主，都是新建的，这说明传统建筑可以满足现代需求并且能保持甚至发展传统风格。丽江古城的民居，也是不错的样本，因为古城民居也是以实用为主的，且风格是典型的传统风格。只不过，丽江古城民居由于主要取材是木材，导致坚固性、耐用性不强，隔音效果也很差，因此，即便以古城民居为样本，进行复兴，也不能完全照搬，而必须大量使用现代建筑材料。复兴传统建筑，在质料与形式的关系上，基本思路当为：将传统建筑材料与现代建筑材料相结合，以传统建筑风格为主要风格。至于建筑技术方面的问题，这在当前技术条件下，已不是难事。

其次，虽然某些建筑样式不具有普适性，地方性较强，但并不等于它们在现代社会中无法存身，它们仍可以在一定范围内存在、发展、改进，形成地方特色。这包括两类。一类是不以实用功能为主的传统建筑，如苏州园林、天坛等，这些建筑或者主要为满足艺术审美的需求，或者为满足信仰等方面的需求。苏州园林这一小类，则可以作为富裕人家的私家宅院的样本。另一类是以实用功能为主，但受材料、地域的限制，无法在其他地区广泛运用，如湘西的吊角楼，傣族的脚楼。对于这种地方性的建筑样式，应当因地制宜，形成地方特色。例如，对于石材较为丰富的地区，可以考虑建造成片的石料建造，形成独特风格。又如，傣族的竹楼，在当地可以继续新建。又如，在湘西，可以继续大量新建吊脚楼。这些建筑不但可满足实用需求，亦可成为具有地方特色的景观。其实，即便主流风格运用到各地，也可以结合当地地理特定、取材优势，形成地方特色。

（二）文化问题

许多人总是哀婉传统建筑的式微，哀婉其中的文化韵味的丧失，但是，哀婉归哀婉，如果没有解决功能问题与成本问题，再哀婉也是没用的。对待传统建筑的文化问题，目前的“拣芝麻”的策略也是很无力的。许多人总是抓住古代建筑的某些零星的优点，尤其是艺术韵味，觉得应该复兴，贯彻到现代建筑中。但是，脱离了建筑的整体性复兴（即建筑样式的复兴）来继承古代建筑的某些元素，即便有意义，也很有限。因为人类的生产力还远未达到超越于实用目的的程度，实用目的仍然是人类行为最重要的考虑。对于建筑来说，实用目的表现为两方面，一方面是功能（即建筑所能产生的收益），另一方面就是成本。如果不能解决实用问题，建筑在整体上是现代建筑，那古代建筑的元素怎么才能与现代建筑协调呢？又能在多大程度上运用古代建筑的元素呢？如果解决了实用问题，传统建筑才可能被广泛运用，从而实现大规模复兴，历史文化才可能在建筑中有安稳的滋养之地。

至于如何处理传统建筑在现代社会中的文化蕴涵问题，这首先不是建筑业的问题，而是中国人的文化选择问题。建筑中的文化蕴涵，只是人们的文化观念在某个领域的一种运用，是被决定的，而中国人的文化观念仍然处于清末以来的混乱中。例如，中国古代的建筑，除了满足居住这一实用功能外，还蕴涵了大量的人文观念，包括伦理观、天地宇宙观、风水观、审美观等。尤其是值得注意的是，古代建筑很重视对伦理观念的表现，在建筑中表现主次、尊卑、长幼等秩序。那么，在当代，我们是否要因袭这些观念呢？恐怕未必，而须因革损益。当然，这并不意味着，只有在中国人的文化观念重新确立之后才能考虑传统建筑在现代社会中的文化蕴涵问题。对于传统建筑的艺术形式，并不受伦理观、宇宙观的严格制约，具有相当的独立性，可以针对其艺术形式进行借鉴、运用。并且，古代建筑的某些表现形式，本意是表达某些伦理观念（如尊卑），我们今天也可以借助这些形式，而不必沿用古代的解释，可以用我们今天的观念去解释这些形式，也可以从纯粹审美的角度解释这些形式。

（三）景区式规划

中国传统建筑，很重视整体性，重视与环境的和谐协调，如果只是零零星星分散地建设一些传统建筑，其审美效果会大大降低。我们应该尽可能将传统建筑的建设规模化，形成一大片，形成以功能为主，亦兼具景观效应的建筑群。若要做到此点，则须进行景区式规划。

无论对于小规模的单体建筑，还是大规模的建筑群，规划的重要性，自不待言。而当前中国正处于建筑高潮期，更需要良好的规划，为以后的生活，尤其是为后人提供更多方便，减少麻烦。

这里要说的是，我们应该有景区式规划的眼光。景区式规划，不是指对风景区的规划，而是指对几乎所有建筑区的规划。一方面，对于绝大多数建筑，我们不能不考虑实用目的，受实用目的的制约；另一方面，我们要尽可能在当前条件下超越实用目的。景区式规划强调将一片建筑（包括居民住宅建筑群）作为一个景区来考虑，在满足实用功能的基础上，尽可能提高其审美价值。

景区式规划，显然比零星的规划更难操作。它有几个问题需要解决。第一是规划面积不能太小。面积太小，无法形成一个景区。如果一次性规划的面积比较大，更容易形成具有整体性的景区。这一点，在当前城市建设中显得尤其重要。第二是成本问题。一次性规划的面积较大，则该项工程的成本显然更大。但是，其实，成本并不是问题，因为如果一片较大地区都需要新建或改造，将工程分为一次还是多次来进行，是成本的分摊问题，而不能减少总成本。而将一片地区一次性规划，比分为多项工程多次规划，增加的收益是该片地区更容易规划，更容易具有整体性，更容易进行景区式规划与建设。

（四）避免“创新”意识形态

创新是人类进步的标志。对于人类来说，创新是必要的，重要的。但是，创新的必要性与重要性，针对的是创新一般，即创新这类特殊的活动具有必要性与重要性，而不是说所有活动都必须是创新的或可创新的。对于特定的活动或理论，其可创新度通常是递减的。任何一种活动或理论，要成为有效的理论，就必须是有限的。一个有效的理论，必须只能面对有限的问题，从有限的前提出发，经过有限的推论，得出有限的结论。而只要一种活动或理论是有限的，其可创新度就是有限的。例如，欧几里得几何、牛顿力学的可创新度，早就被穷尽了，或者说，其创新的边际收益为零了。但是，理论不可能再创新，不等于它没有用了，如牛顿力学至今仍有广泛的应用价值。

由此可知，一种具体建筑样式的可创新度也是有限的。并且，对于绝大多数建筑来说，创新既不是必要的，也不是重要的。因为建筑是供人居住或停留的，它应该让人们尽可能熟悉它（熟悉它的布局、功能等）。对于公用建筑来说（如办公楼、商场、教学楼等），熟悉有利于降低对建筑的使用成本。对于居所来说，熟悉既有利于降低对建筑的使用成本，也有利于形成“家”的感觉，获得安全感。建筑是文化蕴涵很丰富的人类产品。如果民用建筑（尤其是住宅）保持经典样式，则人们从一个地方到另一个地方，更容易找到家的感觉。例如，在古代，中国人（主要是汉族）从一地到另一地，通常知道当地住宅的布局，哪里是正屋，哪里是厢房。若此，一个人到了陌生的地方，也更容易熟悉环境，降低生活成本，并找到熟悉的家园之感。对于公用建筑的建造，首先应该考虑如何为公共交往提供方便，而不是稀奇古怪的创新。有些所谓的“创新”，如央视的“大裤衩”，究竟为我们提供了什么正面的价值呢？

一方面，我们应该避免陷入“创新”意识形态，另一方面，我们又缺乏真正的创新。我们需要的创新是将传统风格与现代建筑材料结合起来，创造大量的满足现代需求、具有广泛适用性的传统样式的建筑。但是，此方面创新实践的尝试，创新人才培养，都严重不足。

注释

本课题为国家社科基金后期资助项目（项目编号：13FZZ006）；四川大学中央高校基本科研业务费研究专项项目（编号：skqx201101）；四川大学国家“985工程”“社会矛盾与社会管理研究”创新基地资助。

作者

邓曦泽（本名邓勇），博士，四川大学政治学院副教授。

古村落传统建筑的保护与面临的问题

◎ 赵欣

古村落亦称传统村落，是指聚居年代久远，具有历史、文化、科学、艺术、社会、经济价值的历史村落。

我国幅员辽阔，又有着5000年的历史，所以古村落数量众多、丰富多彩、价值独特。不仅拥有丰厚的物质和非物质文化遗产，而且还有丰富多彩的自然生态景观遗产，是我国农耕文明的根基和各个民族的“DNA博物馆”，也是我国不可再生的文化资源，更是优秀传统文化的重要载体和中华民族的精神家园。

习近平总书记在湖北考察时强调：特别是古村落要保护好。这对于建设美丽中国，建设文化强国，传承中华传统文化，增强民族自豪感和心灵归属感，提升国家文化软实力和国际影响竞争力，都具有重要的现实价值和深远的历史意义。

在古村落保护利用与发展旅游中必须坚持“以民为本，共保共享”。古村落保护要尊重村民自治的权利，不能大拆大建，更不能全部迁走村民，要始终坚持生活延续性和文化活态保护。

近代科学地理学的奠基者李尔特曾经说过：“地球上人类的每个物质成就，不论是一间房屋、一个农庄或一个城镇都代表着自然和人文因素的综合。”村落文化是中国传统文化中的重要组成部分，作为文化象征的形象符号，在空间和时间的完美结合中，彰显了中国传统文化中独特的人文观念。

一　古村落的特点

古村落是与物质与非物质文化遗产大不相同的另一类遗产，它是一种生活生产中的遗产，同时又饱含着传统的生产和生活。它兼有物质与非物质文化遗产特性，而且在村落里这两类遗产互相融合，互相依存，同属一个文化与审美的基因，是一个独特的整体。

人们曾经片面地把一些古村落归入物质文化遗产范畴，这样造成的后果是只注重保护乡土建筑和历史景观，忽略了村落灵魂性的精神文化内涵，徒具躯壳，形存实亡。古村落的遗产保护必须是整体保护。

古村落的建筑无论历史多久，都不同于古建；古建属于过去时，乡土建筑是现在时的。所有建筑内全都有人居住和生活，必须不断地修缮乃至更新。所以村落不会是某个时代风格一致的古建筑群，而是斑驳而丰富地呈现着它动态的嬗变的历史进程。它的历史不是滞固和平面的，而是活态和立体的。

图 1　北京市门头沟区斋堂镇爨底下村

古村落是生产和生活的基地，是社会构成最基层的单位，是农村社区。它面临着改善与发展，直接关系着村落居民生活质量的提高。保护必须与发展相结合。

古村落的精神遗产中，不仅包括各类“非遗”，还有大量独特的历史记忆、宗族传衍、俚语方言、乡约乡规、生产方式等，它们作为一种独特的精神文化内涵，因村落的存在而存在，并使村落传统厚重鲜活，还是村落中各种“非遗”不能脱离的“生命土壤”。

中国古代村落大部分有山为依托，依山面水。靠山即“龙脉”所在，称玄武之山；左右护山分别称作“青龙”、“白虎”；前方近处之山称作“朱雀”，远处之山为朝、拱之山；中间的平地称作“明堂”，为村基所在；明堂之前有蜿蜒之流水或池塘。这种由山势围合形成的空间，利于藏风纳气，是一个有山、有水、有田、有土、有良好自然环境的独立生活空间，门头沟很多村落都是依据这种方式建造的，最为典型就是斋堂镇的爨底下村。

当然，中国古代村落无一不受到风水的理想环境模式的影响，在形局方面，中国古代村落选址强调主山龙脉和形局完整，即强调村基的形局和气场。认为村基形局完整，山环水抱，是上乘的“藏风、聚气”之地。

中国古代村落的选址还极为注重景观优美。风水学中认为，好的村落环境应该是好气场的表现，其景观上的表现是“山川秀发”“绿林阴翳”。而“水口”在中国古代村落的空间结构也扮演着重要的角色。“水口”的本义是指一村之水流入和流出的地方，风水学中要求“入山先观水口”。在中国传统文化中，水被看做是“财源”的象征，“水环流则气脉凝聚”，水“左右环抱有情，堆金积玉”（《水龙经》）。以上的风水观念于古代村落的影响，就是“天人合一”“天人感应”的中国古代哲学思想的表现，认为人与自然应该取得一种和谐关系，自然界的一切物体都会影响人的生活，人居环境可以影响到人的生活状况甚至吉凶祸福。

中国古代村落为传统耕读文化的产生和发展提供了现实的空间，山水村落文化在中国古代的流行，与中国古人的喜好隐逸村落的风尚有直接的关系。他们崇尚山林，醉心于山水之间，把山水诗和山水画的意境引入村落的营造之中，从而孕育了村落与诗境画意相统一的文化环境。他们即便身在仕途，也向往归隐山林、泛舟江湖、闲话农居的舒适逍遥，有一种挥之难去的隐逸情结。大自然的山水之美，具有某种净化心灵的作用，能涤污去浊、息烦静虑，使人忘却城市的纷扰，产生忘情于山水人家而自甘寂寞的高逸情怀，创造出让人神往的山水村落的明秀诗画意境。而只有甘于寂寞的人，才能对自然有细致的观察和敏锐的感觉，才能以一种虚静的胸襟去体悟山水，由实入虚，一片空明，向外发现山水的美，向内发现自己的真性情。

二 古村落的保护与面临的问题

随着新农村建设步伐的加快，新农村建设与古村落保护的“新”“旧”矛盾也日益表现出来。古村落所具有的传统建筑风貌、淳朴的人文环境等正不同程度地遭到破坏，不少村落已经和正在面临瓦解甚至消亡的危险。如何在推进社会主义新农村建设过程中，挖掘、保护和宣传古村落，是当前工作一项新课题。

人们希望过上现代化的生活、享受现代化的文明，但却忽略了对古村落历史文脉的科学保护。古村落独特的建成环境和其历史是脆弱的、不可再生的。古村落中大部分建筑产权归村民所有，但他们只能居住、使用，建筑的维修、改建均受相关法规限制，如果不搬出古村，就很难与现代生活接轨，生活质量难以提高。而搬出古村后旧村子如何保护、开发又是一个重大的问题。以门头沟杨家峪村为例，杨家峪村整体搬出，旧村交由某投资公司进行修缮、开发，而此投资集团并没有维持原貌、修旧如旧，而是把整村修葺成江南风情的村镇。一个北方传统村落摇身一变成为江南村镇那是何其不幸、何其可悲。

如果原居民全部迁出古村，古村的生活气息、传统文化不可避免地逐渐流失，最终使古村变成一个只有历史建筑物，而没有软文化的空壳，所以我认为将整村进行拆迁并不是一个明智之举。

古村落保护最大的问题是责任不明确，在古村落的管理上，地方政府、相关部门责、权、利不分，在保护上呈现九龙治水的局面，具体工作中干涉者多，推动者少。应该将古村落的保护交由村民自己管理，写入村民公约，以提高村民自觉保护意识、约束村民无序建设行为；发展旅游要维护村民经济利益和文化权益，保存好古村落乡土文化与自然生态，维护好宽松安静的人居环境；避免干扰破坏村民的传统习俗和生活秩序；要调动农民积极性，出台扶助政策，鼓励村民利用乡土建筑发展农家乐、民宿休闲和农业观光旅游，让保护发展成果惠及全体村民和社会共享。

冯骥才先生在谈到古村落保护的时候就建议采取一对一的解决方案。村落保护不同于遗产保护，有着独特的一面。比如一个历史建筑，如果在城市里都不用动，可是村落不行，老早的建筑老百姓都要在里面生活。例如《爸爸去哪儿2》里面的浙江建德新叶村，在没有拍这个节目的时候很多人并不知道这么个小村子。其实早在2000年的时候它就被批准为省级历史文化保护区，有着800年历史传承的新叶古民居被誉为中国最大的明清古民居建筑露天博物馆。村中古巷、古祠、古塔保存完好，是浙江省文物局、省建设厅批准的历史文化保护区。据当地的村民说在没播出这个节目的时候他们每天的参观客流量才800人，而节目播出后他们的客流量增加到每天18000人，很多外出打工的人也开始回到村子里。

业祖润教授在谈到古村的保护时就建议保护古村就一定要将人口控制好，否则会毁坏古村。每天18000人参观新叶村，是给这个村子带来了商机，可是同时也带来了破坏。门头沟爨底下村就经历过一次这样的变劫。

爨底下村是第一批全国历史文化名村，又有多部影视作品在此拍摄，如《手机》《投名状》等。随着爨底下的知名度越来越高，旅游的人也越来越多，村里的居民为了发展旅游、搞活经济，家家户户办起了农家乐，一部分人家还建起了二层小楼，近千年的历史文化遭到了破坏。所以控制人口不单单要控制村里的常住人口，更应该控制旅游人口，这两样哪一个超控所带来的毁坏都是无法弥补的。

图 2　新叶村全貌

图 3　文昌阁，始建于明朝初期。文昌阁是文风塔的配套建筑，同样为了祈求文运

古村落并不是为了吸引旅游者而建的景观，只是随着社会的变迁，古村落居民世代保留下来的生活空间才成为景点，甚至成为世界文化遗产。保护好古村落，不仅仅是保护几栋有价值的老建筑，从本质上说，传统聚落的环境品质得到延续和提升的保护意义所在，就是要求将干扰引起的变异控制在系统的自我适应能力之内。如果不能很好地处理保护和开发之间的关系，造成“过度干扰”和“极端变异”，那么旅游业发展的同时就会使这些传统聚落逐渐失去自身特色。

人们认为旅游是“无烟”工业，不会污染环境，但在现实中，许多旅游区环境严重污染、生态系统失调。一些游客攀爬古树、乱扔垃圾，绿色环境常常被白色垃圾所污染。出于生活和生产的需要，许多传统聚落傍水而建，旅游发展后，有些为游客服务的行业经营者随便排放污水、乱丢污物，致使往日清澈的河水变得浑浊。更典型者，如挖山填河，毁田砍树，目的是修建公路、停车场、观景台或新的人造景观。

古村聚落是人与自然环境有机结合的产物，自然环境是传统聚落赖以生存的基石，山体植被、河流水系、田园风光等遭受破坏显然都与聚落的可持续发展相悖。

古村落的保护绝不是一朝一夕就能做好的事情，它需要我们各村落的每一个居民、游客、各级政府都应该共同去努力做的一件大事，不仅仅是一小部分人的事情。古村落代表着中华民族的文化精髓，它蕴含了丰富的民俗文化、建筑文化、市井文化，让古村落在新农村建设中得以继续保存下去是我们努力的目标。

作者

赵欣，北京永定河文化研究会副秘书长。

让古建筑成为建设美丽乡村的重要推手

◎ 刘少峰

城镇化是由农业人口占很大比重的传统农业社会向非农业人口占多数的现代文明社会转变的历史过程。当前，从中央到地方，新一轮“城镇化建设”正在进行着，城镇化将是中国未来十年的“引擎”。这就意味着今后中国每年将有1000万至2000万的农村人口移居到城市。在此情况下，中国将会持续30-40年的建设高潮，未来将有总人数超过5亿的农民从乡村移居至城市。然而，城市化高潮带来的一个最大问题，便是历史古迹被大量毁坏，曾经让国人引以为傲的历史文化遗产被蚕食殆尽。纵观中国，随着城镇化的激进发展，房地产蚕食了越来越多的乡村古建筑，众多具有历史保存价值的古建筑将毁于一旦，再也无法重现。这个问题需要我们高度重视。

党的十八大报告提出：“必须树立尊重自然、顺应自然、保护自然的生态文明理念，把生态文明建设放在突出地位，融入经济建设、政治建设、文化建设、社会建设各方面和全过程，努力建设美丽中国，实现中华民族永续发展。”很显然，“美丽乡村”的生态文明建设既包括自然生态，也应包括文化生态。文化生态是人类文化与其产生、发展的环境要素一起构成的复杂生态环境，它通过人的行为方式来体现。这就是说，“美丽乡村”不但要有生态内涵，也要有文化内涵，既要美在环境，也要美在文化。

村落文化是国人传统生活方式和生活情怀的载体。每个村落都是一个基本的社会单元，它们是文化的载体，有大量物质文化遗产，包括建筑群落、桥梁、庙宇和祠堂等，还有大量非物质文化遗产，包括生产生活、婚丧嫁娶、商贸集会、节庆祭祀、信仰崇拜等民俗，神话、传说、谚语、歌谣等口头传统以及民间工艺、美术音乐、戏曲舞蹈等等。这些有形无形的文化遗产中蕴含的就是乡村的文明之魂，它们不仅具有历史文化价值、学术价值、审美价值，最重要的是具有精神价值，蕴藏着独特的民族精神。

乡村是否美丽，关键在于是否能够形成“文化自觉”。费孝通先生说过，所谓“文化自觉”，是指一个民族或者生活在一定文化历史圈子的人对其文化具有自知之明，并对其发展历程和未来具有充分的认识。对于中华民族的复兴来说，文化自觉已经成为未来发展的总体目标。而对于美丽乡村建设来说，文化自觉同样是最根本的、长期的、内在的、可持续的机制和动力。乡村古建筑作为能够集中体现传统文化价值的载体，无疑是在包括普通民众在内的全体社会主体培养和形成文化自觉的最好的资源和平台。古建筑是人类遗产的实物表现，是一种凝固记忆，具有艺术价值、社会价值和历史价值。从这个角度看，这些古建筑都是“美”的。可是，在激进的城镇化过程中，乡村古建筑保护面临着如下困境：

一、城镇规划中民居保护观念不强。随着我国经济的快速发展，城镇化步伐明显加快，城镇规划体系也在不断变化，一些地方不注重城镇特色和文化，一味追求高楼层和大规模建设，使得特色古建筑被一些单调的现代建筑所代替，一些有价值的乡村古建筑没有得到妥善保护。

二、城镇建设缺乏“创新发展”意识。城镇化是社会发展的趋势，但城镇化应保持因地制宜的特色。在我国，“千城一面”的问题比较突出。在规划设计中，还存在抄袭、模仿、复制等现象，布局雷同、风格相仿的城镇街区在人们的日常生活中占据着越来越显著的位置，使城镇中一些独具特色的古建筑被单调的砖瓦房所代替，小城镇因此丧失个性。

三、建设用地供求矛盾突出，城镇建设不得不向古建筑要地。随着人口的不断增长，加上人们生活水平的提高，人们对居住条件有了更高的要求，对建设用地的需求量越来越大，但由于人多地少，导致建设用地供求矛盾日益突出，在城镇化进程中，不得不向古建筑要地。各地大量拆除古建筑，在原地上修建现代化建筑，最终使古建筑大量消失，因此，民族文化资源也大量丧失。

四、城镇建设与民居保护资金分配不合理。近年来，我国大力发展新型小城镇，城镇建设投入逐年增加，但用于保护传统文化的财力投入严重不足，古建筑的修缮、日常维护等经费难以到位，特别是在落后地区，由于财政收入低，可用财力有限，传统民居保护资金更是捉襟见肘。同时，城镇建设为追求大规模、大气派，占用了大量的资金，投入古建筑保护的启动资金进一步减少。这些不利因素导致不少有重要价值的民居因缺少保护和修缮的资金而消失。

五、居住在古宅中的农村居民大多数是低收入或因病致贫的农村弱势群体，受经济收入等因素的制约，也无力保护和修缮古建筑。目前各地的补助标准较低，还不能激发这些居住户对老宅的维修积极性，由于这些住户、业主的保护意识不强，不少古民居内随意堆放柴草和垃圾，电线老化严重，使得老宅的消防安全隐患极大。这些都成了古建筑保护的致命伤。

六、农村整体农房改造也是古建筑面临消亡的重要原因。有关专家在研究中发现，因城镇化的发展和新农村建设的需要，不少村子面临着全村被拆除的命运，祠堂、寺庙也被拆除，农民住进了与现代城市高层住宅一样的新民居。这种旧村改造，将使除了受国家文物法保护的文物保护单位外所有有价值的历史建筑全部消失。

当然，乡村古建筑的消失是多方面因素综合影响的结果。一方面，由于人力、资金、文化观念等因素的影响，大量古建筑得不到保护，另一方面，由于古建筑的设计无法满足现代生活需求，古建筑成为发展的“绊脚石”。可见，乡村古建筑保护和城镇化风潮的矛盾日益突出。一些乡村古建筑因为缺乏有效保护而渐渐走向“死亡”的边缘已是普遍现象。

乡村古建筑保护是一项复杂、艰巨的系统工程，需要政府、集体、个人的共同参与。在前几年的新农村建设中，由于一些乡镇、部门、村庄对新农村建设的理解存在偏差，以为推倒旧民居、建起新楼房就是新农村建设，导致部分具有较高传承价值的古村落被整体摧毁。部分村民还擅自将一些属于文保点的古建筑非法拆除，盖起了与传统民居格格不入的水泥红砖楼房。同时，古建筑还存在年久失修、建筑构件频频被盗等情况，甚至有的村民为了经济利益，将整栋古建筑整体拆售。此外，传统民居大多为木结构，因电线老化、用电超负荷等引发了频频火灾。因此，在城镇化的进程中必须注意对古建筑的建设性的保护，使城镇化的建设与古建筑的保护相得益彰，相辅相成，以保证城镇化与古建筑保护和发展的协调、和谐进行，最后达到双赢的目的。

相关人士透露，这些年我国的古村落保护形势不容乐观：2005年，全国能代表或体现农耕文化的民居、经典建筑、民俗和非物质文化遗产的古村落有5000多个，后来以平均每月1个的速度消失，而更多的未进入保护视野的古建筑民居，在城镇化大趋势下湮灭无存，则难以计数。全国人大代表、波司登集团董事长高德康认为，古村落较为完整地保存了地域传统文化，积淀着当地人民的勤劳与智慧，承载着厚重的历史，是传统文化的有效载体，一旦破坏将难以复原，其损失难以估量。在推动城镇化进程中，不能忽视了对古村落的保护，要加快立法，推动古村落保护工作走上法制化的轨道。

保护和利用历史文化村落，是传承优秀传统文化的必然要求。村落是人类的摇篮，是人类文明的根脉，是农耕文明的精粹，是田园生活的守望地。正如梁漱溟先生所说“原来中国社会是以乡村为基础和主体的，所有文化，多半是从乡村而来。”历史文化村落大多经历了数百年、上千年甚至更长时间的岁月沧桑，承载着厚重的历史文化积淀。只有保护好历史文化村落，附着其上的各种文化现象才能够得到活态的保护和传承；若失去了历史文化村落这个母体，采取把建筑和文物搬到博物馆、把语言和民俗录成影像资料的“标本式”保护方式，这些优秀传统文化最鲜活的内容就会被“风干”。当前，我国社会正在经历从农耕文明向工业文明的巨大转变，许多乡村开展了新农村建设。在建设过程中，一些文化标志被清除，大量文化记忆也随之消失。这种做法人为地将两种文明割裂开来，不利于文化传承和社会发展。我们应以高度的文化自觉和文化自信，尽可能保护好具有历史价值的文化载体和环境。

保护和利用历史文化村落，是彰显美丽乡村地方特色的重要途径。温家宝总理曾在中央农村工作会议上强调：“农村建设应保持农村的特点，有利于农民生产生活，保持田园风光和良好生态环境。”我们应按照“彰显区域特色、体现农村特点、传承优秀文化”的要求，将历史文化村落作为美丽乡村建设的重要内容，努力建设成为美丽乡村的典型代表。

保护和利用历史文化村落，是全面改善农民生产生活条件的有效手段。不少历史文化村落地处偏远、交通不便，发展比较滞后，基础设施落后，农民群众的居住条件和生活环境较差，简陋的居住环境与人们现代的生活方式不相协调。要改变这些村落贫困落后的面貌，改善村民生产生活条件，就必须全面开展历史文化村落的保护和利用工作，从而在根本上解决部分村落环境“脏、乱、差”，部分村民生活“苦、贫、穷”的状况。

保护和利用历史文化村落，是加快推进乡村旅游业发展的客观要求。历史文化村落蕴含着丰富的文化价值和景观价值，代表着亲近自然、回归传统的生活方式，非常适合作为旅游休闲目的地。在旅游开发中，如果能够有效地保护好历史文化村落的本来面貌和历史文化，并将其中优秀的建筑文化、道德文化、家教文化呈现给游客，把保护的理念传递给游客，这种旅游开发就会对历史文化村落保护起到良好的促进作用。在开发利用过程中，我们应充分挖掘历史文化村落中所蕴含的审美价值，科学、有序、适度地进行旅游开发，努力实现“保护促利用、利用强保护”的良性循环。

乡村古建筑是村落文化的重要组成部分，是中华传统文化的精髓，承载着独特的时代特征、人类生活的印迹。做好古建筑保护工作应是新农村建设的一个重点，也是“美丽乡村”建设的一个亮点。在“美丽乡村”建设中，要避免“千村一面”，就不能抹杀古建筑等农村特色。

因此，笔者建议采取如下措施：

一、各级政府在旧城改造和“美丽乡村”建设中要切实提高对古建筑保护重要性的认识，正确处理好保护传承与发展经济的关系。

二、建立完善的文物保护法制体系，同时，还要增强全民对古建筑的保护意识，让全民积极地参与到古建筑的保护活动中来。

三、建立古建筑保护责任制，要充分利用乡镇政府、村委会及村民三级保护网络，加强日常安全保护巡查。

四、为避免古建筑在城镇化进程中遭到破坏，在规划上应采取离开旧城镇，开辟新区的建设思路。

五、建设规划设计部门要加强对农村建房的指导力度，使新建房屋与传统民居的格调相统一。

六、对传统民居的修建，要遵循“修旧如旧”的原则，在改善居住环境的情况下，总体上保持古民居的建筑特色。

七、政府部门对保护和修缮古建筑有功的人给予一定的补助经费；同时，严厉打击盗卖古建筑及其建筑构件的不法行为。

八、充分开发特色古建筑这一旅游资源，以旅游带动新型城镇化建设，实现“以古建筑的旅游价值置换民间资金，以民间资本来保护维修古建筑”的良性循环，真正实现对民居的有效保护、永续利用。

文化是灵魂。“美丽乡村”建设如果缺少了文化内涵，就如同无源之水、无本之木。因此，建设“美丽乡村”不能仅仅停留在做美做靓村镇的外观上，还应深入挖掘各地的文化内涵，以先进文化建设影响农民，从而提高农民的素质。从这个意义上说，乡村之“美”，不仅表现在村镇的外观上，而且更应体现在人们的内心深处，体现在人们的人文素养上。

如何科学合理地保护和利用古村落、古建筑，让它们成为实现“生产发展、生活富裕”的重要推手，这一课题值得我们深入探讨。因此，我们要深刻认识乡村古建筑的多重价值，把古建筑保护、修缮与利用作为“美丽乡村”建设的任务之一，以高度的“文化自觉”和“文化自信”来优化农村人居环境和生态环境，从而努力打造出一批体现历史文化积淀的特色乡村。

作者

刘少峰，湖北省孝昌县白沙镇民政办副主任，湖北省荆楚文化研究会理事。

建筑遗产保护与利用需和谐统筹发展

◎ 王菲

近年来，建筑遗产保护的负面消息层出不穷，建筑遗产保护与利用面临着两个极端的问题：一是“重保护轻利用”；二是“过度的开发利用”，忽略遗产保护。通过分析得出经济利益的驱使、不能正确认识建筑遗产的价值、建筑遗产保护理念的缺乏、管理体制和机制的不完善、政策法规的不完善等是导致重保护轻利用或者过度利用的主要影响因素。因此应该正确认识建筑遗产保护的理念和价值，完善管理体制，政策法规等，提出在注重保护的同时，合理利用，做到建筑遗产保护与利用和谐统筹发展。

一　引言

我国是文物大国，数千年以来，先民为我们留下了大量弥足珍贵的建筑遗产。它们是文明的见证，是凝固的音符，也是我们生长于斯的精神家园。然而，近年来关于建筑遗产破坏的消息与案例层出不穷，古建筑村落大量消失，莫让财富变包袱，消失中的老牛湾村、百年古刹变身会所、名人故居开豪华餐厅……，类似新闻消息屡次出现，让文物保护人士痛心不已。另一边随着时代变迁，这些建筑遗产面临着各种各样的问题：不少建筑遗产修缮好之后，空置不用，在历经风霜中再次残破不堪、亟须维修；相反不少建筑遗产被过度使用，破坏了文化遗产的真实性和完整性，更严重的还有一部分建筑遗产被称之为城市建设发展的包袱，消失在推土机之下。因此如何保护和合理利用古建筑，成为当前建筑遗产保护的核心问题，分析解决以上问题也成为本文的关键。

本文通过对建筑遗产保存现状的总结，分析导致建筑遗产重保护轻利用或者过度利用的主要影响因素，提出具体的改善措施，以利对今后建筑遗产的保护和利用。

二　建筑遗产保护与利用现状

（一）建筑遗产面临的问题

我国有五千年的文明史，对于建筑遗产的保存与保护就有着更特殊的意义。然而至今在我国却常常发生着有意或无意地破坏建筑遗产的现象，由于一些人的无知，也由于没有一个合理的利用、保护体系，相当多的建筑遗产得不到应有的保护，随时可能被破坏。目前，根据住建部公布：全国有北京马栏、温州苍坡、漳州芦溪等1561个传统村落列入保护名单，其中滇贵两省占三成，大量传统村落分布在贫困地区，在几十年工业化、城镇化过程中，传统村落大量消失，现存数量仅占全国行政村总数的1.9%。著名作家冯骥才透露：中国每天消失80 ~ 100个村落，速度之快令人咂舌，而过去十年，中国总共消失了90万个自然村。还有一个例子在山西忻州市偏关县老牛湾村，四周群山环绕，滚滚不绝的黄河水从村前淌过，明代一支150人的部队在此戍边，土城墙、瞭望角、窑洞房舍如棋盘般鳞次栉比。眼下的老牛湾村，由于荒废多年，杂草丛生，窑洞倒塌、损毁，而距离老牛湾村不远处，村民们盖起了新的房屋。诸如此类的例子还有很多，以上的数据也给我们一个警示，确实随着城市化的进程以及经济社会的发展，有大量的建筑遗产随之消亡，而作为中国几千年历史文化的重要载体，建筑遗产的大量消亡必将引起人们广泛的重视。解决建筑遗产保护与利用的问题成为当前最严峻的问题。

（二）建筑遗产保护与利用研究现状

目前，许多专家和学者们意识到建筑遗产保护与利用存在严峻的问题，学者们也针对这些问题进行了探讨和研究，并且提出自己的看法。我国的文物工作方针“保护为主、抢救第一、合理利用、加强管理”对包括建筑遗产在内的文物保护与利用作了原则规定。2013年7月23日在天津召开了海峡两岸及港澳地区建筑遗产再利用研讨会，这是两岸四地首次共同举办建筑遗产保护与利用研讨会，也是国家文物局首次将文物“再利用”作为专题来展开公开探讨，国家文物局局长励小捷认为，利用一直是文物保护工作中极其重要的一部分，在保护与利用的关系上，合理的利用可以实现更好的保护，甚至可以成为保护的手段。国家文物局副局长顾玉才认为，建筑遗产再利用可以把保护与利用有机结合起来，是一种积极的保护形式，有助于加深对文化遗产的理解和认识，有助于发挥文物的作用。清华大学建筑学院教授吕舟说，利用是文化遗产保护中的一个重要方面，合理利用为保护提供了可持续的保证，也应该是建立文化遗产保护与当代现实生活之间联系的基本途径。在《保护好利用好中华民族共同的建筑遗产》一文中，台湾中国科技大学建筑系副教授阎亚宁认为，保存并延续价值是最重要的目的，再利用则是重要的手段，目的在于保存价值，并使民众在此过程中充分了解文化资产的价值，不能为了再利用而减损任何重要的价值。

通过以上文献可以看出，能够合理的保护与利用建筑遗产很重要，但并没有对存在的问题进行分析，只有分析导致建筑遗产破坏的原因，才能从实际出发，采取有效的措施，来改善建筑遗产面临的问题。

三 原因分析

为了更好地保护和利用建筑遗产，分析导致建筑遗产重保护轻利用或者过度利用的主要影响因素是本文的关键，可知经济利益的驱使，不能正确认识建筑遗产的价值、建筑遗产保护理念的缺乏、管理体制和机制的不完善、政策法规的不完善是导致以上现象的因素。

（一）经济利益的驱使

天下熙熙皆为利来，天下攘攘皆为利往。牟取暴利是一些人乐于拆除、重建文物的原因。尤其是位于一些重要地段文物的“开发”过程，为了想腾出更多的地块用于商业开发，把原来的建筑遗产拆掉，以谋取利益。一些开发商在地方政府的庇护下，肆无忌惮、乐此不疲地征地、开发、重建，一处处崭新的“古建筑”在商业楼盘的簇拥下拔地而起，一些开发商和官员都乐得合不拢嘴，唯有老百姓望楼兴叹，唯有一些文物保护者仰面扼腕叹息。如此前的南京市级文物“张治中公馆”也曾遭屋主违法拆毁，之后屋主将重建后的房屋以6400万元高价挂牌出售，价格涨了一倍。可以看出经济利益的驱使是导致建筑遗产消失的主要原因之一。

（二）缺乏对建筑遗产价值的认识

在城市建设及城镇化进程中，人们错误地认为“崭新的古建筑”比年久失修的文物更美观，以为成片集中的楼房比古朴的村落更符合新农村建设的要求，这就无疑暴露了人们缺乏对历史文化遗产的必要认识。因而由于对建筑遗产的价值缺乏认识，没有摆正城市建设与文物保护的关系，致使有些地方存在为了城市建设而破坏建筑遗产的现象。

（三）不能正确理解建筑遗产保护的理念

在建筑遗产的保护中，总会出现不和谐的声音，如无中生有的人造景点，焕然一新的文物修缮等，不仅破坏了文物建筑的真实性，也破坏了文物原有的价值，面对建筑遗产被修缮的面目全非这一新形式称之为“保护性破坏”。然而这一现象在建筑遗产保护中非常普遍，无疑暴露了人们在建筑遗产的修缮中缺乏对其保护理念的深刻认识，尤其是对真实性，完整性的认识。

（四）管理体制和机制的不完善

出现建筑遗产的“保护性破坏”以及建筑的“乱拆乱建”等现象，这无疑暴露出管理体制和机制的不完善，在建筑遗产的保护中并没有发挥其关键性的作用。如在文物古建筑保护修缮的体制方面也还没有形成一套符合文物保护规律的管理体制和运行机制，当前的文物修缮还是套用现代建筑施工遵循的“基础建设程序”，这些都影响到文物保护修缮的质量。因此完善管理体制和机制将有助于建筑遗产的保护与利用。

（五）政策法规的不完善

对建筑遗产的保护长期以来都停留在文物保护上，在法律上只有在《文物保护法》第十五条提及对建筑遗产的保护，对其利用并没有提及，缺少具体的法律依据。在机构设置上，多年来国家文物局和建设部都有责任管理建筑遗产，但都不够明确，保留下来的“文保单位”多作为博物馆式的利用，原有功能大多丧失。

（六）其他

除此以外，政治欲望的驱使、人们对建筑遗产保护的法律意识淡薄、建筑遗产保护人才的缺乏、保护资金的投入不足等也对其建筑遗产保护和利用存在影响。

四　改善措施

（一）正确认识建筑遗产保护的价值和理念

保护建筑遗产是大家共有的责任，公众参与对建筑遗产的保护起到根本的作用。因此对公众普及建筑遗产的知识尤为重要，可以通过学校、电台、电视、报纸、网络等手段向公众宣传建筑遗产的知识，用知识性和趣味性去吸引大家，培养公众对建筑遗产文化的兴趣。只要公众能够正确认识建筑遗产的价值和理念，自发地去保护建筑遗产，将有助于遗产的保护和利用。

（二）正确理解“保护为主，合理利用”的方针

建筑遗产保护得当的话，将来必然会带来巨大的经济效益，国外有无数事实可以证明。如瑞典的斯德哥尔摩在八十年前，拼命拆旧建新，只是到了最后时刻，终于留下了市中心的 0.8 平方公里的老区，现在每年有几百万游客从世界四面八方跑来看这 0.8 平方公里的老房子，其旅游收入居然占了全市收入的百分之六十。罗马市中心那些远古的斗兽场，那些残檐断壁，那些杂乱无章原地摆放的古代建筑的破石头烂瓦砾，每年都会招来上千万的观众，发了大财不说，还引来许多的赞美和崇敬。英国敦泰特现代美术馆是利用一座旧的大发电站在五年前开办的，外观一点没动，就是个大厂房，内部布置成一座展示现代装饰艺术的博物馆，结果，观众人山人海，加上吃住，带动了一大片第三产业，也是非常可观的收入。以上的例子可以看出，在保护好建筑遗产的基础上，合理的利用，必将带来经济的创收。

（三）完善建筑遗产保护制度

完善建筑遗产保护制度，应从国家保护制度开始，并且保护制度的完善，最终都以立法的形式出现。另外加强对建筑遗产保护修缮的研究形成一套符合文物保护规律的管理体制和运行机制。管理体制的完善，将有效地避免保护不当或过度利用的对建筑遗产带来的破坏。

（四）人才的培养

建筑遗产的保护，应以教育资源为依托，培养建筑遗产保护的优秀人才。可以通过在高校开设建筑遗产保护专业，不定期的举办相关专业培训班来加大建筑遗产保护的人才队伍培养。

（五）其他

此外，推行鼓励和促进建筑遗产保护的公共政策，是建筑遗产保护的前提条件。各级政府应支持

和鼓励成立建筑遗产保护的群众性保护组织和社团机构，推进历史保护中的公众参与，实现政府部门与居民的互动，使历史保护成为社会大众的自发要求和改善居住环境的有效途径。

五　结论

面对建筑遗产保护的问题，应该从根本问题出发，找出原因。通过正确认识建筑遗产保护的理念和价值，正确理解“保护为主，合理利用”的方针，完善建筑遗产保护的制度、管理体制、政策法规，人才培养等，才能有效地避免“重保护轻利用”“过度利用”的现象出现，做到建筑遗产保护与利用和谐统筹发展。

参考文献

[1] 李佳霖：《“再利用”为建筑遗产注入新活力——海峡两岸及港澳地区建筑遗产再利用研讨会综述》《中国文化报》2013-8-1。

[2] 杨潇：《中国传统村落保护》央视新闻，新浪微博 2013-10-17。

[3] 谭抒茗：《保护传统建筑重在活化利用》广东建设报，2012-11-6 。

[4] 郭桂香，文冰：《保护好利用好中华民族共同的建筑遗产》《中国文化报遗产保护周刊》2013-7-26。

[5] 李思辉：《文物经不起拆真建假的折腾》《法制日报》2011-9-8。

[6] 张松：《历史城市保护学导论》同济大学出版社，2008，180-184。

[7] 马炳坚：《纪念梁思成先生—做好中华传统建筑文化的继承弘扬工作》《建筑文化遗产的传承与保护论文集》，天津大学，2011.12。

[8] 朱宇恒，陈瑜：《意大利古城西耶纳及其对我国建筑遗产保护的启示》《城市问题》2005（04）。

[9] 粘学光：《舒乙：古建保护刻不容缓城市建设“手下留情”》《 中华建筑报》2006-8-10 。

[10] 魏秋利，张建军：《建筑遗产保护》《陕西建筑》2006，2（128）。

作者

王菲，江西省文物保护中心。

关于制订《名人故居保护利用规范》的研讨

◎ 倪志军　倪明　陈波　叶鹏　刘一

在我国璀璨的古村镇文化遗产中往往星罗棋布地存在着一种更弥足珍贵的文化遗产——名人故居遗产，名人故居遗产在我国众多类型的文化遗产中占有相当重要位置，是一种不可再生资源，名人故居不仅有建筑价值，更承载着很高的人文价值与独特的研究价值，在城镇化与新农村建设背景下，结合古村镇文化遗产保护，开展名人故居保护利用亟待解决的首要问题就是制订《名人故居保护利用规范》，本文将从制订《名人故居保护利用规范》的目的、意义；国内外相关情况；《名人故居保护利用规范》的主要技术内容；制订本标准规范的保证措施等几方面进行学术研讨。

一　制订本标准的目的意义

名人故居是一种不可再生资源，它不仅具有建筑之美，还是社会生活的记录与承载者，是对名人精神与文化的继承和延续，是与后辈人在情感、精神方面联系与沟通的桥梁，也是文化遗产的重要组成部分。用发展的眼光，寻求名人故居的保护与现代发展的平衡，为保护和传承文化遗产、弘扬传统文化，是华夏儿女义不容辞的责任和历史担当，更是社会与时代的要求，在把握好历史文化底蕴中加强名人故居的保护和开发利用具有非常重要的意义，特别是结合党中央提出的建设文化强国，实现中华民族伟大复兴的战略构想的贯彻实施将产生极其深远的现实意义和历史意义。因此在城镇化与新农村建设背景下结合古村镇文化遗产保护开展《名人故居保护利用规范》的制订，对现存名人故居进行系统、全面的认定，制定合理的保护措施，建立保护名人故居遗产的维护准则，推进名人故居的整体保护和可持续保护抓好名人故居的保护维修。

二　国内外相关名人故居的保护情况

改革开放以来，我国许多古村镇在大规模的城镇化与新农村建设更新中，并没有处理好城镇化与新农村建设更新与古村镇文化遗产保护的关系，当然处于其中的名人故居也往往难逃厄运，现在“抢救名人故居”“莫让遗产在我们的手中断代”的呼声和要求越来越高，我国对名人故居遗产的保护也日趋加强，如通过了《20 世纪遗产保护无锡建议》；国家文物局同年发布了《关于加强 2 0 世纪建筑遗产保护工作的通知》；也同时开展了一些名人故居遗产的维修保护工程，如处于重庆南山古镇的蒋介石云岫楼官邸。云岫楼是抗战时期蒋介石的官邸，格外引人注目，是当时中国时政要务的决策地之一，也是远东地区反法西斯（第二次世界大战同盟国中国战区）指挥中心，也是国共合作和抗日民族统一战线的重要政治舞台。云岫楼修建于1925年，占地167平方米，建筑面积364.5平方米，为中西式三层砖木结构建筑，坐北朝南，两楼一底带屋顶阁楼，建筑为悬山顶，房面为精选的小青瓦铺成，别致典雅。官邸位于密林中，周围壁崖陡峭，只有前后狭窄石梯相通。此名人故居遗产“其外观早已沧桑，但其内在结构是否稳定安全，是否能够满足继续使用的基本要求”且“历史建筑小青瓦屋面因年久失修其部分结构构件已存在腐朽失稳的现象，如部分小青瓦木基层腐朽脱落，小青瓦风化剥落，给人一种腐朽不堪，风烛残年的观感”。此名人故居遗产经重庆市人民政府批准进行了房屋结构鉴定和保护性修缮，现已成为纪念中国抗日战争胜利暨世界反法西斯战争胜利的重要教育基地。

保护性修缮后的云岫楼—重庆抗战时期的蒋介石南山官邸

如何更好地避免大规模的城镇化与新农村建设更新进程中对名人故居的“建设性破坏”抑或“保护性破坏”？我们可借鉴国外一些先进国家在故居保护利用方面的经验与举措。欧洲城市在保护名人故居等历史文化遗产方面，一直走在世界前列。他们所进行的积极探索和成功经验，为我们提供了可以攻玉的他山之石。欧洲城市保护名人故居的通行方式，大都实行原真性保护策略即遵从《国际古迹保护与修复宪章》（即《威尼斯宪章》）的规定，不搞大规模修复，强调尊重原物原则，保护故居所遗存的全部历史信息，采取以不改变现有用途、实物保护与设立标牌为主，以建立博物馆、纪念馆进行图片、影像和手稿原件等实物陈列为辅的模式。采用尊重原物的建筑修缮技术，真实、全面地保存并延续名人故居的历史信息及全部价值。

三　《名人故居保护利用规范》的主要技术内容

（一）阐述名人故居的定义

（二）阐述名人故居的分类（按建筑年代和建筑结构进行分类）

（三）明确名人故居的识别评价标准：名人故居包含的物质形式以及建筑物、结构和空间的组合，也包括对它们使用和理解的方式，以及依附于它们的传统和无形因素，与物质环境和文化景观的关系以及各个建筑物之间的关系进行全面的识别记录分析研究和评价，形成识别评价报告。

（四）明确名人故居的认定程序

（五）阐述名人故居的保护利用的原则和要求

1. 确立城市规划必须有利于名人故居遗产保护的原则

2. 名人故居遗产的原真性保护原则

3. 名人故居遗产的整体性保护原则

4. 名人故居遗产保护利用模式的数字化、网络化、智能化、服务便捷化，精细化的原则和要求。

（六）阐述名人故居的展示利用的发展方向和指导原则

体现维护名人故居的文化价值的原则；推动公众，特别是年轻一代，对名人故居遗产的认识的原则；持续利用维持与保存的原则；尊重其结构的完整性、特色与形式的基础上，并满足适当的生活水准的原则；基于现代信息技术（如 BIM 技术）的名人故居展示利用的发展方向和指导原则；维护名人故居建筑结构的坚固性合乎现有抗震等强制性规范的要求的发展方向和指导原则；名人故居的应急保障确保公共安全的原则。

（七）阐述名人故居的管理的发展方向和指导原则

1. 名人故居的保护发展规划的发展方向和指导原则（强化规划引领和规划管理信息化，坚持文物保护和开发利用并重的原则）

2. 名人故居的消防管理的发展方向和指导原则

3. 名人故居的修缮管理的发展方向和指导原则

慎重修缮的原则；尊重建筑已经建立的文化价值与传统特色原则；尊重并维持其布局、风格、形式与外观的连贯统一性原则；对传统建造系统与工艺的有效应用原则；尊重建筑随着时间的推移而出现变化的原则（在对名人故居进行修缮时，不应苛求其各部分都成为同一个时期的风格的原则）；保持建筑材料一致性的原则；传统营造工艺的保留、记录及教育与培训的技术传承原则。

本标准的适用范围：中华人民共和国全国范围的各个不同时期和各种建筑形式的所有名人故居遗产的定义、分类定义，评价与认定程序，保护、展示、利用和管理。

四　制订本标准规范的保证措施

项目承担单位和项目组人员将采取确实有效的保证工作进展的组织、技术、资金等措施

（一）作为主编单位的主要组织协调保证措施

1. 形成以主编单位牵头召开的定期和不定期的编制工作列会制度：首次编制工作列会应对规范编制大纲的内容、各主要编制单位的工作内容分工、工作计划进度等工作内容展开充分的讨论并以会议纪要或备忘录的书面文件予以明确。

2. 主编单位应充分把控规范编制工作的实际情况和进展：如对规范编制准备阶段的工作情况，调研工作的工作情况，各参编单位在规范的编制过程中的工作情况主编单位须随时予以充分了解和掌握。

3. 建立畅通的信息反馈制度，要求各参编单位在规范的编制过程中应相互及时交流信息（建立 QQ 交流群），有关键的技术难题和涉及技术经济政策难以确定的问题，应随时报告主编单位，以便及时组织研究解决，主编单位定期出编制工作简报。

4. 整个编制工作严格按PDCA循环进行管理（规范编制过程中应严格把握好时间节点和质量要求），如调研阶段：调研工作按照调研方案组织进行，请参编单位根据各自承担的编制项目，将具体的调研计划报主编单位进行研究确定和安排执行，并对执行情况及时进行检查和纠偏。

（二）保证项目推进的具体措施

采取科研项目负责人全权具体负责，专职的项目课题团队进行专题科研，拟采取以下的保证措施：

1. 专职的科研课题团队，专职的科研人员，有固定的场地，相应的设备，有较强的标准规范标准能力和水平，“本标准制在编制过程中将到俄罗斯进行调研借鉴吸取国外先进国家在名人故居保护利用方面的技术、经验与举措”且邀请国际知名专家教授指导本项目团队，更利于本项目达到相应的深度和广度。

2. 编制本项目的进展网络计划控制图，用网络计划控制项目里程碑节点的进展，并随时纠偏，及时进行项目进度计划的优化。

3. 每月末进行月度的项目课题小结自查和形成规范编制简报，随时纠偏。

4. 每季度末进行季度的规范编制小结自查，随时纠偏。

5. 形成规范编制的中期阶段性成果，及时报送国家文物局文标委秘书处。

6. 务必做到本规范编制经费的及时拨付和专款专用，切实做好本规范编制经费上的保障。

7. 随时接受国家文物局文标委秘书处的检查，随时纠偏，确保本规范编制的顺利进展。

参考文献

[1]《重庆抗战文化遗产的保护性节能修缮研究－以蒋介石云岫楼官邸为例》论文，2013年8月，倪志军（第一作者）。

[2]《擎天之柱－试论中国古代历史建筑结构稳定性诊断研究》论文，2013年5月，倪志军（第一作者）。

[3]《一种古建筑屋面保温节能结构》国家专利，2014年1月，第一发明人倪志军。

[4]《名人故居保护利用规范》文物保护行业标准制修订项目申报书，2014年5月，张亮亮、倪志军。

作者

倪志军，重庆房地产职业学院教授。

古村镇文化遗产保护中的消防问题

◎ 吕埴

古村镇文化遗产是一个地区历史与文明的沉淀，其所具有的多元文化价值及自身的脆弱性、不可再生性等特征，决定了其保护工作的重要性。然而，频频发生的火灾，让我们认识到以传统木结构为主要建筑形式的中国古村镇正面临着巨大威胁。古村镇文化遗产火灾频现的原因有安全隐患多，消防难度大；法规落实难，监管不到位。在防治古村镇文化遗产火灾方面要加强立法，严格落实；因地制宜，积极应对。

2014 年 4 月 6 日，云南丽江古城一商铺发生火灾，致 10 间铺面损毁；2014 年 1 月 25 日，贵州报京侗寨发生火灾，致使 296 户、1184 名民众受灾，涉及房屋 148 栋，1000 余间房屋烧毁、损害；2014 年 1 月 11 日，云南独克宗古城遭遇大火，古城过火面积占核心保护区面积的 17.81%，古城内的文物建筑损毁面积为 2220.45 平方米，占总损毁面积的 3.7%；2013 年 4 月，湖南凤凰古城发生火灾，一栋古建筑及其内酒吧被彻底烧毁；2013 年 3 月，云南丽江古城突发火灾，烧毁民房 107 间；2012 年 1 月，湖南通道侗族村寨火灾；2011 年 10 月，贵州宰别村火灾；2009 年 11 月，广西林略屯寨火灾……

古村镇是人类长期实践和创造的结果，作为一种聚落形式和文化综合体，它不仅有充满地域特色的乡土建筑、文物古迹等物质文化遗产，也附着着当地的民俗风情、服饰语言、宗教信仰、节庆礼仪、表演艺术等多样的非物质文化遗产。它代表了人类历史的缩影和文明的结晶，是了解一个地区历史人文环境的重要见证，在历史文化、科学考察、艺术欣赏、社会、认知、生活等方面具有十分重要的价值[1]。然而，频频发生的火灾，让我们认识到以传统木结构为主要建筑形式的中国古村镇正面临着巨大威胁。因此，加强古村镇的消防工作，切实落实防范措施，保护好古村镇不受火灾的侵害是我们文化遗产保护工作的重中之重。

一　古村镇文化遗产火灾频现的原因

（一）安全隐患多，消防难度大

据统计，我国现有 123 座历史文化名城、252 个名镇、276 个名村、8630 家文物保护单位、3744 个古村寨[2]，这些古村镇文化遗产保存着大量木结构建筑。建筑中柱梁檩椽所用的木材，经过多年的干燥，含水量低，甚至成了全干材，极易燃烧，火灾隐患严重。

而在古村镇内，多数普通绝缘电气线路不经穿管保护就直接敷设在古建筑的梁、柱、栏、壁板、楼板等处。线路以及配电设施陈旧老化、绝缘损坏，私拉乱接电线的现象司空见惯。很多古建筑避雷针由于锈蚀、损坏严重，基本失去了防雷作用，保护措施形同虚设。加之，古村镇的游客越来越多，烘托气氛的射灯、大功率照明灯，室温调节的空调器，除湿取暖的电热器具等电器越来越多地在古村镇内使用，火灾的隐患也随之增大[3]。

当古村镇的木构建筑遇上不加防护的现代电气化设备，各种火灾隐患随即潜滋暗长。统计数据显示，2009 年至今，全国文物古建筑共发生火灾 1343 起，其中由生活用火不慎和由电气原因引发的火灾居事故原因前两位，分别占总数的 37% 和 21%[4]。

按照我国现行文化遗产保护制度，古村镇具有的文化遗产身份包括：世界遗产、各级文保单位、历史文化名村等。各类文化遗产在与其相关的保护制度或保护规划中多有针对消防问题的明确要求。但从现行消防安全标准来看，古村镇的建筑布局与建造特点存在很多弊端，比如建筑多为砖木或土木结构，耐火等级低，建筑檐廊相连户牖相对，防火间距过小等。

事实上，今天我们面临的消防问题要复杂很多。在很多地区，古村镇面临的消防问题还不仅是消防安全标准与古村镇特点之间的矛盾这么简单，与过去比较，有很多新的威胁与困难。这些威胁与困难在独克宗古城、报京侗寨等古村镇文化遗产的不幸中多有体现。

古村镇面临的人地矛盾未得到有效控制，原本稀疏、有水塘、空地、菜地等自然隔离的区域，建筑密度逐年增加，建筑毗邻成片，一旦受灾，极易造成火烧连营的局面。一些古村镇位置偏远，常规消防警力难以快速到达，而大量古村镇的青壮劳力又常年外出打工，古村镇空心化，或者古村镇的旅游商业化过度，旅游淡季常住户少，这些都会导致火灾初期人力不足无法有效控制火势。古村镇利用时，农家乐是重要旅游业态，但液化气罐的大量使用与无规划分布加大了消防难度与危险，一旦火势失控，就好像启动了很多隐藏的定时炸弹[5]。

另外，现在多数古村镇的木结构建筑的消防设施均不达标。以独克宗为例，古城内商户未设置喷淋等消防设施，大量商户连灭火器都未配备，部分租户消防安全意识淡漠。香格里拉冬季气温低，缺乏供暖设施，在砖木、土木结构房屋中大量使用电暖气，造成巨大安全隐患。消防供水管网埋深、管径、水池容量不能满足灭火需求，部分消火栓被冻结。四方街等在环境整治中设置台阶，影响消防车通行。拆除建筑屋顶时，部分建筑材料堆积在消防通道上，影响消防车进入等。

（二）法规落实难，监管不到位

既然古村镇文化遗产的火灾隐患如此之多，为什么不严格按照现行的消防标准进行整改呢？其中另有隐情。比如根据现行的《建筑设计防火规范》与《木结构设计防火规范》，新建建筑和现有历史建筑之间的防火间距需要达到 6 米至 12 米，作为消防通道的传统街巷也需要宽 4 米，且连贯通畅。如果按此要求进行改造，古村镇变化丰富、整体性强的传统风貌将受到破坏。我们不能因为现行的消防标准不达标，就强行给具有历史价值的古村镇“动手术”，否则焚琴煮鹤，莫此为甚。简而言之，古村镇作为文化遗产的珍贵价值与现行的消防标准存在难以调和的矛盾。

2008 年国务院公布的《历史文化名城名镇名村保护条例》中提出“历史文化名村核心保护范围内

的消防设施、消防通道……确因保护需要，无法按照标准和规范设置的，由市、县人民政府公安机关消防机构会同同级城乡规划主管部门制定相应的防火安全保障方案”，但这一要求在同年全国人大修订的《消防法》与后续的《消防法实施细则》中并未引起回应。因此目前我国很多地区的古村镇文化遗产保护与利用实施过程中，往往面临尴尬局面。虽然消防部门能够理解问题所在，但苦于无法可依，难以进行消防标准更新与古村镇文化遗产保护之间的有效平衡[6]。

一些地区也注意到了这些问题，北京市和江苏省苏州市分别制定了《北京市古建筑消防管理规定》和《苏州的木构古建筑消防规定》，对木结构建筑的消防采取相应措施。法规固然重要，落实法规特别是提高人们的古村镇文化遗产消防意识则更为迫切。

据调查，除国家重点保护的文化遗产外，多数古村镇组织机构消防制度不健全，消防安全责任不明确，硬件建设不到位，没有把消防工作落到实处，更没有建立以法人代表为领导的消防安全领导小组督促检查消防安全工作。古村镇的管理人员大多没接受过正规的消防培训，没有签订防火责任书，防范意识差，员工的预防和抵御火灾的能力有限。再者，现在居住在古村镇中的人员大多是年长者，文化知识普遍偏低，法律观念比较淡薄，消防常识更为缺乏。生产、生活用火随意，乱扔烟头现象普遍。有的居民还在自家的古民居内私设旅店、饭店、商店，且不履行消防管理手续，无防火安全措施。这些人员同样没有经过消防培训，自防自救能力堪忧[7]。

政府监管不到位是消防工作又一隐忧。对于古村镇文化遗产的消防安全，消防、文物、城建、市政等部门都承担着不可推卸的责任和义务。明知隐患，却无防范；早有预见，却无准备，这几乎成为古村镇火灾一再发生的共同肇因。在火灾发生后，各部门无法有效协调，每个系统都强调本系统的法规，很容易错过灭火的最佳时期。

政府监管还多流于形式，出现火灾了，消防安全就成了第一要务，各相关部门都会加大安全管理力度、消防安全隐患排查密度，大家都绷紧安全的神经，加派人手，购置消防器材，修建消防设施。一时间，各种措施齐上马。风声过去了，很多时候消防法规制度和相关措施就又成了“墙上挂挂”的摆设[8]。

二　如何防治古村镇文化遗产的火灾问题

（一）加强立法，严格落实

2014 年 4 月 9 日，公安部、住房和城乡建设部、国家文物局联合下发了《关于加强历史文化名城名镇名村及文物建筑消防安全工作的指导意见》，旨在加强历史文化名城、名镇、名村及文物建筑消防安全工作。这是我国首个由多个职能部门联合制定的强化文物古建筑消防安全工作的规范性文件[9]。

指导意见要求，各级政府要将古村镇的消防安全工作纳入国民经济和社会发展规划，纳入社会管理综合治理、政府目标责任考评，建立多部门消防工作协调机制，对失职渎职或发生重特大火灾事故的，依法依纪追究相关人员的责任。城乡规划、文物部门要将消防规划纳入古村镇保护规划审批的必要条件，2017 年底前，将消防内容纳入古村镇保护详细规程。2020 年前基本完成消防基础设施建设。文物部门将组织实施“文物消防安全百项工程”，用 3 至 5 年时间完成 100 处全国重点文物保护单位为核心的古村镇消防安全工程建设[10]。

根据指导意见，到2015年底前，要按照古村镇保护范围内接到出动指令后5分钟内到达的原则，设立公安消防队、政府专职消防队，社区设消防点。100户以上的村寨建立志愿消防队，100户以下的村寨设立消防点。应根据气象条件，尤其是大风天气和重要防火季节，加强值班巡逻，强化火灾预警响应，对市政消火栓和古村镇建筑配置的室外消火栓，每季度至少进行一次出水测试，寒冷地区消防给水管网应采取防冻措施。古村镇要设置消防宣传栏、橱窗，张贴防火警示标牌并开展消防安全提示宣传和教育培训[11]。

消防部门应成立领导小组，负责对古村镇文化遗产的消防安全具体指导工作。在加强对古村镇消防演练和预案的基础上，积极协调，采取多种途径加大消防宣传力度，组织消防官兵深入到古村镇开展消防知识宣传活动，发送消防知识宣传读本，积极为古村镇居民讲解相关防火知识，不断提高人民群众的消防安全意识及自防自救和处置初期火灾的能力。同时成立服务队，用心指导，帮助古村镇制定《防火公约》《消防安全宣传栏》等消防安全软件设施，坚持“查问题、促帮扶、共提高”的原则，及时查找古村镇火灾隐患，就地消化解决，保障古村镇文化遗产消防安全。

针对古村镇所存在的消防安全设施薄弱环节等问题，消防部门应专门派出消防监督人员深入到现场开展消防安全大检查，并结合实际，积极、主动指导相关单位配齐配足灭火器等基本消防设施器材；加强可燃物品、易燃易爆化学危险物品的管理；强制要求任何人不能私自堵塞和占用安全通道，杜绝在古村镇范围内搭建临时建筑，私自乱拉电线及乱用明火；加强水源的管理和维护，确保一旦发生火灾，有足够的水源利用。可以考虑为每家每户配备储水“太平缸”，并在历史街区设置高位蓄水池，进行消防水源储备。如果附近有小溪河，还可配备手抬机动泵。

在新形势下，我们要充分认识加强古村镇消防工作的紧迫性、重要性，充分发挥各个部门的主体作用，集思广益，博采众长，将指导意见落到实处，为文化遗产保驾护航。

（二）因地制宜，积极应对

建立针对古村镇文化遗产的消防管理系统，势在必行。从国内外的一些积极探索来看，应该具有几个基本要求：第一，既然我们认同古村镇是文化遗产而并非一般建筑，那么古村镇的消防系统一定是特殊的，并且应该根据各地不同的特点创造性地构建，允许各有不同。第二，古村镇是活态遗产，需要满足居住等使用要求，与过去相比，对于安全性的要求显然更高，因此，保护过程中出于消防安全考虑，针对不同的民居建筑，必要的改良应被理解并接受。第三，历史上古村镇积累的消防智慧在今天仍然具有积极意义，古村镇的有效消防系统应该传统与现代结合，传承传统消防智慧，掌握现代消防技术。

对于古村镇文化遗产的消防问题，必须要专门制定适用于古村镇的消防规范，不能因为是古村镇，就拒绝消防标准。当然，也不能将现代设施强行安置在古村镇文化遗产上，消防规范与古村镇的现实状况必须二者兼顾。各地古村镇因街道宽度、材料、习俗、气候等不同，制定消防标准时要充分考虑到地方的特点，因地制宜。要标本兼治，统筹全局，立足于防火体系的大环境中[12]。

古人对村镇的消防安全非常重视。南宋时，为了防火，杭州采取打更人夜里巡逻防火值班制度，还开凿了大量的水井作为消防水源。明朝嘉靖年间的徽州，房子密集，多次发生火灾，时任太守观察后发现，受灾面积小、损失少的屋檐都用砖头包了起来，于是他推广这一方法并起名风火山墙。近代苏州和无锡的历史街区都有民间消防队。遗憾的是，这些民间的防火措施在社会急剧转型过程中渐渐瓦解了[13]。

在与火灾的反复抗争中，不同地区的传统民居与先民确实积累了不同程度的防火智慧以及消防经验。如南方一些古村镇民居，当雨水在天井汇集后，又沿着预埋的管道，流入大门前石砌的水池中，把水蓄积起来，既取“水克火”之意，又能起到消防池的作用，一旦发生意外，可就近取水灭火。独克宗古城的闪片房三面筑土为墙，墙体厚 0.6 米至 1 米，且墙体开窗很小，单窗多不超过 0.5 平方米，火灾通过窗口部位蔓延到毗邻建筑的可能性非常小。虽然闪片屋顶极易燃烧蔓延，但其屋顶构造简单，火灾时便于拆除，避免连片烧毁。侗寨村落在消防管理方面，重视“人防”而非“技防”，强调火灾的危害，寨中人人均需视其为第一猛兽，火盆等明火要谨慎管理，如果不幸失火，全寨老少第一要务就是听从统一指挥，集中扑灭起火建筑或拆除火源周边建筑，任何人不得擅自行动，否则严惩。对于火灾的事故人，也会给以严惩。另外，进行小规模、小损失的火灾实战演练，到今天仍然是重要的村规民约[14]。许多古村镇文化遗产，就在这些朴素的防火建造智慧与消防经验庇护下留存至今，我们应该重视这些智慧与经验的合理性。

总之，要对古村镇的特点以及历史的火灾特性做深入的研究，及时掌握古村镇消防安全的现状，逐步探索出一套古村镇的消防经验，制定并完善防范措施，对今后一段时期内古村镇的消防问题作出一个整体的规划，有效防止古村镇火灾的发生。

注释

[1] 何洁玉：《古村镇保护与发展的协调研究》，湖南师范大学硕士学位论文，2012 年。

[2] 周斌：《五年来全国文物古建火灾超千起》《法制日报》2014 年 4 月 10 日。

[3]、[8]、[13] 程竹：《古城大火究竟从哪灭起？》《中国文化报》2014 年 02 月 27 日。

[4] 王昊魁：《强化文物古建筑消防安全工作》《光明日报》2014 年 4 月 10 日。

[5] 霍晓卫：《传统村落保护与“祝融之灾”》《中国文化报》2014 年 4 月 17 日。

[6] 霍晓卫：《传统村落保护与“祝融之灾”》《中国文化报》2014 年 4 月 17 日。

[7] 沈军：《从乌镇看古建筑与古村镇火灾危险及防火对策》《中国文物报》2014 年 4 月 27 日。

[9] 白阳、邹伟：《将古城古建消防安全纳入工作考评》《中国建设报》2014 年 4 月 15 日。

[10] 刘修兵：《三部门出台文物古建筑消防安全指导意见》《中国文化报》2014 年 04 月 10 日。

[11] 肖轩：《按五分钟到达原则设立消防队》《人民公安报》2014 年 4 月 10 日。

[12] 霍晓卫：《传统村落保护与“祝融之灾”》《中国文化报》2014 年 4 月 17 日。

[14] 霍晓卫：《传统村落保护与“祝融之灾”》《中国文化报》2014 年 4 月 17 日。

作者

吕埴，中国国家博物馆。

论博物馆在城镇化进程中对地域文化保护的作用

◎ 张炜

随着我国城镇化的高速发展，大量自然村庄消失了，农耕生活没有了，文化存续的土壤和载体缺失了，如果不采取有效的保护措施，一批具有地域特色的传统文化也随之消失。文化是城市的根与魂，是城市文明的核心。博物馆是承载、保存并传播各具特色的地域文化的理想载体，融入地域文化也使博物馆文化得以更好地发展、充实和提升。发挥博物馆在城镇化进程中对地域文化保护的作用具有重要的现实意义。

实施城镇化战略，加快城镇化进程，是党中央、国务院长期以来统筹城乡协调发展的一项重大决策 。随着我国经济社会的不断发展，城镇化进入了高速发展阶段。2001 年，我国在“十五”计划纲要中首次提出实施城镇化战略。截至 2012 年末，中国城镇化率已经达到 52.57%，与世界平均水平大体相当；城镇人口超过农村人口，达到 6.9 亿人，共有 658 个设市城市，建制镇增加至 19881 个；全国共有 30 个城市常住人口超过 800 万人，其中 13 个城市人口超过 1000 万人。

但城镇化发展是以工业化推进为前提的，工业化推进的同时往往易造成生态系统的失衡和民族文化的遗失，因此城镇化浪潮既可能是经济发展的引擎和驱动力，但也更易是乡土文明、地域文化被摧毁碾压的巨轮。城镇化率提升的同时，作为城镇的对立面，自然村庄的消失必然同步伴随。据国家统计数据显示，2000 年，中国有 360 万个自然村，到 2010 年，减少到 270 万个。10 年内 90 万个村子消失了，相当于每天有将近 300 个自然村落消失，而这些自然村中包括众多文化历史悠久的古村落。

皮之不存，毛将附焉。地域文化多是农业文明的产物，是根植于农耕生活上的世代精神积累和地域历史人文印痕汇聚，都跟农业社会的生产生活，都和广大农村密切相关。农耕生活就是她生成的载体和存续的土壤。城镇化意味着和乡土文化的分离，如果城镇化了，农耕生活没有了，文化存续的土壤和载体缺失了，不采取有效保护措施，一批具有地域特色的传统文化（有的甚至是物质或非物质文化遗产）也随之消失，地域文化如何传承和存续，必然会成为考验我们的一道时代课题。本文就博物馆在城镇化进程中的地域文化保护作用做一探讨。

一　城镇化的人文内涵

城镇化是我国农村全面建设小康社会的一个必经过程，也是我国现代文明的一个重要标志。推进城镇化，核心是人的城镇化，关键是提高城镇化质量，目的是造福百姓和富裕农民。城镇化不是简单的人口比例增加和城市面积的扩张，更重要的是实现产业结构、就业方式、人居环境、社会保障等由“乡”到“城”的重要转变。必须以民生改善为根本目的，不单纯追求城镇化的速度，应该有个文化层面的过渡，不能让农村人丢掉原有的文化财富，要关心他们的文化精神，应更关注城镇化进程中提高人的生活质量，以满足人民群众日益增长的物质文化需求为根本出发点，做到以人为本。

城镇化应是政治、经济、社会、文化、生态文明的高度统一，其中文化是不可或缺的重要内容，在城镇化的进程中，文化的影响、凝聚、规范人们行为习惯的功能和振奋人们精神的作用是其他要素无法替代的。没有文化的积极引领，即便是一时经济上去了，最终也不会实现全面建设农村小康社会的奋斗目标。一个地方经济发展环境的优与劣，民众幸福指数的高与低，如果仅看 GDP 等经济指标，那是远远不够的，因为影响经济社会发展的深层次因素，是文化积淀的深与浅，人文精神的丰与歉。人文精神体现了一个城市的历史记忆，人文精神是城市的根与魂，是城市文明的核心。它作为民族精神的一种具体体现，是城市创业发展的精神支柱。一个没有精神和文化的城市是没有灵魂的，也是没有魅力的。最终决定一个城市凝聚力、影响力和辐射力的，就在于它的人文精神。以精神论输赢，以道德比高下，以文化求成败，这是城市发展和竞争的最终选择。文化是一方土地的血脉和灵魂，文化竞争力也正演变成区域综合实力的核心竞争力。一座没有文化精神的城市，是没有魅力和吸引力的；人文精神的高低，将最终决定一个城市的凝聚力、影响力和辐射力。城镇的发展与竞争，已经进入到以文化论输赢、以文明比高低、以精神定成败的阶段。因此，城镇化过程中必须传承和保护好地域文化，为城镇的长远发展奠定基础。

二　地域文化传承与城镇记忆

传统地域文化是国家和民族的宝贵财富，对于文化创新和对外文化传播都具有重要价值，在促进社会主义文化大繁荣、大发展的时代背景下，尤其受到广泛关注。 每一个村落都在一定的地域环境中经历了产生、发展、壮大的过程，岁月的痕迹也被留存了下来。按照系统学的观点，地域环境包括自然生态环境、社会人文环境和人工物质环境三方面的内容。这三个方面相互作用、相互依存，共同维系着村落的生存和发展，并形成独特的地域文化，承载了丰富的文化、民俗等人文信息，是中华民族的一笔宝贵财富。民间的口头文学、民间记忆、乡规乡俗、地方精神这些扎根于村庄中无形的文化积淀了民族的精神、道德观，也保存了最深的地域多样性。特别一些少数民族文化，大部分是没有文字注入的，以非遗的方式保存。如果没有这些村落，这个民族的特征也就消失了。文化传统是一个民族历史的深厚积淀，支配着民族精神的走向。 体现着民族的特殊品性，构成民族的文化记忆。文化特色把现代人们和本民族的久远历史连接起来，使文化传统得以传承， 而文化传承之根在于言传身教和总体文化环境的熏陶。结构、布局、建筑等文化传统和符号是一个民族文化的组成部分，是人们感受和传承传统文化的一种环境。 城镇化建设必须突出和强化民族和地域的文化与传统。城镇化建设在宏观发展上要以科学发展观、经济结构理论和区域经济理论、城市分布理论为理论指导，形成科学、 理性和创新的发展思路，以功能培育为基础，以文化特色为支点，以工业化为动力，走可持续发展的城镇化道路。

三　博物馆与地域文化传承保护

我国的博物馆事业发展很快，全国各省、地（市）、县（市、区）大部分都成立了博物馆，这些地方博物馆是承载、保存并传播各具特色的地域文化的理想载体，融入地域文化也使博物馆文化得以更好地发展、充实和提升。

（一）博物馆是承载、保存并传播地域文化的理想载体

1. 博物馆的收藏是打造特色地域文化的物质基础

打造一个文化品牌，对文化遗产的保护利用至关重要，而文化遗产的保护利用是建立在对文化遗产或文化遗产表现物、承载物的收藏基础上，没有收藏就缺少了物质基础，遑论保护、研究与传播。博物馆是收藏“人类和人类环境见证物”的机构，最广泛、最全面地保藏着人类活动和自然发展的真实物证，并把它永久的流传给后人，这是任何别的机构所不能完全代替的一项社会任务。

博物馆的收藏是根据自己的性质和任务进行的。各地的博物馆通常是地志类综合性博物馆，也就是说，它们是搜集、保管和研究当地文化遗存和自然标本的机构。我国幅员辽阔、历史悠久、民族众多、人口庞大，在漫长的社会发展中各地都形成了具有典型地域特色的文化或文化特征，并在特定的历史环境和社会氛围中传播发展，在这个形成和发展过程中一切有价值的物质遗存和物质载体都将成为博物馆的收藏品。人们常说“文化是根”，那么文化的根又在哪儿？文化的根便在博物馆的藏品里。博物馆就是一部地方的实物大辞典，一部立体的地方百科全书，倘若博物馆收藏工作做得好，任何特色地域文化都将能在博物馆找到她们的根。

2. 博物馆的研究工作有助于挖掘地域文化的历史和科学本质

博物馆的研究有两方面，一是对藏品的研究，一是对历史环境的研究。藏品研究是博物馆固有的任务，博物馆通过对所收集的藏品进行科学的研究，弃其糟粕，扬其精华，去其虚伪，存其真实，掩其芜杂，揭其规律，科学地、历史地表现其所承载的文化的本来面貌。博物馆研究的另一方面是对当地的历史环境进行考古性质的调查，在此基础上展开综合研究，揭示当地的人文、历史环境和古迹保存现状，这有助于揭示文化传播的历史环境和社会氛围。

3. 博物馆陈列展览是地域文化展示和传播的理想渠道

各地深入发掘和打造本地特色地域文化，其目标和任务，相当程度是要发挥其文化力的影响，发挥其校正功能，重建社会价值体系，重建精神家园，重塑社会信仰，从而为构建和谐社会服务。这就需要广泛、深入、迅速的传播，博物馆的陈列展览是担负这个任务的理想载体和形式。地域文化的宣传弘扬形式是多种多样的，例如可以通过摄影、书画展览，文艺创作和表演，各种大赛、征文等活动进行，但是中心任务却是唯一的，那就是揭示该文化的历史渊源、文化特征和科学本质并迅速传播其文化精义。博物馆的介入，能够站在历史和考古的角度，通过有效的收藏、保护，通过科学的研究整合，还地域文化的历史的真面貌，传播于当时，传承于后世，这是地域文化得以继承和发展的科学的首要的路径。博物馆善于遵循一定的规律和线索对地域文化的相关遗产进行探寻和收藏，并结合历史和历史环境对此进行科学的研究，而后就研究所得举办陈列展览，进行科学的展示和传播，这是博物馆在

打造特色地域文化中不可替代的独特作用。

（二）博物馆文化必须融入地域文化才能更好地发展、充实和提升

博物馆工作必须融入富有特色的地域文化才能有生命力，才得以发展充实和提升，这是博物馆文化与地域文化相辅相成的关系。本文就“藏品文化”“陈列展示文化”和“环境文化”三方面作些探讨。

1. 融入地域文化是丰富和充实博物馆藏品文化的有效渠道

藏品文化是以博物馆藏品为主要表现的文化形式，藏品文化是博物馆文化的第一要义，是博物馆文化的基础。博物馆应重视对特色地域文化遗物的征集、保护和利用，包括在研究、传播过程的一切物质的东西，由于其从不同的侧面或角度来保存和反映了地域文化的大量信息，都要成为博物馆收集研究的对象，成为博物馆的藏品资源。

2. 提升博物馆陈列展示文化必须融入地域文化的内涵

陈列展览是博物馆最基础最有特色的产品，这也是一种文化。博物馆往往成为民族精神的展示窗口和载体，成为民族精神的一种象征。在一个国家的不同地区，博物馆也应成为展示各具特色和内涵的地域文化、民俗文化的窗口，也就是我们通常所说的乡史乡情教育窗口。就发展博物馆文化来说，地域性是博物馆陈列展示文化的重要内容或说是重要特征，要想达到陈列展示的最佳效果，除了要对形式手段进行更新之外，还必须寻求一个好的“卖点”，即要有吸引力的陈列展览，地域文化的介入就是一个好办法。地域文化最大的卖点就是在别处看不到，或即使看到了也是不全面的、不够精彩的。对于文物资源和展示条件等各方面都无法与中心大馆相比的地县级博物馆来说，要充分发挥陈列展示文化的作用和影响，就必须重视和加强对特色地域文化的宣传展示。

3. 博物馆环境文化与地域文化的切合是增强博物馆生存竞争力的最有效途径

博物馆环境文化，从小处说这是博物馆的建筑设计、功能设施、陈展氛围塑造和周边环境营造，从大处说还包括自然和人文环境的组合、文化传统等。理想的博物馆环境文化就是追求狭义的环境与广义的环境的统一，也就是要与地域文化相切合。

（三）博物馆在城镇化进程中的作用

近年来，随着民族民俗类、文化遗产类、民族生态博物馆等新形态的不断出现，博物馆在地域文化传承方面应发挥的作用已经越来越不可替代。博物馆已绝不仅仅是一个展示文物的场所，还承担着延续文化的使命。通过对文化遗产的保护和研究，挖掘城市的文化特征，成为城市文化的新标签。随着城镇化进程的加快和人民生活水平的提高，博物馆的地位和作用也日益重要。

1. 博物馆是重要的社会信息资源

博物馆藏品丰富的文化内涵，使具有不同背景的人们都可从中发现和获取有利于自身发展的信息，这使博物馆成为人们终身学习的社会大课堂。博物馆将不同年龄、社会经济状况，不同文化、民族、性别的人们的经验、追求和创造力整合在一起，为学习型社会创造了积极的条件。

2. 博物馆是文化名片、文化坐标和象征

如今，没有博物馆的城市是一个贫穷的城市。博物馆在塑造一个城市的文明方面扮演着重要的角色，它见证着一个城市的历史，是文化记忆和文化创新的阵地。博物馆以其深厚的人文积淀，以其不

可比拟的文化象征的优势，无形无声中培育着城市的形象，成为城市的文化名片，城市的文化坐标和象征。

3. 博物馆是社会生活的重要伙伴，是城镇社区文化活动中心

作为社会文化系统的一个重要组成部分，博物馆形象地反映了人类历史、科学技术、文化艺术等领域的风貌和变迁，是人们获取知识、陶冶性情、提高修养的重要场所，为快节奏生活的人们提供了积极的休闲场所。此外，博物馆本身具有地域性特点，分布于一定区域内的博物馆是社区的组成部分，参与社区文化塑造，是博物馆服务社会的重要体现。在当前物质生活水平不断提高的情况下，人们开始关注高尚的精神追求。博物馆具有无可比拟的实物优势，它推出的展览等活动能丰富群众的生活内容、繁荣社区文化、提高人们的文化素质。在我国经济政治文化体制改革不断深入的情况下，社区对于维护社会稳定具有重要意义，博物馆正积极参与到社区文化塑造和优化社会发展环境的建设中去，努力使自身成为本地区精神文明建设的特殊阵地和宣传本地区文明成就的重要窗口，必将对社区文化建设产生重要而积极的影响。

4. 博物馆具有社会教育作用，是爱国主义教育基地

博物馆并不只是古老文化的收藏场所，它对我们这个文明古国在现代化的进程中发生的巨大变化更具有强大的说服力。爱国主义也不是一句空洞的口号，爱国主义的培养正是建立在对国家、对家乡、对城市的深刻了解和认识的基础上。博物馆以实物为基础的陈列极为直观和生动，在进行爱国主义教育方面具有不可替代的作用。目前，我国的社会道德正处于深刻的转变期，在目前学校教育体制还存在着一定不足的条件下，博物馆作为培养社会道德最理想的人文环境之一，以其丰富的资源大大弥补了学校教育的不足。

作者

张炜，贵州省玉屏县文体广电旅游局玉屏箫笛博物馆馆长。

浅谈博物馆在保护古村镇文化遗产中的作用

◎ 马率磊

古村镇承载着一个地域的历史和文明，是非常珍贵且不可再生的文化遗产，有着极为重要的“历史文化、美学、科学等原生价值和教育、旅游等派生价值”。而作为记录、传承文明场所的博物馆凭借自身在展陈、研究、社教等优势在扩大宣传，提升广大民众保护古村镇文化遗产的意识；加强研究，丰富古村镇精神文化内涵、提升文化遗产保护理论和技术水平；指导古村镇文化遗产实施分类保护或实施提升改造工程等诸多实践方面大有可为。

古村镇承载着一个地域的历史和文明，是非常珍贵且不可再生的文化遗产，作为中国传统建筑精髓的重要组成部分，也真实地反映了农业文明时代的乡村经济和极富人情味的社会生活。同时，它凝聚了劳动人民的智慧，沉淀了民族的优秀文化，传承了丰富的历史信息，有着极为重要的“历史文化、美学、科学等原声价值和教育、旅游等派生价值”[1]。

然而遗憾的是，近年来，随着我国经济的快速发展，尤其是城镇化进程和新农村建设进程的加快，这些古村镇文化遗产受到了前所未有的冲击，古村镇正以惊人的速度被毁坏，有些古村镇的传统风貌被完全破坏了，取而代之的是现代形式的新房；有些古村镇则在旅游开发中被人为“掏空”了，成为没有原住民的“空心村”等等，不一而足。据中国文联副主席冯骥才介绍，在2005年时，我国大约还有5000个依旧保存与自然相融合的村落规划、代表性民居、经典建筑、民俗和非物质文化遗产的古村镇；而到了2012年就仅剩下两千多座。7年时间，古村镇竟然消失了近一半！

截止到目前，虽然我国已经颁布了《文化保护法》以及相关文化遗产保护等多部法规；同时，住房城乡建设部和国家文物局也联合下发通知，先后组织申报公布了六批中国历史文化名镇（村）名单，但是仍未能有效改变古村镇不断减少、传统文化遗产不断消失的局面。笔者认为这里原因固然很多，但是“最迫切也是最为欠缺的是唤醒和提高公众的文化遗产保护意识，加强对文化遗产的调查保护以及技术方面的研究，提升古村镇文化遗产的理论水平”，而在这方面作为“人类收藏历史记忆凭证和熔铸新文化的殿堂，担负着保护、研究和展示人类及人类环境遗存，推动人类文明发展”[2]的博物馆，可以说是大有可为。

博物馆，作为一个以馆藏文物为基础的科研机构，其本身就有着丰富的保管文物的经验、技术和成熟理论，而且还有不少博物馆学者对文化遗产方面的研究也多有涉猎、并取得了丰硕的研究成果。同时，我们知道，一件文物只有回到特定的环境中才会有更加鲜活的生命力，而这个“环境”就是特定的时代特征，有着诸如古建筑、古街道、古民俗等多种元素组成的大遗址环境，而古村镇文化遗产便是“大遗址”的重要组成部分。因此，如果从这个角度来讲，博物馆保护古村镇文化遗产也是其义不容辞的责任和义务。

一 强化宣传

文物或文化遗产的保护“可以通过两种途径解决：一是法制途径，即强制式的；二是道德途径，即意愿式的”[3]。众所周知，“意愿式”的保护有着更为有效的作用和更为深远的影响，而这首先要提高广大民众保护古村镇文化遗产的意识。笔者认为，博物馆在社会宣传等方面有着自己的独特优势。

（一）馆内宣传

不少大、中型博物馆每年都会迎来数十万、甚至数百万人次的参观观众，博物馆可以通过显性和隐性两种方式宣传古村镇文化遗产的地位和作用等方面的内容。不少博物馆为了让观众更好地了解馆藏器物，凸显传统文化的大背景，而专门制作了很多诸如古街道、商店、民居等模型；还有不少博物馆还专门以图片的形式介绍了本地域的古村镇状况，再加上讲解员有意识地的讲解延伸，不少观众会很自然、较容易地认识古村镇文化遗产的重要性。比如，邯郸市博物馆展厅的序厅东面墙上展示“邯郸境内国家重点文化保护单位”的图片中，就有不少国家历史文化名村、名镇，不少观众参观博物馆后不仅知道了邯郸市境内武安市的伯延镇、永年的广府城、涉县的固新镇、武安市冶陶镇等古村镇，而且对其文化内涵和历史地位也有了初步的了解。再如，邯郸市博物馆的《中国磁州窑》展厅中还设置民居模型—卧室和堂屋，不少观众通过讲解员的讲解，不仅知道了传统瓷器的摆设和功能，而且也对古村镇文化遗产或古建筑产生了浓厚的兴趣，以至于不断追问讲解员，了解该民居原型更多相关知识，如具体位置、保存现状等等。与此同时，博物馆还可以为古村镇的非物质文化遗产提供宣传的平台，如去年“十一”期间，邯郸市博物馆就邀请“冀南皮影团”前来演出，受到了广大市民观众的热烈欢迎，同时也扩大了我市“皮影”这种非物质遗产的影响。

（二）流动宣传

随着博物馆免费开放以来，不少博物馆都通过多种形式走进学校、社区、部队等场所，开展流动展览，宣传地方文化，让更多的群众共享改革开放的文化成果。与此同时，博物馆还可以把本区域的古村镇文化遗产等相关的知识内容以宣传册、话剧表演、展板等形式展示给广大居民、学生、官兵，这样既丰富了博物馆宣传的内容，又可以让更多的群众了解自己周围的古村镇，自觉增加对文化遗产的认同感和归属感。

（三）发动志愿者

志愿者是一个城市文明的标志之一。随着社会的发展，越来越多的各行各业的人士（当然，其中不乏一些相当熟悉本区域历史文化的“专家”）开始加入博物馆志愿者的行列，他们在宣传地域文化、保护地方文化遗产方面发挥着越来越大的作用。比如，邯郸市博物馆目前就有数十名志愿者，有不少志愿者自觉地在本单位、本社区宣传历史文化，取得了明显的效果。此外，博物馆也还可以专门培训有志于宣传古村镇文化遗产的志愿者小分队，发挥志愿者的榜样带动作用，让更多的民众参与到文化遗产宣传的队伍中来，扩大宣传的范围和影响。

二　加强研究

当然，作为科研单位的博物馆不仅仅应该停留在浅层次的宣传上，还应在理论、技术、文化内涵等方面强化研究，提升理论水平，为保护古村镇文化遗产提供必要的理论、技术支持。

（一）　理论研究

虽然，早在上个世纪八十年代，我国已有学者开始关注、研究古村镇文化遗产，经过三、四十年的发展，取得了一系列的成果，据初步统计已有数千篇论文和数十部专著，但是这些学者的理论成果“多集中在价值、形成与演变、旅游等方面，而对古村镇最为重要但复杂的保护和发展方面的研究还不够，缺乏全国或者区域的深层次背景分析、理论的提炼和总结；在研究对象上偏重于物质文化遗产方面，而对非物质文化遗产的研究则显得不足；保护与发展的方法、对策研究也局限在环境保护、资金筹措、产权界定等方面，缺乏古村镇自身系统的动力机制研究。”[4]因此，博物馆的学者，尤其是热衷于研究文化遗产保护的学者更应立足于理论研究现状，结合本区域古村镇，有针对性地展开研究，多深入村镇调查、访问，侧重于古村镇的保护与发展、非物质文化遗产等方面，不断推动理论研究的深入发展。邯郸市博物馆就有几名学者长期致力于对本区域非物质文化的收集、汇总与研究，并取得了一系列的成果。

（二）技术研究

同时，博物馆作为文物保管单位，有着成熟的馆藏文物理论和丰富的经验。此外，很多博物馆不仅设有专门的技术研究部室，甚至还有专业的考古队，比如秦始皇兵马俑博物馆等，他们当中就有不少学者对于古建筑的结构、修复等方面有较深的研究和成熟修复技术。以此这些专业技术人员可以以此基础结合本区域古村镇遗址街道、古建筑的现状或需求有针对性的研发一些比较实用的修复、维护、坚固等技术，为推动文化遗产的保护提供技术保证。

（三）文化内涵研究

每一个古村镇都是当地区域文化的重要载体，而且其本身就蕴藏着丰富的文化内涵。因此，作为研究者应当从历史沿革、古建遗存、名人传记、传统技艺、民俗风情、非物质文化遗产、传说故事、甚至古树名木等诸多方面，加强研究，努力发掘古村镇文化遗产的文化内涵，从更深的层面去梳理、传承和保护古村镇的历史文化之脉系，为进一步开发、提升古村镇文化提供智力支持和资源保障，这也是目前较多学者比较关注和擅长的。

三　实践指导

除了加强宣传、研究之外，博物馆还应在实践方面多做工作，毕竟理论研究的目的是为了更好地指导实践、深化实践。

（一）搞好调查，明确现状

早在上个世纪，毛泽东主席就曾说过："没有调查，就没有发言权。"调查是了解事实、提出问题、解决问题的基础和前提，要想做好古村镇文化遗产保护工作更应如此。随着前人学者对研究的不断深入，到了目前仅仅依靠闭门查阅史料搞研究，早已无法满足现代研究的要求了。不少学者已经把古村镇置于"民族学、人类学、环境史和口述史"[5]等视野下去调查、研究了。同时，调查也是为了摸清古村镇的现状，明确哪些古村镇整体基本完整，是需要保护的；哪些虽然破损，但是可以修复的；哪些早已完全破坏，需要改造的……只有明确了这些，我们才能为实施古村镇建设规划或者进一步的提升工作提供准确而又可信的依据，而这些工作也是某些博物馆人可以参与的。

（二）整合文化资源，定位规划布局

在明确了古村镇文化遗产的现状和精神内涵后，博物馆还可以在整合文化资源、定位其规划布局上发挥自己的展陈优势。目前不少地区正在逐渐放弃过去对古村镇"大拆大建"的做法，开始逐步探索和尝试"保护与开发"相结合的模式，也就是在保护古村镇整体布局、整体建筑的同时，对个别建筑内部微调其陈列内容，提升其文化品质和内涵。比如，苏州市的吴江博物馆就曾帮助同里古镇联合布置名人馆、松石名园等展览，取得了良好的社会、经济效果。而对于某些古村镇的濒危建筑或者有较大需要实施工程改造的古村镇，博物馆也可以提供相关技术、文化、展陈设计等方面援助的。

总之，作为一座城市客厅和文化窗口，博物馆的发展状况与本城文化遗产的保护、发展也是息息相关的，每一个博物馆人更应义不容辞地担起保护和建设区域文化遗产的责任和义务，力所能及地从某一方面或多方面推动本区域文化建设的进步和发展。当然，古村镇文化遗产作为一定时期居民生活水平和风俗变迁的见证，也必然会随着社会的发展和人类的进步而不断地发展。因此，古村镇文化遗产的保护，并非是将其"打包封存"起来，而更应将其置于社会发展的洪流之中，在严格保护其"历史真实性、风貌完整性、生活延续性"[6]。传承其特色文化的同时，也应不断与时俱进。这种"与时俱进式的保护和发展"是需要全社会共同关注，博物馆仅仅是众多的社会力量之一而已，而博物馆在整个古村镇文化遗产保护工作中功能发挥的大小，除了受博物馆人本身的研究意愿、研究水平等主观因素的影响外，与政府支持与否、主管单位（或部门）协调能力的强弱、激励机制是否完备等客观因素也有着密切的关系。

以上只是笔者在前人实践和探索的基础上，阐述了自己一点浅薄的想法和建议，不当之处，还希望诸位方家不吝批评之言、多留指正之语。同时，笔者也希望本文能抛砖引玉，引起更多的专家、学者对保护古村落文化遗产的关注和思考，届时将有幸能聆听到更多方家的真知灼见。

注释

[1] 孔岚兰：《古村镇的现状不容乐观》《城乡建设》2003 年第 9 期第 16 ~ 17 页。
[2] 国家文物局：《博物馆事业中长期发展规划纲要（2011–2020 年）》2012 年。
[3] 张国超：《我馆博物馆教育发展的前瞻性思考》《江汉大学学报》（人文科学版）2012 年第四期 第 34 页。
[4] 何玉洁：《古村镇保护与发展的协调研究》湖南师范大学 2012 年。
[5] 段银河：《近十年大理古村镇研究综述》《大理学院学报》2014 年第 1 期 第 11 ~ 15 页。
[6] 周乾松：《加强历史村镇文化遗产保护的有效途径》《光明日报》2012 年 2 月 1 日第 11 版。

作者

马率磊，河北省邯郸市博物馆。

政府倡修村志的现实意义

——对传统文化的再发掘

◎ 王建设

中国文化根植于被称之为母体文化的乡土文化，是凝聚在中国整体文化中并通过农民体现出来最精微的思想基础，是中国整体文化不断汲取营养的最主要精神支柱、思想源泉和基本观念。中国乡村社会的变迁是中国历史变迁的主体，现代化和城市化的进程本质上也是乡村社会变迁的过程。研究中国历史变革的走向、规律及其特征，只有从乡村社会研究入手，才能真正获得符合中国实际的具有认知价值的认识。

中国文化是以聚积五千年的传统文化为母体的，谈中国文化，离不开中国特有的封建文明，而这种文明又具有古老的历史渊源和世系传承的特性。

历经五千年进程后的今天，中国形成了经济高速发展而造就了强大的物质文明，与此同步的是现代文化也得以迅猛发展。诸如有城市文化、企业文化、社区文化、校园文化等等，各类现代文化又分别衍生出层层的分枝分叶文化。目前中国除了广袤农村的2000多城市（县城）中，几乎各行业群体都有着自己的文化。这些新兴的文化集合覆盖了城市社会，以至成了城市人现实物质生活以外的主要精神依托和追求。

但是，如果对这些新兴文化的成因乃至其内涵追溯、剖析，可以发现，它们几无例外的都根植于被称之为母体文化的乡土文化，无一不在传统乡土文化的基础上而后发展创新。这是由中国的最大国情——拥有幅员辽阔的广袤农村、数以10多亿计的农民主体所定义的。可以说，乡土文化是凝聚在中国整体文化中并通过农民体现出来最精微的思想基础，是中国整体文化不断汲取营养的最主要精神支柱、思想源泉和基本观念。

几千年来，中国乡村社会的变迁始终是历史变迁的主体，这不仅因为在区位结构中乡村占绝对的多数，而且因为乡村生活模式和乡村文化传统更深层次的代表了中国历史传统。即使对于整个近代而言，现代化和城市化的进程本质上也是乡村社会变迁的过程。纵观中国历史变革的走向、规律及其特征，如果不从乡村社会研究入手，就很难真正获得符合中国实际的具有认知价值的认识。

因此，在当前文化大发展时期，注重编纂省、市、县三级地方志书的同时，大力倡导、重视修编中国地方志中最小单位的村志，以村志为载体，举力弘扬中华母体文化的精髓，藉以凝聚10亿乡民的合力，进而渗透、感教数亿城市人这个庞大的群体；同时通过对乡土地情的深入研究，找出城乡文化差异产生和变迁的自然、背景及其规律，为文化强县、强市乃至强省、强国提供基础资料支撑，无不有着极其重要而深远的现实意义。

一 村志编纂与村落的现状

涉越中国村落的沿革，村志编修古之有焉。清康熙二十四年（1685年）郎遂编撰安徽池州《杏花村志》，“清人为村立志，颇为稀奇，是修村志之起端”。康熙五十七年（1718年）汪叟编撰上海闵行《紫堤村志》。道光末年侯云若续修《紫堤村志》之后，沈心卿以汪叟是否编纂《紫堤村志》为原本，参阅侯云若续修《紫堤村志》时采集的资料，增修《紫堤村志》成稿于咸丰六年（1856年）。30多年后，张启楠抄录《紫堤村志》，于民国8年（1919年）刻印《紫堤村志》，流传于世。《紫堤村志》自康熙至民国8年（1919年）的202年间，历创修、续修、增修，使其志体不断完善，内容渐实，成为上海地区村志的佼佼者。

当代，自20世纪80年代全国性修志事业兴起，截至2009年，全国首轮省、市、县三级新编地方志，共出版志书约6000部，行业志、部门志、专业志约2万部，地情书约7000部。上世纪末本世纪初启动的第二轮修志，也已有1000余部省、市、县三级志书出版面世。

然而在如此宏大的方志事业中，村志的编修却不入新方志的规划，其编修处于自发状态。编修地方志向为中华民族的优良传统，但流传下来大量的是省、府、州、县志书，作为县以下的村志则鲜见。据《中国地方志联合目录》显示，现存1949年前编修的地方志共有8200多种，其中乡、镇、村、里志仅160多种，为总量的19‰，且集中于当时经济富足的江南（江苏、浙江）地区。

幸得盛世修志，一个值得关注的现象是，随着时代的推进，未被列入新方志规划的村志正在中华大地悄然兴起，令人鼓舞。近些年，各省在普修省、市、县三级志书的同时，一些地区率先编纂村志。1991年6月，浙江省江山市《白沙村志》出版发行，是为中国第一部以村为单位单独出版的村志。浙江省将村志编修、出版纳入浙江乡村社会研究系列丛刊，已有一批村志问世。安徽省着手编纂《名镇名村志》，一些地方已先行自发编纂、出版了一批村志。在山西省28323个行政村中，目前有500余个村子编纂村志。2011年7月1日《山西省地方志工作条例》正式施行，首次将村志编纂纳入政府工作，标志着山西省政府对修编乡村志给予的鼓励和支持。在山西省省会太原，由于城市规模的扩大，郊区的一些村庄正逐步的被“蚕食”。目前形成“城中村”的共有154个，世世代代生活在村子里的居民，离开老宅子搬迁都市区新家。太原正组织半数以上的村庄编修村志，让村庄这个实实在在的氛围，成为村民记忆中的一部分。

横观神州大地，目前全国村志编纂工作正在自发的形成一个良好开端。可以预言，不需若干年，中国村志的编纂必将掀起推波助澜的高潮，硕果累累，美轮美奂。

农民自己动手编纂村志的事实表明，千百年来一直处在社会下层的农民开始发现自身的价值，产生一系列过去梦中也不可能有的新追求。他们既需要通过史学来为自己定位，让史籍留下自己的足迹，也需要通过史学总结经验，探索进一步发展的方向。

但是，由于村志编纂首先未得到政府的鼎力支持，兼之中国经济的高速发展，城市进程化、城乡一体化的加快，对广大农村尤其是对几十万个村落是一个强大的冲击，有的村落已经在冲击波下消亡。

各乡村清代、民国时期的历史人文信息已基本散失，解放前后的珍贵历史人文信息亦濒于散失；从新中国成立至今60年来的历史变迁尚未全面、系统的记录和整理。加之随着一些老农的相继去世，今后想做都很困难。这样，客观上就给编纂村志带来许多不便。因此说，村志编修是一项抢救性、紧迫性的工作，刻不容缓。

中国目前有约60万个行政村。据《中国统计摘要2010》的统计数字显示，从2005年至2009年全国每年减少约7000多个村民委员会。这说明，在中国这个曾以农业文明兴盛的广袤大地上，平均每天有20个行政村在消失。如广东清远连州市河背村，一个普通的粤北小山村。如今一年中最热闹的春节，也未能给它带来一丝生机，原本23户人家的村庄，如今搬迁得只剩下两户村民。山西省的一个赵家沟村，由于人口大量外流，且随着老人陆续过世、青少年外出工学，这种典型的黄土高原生态村落，将面临“空巢”的境地，农村的传统和文化生活形态将只能成为记忆中的往事。这些，已经成为中国许多即将消亡的村落的一个普遍现象。

农村是传统文化的重要发源地，一些村落已经或行将消失在历史的长河中，她所积淀的厚重文化也有消亡的可能。不即刻抢救这些历史文化，必然会造成历史的遗憾。

据《羊城晚报》报道，近年广州的农村城市化进程加快，许多冠以“村名”的地方没有农田、菜地、祠堂等，早已看不到“村”的影子。而一些古老的村落在现代文明的进程中被湮没，被遗忘。为更好地保护文化遗产，广州市政协委员倡议，让广州的农村都行动起来，编写自己的村志。敦使广州一些古老的村落文化得以传承。

二　村志对本土文化的包容并蓄

不可否认，编修村志是保存政治、经济、文化、社会等村级资料的最佳载体，就全国而言，村志编纂一旦全面铺开，必将留下体量硕大、卷帙浩繁的文化遗产，保存大量珍贵、翔实的中国社会最基层的历史资料，具有无可替代的文献价值。

蔚为大观的村志乃规模最大的地域文化集群，所载事物，上可至起源，下至成志之日，来龙去脉，悉数记载；不少关于气象、自然灾害、矿藏、物产、水利等方面的珍贵资料，可录于志。优劣兼记，真实客观。发掘、保存历史遗存是村志存史资政、服务现实的重要切入点。通过对本地域人文历史的记述，展示本地人杰地灵的物质面貌和精神风貌，是村志奉行不悖的宗旨。

村志的包容性决定了村志文化是地域文化的特色所在、优势所在和魅力所在。民俗曰：“十里不同风，百里不同俗”，村志揭示了农村生活方式的空间差异。北方寒冷地区和南方温暖地区人们的着装就有区别，城市和乡村的服装也有很大差异，沿海地区与内地的服装也会有所不同。饮食传统的地区性则更明显。以主食为例，北方食粟而南方食稻，是七千年来形成的差别；以菜肴为例，近数百年来形成川、粤、苏、鲁四大菜系及若干小菜系。居住方面，北京四合院、江南水乡民居、晋陕窑洞等等，分别展现了不同的地方特色。而这些在一定程度上都与乡土的自然环境条件和文化传统有关。

今天中国境内的语言分布，构成使用人口最多的是汉语文化区。根据主要方言系统又可分为七个汉语文化亚区，即官话、吴语、赣语、客家话、湘语、闽语和粤语，其中六个分布在长江以南，但使用人口不及汉族总人数的30%。从民俗的角度上说，凡方言皆产生于乡村。尽管我们还不能断定语言的空间差异之造成与自然环境必然有关，但可以肯定，自然环境的因素有助于强化语言的空间差异，有助于方言的长期保留。与语言密切相关的是文学艺术。文艺创作采取什么形式，取决于地方不同的文化传统。比如地方戏曲，有豫剧、评剧、沪剧、粤剧、黄梅戏、潮汕戏、川戏等。由于文学艺术家的作品大多源于生活，因此必然带有浓厚的地方特点。在广大农村，由于历史文化积淀厚重，不仅存有大量的古文化遗址，还有无数名人英烈；不仅有道不完的传说典故，更有数不清的文人墨客留下的艺文字画。

从方志功能来说，村志的体例，谓之“麻雀虽小，五脏俱全”，举凡述、志、记、传、图、表、录等皆可运用。每村都有“概况、村庄来历、历任村干部、大事记、人物、附记”等若干个部分。基本可囊括一村中的要点，如果记述到位的话，一卷在手，便可起到“一叶知秋”、“窥一斑而见全豹”的作用，其历史价值不可轻估。部分村志中若能绘制地理图也堪为之宝。普天之下没有不变的历史，“变”的历史才是活的历史。绘制村志中的各年代地图，连贯起来对读，可看出山川地形、河道、陆路、港口、政区、机构、街道、村落等等方面的各种变化。

存史，亦为村志的一项重要功能。村落志立足于基层，有着更广泛的覆盖面，可保存许多市志、县志所无法收录的史料。新志书服务于当代，采取了详今略古的编写原则，加上市志、县志本身容量的限制，许多历史上有过一定贡献或有着高尚德行的当地人物，如旧志书中所设的《孝义》、《乡行》、《儒林》等所载人物，多为新志书所不录。村志的编写可以弥补这一缺陷，可以说，乡村志比起市志、县志在存史上另具补充的作用。

此外，有许多鲜为人知的村级商贸活动内容十分丰富，从村境内的街道到乡村小店，从经营门类到经营方式，从境内经营到省外经商，从经营者到商号，从经营方式到经营内容，无不详尽记述。如晋商、徽商等，均以村落、家族为最小的组织，浩浩荡荡走向城镇，走向各地。这些名不见于市志、县志的资料，都具有很高的存史价值，不但为本村，而且为市县各地研究商业经济发展脉络，提供可靠的史料依据。

部分历史人物和历史事件，由于未见经传，通过民间的传闻，形成了广泛的民间口碑资料，因年代久远，往往渗透传奇、怪诞的色彩，其真实性遂成为疑问。市志和县志为立足于信史的地位，对这些口碑资料多未能采用。但毋庸置疑，民间口头流传的许多俗语、掌故和传奇人物都有其历史的真实所在，富有资料价值。

近年来学术界对东南农村中的“村志”现象甚为关注，关注的焦点乃村志对村民世系表的收录。1994年的《河头村志》，便出现了《村民世系表》这种形式，它把本村村民从主姓吕氏直到只有一户人的贾氏，从明初最早定居河头，迄今已传23代的吕家直到公社化时代才入居该村的戴、潘等姓，不分男女，人人入谱。而且各姓氏不分大小一律以始居河头者为世系之源，废止了传统族谱乱攀远祖以显其贵的陋习。

目前业已编出的每一部村志，尽管编辑水平参差不齐，但都洋溢着质朴的民族豪情，这些往往为专业史学著作所欠缺。村志的入志对象包括全村的民众，农民之间有着非族即亲的血缘关系，有比城市要紧密得多的地缘关系和业缘关系，几乎人人互相知根知底，叙史真切实在，一般少隐讳和曲笔，修志的目的非常明确，全在教育子孙后代不忘先辈创业之艰难，务求发扬光大。

三　村志承载村落文化的重要价值

新中国成立后设置的行政村是我国农村基层政权的组织机构，是国家整体中的一个最基层的单位。1964年毛泽东主席说过:“研究现代史,不能不去搞家史和村史。从研究最基层的家史、村史的微观入手,这是进而研究整个宏观社会的历史基础”。党的十六大以来,中央提出“生产发展、生活宽裕、乡风文明、村容整洁、管理民主”的新农村建设方针，足见党和国家对于农村问题的关注。“富裕、文明、和谐”成为拨动人们心弦的热门话题，而承载乡村万事万物的村志呼之欲出，已经成为新农村首当其冲的大事要事。

今日提倡编纂村志，实际上等于对中国的农业、农村、农民问题作了一次深刻、系统的调查研究和大量的个案分析。实践证明，凡编出村志的村民和村干部已经从中找到了正确的答案。通过村志悟出了发展是第一要务，为民是执政根本，只有情为民所系，利为民所谋，才能共襄善举，大业功成。鉴古通今，继往开来，总结经验，汲取教训，扬长避短，奋发图强这个道理。

目前已经出版和正在编纂的村志一般具有两个明显的特点，其一，每一个村落把本村的历史都有根有据地追溯到几百年甚至上千年之前。例如，福建南安的《翁山谱志》追溯到了宋朝，浙江江山的《白沙村志》追溯到了明洪武年间。后者为仙霞岭中不过几百人的小山村，之所以能够确切地叙述悠久的历史，主要的根据就是依据族谱。试想，假如我国数以百万计的村庄都理清了自己的历史，这将使史学研究发生极为深刻的变化。其二，成为鲜明形象的地情教科书。作为“一方之全史”“百科之全书”的新编志书是对青少年一代近、现代史的教育，尤其是爱国主义、革命传统教育最好的乡土教材，并有着极其重要的地位。

在各类志书中，村志较之其他类志书更具有鲜明、形象的特点，更富有介入性。村志，给人最大的感受就是贴近、翔实、鲜活。从经济到政治，从生产到生活，从风情到民俗，从人文到人物，所记所载，紧贴村民，实实在在，具体形象，无不散发出一股浓浓的乡土气息。一些古建古俗和流传在群众口头上的非物质文化资料，更是弥足珍贵。对于了解社会，它是一扇别开生面的历史窗口；对于县志编纂，它是详实资料的可靠补充；对于农民教育，它是通俗生动的极好教材。可以预料，村志所记的在今天看来是十分常见的日常生活资料，很可能将来就是社会学家和历史学家所梦寐以求的“瑰宝”。

村志是最具民族性的文化，村志在寻根问祖、追踪访亲中已经起到并继续起到巨大的作用。不妨看一看我国的城市居民，只要上溯一两代，他们中的多数仍可以发现自己的祖先原来也是农民。即使上溯几代以上没找到先民，由于持久的传统和强大的农村氛围双重影响，从其身上也都不难发现农民习俗和思维的胎记。尽管现在有人能恣情享有豪宅和2500万美元的豪华轿车，但传统节日时照样回归故里，掬一把黄土于坟上，烧一炷香插坟前。毫不夸张地说，中华民族是在传统的精耕细作农业基础上孕育发展起来的、以农民为主体的民族。研究中国的历史无疑应该把村落史放到重要的位置。

在发扬爱国主义、增强民族团结、促进海峡统一、加强世界各地华人的联合等方面，村志也是最具凝聚力的媒介。民族精神是一个民族在长期的历史发展过程中锻炼和培育起来的，为本民族成员所共同具有和追求的民族性格、民族自豪感和自信心、民族道德品格和价值准则的总和，是一个民族文化最本质、最深刻的体现。这种民族精神，积千年之精华，博大精深，深深扎根于乡土，历久弥坚，是中华民族生命肌体中不可分割的重要组成部分；这种民族精神的凝聚点便是包括村志文化在内的中华文化。

“人有爱乡心而后有爱国心，不能爱乡而谓能爱国者，是谰语也”（《辽阳洲志乡土志》卷前）。村志使农民感到特别亲切，尤有说服力和感染力。爱国先爱村，爱村必读志。村志以其特别生动翔实的材料为村民提供了热爱家乡的生动教材,能够正确而又适度地调动人的恋乡恋村情结,既可教育今人，又可启迪后代，其教化效果透彻深远。

村志既然是先进文化的重要组成部分，同样不可低估它对社会发展、人类进步的警示、借鉴作用。村志的集合是最全面、最系统的国情、地情调查，编修村志最大的宗旨是全面展示农耕文明的历史，是研究当今人们赖以生存的生态资源面临问题的最好方式。横向的看，现代资本主义文明的最大弊端就在于，为了取得和维持所谓的文明，人类付出的代价过于巨大，以致现代世界已十分迫切地感到保护地球、保护生态、保护资源为刻不容缓的当务之要。

村志还有一个实用功能，便是广为发掘和传承地方文化。地处湖北省保康县南部边陲的店垭镇格栏坪村，在编修村志时，对本村的地理、历史、经济、政治、文化等进行了详细地调查和总结。不曾想就这样一个偏僻的小山村，被淹没了几百、几千年的古文化被发掘出来。其中发现了楚文化、西汉文化、三国文化和明清文化的重要线索。另外，该村还有香龙观、白云寺、青龙寨、跑马淌、徐家花屋、向家祠堂等古建筑遗存。其建筑规模、建筑风格、名人轶事尚未失传。贺龙率红三军在此闹革命时书写的“打土豪，分田地”的标语仍清晰可辨。

2011 年 8 月，河北省永年县龙泉村村民赵毓志等人在编纂《龙泉村志》搜集史料时，在村中发现一本已有 121 年历史的光绪庚寅年（1890 年）翰林朝考卷。该翰林朝考卷共 10 张，文字内容涉及 16 页。其中涵盖了包括永年籍光绪己卯年（1879 年）举人、庚寅年（1890 年）进士孟庆荣的个人简历、翰林朝考的 12 位阅卷大臣、所考名次及钦点职务名称、答题文章在内的四方面内容。该翰林朝考卷真实地记载了清朝光绪年间科举制度的一个历史层面，其发现对研究清代的科举制度和欧体楷书的发展具有重要的参考意义。

至于当今对于村志价值的认识，我们一些“七品芝麻官”最具发言权，山西省翼城县委书记原学义评价当地村志时说：“村志会让人们铭记祖辈们万难不屈、艰苦创业的奋斗精神；村志会让人们弘扬无私奉献、报效祖国的亮节高风；村志会让人们秉承勤劳节俭、尊长敬师、睦邻和亲、自强不息的崇高美德；村志会萦牵人们爱乡思乡的缕缕情丝，激发爱我乡土、爱我中华的一腔豪情。这也许就是村志的独特价值和历经千年而不衰的原因所在”。一席话语，明辨透彻。

四　村志编纂的若干问题

从国家层面上看，由于村志未列入整个方志编修序列，目前村志的编纂多属自发行为、各自为政，因而亟须各级政府的有力支持。就像省志、市志、县志，应将其纳入政府工作范畴，加大村志修编的宣传舆论导向，营造村志修编的氛围，宣传村志修编的重要意义，发动、号召村民关注、村民支持、村民参与。各级政府应出台有关条例、办法，从组织、规划、人力、物力、财力等方面给予明确规定。

村志编修业务，由于村志的存世量少，可供借鉴的范本不多，因此，方志界及其专家学者，有义务在媒体上提供一些村志编纂的理论知识和编写方法，从形式到内容作一个大体的规约，以飨编者。

当前尤其急需解决的是村志编写力量问题。村志也是志，是整个方志体系中不可或缺的部分，同样的也存在是否符合体例，质量是否过得硬等问题。这样，就对村志编修者的业务水平有了一个较高的要求。

说来令人难以置信，中国第一部现代村志浙江省江山市《白沙村志》的编纂者毛兆丰，只有小学文化程度。广西南宁市良庆区第一本村级志书《福海村史》的修志者亦非饱学人士，而是南宁市良庆区南晓镇那敏村福海坡几位土生土长的村民。他们的感受是“收集资料的过程是艰苦的，不过对我们来说，编写成文是一个更大的难题”。5 人中除了主编李大柱有一定的文字功底外，其他 4 位村民都是初中以下文化水平的“泥腿子”。

农民的热情虽高涨，但难保村志的质量。山西省地方志办公室李茂盛主任说：“目前，山西的村志编修没有统一的规范，编纂质量参差不齐，同时还存在宗族、派系、宗教成分过浓等问题”。在青岛等一些地方编写村志已形成热潮，但欠发达地区多数农村还不能开展村志的编写，缺乏编写人才，有条件编写村志的为数不多。

2011 年 3 月人民政协网发表《新农村建设莫忽视村志编撰工作》一文，指出：纵观全国各地村志编纂工作，极不平衡，重视程度各不相同。目前还有许多地方存在着缺乏有效的领导、合理的规划和经费难以保障，以及村志编纂专业人员短缺等诸多问题。建议成立专门的组织机构，明确相关的职能部门；将村志编纂列入财政预算；注重培养和选拔一批村志编纂专业人员，特别要积极鼓励有志于村志编纂、且有一定文化基础、理论水平的退休老干部、老教师和农村老党员具体从事村志编纂工作。

此举明哉。倘各级政府都能够认认真真地去付诸实施，则国家之幸，农村之幸，黎民之幸。村志也能够早日登堂入室，成为中国方志大家族的一员。

作者

王建设，中国方志学会会员、中国民俗学会会员。

当前国内外乡村旅游发展综述

◎ 张祖群

梳理中国乡村旅游的发展脉络，总结目前我国乡村旅游的产生背景、发展现状及发展模式。乡村旅游主要研究问题导向表现为乡村旅游的定义、乡村旅游的消费、乡村旅游业的地位与估算、乡村旅游的行为、乡村旅游持续发展、政府层面对乡村旅游的推动、乡村旅游持续发展、旅游影响与社区参与、古村落旅游开发等方面，乡村旅游的本质是在乡村经济基础上的乡村文化。我国乡村旅游问题和成绩同时存在，问题值得重视，需要改善并解决，成绩值得肯定。讨论认为，第一，促进全球一体化进程中地方本土经验挖掘，实现旅游发展与文化传承的融合。第二，乡村旅游与乡村经济、建设、环境各方面共同发展，才是我们的根本目标，是发展城乡旅游的基本保证。

乡村旅游是以具有乡村性的自然和人文景观为旅游特色吸引游客，在农村地区的优美景观、自然环境、建筑和文化等资源的基础上，拓展开发以会务度假、休闲娱乐等项目为主体的新兴旅游方式。乡村旅游在促进当地经济发展、提供就业机会、改变当地传统观念以及城市居民体验生活等方面起到了积极作用[1]。《尚书》成书经历了由原始农业向传统农业的转型，搭建了中国传统农业地理学框架，呈现了中国封建社会农业经济、农耕活动的基本脉络，具有发轫之功和启蒙贡献[2]。本文梳理中国乡村旅游脉络、产生背景、发展现状及发展模式，对于提升乡村旅游的发展水平，特别是对北京乡村旅游案例分析有着重要启示意义。

一　乡村旅游产生的背景

乡村旅游是个十分复杂的现象，张广瑞先生针对同质化严重、乡村旅游的异变、原住居民的边缘化等困惑，认为不可简单从事中外乡村旅游比较[3]。这里从乡村旅游产生的国外和国内不同背景进行比较，试图从历史的比较观点中得到一些启发。

（一）国外乡村旅游的产生背景

乡村旅游有欧洲四国（英国、法国、西班牙、意大利）起源论、法国起源论、英国起源论等不同争论[4]。法国是现代化的农村旅游的真正先驱，开展了乡村住所、农家体验游、农家旅馆、特色风味集市、Loisirs Accueil，主题旅游线路等旅游形式[5]。英国、西班牙早期修建乡村社区和“帕来多国营客栈”，举办务农学校、自然学习班等[6]。意大利成立“农业与旅游全国协会”，成为城市居民和农村旅游消费的中介。

综上所述，在欧美发达国家，乡村旅游主要有三种形式：（1）休闲度假型；（2）参与劳作型；（3）科考、修学等其他类型，主要包括三方面内容：逐步深入的体验性活动；逐步深入的学习型活动；接受环境教育、开展生态环境补偿方面的活动。在发展中国家，乡村旅游主要表现为农业观光旅游形式[7]。怎样从低端的农业观光旅游形式，比如农家乐形式中走出来，实现产业转换升级，同时保持旅游体验性 – 生态环境教育是发展中国家乡村旅游未来要着重考虑的问题。

（二）我国乡村旅游的产生背景

从深圳“荔枝节”、采摘园到 1998 年国家旅游局首次推出“华夏城乡游”，民间和官方的双重觉醒是乡村旅游迅速发展起来的主要背景[4]。无论哪种说法，可以达成共识的是：（1）我国乡村旅游存在地理空间的国内差异和落后于国际的时序差异；（2）20 世纪以后各大城市乡村旅游面临升级换代、中小城市乡村旅游面临“井喷”现象等问题。

国外学者通过中西方对比，认为农村旅游的优势在于：农村可以取得相对较快的后发优势；开发旅游的资金成本通常小于其他行业所需的成本；旅游业比其他行业对环境造成的污染少，如果适当发展，旅游带来的效益会是多方面的；旅游业有助于维持农田的生存能力；农村的旅游业可以给妇女、老人、儿童等带来工作机会和教育机会[5]。郭焕成先生[8][9]总结了我国乡村旅游四大优势。

二　乡村旅游主要研究问题导向

（一）关于乡村旅游的定义

杨旭[10]、马波[11]、杜江、向萍[12]、欧洲联盟和世界经济合作与发展组织[13]、肖佑兴、明庆忠、李松志[14]、范春[15]、张建雄[16]、查芳[17]、刘红艳[18]、郭焕成[8]等学者（组织）讨论乡村旅游的不同定义。可以看出：他们主要从旅游的客体、特点和资源依托等方面做了定位与概述。第一，旅游客体概括有“乡村社区”“乡野农村”“乡村地区”等。我们讲的乡村，更广义的范围上来说不仅包括以农业为主要经济来源的地区，也包括了市郊、建制镇等地，甚至有学者直接概括为“绿色旅游”[19]。而乡村旅游得以发展、吸引游客主要原因被概括为“独特的生产形态、生活风情、田园风光”“满足旅游者娱乐、求知和回归自然等方面需求”“乡土性、知识性、娱乐性”等。第二，各种定义中较少涉及旅游主体的明确定义。乡村旅游应当规范化，否则一些过度的开发可能会破坏当地生态环境，侵害了农民的利益。因此，乡村旅游必须立足于乡村，立足于体现乡村与都市的差异性的基础上，坚持旅游主体和旅游客体相结合，乡村旅游不能脱离乡村生活、乡村风情的本位。

（二）关于乡村旅游的本质与乡村文化

乡村具有自然性、生产性和脆弱性等特性。乡村文化对游客的旅游决策会产生重要影响，并可满足人们的乡村旅游需求，而这是产生乡村旅游的动因。乡村旅游的本质是乡村文化，在乡村旅游开发中应注意强化浓郁的乡村文化意象，张艳，张勇[20]认为可采用文化观光型模式、文化体验型模式或文化综合型模式开发出乡村文化旅游系列产品。熊凯[21]对乡村旅游进行“意象”分析路径，他论述了乡村意象与乡村旅游的联系。乡村旅游是发生在非城市区域的以乡村文化景观（农业生产及农村聚落）为主要依托的旅游活动[22]。因此，笔者在从事的多个乡村旅游案例分析中，坚持认为乡村旅游的本质不是简单的乡村经济发展，也不是漫无边际的乡村文化，而是在乡村经济基础上的乡村文化。

（三）关于乡村旅游的消费

乡村旅游的消费者主要以具有高中以上学历的青年人为主，大多为城市中低收入的工薪阶层。因为乡村旅游的费用比其他旅游项目的费用低，所以吸引更多工薪阶层。然而城市中收入高于中低收入的工薪阶层也会前往乡村游，尤其北京的很多乡村游费用并不是很低，主要选择乡村旅游是因为距离较近，往返时间很短。因此，乡村旅游相对于中低收入的工薪阶层，定位需要准确，市场需要细分。一般通过亲戚朋友介绍和互联网获取出行决策信息，通常与家庭成员、亲朋好友、工作同事等一同出游，很少通过旅行社组织。乡村旅游的目的比较单一，大多是为了陶冶心情、增长见识、观光游览和休闲度假等。乡村旅游的游客月平均消费支出较一般观光旅游、商务会展旅游、休闲度假旅游等低，如何吸引更高端的游客也是需要考虑的问题。在旅游者消费结构中，认为花费最高的部分为交通、餐饮、住宿等基本支出，娱乐和购物方面的支出非常少。

（四）关于旅游业的地位与估算

狭义的旅游业增加值主要涉及为游客服务的旅馆业、旅行社业和娱乐业增加值；广义的旅游业增加值包括为游客服务的“旅游六要素”+通讯+商业增加值[6]。关于旅游业的地位问题，采用何种方法将旅游收入从相关行业中剥离出来，非常关键。如何解决形成两种思维：一是假设严格、全面计算模式[23][24]；二是借鉴加拿大、波兰、澳大利亚等国家做法，希望通过旅游卫星账户解决[6]。文中给出复杂的旅游业增加值测算表。魏小安判断“一个就业机会带动2万元旅游收入”（在多个场合的演讲中都提到这一点）。2010年12月19日由首都经济贸易大学工商管理学院旅游管理系承办的第六届旅游研究“北京论坛”中，北京交通大学的王衍用教授发表“重塑旅游业研究与旅游教育体系的重大问题”演讲，认为旅游业是一个形象产业、动力产业，无法进行投入产出的准确估量。此观点一直受到争议和讨论。

（五）关于乡村旅游行为研究

李华敏专门研究了乡村旅游行为意向形成机制[25]。林明太对乡村旅游游客的旅游决策行为、旅游偏好行为、旅游空间行为、客主交互效应和旅游体验评价认知等旅游前、中、后的行为进行研究，总结了福建沿海地区乡村旅游游客的旅游行为特征[26]。唐德荣以乡村旅游“动机－认知－决策－体验－重游－后悔－服务补救”为线索，探究重庆市城市游客的乡村旅游行为[27][28]。

（六）关于乡村旅游治理与政府推动

经济效用的及时性、环境效应的外部性、环境相对于经济的滞后性是乡村旅游环境失真的根本原因，不同利益主体的博弈和政府监管缺失使乡村旅游陷入了无序发展的陷阱中[29]。因此需要在理论上超越“市场万能论”“政府万能论”和“农村封闭论”等观点，在实践上超越单体部门利益、集团利益，规范政府、市场、农民合作[20]。程永刚通过温州永嘉苍坡古村、苏州西山明月湾的保护与旅游开发研究，启发政府、旅游部门、观光者、当地居民等利益主体的协同[31]。农户主导型的村落停滞只是暂时的，政府主导型村落不足以替代整体时段的衰落趋势，集体主导型实际是政府主导型的依附和投影[32]。而政府主导型的治理模式呈现效率低下特征[33]。许鹤凡提出“政府主导、居民赋权、市场参与、多方协作”乡村旅游发展与文化保护治理模式[34]。因此，乡村治理重点是合理配置国家治权、乡村精英、农民三者的政治经济权能。改革开放后中国乡村治理体现“乡政－村治”模式，未来可能向“有限主导－合作”模式发展[35]。

我国乡村旅游系统主要由城市居民、农民、旅游业、政府4个子系统构成。各个子系统在乡村旅游中的基本诉求，形成了乡村旅游的需求动力、供给动力、营销动力和扶持动力，构成了乡村旅游发展的核心动力系统[36]。特别需要指出中国旅游业受到政府的巨大推动，作用主要表现在发展环境打造、法律法规保障、公共服务体系完善。2006年郭焕成提出中国乡村游以“新农村、新旅游、新体验、新风尚”为宣传口号有力促进农村旅游资源开发、农业产业结构调整、农村就业扩大和农民增收致富[8]。国家旅游局规划财务司在2009年下半年《全国乡村旅游发展纲要（2009–2015年）》（征求意见稿），其中一个亮点是旅游示范区的建设和推广。“纲要”中提到：建设乡村旅游基础设施和公共服务体系，使旅游示范区实现“三通、三建、四改、四保”。三通包括通路、通上下水、通网络；三建包括旅游停车场、旅游购物场所、游客中心等服务设施；四改包括改厕所、改气、改水和改厨；四保包括保生态、保民俗、保卫生和保质量[37]。作为感受生活的民俗学通过实地访谈等在文化实践中参与、促进和强化“村庄记忆”，并使之与乡村旅游业发展携手共进[38]。《中共中央国务院关于加大统筹城乡发展力度进一步夯实农业农村发展基础的若干意见》（中发［2010］1号）就“努力促进农民创业就业”明确提出，积极发展休闲农业、乡村旅游、森林旅游和农村服务业，拓展非农就业空间。

（七）乡村旅游持续发展

“回归自然，返璞归真”已成为当今世界旅游的主题。为了更好地推进我国乡村旅游，学术界近年来对乡村旅游持续发展进行了可贵的探讨[39]。针对乡村旅游发展的可持续性存在的问题及其解决途径从经济、生态、社会与文化四个方面进行了论述，提出度量指标体系和相应的对策措施。张洁针对我国乡村旅游问题提出相应的可持续发展对策[40]。作为生态旅游重要组成部分的现代乡村可持续旅游正顺应了现代旅游的这一需求，并迅速走俏国内外。陈文君[41]研究了我国现代乡村旅游及开发应注意问题。李周，操建华[6]实证研究了乡村旅游的收入增加值、收入分配以及乘数效应。何景明[42]针对我国内乡村旅游研究中存在的缺乏科学系统的理论研究、研究方法比较单一、对案例研究的重视不够以及对国际研究成果的借鉴不够等问题，提出了我国乡村旅游研究4点展望。由于市场规模和社会影响方面的作用，乡村旅游已经成为国内外旅游业界、政府和学者共同关注的焦点话题之一。戴斌等[43]有针对性地提出中国乡村旅游的若干政策建议。乡村旅游品牌在长期的经营实践中，已经积累了丰富的经验，但品牌战略还没有得到应有的发展，这在一定程度上制约了乡村旅游的可持续发展，为此赵立增[44]研究了都市近郊乡村旅游品牌经营策略。

（八）关于乡村旅游影响与社区参与

齐云山古村落旅游影响体现为增加村民收入、促进文化交流、影响宗教文化、提高基础设施、带来环境问题[45]。慕田峪的案例则表明国际村民积极参与村镇建设和旅游发展活动，国际性和本土性融合是一种趋势[46]。陈志钢，保继刚在对山东日照王家皂村的乡村旅游案例除了常见经济、社会、环境影响之外，显现旅游示范的社区正、负效应[47]。香格里拉梅里雪山周边雨崩藏族村村民拥有在村境内的住宿、餐饮、租马等绝对经营权是村民增权的重要假设条件，这种个人增权一旦在外来旅游企业介入时候，就会破坏原有利益均衡和分配机制[48]。郭文分析香格里拉梅里雪山周边雨崩藏族村乡村旅游“轮流制”模式，体现经济增权、政治增权、心理增权和社会增权[49]。乡村的民族技艺从神秘 – 文化再生产 – 舞台化展演，从“惧感”到“神秘感”其实重构了文化再生产过程，使得“边缘群体文化”得到主流认同，最典型的申报国家级、省级、地市级的非物质文化遗产名录和指定传承人等，激发社区参与热情与经济利益纠葛[50]。

（九）关于古村落旅游开发

我国目前 230 万个村庄中，保存有自然相融合型村落物质遗产和非物质文化遗产，2005 尚有 5000 个，2012 年渐少到 3000 个[51]。2012 年国家文物局联合制订“中国传统村落保护和发展工程”，调查全国有价值的古村落信息将近 12000 个。在由农耕文明向工业文明的转型期，现在每天消失的村落有 80 个到 100 个[52]。古民居是古村落的核心景观和魅力所在，物质实体之中隐藏着中华传统文化精神[53]。例如高安贾家村案例解读体现风水理论的环境坐标系统，诠释了乡土聚落的景观系统[54]。古村镇旅游开发暴露出产品同质化、过度商业化、文化空心化、矛盾复杂化等共性问题[55]。例如海南黎族传统民居经历了从“巢居”向“干栏”（高脚船形屋和低脚船形屋），再向地居（落地船型屋）、半船形屋、金字屋、砖瓦屋等演变，是仿汉式改良、黎汉文化交融的文化表征[56]。本土化与全球化的交互作用对珠江三角洲福音村村落演化起到重要驱动作用[57]。古村落在向现代化演进过程中都出现耕地大面积流失、空巢化家庭、村落传统瓦解、文化传承未能延续[58]。针对旅游开发的商业化批判，韩雷，杜昕谕认为保护传统民居文化遗产与保存现代化生活方式可以兼顾，旅游开发可以作为一种有效保护而不是破坏路径[59]。朱璇以虎跳峡徒步路线为案例分析认为中国欠发达地区需要培育新乡村经济精英，发展乡村旅游实现跨越发展[60]。杨婷挖掘鄱阳湖生态经济区古村落的治水文化、戏水文化、风水文化[61]。应该重整保护观念、重视保护方法[62]，应将民众作为古村落保护的主体，古村落物质实体相反是第二位的，协调古村落乡规民约和民众实际需求之间的利益纠葛[63]。

三　我国乡村旅游的现状与主要模式

（一）我国乡村旅游的类型

第一，我国乡村旅游发展飞速，形式多样。贺雪峰（2012）将中国农村从地理平面差异分为南方（团结型村庄）、中部（原子化村庄、团结型村庄）和北方（分裂型村庄）三大区域[64]。桂华，贺雪峰由“村庄社会结构”切入将中国农村划分出团结型、分裂型和分散型三种类型[65]。徐清将“点－轴系统”理论应用到浙江江山市案例中，分析了乡村旅游“一核一轴三组团多点”空间格局[66]。孟欢欢认为安徽省县域乡村发展体现了农业主导型（22.95%）、均衡发展型（37.70%）和非农主导型（39.34%）的区域差异[67]。很多乡村旅游专业村形成以企业家精神为主导，以地理区位、资源禀赋、传统文化与习俗以及经济基础等为决定因素，体现分工与专业化、邻里效应与距离衰减理论等形成机理[68]。许多家庭农场因为农场保险发展的滞后性，难以实现规模化、集约化、商品化的农业生产经营，积聚生产风险[69]。张奕、邓巍分析了沁河古村落集群从起源到成熟的历程[70]。李培林提出识别村落共同体的五种边界[71]。魏小安研究员在多个场合的演讲和博客、郭焕成[8]分别归纳乡村旅游为5种、10种模式。综合两种典型观点，乡村旅游发展主要有这几种模式：历史文化名村模式、田园农业旅游模式（例如观光农业园植物的物种组成、季相特征、群落结构和配置形式决定了景观营造的差异[72]）、民俗风情旅游模式、农家乐旅游模式、村落乡镇旅游模式、休闲度假旅游模式、休闲农庄（或者渔场、猎庄）、科普及教育旅游模式、回归自然旅游模式、全球重要农业文化遗产依托模式等。

第二，我国乡村旅游因为省际差异，各省市具有各自不同的特点。例如从2004年开始，广西就有了4个全国乡村旅游示范点，即广西现代农业科技示范园、阳朔世外桃源、柳州农工商农业观光旅游区、百色凌云茶场。目前，广西有全国乡村旅游示范点11家，广西乡村旅游示范点29家。王娴针对乐山乡村旅游的不足，提出了整体性的完善思路和建议[73]。从四川成都乡村旅游的发展来看，成都中心区周围已经形成了一条环都市的乡村旅游带，包括锦江区的红砂村、幸福梅林、成华区的北湖卑仔县的农科村、温江的花博会、新津双流的特色餐饮、华阳的农家乐等乡村旅游已经形成较大的规模和特色，全市共有农家乐4100余家，年旅游人次达1800万人以上[74]。池静、崔凤军以杭州梅家坞茶文化村为例，分析了其中“公地悲剧”的演变情况，认为地方政府主导型、外来投资者主导和农村集体组织主导型三种制度模式都是解决乡村旅游中“公地悲剧”的基本思路，各自存在不同的激励与约束机制、绩效与局限，需要在立足自身情况基础上客观评价与使用[75]。白洁针对重庆个案，以乡村旅游为切入点，研究了推进重庆市社会主义新农村建设[76]。李华、蔡永立对农村发展与经济建设过程中所面临的，在资源与空间保护与利用中的问题与矛盾进行剖析，从生态与经济的适宜性角度出发，以“竞合”为目标，赋以乡村旅游新的视角和价值，并以安徽省三汊河上湿地公园开发为例，提出了具有一定理论和实践价值的结论[77]。云南省2009年出台的《云南省乡村旅游发展总体规划（讨论稿）》中构建三大旅游产品系列与二十大旅游产品，推出六大乡村旅游精品线路，打造十大经典旅游节庆活动[78]。另外，基于区域差异喀斯特地区[79]、吐鲁番地区[80]、井冈山区[81]、北京王平镇[82]、浙江省乌镇[83]、河北于家石头村[84]、陕西省蓝田辋川别业[85]、云南省基诺族的“基诺山”乡村[86]、三峡库区[87]、川西北国家生态特区[88]等乡村旅游开发案例都体现了多样性特征。独特的乡村旅游模式，珠江三角洲发展了独特“田园公园”模式，如番禺的“绿野乡风农业大观园”，深圳的“田园海上风光”，高要的“广新农业生态园”，三水的“荷花世界”在全国都具有重要影响。

北京作为首都乡村旅游具有显著特点与普遍意义。在时间上呈现旺季、平季和淡季交错的年度季节性特征[89]，在空间上呈现城市公园、郊野公园、风景名胜区等空间分异规律[90]。基于沟域经济的建设背景，北京山区古村落保护与开发可遵循元、点、链、域、网络的资源数据库，培育沟域经济[91]。创意农业可以作为农村劳动力向城镇转移的新途径[92]，在北京周边区县得到实践，科技是支撑“创意农业”的重要动力[93]。

（二）我国乡村旅游的主要问题和突出成绩

我国乡村旅游问题、成绩同时并存，问题值得重视，需要改善，成绩值得肯定。这里先讲问题，再讲成绩。

第一，主要问题。人们脱粮化和农产品高要求化、农村劳动力结构性短缺等对中国农业现代化提出严峻挑战[94]。目前我国乡村旅游的发展还存在观念认识、缺乏规划、缺乏市场调查、管理水平低、资金缺乏、管理体制不健全等问题[8]。因此，探索中国特色的农业现代化道路任重道远[95]。

第二，突出成绩。国内沿海诸多省份如山东，浙江等地乡村旅游升级取得了一定的突出成绩（表1）：（1）山东利用自身地理优势，充分利用胶东地区的海洋文化、开埠文化、仙道文化、民俗文化等丰富资源，资源得到了充分保障[96]；（2）浙江素有“七山二水一分田”之称，景色秀丽迤逦，文化底蕴深厚，而且浙江很多乡村旅游地就处于名胜景点区附近，受到景区旅游业的带动，当地经济也比较发达[97]。而且通过旅游扶贫方式有效促进了中国老少边穷农村贫困地区发展[98][99]，例如张祖群在环京津贫困带[100][101]扶贫研究引起学术界一定重视。国务院公布的十四个集中连片特殊困难地区扶贫的重要路径之一就是大力发展生态旅游、民族旅游、文化创意旅游、节事旅游[102]等。

四 我国乡村旅游的前景与建议

第一，我国乡村旅游的前景。孙丰念[103]认为乡村旅游可以在促进农业经济结构调整、提高农民收入、解决农村剩余劳动力的就业、提高农民的整体素质、改善乡村人居环境和保护历史遗产等方面为解决“三农”问题做贡献。乡村旅游对农村地区的经济文化等方面都有重要的意义。第一，乡村旅游可以改变农村的经济结构，对于实现生产生活软性方面都具有直接的推动作用。第二，乡村旅游可以形成寻常农业景观，因为中国地域辽阔，自然类型复杂。第三，乡村旅游的逐渐从资源导向向客源导向、品牌导向过渡。

第二，乡村旅游如何更好发展。乡村旅游是旅游活动向广大农村延伸的产物，是最具有发展潜力的旅游形式之一。方增福，罗辉、马谊妮等[104]认为应该科学编制规划，建立最佳结构的乡村旅游发展模式；制定标准，强化管理，示范推动；加强基础设施建设，积极筹集资金；完善政策，深化改革，

表1：山东、浙江乡村旅游发展经验

地　区	乡村旅游优势资源	不　足	建　议
山东	海洋文化、开埠文化、仙道文化、民俗文化	形式结构单一、只注重数量、不注重质量、服务对象狭窄、合作组织稳定性差、从业人员教育水平低	使产业结构向多元化、休闲化转型、发挥山东整体旅游资源的带动性、保持原有文化注入新文化[96]
浙江	景色秀丽迤逦，文化底蕴深厚，很多乡村旅游地处于名胜景点区附近	部分地区交通不便、规模小位置分散、表达文化内涵的旅游产品不足	发挥政府主导作用、加强基础设施建设、保持乡村文化特色、加强对从业人员的培训[97]

调动各方积极推进旅游农业发展；深挖文化内涵，突出特色品牌，并将乡村旅游与其他旅游形式有机结合起来统一推进，提高产品档次和服务水平，狠抓宣传促销。要实现乡村旅游的可持续均衡发展，臧英豪[105]特别提出四条建议：第一、发掘乡村优秀文化，提升乡村文化的魅力；第二、保持乡村文化的本真性，保持与城市的文化差异；第三、加强对乡村文化的统一管理，集中培养乡村旅游服务人员；第四、找到城乡之间旅游结合点，通过旅游带动城镇化。总之，乡村旅游因为地域差异与时序差异不同，无统一模式，需要挖掘地方本土经验，使之在全球一体化进程中实现旅游发展与文化传承的融合，这是我们的根本目标，是发展城乡旅游的基本保证。

本课题为国家社会科学基金项目（12CJY088. 10BGL049）、北京市属高校人才强教深化计划（PHR201108319）、北京市高等教育学会“十二五”课题（BG125YB012）、北京市教育科学“十二五”规划青年专项（CGA12100）、北京市社科联青年社科人才资助项目（2012SKL027）、北京对外文化交流与世界文化研究基地青年项目（BWSK201304）、2013年北京市优秀人才培养资助项目“北京文化多样性研究：逻辑、案例与政策”

注释

[1] 瞿秋白：《瞿秋白文集》（文学编）第1卷，人民出版社，1985：191。
[2] 康建军，邢金修：《尚书》与中国传统农业地理学》《中国农学通报》2010、26（14）：368-371。
[3] 张广瑞：《关于中国乡村旅游发展的几点思考》2006现代休闲与旅游发展国际研讨会，2006。
[4] 周静，卢东，杨宇：《乡村旅游发展的起源及研究综述》《资源开发与市场》2007，23（8）：764-755，733。
[5] [英] 苏珊·豪娜，约翰·斯跃布鲁克主编，张勤等译：《国际旅游管理案例分析》，辽宁科学技术出版社，2005：332-342. 参见该书案例分析33“旅游业和农村发展”。
[6] 李周，操建华：《旅游业对中国农村和农民的影响研究》，中国农业出版社，2004：19。
[7] 马彦琳：《如何推动中国式乡村旅游的发展》《旅游学刊》2006，21（3）：7-8。
[8] 郭焕成：《发展乡村旅游业，支援新农村建设》《旅游学刊》2006，21（3）：6-7。
[9] 郑文俊：《基于旅游视角的乡村景观吸引力研究》，华中农业大学，2009年。
[10] 杨旭：《开发“乡村旅游”势在必行》《旅游学刊》1992，（2）：38- 41。
[11] 马波：《开发关中地区乡村旅游业的构想》《区域旅游开发的理论与实践》论文集1994：733。
[12] 杜江，向萍：《关于乡村旅游可持续发展的思考》《旅游学刊》1999，（1）：15-18。
[13] Arie Reichel, Oded Lowengart, Ady Milman. Rural Tourism in Israel: Service Quality and Orientation. TourismManagement, 2000, (21): 451- 459.
[14] 肖佑兴，明庆忠，李松志：《论乡村旅游的概念和类型》《旅游科学》2001，16（3）：8-10。
[15] 范春：《论乡村旅游的开发》《渝州大学学报》（社会科学版），2002，19（5）：20-23。
[16] 张建雄：《关于乡村旅游若干问题的思考》《大理学院学报》2003，（4）：11- 16。
[17] 查芳：《 对乡村旅游起源及概念的探讨》《安康师专学报》2004，（6）：29- 32。
[18] 刘红艳：《关于乡村旅游内涵之思考》《西华师范大学学报》（ 哲学社会科学版），2005，（2）：15- 18。
[19] 李相沄：《中国绿色旅游发展研究》，中央民族大学，2007年。
[20] 张艳，张勇：《乡村文化与乡村旅游开发》《经济地理》2007，27（3）：509-512。
[21] 熊凯：《乡村意象与乡村旅游开发刍议》《桂林旅游高等专科学校学报》1999，10（3）：47-50。
[22] 邹统钎：《乡村旅游推动新农村建设的模式与政策取向》《福建农林大学学报》（哲学社会科学版），2008，（3）：31-34。
[23] Research on the Evolution of the Tertiary Industry in the Major Cities in China（李江帆、黄少军），The Service Industries Journal (ISSN 0264-2069) Vol. 19, No. 3 (July 1999), Frank Cass, London.
[24] 林刚：《关于乡村旅游概念的认识——基于对20个乡村旅游概念的定量分析》《开发研究》2006，（6）：72-74。
[25] 李华敏：《乡村旅游行为意向形成机制研究》，浙江大学，2007年。
[26] 林明太：《福建沿海地区乡村旅游游客旅游行为特征研究——以泉州双芹村旅游区为例》《中国农学通报》2010，26（4）：328-335。
[27] 唐德荣：《乡村旅游行为研究》，四川农业大学，2010年。
[28] 唐德荣：《乡村旅游行为研究——基于重庆市城市游客的实证分析》，中国农业出版社，2011年。

[29] 樊信友，蒲勇健：《乡村旅游原真性开发的博弈分析》《西北农林科技大学学报》（社会科学版），2013，（5）：129-133。
[30] 社会管理体制改革研究课题组：《合作主义：城乡社区一体化中政府、市场、农民的关系》《华中师范大学学报》（人文社会科学版），2012，51（2）：1-7。
[31] 程永刚：《作为文化遗产的古村落的保护与旅游开发研究》，中华民居，2012，（2）：199。
[32] 于传岗：《农村集体土地流转演化趋势分析——基于政府主导型流转模式的视角》《西北农林科技大学学报》（社会科学版），2013，（5）：10-21。
[33] 周德翼，杨海娟：《黄土高原治理中中央、地方、农民间的博弈分析》《水土保持通报》2002，22（3）：35-38。
[34] 许鹤凡：《旅游开发与少数民族传统文化的再表达——以贵州省黔东南少数民族乡村为例》，华中科技大学社会学专业硕士学位论文，导师：孙秋云，2012：67-81。
[35] 张健：《中国社会历史变迁中的乡村治理研究》，西北农林科技大学农村社会学专业博士论文，导师：樊志民，2008年。
[36] 杨军：《中国乡村旅游驱动力因子及其系统优化研究》《旅游科学》2006，20，（4）：7-11。
[37] 国家旅游局规划财务司：《全国乡村旅游发展纲要（2009-2015年）（征求意见稿）》，2009年7月1日：13。
[38] 刘铁梁：《村庄记忆——民俗学参与文化发展的一种学术路径》《温州大学学报》（社会科学版），2013，（5）：3-12。
[39] 马忠玉：《关于乡村旅游业及其可持续发展的探索》《可持续发展研究》会议论文集，2002年。
[40] 张洁：《我国乡村旅游可持续发展的研究》，天津大学，2009年。
[41] 陈文君：《我国现代乡村旅游深层次开发探讨》《广州大学学报》（社会科学版），2003，2（2）：86-88，92。
[42] 何景明：《中外乡村旅游研究：对比、反思与展望》《农村经济》2005，（1）：126-127。
[43] 戴斌，周晓歌，梁壮平：《我国现代乡村旅游深层次开发探讨》《江西科技师范学院学报》2006，（1）：16-23。
[44] 赵立增：《都市近郊乡村旅游品牌经营策略》《潍坊教育学院学报》2006，（1）：12-14。
[45] 李萍，王倩，Chris Ryan：《旅游对传统村落的影响研究——以安徽齐云山为例》《旅游学刊》2012，27（4）：57-63。
[46] 苏明明，Geoffrey Wall：《遗产旅游与社区参与——以北京慕田峪长城为例》旅游学刊，2012，27（7）：19-27。
[47] 陈志钢，保继刚：《城市边缘区乡村旅游化效应及其意义——以山东日照王家皂村为例》《地域研究与开发》2007，26（3）：65-70。
[48]、[49] 郭文：《乡村居民参与旅游开发的轮流制模式及社区增权效能研究——云南香格里拉雨崩社区个案》《旅游学刊 2010，25（3）：76-83。
[50] 明跃玲：《乡村旅游语境下民间技艺的变迁：基于湘西德夯苗寨的个案分析》《中南民族大学学报》（人文社会科学版），2010，（6）：48-52。
[51] 郭超：《现代文明下的"千村寥落"——传统村落保护的忧思》《光明日报》2013-11-23（12）。
[52] 余姝，任明杰，冯骥才：《把书桌搬到田野上》《羊城晚报》2012-9-30（B01）。
[53] 万建中：《古村落中民居建筑的精神诉求》《民间文化论坛》2012，（3）：98-100。
[54] 蔡晴，姚赯：《传统乡土聚落环境意义的解读——以高安贾家村为例》《农业考古》2012，（4）：240-244。
[55] 宋瑞：《古村镇旅游的问题与难题》《旅游学刊》2010，25（6）：11-12。
[56] 王沫：《海南黎族村落环境的建筑体系与功能解读》《海南师范大学学报》（社会科学版），2012，25（3）：163-166，172。
[57] 朱竑，郭春兰：《本土化与全球化在村落演化中的响应——深圳老福音村的死与生》《地理学报》2004，64（8）：967-977。
[58] 黄涛：《村落的现代化演进与文化传承——温州大学学报·民俗学与非物质文化遗产栏目主持人语》《温州大学学报》（社科版），2013，（5）：1-2。
[59] 韩雷，杜昕谕：《居住空间认同与古村落保护——以温州永嘉苍坡村为例》《温州大学学报》（社会科学版），2013，（5）：13-22。
[60] 朱璇：《新乡村经济精英在乡村旅游中的形成和作用机制研究——以虎跳峡徒步路线为例》《旅游学刊》2012，27（6）：73-78。
[61] 杨婷：《鄱阳湖生态经济区古村落的水文化探究》《农业考古》2012，（4）：233-236。
[62] 黎小清，蔡晴：《论乡土文化景观保护观念和方法的演进》《农业考古》2012，（3）：172-177。
[63] 陈秋：《从婚姻、养老、人口的变迁谈古民居保护与古村落社区发展》《温州大学学报》（社会科学版），2013，（5）：23-29。
[64] 贺雪峰：《论中国农村的区域差异——村庄社会结构的视角》《开放时代》2012，（10）：108-129。
[65] 桂华，贺雪峰：《再论中国农村区域差异——一个农村研究的中层理论建构》《开放时代》2013，（4）。
[66] 徐清：《基于"点-轴系统"理论的乡村旅游空间集聚研究——以浙江江山市为例》《经济地理》2013，33（4）：174-178。
[67] 孟欢欢，李同昇，于正松等：《安徽省乡村发展类型及乡村性空间分异研究》《经济地理》2013，33（4）：144-148，185。

[68] 李小建，罗庆，杨慧敏：《专业村类型形成及影响因素研究》《经济地理》2013，33（7）：1–8。
[69] 李慧：《家庭农场：规范发展难在哪里？》《光明日报》，2013-10-30（5）。
[70] 张奕，邓巍：《古村落集群的文化机制分析——以沁河古村落集群为例》，中国城市规划学会论文集，2012年。
[71] 李培林：《村落的终结——羊城村的故事》，商务印书馆，2004：37–42。
[72] 刘瑞雪，何相达，陈龙清：《观光农业园植物景观营造——以成都"五朵金花"为例》《中国农学通报》2012，28（19）：303–310。
[73] 王娴：《剖析乐山乡村旅游的建立和完善》《中共乐山市委党校学报》2004，（3）：53–54。
[74] 谢元鲁：《成都环都市乡村旅游带的升级更新》《成都大学学报》（社科版），2006，（4）：61–62，60。
[75] 池静，崔凤军：《乡村旅游地发展过程中的"公地悲剧"研究——以杭州梅家坞、龙坞茶村、山沟沟景区为例》《旅游学刊》2006，21（7）：17–23。
[76] 白洁：《发展乡村旅游 推进新农村建设》，2006中国重庆·青年人才论坛优秀论文集，2006，参见第12篇。
[77] 李华，蔡永立：《乡村旅游、农村生态与经济的竞合模式——以三汉河湿地公园开发为例》《福建师范大学福清分校学报》2007，（3）：79–83。
[78] 云南大学工商管理与旅游管理学院，云南大学旅游研究所：《云南省乡村旅游发展总体规划（讨论稿）》，2009年10月。
[79] 李锦宏：《喀斯特地区乡村旅游可持续发展研究》，北京林业大学，2009年。
[80] 杨丽：《吐鲁番地区乡村生态旅游深度开发研究》，新疆大学，2009年。
[81] 江民锦：《旅游业对井冈山区发展的影响及模式研究》，北京林业大学，2007年。
[82] 李铁林，覃志豪，李宝玉，高春雨：《山区都市型生态旅游业发展研究——以北京市门头沟区王平镇为例》《中国农学通报》2010，26（4）：336–341。
[83] 郑世卿，王大悟：《乌镇旅游发展模式解析》《地域研究与开发》2012，31（5）：85–88，94。
[84] 郭任聪：《文化遗产型乡村社区旅游开发影响研究》，河北师范大学人文地理学专业硕士论文，导师：沈和江，2012年。
[85] 杨晓慧：《从王维诗画的接受看蓝田辋川文化旅游的开发利用》《西北农林科技大学学报》（社会科学版），2013，（6）：182–186年。
[86] 达布希拉图，高波，李洋等：《基诺山基诺族乡生态发展模式研究》《中国发展》2013，13（3）：66–69。
[87] 张智奎：《三峡库区生态农业园与共建模式》《改革》2012，（6）：72–76。
[88] 李后强，廖祖君：《川西北地区怎样发展沟谷经济》《四川日报》2013-9-4（6）。
[89] 马世罕，戴林琳，吴必虎：《北京郊区乡村旅游季节性特征及其影响因素》《地理科学进展》2012，31（6）：817–824。
[90] 王润，刘家明，陈田等：《北京市郊区游憩空间分布规律》《地理学报》2010，65（6）：745–754。
[91] 刘春腊，刘沛林：《北京山区沟域经济建设背景下的古村落保护与开发研究》《经济地理》2011，31（11）：1923–1929。
[92] 李启平，向国成，晏小敏：《农村劳动力转移的新途径：创意农业》《西北农林科技大学学报》（社会科学版），2013，（6）：1–6。
[93] 詹媛：《科技支撑"创意农业"》《光明日报》2013-7-29（13）。
[94] 毛飞，孔祥智：《中国农业现代化总体态势和未来取向》《改革》2012，（10）：9–21。
[95] 陈锡文：《中国特色农业现代化的几个主要问题》《改革》2012，（10）：5–8。
[96] 王少君，童亚兰：《浙江省乡村旅游发展探析》《滨州职业学院学报》2009，（4）：4。
[97] 徐福英：《山东省乡村旅游转型升级研究》《浙江旅游职业学院报》2011，7（1）：35–36。
[98] 李佳，钟林生，成升魁：《中国旅游扶贫研究进展》《中国人口资源与环境》2009，（3）：156–162。
[99] 王颖：《中国农村贫困地区旅游扶贫PPT（Pro-Poor Tourism）战略研究》，上海社会科学院，2006年。
[100] 张祖群：《扶贫旅游的机理及其研究趋向——兼论对环京津贫困带启示》《思想战线》2012，38（2）：104–108。
[101] 张祖群：《Pro-PoorTourism公益性研究：文献基础、机制与展望》《北京第二外国语学院学报》2012，（3）：11–18。
[102] 戴林琳：《从城市到乡村：节事及节事旅游在乡村地域的发展动因及其应用前景》《地域研究与开发》2012，31（6）：76–81，86。
[103] 孙丰念：《乡村旅游——解决"三农"问题的新选择》《商场现代化》2006，（6）：288。
[104] 方增福，罗辉，马谊妮等：《玉溪市乡村旅游发展调研报告》《玉溪师范学院学报》2007，23（10）：6–12。
[105] 臧英豪：《发展乡村旅游经济：现状与建议》《国际经济合作》2011，（4）：93–94。

作者

张祖群，首都经济贸易大学工商管理学院旅游管理系副教授、系党支部书记，副主任。

“都市人”的文化乡愁

——论都市语境下村落文化的保护

◎ 储冬爱

2013 年中央城镇化工作会议提出“让居民望得见山，看得见水，记得住乡愁。”这诗意的表达抒发了国人共同的心声。但，乡愁不只是一张小小的船票，更不是邮票上方能望见的青山和绿水，无论身处何方，乡愁总是由田园、风光、人情相互交织的画面，充盈其间的是自由的感觉。乡村生活的式微，让这种乡愁从未有过的急促并鲜明起来。

中国农村的城市化进程，给中国乡村带来前所未有的深刻变化。城市街道的建设、商业网点的分布、娱乐文化的渗透等等，不仅改变着这些乡村的物质生产环境，也改变着原乡村居民的精神生活环境，千百年延续下来的乡村生产生活方式，也正在城市商业文化的强势冲击下逐步走向趋同。这种现象以“城中村”最为典型。“城中村”实质是城乡结合部的问题，它反映了一种具有普遍意义的体制上的矛盾，这种矛盾正深刻影响郊区农村的正常城市化进程和城市的健康发展。本文着力于探讨城市化语境下城中（含市郊）村落文化的保护，试图给中国的城市（镇）化发展提供思考借鉴。

一　城市化与村落文化空间的嬗变

毋庸置疑，乡村向城市的趋同是社会发展的必然结果。但是，这种发展也从一个侧面反映了其文化上的潜在的单向性和事实上的不平等。众多的城中（市郊）村落在城市的扩张中，不仅失去了其村落形态的生存空间，也失去了其文化形态的生存场景。猎德村可为其中的典型，作为村落形态的猎德在整体拆毁后已从广州的版图上彻底消失，900 多年历史的岭南风情被规划中的“黄金商业用地”取代。失去“家园”的猎德村民，只能凭借易地重建的祠堂、庙宇和被截断的河涌延续着族群的记忆。“正像那些不无哀伤的新闻一再提醒的那样，猎德有连接珠江的河涌，有完整的赛龙舟文化，有齐全的氏族宗祠，有令人着迷的百年榕树……总而言之，这是一个被城市建筑群逐渐压迫后退的岭南村落，而且还是那么精致，那么具有代表性……城市对村落的压力、农耕文明在现代化中的境地、文化遗存与商业利益等各种因素交织在一起，形成不无冲突的格局”[1]。

位于广州市郊的珠村，原是一个有着 800 多年历史的传统村落，在城市中心东移的过程中，广深（九）铁路、广深高速公路、广园路快速交通干道先后从村中通过，将村域分割为北、中、南三部分，失去了大部分土地的珠村人成为了城市的“村民”。每年农历的五月初一，是珠村龙船“招景”的日子，百余条前来“应景”的龙舟从珠溪河鱼贯而入，直达北帝庙，酬谢神恩的场面蔚为壮观，但现在好“景”不在，村内与珠溪相连的河段不足800米，只能供村中两条居功至伟的“乌龙公”（即龙船王）做游龙表演，其他探亲队伍只能止步于村边的珠溪河，但能在自己的河涌里划龙船已足够令人羡慕。都市夹缝里的石牌村人在最后百多米的河涌里艰难地挥桨，冼村扒龙舟活动虽然也年复一年，但因为河涌的消失，不得不移师到村落以外的珠江河面。

在这个过程中，村民由于城市化生活的诱惑而普遍缺乏文化的自我保护意识是一个方面的原因，如许多祠堂被人为拆毁，为商业让路；而城市的规划和建设者也很少考虑村落族姓文化，尤其是非物质文化方面的因素。上文所述，“猎德村的文化价值主要是被社会民众发现和提炼出来，并在舆论中加以放大的。但现实所及，政府对此吁求的呼应与开发冲动相比，并不见得更积极。”[2]一些与村落的非物质文化相关的自然环境正在村落的城市化改造中逐步消失，除了上文所说用于划龙舟的河涌，而其他一部分与宗族观念或者宗教意识联系比较密切的场所，如寺庙、宗族祠堂等，虽然能够保留下来，但绝大多数已是破败不堪。如广州珠村，除了潘姓宗族祠堂——明德堂以外，其余的都已经年久失修。在吉山村、车陂村等，一些宗族祠堂只是因为同时兼作他用，如敬老院或老人活动场所，而得以较好地保存下来。从目前城中村落密密麻麻拥挤不堪的楼房来看，这些村落的建设从来没有经过很好的规划，充分利用有限的土地资源以获取尽可能大的物质生存空间，是村民们的自觉选择。这一方面体现了商业文化（或利益）的强大驱动力，另一方面也反映了城市与乡村政府建设规划的协调性和前瞻性的匮乏。

村落文化的失落，既是村民的自我（有的是被迫）逃离，也是城市文化中心主义对村落文化的消解。在这种单向度的发展理念的引导下，乡村始终是被改造、被同化的对象，它所带来的必将是乡村文化也如同街道、商品这样的物质标准的整齐划一，而城市化的结果，就只能是在城市文化的覆盖下城（市）郊村落族群民间文化个性的丧失。

所幸，古村落的保护在今天已被提上政府的工作日程，学界的奔走也延缓了古村落消亡的命运。但古村落绝不是孤立的存在，而与城市化的步伐相始终，若脱离城市语境，古村落的保护必将陷入两难——或被城市抛弃，或被村落抵制。这是另一种单向度的发展理念，同样值得警醒。

二　城市语境下村落文化存续的双重意义

如上所述，在一种单向度的发展理念下，以往和目前对城中（市郊）村落的管理，都只是注重于法制、经济和行政上的刚性管理，而且是与原城区的“同质化”管理，忽视了村落原住民身份、环境变化所带来的特殊诉求，既造成了城市文化对乡村文化的简单覆盖，导致普遍存在的城市文化生态的失衡，从而出现“千城一面”的景观，也造成了村落族群文化传承的中断和代际心理的失衡，更带来了村落原住民与城市中心文化的隔膜与疏离。如何有效调适，保持社区和谐？村落文化的变迁或许能提供有益启示。

失落是村落文化的生态群像，但乡土文化在城市化中的变迁，也有着多种可能。一些民俗事象逐步消失，另一些改变了形态，还有一些则可能被保存下来。借助于“城中村”或市郊“跳板”这样一个特殊的文化空间，传统的民间文化也可能呈现从原生态乡土社会向城市环境的迁移、调适，乃至重新整合和创新发展的过程以及趋势。这多种可能性这就决定了村落文化存续的双重意义。

通过调查研究，我们发现在城市化的进程中村落古老而独特的风俗正发展为彰显原住民族姓身份的表征。其中，以族姓血缘为纽带的聚居、联系和交往方式，使这些今天的城市居民仍保持着昔日乡村传统中一些相对稳固的因素，这些因素与他们长期的生产生活方式相关，同时又承载着他们深层的精神世界，族姓居住的村落历史越久远，这部分的传统风俗就越稳固。广州天河猎德等村的扒龙舟、珠村的乞巧、拜猫、黄埔区庙头村的波罗诞、番禺区的沙湾飘色等都属于这一类[3]。正是这样一些稳固的传统风俗，彰显着在城市文化的覆盖下昔日乡村居民的身份特征。

当然，对于绝大多数村民来说，以独特的民俗彰显族姓身份的意识并不明显，他们只是在一定地域、相同的民俗活动中，以标明族姓的符号、独特的表现彰显着族姓的身份，例如村口的牌楼、“扒龙舟”活动中的龙舟形制、鼓和标旗等。

乡村民俗的变迁，归根到底是社会的变迁和人的身份改变的结果。以扒龙舟为例，在城市化以前，这些村落的住民虽然有着由务农到亦农亦商的生活和生产方式的演变过程，但他们毕竟是农民。长期以来的集体农耕生活使他们养成了稳固的宗族观念和一致的宗教信仰，扒龙舟不过是宗族主体力量——男性的一种显现方式。城市化以后，作为他们赖以生存的资源——土地已不属于族姓村民所有，商业化的生产活动是他们生存的唯一选择，纯粹的城市商人也是他们从今往后的必然身份。但观念的转变与身份的转变远不可能同步，居民身份的转变也不意味着族群身份的转变。如何在新的社会竞争面前，在族姓村民的原有的紧密关系被打破后，能够较好地维系族姓的群体意识？以族姓群体参与的方式举行的扒龙舟就成为首选的活动。扒龙舟，成为原住民在融入城市文化后一种群体身份的表征。龙舟的大鼓和船桨上依旧鲜艳的标明宗族姓氏的大字，不过是这种表征的最为直接的符号。在猎德涌，在珠溪河，一年一度扒龙舟、看龙舟，狂欢的热潮无不是村民心底曾经一种荣耀感和自豪感的释放。这是任何一种族群的娱乐活动都无法替代的，也是许多来自“城市”和“他乡”的人无法拥有的。

城市中心区所代表的都市文化作为传统农耕文化的“对立”存在，是乡村原住民眼中的异己文化，他们对都市的繁华、流动、多变、开放，有羡慕、有犹疑、有抗拒，更多地表现出无所适从。因而，乡土族群对本己文化的认同，对传统的固守，呈现出退守和模糊性，但却在有意中彰显了自我身份，于无意中完成了自我调适。这正是乡土文化传承的价值所在。

另一方面，乡土文化中一些传统坚固的成分，正随着城市文化与人际的便捷交流而悄悄地向着城市传播渗透，使得乡村的民俗传统获得了更为广泛的城市文化认同，这是乡村民俗变迁的另一种走向。如“扒龙舟”、“摆七娘”、“波罗诞”、飘色等民俗活动越来越受到城市居民的追捧，广州市国际“龙舟节”的举办，正是四乡龙舟活动使然，而“拜猫”[4]一类民间信仰的顽强生存及向城市文化不断渗透的趋势，都说明：作为一种传统势力民间文化也完全有可能与现代化的需要相适应，在传统与现代之间，民间文化依然有被政府改造为符合改革需要的可能，尽管此前农民文化多被描述为现代化的累赘。因此，通过政府和政策的有效干预，保护有价值的原住民传统文化，可以部分保留乡土族群的文化记忆和城市发展的历史记忆，不仅可以保持城市文化生态的多样性，还可以为城市公共文化服务的建立提供重要的资料。进而，挖掘和利用这些传统文化，打造乡土文化品牌，发展特色经济，如乞巧文化、龙舟文化、波罗诞文化等，对于推动“村落”转型和文化生态城市的发展均有重要意义。

另外，城市化进程中村落文化变迁还有一种可能：即外来移民的文化效应。改革开放以后，北、上、广、深成为全国外来工聚集较多的地方，而城中（市郊）村落利用其原有土地大量建造厂房、商铺和住宅，因其租金的相对低廉，往往又成为外来工租居地的首选，这就打破了村落族姓集中居住的生活格局，昔日朝夕相处，交往频密的家族邻里，今天却成了陌生的他乡之客。比原族姓村民多出好几倍甚至几十倍的他乡居民的涌入，在分割原住民居住和交往空间的同时，也形成了村民的身份转换和双重身份感·作为城市中心的“他者”和外来居民“他者”的族群中心。传统的村落族姓民俗于是就有了彰显族群身份的多重意义：在城市中心的强势压力下的族群力量（物质的、精神文化的）显示和外来居民面前的“主人”优越感。从租住的“他乡客”和外来观光者眼中，感到了本族群独特的精神价值，自然也会有一种满足感，正是这种满足感，增强了“村落”原居民独特的身份地位，更进一步强化了族群内部的自我认同。这构成了村落民俗活动的重要动力。

作为城市化发展的衍生物，外来居民及其文化会直接走进城市（郊）村落的每一个家庭。在广州珠村、猎德等村落的调查中，我们亲眼目睹了贵州外来工在端午节煮艾草水用作沐浴、湖北人在端午染彩蛋、点朱砂、潮州人则无论端午、中秋均摆香案敬神等事实，这些习俗明显不同于村民。类似的习俗，长而久之，必然会对移植地居民产生影响：在另类的习俗中彰显原村民风俗的独特性同时，也可能融合进或者改变着原村民的风俗。与此同时，这种文化效应，也会逐渐向城市中心区扩散。原住民、外来移民的乡土文化混合体，有可能共同构成城市新民俗的组成部分。相对于都市动感时尚的消费文化，节庆、信仰一类的民间习俗更能承载都市人（含城市居民、原住民、外来移民）的文化乡愁，也更能产生共鸣与认同。

三　“城市乡间化”的文化保护设想

中国农村的城市（镇）化进程已然不可逆转，毕竟，现代化的物质与精神生活是城乡居民的共同诉求，那么村落及所代表的乡土文化保护就必然要放到城市化的语境下，如何避免村落的消亡、避免新一轮的“城中村”蔓延、防止欧美国家曾上演过的“城市病”在中国发酵？“城市乡间化”的保护设想或许值得探讨，这是一种有别于过去单边主义思维的保护与发展理念，既正视城市化的事实，又尊重乡土文化变迁的内在规律，同时考虑城市的可持续发展。具体而言，可从三方面来展开：

第一，发展“城市乡间化”的文化景观，这种景观既指地理空间，也包含文化形态。英国城市研究者在 1898 年出版的《明日的田园城市》（Garden Cities of To – morrow）一书中提出了著名的“田园城市理论”，提出城市需要规划、城市的可持续发展必须关注生态环境、关注人类生存的自然状态，更关注社会状态，主要表现在对住宅、就业、公共场所、学校、教室等的设计上[5]。这一理论被认为是解决当时以“城市病”为代表的各种社会问题的“万能钥匙”，既能解决城市问题，又不牺牲农村利益。的确，“田园城市理论”翻开了城市规划的新篇章，也激发了后来者城市发展的持续反思与深入探讨。如欧盟乡村建设“绿色边界”之说，即保护乡村原有的地貌如农田、草地、树林、河流等，并保留旧建筑，同时建立与城市一致的基础设施，以此让乡村成为城市开放融合的一部分，不少都市人热衷于这样的环境，乡村也成为都市人放松休憩的净土，是心灵舒展的精神家园。

但正如社会学者简·雅各布斯（Jane Jacobs）在大作《美国大城市的死与生》（The Death and Life of Great American Cities）中批评的那样，霍华德把好的城市规划看做是一系列静态的行为，勾销了大都市复杂的、互相关联的、多方位的文化生活[6]。因此，我们认为，“绿色边界”除了青山、绿水等地理标识外，更应体现文化生态，城乡共享的原生态民间文化是“绿色边界”的识别界限。作为城市景观的一部分，乡村社区的存在不应只是城市的“花瓶”，民间文化更不能沦为满足猎奇需要的观光性表演，最根本的是保留民间文化形态的生存场景，如摆七娘的祠堂、扒龙舟的河涌、挂灯的社坛、祭拜的庙宇等。唯此，乡土文化才有生根的土壤和持续发展的原动力。作为最本土、最地方、最原始的文化社区，在为都市输送新鲜血液的同时，融合于都市社区是自然与必然的结果。

第二，发挥（乡村社区）民间信仰与宗族在都市社区的积极作用。这样提法不是为了强化宗族观念与神灵信仰，而是正视宗族文化、民间信仰的历史意义与现实价值。可从两方面来分析，一是调适与整合功能。作为城市的一部分，乡村融入都市社区是必然要求，“乡村社区”是“城市乡间化”的醒目边界。现代化、城市化进程的提速加剧了中国社会的转型，以血缘或地缘为中心的传统聚居格局被打破，大量涌入都市的乡村原住民、外来打工者、移民，也同时从惯常的“熟人”社会抛入到一个“陌生”社会，这种身份变化必然带来文化心理的变化，既表现为与城市文化的隔膜与疏离，也表现为商业竞争中的心理失衡，严重者则表现为激烈的文化冲突、代际冲突。在这种情形下，无论在商业竞争的需要上，还是文化心理上，族姓群体都仍是他们所能够依赖的最直接的力量，以族姓群体参与的方式举行的“扒龙舟”“摆七娘”“菠萝诞”“做年例”“飘色”等在都市夹缝中顽强生存就是很好的说明。因为，这是一种既符合传统的形式和心理要求，又能够为现代城市商业文化所接受的方式。而民间信仰在中国有着深厚的民众基础，易于与传统礼俗、岁时节令整合，在现代社会依然可以发挥调适、整合、教化、交往等功能，引导民众积极融入主流社会。而正如广州珠村“拜猫”[7]习俗所揭示的，“拜猫”在当代已由“打小人”转化为“拜小人”，从而演化成不指涉具体人事的“祛恶”，以求得人际关系的和谐，因而也得到了越来越多城市人的认同。这也表明，传统乡土社会普遍存在的实用民间信仰，在城市化的进程中发生了转型，表现为与大众文化相适应的精神宗教，不追求传统民间信仰活动的象征性，也不以“灵验”为终极目的，越来越接近于文化学意义上的正统宗教。

另一方面，在一个相对自治的“乡村社区”里，神庙与宗族组织可以分担政府的部分职能，充当民间 NGO 的角色。乡村融入都市不是一蹴而就的，如目前许多城中（郊）村落“村籍”制度一直不能有效解决，而乡民根深蒂固的传统观念、以血缘为纽带的族群关系，特殊的经济增长模式等，更需要长远规划。在这一过程中，完全可以借助宗族或神庙的力量，发挥它们积极的地方整合作用。诸多历史事实表明，在一些重大灾难面前，神庙或宗族组织往往比官方反应更快、出手也更及时。2009 年莫拉克飓风重创台湾屏东县乡村，台中大里福星宫妈祖庙立刻召开董事会，第一时间为灾区捐款 300 万元，帮助灾民重建家园，此外，还派出义工对灾民进行心理疏导与抚慰。新加坡的一些神庙组织，更是分担了都市社区的救济、养老等部分功能，在物质与精神上为老、弱或其他需要者提供援助。

第三，以地方民俗节庆、信仰等作为大众传承与共享的文化模式和系统，构建都市公共文化服务体系。正如我们研究所显示的，节庆、信仰等传统风俗是乡土传统或者说地方文化中最为稳固的因素，承载着民众深层的精神世界，最容易得到民众的认同与共鸣。在城市的文化活动中，除了政府的主打声音之外，民众也以自己的方式寻求文化的关怀。例如，广州以乡土族群为主展开的乞巧文化节、“波罗诞”狂欢庙会等正日益得到乡村原住民、市民、外来移民的认可，逐渐成长为都市的文化名片。这似乎表明，政府完全可以因势利导，充分发挥地方特色，以地方民俗节日为基础，设立“都市大众节日”。

广州乞巧文化节由民间自发的“摆七娘”发展而来，其经验与教训或可借鉴。

又如龙舟节，有别于国内其他地方“端午节”的称谓，就说明了这个节日的地方特色。作为大都市的广州，龙舟节的参与者除了扒龙舟的原住民外，还有更多睇龙船的“他者”：城市居民和外来移民或务工者。游龙探亲“龙舟景”，龙舟圣化、赛龙夺锦竞渡礼，祠堂流水龙船饭等，是吸引外来者的主要原因。乡民们对传统的固守，是节日的内在需要，更是乡土族群在城市化进程中的自我调适。如何让外来者融入节日并产生认同？女子龙舟、洋女婿扒船、开放的敬老龙船饭、学习猎德鼓、龙船饼、建龙舟亲水公园、龙舟博物馆等都是不错的尝试。广州珠村近年来与时俱进，向族群以外的人开放了龙舟进村的“抢炮”仪式，船上的扒仔将一些未燃放的“龙船爆竹”抛向岸边，无论谁抢到，都有好运相伴。相信随着乡土族群逐步融入城市的生活，类似的吉祥习俗，如坐龙船头、洒圣水、竞龙船标等也会逐渐向“他者”开放。举办多年的广州国际龙舟邀请赛正是四乡龙舟活动使然，官方与民间活动并行不悖，既尊重传统，又拓展体育竞技，满足了不同人群的需要。2008 年开始举办的“百安杯”广州天河棠下龙舟邀请赛，由地方政府、公司与村委联合举办，开创了传统龙船与职业龙舟队同场竞技的先河，可视为城乡融合的成功范例。

类似的大众节日及其所代表的乡土文化，能够充分发挥乡村街区的文化功能，满足城市人群共同的情感需要，展示共有的时间记忆与心理积淀，将构成都市公共文化的重要组成部分。只有当城市居民、乡村原住民、外来移民在城市里各得其所，城市才能真正成为所有人的城市，城市也才有发展的活力与动力。

英国政治家罗斯金在《芝麻与百合》（Sesame and Lilies）中写道：“美丽的花园和果园环绕着城墙，从城内任何地点出发，步行几分钟就能享受到清新的空气、如茵的绿草和一望无际的原野，这就是最终目标。”是的，这也是我们的目标。

注释

[1]、[2]社论：《延续猎德文化价值政府当有切实担当》，南方都市报，2007-09-04（GA02）。
[3]储冬爱：《“城中村”的民俗记忆——广州珠村调查》，广东人民出版社，2012 年 8 月，236-238 页。
[4]储冬爱：《城市化进程中的都市民间信仰——以广州城中村为例》《民族艺术》2012 年第 1 期。
[5][英]埃比尼泽·霍华德（Ebenezer Howard）著，金经元译：《明日的田园城市》，商务印书馆，2000 年 12 月，1-43 页。
[6][加]简·雅各布斯（Jane Jacobs）著，金衡山译：《美国大城市的死与生》，译林出版社，2005 年 5 月版，1-26 页。
[7]储冬爱：《广州珠村“拜猫”习俗调查与分析》《河南教育学院学报》2006 年第 2 期。

作者

储冬爱，华南理工大学新闻与传播学院教授。

浅谈古村镇民俗文化在新型城镇化建设中的保护与传承

◎ 徐月强　李丹

文化是新型城镇化建设的灵魂，新型城镇化建设离不开多样的古村镇民俗文化支撑。随着新型城镇化、经济全球化的深入发展及自然灾害、人为原因等都造成了古村镇民俗文化的不完整和残缺，导致古村镇民俗文化出现了退化和断层的严重危机。因而，加强对古村镇民俗文化的挖掘保护、传承创新，切实解决好古村镇民俗文化资源保护传承中的各类问题，以不断增强古村镇民俗文化与时俱进的适应性，弘扬古村镇民俗文化其深刻的文化内涵和思想精华，将古村镇民俗文化资源建设工作加快融入到建设美丽中国这项重大工程中来，已经成为新型城镇化建设的重要任务。

特色各异的古村镇民俗文化共同构筑了源远流长、博大精深的中华文化。文化是新型城镇化建设的灵魂，新型城镇化建设离不开多样的古村镇民俗文化支撑。在新型城镇化建设中加强对古村镇民俗文化的挖掘、保护、传承和创新发展，积极弘扬其深刻的文化内涵和思想精华，这不仅能够提升我国文化软实力，更能促进我们文化繁荣、社会和谐、国家富强、人民幸福的“美丽乡村”建设，也将会快速实现我们美丽中国建设的宏伟蓝图。

一　多样的古村镇民俗文化传承是推进新型城镇化建设的强大动力

古村镇民俗文化是人民群众生产生活方式的文化凝结与积淀。千百年来人民群众为追求美好幸福的生活，不断地将内涵丰富的产生于不同历史时期、不同地域和不同民族积淀下来的古村镇民俗文化，以“天人合一”“道法自然”等朴素民俗文化哲学智慧，通过一代一代薪火相传，并在继承中加以创新完善。从而，实现了诸如从钻木取火到冶铁技术到四大发明再到今天登月科研的一个又一个“美丽梦想”。因此，在新型城镇化建设中，只有以不断增强古村镇民俗文化与时俱进的适应性，深入开展对古村镇民俗文化多样性挖掘保护、传承创新，来提升文化软实力，才能将我们美丽的“中国梦”不断变为实现。

古村镇民俗文化传承发展又是提升国家软实力、实现中华民族复兴的驱动力。各民族、各地区在长期的文化互动、交流中形成同质化和一体化现象，并逐步整合成一个具有共同价值取向的中华民族传统文化的模式。如我们统称为炎黄子孙、华夏儿女等。我们多样性古村镇民俗文化在长期传承、交流过程中，其理论体系和思想精粹已经超出地域和时代，成为世界文明发展的重要组成部分。如源于齐鲁大地以孔子为代表的儒家文化，已作为中国文化及东方文化的代表，远播海外，以伟大的人文精神“人道、仁道、和谐、中庸”之道，让中华民族的古村镇民俗文化走出国门，辐射到周边国家，形成了广大的儒教文化圈。这些优秀的传统文化以其巨大的渗透力和感染力，不仅对中华文明，而且对世界文化都产生了极大的影响。因而，保护多样的古村镇民俗文化和对古村镇民俗文化多样化的传承开发利用，无论是过去、现在和将来，都将会伴随和影响实现中华民族伟大复兴的进程，成为凝聚人民追求梦想、鼓舞斗志的强大动力、成为我们推进新型城镇化建设永不衰竭的力量源泉。

二　多样性的古村镇民俗文化在新型城镇化建设中传承遭遇困境保护刻不容缓

随着经济全球化的深入发展及自然灾害、人为原因等都造成了古村镇民俗文化的不完整和残缺，古村镇民俗文化的多样性、遭到了众多的破坏。严重影响了其文化价值和影响意义，这是当前“古村镇民俗文化”在新型城镇化建设中面临困境的根本原因。

（一）古村镇民俗文化的根脉遭到工业化盲目建设和商业过度开发破坏

当前，一些地方在新型城镇化建设进程中，盲目开展工业化建设和商业过度开发，一些承载优秀地域传统文化的物质载体如古建筑、街道、树木等遭到严重破坏。还有一些地方在“旧城改造”、“旧村改造”、“危旧房改造”中，采取大拆大建的开发方式，忽视对文化遗产的保护，致使一处处文物保护单位被拆迁和破坏，一片片积淀丰富人文信息的历史街区被夷为平地，一座座具有古村镇民俗文化特色的传统民居被无情摧毁。如位于江苏淮安市里运河畔的曾任孙中山民国大总统巡行督办的王叔相故居遭拆毁，原本有三进院落五十五间房的王叔相故居，已被拆毁。由于新农村建设、商业开发等，造成我国各地遍布着各具地域与民族特色的古村落不断消失，“特别是 2009 年至 2010 年间，中国村落文化研究中心 20 个课题组 267 人集中对我国长江、黄河流域以及西北、西南 17 个省 113 个县（含县级市）中的 902 个乡镇传统村落文化遗存进行了为期 25 天至 30 天不等的综合性复查。据‘遗存实情’记录统计数据显示，传统古村落生态状况令人堪忧。这些地域中，颇具历史、民族、古村镇民俗文化和建筑艺术研究价值的传统村落，2004 年总数为 9707 个，至 2010 年仅幸存 5709 个，平均每年递减 7.3%，每天消亡 1.6 个传统村落。[1]”这种在城镇化建设中出现的对文化遗产不加以保护的短视行为，使大量有历史、文化价值的珍贵实物与资料遭到毁弃或流失，造成这些历史性古村镇民俗文化空间的破坏、历史文脉的割裂、最终将会导致古村镇民俗文化多样性消失，走向古村镇民俗文化的趋同。

（二）　古村镇民俗文化项目传承在现代科学技术飞速发展的冲击下举步维艰

现代科学技术的飞速发展，在不断改变人们衣食住行的同时，也给人民的思想和意识带来了强大的冲击。同时，面对着当今时代变迁和强势文化的冲击以及当代媒体的渗透和经济结构二元化的嬗变，使原本以古村镇民俗文化为载体，以淳朴、善良、亲情和伦常为核心的生存价值理念及乡土意识和传统的价值观念等优秀的传统文化思想、道德观念和价值取向都在一定程度和一定范围发生了巨大变动与颠覆，尤其年轻人受拜金主义、极端个人主义、市场价值最大化等观念影响更为严重。早年田园诗般的生活模式已经被彻底打破，会讲、能讲、会做流传在民间的传统故事、小戏、民歌等古村镇民俗文化项目的老人越来越稀少，中青年也已被外出打工的狂潮裹挟着离开了乡土，导致富含地域传统文化积淀的农耕技术、手工技艺等项目传承后继乏人。如“中国非遗的保护体系日趋完整，但濒危和消亡的速度并未减缓。比如国家级非物质文化遗产项目天津皇会历史上曾有上千道老会组成，近年来，随着城市化进程加快，目前活态传承的老会只剩 100 余道，其中 20 余道缺乏会所，艺人年事已高，传续乏人。[2]”还由于对现代传媒缺乏制度上和法律上的强有力的约束、监管力度，一些人在网络、媒体、出版物中，垃圾文化猖獗泛滥。导致一些依靠口授和行为传承的传说故事、民间技艺等古村镇民俗文化项目越来越边被缘化，许多难以取得或者是取得社会效益较小的传统技艺濒临消亡，渐渐从人们的生活中最终消失。因此，古村镇民俗文化多样性随之越来越单一、不同的古村镇民俗文化越来越趋同，成为我们当前新型城镇化建设面临的严峻问题。

三　对古村镇民俗文化多样性必须科学地开展传承和保护才能助推新型城镇化建设

面对古村镇民俗文化多样性被趋同、消亡的现状，进行新型城镇化建设，科学地对古村镇民俗文化保护和传承已刻不容缓。近年来，经过国家的高度重视和各级非物质文化遗产保护中心等有关部门的努力工作和深入宣传，保护和传承多样性古村镇民俗文化项目，已逐渐成为社会共识。通过非物质文化遗产保护和文物保护工作不断地深入，总结积累了大量实践经验，这对古村镇民俗文化的传承与保护也提供了借鉴经验：

（一）高度重视古村镇民俗文化工作，建立健全了非遗传承与保护的长效机制

党的十七届六中全会提出：“积极吸收借鉴国外优秀文化成果、创新文化管理体制、完善政策保障机制、推动中华文化走向世界”，为我国社会主义先进文化建设提出了更高目标和要求。古村镇民俗文化作为我国社会主义先进文化建设的重要组成部分，抢救和保护古村镇民俗文化，得到了各级政府和专家学者的高度重视，对古村镇民俗文化保护国家和各级政府部门并相继制定、出台了相关法律法规，“据有关资料显示，自 2006 年起，国务院先后公布了三批国家级非物质文化遗产代表作名录项目 1219 个和扩展项目名录 164 个。全国各省市也先后公布省级名录项目、地市级名录项目、县（市）区级名录项目。仅从省级名录项目看，浙江省 535 个、河南省 372 个、福建省 355 个、陕西省 361 个、湖北省 254 个、北京市 212 个……[3]”。使很多具有古村镇民俗文化特色濒临危险的文化项目已被列为各级非物质文化遗产项目并层层加以保护。同时，政府部门和许多社会团体积极举办相应的保护研讨、宣传推广活动等，如山东省民俗学会筹建的山东省民俗博物馆、汶上县的民俗展览馆等相继开馆及中国文物学会古村镇专业委员会联合《中国文物报》《中国文化遗产》杂志，准备于 2014 年秋季召开“城镇化与古村镇文化遗产保护研讨会”、中国民俗学会举办相应的学术论坛等为开展古村镇民俗文化研究的专家学者，提供了交流、总结经验的平台，使他们不断完善相应的理论体系。以此，通过科学规划，在我们全国各民族、各地区，都结合本地实际、建立起了古村镇民俗文化保护传承的长效机制，这为新型城镇化建设提供了多样性的古村镇民俗文化支撑。

（二）以科学发展为主题，形成保护与开发的良性循环

切实做好古村镇民俗文化资源的保护与传承，要在尊重历史、敬畏历史，尊重文化、敬畏文化的前提下，走符合科学发展规律的古村镇民俗文化发展之路。着力解决本地古村镇民俗文化建设中面临的新情况新问题，明确什么才是最好、最有效的保护与开发利用形式？把遵循古村镇民俗文化发展规律与体现本地古村镇民俗文化特色结合起来，增强本地文化的传播力和影响力。对古村镇民俗文化遗产的保护与开发利用，要以科学发展为主题，以建设社会主义核心价值体系为根本任务，以满足人民精神文化需求为出发点和落脚点，避免走入“重开发、轻保护”的误区。在保护为主的基础上，以改革创新为动力，首先是发展的保护，求变是为适应社会需要，其次则是融入性保护，如果百姓愿意参与其中，保护和传承才能获得坚实保障，才能形成保护、开发的良性循环。

（三）传承与发展相结合激活古村镇民俗文化的现代芯、推进城乡统筹发展

古村镇民俗文化不仅需要积淀，还需要创新。我们要积极探索古村镇民俗文化保护和传承工作方法，逐步合理开发古村镇民俗文化中的优秀项目，使具有本地特色的文化精品不断涌现。“五年来，我们以山东为重点，对全国 58 个县市、137 个乡镇、285 个生产专业村、37 项农村手艺项目进行了考察和调研。调研显示，在特色文化资源和自然资源丰富的农村地区，以农民为创作和生产主体，发展传统手工艺生产、乡村旅游等产业，有助于促进农村产业结构调整，增加农民收入，实现文化富民，对传承优秀传统文化和加强农村文化建设也具有积极作用。[4]”加大引入竞争机制管理力度的应用，对文化服务采取优胜劣汰的办法，敢于进行市场运作，不仅要保护古村镇民俗文化的多样性、还要鼓励和引导民间资本对文化建设的投入，形成新的文化产业，进一步推动经济结构调整、转变经济发展方式，激活古村镇民俗文化的“现代芯”，积极探索将文化资源优势变为文化产业优势，把古村镇民俗文化建设工作与推进文化惠民结合起来，使文化产业成为新的支柱产业，把发展文化产业与吸引农村剩余劳动力、拓展农民增收渠道结合起来，促进农业不断增效、农村加快发展、农民持续增收，不断壮大县域经济，从而使人民群众基本文化权益得到更好保障，得到更多文化实惠，从而推进城乡统筹发展，为加速新型城镇化建设提供动力和支撑作用。

（四）新型城镇化进程中保护文脉的同时保护人脉，注重农村新文化的孕育和发展

“经过住建部、文化部、财政部的首次全国性的摸底调查，发现全国共有传统村落 1.2 万个，仅占全国行政村总数的 1.9 %。古村落体现了一个民族的智慧，但这个数字却表明，建古村落难，守古村落更难。[5]”党的十八大提出了“建设美丽中国，实现中华民族永续发展”，习近平总书记在中央城镇化工作会议上的讲话中指出要“让城市融入大自然，让居民望得见山、看得见水、记得住乡愁”。在新型城镇化建设进程中要实现“让居民望得见山、看得见水、记得住乡愁”这一梦想，就要在新型城镇化建设进程中融入让群众生活更舒适的理念，适应形势发展保护和弘扬传统优秀文化，不仅要融入现代元素延续城市历史文脉还要注重农村新文化的孕育和发展。要继承和发展乡土文化，必须宣扬正气正义，倡导自强自立，要牢固树立“人才是第一资源”的观念，加大文化人才培养力度、扶植一批传统民间艺人，为古村镇民俗文化大发展、大繁荣，重点发现、选拔、培养一批政治强、业务精、

年富力强的优秀文化人才；要坚持把社会主义核心价值体系融入古村镇民俗文化建设的各个方面，努力从“贴近工作实际、贴近时代生活、贴近市民群众”入手引领社会思潮，牢牢把握正确舆论导向，坚持强化宣传，用马克思主义中国化最新成果武装头脑、指导实践、开展工作，注重内宣与外宣协调配合，主流媒体与都市媒体对位传播，传统媒体与新兴媒体呼应互动，提高城市形象的美誉度和影响力；开展学术讨论和批判，增强全民保护意识，做到理论与实践相结合、知与行相统一，为古村镇民俗文化的健康、持续发展奠定牢固的基础。在促进古村镇民俗文化保护和传承中要制定各项有效措施，明确学校、新闻媒体、公共文化机构等在传播古村镇民俗文化方面的职责，增强古村镇民俗文化传承与传播的力度和可操作性；还应以正确的思想引导，组织和民间力量共同监督，形成保护合力，积极保护好传统文化的承载着物质文化的见证物和承载着非物质文化的民间传说、民间故事、民间技艺等文化根脉。还要鼓励积极向上、友爱奋斗的文化作品与文娱节目下乡，走进乡村农舍，深入田间地头，以增进农村文化和软实力建设，为农民编织自己甜美的乡土文化气息的中国梦想，进而推动古村镇民俗文化的健康持续、和谐、发展。

“空谈误国，实干兴邦”。我们在现代古村镇民俗文化建设中，要脚踏实地，坚持以科学发展观为指导，积极贯彻党的十七届六中全会和十八大精神，激发放飞梦想的热情和勇气，以实现“中国梦”的责任和担当，以改革的精神、创新的思路，以体制机制创新为重点，积极探索建立科学化、制度化的组织管理机制，求真务实地做好古村镇民俗文化及非物质文化遗产保护和传承工作，切实解决好如何保护和传承古村镇民俗文化多样性，并大力提升古村镇民俗文化多样性保护和传承工作水平，使古村镇民俗文化建设等各项工作加快融入到新型城镇化建设这项重大工程中来，这对我们推动美丽中国建设具有更为重要、深远的意义。

注释

[1] 胡彬彬：《我国传统村落及其文化遗存现状与保护思考》，光明日报 2012-01-15。
[2] 冯骥才：《非遗消亡速度未减 国人需提升文化自觉》，中国新闻网 2012-06-09。
[3] 袁文良：《加强非物质文化遗产的保护和传承的思考》，焦作新闻网讯 2012-4-16。
[4] 潘鲁生：《发掘农村文化产业潜力》，光明日报 2011-12-13。
[5] 张志勇：《旅游不是古村落的唯一出路》，海南日报 2013-11-28。

参考文献

[1]《十八大报告》，新华网 2012-11-19
[2] 王文章：《“非遗”保护的中国经验》，人民日报 2013-06-07
[3]《“两会”代表的声音 摆脱城镇化进程中的文化焦虑》，中国文明网 2013-3-11
[4] 刘德龙：《“当代地域文化研究中的几个问题”》，民俗学与社会发展高层论坛 2008-11-17
[5] 秋石：《中国梦为中国特色社会主义注入新能力》《求是》2013（9）
[6] 孙业礼：《什么是中国梦，怎样实现中国梦？》《求是》2014（7）

作者

徐月强，兖州市文化馆副馆长，兖州市非物质文化遗产保护中心副主任，中国民俗学会会员。
李丹，兖州市文化馆党支部书记、馆长，兖州市非物质文化遗产保护中心主任，中国民俗学会会员、中华民族团结进步协会会员、山东省曲艺家协会理事。

古村镇非物质文化遗产保护与传承刍议

◎ 樊云松　任冬梅

漫步在丽江古城略感湿滑的石板街，脚边流水潺潺，透过一扇扇敞开的院门，收进眼底的是风格迥异的少数民族建筑，传入耳底的是幽幽的纳西古乐。由此，又想起了乌镇、周庄，每当穿梭在这些古老的街道、房屋间，如同徜徉在历史的长河里。正如冯骥才先生语“传统村落是农耕文明最小的社区单位，也是农耕文明留下的最大遗产。中华文明最遥远绵长的根也在村落里，中华文化的灿烂性、多样性、地域性、创造性在村落里有着生动体现。比如说大量重要历史人物和历史事件都跟村落有密切关系，甚至是发源地。几千年来，人们在村落里生产、生活，留下了大量的物质文化遗产和非物质文化遗产（《中国北方村落文化遗产保护工作论坛》讲话）”。游玩古镇就是一部穿越剧。

古村镇承载着中华民族悠久的历史文化，是中华民族传统文化的基本载体，反映了中华民族历史文脉的延续和传承，是祖先留给我们的宝贵物质和精神财富（引用）。但如何保护古村镇呢？我国南方某少数民族古村落有一个国家级非遗保护名录入选项目—古老的船屋制造技艺，在震撼于古人聪明的智慧，高超的技艺之余，多数人都有一个疑问，这样一座没有自来水、电、煤气等现代基本生活设施的房子，如今有谁愿意居住？如果没人居住，这个古村落又能存在多久哪？可能大家都有一个同感，一个人气旺盛的建筑其生气也勃勃。可如何留得住人？罗杨先生说“留得住人，就要满足村民改善生活条件的基本要求，甚至在建筑的局部增设现代化设备都是可行的，这也是国际上普遍认可的保护方式。我们保护的绝不是那建筑物的空壳，而是民族文化的记忆、符号、传承（《中国北方村落文化遗产保护工作论坛》讲话）”。留得住人，还要让原住民的生计得到保障，让他们自愿留在故土。毕竟中国的农民已不再满足于面朝黄土背朝天的农耕生活。

香格里拉的一场大火，独克宗古城损失惨重。这不是第一起，也不会是最后一起，虽然我们期盼。但在这个经济社会转型发展的关键时期，随着城镇化进程的快速推进和新农村建设的广泛开展，历史悠久、遗存丰富的古村镇数量会由于各种各样的原因越来越少，这一方面使得其历史价值愈发弥足珍贵，保护工作愈发紧迫。另一方面，也表现出保护古村镇与改善民生的矛盾越来越尖锐。乌镇、周庄的保护方式虽然成功，但不是放之四海而皆准的真理正道。不是每一个古村镇都拥有这样典型的旅游资源，也不是每一个古村镇都能吸引四方的宾朋。

由此，也促发了笔者的一丝奇想。可不可以在矛盾中找到一个平衡。既然不是每一个村镇都拥有大量集中而典型的保护对象，为什么不能把相对分散的资源拆迁异地复原，从而再造一个新的古村镇（像杭州的西溪湿地古建筑群），如将细渺的金沙收集提炼成金条。而且拆迁空地可以用来集中安置拆迁户。这绝不同于开发商的拆旧建新，合理地利用了有限的土地资源，符合新农村建设的要求。而让异地重建的村落成为旅游的目的地，仅有几座老屋旧宅是远远不够的。没有了非物质文化遗产这个灵魂，古村落的老屋旧宅俨然一具具僵尸。

正如“非物质文化遗产是民族的血脉”其理所言，中国人之所以有着7000年文明，屹立于世界民族之林，就是因为一直延续传承着独有的民族文化，也就是非物质文化遗产，这也是古老的中华传统文化的魅力所在。

中华民族的非物质文化遗产就像一棵参天大树，东北、西北、华东、华南、西南等不同的地域文化就像是这棵大树一个个粗壮的枝丫，而每个民族不同地域的生活环境、每个地域里的不同省份百姓所形成的不同地域文化，就像一根根树枝，那么，每个山寨，每个乡镇的民俗、民风就是树枝上一片片树叶。中华大地上缤彩纷呈的非物质文化遗产，就像那片片翠叶，相像而又决然不雷同，正所谓三里不同俗，十里不同风。

正是这种文化的差异，形成了古人“读万卷书，行万里路”的理念，这是中国古人的一种求知模式，亦是古人自我修养的途径。由此也催生了一个如今非常时髦的行当———旅游业。

美国的迪士尼乐园是一座主题公园。全球已建成的迪士尼乐园有5座，分别位于美国佛罗里达州和南加州以及日本东京、法国巴黎和中国香港。不久就将竣工的中国上海占地390公顷的迪士尼乐园将会是全球第六座。去美国旅游的外国人一般都会去迪士尼，但不是每个人都有机会去美国，所以为了方便亚洲人民，美国人在香港建了一个。为什么在香港已有的前提下在上海再建一个呢？是因为大多国人没机会去香港而专门便利内地人吗？不，美国人不是雷锋，旅游所产生的经济利益使然。

旅游这一复杂的人类行为，既是经济流通，同时又是文化交流的重要手段。旅游以其独特的行业特征在社会发展中扮演着越来越重要的角色。它一方面促进了传统文化的复兴，另一方面也对传统文化产生了负面影响。

一　矛盾的现状

迪士尼创立于21世纪20年代，历史不算悠久。但相比于只有三四百年历史的美国而言，它绝对可以算得上是有年代的玩意了。归之于传统文化的范畴也绝不为过。以迪士尼经济上的成功为代表的美国文化输出可谓非常成功，也使得年轻的美国传统文化得以传承发展并到处宣扬着自己的思想。反观中国，悠久的历史，灿烂的人文景观，璀璨的自然景观，吸引着世界各地的游客蜂拥而至。但白天看庙，晚上睡觉的方式，也让众多的游客叫苦不迭。于是有了国人“看景不如听景”“旅游就是花钱买罪受”的怨言。像双胞胎一样的土特产，一个周庄，每一个店铺都销售着不同品牌的万山蹄等等现象，不晓得万山先生地下有知是喜是忧。

几千个国家级、数万个省级非遗名录保护项目，灿烂的中华文明只能提供给游客万山蹄一样的纪念品来展示中国的地大物博吗？数不尽的人文、历史、自然美景只能用每天都过泼水节的方式来展示我们多元的悠久历史文化吗？成百上千万个文保单位，有必要再争抢“孙悟空故乡”、争建“西门庆故居”吗？

二　旅游对传统文化的促进

游客源源不断地涌入，始于对异域文化的探求，这种行为使得许多濒临失传的传统民俗文化和遗产文化得以复苏，人文景观得以修复，一些非物质文化遗产得到保护，传统技艺获得新生、民间的传统饮食成了颇受游客喜爱的风味食品。

旅游业对传统文化的需求，同时也增强了本地居民保护传统文化的自觉意识，促进了当地经济的发展，改善了人民的生活条件。当地居民在享受旅游所带来的巨大利益的同时，也逐渐发现了本民族传统文化的不可替代性，从而消除了过去面对所谓外来先进文化的自卑感，越来越懂得珍视本民族的传统文化，并由衷地产生了维护传统文化的责任心和使命感，保护传统文化的自觉意识不断增强。

三　短视旅游行为对传统文化危害

传统文化舞台化、商品化。天天抢新郎，每天泼水节是一种追求旅游效益的短视行为。完全忽视传统文化特性，完全趋从于旅游者口味的运作。以现代艺术形式包装民族文化，将其舞台化、商品化，在短期内，可能有效刺激旅游业，刺激当地经济的发展。但长此以往，民族传统文化失去了原有的文化内涵，简单重复利用旅游者的猎奇心理，见多了就不怪了，也使得游客失去对当地传统文化的兴趣。这种传统文化真正内涵被人为肢解、阉割甚至伪造、假冒，原有的文化价值完全被商业价值所取代，出现了一个个专为迎合旅游者而被篡改得面目全非的所谓“民族服饰”“民族歌舞”“民族礼俗”等，使得原本只有在特定的时间、地点及场合，并按传统的内容和方式才能举行的各种礼仪、礼俗，屡屡“被”打破规矩而“被”频频登台亮相，一切都变得气氛热烈、场面壮观，但从内涵而言已毫无特殊意义与价值的现象比比皆是。此现象不仅给众多游客带来心理伤害，还必然引起原住民传统文化价值观的退化甚至遗失，从而导致道德失范现象发生，从而极大地影响了传统文化的可持续发展。

四　有效地保护传统文化

传统文化是民族血脉，更是旅游发展的根基。悠久的历史、独特的人文现象、文化的差异是吸引游客目光的焦点，是国内旅游最大的优势资源，如果丧失了这一点，旅游也就失去了应有的价值。

保护传统文化的途径是多方面的，但加强民族传统文化教育尤为重要。使自己优秀的传统文化得以保护、发展和传承，只有政府和相关部门的努力是远远不够的，最重要的是必须唤醒人民的保护意识，拒绝对民族文化进行掠夺式的开发，杜绝破坏传统文化有序传承的行为，自觉担当起维护传统的使者。

综上所述，保护古村镇，须维持它的运转，让人、物都保持生机，旅游是一个有效地手段，而发展旅游需要那些老屋旧宅活起来，非物质文化遗产的合理运用就成为必须。所以，古村镇的保护和非物质文化遗产保护是相辅相成的。

但是，如今有个误区，有人认为所有的传统文化都要保护。纵观历史，我们既不可能、也没有必要把历史上曾经存在过的一切非物质文化都保护起来。因为，保护非物质文化遗产的根本目的不在于固守昨天，而在于建设今天和走向未来；保护和发扬传统归根结底是为了造福今天的人民大众和荫蒙我们的后代子孙。

在我国推行非物质文化遗产保护工作的多年实践中，特别强调非物质文化遗产在民众生活当中的生命力、历史的传承性和在现实当中的实际功能。传统只有在对当今社会生活发挥积极作用时，才能体现其自身的价值，否则是没有实际意义的。

非物质文化遗产的特点就在于它是一种活态的文化，这是一个共识。既然是鲜活的生命体，就应该遵循生命的轨迹，符合一个科学的理论，即进化论—适者生存。非物质文化遗产保护要从哪里做起？是将其圈养，还是任其自生自灭？将其请进博物馆，小心呵护，要投入大量资金，依然不能保证传承不断。过度的开发利用，就有可能损伤其本真。作为一种活态传承的现象，正如冯骥才先生所言，非物质文化遗产保护工作首先要保护其生存的土壤，皮之不存毛将焉附。古村落的保护就是其一。这是一项全民的工程，需要政府在全局的高度予以协调。

既然非物质文化遗产是活态传承，它就应该有一个产生、发展、繁荣的过程，我们看到的也许是它最繁荣的时期，也可能是发展期，还有可能是衰落期。在中华民族五千年的有记载的历史长河中，有多少属于非物质文化遗产范畴的文化现象产生了？有多少又消亡了？没有人做过统计。恐怕也无法统计。这些消失了的文化现象有的是失去了它存在的土壤，有的是融合到一起，譬如春节，在华人普天同庆的这个最大的节日产生前，各个地域、每个群体都应该有自己的“盛大节日”，即使今天，也还有藏历新年等少数民族的“春节”。难道让那些现已认同春节的族群再重新恢复已经放弃了多年的本民族的“春节”？我们的国粹“京剧”的历史并不长，但是它吸收融合了众多的艺术，发展到今天的巅峰，得到大众的认可；而有些地方戏在发展的过程中没有做到与时俱进，融会贯通，慢慢的，观众流逝。我们不能怪罪外来文化的侵蚀，就如一位伟人说的，文化思想阵地我们不去占领敌人就会占领，外来文化不是敌人，我们应该如鲁迅先生所言“拿来主义”，吸收它的精华，把它作为新鲜血液，注入民族的血脉，增强民族文化的生命力；我们也不应该归罪于现代人的忘本，更不能说他们数典忘祖。文化的一个作用就是娱众，让人从中得到快乐，寓教于乐。当它无法吸引观众的时候，就是一种文化现象需要改进的时刻。

不是文化挑选人民，而是百姓选择文化。笔者当地有一传统曲艺项目，艺人们出于各种原因一直在艰难地坚守，也有一些铁杆的爱好者，但市场一直惨淡。文化部门发现了一位传承人，并为其量身定做了一些现代题材的节目，结果，观众一片叫好，如今其演出市场非常火爆，粉丝爆发式的量增。传承人也由此进入了一个创作高峰。这种结果不正是非物质文化遗产保护工作最希望看到的吗。而有的非物质文化遗产已经失去了存在的土壤，作为一种文化现象将之请进博物馆是最佳的保存手段，作为一种记忆留给后人未尝不可。

古村镇的保护离不开非物质文化遗产的保护，非遗工作的开展也正是依托于古村镇的保护才有其存在的土壤和理由。二者相依相存，缺一不可。

作者

樊云松，山东省济宁市群众艺术馆。
任冬梅，山东省济宁市群众艺术馆。

北京传统村落的保护与利用

◎ 张广林　侯秀丽

北京传统村落是古都北京的重要组成部分，千百年来是京城的军事和生态屏障、生产生活资料供给基地，为古都发展提供了多种服务，具有独特而珍贵的历史文化价值，也是现代北京市民文化休闲旅游的重要资源。目前北京市已有13个进入"中国传统村落"名单，其中5个属于"中国历史文化名村"。门头沟区独占8席。还有唯一的一个"中国历史文化名镇"古北口镇。北京传统村落的保护与利用工作近年来受到了市、区政府的高度重视，先后制定了有关的地方法规，并不断落实。但在新型城镇化的进程中，地处京郊的北京传统村落同样受到了严峻的挑战。我们在此呼吁：作为全国文化中心所在地的北京，一定要在传统村落保护与利用问题上切实有所作为，为全国传统村落保护做出示范，无愧于"首善之区"的光荣称号。

众所周知，北京是世界著名的历史文化名城，说起它的民居聚落，最有代表性的当然就是明清故城里的胡同和四合院。但北京城不是孤立存在的，在它周围的郊区还分布着大量历史悠久、文化底蕴深厚、建筑风格独特的传统村落，千百年来不仅是京城的军事和生态屏障，同时还是城区居民生产生活资料的供给基地，为古都发展提供了多种服务，具有独特而珍贵的历史文化价值，也是现代北京市民文化休闲旅游的重要资源。

一　北京传统村落是古都北京的重要组成部分

首先，从北京发展史来讲，先有了传统村落再有城市最后发展为都城。考古成果证明，北京地区古代村落形成的历史远远早于城市出现的历史。目前已知的北京地区最早出现的城市，是在距今三千余年西周初期武王分封的"燕""蓟"两座方国都城，但考古发现的成果，能将北京古代村落形成的历史追溯到更为久远的新石器时代初期。六千年前左右，从上宅文化堆积出土物可以推定当时已经形成传统村落地区。在一万年前的门头沟区东胡林遗址的古墓葬中发现有小米，说明那时北京已经有了农耕。历史上北京传统村落的数量很大，它是名城形成的文化基础，如果没有传统村落就不可能有最早的分封，就不可能有城市的陆续出现。进入西周及秦汉以来，随着社会经济及农耕文化的发展，北京地区的农业生产及村落有了进一步发展，历史文献中已有了郡、县、乡的记载。特别是在建国以来，考古工作中出土的大量唐、辽、金、元、明、清等历代墓葬石刻中，多有州、府、县、乡、村的记述，反映了北京历史上不同时期村落的延续与发展状况。

第二，传统村落是古都北京的历史文化环境。据尹钧科先生考证，北京地区历史上曾有5700余个村落。

从历史发展的角度看，自城市出现以后，很多村镇的形成与发展，与北京古都城市的关系密不可分。如历史上在京西、京北等山区为王公贵族家族墓地的“看坟户”，逐步发展为以后的山区村落；还有在历史上曾为京城交通服务的驿站等设施，随着时代的变迁也发展为不同规模的历史村镇。如果把北京古都比喻为月亮，那些传统村落则相当于满天的繁星，成众星拱月之势。

第三，传统村落是名城的历史文化资源。在城市发展过程中分布于京郊各处的驿站、皇庄、行宫、御苑，是古都城市历史功能的延伸，京郊的众多历史村镇及传统的乡村建筑，是北京历史名城发展中的重要组成部分。

二　北京传统村落的保护与利用工作概况

（一）北京传统村落的保护与利用的早期工作

北京市从 20 世纪 90 年代就开始传统村落整体保护工作。一是将门头沟区三家店、爨底下村，延庆县岔道城、榆林堡，顺义区焦庄户，密云县古北口老城、遥桥峪和小口城堡等古村落列入北京旧城之外的历史文化保护区；二是陆续认定公布古村落内的不可移动文物名单，并及时将其公布为各级文物保护单位，积极予以修缮。各区县政府、乡镇政府及各区县文化委员会也一直重视古村落的保护和研究工作，比如门头沟区制定并公布了《北京市门头沟区古村落保护办法》，对古村落、古民居保护进行科学性指导，并拿出补助资金对保存良好的古村落进行奖励，对集体产权古民居修缮实行全额补助，对个人产权古民居修缮补助资金总额的 20%，提高了居民保护古村落的积极性。

北京市还很早就开始对典型村落进行保护。如北京市文物局从 1995 年开始每年给爨底下村 30 万元，用于保护修缮。门头沟区政府 1999 年 7 月颁发了政府第 1 号通告，专门明确提出对爨底下村进行保护。爨底下村始建于明代，发展于清代，有 500 余年的历史。清康熙年间曾为京西古驿道上一处繁荣的商品交易的客栈。清末发展达到七十余座山地四合院的规模，形成村落现存基本格局。1942 年抗战时期曾遭日军烧毁房屋 228 间。改革开放以来，大量村民离村去外求职安家。近年来政府主导加大古村保护与旅游发展力度，爨底下古村保护与发展成绩显著。获得了首批中国历史文化名村、国家重点文物保护单位、中国最具旅游价值古村落、北京市市级民俗旅游专业村、市级爱国主义教育基地、首都精神文明单位、国家 AAA 级景区、北京市最美丽的乡村称号。以爨底下村为龙头，成立了爨柏景区，带动了整个沟峪的旅游。

（二）北京传统村落的保护与利用工作的近期努力

北京市传统村落保护利用工作由北京市名城委统筹、北京市农委牵头负责。近年来，北京市文物局配合市农委、市规划委等有关主管部门积极做好社会主义新农村建设过程中的传统村落保护工作，开展了文物保护修缮、历史文化名镇名村申报、传统村落调查研究等工作。2006 年，北京市政府研究室、文物局等单位组成课题组进行调研，形成了《新农村建设中应注意保护古村落——京郊古村（落）镇保护利用研究报告》，认为全市 10 个远郊区县保存有 54 个古村落，其中门头沟区 33 个，延庆、密云、平谷、房山和昌平 5 个区县 21 个；2008 年，北京永定河文化研究会《门头沟古村落生态文化资源及其开发前景的研究》课题组认定：门头沟现有村落中，有 54 个村依然保持着古村落风貌，数量约占北京市古村落 70%左右。

目前北京市已有 13 个进入“中国传统村落”名单，包括爨底下村、灵水村、琉璃渠村、焦庄户村（顺义）、水峪村（房山），这 5 个属于“中国历史文化名村”；还有 8 个是三家店村、黄岭西村、苇子水村、岔道村（延庆）、马栏村、千军台村、长峪城村（昌平）、吉家营村（密云）。其中门头沟区独占 8 个，从传统村落的保有量和保存现状方面来说在北京市占绝对优势。另外，北京还有唯一的一个“中国历史文化名镇”，就是密云古北口镇。

北京市在传统村落的保护上探索三种方式。第一种是原汁原味的传统村落。这种传统村落主要是在深山，如爨底下村、灵水村。各级政府也做了许多工作，建筑、街道等没有进行现代化改建。门头沟区在 2010 年出台了区村落保护相关管理规定，中心思想是别拆传统村落。这些传统村落的建筑都是历史，本身没有现代化，新的建筑和新的楼房都没有，但也面临着历史建筑年久失修的情况。第二种是随着时间推移而发展的传统村落，但保留着原有的格局和风貌，保留原有的建筑形式并增加一部分现代化设施。这种情况在哪个区县都有。第三种是属于恢复的，有的村子已经不存在，重新改造，异地恢复建设。比较典型的是密云县的古北水镇。

现在北京市对传统村落都很重视。很多区县都采取了措施。第一，对传统村落建筑形式进行保护。对急需抢救的传统村落都作了保护规划。政府部门提了很多要求，争取整体性、保护性结合。第二，做好传统村落利用。绝不仅仅是文物本体的利用，而是所有历史建筑的利用。既要保护传统村落，又要提高传统村落内现有居民的生活水平，可以适当采用现代材料。第三，注意传统文化的延续，深入挖掘传统村落的历史文化内涵。第四，村落的发展怎样更适合延续使用和现代化生活。解决好生活用水、排污、污水再利用、垃圾处理或再利用等问题，生活现代化但不妨碍历史原貌。

（三）北京传统村落的保护与利用工作中遇到的问题

北京市传统村落保护面临的最大问题就是受到城市化的冲击。北京三环以外的环路扩张，像摊大饼一样，许多传统村落消失了，有的就只留了地名。能够保留下来的村落也将面临现代化的巨大冲击。特别是在近年汹涌澎湃的新型城镇化进程中，京郊传统村落的保护同样受到了严峻的挑战。例如近年门头沟城镇建设步伐加快，认定的古村落已消失了 6 个，石门营拆迁后成为北京最大的棚改安置房所在地。许多城市边缘的古村落处于搬迁前的躁动之中，私搭乱建、侵街占巷严重，使村庄整体古朴风貌受到极大破坏，最典型的就是三家店、琉璃渠。另外，深山区古村落亦有不小变化，村民有的是出于改善自身居住环境的需求，有的是适应开发旅游的需要，有的是城镇搬迁后部分人口回流到山区老家，对部分古民居进行了翻旧建新。

目前，反映在北京传统村落的保护与利用工作中的管理思路也有一些问题，主要有四个方面：第一，急功近利，过度开发利用。第二，利用中传统村落的文化内涵发掘不够。第三，商业化的倾向加重，把保护传统村落作为赚钱的方式，过于经济化。第四，将传统村落保护作为一种政绩一哄而上。

三　关于门头沟区古村落的保护与利用工作的建议

今年，北京市政协把北京传统村落的保护作为调研课题，将就北京市全局的传统村落保护问题向市政府提出建议。结合门头沟区传统村落保护的具体情况，北京永定河文化研究会特别提出我们一些不成熟的想法。

门头沟区的古村落群有几百年以至上千年的历史，有十分丰富的物质和非物质文化遗存，是农耕时代村落的活化石，是不可再生的宝贵遗产，具有非常重要的历史、文化价值和研究价值。保护这些古村落的根本目的是要留住中华民族文化的根，留住宝贵的物质文化和非物质文化遗产的传承空间。京西古村落群是北京最大的古村落群，它不仅属于门头沟，也是古都北京的重要组成部分。对这些古村落的保护，是要保住门头沟厚重历史文化中的精华；是要保住首都这颗璀璨的历史文化明珠；是要保住山区村民实现小康走向现代化的重要资源；是要保住首都人民的精神家园和温馨乡情。

在新型城镇化大力推进的背景下，门头沟区古村落群保护和利用的现状是喜忧参半。为此，我们特别提出以下建议：

（一）把门头沟区古村落的保护利用作为门头沟新型城镇化建设的特色

将门头沟区古村落群的保护利用作为门头沟新型城镇化建设的特色来认识和实施，符合门头沟区作为首都生态涵养区和西部综合服务区的区域功能定位，有利于门头沟培育旅游文化休闲产业这一新的主导产业，顺利实现经济社会发展转型，一定会得到各方面的认可和支持。为此，对新型城镇化与古村落保护利用之间的利害关系要全区上下达成共识，政府重视，人民自觉，凝聚合力，扎实推进。要将古村落的保护和开发利用问题作为门头沟新型城镇化的发展战略问题加以研究，坚持“科学规划、严格保护、合理开发、永续利用”的原则，制定出全面的保护开发规划与实施步骤，实行全区统筹。

（二）坚决落实有关政策法规和管理办法，切实加强对古村落的保护

做好古村落的保护与利用，不仅要有法可依，有据可查，还要坚持做到有法必依，坚决落实，不能使相关法规变成一纸空文。目前涉及文物、非遗和名城名镇名村保护的国家层面和北京市层面的相关法规都很健全，门头沟区也公布了《门头沟区古村落保护办法》和《门头沟区传统民居建筑修缮规范标准》，现在最需要的就是积极落实。层层落实区、乡镇、村委会和村民的保护责任，奖罚分明，迅速改变古村落不断遭受破坏的现状。

古民居是古村落最重要的组成部分，而古民居的保护难度很大。一是古民居数量多；二是维修材料缺乏，维修费用高；三是产权私有，难于管理。古民居的保护可以采用民办公助的方针，由国家和集体用奖励与资助的办法，在文化文物部门的指导下扶持村民自主维修古民居。要充分利用好经济奖励政策，建立监督指导机构，严格把握修缮好标准，坚决防止修缮性破坏、建设性破坏。

降低维修成本是古民居保护中的关键问题。古民居使用的青砖灰瓦，当年建造时就地烧制物美价廉。现在因为各种原因砖瓦石灰已经停烧，为了有效地保护维修这些珍贵的古民居，建议适量恢复石灰和青砖灰瓦的生产，以满足古民居维修的需要。同时招收当地的木瓦工，组建一支本区的古民居维修专业队伍，在文物部门的指导下进行工作。采取以上措施，可以大幅度地降低维修成本，保证维修质量。同时也保护了一批当地属于非物质文化遗产的手工技艺。

（三）从古村落自身特点出发，确立不同的保护利用发展取向

作为首都北京绝佳的文化旅游资源，针对门头沟区古村落群，一定要明确：因村制宜，保护第一，合理利用，慎重开发。

古村落的保护利用不仅要注意古民居、乡土建筑、村落景观的保护，还要关注古村神韵的保护。朴素的民风民俗是古村落的魂。既有沧桑的村貌，又有古朴的民风民俗才是真正意义上的古村落。门头沟古村落有着丰富的非物质文化遗产，在古村落的保护利用的过程中，传承优秀民俗，保持优良民风，既是精神文明建设的要求，又是村落利用得以持久的重要条件。古村落保护专家建议，在每个古村落建立一个小型的反映村落特点的村情的民俗展馆，收集乡土文物，对村内具有特色，并在地区有影响力的作坊给予修复，并介绍其生产程序，收集传统生产工具，做成展室，供后人参观了解。有可能的可以恢复传统产品的生产，打造有传统品牌的商品。对搞好古村利用具有重要意义，对此要及早动手，争取主动。民间文物的流失对古村落的保护与利用是不可弥补的损失，应引起高度重视。

在保护古村整体风貌的同时要做好基础设施建设，三线入地，电视电话网络畅通，公共交通便捷，民居舒适卫生，使村民能够享受现代文明成果。要尊重、鼓励村民对祖祖辈辈生活家园的由衷热爱，启发他们的文化自觉。京西古村落是山区人民世世代代创造的，古村落的保护与利用也一定要依靠当地人民。因村制宜地研究居民迁留的具体措施，做到宜留则留，不宜则走，合理安排居民生活，改善农民生活条件，提高古村保护水平。决不能采取简单迁走原住民的方式，不要把活态的古村落变成仿古度假村。

在尝试进行旅游利用时一定要处理好政府、企业和村民的三者关系，在利用路径上特别要注意三点：

第一，从村落的特点和文化背景出发，因村确定正确的利用发展方向。挖掘文化内涵，统一规划，突出特色，防止众村一面，低级重复，无序竞争。

第二，优势互补联合利用。门头沟不少地区具备村落联合利用的优势。区有关部门和乡镇发挥强有力的作用，以古村落为主的村落产业利用才能变为现实。

第三，把京西古村落的保护利用与沟域经济开发结合起来。整合各种旅游资源综合开发，用文化吸引人，用生态留住人，让游客在青山秀水中去探寻中国传统村落中传承至今的民俗民间文化。门头沟以古村落为基础的村落旅游开发可以与山水游、寺庙游、古道游、边关游、民俗游、红色游结合起来；与寻根、采摘、休闲、疗养等结合起来；把文化享受与吃住、娱乐、游购等时尚结合起来，走一条既有文化特色又重时尚的保护利用之路。

（四）申报北京古村落历史文化保护区，争取财政和人才支持

门头沟区应当积极申报北京市古村落历史文化保护区，争取中央和市政府各有关部门的支持，特别是北京市财政的支持。要综合利用政府对农村发展的支持资金，统一规划集中使用，提高资金的投入效果。同时要注意吸收社会贤达和文化人参与古村保护和新城镇建设。专家学者和当地文化人参与古村落的保护与利用，对提升古村落的文化品位、经济价值大有裨益。

目前，北京市各级政府、市农委、市文物局、市规划委等管理部门包括区县政府都已经认识到保护传统村落的重要性。我们在此呼吁：作为全国文化中心所在地的北京，一定要在传统村落保护与利用问题上切实有所作为，为全国传统村落保护做出示范，无愧于“首善之区”的光荣称号。

作者

张广林，北京永定河文化研究会会长。

侯秀丽，北京永定河文化研究会副会长。

北京传统村落文化遗产保护及民生改善

◎ 苑焕乔　刘丹

北京传统村落，具有丰富的文化遗产资源，是传承地域文化之根、承载城市居民乡愁的重要载体。目前,北京市已开展对传统村落的全面调查和规划保护工作,对于改善京郊农民生活具有重要现实意义。

传统村落具有丰富的文化遗产，不仅有各具特色的精美建筑，而且还有蕴含着民族精神及地域文化的无形文化遗产，体现了中华民族文化的生命力和创造力。北京传统村落文化遗产，作为中国文化遗产的重要组成部分，是地域文化和建筑艺术的物化档案，记录了北京社会发展和历史文化的脉络。

现代社会，高楼林立、污染严重、交通堵塞以及工作、生活的快节奏，使身处都市的人们倍感紧张、烦躁。随着传统村落文化遗产保护日益被重视，乡土建筑、风土民情，以及乡村舒缓的生活步调与田园自然风光等，对久居都市的人们有着强烈的吸引力，从而带动了乡村休闲旅游业的发展，改善了民生。

一　北京传统村落文化遗产现状

传统村落是指村落形成较早,拥有较丰富的文化遗产资源,具有一定历史、文化、科学、艺术、社会、经济价值，应予以保护的村落。

近年，由于工业化、城镇化进程的加快，以及农民为改善居住生活环境的需要，京郊许多传统村落或拆除、或重建、或改建，传统风貌遭受严重破坏。目前，北京市共有村庄 3985 个，现存的传统村落只有 50 余个，其中传统建筑比较丰富的村庄仅有 20 个左右，占全市村庄总数的 1.3%。

2012 年 8 月，北京市传统村落调查工作小组组织召开了专家评审会，邀请文物与保护、建筑与规划、民俗与文化等方面的专家，依照《传统村落评价认定指标体系（试行）》（建村［2012］125 号），对各区县上报的 83 个村庄进行了质量审核，确定了门头沟区斋堂镇爨底下、灵水等 52 个村庄为国家级传统村落的建议名单。

本市 52 个传统村落中既有传统建筑风貌保存较好的村庄，也有村落选址和格局保持传统特色的村庄，以及非物质文化遗产传承较好的村庄，还有一批村庄同时具有以上两种要素，个别村庄三种要素都具备。其中，传统建筑风貌保存较为完整的村落有 12 个，如：密云县新城子镇吉家营村、门头沟区斋堂镇马栏村等。传统建筑保存较好，村落格局保持传统特色的村有 20 个，如：房山区南窖乡的南窖、佛子庄乡的黑龙关，门头沟区斋堂镇的爨底下等村。非物质文化遗产传承较好的村有11个，主要有房山区石窝村的石作文化村落、昌平区后牛坊村的花钹大鼓、漆园村的龙鼓、密云县蔡家洼村的五音大鼓、怀柔区杨树底下的敛巧饭、通州区张庄村的运河龙灯等。传统建筑保存较好，同时非物质文化遗产传承较好的村落有6个，如：朝阳区高碑店村既有保存较好的运河码头，还有传承较好的高跷秧歌；门头沟区龙泉镇琉璃渠村既有保存较好的三官阁过街楼、万源同善茶棚等几十处历史建筑，还有传承较好的琉璃烧造传统技艺、京西太平鼓等非物质文化遗产项目。另外，房山区南窖乡水峪村（水峪中幡），门头沟区雁翅镇苇子水村（秧歌戏）、大台办事处的千军台村（千军台、庄户幡会）等既有保存良好的传统建筑和传统村落格局，同时还有传承良好的非物质文化遗产。

二　北京传统村落文化遗产保护

传统村落是北京市的稀缺资源，加大传统村落保护工作，既是传承地域文化之根、承载城市居民乡愁的重要基础，也是增加农民收入、改善民生的有效途径。近年，北京市在保护传统村落文化遗产方面开展了许多工作。

（一）建立传统村落档案

按照住房城乡建设部的要求，北京市农委组织相关区县主管部门，对第一批、第二批列入中国传统村落名录的13个村落，按“一村一档”要求，对传统村落的村域环境、传统建筑、村落选址及格局、非物质文化遗产、文献资料、保护发展基础资料等内容进行了认真的现场调查和资料整理，以文字、图纸和照片等多种形式进行记录建档，中国传统村落档案制作工作已完成，不仅将档案成果上报了住房城乡建设部，而且还反馈给区县、镇村，作为村庄档案的重要组成部分。

（二）编制传统村落保护规划

为加强传统村落保护工作，北京市农委于2013年下半年启动了第一批中国传统村落保护规划编制工作，第一批9个传统村落中爨底下、灵水、琉璃渠、焦庄户、水峪等5村已编制完成保护发展规划。2014年，北京市农委又专门安排100万元，委托规划院所对门头沟区三家店村、黄岭西村、苇子水村及延庆县岔道村4村编制保护规划，现今这4村的保护规划也已完成。

（三）利用媒体和培训等方式，加强传统村落保护宣传工作

首先，依托报刊、杂志和网络等媒体渠道，对传统村落的历史沿革、传统建筑特色、文化内涵等进行宣传。

其次，组织专题培训。北京市农委牵头组织传统村落保护发展培训班，邀请国内知名专家，对乡土建筑及传统文化价值、传统资源档案制作、传统村落保护发展规划编制、文物保护利用、产业发展、防灾减灾以及相关案例分析等内容对区县和乡镇的主管人员以及52个传统村落党支部书记（或村主任）等共计110人进行了专题培训，提高了基层干部对传统村落价值以及保护发展的认知，增强了保护意识。

（四）传统村落文物古迹、民居建筑和基础设施等得到修缮保护

北京市传统村落，包括已列入中国历史文化名村的爨底下、灵水、琉璃渠和水峪等，这些名村文物古迹、基础设施及民居建筑等已先期进行了修缮保护，其他传统村落也正在陆续修缮保护。

在加强传统村落文保单位以及传统建筑（含古民居）、井泉沟渠、古树名木等历史文化传承要素的修复和整治的同时，挖掘、整理传统村落非物质文化遗产，保护和利用好山水林田等自然景观和农村特色风貌。

三　北京传统村落文化遗产保护对于民生改善的影响

民生，简言之就是民众的生活、生计，主要是指民众的基本生存和生活状态，以及民众的基本发展机会、基本发展能力和基本权益保护的状况等等。做好传统村落文化遗产的保护，一方面是为了传统文化的传承，另一方面也是为了改善世代居住那里的农民的生活与生计。在有效保护传统村落文化遗产的同时，要通过修缮传统民居、文物古迹，改善基础设施和公共环境，发展观光休闲旅游和文化创意产业，最终使京郊农民提高收入，改善生活。

（一）改善生活环境

保护传统村落，围绕传统建筑保护利用、防灾减灾设施建设、水电和卫生等基础设施完善，以及村落自然生态环境维护等民生工程，带动了一大批相关行业的增长，稳定并扩大当地农民就业，同时也改善了农民生存生活环境。

（二）增加农民收入

利用传统村落民居建筑、文物古迹等文化遗产资源，发展休闲观光旅游和文化创意产业，扩大农民就业渠道，增加农民收入。

中国疆域辽阔，历史悠久，自然地理环境多种多样，社会经济环境不尽相同。在漫长历史发展过程中，各地形成了不同的民居建筑形式，这种传统的民居建筑深深地打上了地理环境的烙印，生动地反映了人与自然的关系。在中国各地民居中，北京传统民居建筑比较有特色。

京西爨底下民居，则是北京传统村落民居建筑的一个代表。爨底下是以村后龙头山为圆心，南北为轴线，呈扇形向两侧展开，俯瞰全貌形似“元宝”。爨底下民居以清代建筑为主，基本由正房、倒座和东西厢房围合而成，部分还有耳房、罩房，四合院主要分为山地四合院、双店式四合院及店铺式四合院。爨底下民居四合院，空间布局严谨，等级划分严格，建筑风格既有江南注重细节处理的建筑风韵，又有北方高宅大院恢弘整体的气势。广亮院，为爨底下村居中轴线制高点、地位最高的前后二进院，院内北高南低，前后院落相差约 5 米。其正房为全村唯一的五开间建筑，是韩家最高长辈居住的地方；南北二进院落分东、中、西三路，即三个相对独立的院，构成一个大四合院，共有 45 个房间，院外有围墙。由于这里并列设有三个样式相同的大门口，被称为“韩家三大门”。它除具有北京四合院的基本型制外，还具有军事古堡特色，被誉为京西的“布达拉宫”。门头沟区爨底下村，通过发展

观光休闲旅游，使这个村获得新的生机。据不完全统计，2013年爨底下村接待游客近50万人次，农民人均纯收入超过3万元。

此外，传统村落文物古迹，也是游客观光游览必去之处。农耕文明时代，由于人们对超自然力的顶礼膜拜，庙宇建筑成为人与神灵沟通的场所，也是人们精神寄托的载体，如关帝庙、娘娘庙等，旧日村民求财到关帝庙；求子到娘娘庙；求神护佑平安到观音庙等。对久居喧闹都市的人来说，到传统村落走一走，发思古之悠情，兴怀旧之遐想，可以享受回归自然、天人合一的田园生活。

（三）保护和传承传统技艺，发展文化产业，拉动经济社会发展

北京历史悠久，有三千多年建城史，八百多年建都史，传统村落拥有内容丰富、种类繁多的传统技艺，如琉璃烧造、菊花酒酿造、黄芩茶制作、烹饪等，保护传承这些传统技艺，发展文化产业，对传承北京优秀地域文化，拉动经济社会发展，具有重要意义。

北京琉璃渠村琉璃烧造技艺，源自元代，但一直承袭清朝工部规制（即中国标准的官式做法）烧造，因此被视为传统琉璃的正宗。琉璃渠的琉璃烧制十分考究，其琉璃制品远观有势，近看有形，线条优雅，装饰精巧，寓意深刻，色彩秀美，刚柔相济，形神兼备。一件琉璃制品一般要经过20多道工序，花十余天时间才能完成。采用这种工艺烧制出来的琉璃制品，具有工艺、釉料、造型独特等特点，堪称中华一绝。琉璃渠的琉璃制品，由于制作工艺精细繁复，且制品具有丰富的文化内涵，为宫廷、官家、寺庙等专用，因此具有很高的使用、欣赏和收藏价值。同时，由于琉璃渠村的琉璃烧造技艺秉承了皇家琉璃制作的形制，北京故宫、皇家园林、宗教寺庙等古代建筑的修缮维护等，都离不开琉璃渠村琉璃，因此，琉璃烧造传统技艺及相关公司产业发展，扩大了就业，改善了本村农民生活。

（四）传承节俗文化，建立和谐社会，弘扬公共道德

我国传统节俗文化中蕴含着丰富的人文精神，需要大力挖掘和弘扬。节俗文化是中华民族传统文化的精华，是民族精神的集中体现，也是人们集体认同的产物，在构建和谐社会和弘扬公共道德等方面发挥着重要作用。

北京门头沟区斋堂镇灵水村，是京西古道旁一座具有千年历史的传统村落，也是国家级历史文化名村。康熙七年，斋堂川大水，二十一年大旱。灵水村举人刘懋恒父子先后捐谷三千七百余石，救活（宛平斋堂川）万余人。为纪念刘懋恒举人的善行义举，灵水人每年在立秋日举办"秋粥节"，传承至今已有300多年，吸引广大民众参与、共享，其根源在于它是美好人性的体现，它承载着中华民族的思想精华，是"为富也要仁"的中华民族道德价值观的体现。

"和"是中国传统文化的主流思想和核心价值观。在中国传统社会一直占主导地位的儒家思想，将"和"作为其进行政治、伦理及个人修身、处世的准则。"和为贵""天人合一""和而不同"和"求同存异"等，体现了中国人对"和"文化的追求和向往。灵水"秋粥节"俗，是传统"和"文化在京西的具体体现。

（五）充分发掘本土文化资源，丰富农民文化生活

据2013年统计，北京市郊休闲旅游达九千万人次，其中传统村落文化休闲游人员占很大比例。

农村经济发展了，农民的精神文化生活也应得到最大限度地满足。结合文化休闲旅游，发掘本土文化资源，指导并丰富农民文化活动。

第一、传承乡土文化，充分发掘具有本地特色的文化资源，如诗词歌赋、书法、音乐、雕刻、绘画、舞蹈等，使本土文化发扬光大。

第二、各级政府尤其是乡镇政府，一定要高度重视农民的精神文化生活，乡镇干部要支持、鼓励、引导并参与民间自发的文化活动，如京西太平鼓、五虎少林、中幡等，以丰富群众文化生活。

第三、乡镇文化站要定期组织农民文化体育艺术团体，开展乡镇之间的文化交流活动，培养一批热心公益的民间文化艺人，帮助他们增长本土文艺知识。

参考文献

[1] 苑利、顾军：《非物质文化遗产学》，高等教育出版社，2012（40–41）。
[2] 苑焕乔：《古文献里的中国琉璃之乡》《前线》2013（1）。
[3] 苑焕乔：《“举人村”之“秋粥节”》《前线》2013（6）。
[4] 苑焕乔：《京西古堡民居 -- 爨底下》《前线》2014（8）。
[5] 百度百科网站（http://baike.baidu.com/subview/752920/6797384.htm）。
[6] 顾森：《关注历史，关注传统，关注民生》《民间文化论坛》2012（3）。
[7] 于波：《关于北京市传统村落保护有关情况的汇报》（会议发言稿）。

作者

苑焕乔，北京联合大学北京学研究所。
刘丹，北京联合大学北京学研究所。

关于门头沟区古村落保护与开发的思考及建议

◎ 顾大勇　陆文洋

一　研究史回顾

尹钧科先生在《北京郊区村落发展史》中对北京周边村落的形成与发展进行了系统性的描述与研究。该书对这些村落形成的历史、成因、名称由来及特点作了详细的资料征引与论述，展现了北京周边古村落所包含的历史文化底蕴[1]。

业祖润先生在《北京爨底下古山村保护与旅游开发探讨》一文中详细阐述了对门头沟区爨底下古村落进行规划设计保护的过程，并对如何通过旅游开发利用爨底下古村落进行了建设性的探讨[2]。

清华大学刘嘉先生在“古村落保护方法及实例”课件中列举了国内外权威学者们对古村落的定义以及国内外的宪章、法规。指出了目前我国古村落保护与利用所面临的疑难与困顿。总结了各国对古村落的八种保护办法。并以爨底下古村落——“独具特色的社区主导的遗产旅游发展模式”为实例进行了个案分析，指出了这些村落在保护与开发利用中的成功之处与瓶颈所在[3]。

邹统钎、李飞在《社区主导的古村落遗产旅游发展模式研究——以北京市门头沟爨底下古村落为例》一文中亦提出了爨底下古村落的保护与开发是以“社区主导”的旅游发展模式[4]。

中国地质大学孙克勤先生在《北京门头沟区古村落遗产资源保护与开发》一文中全面而详细地介绍了门头沟区古村落的文化遗产资源，并进行了深入而系统的分析。总结出门头沟区古村落文化资源丰富的特点，并列表进行说明；并在（SWOT——优势、劣势、机遇、威胁）学术框架下进行学术分析。最后提出了具体的保护与开发对策[5]。

同济大学王云才等学者在《可持续利用模式探讨——以北京市门头沟区传统村落的调查研究为例》一文中提出了“传统村落”的概念。该文有意识的结合了北京门头沟区近几年对区域内村落的政策调整与搬迁现状，总结出门头沟区域内传统村落分布广泛、聚落空间集中成片、山地完整、保存了比较完整的历史文化系列的特点，并专门指出了山地四合院为独具价值的乡土建筑，从各个方面分析了门头沟区传统村落的特点，并提出了独特而系统的见解[6]。

2005——2006 年门头沟区政府组织展开了门头沟区古村落调研，由永定河协会的刘德泉、张守玉撰写出调研报告《门头沟村落文化调查的实践及其意义》，以此为依据写出提案《关于我区古村落文化的浅探及保护与开发的建议 》[7]上报区政协，文章全面总结了门头沟区古村落的文化资源，在分析了古村落成因与分布特征后将文化进行了细致的分类，并大致指出了各个古村落的文化特色，并在文章最后提出了保护开发利用古村落的一些合理建议。

2009 年陈甲全撰写了《北京西部山区古村落保护与开发研究——以门头沟区琉璃渠村为例》[8]与《门头沟区古村落空间分布形态研究》[9]；2011 年孙瑶撰写了《北京门头沟区山地传统村落街巷空间形态构成研究》[10]；谷兴华撰写了《北京灵水古村落公共空间研究》[11]；2012 年牛丹丹、段渊古撰写了《古村落文化遗产保护与旅游开发研究——以京西灵水举人村为例》[12]；2013 年顾大勇撰写了《北京门头沟区古民居调查报告》[13]。上述论文与文章从不同角度进行了分析研究，涉及古村落的个案分析、村落的街道形态等公共空间以及古村落古民居的建筑特点，为门头沟区古村落的保护与开发提供了理论研究与实际运作两方面的参考。

这些研究成果无论从理论范畴还是实际可操作性上都为门头沟区古村落的保护与利用提供了多向度支撑。目前，门头沟区古村落的很多实践基本是采纳了这些学者的研究成果。在具体的实践过程中，一些学者的观点与建议也进一步得到实践的检验与反思。如企业开发介入古村落保护与开发的程度过大等问题逐渐引起各方的重视。

二　城镇化背景下门头沟区的古村落保护与开发

门头沟区的古村落保护与开发正处在新农村建设与城镇化建设的大背景下，同时也获得了在国家发展战略驱动模式下的发展机遇。

追求民族复兴，寻求民族的身份认同，加强全球范围内中国传统文化的竞争力等等，这些目的都使得古村落的存在所代表的传统文明本身就像是一座中华民族在历史前进中的神圣纪念碑。对于现在的人们来说，出去的可以回来寻找“乡愁”，还没有出发的可以以此为起点走向世界，复兴传统，再塑中国文化的辉煌[14]。

我们对古村落的保护是系统性保护，而不是没有丝毫改变的“僵尸保护”。对传统风貌、公共空间的关键节点、传统建筑的屋顶形式、立面色彩与整体建筑的安全、原住民的生活体验以及具有天人合一特性的自然人文环境等方面的保护才是古村落保护的精髓所在。

古民居的内部装修在确保安全性的前提下，完全可以大胆引进城市文明中实用、方便、卫生、高端、信息共享等现代化的设施。

城市文明元素与古村落文明元素的交相辉映、水乳交融才是一道亮丽的文化风景线[15]。

门头沟区是一个山区，区域面积为 1455 平方公里，其中 98.5% 为纯山区，有 100 余座海拔 1500 米以上的山峰，在大山拥抱中共有 189 个行政村，包含有 563 项文物古迹。

因此，对于旅游开发来说，交通不便的问题就显得十分突出。目前仅有一条 109 国道通往深山区。

任何问题都是有两面性的，也正是因为不易抵达，大山深处的古村落才较好的保存了下来。解决交通方面问题所需的投资成本会很高。交通便利之后对于古村落的保护又会增加很大压力。

由此，我们建议修建的公路不要直接抵达古村落，应保留 1—2 公里左右的原始交通风貌，展现路边绿植、田园风光，以增加游客的猎奇心理，预留出游客融入古村落的调整时间，同时也预留出适当的空间便于控制游客数量。

北京市缺水，门头沟区的山区古村落也面临严重缺水的问题。经调研，我们发现，门头沟区域内有的古村落的水资源还不错。比如：黄岭西、沿河城、塔河、碣石等村。这些村落在开发利用时应重点关注。其他缺水的古村落若要开发，在规划中应加强基础水利设施的建设。

另外，门头沟区古村落多处于逼仄的山谷中，面积狭小。在保护古村落时，要建立游客控制系统，避免因为游客数量的猛增造成对古村落的破坏。

三　门头沟区的古村落保护与开发的现状

门头沟区的古村落保存了很多原真性的文化遗产，包括物质的与非物质的。这些无疑是极其宝贵的文化资源。但这些文化遗产在开发利用时面临着保护性的细化与加强的问题。

目前公布的门头沟区境内的国保单位为1个：爨底下村；历史文化名村有3个：爨底下村、灵水村、琉璃渠村；全国传统村落有8个：爨底下村、灵水村、苇子水村、黄岭西村、马兰村、千军台村、琉璃渠村、三家店村；市级文化保护区有2个：爨底下村、三家店村；门头沟区的古村落有33个，占北京市的68%；区级文保的古村落有10个：三家店村、琉璃渠村、苇子水村、爨底下村、灵水村、杨家峪村、黄岭西村、碣石村、燕家台村、张家庄村。

为了古村落的保护与利用，门头沟区政府在2012年出台了《门头沟区古村落保护办法》、《门头沟区传统民居修建手册》，还制定了相关的奖励办法[16]。

为了更好地保护与开发利用门头沟区的古村落，需要原住民积极地参与进来，笔者建议政府应当出台相关政策奖励与村委会签订“古民居修缮委托书”的村民（古民居所有人）。另外，要严格按照相关法律规定与专业要求对古民居进行修缮。如此或许可以解决古民居私有权与专业修缮所具有的公权力之间的矛盾[17]。

四　在门头沟区古村落保护与开发中如何保持可持续发展问题的建议

目前看来，门头沟区域内大多数的古村落基本是按照“原生态式保护”与“旅游开发式保护”的模式进行保护的。

以爨底下村为例，有些学者将爨底下村的保护与开发利用模式总结为“社区主导的旅游开发式保护”模式。此模式带来了不错的成效，也带来了不少的问题。爨底下村的过度开发与文化底蕴挖掘不足的现象引起了相关学者与当地政府的重视。一些学者与专家也撰写了论文进行了专门的分析研究。

因此，就门头沟区古村落的保护与发展的可持续性问题，本文有以下几个建议。

（一）改变古村落周边的人文生态环境

若想让门头沟区的古村落很好的保存并可持续发展，改变古村落周围的人文生态环境是十分关键的事情。

我们建议可以尝试在门头沟斋堂、清水、雁翅等地区建立一所区域大学，让学校的文化氛围与古村落的传统文化水乳交融。

区域大学的成立能够保证古村落周边文化品级的升格，持续的高素质人群的文化关照与交流也能保证古村落原住民的经济收入。古村落内原住民得到再次教育的机率也随之增加，使得古村落中原本就重视诗书传家的儒家文化得到很好的传承。

设立大学的目的之一就是确保古村落的旅游开发能够得到稳定人群的支持。学生们在学习之余可以欣赏到真山真水、古镇古村，古村落也能够有稳定的经济收益。

（二）对于本区内旅游开发项目的选定要进行充分调研，确保该项目能与本区的整体风貌契合

本区古村落大都位于深山区，山区为天然氧吧，自然条件优越，环境安静，利于疗养休闲。社会上老人赡养问题将越来越凸出，承接部分北京市的养老职能亦是合理的，这样也不愁没有客源。

因此，因利就便将本区内符合条件的古村落改造成疗养院，进行规模化建设，按照需求进行高、中、低端搭配进行开发。另外，配套的医疗中心也应择点设立。

（三）打造古村落特色文化旅游

（1）凸出古村落周边有特色的自然文化资源

门头沟区是北京的后花园，区域内的古村落周边的自然文化资源丰富优美。山水之乐是游客们探访古村落的重要心理诉求。因此，深入挖掘古村落周边的自然文化资源是十分必要的。

经过仔细调研凸出其特色是古村落开发利用必须要做的事情。比如：将古村落周边富有特色的花卉林木集中成片展示，以规模效应达到吸引游客的目的。

再如：可以展开以古村落为节点的古道文化旅游。据统计，门头沟古道总长度达 684 公里。我们可以利用丰厚的古道文化资源，结合山地徒步大赛等体育比赛项目以健康绿色出行为目的展开古道深度游，游客们可以在古村落食宿，补充给养，熟悉本地的村民可以提供向导服务（古道游成规模后可以由相关专业部门组织定期培训村民向导，让他们持证上岗）。在距离古村落较远的野外可以设立露营基地，让游客可以放心尽情地深度游玩。山地古道游一定要注意安全，沿途的基础设施一定要布置到位。设立专门营救队，由村民与专业救援队联合组成，保证在游客遇险时能及时救援。

（2）重点打造以古村落群为红色旅游的教育基地。

通过对门头沟区古村落内保存的文化资源的调研，参考《门头沟文物志》与《北京门头沟村落文化志》的内容，我们发现，红色文化是门头沟区大多数古村落的共有文化。因此，在开发利用古村落时，我们建议应挂靠红色文化，重点打造以古村落群为基地的红色旅游，进一步凸显北京的政治中心地位，弘扬京西宝贵的红色革命传统文化。吸引人群为全国各地的政府机关来京旅游的人员，以及学生、军人等游客群体。

（四）应加强古村落内的传统文化

（1）挖掘特色文化亮点，细化、精品化古村落中优秀的传统文化，形成卖点，然后在旅游中重视游客的互动体验。

趁着城镇化的契机，强化、细化、精品化古村落内原有的传统文化是决定古村落旅游开发能否盈利的关键。

国家文物局励小捷局长在国家文物局传统村落整体保护利用工作会议上的讲话中指明：“传统村落由古至今一直在用，是一种活态文物，不但生动记录下了农耕时代遗留下来的各类历史记忆和劳动创造，而且对于已整体步入工业化时代的中国，仍然创造着农村走向现代化的历史，是承接过去与未来的重要载体。还要看到，传统村落保留了大量的非物质文化遗产，富含中华优秀传统文化的许多重要元素。例如在村落形成和建设过程中讲求‘天人合一’，对水土、林木、鱼兽等取之有度。又如各类家风祖训、村规民约都包含了‘忠孝节义’等内容。其中‘孝’道产生于家庭，延展至社会，形成了中国传统文化所特有的忠孝两全的品德架构，以及修身、齐家、治国、平天下的价值追求。这些传统价值观和精神特质的产生都离不开乡村这一土壤，直至今天，依然具有强大的穿透力，继承这些优秀传统文化，对于构建当代社会主义核心价值观具有重要意义。此外，传统村落中保存的民间艺术、手工艺制作、服饰、饮食、礼仪等习俗，又成为传统道德体系和价值追求的物化载体。体验这些民俗，可以使人们具体生动地触摸历史传统。[18]”

因此，确保古村落中优秀传统文化元素的活化，我们应该挖掘出闪光点。然后仔细包装，精耕细作，形成旅游开发中的卖点。

在这些卖点形成后，一定要重视游客的体验。让他们与自然环境进行互动、与古村落内视觉景观进行互动、与村民进行交流互动以及游客与游客之间进行互动等等。这些对古村落内文化卖点的体验与互动是让古村落在旅游开发中活化的最重要的因素。

如灵水村秋粥节、举人文化；爨底下村的转灯场等；非遗项目的展示与参与：太平鼓、琉璃烧造、妙峰山庙会、古幡乐、苇子水秧歌戏等。

这些互动可以将古村落内原住民的日常生活的惯习展示给游客，由这些惯习加上古村落的传统风貌形成的地方感暗示与激发游客内心的乡村归属感，也就是我们所谓的“乡愁”，从而得到一种心灵上的慰藉与放松。

布迪厄认为所谓“惯习”就是人类本身的一种社会化了的主观性，是一种主体与客观世界之间的相互“占有”。惯习具有心理结构上的亲和力，无需借助任何集体性的“意图”或是自觉意识，便能够产生出客观上步调一致、方向统一的实践活动来[19]。

若不能因为惯习而产生一种地方性，那么游客就不可能在内心激发出强烈的归属感与文化认同感。因此，瑞尔夫在《地方与无地方性》中这样说道：“内在于一个地方，就是归属并认同于它，你越深入内在，地方化认同感就越强烈”[20]。

（2）在保持传统风貌的前提下，采取多种文化元素协调混搭的手段加强村落文化。

在城镇化背景下，当我们找到古村落可以开发利用的闪光点后，要调动一切可以调动的文化资源（包括城市文化、其他的中国传统文化、西方文化元素等等）与古村落内最具亮点的传统文化或自然景观文化进行配合、补充，形成该村落内文化品级内涵与外延的扩充与升级。当然，前提是要有文化协调感，不能生搬硬套，破坏古村落文化的传统审美。

正如国家文物局局长励小捷在关于“古迹活化”的讲话中所说：“文物古迹的活化利用一定要遵循以下几点：一是凡能用于文化展示的就不用于商业之目的，凡是能够坚持公益性的就不搞经营；二是需要和有条件进行产业开发的，优先安排文化旅游和创意产业；三是适合商业用途比如办餐馆、旅店的，也要注重突出建筑遗产的历史、地域价值与特色，彰显文化元素；四是无论何种利用形式，都不能违背公民教育的准则和社会道德的底线。”

因此，在保持原有传统古村落的风貌的前提下，完全可以尝试将文保单位之外的某些古村落规划成农家乐、酒吧、茶馆、表演场所、学习教育基地、影视基地等可升级利用的形式。

五 结语

国家文物局在“全国重点文物保护单位和省级文物保护单位集中成片传统村落整体保护利用工作实施方案”中提出：“产业发展、村民富裕是传统村落整体保护、可持续保护的前提。要在县政府的指导下，因地制宜、因村制宜，乃至因户制宜，确定每个村落的产业发展方向。提升传统种植业，鼓励发展特色手工业，指导与旅游业配套的餐饮、住宿等服务业的发展。产业发展要以增加村民就业，提高群众收入为目的，要与村落的文物保护、环境承载力相契合，防止过度开发。”

“文物部门的专业团队要重点做好对传统村落历史文化价值研究，以研究成果指导规划编制，突出特色，防止盲目开发，千村一面。[21]”

上述两点为我们指明了在古村落保护与开发利用工作中努力的重点方向。

参考文献

[1] 尹钧科：《北京郊区村落发展史》，北京大学出版社，2001年。

[2] 业祖润：《北京川底下古山村保护与旅游开发探讨》《北京建筑工程学院学报》1999，15（1）：1—10。

[3] 刘嘉：《古村落保护方法及实例》，2012年，清华大学课件，网络资源。

[4] 邹统钎、李飞：《社区主导的古村落遗产旅游发展模式研究——以北京市门头沟爨底下古村落为例》《北京第二外国语学院学报》（旅游版），2007（5）：78—86。

[5] 孙克勤：《北京门头沟区古村落遗产资源保护与开发》，载于《地域研究与开发》2009年8月第28卷第4期，P73—76。

[6] 王云才、郭焕成、杨丽：《可持续利用模式探讨——以北京市门头沟区传统村落的调查研究为例》《地理科学》2006年12月第6期。

[7] 门头沟区区政府：《门头沟古村落生态文化资源及其开发前景的研究》，2008年；刘德泉、张守玉：《门头沟村落文化调查的实践及其意义》，政协文史，2007年；门头沟区政协学习与文史委员会：《关于我区古村落文化的浅探及保护与开发的建议》，2007年。

[8] 陈甲全：《北京西部山区古村落保护与开发研究——以门头沟区琉璃渠村为例》，2009年，中国科学院地理科学资源研究所硕士论文。

[9] 陈甲全等：《门头沟区古村落空间分布形态研究》，豆瓣网资料。

[10] 孙瑶：《北京门头沟区山地传统村落街巷空间形态构成研究》，2011年，北京建筑工程学院硕士论文。

[11] 谷兴华：《北京灵水古村落公共空间研究》，2011年，北京建筑工程学院硕士论文。

[12] 牛丹丹、段渊古《古村落文化遗产保护与旅游开发研究——以京西灵水举人村为例》《湖北农业科学》2012年第51卷第10期，2058—2064。

[13] 顾大勇：《北京门头沟区古民居调查报告》，中国文物报，2013年。

[14] 李文兵：《国外传统村落旅游研究及对我国的启示》，中国传统村落网，2013年3月；赵荣：《切实做好城镇化进程中的文物保护工作》，《中国文物报》2014年3月19日第3版；傅斌：《社区博物馆与城镇化过程中的社区文化建设》《中国文物报》2014年3月19日第五版；国务院办公厅：《关于改善农村人居环境的指导意见》，2014年。

[15] 国家文物局：《关于切实加强中国传统村落保护的指导意见》，2014年。

[16] 门头沟区文委编：《门头沟区古村落保护办法》《门头沟区传统民居修建手册》，2012年。

[17] 王珺、周亚琦：《香港“活化历史建筑伙伴计划”及其启示》《规划师》2011年第4期。

[18] 国家文物局局长励小捷：《在国家文物局传统村落整体保护利用工作会议上的讲话》。

[19] [法] 布迪厄、[美] 华康德著，李猛、李康译：《实践与反思：反思社会学导引》，中央编译社，2004年，第179—181页。转引自张青：《城市化进程中农村居住形态的转变研究——从村落到农民集中居住区》，华东师大2008年硕士

论文，引自网络硕士论文库。
[20] 瑞尔夫：《地方与无地方性》（Relph, E: Placeness, London: Pion, 2005Vol: 21, 1976）。转引自张青：《城市化进程中农村居住形态的转变研究——从村落到农民集中居住区》，华东师大 2008 年硕士论文，引自网络硕士论文库。
[21] 国家文物局：《全国重点文物保护单位和省级文物保护单位集中成片传统村落整体保护利用工作实施方案》，2014 年；国家文物局：《关于切实加强中国传统村落保护的指导意见》，2014 年。

作者

顾大勇，北京市门头沟区文管所。
陆文洋，北京市门头沟区文管所。

门头沟的传家宝
——谈京西古村落传统建筑装饰

◎ 魏宇澄

自2003年至2009年，我们用六年时间走访拍摄和调查北京的古村落。由于在拍摄过程中逐步地体会到，在北京地区，随着城市化的进程，周边很多的村落逐渐消失，而在京西门头沟则较为集中完整地保留了明清以来的古村落。因此，我们将目光重点集中在了门头沟，不仅拍下她的大山、古村、古树、古井、老碾……还重点对门头沟古村落的传统建筑装饰文化进行了深入细致的研究。

一 门头沟古村落建筑装饰的重点

在门头沟古村落的传统建筑装饰中，重点主要有以下几方面：

（一）门楼

在徽州民居中有“千金门楼四两屋”之说，可见人们对门的重视。门是门脸，是建筑的门面，是建筑与外界联系的出入口。过去门是主人等级地位和经济实力的象征。围绕门的装饰包括：门簪、门联、门楣、门罩等。

门簪位于大门的上方，一般两颗或四颗，有圆形、六边形、四角形、菱形、花瓣形等。门簪的正面雕刻题材有吉祥文字，福、寿、吉祥、平安等词组。在门头沟一些古村落中，还有很少见到的题字门簪。比如灰峪村一户宅院两门簪分别是“一”“善”，即一善压百恶的意思。还有另一户的四颗门簪写的是“攸”“往”“咸”“宜”，表达了一种处世的心态。也有的门簪则是直接雕花，包括葵花、牡丹、葫芦等纹饰，比较讲究的则在雕刻的基础上涂抹油彩。

门联在北京民俗中，则与门墩、门雕一样，是北京胡同里的一“宝”。它将诗情画意与建筑情趣共生，借古喻今，规劝言志。门头沟古村落中，大门上典型的门联有“山河气象新，读书旧家声”“春秋多佳日，瑾瑜发奇光”“孝友征家庆，读书启世昌”“忠厚传家久，诗书继世长”等。在灰峪村一个宅门上的门联，上联是“麒麟凤凰出处皆为是瑞”，下联是“芝兰玉树芳馨自应家微”，横批“斗柄回寅”。

门楣是大门门框上方的横向构件；门罩是在门的上方与门同宽的木雕装饰。门头沟古村落中的门

图1　三家店博古纹门楣

图2　台上村福字影壁

楣装饰主要是砖雕。在大门的门楣上使用万字纹图案是最为常见的，万字相连如人们所说“万字不到头”，象征绵长不断。也在一些显赫的大院门楣雕饰繁缛精美，四季花卉、珍禽瑞兽、市井人物、博古图、四艺图等有机组合。门罩在门头沟古村落里有很多遗存，纹饰主要有狮子滚绣球、富贵牡丹、福到眼前等，也有简单的网格纹，有的则漆上亮丽的颜色。在西胡林一处老宅的木雕门罩，是由鲤鱼和莲花组成，莲花盛开，鲤鱼跳跃，寓意连年有余。

门枕石主要有抱鼓石和箱式方礅两种。在门头沟，抱鼓石数量相对箱式方礅要少。抱鼓石的图案以转角莲花最为常见，鼓上多有趴狮。特别值得一提的是，在牛战村还可以见到木雕的圆鼓。方礅纹饰以刻字最为普遍，也有正面为字，侧面则是吉祥动物或花卉。刻字的有：吉、祥、鸿、禧、寿、福、禄等。侧面雕刻的吉祥动物主要是鸡、羊、鹿、鹤、牛、马等。当然也有牡丹、荷花等花卉图案。

（二）影壁

影壁是中国传统建筑中非常典型的建筑构件，门头沟以山区四合院为主，影壁是不可缺少的。影壁多以砖雕为主，少数有石雕的。影壁有内外之分，门外影壁坐落于大门之外，实际在大门的对面，有一字式、反八字式、三滴水式、燕翅式等。门头沟的影壁多为门内影壁，外影壁在各个村落中也屡见不鲜，一些大的宅院都可看到，杜家庄、李家庄、杨坨、担里、上苇店、齐家庄、川底下、苇子水等，装饰相对简洁，壁心以文字见多。壁心分硬心、软心，硬心影壁用方砖斜拼磨砖对缝，正中刻有文字、花卉或吉祥图案；软心是将壁心用白灰抹墙写字或绘上壁画。影壁的四角也称岔角。门头沟的影壁软心、硬心都不少见，四角的岔角花都很精致，主要有拐子龙、凤纹、莲花纹等，最精美的当属三家店殷家大院的影壁，中间是盛开的牡丹，四角分别是三阳开泰、封侯挂印、鹤寿延年、松树和鹿的砖雕图案。

（三）窗

窗是建筑的眼睛，与建筑风格及整个建筑和谐一致。过去房子的窗是没有玻璃的，是用木棱条组成的木制窗格，糊上白纸，起到阻断空间和装饰空间的作用。木格的组合各式各样，有万字纹、灯笼框，盘长纹、步步紧、一马三箭等。门头沟以直棂窗见多，也有嵌上精致的花纹，如梅花、蝙蝠等，疏密得当，古朴雅致。在清水镇两个明代就已成村的村落，有比较精美的，由瑞兽组成的图案，一组是象征美满如意，寓意四世同堂的凤凰与祥云，以及狮子滚绣球的团花；另一组是鸡和鹿象征大吉大利，这是很少见的。

图 3　达摩村狮滚绣球木窗

图 4　燕家台阴阳鱼博风头

（四）博风头

博风头指山墙上部博风板与墀头交汇的砖雕装饰。门头沟古村落的博风头多姿多彩，有动物、花草及其他吉祥纹饰。有的图案复杂，小小的博风头涵盖了福、寿、吉祥等多种内容；有的则简单，以线描刻画出动物或花卉的轮廓造型即可。一枚铜钱、一朵小花线条简单，不失精美。太极图是门头沟古村落的博风头中常见的图案，人们认为太极是万物之本源，一生二，二生三，三生万物，阴阳平衡，太极纹饰能避免灾难。

（五）屋脊

屋脊高高在上，也是砖雕装饰最为突出的地方。门头沟古民居的屋脊一般有清水脊和皮条脊，装饰基本是砖雕为主。屋檐配以各式瓦当滴水，装饰多为花草和吉祥动物。清水脊两端有蝎子尾高高翘起，蝎子尾下点缀各式砖雕，压在蝎子尾下的花砖雕饰称平草，也有陡立的砖雕造型称跨草，更具韵味和立体感。跨草在屋脊的装饰中每一侧的纹饰往往不同，如一侧是菊花，另一侧是莲花或其他纹饰，一般装饰数量对称，或四组，或五组等。一些大的宅院，连排的两房之间用大块的砖雕相衔接，砖雕

图 5　张家庄脊饰

的图案有盘长、花卉、文字等，文字一般多为福、吉、禄、祥等。

（六）门神龛

门神龛是供奉门神的龛位。大门上贴门神是中国民间的普遍现象，历史悠久，为的是驱邪以保门户的安宁。在门头沟斋堂、清水的地区的村落里，不仅可见贴门神，设门神龛也是其独特的现象。在百花山下的古村落有两户民居的门神龛，两侧雕有“早晚一炉香，晨昏三叩首”的字样，横联雕的是“供奉”二字。

门神龛一般在大门外的右侧墙壁上，青砖砌筑而成，有的简约，有的繁复。龛位是一个长方形的砖孔，宽和进深约有 10 厘米。简约的门神龛工艺是线刻或平雕，有的甚至是在砌墙时留一孔而已，但讲究的在门神龛周边有精美砖雕，在龛位的底部雕上盛开的莲花、牡丹，也有石榴、桃子等，门神龛四周雕有云纹、缠枝纹等。

图 6　杜家庄门神龛

图 7　三家店富贵花篮垫花

（七）墀头

墀头是硬山山墙突出于檐头的装饰部位，是砖雕艺术表现的重点。墀头上部的戗檐是一块垂直的方砖，是整个墀头中最抢眼的地方，雕刻也最精美。戗檐的砖雕内容一般是花卉和瑞兽图案，寓意吉祥富贵。讲究的在盘子底下还有垫花。垫花通常是丰满精美的花篮。门头沟戗檐砖雕有鹿鹤同春、喜鹊登梅、凤戏牡丹、鹌鹑荷花、松鹤延年等，戗檐上文字纹是不多见的，上清水村则有几处老房的戗檐是文字纹，而且是两个字组成的词组，有“百福”“骈臻”“山明”等。

此外，在灵水村和赵家台村发现了与众不同的墀头雕饰。灵水村3号的墀头，中部雕有细腻的人物故事；赵家台的一个四合院，整个墀头通体有方框，方框内四角有角花，中间部位两侧分别是牡丹和莲花，独特简洁。

图8　台上村“诗书继世长”角柱石

（八）角柱石

角柱石是墀头最下方的部位，也叫墙腿石。墙腿石是最容易受到损害的构件，也是重点进行装饰的构件。门头沟的墙腿石都是就地取材，雕饰的内容百花齐放，两侧对称，主要题材有喜鹊登梅、牡丹富贵、连生贵子、一品清廉、四艺图以及文字图案等，也可见到琴、棋、书、画等纹饰。门头沟村落里在角柱石上雕刻的文字有“门庭清且吉，家道泰而昌”“东壁图书、西院翰林”“发福生财地、堆金积玉门”“福如东海、寿比南山”等。另外还有不少角柱石雕刻的是几何纹，如万字纹等。

以上是门头沟古村落建筑装饰的重点内容，但实际上门头沟的建筑雕饰之丰富，还不止这些。比如三家店的殷家大院、杜家庄村民居、上清水村民居等还可见到砖雕精美的山花等，在此不做详述了。

二　门头沟古村落建筑装饰的文化内涵

传统建筑无论是民居，还是王府；无论是寺庙，还是皇宫，任何建筑及其装饰都是人们的理念与追求的反映，任何有生命力的建筑都是有思想的建筑。

门头沟地区的古村落不少是明清以来沿袭下来的，中国传统文化在门头沟古村落的建筑装饰中得到了体现。这既包括政治制度，也包括审美观念、道德观念、伦理观念、价值观念、哲学思想等。大体上可以将门头沟建筑装饰的文化内涵归纳为两大点：

第一，门头沟的古村落中儒家的忠孝仁义；佛教的因果报应；道家的阴阳等，在各种装饰题材与各种建筑载体中相辅相成，浑然一体，是中国传统思想儒、释、道的体现。

如门头沟地处京西，山地四合院因地制宜，延伸了京城四合院的灵魂，天人合一，崇尚自然，主次分明，对称和谐，尊卑有序，聚而不乱。

在门头沟民间有“先有潭柘寺，后有北京城”之说。被誉为天下第一坛的戒台寺，京都第一寺的潭柘寺，金顶妙峰山娘娘庙都在门头沟。在明清两代鼎盛时期几乎村村都有寺庙，龙王庙、药王庙、关帝庙、娘娘庙、九圣庙、马王庙、窑神庙以及庵、观，不胜枚举。寺庙建筑是木雕、石雕、砖雕、绘画等建筑装饰艺术最重要的载体之一。

第二，体现了民俗文化，包括福文化、寿文化、和文化。寿文化的元素在古村落的建筑装饰中最为多见。各种图案和多种形式的表达反映了人们对生命的崇拜和希望长寿健康的寄托。在门头沟的民居中有许多艺术化的寿字，也有寓意长寿的鹿、鹤、蝴蝶、猫、梅花、松树、寿桃、菊花、灵芝、山石、暗八仙等，遍布民居建筑。

福文化的各种题材和纹样在建筑装饰中体现得更加丰富多彩。福字本身“一口田，衣禄全”，在农耕时代涵盖了人们对幸福的朴素理解和追求。代表性的纹样还有梅花、葫芦、蝙蝠等。梅花有五福之说，葫芦、蝙蝠是借其谐音，常与钱币、寿桃、牡丹、海棠、飘带、祥云等组合图案，寓意福寿双全、福到眼前、福从天降、福寿绵长、福寿如意、幸福吉祥等。门头沟民居中影壁的壁心、瓦当、门簪是直接使用福字最多的构件，民居的墀头、门罩等则多使用蝙蝠等。

和文化是中国文化中的重要组成部分，和字的寓意无穷，但在建筑中一般不是通过文字题材表达，而是通过其他众多题材表现。荷花在门头沟古民居的建筑装饰中是使用最多的一个题材，为众多题材之首。荷花有莲花之称，不仅莲与连谐音，同时荷与和、合谐音，与以和为贵，和气生财，家和万事兴的传统思想相契合，深得人们喜爱。反映“和合”内容的题材和图案不在少数，通过吉祥纹饰，表达夫妻和睦、兄弟和睦、家庭和睦、天下大同的理想境界。如和合二仙、和和美美、鸳鸯喜荷、鸾凤和鸣、六合同春、五世同堂、七世同居、九世同居等。

三　地域对门头沟古村落建筑装饰的影响

谈到地域的影响，这里特别提到一个概念，就是“线型文化遗产”。单霁翔在《从“文物保护”走向“文化遗产保护”》一书中提到了线型文化遗产的概念，即“拥有特殊文化资源集合的线状或带状区域内的物质和非物质的文化遗产族群，因其线状的分布和遗存的特性而称之为线型文化遗产”。“线型文化遗产的形式和内容丰富多彩，其中河流、峡谷、运河、道路以及铁路等都是重要的表现形式，大多代表了早期人类的运动路线，并体现着地区文化的发展历程，例如从早期的利用河渠运输，逐步发展到修建运河、公路及铁路。带状绵延的长城及周边的附属建筑、城堡、关塞、烽燧等，也属于线型文化遗产……”[1]。

北京的母亲河永定河贯穿门头沟境内；佛教圣地香火鼎盛，寺庙众多；有通往山西、河北、昌平等地的古驿道、古商道；因历史上的战略地位关口重重；物产丰富，煤业、石灰、琉璃业、手工制造业发达。永定河、古香道、古驿道、古商道，东连京城，西往山西、内蒙古，成为了门头沟古村落在历史上聚集、发展、兴旺的重要原因。这样的生活环境，也使门头沟古村落建筑形式、装饰风格体现出地域的特征和个性，既吸收了山西民居的特点，又兼受京城民居的影响，同时带有山村的粗犷拙朴风格。

不仅仅在于门头沟的交通运输，门头沟历史上物产丰富，工商业的发达也给当地的村落兴建提供了便利。琉璃渠村生产琉璃制品，所烧琉璃直接为宫廷建筑所用。元代时迁居琉璃渠并将工艺带到此地的山西赵姓人家，在光绪年间后人被朝廷授以三品顶戴。

三家店是交通要道，商业运输发达，商贾云集、店铺林立，最多时有商户、作坊二百多家，有很多山西客商在此设立会馆，甚至有外国人开设的咖啡馆。布、粮、药、杂货、首饰、饭铺、缝纫、客栈、煤厂等经营，以及各种服务门类一应俱全，天利、泰和、天成等煤厂经营达百年。

门头沟盛产煤炭，范围东起区界香峪大梁西至百花山，长约40公里，南北宽约20公里。不少村庄是以生产和运营煤炭为主，西山进京的路上运煤的车队络绎不绝成为京西特有景象。旧时京西门头沟一带以运煤为业者达万余人，运煤牲畜万余头，形成许多运煤的大车户、骆驼户、饲草供应、客栈等。元代熊梦祥在《析津志》中写道："城中内外经济之人，每年九月间买牛装车，往西山窑头载取煤炭，往来于北新安及城下货卖，咸以驴马负荆筐入室，盖称其时……往年官设抽税，日发煤数百，往来如织。"这些都带动了门头沟村落的发展。

三家店的殷家大院，琉璃渠赵姓宅院，石门营刘洪瑞宅院，灰峪村的范家宅院，其当时的主人都是显赫一时的皇商或开办煤业、灰业的窑主、富商，这些住宅也成为门头沟古村落传统建筑的经典代表。

四　小结

随着城市化进程，古村落正以惊人的速度消失。北京郊区部分县区已完全没有了明清古村落，有的地方村落依然，但其韵味，气质、个性全无，不可再生，只能在书中寻找过去的记录。

山西的乔家大院、安徽西递宏村、江西婺源、湖南凤凰等地的开发，无论是对历史文化研究、建筑文化研究、民俗文化研究，还是开发旅游都有重要意义。爨底下是开发较早的村落，对门头沟古村落的开发有重要的示范作用。而一些地区重建、仿建的尴尬也给人以借鉴。

随着社会物质水平的提高，人们对精神文化的需求快速增长，对文化的需求为古村落在新时期的发展与保护利用提供了机遇，不仅看到了古村落的研究价值，也看到了它具有的旅游开发价值，人们开始重新认识古村落的民居、寺庙、古井、古树、老碾。当前人们对古村落保护的意识不断提高，但社会发展与文物的保护不能同步，政府对文物保护的重视与人们现实的利益以及期待尚存在一定的差距，这些都值得研究。

门头沟的古村落保留数量是最多的，就像大山深处的瑰宝。随着城镇发展越来越快，老村的风貌越来越少，历史资源将越来越珍贵。爨底下、琉璃渠、灵水已成为全国历史文化名村，三家店被评为历史文化街区，这些都得到整体保护，成为门头沟的宝贵财富。不仅如此，每一个村落的每一块花砖，每一枚瓦当，每一对石墩，每一幅门联都是门头沟的传家宝。

参考文献

单霁翔著：《从"文物保护"走向"文化遗产保护"》，天津大学出版社，2008年。

作者

魏宇澄，首都博物馆。

太原店头村的历史功能及其价值

◎ 刘俊　王崇恩　李非

店头古村作为太原市唯一一个国家级历史文化名村，保留了丰富的历史文化资源和传统建筑形态。店头村位于太原市晋源区风峪沟内，历史上曾为晋阳古都西塞战略通道，由于山谷隐蔽，出山便达晋阳西门，独特的地理位置使得其成为兵家必争之地。在这样的历史背景和当地环境的影响下，村内形成的一公里多长的层楼式石碹窑洞建筑群成为目前存世极少的一种原生态建筑群落。具有无可替代的价值。

一　太原店头村概况

店头村位于蒙山和龙山夹峙的风峪沟内，蒙山、龙山都属于吕梁山支脉。整个村落所处的地形北高南低，西高东低，蒙山坡度较缓，古村落背靠蒙山，整体布局沿山体等高线呈阶梯形分布，村前有风峪河流过，隔河对面是龙山，收风挡气。总的来说，这样的地形地貌作为人的生存环境是上等的。

店头古村现属于山西省太原市晋源区晋源街道下辖行政村（图 1），在太原“西山九峪”之首的风峪沟口，为“风峪八村”中的第一个村子，北依蒙山，南面龙山，东接太山，西连西山最高峰庙前山，蒙山、龙山都属于吕梁山支脉。整个村落所处的地形北高南低，西高东低，蒙山坡度较缓，古村落背靠蒙山，整体布局沿山体等高线呈阶梯形分布，村前有风峪河流过，隔河对面是龙山，收风挡气。东距晋阳古城 5 公里，东南距晋祠 10 公里。

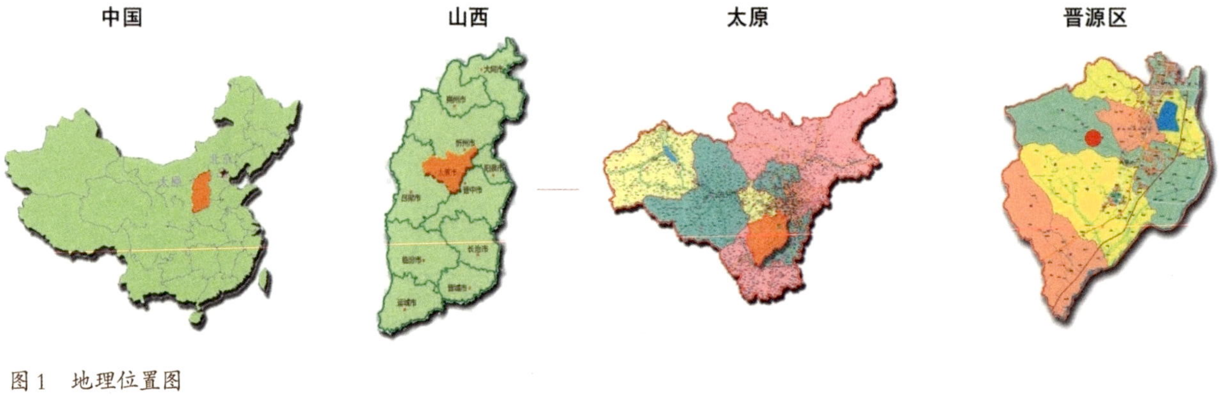

图 1　地理位置图

图 2　层楼式石碹窑洞

店头古村及其周围的人文景观及自然景观十分丰富，村东二里许有唐代龙泉寺、五代李存孝墓、黄县令庙、盘石、明代锢拢堰等，村西有明代王永寿墓，村内有紫竹林寺、文昌阁、戏台、龙王庙等公共建筑，最有价值的要数店头古村内石碹窑洞式的民居建筑。

店头古村呈东西走向线性布局，长约一公里，背山面水。村落建筑以统一的石窑洞为主，顺应山势的起伏变化来考虑建筑物的布局和形式，空间安排巧妙，错落有致，和山体融合为一体。村内历史遗留的大量的石碹窑洞建筑，这些民居窑洞极具特色，为我国窑洞建筑中少见的层楼式，并且院落与院落、窑洞与窑洞之间相互串联，是十分罕见的一种窑洞民居建筑群类型（图 2）。

二　太原店头村历史遗存

店头古村位于现今的太原市晋源区西山的风峪沟口，该区域在宋代以前是古晋阳城的城郊，后为明清太原县城的城郊，区域的历史背景与晋阳城及后来的太原县城有着紧密的联系。由于地理位置特殊，晋阳城自古以来便是北方重要的军事重地，关系国家的兴亡，历史上发生在此处的重要战事达五十次以上。除军事要地之外，晋阳城还是经济、政治、文化的重要交汇点，这里是中原农耕与北方游牧民族文化交流、融合的纽带和舞台，也是各族人民长期共同生活谋求发展的和睦家园。

图 3　唐槐

北汉时期刘继元在店头古村北的蒙山最高峰蒙山寨顶建造避暑行宫，店头古村与东侧太山龙泉寺为仅有的两条通往山顶的通道。宋毁晋阳城后，晋阳城区域一直处于混乱期，直到明朝在古晋阳城基础上重建太原县城，才进入稳定期，这个时期也是店头古村发展最迅速、最繁荣的时期，周边各峪内的村庄都在这一时期有突飞猛进的发展。明清时期店头古村所在的西山区域是太原市矿产开采的重要地段，据清道光《太原县志》记载："风峪在县正西五里许，路入交城、娄烦，唐北都西门之驿路。五龙缠青，崇岩俱在，内出石炭、石灰。"村落的自然景观也极具特色，村内有13棵古树名木，其中唐代以前的就有10棵（见图3）。

村落的民俗活动：店头古村的灯山节起始时间不明，现在依然存在。农历正月初三至二月初二，本村村民按姓氏、家族轮流在戏台灯山22个隔层上摆灯 。

村落的匾额及店铺名称：匾额内容言简意赅，蕴含丰富的社会文化内涵，多为道德修养、兴家立业之句。每一款匾额通常都具有多样的社会及生活的功能属性。光裕、忠恭敬、忠魂居、与木石居、积善余庆。

三　店头村历史功能考证

店头村在历史上曾经繁盛一时，追究促使其发展的原因，主要是因为其作为晋阳古城周边重要的出入口，为晋阳古城提供军事要塞防御及物资供给驿站等服务。

（一）军事功能

首先是店头村独特的地理位置考证，风峪沟曾是古晋阳城西出通往古交和娄烦二县的唯一通道，是护卫晋阳古都西大门的军事要塞和屯兵护卫都城的战略要地，另外，在乾隆太原府志中还记载："太山最高名蒙山砦……，汉刘聪攻刘琨不克掠晋阳之民踰蒙山西遁……，下有刘薛"。其中提到的北汉刘继元的避暑行宫就位于店头村后的蒙山顶上，而店头村所处的位置又恰巧位于下山的必经之路上。由此可推测，在北汉时期，店头古村可能曾经是蒙山寨之下用于守卫的重要军事聚落，是护卫晋阳古都西大门的军事要塞和屯兵护卫都城的战略要地。

其次从店头村层楼式碹窑洞独特的营造技术和空间布局考证，店头古村的窑洞建筑内部在水平方向开门、井洞联通，垂直方向设隐蔽阶梯在洞顶开暗道口上下相连。院落之间也常常开旁门互通。许多建筑内部还挖有地道口通向别处。村落还有个别窑洞内部空间很大，如郭家大院的主窑洞进深四米，面宽五间，高五米。窑洞中套着窑洞，修通铺大炕，洞内放石磨、石碾、马槽等。上层窑洞还开瞭望孔。从空间构成上看，古村建筑更符兵营建筑的特点和军事用途。大空间窑洞可作军事议会或囤积军队补给之用；大窑洞中套着的小窑洞可作兵器、铠甲存放之地；通铺大炕可供军队小分队统一卧寝；地道供军事秘密转移之用；高处的隙望孔及平台供军队瞪望敌情、值勤之用。村里还有一处3亩左右的平坦空地，现今还沿用古名，称跑马场，观察分析可能是当时军队的练兵之地。

（二）驿道通商功能

据太原府志记载："风峪在县西十里。西属交城入娄烦路，唐北都西门之驿道也。"风峪沟是北都晋阳在唐代通往古交和娄烦二县的驿道，也是西出山西的重要门槛。古驿道在风峪河道北，村庄南侧，"店头"之名源于其属驿道上风峪八村的第一个村子，也是八村中最有名的村落，村内主要开设驿馆店铺。在盛唐时期，店头是一个繁华的商贸集镇。当时，店头村开设的店铺种类齐全，形式多样，引来八方商贾，经济繁荣，生活富足，号称"小太谷"。北宋太宗皇帝赵光义火焚水灌晋阳城后，店头

图 4　窑洞外观

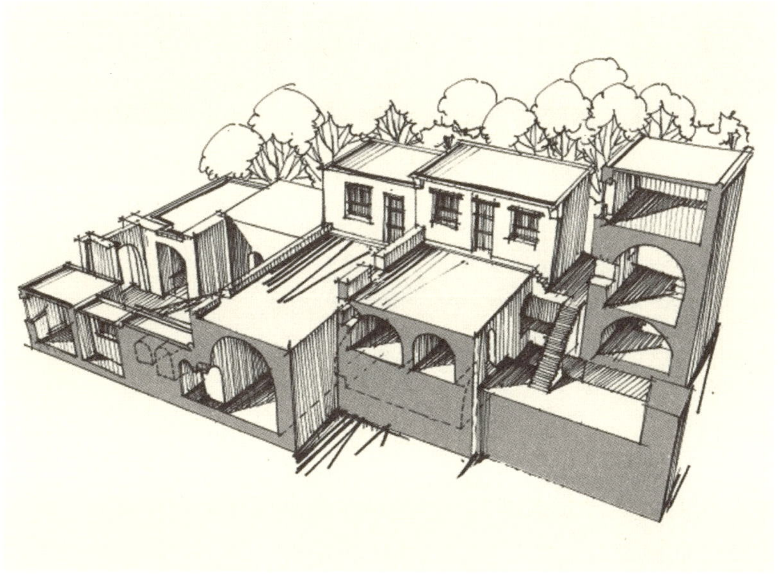

图 5　内部空间

这一商贸集镇才随之衰落，其中一部分的村民迁徙他地继续经营，其余的村民便在山沟、山坡上开荒种地，颐养生息，就这样逐渐形成了店头村落。现店头村还保存有原来的两条商业街巷。

四　店头村的价值分析

（一）建筑技术研究价值

店头古村独有的石窑洞建筑材料及施工技艺构筑而成的丰富的建筑空间和村落形态都是我国传统村落中不多见的，具有独特性和稀有性（图 4. 图 5）。店头古村内建筑类型齐全，原石砌筑的层楼式窑洞空间关系复杂多变，大大小小的窑洞交错排列，水平、垂直方向相互连通，暗室、地道随处可见整体规模宏大，在传统民居建筑中不多见的形式，即使是在窑洞类型的建筑中也少有这么复杂多变的空间形式。

图 6　砌筑石材

另外，店头古村的石碹窑洞与其他地区的石质建筑在石材选取上与构筑方式上也有很大不同。拱券技术在我国很早之前就已经很成熟，砖、石材料在拱券中的应用也很广泛，但店头古村的石拱券的特别之处在于它选择的石质材料都是未经加工的河刨石，而不是开采并切割的整整齐齐的大石块，这些石材都是由风峪沟洪水暴发时周边山体冲击而下的碎石，经过长时间水流的冲

图 7　画家写生

图 8　《刀客家族的女人》拍摄现场

击光滑圆润，大小不一（图 6）。店头古村石碹窑洞的建造者们并没有精心挑选这些石头，而是将这些规格不一的石头全部拿来进行砌筑，这种情况下依旧能将建筑砌筑的如此坚固，工艺虽然原始粗犷，但仍将空间构筑的如此精巧、细微，其技术可见一斑。

（二）文化内涵及价值

如今，这里成为许多专家学者考察与研究之处；太原理工大学建筑系、太原市摄影家协会已将店头古村作为实习基地；中央美院、山东美院的画家曾长期居住在店头古村采风、绘画；多部影视作品选择此地作为外景拍摄取景地（图 7、图 8）。自 2008 年以来，店头古村已成功举办了三届文化旅游节。

但目前店头古村的公众关注度还远远不够，店头古村的关注点主要集中在其独特的窑洞技术和其特殊的视觉艺术效果，人群主要为相关专业人员，对广大普通群众的吸引度还不够。

（三）艺术价值

店头古村的紫竹林寺庙内现存九块历代石碑和保存完好的明清石雕、砖雕、木雕，或粗放、或细致，雕工技艺高超，是古建筑中极其少见的雕刻精品。

（四）社会价值（非遗）

店头每年农历二月十九和十月十五的庙会活动，除了烧香拜佛，还要请戏班搭台唱戏，进行民俗演艺和商业贸易。

店头古村有传统“闹红火”的习俗，每逢节庆，就有“扭秧歌”“踩高跷”“敲锣打鼓”“舞龙”“舞狮”“旱船”等民间艺术活动，与之相配套的许多民间艺人也应该列入保护，实行一定的激励机制，鼓励他们传承技艺，发扬民间艺术。

店头古村民间工艺主要有剪纸、刺绣、面塑等，这些人们日常生活中形成的艺术工艺濒临失传。

结语

太原店头村距今已有千年的历史，从它在太原市晋阳古城遗址区附近所处的位置，以及村落本身历史遗存所反映出的历史功能，店头村是一个非常值得我们认真研究的古村落。

本课题为国家自然科学基金项目：层楼式石碹窑洞聚落形态及其保护利用研究（51108294）。

参考文献

[1] 王崇恩，李媛昕，朱向东，荆科：《店头村石碹窑洞建筑结构分析》《太原理工大学学报》2014.05。

[2] 王崇恩，李颖，朱向东：《层楼式石碹窑洞空间营造特色探析——以太原市店头古村郭家别院为例》《四川建筑科学研究》2014.04。

[3] 王崇恩，李颖，朱向东：《层楼式石碹窑洞空间组合方式探析——以太原店头村郭家东西院及紫竹林寺为例》《太原理工大学学报》2013.05。

[4] 胡川晋，王崇恩：《历史文化名村保护中的植被修复与景观设计——以太原市店头古村落为例》《太原理工大学学报》2013.02。

[5] 李佼，王崇恩：《店头古村落地质环境分析》《太原理工大学学报》2012.01。

[6] 王崇恩，朱向东，赫宁宁：《层楼式石窑洞建筑群聚落调查报告》《中国名城》2011.07。

[7] 荣盼盼，王崇恩：《山西店头石碹窑洞聚落价值分析与保护策略研究》《南方建筑》2011.02。

[8] 王崇恩，朱向东：《山西店头村古代石窑洞群营造技术探析》《古建园林技术》2010.02。

[9] 王崇恩，朱向东：《特定历史环境下的居住建筑空间形态分析 -- 以山西店头古村为例》《太原理工大学学报》2010.04。

作者

刘俊，太原市文物考古研究所，文博助理馆员。
王崇恩，太原理工大学。
李非，太原市文物考古研究所。

辽宁岫岩满族民居大院建筑调查

◎ 张旗　李刚

满族传统民居有着悠久的历史和明显的地域特色，是中国传统民居建筑艺术的瑰宝。随着中国传统民居逐渐被人们所重视，少数民族的民居与传统人居环境研究也渐入专家学者的视线。作为文化的载体，满族民居犹如一面镜子回照着特定历史时期、特定地域以及特定民族的历史文化、生活习俗、宗教信仰和艺术审美等特有的信息。本文以鞍山市第三次全国文物普查工作为基础，对辽宁省鞍山市岫岩满族自治县范围内遗留下来的满族民居为研究对象，分析研究了满族民居建筑产生的历史背景、自然和社会因素、民居建筑的地域性特色和适应气候的建造工艺，探讨了与居住有关的家常伦理和居住文化。

一　岫岩历史与满族基本情况

岫岩满族自治县位于辽东半岛的北部，东邻丹东市凤城市，西接营口市大石桥市、营口市盖州市，南边丹东市东港市、大连市庄河市，北与海城市、辽阳市辽阳县接壤。地理坐标北纬40°至40°39′，东经122°52′至123°41′。是辽宁省鞍山市下辖的一个少数民族自治县。“岫”指有穴的山，岫岩县位于黄海之滨，因受海潮冲击岩石形成许多洞穴，因此而得名。一说，据金代转运文王寂所撰的《鸭江行部志》载：“发龙岩山前，数十里北望，大山连绵不绝，数峰侧立，状如翠屏，秀色可掬，里人谓之磨石山故也，予恶其名不佳，欲改之日竟秀岩”。到了明代时将“秀岩”改为“岫岩”。

满族及其先民繁衍生息在“白山黑水”之间，形成和发展经历了一个相当漫长的历史阶段，这个民族的历史和文化可以追溯到先秦时期。据史书记载满族的先人最早被称为“肃慎”，生活在长白山北麓和黑龙江、松花江和乌苏里江流域的广大平原地区，其中心在牡丹江中游一带。以采集和狩猎为主要谋生手段，已经有了原始农业和饲养业。在汉代肃慎被称为“挹娄”，其生活区域大致与肃慎相同，《后汉书》记载：“挹娄，肃慎之国也”。这个时候，农业和饲养业也有了发展。到了北魏时期肃慎中的勿吉部兴起，《魏书》说：“勿吉国，在高句丽北，旧肃慎国也”。这个时期狩猎仍是他们的主要经济形式，而且农业有了进一步的发展。辽代的契丹人称之为“女直（真）”，女真这一称谓便代替了靺鞨，并在辽、金、元、明时期一直沿用。明代中叶以后女真人南迁，建州女真迅速崛起，在努尔哈赤的带领下逐渐统一了女真各部。统一的文化和民族意识则在逐渐形成，一个新的民族——满族的诞生便孕育其中了。努尔哈赤于1616年在赫图阿拉（今辽宁省新宾满族自治县境内）建立了“后金”政权。清兵入关以后，清朝在这里设八旗留守，一直在这里设官驻兵驻守[1]。皇太极于天聪九年(1635年)宣布定族名为“满洲”。中华民国成立后，满洲改称为满族。由于地处山区，岫岩是个“八山半水一分田，半分道路和庄园”的山区近海县，交通相对不是十分方便，所以，民居的传统特色比较浓厚。

二　岫岩满族民居大院分布的基本情况

岫岩满族民居大院共有18处，共分布于洋河镇3处、石灰窑镇1处、龙潭镇1处、岭沟乡2处、哨子河乡1处、杨家堡镇2处、前营子镇2处、偏岭镇3处、汤沟镇1处、朝阳乡1处、韭菜沟乡1处。

1. 北沟林家大院位于岫岩满族自治县洋河镇贾家堡村北沟村民组林家大院内。地势北高南低，呈长方形分布，东西长约25米，南北宽约20米，分布面积约500平方米，大院内现有正房一栋，面阔七间，进深一间，硬山式、砖瓦石结构建筑，房屋用青砖、小青瓦等材料建成，在山墙挑檐处、房脊处都用砖雕做装饰，从其建筑形式和用料来看，应为清末民初的建筑。

2. 葛家大院位于岫岩县洋河镇贾家堡村葛家大院村民组葛家大院内，地势北高南低，呈长方形分布，东西长约30米，南北宽约25米，面积约750平方米，从大院的建材及建筑形式来看应为清末民初建筑。

该大院现存有正房和西厢房，正房七间，西厢房三间，进深一间，皆为硬山式、砖瓦石结构建筑，房屋的山墙挑檐处为砖雕砌成，门的上框亦有精美的木质刻花。正房向前20余米处有铺地的门洞石，再向前约20余米处有古树一棵。

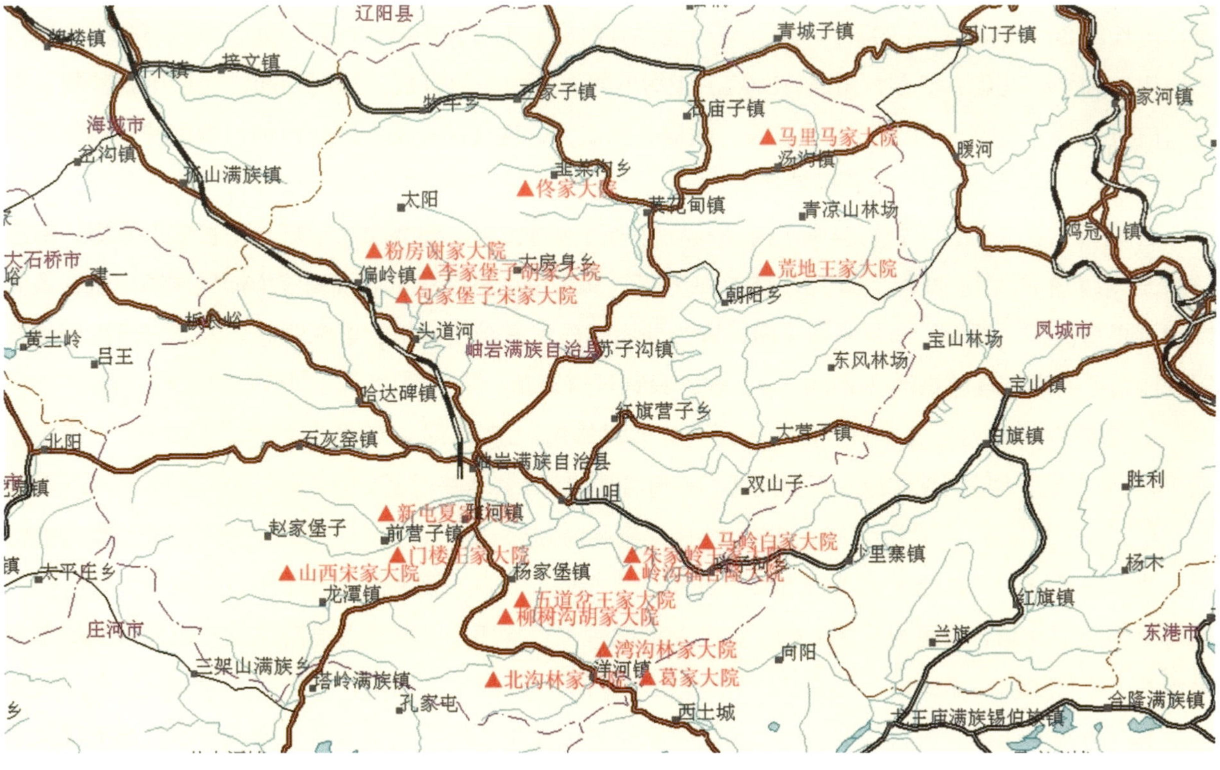

岫岩满族大院分布图

3. 湾沟林家大院位于岫岩县洋河镇湾沟村大院村民组，林家老宅处，地势北高南低，长方形分布，南北长约 40 米，东西宽约 30 米，分布面积约 1200 平方米。石结构建筑，在其西南有水井一口，方形井底用石板铺成，井壁一用石板立砌，井口用石条砌成，有沿，在井口的石制方角处有方孔两个。从房屋的建筑用村及形制看应为清晚期建筑。大院现存有东厢房一栋，水井一口。东厢房面阔五间，进深一间，硬山式砖瓦房。

4. 沈家大院位于岫岩县石灰窑镇新华村上沈村民组村民沈海业所居五间正房、东厢房五间、门楼一座。现占地面积 625 平方米（东西长 25 米、南北长 25 米）。宅居窗上亮子，满族风味浓厚，正房屋内的隔壁木扇及门上窗棂雕刻，还有古朴的炕沿，西厢房前窗窗棂子都是不可多得的满族民居特色。普查队认定此处为清末古建筑。

5. 山西宋家大院位于岫岩县龙潭镇鹿圈子村山西村民组内。坐北朝南，大院为南北长方形，南北长 50 米、东西宽 40 米，占地面积 2000 平方米，四周围墙保存尚好，四周四个炮楼皆倒塌，大门上为门楼门洞。院内原为两进院。现院内所有建筑皆被拆除，重建新四处民宅，所用门垛雕花盆景块石等都为原建筑块石。据正房房主宋太平讲宋家大院始建于清末民初。

6. 岭沟福合隆大院位于岫岩县岭沟乡岭沟村前堡村民组岭沟中心医院院内及西侧大院内，地势较平坦，呈长方形分布，东西长约 100 米，南北宽约 35 米，面积约 3500 平方米该大院现存有东厢房两栋，共 10 间，位于西院内，两栋厢房皆为砖石结构，砖砌拱形门窗，硬山式建筑，西院南侧东部尚存院墙一处，长约 10 米，高约 3.7 米，在墙的西侧有残炮楼一处，长约 3 米，宽约 1.8 米，高约 3 米，另在东院即现岭沟中心医院院内有围墙两段，即东墙和北墙东段，两墙均长约 35 米，高约 3.7 米，从大院的建筑格局及建筑形式来看，应为晚清建筑。

7. 朱家岭王家大院位于岫岩县岭沟乡碾盘村朱家岭村民组王坤家院内，地势北高南低，呈方形分布，边长约 30 米，面积约 900 平方米。院内现存有门房、正房和围墙。门房一间，由砖石砌成，房内墙壁用砖铺平，并砌有壁龛，山墙有砖雕。正房五间，皆由石块砌成，进深一间，为硬山式建筑。正房门前有台阶，高约 50 厘米，分为 6 级。四周有围墙大，现仅存有南大墙为原墙。根据其建筑形式、用料及住户介绍判断，应为清代晚期建筑。

8. 马岭白家大院位于岫岩县哨子河乡马岭村马道沟村民组，地势北高南低，呈长方形分布，南北长约 50 米，东西宽约 30 米，面积约 1500 平方米。从房屋用材及建筑形式看应为清代末期建筑，该大院现有正房五间，西厢三间，东厢三间，皆为硬山式砖瓦石结构建筑，进深一间。四周有石砌围墙，围墙四角原有雕楼现已扒倒，南为门房，现已只剩过道石条。

9. 柳树沟胡家大院位于岫岩杨家堡镇兴开岭村柳树沟组 12 号，东西约 40 米，南北约 50 米，占地 2000 平方米。大院现保存原有四面院墙，南侧墙高约 2 米，墙基以上 1.5 米处为原有建筑，保存完好，以上至 2 米处为后修。东西墙有部分破损，北墙保存相对完好。在西北角有一原有炮楼，高约 5 米，在南、西、北三侧各有三个直径约 15 厘米枪眼，东侧一个枪眼。在院东南原有炮楼于上世纪九十年代拆除。据房主胡应吉介绍，大院为其祖父胡广德于上世纪一十年代所建，原为两进院，原有东厢房五间于上世纪八十年代拆除。

10. 五道岔王家大院，大院位于岫岩杨家堡镇夹道沟松石线五道岔路口东南八百米处，五道岔居民组 11 号，大院南北长约 50 米，东西长约 40 米，大院现存南北围墙，南围墙长约 10 米，高约 1.7 米，均为方形石堆砌，其上为新砖所砌。后围墙残存40米，距墙内地面高约6米，厚约0.5米，在大院东南及西北原有高约9米的炮楼已于文革期间被拆除。大院建于上世纪20年代，为王殿文所建，其为夹道沟王家闯关东第三代（王家乐第一代）。院内现有五间砖房，是在上世纪末在原地基之上所建。为当地典型民居。

图1　李家堡子胡家大院近景

11. 门楼王家大院位于岫岩满族自治县前营子镇门楼村王家大院村民组居民住宅区内，呈方形，南北长47米，东西宽38米，占地面积1786平方米。四合双重院，一色五檩五臼柁檩，块石青砖垒、青瓦硬山起脊。东西厢拆除，仅存前后两栋正房，每栋5间，门窗皆改变原貌，根据年长村民介绍，此大院是王姓所建，已有150余年历史。

12. 新屯夏家大院位于岫岩满族自治县前营子镇新民村夏家限子村民组住宅区东侧，原有两庭东西院，现仅存西院前庭客厅五间住宅。为清一色花岗岩凿制块石墙体，青砖青瓦硬山式，前出廊檐后出梢。进深8米，3.3米开间，占地面积132平方米，房木为五檩五臼，木板或窗棱花隔扇。前窗已改为现代样式。据村民介绍，该宅为清道光年间登洲府荣和县知县夏云岫故居，故居仅存一处五间青砖瓦硬山式建筑一座，局部破旧，腐蚀严重。

13. 李家堡子胡家大院位于岫岩满族自治县偏岭镇包家堡村李家堡子村民组北部。其原来的主人叫胡风柱，民国时期在张作霖大帅手下供职。整座大院坐北朝南，东西30米，南北40米，面积约1200平方米。分别有正房及东、西配房等主要建筑物组成，现存的只的正房五间，进深三间，七架梁、硬山式建筑。其中通面阔21米、进深6米。正房东、西山墙外各有一个高约四米，底部直径约一米的烟囱。东、西山墙都为青石结构，其中戗檐、墀头、腰线石、角柱上都有刻画的吉祥图案。两边是对称的。在前檐木装修风槛下面为每块长约1米、高约0.15米的木榻板及三层石条砌成的槛墙。后檐墙共有三个窗户。其中明间一处，东、西次间梢间各一处。并有二处透风口位于后槛墙底部。现存建筑的前后坡屋面都已经被换成新型红瓦。其建筑风格具有民国东北满族民居的特点（图1～6）。

14. 包家堡子宋家大院位于岫岩县偏岭包家堡村。宋家大院坐北朝南，呈长方形分布，南北长53米，东西宽41米，占地面积约2173平方米。大院由正房，东西厢房、门楼、炮楼、围墙所组成。正房五间，东西长17米，南北宽6米，高5.4米，为硬山式建筑，青砖青瓦，房屋墙体下半部为石条结构。东西厢房各五间，建筑形式基本和正房相同。现在门楼是后修复的为对开铁大门。据了解当时有门楼两座颇为宏伟。大院炮楼分布于大院墙体的四个角，与墙体相连向外凸出，基本呈正方形，每个炮楼有枪眼三处，枪眼直径约0.5米。据了解炮楼原先有坡式屋顶，现今全无。炮楼分别坐落在东南、西南、西北、东北方向。据走访当地老人和宋家后人宋国文了解。宋家大院是上世纪20年代宋万吉（排行老大）所建，在此院

图 2　李家堡子胡家大院西山墙

图 3　李家堡子胡家大院正房正门

图 4　李家堡子胡家大院东山墙戗檐砖

子同时期居住的还有其兄弟，“老二宋万春、老三宋万生、老四宋万余”。宋家大院在伪满时期曾做过警察所。后 1948 年初归公，分给 6 户人家居住。上世纪 50 年代由县供销社所购买至今。大院现居住的是供销社职工包女士，在此开商店并看管此处大院。宋家大院四周均为农田，种植玉米。四周群山环抱景色秀丽，院外西面一条小河至北向南流过（图 7）。

15. 粉房谢家大院位于岫岩县偏岭镇小偏岭村粉房村民组，据现房主谢延伍介绍，大院正房建于清代晚期，面阔六间、进深三间、五架梁。通面阔 20 米，进深长 6 米。硬山式，谢延伍介绍其祖上是从吉林长白山来到岫岩，后定居此地。其家中还有老的家谱。家谱记载了谢家原为满族，清初驻守此地，后御赐谢姓。其大院大门外有两块枕石，长 0.86 米、宽 0.37 米、厚 0.29 米（图 8 ~ 13）。

16. 马里马家大院位于岫岩县汤沟镇马阳村马里村民组瓦房沟后山东 80 米处，地势西北高东南低，呈长方形分布，南北长 50 米，东西宽 30 米，面积约 1500 平方米，从大院的房屋建筑形式和所用的材料看应为清代建筑。大院内现存有东门房、西厢房和围墙。东门房面阔 2 间，进深 1 间，东门房西侧为大门过道，但门房及西门房已不存在，但过道的过道石、石墩尚在。西厢房面阔 3 间，

图 7　宋家大院正房

图 12　粉房谢家大院正房西间存放老家谱神位

图 8　粉房谢家大院

图 13　粉房谢家大院清代老家谱

图 10　粉房谢家大院 – 正房西间隔板（由东至西拍摄）

图 14　荒地王家大院北侧围墙

图 15　荒地王家大院西北角

图 16　荒地王家大院的西南角炮楼

进深 1 间，以上建筑皆为砖、石、木制硬山式建筑。正房已被拆除，新盖 3 间房，新房建在老房基础上，正房后及东侧为原大院的部分院墙，房后院墙残长约 12 米，东院墙残长约 30 米。

17. 荒地王家大院位于岫岩县朝阳乡荒地村荒地村民组，地势较平坦，大体呈方形分布，占地面积约 6400 平方米，王家大院原为当地大地主王金科家，王金科原为国民党军人，解放后随军去了台湾，据说在台湾官职升到中将，后迁居美国，且病逝于美国，综上所述该建筑属于民国期间。大院现存有四周院墙及四角炮楼，院内建筑已全部破坏，院墙长 80 米、宽 80 米、高约 4 米，炮楼皆与院墙连接，并突出于院墙约 1 米，底宽、上窄，炮楼楼盖覆有青瓦（图 14 ~ 16）。

18. 佟家大院位于岫岩县韭菜沟乡佟家堡村佟西村民组内现存东西两院。东院现有东正房五间，东院东围墙，残高 1.3 米。大门过道石等，西院现有西正房五间，东厢房五间。皆石块砌筑，东院正房完好，门窗已换，西院房盖已换，窗为原貌，西院东厢房窗棂有刻花，有喂马石槽，通往西正房有台阶石，东院院后，东北角现存炮楼残基，据建筑的形制和遗物分析应为清代建筑。该建筑占地面积为 9600 平方米，其中南北宽 80 米，东面长 120 米，成长方形分布，此建筑为硬山式建筑。

三 岫岩满族传统民居的建筑特点

（一）满族民居大院的选址

1. 传统满族村屯地势选址很自然的，一般也选在江河湖的沿岸或者是背山向阳的山冈，也有主要大路的旁边，都是生活比较方便的地方。村落房屋的秩序是由盖房的先后决定的，依次排列，式样是自由发展，但也具有一定规律，都是朝阳方向，因此成横排，形成了明显的行列。这与人们解决日照、避寒、通风等方面有着重要的关系。日照是自然气候形成的主要因素，也是建筑外部热环境的主要因素。太阳辐射对人们的生产和生活具有不可缺少的作用，阳光不仅是重要的能量来源，而且对人们的身心健康有重要影响。然而阳光并不总是受欢迎的，过分强烈的阳光也会给人们的生活造成负面影响。满族先民将住宅建在背山朝南的山坡上，建筑可以吸收更多的阳光，保持温度，向阳的坡上的温度比阴面的山坡温度要高 10 度左右。为了满族人选址的重要原则。后来随着民族活动范围的扩大，逐渐的人们迁移到平原地带，没有高山的遮挡，只好依靠村落的布局和建筑的依靠来减少寒风的侵扰。

2. 此外选址还要考虑到防风和通风，人们对风有双重态度，在干热气候区，带有一定湿度的风是大受欢迎的，炎热的夏天人们喜欢夏季的风习习吹来，加强热量传导和对流，加快身体表面的散热速度；冬季时风速过大又过于寒冷。所以太热、太冷、太强或灰尘太多的风是不受欢迎的。山地地形恰巧能改变风向，形成局部风，所以满族民居都尽量选择山腰处，通常不选择山顶、山脊、隘口这些地形建造房屋。受地形影响，风在山脚、山腰、山顶三种地方作用是不同的。

3. 在山脚虽然附近的山体植被能起到一定的挡风作用，但容易产生霜冻效应而且不利于防洪。这里霜冻效应是指冬季晴朗无风的夜晚，冷空气沉降并停留在凹地底部、使地表面空气温度比其他地方低得多。而在山顶部，周围没有遮挡，风速较大，不利于保温。背风向阳的山腰位置是山区建宅的理想选址。隘口处也不适合住宅选址，因为那里气流集中，形成急流，成为风口。同时也不选在静风和微风频率较大的山谷深盆地、河谷低洼等地方，因为这些地方风速过小，易形成不流动的覆盖气层，导致被污染的空气不易排出，加重该区域的空气污染程度，甚至招致疾病。总之，应选择在受冬季主导风的影响较小，夏季主导风常吹来，以及近距离内常年主导风向上无大气污染源的地方[2]。山腰和台地地区是满族民居建屋的理想地址，既可以以周围的山体抵御寒风，又可以享受到更多充沛的阳光。一直到现在，满族人还是喜欢将住宅建在高高的地基上，既可以解决了安全防御的问题，又拥有了开阔的视野。

（二）满族民居大院的建筑布局

1. 满族宅院一般是坐北朝南的，因东北天气寒冷，所以，住宅多喜向阳，正房前常用大院庭以便多吸纳阳光。宅院通常是四方形，北侧居中是正房，正房有三间至五间不等，每间宽 4 米左右。院子左右建有东西厢房。西厢房多是碾磨房或存放零杂物件，东厢房是粮仓。人口多的满族人家，也可以住进西厢房。普通满族人家，如盖不起厢房，便只在正房的东西两侧，各接上一个连山的小房，也叫耳房，或叫仓房，用作仓储。在宅院四周套上木、石或砖墙，形似四合院。院子一般多用细木杆围成，

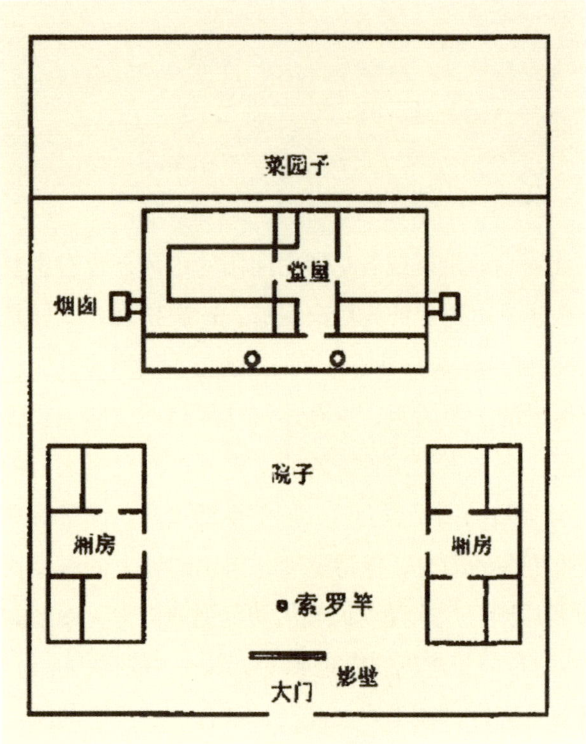

满族民居大院平面图

俗称“障子”。“障子”也有自己的特点，便于通风，适合院内种菜、栽果。

2. 满族官宦人家的住宅比较复杂，一般要建三进。第一进为二堂（穿堂客厅），三间、七间不等，二堂中间有前后二门，直通大堂。第二进为大堂，五至七间不等。中间两间是办事厅，两侧是客人休息室。第三进为内室，正中房间是直系家属居所，东侧居一般家属。

3. 满族人家庭院内，以前常设有由砖或木制的影壁。早先是一种为了安全、防御用的设施，后来就被赋予神话色彩起装饰作用了，人们认为影壁是这户人家的假面，可用来防妖辟邪。因此，不论贫富，很多满族人家建影壁。富贵人家的影壁异常漂亮，上面多塑有红日或龙凤等图案。随着人类社会文明的发展和居室建设的演变，如今满族庭院中的影壁，早已被淘汰。

（三）满族民居室内风格特点

1. 满族人家居室内都设有火炕，火炕是满族人家主要的取暖设备，保温、取暖的效果好，至今一些满族人家仍在继续使用，北方的汉族也依然沿用着睡火炕的满族风俗。火炕的陈设也是有讲究的，在满族的宫廷里通常还有火地和火墙。火炕是满族人对抗严寒天气的法宝、这也是其之所以保存到今天的主要原因。

2. 地理位置是影响满族民居建筑的另一个因素。东北地区是满族的发祥地，东北地区的满族又多数在辽宁地区，辽宁地区为丘陵地势，而满族又多居住在山区谷地，从而形成了满族特有的居住习俗。在满族早期，冬天人们居住在建造于山坡上的“地窨子”里。“地窨子”，是满族人冬天居所，一般建在向阳山坡，向下挖土为墙，上面盖上树皮、山草。室内有锅灶、火炕，保温、取暖效果。

3. 每个民族都有自己民族固有的装饰艺术与风格偏爱。满族居室从外部造型设计到内部结构间隔、装饰美化，无不糅合着汉族居室装饰的艺术风格。满族居室装饰风格就其实质而言，凝聚着汉族居室传统装饰风格的诸多重要特征。满族的室内装饰艺术具有典雅、庄严、质朴的风格。从家具上看，它的用材十分合理，既发挥了材料的特性，又充分利用了材料本身的色泽与纹理，满族家具体型稳重，比例适度、线条优美，端雅活泼。满族人家的地面常见的是青砖磨缝地面，有多种铺砌图样，青砖地面庄重平整，经济、防火，与白色粉墙相搭配，和谐淡雅。这是满族特有的装修方式。

（四）满族民居大院建筑材料的选择

1. 随着经济的发展和各民族之间的相互交往和学习，满族形成了自己独特的居住风俗和建筑模式。满族民居的形式从树居到穴居到走到地面上的半穴式房子发展到现在泥墙草舍的现在满汉结合的起脊房，都是满族先民们依靠周围的生存环境，靠山吃山，靠水吃水，就地取材，无论是建筑材料还是取暖方式都具有一定的生态性。《宁古塔纪略载》："房屋大小不等，木料及大。有白泥泥墙，极滑可观。墙厚几尺，然冬间寒气侵入，视之如霜。屋内南、西、北接绕三炕，炕上用芦席，席上铺大红毡。炕阔六尺，每一面长二丈五六尺。夜则横卧炕上，必并头而卧，即出外亦然。橱箱被褥之类，俱靠西北墙安放……靠东壁间以板隔断，有南北二炕，有南窗即为内房矣。无椅凳，有炕桌，俱盘膝坐。"

2. 满族民居所使用的材料多是天然材料，主要有：木，土，石（块石，卵石，石板），草（稻草，秸秆）

（1）木材：岫岩地区森林资源丰富，木材品质好，因而木材是东北满族民居的主要材料，无论是大木作中的柱、梁、檩、椽、枋，还是小木作中的门窗以及室内的家具，都要用到木材。木材的主要品种有红松、樟子松、白桦树、榆树、杨树、桦树、柳树等，其中由于松木的质地较坚硬，在大木作中应用很广泛。

（2）土：作为建筑材料就地可取，构筑方便，造价低廉，而且具有隔热、防寒的效果，远胜于其他材料。东北满族民居对土的运用十分广泛，常加工成土坯或夯土来使用。

（3）石料：石头耐压，耐磨，防渗，防潮，是满族民居中不可缺少的材料。但由于石材开采、搬运、加工都费工费时，反而增加了它的附加成本。因此在修建房屋的时候，所应用的小石材通常都是自己上山采凿，大而方整的石材则是从石匠那里购买。满族民居中常在一些有耐磨、防潮要求的特殊部位如台阶、柱础、墙角等处使用石材。

（4）满族民居中用的草类大致有秫秸、谷草、羊草、乌拉草、芦苇等。草类从墙壁到屋盖都有应用，它有较好的保温性能，并且就地取材，建造方便。草类常与土结合使用，例如在夯土墙或土坯砖的泥土中加草筋，以增强拉结力。也有草拌泥制成土坯，作为垒炕的主要材料。还有用干稻草层层铺设作屋面材料，既经济又有较好的保温隔热能力。

天然材料	优　点	缺　点
木材	易于采集加工，便于积累储备材料；加工工艺成熟，建造轻便，施工方便；易于维修，抗震性好	防火性差 易受腐，变形 易受潮，干燥处理复杂
石材	坚固耐用，耐压，耐磨 防火，防渗，防水性好	开采、搬运、加工成型困难，费时费力 自重过大，易碎，开窗大小受限
草类	生长周期短，取材方便，造价低，柔韧轻质，加工方便	只能与其他材料共用，维护作用
土	就地可取，造价低廉 材料可塑性强 防火、隔声、承重 隔热、防寒效果好，节约能源	防雨水、防渗透能力强 墙体过于厚重，占据有效面积 房屋门窗开设受墙体限制，不自由灵活

满族民居的建筑材料

四　区域乡土建筑的传承与保护、发展

21世纪是社会、经济、技术大发展的世纪，当建筑师们将目光对准这些历史久远的满族民居时，乡民们开始难以理解了。因为经济发展，居民最需要改善居住条件，于是该保护的民居却被拆掉的矛盾日益突出。针对满族民居面临的窘状，就如何保护这些具有代表性的民居值得我们认真思考。将民居的保护和旅游的开发结合起来。由于独特的建筑风貌，旅游业的发展必将吸引无数的海内外游客，让农民真正尝到了利用民居致富的甜头。居民只能按有关部门的统一规定改建或者修缮自家房屋，有经济作为回报，农民们自然心甘情愿，满心欢喜，民居的保护可形成良性循环。给民居重新定性。迁出一部分满族居民，将原住宅改造为博物馆、文化馆等公共建筑。在某种程度上，这种历史环境和民居遗产在记录历史的真实性上比文献更具客观性，它们的历史价值是其他形式所不能比拟的。

东北地区的文化、气候、地理造就了极具特色的满族民居，而这一伟大的民族艰难的生产历程、纯朴的生活习惯、执著的信仰与追求，使民间建筑的优秀手法能够在今天的建筑中有所延伸。由此可见民居建筑文化拥有巨大的历史学价值和民俗学价值，其巨大价值有待我们进一步去思考与研究。

注释

[1] 于学斌：《满族研究》《辽东满族和辽西满族民居的比较研究》2006年，第一期，第103页，

[2] 韩聪：《气候影响下的东北满族民居研究》，哈尔滨工业大学建筑学硕士论文，2007.7。

作者

张旗，辽宁省鞍山市博物馆馆员。
李刚，辽宁省鞍山市博物馆副馆长、副研究馆员。

苏州古村落保护利用的探索与实践

◎ 苏州市文物局

苏州地处长江下游，素有水乡泽国、鱼米之乡之美称。苏州古城、古镇、古村落三位一体，形态完备，体系完整。2005 年，苏州出台了《苏州市古村落保护办法》，2013 年，上升为地方法规。经过近十年的不懈努力，苏州古村落保护取得了一定的成绩，成为了苏州文化遗产保护的新亮点。

一　基本情况和价值特点

苏州现有中国历史文化名村 5 个，中国传统村落 7 个，在 2014 年首批中央财政支持中国传统村落名单中，江苏省入选的 4 个村落全在苏州。另有列入市级保护名录的古村落 17 个。苏州古村落遗产有以下特点：

一是历史悠久。如，太湖西山岛的明月湾相传早在春秋时期已形成村落，吴王与西施曾来此赏月。位于太湖中的三山村有距今一万余年的旧石器时代遗址，是历史上水上交通的著名驿站。位于西山岛北部的东村，建村于秦末汉初，因商山四皓之一的东园公隐居于此而得名。

二是遗产丰厚。北宋晚期至南宋初年，北方大批贵族随宋室南迁，来到苏州东、西山一带安家定居。苏州的古村落大多数形成于这个时期。明清时期，不少东、西山人外出经商，多数经商致富后回到家乡建造了大批规模宏大、装饰精美的宅院、祠堂等建筑。如，江南建筑群体中质量最高、数量最多、保存最完好的古村落陆巷，村中有明代老街、三元牌楼、惠和堂等明清古建筑多达 30 余幢，建筑面积达上万平方米，被誉为“太湖第一古村”。

三是名人辈出。宋室南迁带来的中原文化丰富了原始的太湖文明，世家贵族文化在此传承留世，绵延后代，出现了各个领域的一大批人才，明清时期，仅东山籍的状元、进士就有 44 名，知县以上官员 149 名。

四是形态完备。苏州的古村落，或依山、或傍水、或面湖，较为完整地保存着数百年来不同历史时期村落的江南水乡原生态的布局、风貌和淳朴的民风民俗。例如，东山镇的杨湾古村，两山相夹，南临太湖。受古代风水学说的影响，该村以两山相夹的岭根坡地分布，不仅有利于排水，又可在村边建造池塘，形成背有靠山，前有井池的风水传统。村内主要街道的走向应顺山坡地形，蜿蜒弯曲。村落的入口，民居建筑与自然景物及山坡的借用，均十分得体。古街由东南向西北伸展，依山脚而建，青砖人字形铺地，两侧连接诸多小巷。

由此可见，苏州古村落蕴涵着丰富的历史文化信息，是江南水乡传统文化的实物见证和建筑范例。如何有效防止弥足珍贵的遗产资源不因自然和经济环境的变化而湮灭在岁月的长河之中，通过可持续保护与利用，使之传之永久，这是我们面临的一个紧迫而又长久的重大课题。

二　苏州古村落保护利用的探索与实践

为加强古村落保护与利用，2013 年苏州在全国率先出台了《苏州市古村落保护条例》，《条例》对以下几个方面作出了规定：

在落实保护管理责任方面，《条例》规定由市和县级市（区）政府负责组织、协调本辖区内的古村落保护，将其纳入本地区国民经济发展规划和城乡建设规划，由古村落所在地镇（街道）负责其日常管理工作和具体保护项目的实施。同时，为突出农村基层组织的自治性质，《条例》规定古村落所在地村委会应当建立古村落保护组织，并对该组织的权利和义务作了规定，对村民在保护过程中享有的权利和义务也作了表述，从而确保了保护管理责任的层层落实。

在解决保护经费方面，《条例》规定了古村落保护经费应在各级政府每年财政预算中予以安排，并随着财政收入的增长而增长。古村落较多的东山、金庭（西山）镇更是直接规定了该行政区域内土地拍卖所得的 60%，直接返还用于古村落保护。同时，对于古村落旅游开发的门票收入，规定应有不少于 20%，其他旅游收入每年不少于 15%，用于古村落保护。

在鼓励古村落社会化保护方面，《条例》在古建筑产权流转上作出了有益探索，规定古村落内的古建筑、房屋的集体土地使用权可以通过保留集体建设用地性质的方式流转，或者将集体土地征收为国有后依法出让，为古建筑最终进入市场提供可能，也有效解决了以往古村落古建筑保护在产权方面遇到的政策瓶颈，为吸引民间资本参与古村落保护开发提供了政策支持。社会资金参与古村落保护的，可以参照《苏州市区古建筑抢救贷款贴息和奖励办法》进行奖励。

针对目前古村落保护工作中突出的农村宅基地问题，《条例》考虑到了目前古村落内一些古建筑保护的难度，规定了古村落内古建筑的保护管理责任人可以依法委托古建筑所在镇（街道办事处）或村民委员会统一使用管理，履行保护管理责任。同时规定对因古村落保护需要迁出古建筑的村民，可以参照房屋拆迁补偿的有关规定执行；对因无力维修而自愿把古建筑转让给村民委员会的村民，由当地村民委员会另行安置。

自《办法》（《条例》）实施以来，苏州在古村落保护利用方面经过多年的不断探索，不断实践，推广行之有效的做法和经验，初步走出了一条“政府主导，社会参与，国家保护与社会保护相结合的多元化保护”的路子，取得了显著成效。主要体现在以下几个方面：

一是发挥政府主导作用，抓好古村落保护利用规划和基础设施建设。各级政府以保持古村落的真实性、完整性为基本原则，根据各个古村落的遗产价值和自然、人文环境的实际，因地制宜制定保护利用方案，明确古村落保护强制性要求和产业发展指导意见，为古村落保护的政策扶持、环境整治、基础设施配套建设、文化旅游业的开发提供科学依据。通过加大古村落基础设施建设资金投入，完善环境卫生、交通运输、文化服务等公共配套设施，为古村落保护开发提供良好的基础。

二是从古村落保护利用大局出发，处理好各个相关者利益关系。古村落保护利用既要落实整体保护规划，又要注重关注民生，重视村民在改善住房条件，提高生活质量方面的需求，化解村民改善住房条件和古村落保护之间的矛盾。为此，地方政府采取了三项措施：第一，加强对非文保单位或控保建筑的村民住房翻建、更新和改造的管理。为确保村民自建房的形式、体量、色彩、风格与古村落整体环境相协调，规划等部门主动提供若干民房建设例则，绘制成图录供村民自主选择，并提供全过程咨询和服务。为提高例则图录的实用性，设计单位还驻点调研了乡村“土”建筑队，将村民建房中实际需求考虑进去，在保证质量的前提下尽量压缩造价预算，为村民自建房屋提供“量身定制”服务。第二，扶持被列入文保单位的村民自住房的维修保养。以吴中区为例，该区政府出台多部古村落、古建筑贷款贴息和经费补助管理办法，针对村民个人文物维修行为设立每年 300 万元的奖励资金，2006 年以来累计拨付 2100 万元，共补助 20 余个维修项目。对保护维修方案 30% 的设计费补贴和 20% 的工程总额进行财政补贴。政府还专门出台《不可移动文物维修审批操作指南》，承诺 20 个工作日的办理期限，在加强技术服务的同时压缩行政审批流程，便捷村民维修项目申报，减少村民个人文物建筑维修的时间成本。第三，部分文保单位的产权人，对古建老宅维修保护力不从心，同时考虑到自身住房条件改善的需求，对文物古建的保护不甚积极。针对此类情况，可以通过经济和行政手段，对古建老宅资源进行二次调配。通过政府征收、产权置换、土地使用流转等方式，将村民安置到基础设施比较完善的镇区，满足村民自建房屋的利益诉求。同时，将村民原有的古建老宅征收归国有，通过政府统一出资或者古建筑上市的方式寻找古建老宅的新主人，实现古村落建筑遗产的应保尽保。

三是拓宽保护资金渠道，引导社会力量参与古村落保护利用。从苏州古村落保护任务的实际情况来看，保护工作面广量大，由政府统包统揽古建筑保护与修缮，既不现实又不恰当，走国家保护与社会保护相结合的路，才是正确的、可行的选择。苏州各级政府以《条例》为依据，进行了有益的探索实践。以中国历史文化名村陆巷为例，自 2006 年至今，先后修复了惠和堂、会老堂、三祝堂、怀德堂等古建老宅 9 处，并开办了民俗文化陈列馆、精品旅馆、农家特色饭店，累计投入 5000 万元，其中政府资金 4400 元，民间资金 600 万元。

四是培育古村落品牌产业，发展特色经营，使广大村民得到实惠。实践证明，古村落保护利用离不开广大村民的理解、支持和参与，当村民切身感受到了保护利用带来的变化与好处，就必然能提高他们对保护工作的自觉性和积极性，从而成为文化遗产保护的守望者、参与者，保护工作也就有了广泛的群众基础。再以陆巷村为例，2006 年前，旅游收入几乎为零，通过几年保护性开发，2013 年旅游参观达 50 万人次，总收入达 5 亿元。如今，陆巷依靠“当地居民 + 政府 + 专家 + 博物馆工作站 + 开发公司 + 旅行社”的运营模式，将太湖自然生态、“南渡遗地、湾居古村”古村落遗产、江南士族生活、陆巷民俗、民间工艺五个文化主题加以组合，成为展示江南水乡风貌及“武将出身，经商起家，科举显世”的中国传统家族传承的社区博物馆，堪称为苏州古村落保护开发的范例。结合旅游开发，该村还以洞庭橘子、碧螺春茶叶、白玉枇杷、太湖三白等农副产品为品牌，取得了旅游业与农副业的双丰收。村民人均年收入由 2006 年的 9278 元提高到 2013 年 21578 元。与此同时，为了平衡旅游开发收益的分配，加大对村民利益补偿的倾斜力度，区政府规定每年旅游门票收入的 30% 直接划拨陆巷村集体，用于村民医疗卫生、技能培训、基础设施、生活帮扶等领域。

三　古村落保护利用中需要探讨的几个问题

苏州作为地处长三角的经济发达地区，随着现代化、城乡一体化的快速发展，作为农耕文明产物的古村落文化遗产所依存的社会环境和生态环境正在发生着深刻改变，这就需要我们进一步提升保护理念，深入研究并妥善解决面临的各种新情况、新问题。

一是增强保护意识，加强各个历史时期传统村落的保护，留住历史记忆。从苏州传统村落的保护现状来看，一些清代以前的古村落由于较多地保存着历史遗存，具有较高的历史、艺术、科学价值和开发乡村旅游产业价值，保护利用的重视程度和保护状况较好。历史是一个持续演进变化的过程，我们既要重视古代历史遗产的保护弘扬，做好列入中国历史文化名村、中国传统村落保护，同时，也要加强对近现代特色村落的保护，否则会造成历史的断层。苏州市区已明确保留 1380 个自然村，政府部门将从政策、技术上加大支持、服务力度，做好保护规划，注重维系具有各个时期特色的村落格局、风貌，保护好分布在各村落的有价值历史建筑，引导农民在住宅建设中既要改善生活设施条件，又要注重保留江南水乡民居特色。

二是加强物质文化遗产和非物质文化遗产的双保护、双利用。大量的非物质文化遗产代表性项目显示了苏州人民的文化创造精神。对非物质文化遗产，既要做好项目保护、传承人保护，还要做好文化生态保护。目前苏州正在组织专家研究确定非遗文化生态区，进行分类分层次保护，留住家乡，留住记忆，留住文化。

三是寻求对策，为古村落可持续保护利用增添后劲。随着经济社会发展，城乡一体化的推进，农村村民就业渠道呈现出多元化趋势，古村落的人口结构发生了很大变化。针对这一状况，应该采取积极措施。其一，政府加大对传统村落农副业的扶持力度，大力发展优势农副业经济，提高原住民的经济收入，使世代居住在这方土地上的村民留得住，成为家园的守望者。其二，在具有开发乡村文化旅游业潜力的古村落，推广古村落旅游开发股份制公司的成功经验，鼓励村民以其所有的古建筑或特色产品、项目参股，加入到经营者行列中来，成为产业发展的受益者。其三，充分发挥苏州传统文化的感召力，培育“新苏州人”对苏州文化的认同感，促使他们成为文化遗产保护的参与者。其四，进一步加强古村落保护利用法制化建设和政策研究，为古村落保护利用提供法律和政策依据，营造良好的法治环境。

古村落保护利用的一篇还未完篇的大文章。我们将不断总结经验，结合苏州的实际，学习、借鉴兄弟城市的成功做法，努力走出一条古村落保护利用的新路子。

基层物质文化遗产保护要充分考虑经济因素

◎ 曹爱生

在苏北农村，古建筑（多数为古民居）在不可移动的物质文化遗产中占有很大比重，对其如何保护则成为基层物质文化遗产保护工作的重点。我以为要卓有成效地开展此项工作，就要充分考虑遗产所在区域的经济发展水平，充分考虑遗产拥有者的经济收入水平，充分考虑物质文化遗产保护的投入与产出。本文拟就这方面说说一孔之见。

一 基层物质文化遗产的现状

基层农村古建筑（古民居）的现状应是保护工作的起点、基础。为了解情况，笔者对苏北古民居相对较多的两个自然村进行了调查。为便于叙述，分别以甲、乙两村称之。

（一） 两村现存古民居的总数及拥有古民居的户数

甲村拥有古民居的有 20 户，计 78 间。最多的一户 5 口人，拥有清代末期建造的房屋 9 间。还有一家只有年均近七旬的夫妻二人，拥有 6 间。其余的人家的人口数有多有少，拥有的古民居有 3 间、有 2 间。这个村原为集镇，古街道还依稀可见。有一条河流穿境而过，早在清朝，该村就凭借便利的水陆交通，成为商业鼎盛的地方。据传说，有个名叫 ××× 的人家最为富有，庄田上千亩，房屋数百间。数百间房屋中最为著名的是“72 间串楼”，含街南四幢、街北五幢，因间间相连，故称为“串楼”，72 间则总间数。这“72 间串楼”早已不存。

乙村拥有古民居的有 11 户，计 55 间。其中有一处 11 间已经归该村集体所有，因被批准为市级文保单位，有关方面下拨了专款予以修复。其他还有两户，各拥有 10 间。这两户的子女均在外地、市区工作，古民居内无人居住。其余的户数拥有的古民居 3 间、2 间的不等，最少的仅有 1 间。

（二）古民居的现状

先说说甲、乙两村古民居所处的整体外部环境。好的方面是，这两个村虽在苏北乡下，但交通状况较前已有很大的改观。但如就古民居所处的具体环境来说，实在不能算好。居住在甲村的现有近 200 户，住房有 700 多间。这些仍蛰在古民居的 20 户，虽也共有 78 间房屋，但散落在高大的现代建筑之中，显得逼仄、寒碜。乙村的环境与之相似。因而，如果从整体保护的原则来说，甲、乙两村古民居保护的大环境无疑是已不具备。

古民居的状况多数为一般。甲村 20 户中，状况一般的有 19 户，剩余 1 户古民居现存三间，损坏已经严重。乙村 11 户中，状况一般的有 10 户，另一户因已修复，可以说得上良好。上述所说的“一般”这个概念的标准为不透风雨，尚能住人，甲村 20 处古民居中，有人居住的有 16 处。无人居住的有 4 处，这 4 处中既无人居住、又根本不能住人的有 1 处；乙村 11 处古民居中，有人居住的有 7 处，无人居住的有 4 处。

（三）拥有古民居房产权主体的经济收入情况

甲村 20 户拥有古民居房产权的主体的月经济收入在 1000 元以下的有 4 户，月收入 2000 ~ 3000 元的有 7 户，月收入 4000 元以上的有 9 户。月经济收入较低的住户根本无力对古民居进行维护，如千元以下的 4 户。而月经济收入较高的住户也未必愿意对古民居进行维护，如月收入 4000 元以上的 9 户中，已有 3 户在市区有了住房，有 2 户在近期内有进城的打算。乙村 11 户的经济收入状况与之相似，不再述。

二　基层物质文化遗产保护的困难

相对于大中城市来说，基层的物质文化遗产保护面临的困难更多、任务更艰巨。

（一）基层物质文化遗产所处的环境变化是进行保护的第一个困难

不同职业、身份的人们对国家物质文化遗产保护的基本方针会有不同侧重点的理解。文化（文物）部门的同志侧重于“保护”“抢救”，而物质文化遗产实际拥有者们看重的是“利用”，“利用”带给他们的收益越大越好。“利用”的成功范例是形成旅游景点，供人们旅游、观光。从一些成功例子来看，首要的条件是规模要大。如果规模不大，有较高的人文元素也可以，如名人故居。基层物质文化遗产大部分似乎并不具备这些，上述的甲、乙两村的原始风貌已不存在，残存的古民居散布在现代的建筑之中。人文元素虽然也有一些，但其影响力大多数局限于在当地。基层农村的古民居由于不具备条件，所以难以进行深度开发。直言之，短期内不会给古民居的主人及当地群众带来较大的收益。这样，势必会影响古民居所在地的群众及社会各界投资、筹资保护古民居的积极性，会影响群众及社会各界创造条件、逐步恢复古民居原始风貌的积极性，这是保护基层古民居的第一个困难。古民居所在地的群众及社会各界如缺乏积极性，单靠文化（文物）部门同志的“一厢情愿”是不够的。几年前，省里有关部门的专家就到过上述的两个村，考察过这些古民居，也认为有较高的历史价值，并承诺拨款加以保护，但至今没有下文。

（二）基层物质文化遗产拥有主体的复杂情况是保护的第二个困难

基层物质文化遗产拥有主体除了收入不一外，还有一些进了城。目前，农村中的青壮年 95% 以上都在外打工。如果是搞得好的，有的则在城里买房，安家落户。有的青年即使暂时没能在城里买房，但因夫妇均在城里打工，孩子就带在身边，只是在节日里才回次老家。如果是家中没有老人，则连节日也不回去。因此，目前农村，“空巢老人”“空关房”比比皆是。这种状况，肯定是不利于基层物质文化遗产保护的。甲村拥有古民居房产权的 20 户中，仅仅住着 60 岁以上老人的就有 8 户。其中有一处建筑于清末的、且为乡村集镇门市房的五间古民居中，居住者为年过八旬的一对夫妇。虽说这处古民居现状尚可，但让“年过八旬”老人来保护古民居肯定是不可能的。乙村有两处古民居的情况也很特殊，这两处各有 10 间，一处的户主已经 88 岁，其 3 个儿子、3 个女儿中除最小的儿子尚在外地工作外，其他均已经退休，居住在市区里，老宅就空关着。另一处的情况与之相似。

（三）基层物质文化遗产所在地的经济发展水平不高是保护的第三个困难

经济发展水平不高表现在两个方面，一是群众的收入水平不高，二是财政收入状况不好。在经济欠发达地区中，还存在着区域经济发展不均衡。一般地说，离中心城市越远的发展越慢，处于县市交界的区域发展也较慢。甲、乙两村虽然离市区仅有 40 多公里，但处于县与县、市与市交界处，不仅群众的收入水平不高，乡镇政府财政收入状况也欠佳。但也是由于群众无力改善住房条件，才使这些古民居得以保存。我国倡导遗产保护是近十多年的事，直到 2006 年才规定了“文化遗产日”，发布了加强遗产保护的通知。而农村拆建住宅的高潮自上世纪八十年代后已逐步兴起。甲、乙两村现存的古民居躲过了上世纪后期的农村拆建住宅的高潮，虽属不易，也有必然，说明这里的部分群众收入一直不是太高。据了解，所在地的政府财政收入状况也是欠佳，乡镇基本上没有一个企业。无工不富，没有企业的乡镇能维持日常运转就已经不错了，怎么会有资金投向遗产保护？

三　基层物质文化遗产保护的对策

可以说，基层物质文化遗产的现状堪忧，保护难度很大，我们要有的放矢地进行决策。

（一）要向群众准确宣传物质文化遗产的价值

物质文化遗产的价值是多方面的历史价值、文物价值、收藏价值、研究价值、经济价值等等。这种种价值之间有密切联系，但又不是绝对相等的，文物价值高并不是代表经济价值就高。另外，基层物质文化遗产的一个显著特点是有的产权是属于群众的，向他们全面、准确的宣传物质文化遗产价值，让他们对自己拥有的遗产（古民居）在经济价格上有个客观地评估，这对进行保护是有益的。我在甲村就曾发现有一处现存三间的古民居，断壁残垣，屋顶见天。可以说是摇摇欲坠，朝不保夕。但该民居的产权人是不住、不修、不卖。经询问，“不卖”的原因是要待价而沽。据说，有人已出到 10 万元高价收购，但产权人仍不肯出手。这种情况，对古民居的保护是肯定不利的。物质文化遗产具有不可再生的特点，一旦毁坏，将是令人痛心的。

（二）要尽快制定基层物质文化遗产保护的整体方案

我国具体负责文化遗产保护工作的是文化部门，基层则是乡镇的文化站，而乡镇文化站的实际调控力是微乎其微。在调查中，我甚至发现有些乡镇文化站负责遗产保护的同志工作性质还是临时工。

要临时工来挑起遗产保护这一重担，的确是勉为其难！在这种情况下，科学制定物质文化遗产保护的整体方案尤其重要。有了这个方案，一方面可以使文化遗产保护工作按部就班，落到实处。另一方面文化遗产保护者们也可以按章办事，有“法”可依。因为乡镇文化站的负责同志可能是方案文稿的起草者，但方案的最终形成、出台则需要得到当地政府部门的同意。政府部门同意了，党政一把手认可了，文化站负责遗产保护的同志工作起来就有了“尚方宝剑”。

（三）要多方筹措物质文化遗产保护的必需资金

基层物质文化遗产保护需要大量的资金，据向业内人士了解，维修、建造古代建筑的费用约为现代建筑3倍。所以说，资金筹措的渠道必须是多方面。既要争取政府的投入，又要发动基层群众自筹，还要积极发动社会各界的支持，如企业的投资等，努力引进各方资金。在资金的使用方法要讲究策略，力争最大产出。如，政府的投入、上级文化主管部门的投入可以与基层物质文化遗产保护与基层群众自筹资金配套下发、使用。再如，企业的投资能否尝试股份制形式，风险共担，收益共享。此外，要成立专门账户，筹备一定的备用资金，以便对古民居采取分类保护的方法。如，无人居住的古民居，要做好产权转让（置换）工作。进行这一工作时，就要动用资金；产权转让后的维修，也要动用资金来配套。仅是老人居住的古民居，如是无子女、社会供养的老人，要按相关政策规定，除定期供给其生活费用外，可以动员老人进养老院安度晚年。如其不愿意，也可以在老人辞世后将古民居收归集体所有。归集体所有的古民居如有人愿意购买（置换），亦可以有偿转让。如暂无人愿意购买（置换），要发挥好这些古民居的作用。对青壮年居住的古民居，要鼓励他们按原貌维修，可在备用资金中下发一些补贴。在古民居存在的相关空间中，如主人愿意将已经改建为现代建筑的恢复为古民居，也应该给以资金支持，以便逐步恢复原生态。

作者

曹爱生，江苏盐城市博物馆。

城镇化进程中的乡村传统文化保护和发展
——以杭州为例

◎ 肖剑忠

一 杭州近年来保护和发展乡村传统文化的途径和举措

乡村传统文化是指存在于我国乡村地区的由先民创造的各类物质产品和精神产品，包括乡村古建筑、乡村民间文学、乡村民间音乐、乡村民间舞蹈、乡村传统戏剧、乡村民间曲艺、乡村杂技与竞技、乡村民间美术、乡村传统手工技艺、乡村民俗等。杭州是我国著名的历史文化名城，乡村传统文化存量丰、种类多、价值大。多年以来，杭州市委市政府对保护和发展乡村传统文化一直高度重视、大力投入，且取得显著成效。概括地说，杭州近年来保护和发展乡村传统文化的途径和举措主要有七大方面：

（一）文物普查及保护

杭州市从 2007 年至 2012 年完成了第三次全国文物（不可移动文物部分）普查工作，全市共调查发现不可移动文物 20351 处，其中按标准规范登录 11134 处，一般登记 9065 处。截至目前，杭州全市拥有全国重点文物保护单位 38 处（群），省级文物保护单位 87 处（群），市级文物保护单位 438 处，历史建筑 336 处。此外，2013 年 4 月至 2016 年 12 月，杭州市将在国务院和浙江省政府统一部署下，开展第一次全国可移动文物普查。杭州市不仅投入大量人力和财力进行文物普查和登录，更重视做好文物的保护工作。近年来，杭州先后出台了《杭州市文物保护管理若干规定》等地方性法规和政府规章；自 2004 年起设立了每年不少于 1.3 亿元的历史文化名城保护专项经费，用于文物保护与博物馆建设；建立了以奖代拨的基层管理激励机制，将文保单位的日常监督管理逐步下放到街道（乡镇）、社区（村）等基层组织，初步建立了文物保护网络化管理体系，市属各县（市）均成立了文物监察队伍。尤其是自 2009 年起，全市结合城乡区域统筹和新农村建设，全面启动了各县（市、区）农村地区历史建筑保护工作。市本级落实了每年五千万元的农村历史建筑保护补助专项资金，出台了《杭州市农村历史建筑保护专项补助资金管理办法》，并要求各县（市、区）投入不少于 50% 的配套资金，使每年投入农村历史建筑保护的资金大于 1 亿元。迄今为止，杭州市已累计对两千余处农村历史建筑采取保护措施，对在第三次全国文物普查中发现的上万处农村历史建筑和不可移动文物进行了有效抢救。

（二）非物质文化遗产普查及四级保护名录的建立

杭州是非物质文化遗产大市，且多分布于乡村地区。近年来，因为党中央和国务院对非物质文化遗产保护工作的高度重视，因为非物质文化遗产保护名录制度的建立，从2007年开始，杭州先后多次开展非物质文化遗产的普查和申报。截至目前，杭州现有国家级非物质文化遗产38项。杭州入选国家级非物质文化遗产保护名录的项目数量，为全国省会城市和副省级城市之最。此外，杭州的蚕桑丝织技艺（余杭清水丝绵制作技艺、杭罗织造技艺）、西泠印社“篆刻”成功入选“人类非物质文化遗产代表作名录”，实现了杭州申报世界非物质文化遗产零的突破。由于我国的非物质文化遗产保护有相应的法律作保障，有非物质文化遗产传承人等系列制度作支撑，有各级政府的财政专项资金拨款、专门工作机构建立等诸多实实在在的扶持举措，如今在杭州，政府和社会各界对非物质文化遗产的保护意识普遍大大增强、重视程度大大提高，各类重要的非物质文化遗产基本都得到了很好的保护。

（三）“风情小镇”建设

从2011年开始，杭州市在原创建的全面小康建设示范村中开展了“风情小镇”创建工作，现已分先后两批推出21个“风情小镇”名单。由于入选“风情小镇”建设名单的大多为文化名镇名村，或具有良好的文化基础、拥有深厚的历史文化底蕴、丰富的传统文化资源的村镇，且“风情小镇”建设突出“宜居、宜业、宜文、宜游”的目标要求和功能定位，从而使得“风情小镇”建设有力地促进了这些地区丰富且深厚的乡村传统文化的保护和发展。

（四）“种文化”活动

“种文化”最初源于2007年由浙江日报集团倡议发起的“浙江农民百村种文化大赛”。由于“浙江农民百村种文化大赛”反响热烈，群众和媒体一致叫好，因而得到了浙江省委省政府及其有关部门的充分肯定和高度重视，此后在省委省政府的部署和推动下，全省开展了“千镇万村种文化”活动，各市、县（区、市）也纷纷推出了本地的“×镇×村种文化”活动，所有这些都统称为“种文化”活动。由于“种文化”活动展示的主要是各地农村的特色文化（也基本都是传统文化），唱主角的主要是当地农民群众，因而广泛且有效地传播了杭州的乡村传统文化，使越来越多的人尤其是当地农民群众认识到了乡村传统文化的独特魅力和重要价值，进而使得他们的主体意识和主人翁责任感得到极大激发，越来越主动地以主人翁的责任感投身和参与到“种文化”之中，当地党委政府也越来越深刻地认识到“种文化”活动对促进农村文化建设与农村和谐社会建设乃至农村经济发展的重要战略价值，并为此加大投入、积极扶持，大力发掘和大力推介本地的乡村特色文化，所有这些最终都促进了乡村传统文化的保护和发展。

（五）发展乡村旅游

近年来，随着杭州旅游业的持续发展，杭州的乡村旅游也越来越火爆，其在杭州旅游业中所占份额越来越大。由于杭州的乡村旅游产品大多主打农耕文化牌，包括古代民居、宗祠、牌坊等乡村特色人文景观，土鸡土鸭、腌肉、青团、萝卜干、倒笃菜等农村特色或传统风味食品，划船、坐牛车、踩水车等乡村传统的生产生活方式；有的甚至本身就是特色文化资源丰富、传统文化积淀深厚的村镇，如富阳的龙门镇、黄公望村、窈口村，建德的新叶古村，桐庐的获浦村、环溪村，余杭的仓前镇、塘栖镇超山村等。因而，乡村文化成为乡村旅游的核心资源和主要魅力所在。乡村旅游的发展和农家乐的火爆，不仅直接促进了农民群众的增收致富，而且也促进了乡村传统文化的保护和发展。这主要是因为，广大农民群众在发展乡村旅游的实践过程中，切实体会到了乡村传统文化蕴藏着巨大的经济和文化价值，乡村文化可以借助产业化途径而产生显著的经济社会效益，由此极大地增强了他们对乡村传统文化的自信，以及对保护和发展乡村传统文化的自觉；此外，乡村旅游的发展，事实上也使得各地乡村有更多的财力和更大的能力来保护和发展乡村传统文化。我们所眼见的诸多乡村旅游发展得好往往也同时乡村传统文化保护和发展工作做得不错的案例和事实，正充分表明了发展旅游对于保护和发展乡村传统文化的重要作用。

（六）文化创意产业西进

为了加快打造全国创意中心，深入推进杭州文化创意产业发展，杭州提出了文化创意产业西进的口号，并由杭州市委和市政府办公厅于 2012 年 12 月联合下发了《关于加快推动文化创意产业西进的实施意见》（市委办〔2012〕16 号）。2012 年，杭州西部五县（市）实现文创产业增加值 142.59 亿元，增长 11.9%。由于相关政策的强力推动，以及创意良渚基地、湘湖文化创意产业园、分水制笔创意园、富春山居文化创意园、颐高圣泓工业设计创意园、浙江昌化国石文化创意集聚区、洋溪文化创意产业园、千岛湖姜家文化创意产业园区、淳安中国鱼博园等系列项目的有效带动，杭州广大农村地区必将迎来文化创意产业的美好未来，而文化创意产业的发展又必将有力地推进杭州广大乡村地区传统文化的保护和发展。这一方面是因为乡村文化催生出大量财富、产生出显著经济、社会和文化效益的事实，让广大乡民对乡村传统文化越来越有兴趣，对坚守乡村传统文化越来越有自信；另一方面更重要的是，文化创意产业的发展，可以使得许多乡村特色传统文化得到生产性保护，使得许多乡村传统文化借助各类文化产品为更多人所知晓所接受所喜爱，为经济发展和社会生活作贡献，从而最终有助于乡村传统文化的保护和发展。

（七）文化礼堂建设

文化礼堂兴起于杭州临安市，后因其别具特色的创新和多方面的重要价值而得到浙江省委省政府有关部门和领导的肯定，并在全省各地农村普遍推广。到 2013 年底，杭州力争在全市范围内建成 195 个集学教型、礼仪型、娱乐型于一体的农村文化礼堂。由于文化礼堂的设施建设和内容展示突出了村史村情、文化遗存、非物质文化遗产、祖训家谱、乡风民俗、乡贤故事等内容，相关活动的开展主要围绕着祈福迎新、重阳敬老、儿童开蒙、成人仪式等传统节庆礼仪，文化礼堂的建设和推广对保护和发展乡村传统文化的巨大推进作用显然是毋庸置疑的。例如，作为文化礼堂重要发源地的临安市上田村，便因其对当地书法文化和十八般武艺的发掘、保护和弘扬，而使其文化礼堂建设广受称赞、大获成功，并成为全市和全省文化礼堂建设的典范。又如，临安市光辉村通过文化礼堂建设，使当地特色农民画得到了广泛的传播，使许多传统农业生产生活工具得到了展示，使孝道文化得到了弘扬。由于文化礼堂建设覆盖面广，尤其是涵盖了多方面未列入文物保护名录和非物质文化遗产保护名录的乡村传统文化，可以预见，随着杭州文化礼堂建设五年规划的实施，随着文化礼堂在全市所有农村普遍建成，随着文化礼堂的相关配套制度建设日渐完善，具有丰富内容、承载多种功能的文化礼堂必将持续且极大地助推杭州乡村传统文化的保护和发展。

二 城镇化进程中杭州乡村传统文化保护和发展面临的挑战

基于全面建设小康社会、统筹城乡发展、释放内需潜力、促进经济转型升级等多方面的战略考虑，以习近平为总书记的党中央对我国的城镇化建设更是高度重视和精心布局，城镇化进程在党的十八后明显加速，预计在未来几年将进入一个高速发展期。由于城镇化是一个涉及产业、人口、环境等多方面因素的系统工程，意味着广大乡村地区整体上的质的变化，自然不可避免地影响到乡村传统文化的保护和发展。这些影响既有积极的一面，即机遇，也有令人忧虑的一面，即挑战。在笔者看来，未来快速推进的城镇化进程将给杭州乡村传统文化保护和发展带来如下三方面主要挑战：

第一，城镇化改变乡村的物理环境和整体风貌，会影响到部分古村落和古建筑的生存。城镇化必然伴随着大规模的村庄整治和基础设施建设，其中绝大多数是顺应农民群众意志、符合农民群众利益要求，是有助于农民群众生产生活，是有百利而无一害的，但也无法排除由于规划不科学、认识不到位乃至个人利益和私心作祟而导致的“建设性破坏”现象。余杭塘栖过去为了方便出行而填埋密如织网的水道，如今却又为了恢复水乡面貌而变陆路为水道，这三十年终点回到起点的历史弯路可谓由于缺乏科学规划、长远眼光和文化视野从而破坏古村落古建筑物理环境和整体风貌的典型，其教训不可谓不深刻。近些年来，包括杭州在内，全国各地因为城镇建设和项目施工而毁坏古建筑乃至铲平老街区夷平古村落的事例时有发生。显然，随着城镇化的推进，乡村各类基础建设项目必将大量增加，我们必须前瞻性地看到，填沟挖山平路拆旧搬家之类做法也必将无法避免，老房子老桥梁老街区古村落等以物质形态呈现的乡村传统文化也将面临更多的破坏风险和生存危机。

第二，城镇化改变农民群体内部之间的生活交往模式和互动频率，会影响到部分传统集体文化活动的开展。自改革开放以来，尤其是我国大力发展社会主义市场经济以来，我国社会的人口流动不断增强。可以预见，随着城镇化的快速推进，包括杭州在内，全国各地的人口流动将进一步加剧，其规模和速度都将超过单纯的工业化所带来的人口流动。不可否认，人口流动是工业化、城镇化和现代化所必然伴生的现象，是经济增长和社会进步的重要动力，但仅从乡村传统文化保护和发展的角度来考虑，则其带来的挑战也不可忽视，不能不做出应对。这主要是因为，随着人口流动不断加剧和愈发频繁，传统乡村社会共同体内部成员之间的聚居模式、交往方式和互动频率也将受到影响，具体地说，就是传统的以血缘为纽带的聚族而居越来越少，现代的以地缘为纽带的购房而居越来越多，居住环境越来越异质化，人们之间的交往次数越来越少，交往程度越来越浅，彼此知根知底、密切互动、守望相助、亲如一家的人文环境将越来越难以存在。而许多集体性的乡村传统文化，如舞龙、舞狮、民歌、地方戏曲、庙会、祭神等，恰恰是在彼此密切互动、守望相助、亲如一家的人文环境中和社会交往模式下产生，是依靠熟人社会成员之间的高频率互动和深度人际交往而得到维系和传承的。这也就意味着，随着未来人口流动不断加剧和愈发频繁，人们居住环境越来越异质化，人们之间的交往频次越来越少，交往程度越来越浅，群体聚集难度越来越大，许多集体性乡村传统文化将越来越难以广泛传播和长期存续。

第三，城镇化改变农民的观念和行为，会从根本上影响到许多乡村传统文化的保护和传承。农民群众是乡村传统文化保护和发展的主体，他们对乡村传统文化有什么样的态度、观念和行为，将从根本上决定许多乡村传统文化的命运，决定着乡村传统文化保护和发展的成效。令人忧虑的是，这些年来，许多经历现代化浪潮洗礼的农民，越来越向往、痴迷外面的文化和生活方式，对本地的文化和生活方式越来越不自信、不自重、不满意，由此导致他们越来越多地出现拆掉自家多年祖居以建现代小洋房、扔掉多年传下来的老物件为现代新家具腾空间、嫌弃祖传手艺、鄙视乡村民俗之类的毁弃乡村传统文化的行为。尽管，客观地说，这些老宅、祖居、老家具、老装饰品、祖传手艺、乡村民俗属于农民群众个体祖传之物或群体共享的祖传文化，农民尽可有自己的认识和看法，可以自主决定其对这些乡村传统文化的态度和行为，可以享有这些乡村传统文化的所有权和处置权，但不容忽视的是，如果作为这些乡村传统文化的继承者和所有者，农民个体或群体自身视这些乡村传统文化为敝履、废物和讨厌的东西、没用的东西，则这些乡村传统文化必难得到尊重和保护，更遑论传承和发展，而这客观上必将损坏当地的文化资源，破坏当地的文化生态，减少一个地方乃至一个国家的文化基因，最终不同程度地损害地区、国家和民族的根本利益和长远利益。

当然，快速推进的城镇化也会给乡村传统文化的保护和发展带来机遇。其中，一方面的机遇是社会各界对乡村传统文化越来越重视，参与乡村传统文化保护和发展的主体越来越多。这主要是因为，随着乡村数量的减少、乡村传统文化存量和种类的减少，乡村传统文化在“物以稀为贵”的市场法则的支配下必将不断彰显其价值，由此必然使得部分乡民会因为利益法则的支配，根据理性经济人的行动逻辑，而对乡村传统文化采取更加积极的保护行为，更重要的是，随着越来越多的城里人去乡村旅游、生活乃至工作和定居，对乡村传统文化既有保护意识又有保护能力的人，以及对乡村传统文化具有审美和消费需求的人都会越来越多，所有这些都有利于乡村传统文化的保护和发展。另一方面的机遇是部分乡村传统文化尤其是民间工艺类的乡村传统文化，因为城镇化所带来和伴生的人口流动和工业化生产、更大市场销售，从而借助人的媒介和商品的媒介获得更大范围的传播，而这同样有利于乡村传统文化的保护、传承和发展。例如，台州的玻璃雕刻、桐庐合川绣花鞋、杭州铜雕、湖州的湖笔等价值突出的工艺类乡村传统文化近年来参加深圳文博会，都受到客商青睐，都收获了许多订单。在现代社会，生产性保护正是对许多乡村传统文化有利有效的保护方式，而生产性保护的机会总是与城镇化、工业化、市场化水平呈正相关的。据初步统计，目前杭州市 38 项国家级非遗名录中，有 17 项适合开展生产性保护；167 项省级非遗名录中，有 71 项适合开展生产性保护；289 项省级非遗名录中，有 123 项适合开展生产性保护。可以预见，随着城镇化、工业化和市场化的快速推进，杭州乡村传统文化的生产性保护将变得越来越有可能、越来越容易、越来越常见。

三　杭州乡村传统文化保护和发展的思路和对策

为了在未来快速推进的城镇化进程中做好杭州乡村传统文化的保护和发展工作，可遵循以下总体思路：激发农民主体意识，发挥政府和社会各自作用，以文化礼堂建设、非物质文化遗产保护、古村落保护为主要抓手，兼顾各种形态的乡村传统文化，结合运用博物馆式保护和生产性保护两种保护方式，解决现存的突出问题，应对城镇化带来的挑战，抓住城镇化带来的机遇，实现文物和非物质文化遗产应保尽保，每个乡镇建有一家乡村传统文化博物馆或陈列馆，每个行政村建有文化礼堂，使乡村传统文化在生产生活中得到保护和传承。

根据上述总体思路，笔者针对前述挑战，提出如下对策：

（一）牢固确立文化基因理念。由于观念偏差和认识不到位是影响乡村传统文化保护和发展较为普遍和较为突出的因素，尤其是对于那些普通并未列为文保对象和非物质文化遗产名录的乡村传统文化，许多民众容易产生嫌弃和满不在乎的心理，故而，必须教育引导社会各界尤其是政府官员和农民群众确立文化基因理念。具体说，就是要认识到乡村文化为中华文明繁荣发展提供了丰富的文化基因。正如在物质世界中任何一种物种基因都有其珍贵价值，物种基因越丰富物质世界越多彩和安全一样，文化或文明领域同样是越具多样性就越安全，越有创造力。许多文化也许现在表面看起来无甚价值，但是一旦处于特定环境中、与其他文化交汇融合碰撞，它们便往往作用甚巨，催生出新的文化果实，孕育出新的优质文化。这就好比有了在海南岛发现的野生稻雄性不育株，才有了袁隆平发明的杂交水稻一样。近年来原生态歌曲大受追捧，并给许多音乐工作者以创作灵感，过去一百年美国乡村音乐和“blues”等几乎所有流行音乐样式都来源于乡村，都是这方面的典型例证。

（二）普遍开展地方志修撰工作。实践表明，地方志是在自然环境巨变和社会环境剧变的时代背景下，记录村庄历史变迁、保护和传承民俗、地名、民间信仰等乡村传统文化的极佳载体。近年来，国内各地名人故里和文化遗产归属权之争异常激烈，这也正表明了地方志对于记录杭州城乡大地上曾经有过的重要事件、重要人物、重要建筑、民间信仰、民间习俗、民间传说，为后人保留重要史料的重要意义，并且随着时间的推移，地方志的重大意义越加凸显出来。目前，除萧山区普遍修撰了镇志、相当数量的村修撰了村志，杭州市其他区（县、市）修撰的地方志都比较少，尤其是村志。因而，应在全市范围内普遍开展地方志修撰工作，以达到乡乡有志、镇镇有志、村村有志的目标。

（三）大力弘扬祖先信仰。祖先信仰可谓我国最普遍最重要的民间信仰，在一定意义上说，也是我国的准宗教信仰。祖先信仰是一个完整的文化体系，不仅有孝祖敬宗、慎终追远等观念形态的文化，也有族谱、祖训等语言文字形态的文化，还有祖坟、宗祠、祖田等物质形态的文化，以及族长、族规、祭祖等组织和制度形态的文化。在当今时代，除了祖坟、祖田等物质形态的文化以及族长、族规等组织和制度形态的文化之外，其他至今仍有积极意义和重大价值，值得传承和弘扬。富阳窈口、建德新叶和临安上田可谓杭州乡村传统文化和发展的先进典型，殊不知它们都有着民俗文化和宗族文化保存较好这一共同特征，都不同程度地受益于当地的丰富民俗文化和浓厚宗族文化。而民俗文化在很大程度上又是从宗族文化中孕育而生（例如上田村的十八般武艺和建德的三月三庙会）。可见，弘扬祖先大有益于保护和传承乡村传统文化，为此，在具体行动上，可采取允许和鼓励民间修谱，保护和利用各类乡村宗祠等举措。

（四）大力推进公办或民办博物馆或陈列馆建设。博物馆既是公共文化服务体系的重要组成部分，也是乡村传统文化展示传播的主要窗口和重要平台。为此，各乡镇可规划建设本辖区范围内的综合性或专题性（如民俗）博物馆或陈列馆，实现每个乡镇都有一家博物馆或陈列馆的目标，那些属于块状经济和特色文化区域的乡镇则可建行业博物馆，例如桐庐分水的制笔业、余杭中泰的制笛业发达，可考虑建设相应的行业博物馆；或者通过免费提供场地、租金减免、纳入乡村旅游线路等举措，大力鼓励和扶持部分企业或收藏爱好者建立民间私人博物馆，以充分调动他们参与乡村传统文化保护的积极性，发挥民间私人博物馆在保护和传播乡村传统文化中的重要作用。

（五）深入推进乡村文化产业基地建设。从保护、利用和发展乡村传统文化的角度考虑，杭州还应进一步加大乡村文化产业基地建设的力度，建设更多的乡村文化产业基地，具体说，就是在许多风光秀美、环境幽静、交通比较便利、文化积淀比较深厚的乡村，依托各类文化机构、专业团体和文化名人、文化能人，建设摄影基地、绘画写生基地、文学创作、乐器培训表演基地等各类乡村文化产业基地。

（六）广泛开展乡村历史文化的收集、整理和研究工作。目前，包括杭州在内，国内各地乡村的历史沿革、重大事件活动、姓氏迁徙、古建筑、老民俗、传统工艺、先贤故事、地方掌故、名人题咏记述等乡村历史文化的挖掘和整理，主要是凭借族谱、地方志以及档案馆和党史办等部门提供的档案史料。但由于许多姓氏没有族谱，地方志一般只有县志和里志、镇志，且这些地方志对村庄情况记载简略，档案馆多官方档案而少民间档案，党史资料更是涉及面不广，从而使得许多乡村历史文化的挖掘和保护面临无源供水、无米下锅的困境。为此，一项相当重要的工作，就是抓紧时间面向村里的老者长者尤其是老干部、老族长、老民间知识分子开展口述村庄历史记录工作，如此可收集和积累许多一手可信村庄史料；此外，还应积极组织文史专家对历代政治文化名人在杭乡村地区曾经有过的游历、题咏和记述进行整理和解读，实际上，这方面的记述题咏很多，但光依靠村里的力量，显然无法找到这些丰富史料，即便找到也无法看懂破译，不知记述和题咏所发生的具体地点和具体对象。

作者

肖剑忠，杭州市社会科学院副研究员、副所长。

浅谈在美丽乡村建设中衢州村镇历史文化遗产的保护

◎ 汤春山

美丽乡村建设是新农村建设在浙江的特色实践，是建设美丽中国的基础，也是当前及今后新农村建设的总抓手。衢州地处浙西，是中国历史文化名城，与福建南平、江西上饶、安徽黄山等地交界，是一个传统的农业地区，古村落分布较广，民俗和民间文化遗产十分丰富，由住建部、文化部、财政部联合完成摸底调查，并分两批公布的915个中国传统村落保护名录中，衢州市龙游县石佛乡三门源村、塔石镇泽随村、江山市大陈乡大陈村、凤林镇南坞村、石门镇清漾村、开化县马金镇霞山村等6个古村落榜上有名。在美丽乡村建设中，如何做好村镇历史文化遗产的传承保护，如何创新发展，突出乡村特色、地方特色，如何让“望得见山，看得见水，记得住乡愁”这一“天人合一”理念，在村镇历史文化遗产保护工作中得到体现，笔者在此谈一点不成熟的看法。

一 制定保护规划

制定村镇历史文化遗产保护规划是保护工作的前提，更是传承的基础，村镇历史文化遗产的保护，要实行统一规划、统一管理，做到规划区内规划一张图、审批一支笔。由政府主导，组织规划和实施，实行文物部门前置审批（至少应做到征求文物部门意见），对不符合遗产保护规划的项目，发改部门不予立项，规划部门不予选址，国土部门不予供地，确保规划区内所有项目按规划实施。

制定村镇历史文化遗产保护规划，应做好以下几方面工作：一是明确保护对象。村镇历史文化遗产是在村镇地域空间范围长期积淀形成的历史文化，主要是指古村落、古建筑、文保单位、文物藏品等；历史上与该村落有关的名人以及他们在村落内的活动情况等；民俗文化，包括地方文艺、民间风俗、饮食文化等。二是划定保护范围。对各级文保单位要划定绝对保护范围和重点保护范围。同时规划中要有保护的有关要求，要跳出村域概念，考虑与自然环境的协调，考虑与周边村、镇的联动，编制手段上，尽量引入竞争机制。三是结合不可移动文物“三普”成果，对村镇保护和整治规划的现状进行调查和分析。

二 创新保护政策

以政府为主体，创新保护政策。遵循市场经济规律，确保文保单位的中心地位，是有效保护文物古迹，保护村镇历史文化遗产的必然选择。制定保护政策时，应慎重分析村镇中各个历史或纪念性文物建筑的内涵，分级保护，使美丽乡村建设和文保单位的保护协调统一。唯有如此，才能避免只孤立地保护几个文保单位，而对作为文保单位背景的成片的传统古村落进行“建设性”破坏。只有把历史文化延续性保护、建筑文脉合理继承，空间高度控制等措施和确保文保单位中心地位这一重点进行有机组合实施，才可能实现对传统古村落的有效保护。

作为中国历史文化名城的衢州，拥有众多的文物资源。然而，体量庞大的文保单位、传统街区、古村落毕竟不是一件可收藏于橱间的古董。文保单位维修、古村落的改造、非物质文化遗产的传承都需要投入大量的资金。这笔经费从哪里来，按照传统的投资体制，全部由政府负责解决，显然不现实。那么，是一味地坐等上级拨款，还是在坚持以公共财政投入为主的同时，积极探索出一条符合当地实际的筹资渠道？笔者认为历史文化遗产的保护经费应以公共财政投入为主，同时多渠道引进资金，鼓励社会资本参与项目保护和建设。纯公益性项目，以财政拨款为主，政府直接投资；适合市场化运作的项目，可通过减免土地出让金、减免基础设施配套费、减免企业（个人）税收、实行土地划拨、政府补偿等方式予以优惠。

三 建立专家咨询机构

衢州被公布为中国历史文化名城之后，成立了以市长为主任的历史文化名城保护委员会，统筹协调有关事宜，对文化遗产保护起到了积极作用。美中不足的是，目前，该委员会成员均为行政部门领导，缺乏专业人员的参与。笔者认为，在美丽乡村建设中，从村镇历史文化遗产保护、管理角度而言，当务之急是组建文化遗产保护专家咨询机构，为领导提供决策依据，从专业角度把关、防止和减少“建设性”“保护性”破坏。如果有了一个经过相关专家论证的保护规划和方案，就会对保护思路、维修方案、管理要求等诸多方面给予明确的规范；许多有损村镇历史文化遗产保护的问题就有可能被制止在萌芽状态或提前得到解决，某些地方政府领导的盲目行为和以牺牲文物为代价的开发行为也将明显减少。

四 合理开发利用

历史古村落和我国所有的农村一样，必然要走上发展的道路。除保护文保单位外，文物部门应有重点地保护若干古村落，把它们定为历史文化保护区或历史文化名镇名村并对外展示。对那些整体风貌已受到严重破坏的古村落，也应当采取有效措施从尊重历史、延续历史、传递历史的角度进行合理保护。龙游民居苑就是古建筑异地迁建、集中保护与利用的一个成功范例。龙游境内有许多风格迥异的民居古建筑分布在各村镇，大部分的古民居自然毁损严重。龙游文博部门充分发挥自身专业优势，积极争取政府部门在项目、土地、资金、政策等方面的支持，对县城范围内一批有代表性的古建筑实施异地迁建集中保护。目前，在城郊鸡鸣山已迁建、开放的古民居有40多座，每年吸引游客10多万人次。

新农村建设的快速发展，对村镇历史文化遗产的保护工作既带来了挑战，也带来了机遇。数量众多的文物建筑在发展旅游产业，尤其是以农家乐为代表的乡村旅游中，越来越显示出其独特的不可替代的作用。在经历了开发初期的热潮后，许多农家乐景点相继陷入同质竞争的误区，因内容雷同、文化含量不高、配套服务脱节等因素造成游客人数下降，发展后劲不足的困难。笔者认为，美丽乡村建设不仅要突出物质空间的布局与设计，同时必须嫁接生态文化、传承历史文化、挖掘民俗文化。文博部门可凭借专业人才优势，积极参与美丽乡村建设，与历史文化遗存比较丰厚的村镇开展古建筑维修、民俗文物征集、陈列布展、讲解导游培训、本土文化研究等专业合作，利用维修后的古建筑，举办反映当地本土文化的陈列，经营本地独有的土特名产、风味饮食、传统工艺品。目前，衢州在这方面已有了良好的开端。国家级非物质文化遗产邵永丰麻饼制作工艺，已成功进驻柯城区七里乡农家乐景区，在这里，游客既可观摩传统工艺的生产过程，也可参与制作自己喜欢的产品。

五　结语

美丽乡村建设，应该使村镇历史文化遗产得到保护传承，创新发展。保护村镇历史文化本身就是美丽乡村建设的重要内容，两者相辅相成，并不矛盾。2013 年 7 月，习近平总书记在湖北鄂州市长港镇峒山村考察时指出：建设美丽乡村，是要给乡亲们造福，不能大拆大建，特别是古村落要保护好。

作为习总书记曾经工作过的浙江省，在美丽乡村建设中，对村镇历史文化遗产的保护，也应像其他工作一样，做到“干在实处，走在前列”，为全国带好头。正如浙江省文化厅巡视员鲍贤伦（原省文物局局长）所言：“浙江文博人对全国文博界而言，别无选择地承担了一种使命，即提供经验，或者提供教训。能够创造经验的，我们毫不客气地承担：不可避免的，逃不脱的失败、挫折，那么，我们也提供一份教训。”村镇历史文化遗产的保护，尚是一门新兴的学科，在理论上有待深入探索，在实践中更需要不断总结。我们有理由相信：在中央城镇化工作会议精神指引下，在“慎砍树、不填湖、少拆房”“让居民望得见山，看得见水，记得住乡愁”“要体现尊重自然，顺应自然，天人合一的理念”等保护原则的指导下，在美丽乡村建设中，衢州、浙江乃至全国的村镇历史文化遗产保护工作，必将再上一个新的台阶。

作者

汤春山，浙江省衢州市博物馆。

新型城镇化背景下古村镇转型的“荻浦样本”
——浙江桐庐县荻浦村的调查与思考

◎ 齐骥

从乡土建筑到乡土社会，从人与自然共同演进到两者有机融合成为共同作品，古村镇的历史演进过程体现了人文生态与自然生态两种实践相统一的人类学缩影。作为国家级历史文化名村，浙江省桐庐县荻浦村以不离本土的传承与更新方式，塑造了保护古村落文化本真性的传统特点，创造了市场主导、文化驱动型城镇化的现代样本。

浙江省桐庐县荻浦村位于浙江省西北部，钱塘江中游，距离桐庐县城 15 公里，距杭州 50 公里，是桐庐县“东大门”。位于“三江二湖一山”的黄金旅游线上的荻浦村，辖地域面积 3.5 平方公里，全村共有 16 个村民小组，总人口 2378 人，农户 645 户。因村大人多且居住集中，一直以来呈现出人多田少的状况，全村共有权证的土地 4946 亩（耕地 1282 亩，老山林地 3301 亩、平山地 363 亩），人均拥有耕地不到 0.5 亩。荻浦村的特点显而易见：尽管土地肥沃、气候温和，但终因人多田少、山林资源贫乏，荻浦人必须在有限的土地上不断探索新的经济发展方式。值得注意的是，荻浦村承载着厚重的历史文化积淀，作为第三批国家级历史文化名村，村域历史悠久的荻浦村形成了以孝义文化、古戏曲文化、古造纸文化、古树文化为代表的特色文脉，它们在传承与创新的历史进程中，以“就地城镇化”的形态自觉地回归到村民们日常生活中，使传统文化基因在获得当代表达的同时，在探索“就地城镇化”发展中积累了许多有益的经验。

一　就地城镇化的发展实践

区域市场繁荣和文化消费能力提供了城镇化的基础。荻浦村“就地城镇化”本质上是产业经济的集聚、密集的本土人口和富集的旅游消费人群以及区域市场的繁荣等因素共同作用的结果。在地理位置上，地处长三角经济圈这一我国经济最为发达地区的荻浦村，东与富阳市场口镇宋家溪村相连，南邻杭新景高速公路和杭黄高速铁路，北部 320 国道穿境，繁荣现代市场体系、活跃的民营市场经济、四通八达的公路网络和便捷的交通通达条件，为荻浦村成为区域市场集散中心和长三角农家乐休闲旅游重要目的地提供了基础。在良好的自然生态景观和便捷的交通通达条件基础上发展起来的农家乐，与民俗展馆、民宿、手工艺展示群、茶馆和咖啡屋等个体经济相结合，形成了富有特色的文化旅游集散地，这一有效转移剩余劳动力并吸纳就业的方式，使荻浦村实现了以产业密集、人口集中和市场集散为特征的“产城融合”，破解了传统工业推动城镇化的旧有模式无法使城市持续更新并富有竞争力的瓶颈，破解了旧城改造和新城建设中城市复兴、环境再造和文化重生难以协同发展的瓶颈，破解了产业集群单打独斗、破坏城市整体规划和宜居、宜业难以并行的障碍。

三次产业的协同和土地流转的模式决定了城镇化的产业层级。荻浦村市场经济的发育程度使其具备了发挥城乡节点的功能，而城镇化进程中的特色小城镇往往是农村联结城市的基本纽带，建设特色小城镇也成为转移农民较为可行的选择。在荻浦村，有近300亩土地种植着九品香莲、波斯菊、百日草、向日葵、薰衣草等不同颜色的观赏植物，构成了“花海”旅游景观带，是农家乐旅游的重要景点，而这些土地均以每亩地年租金700元的价格来自于荻浦村民，在不改变土地的所有权结构，也不改变其依附农业性质的前提下，以乡村旅游和休闲服务为目标的土地流转，将土地功能向多元化方向拓展，不仅提高了土地使用效率、增加了土地附加值，而且解放了农村剩余劳动力、提高了农民收入。荻浦村的“传经堂”是一幢始建于清代康熙年间的古庵，解放后改为民居，坐北朝南，三间三进，二层楼房，占地面积400余平方米，20世纪80年代屋内8户住户迁出后便闲置下来。在2011年荻浦村作为“美丽乡村”旅游目的地而吸引大量游客后，传经堂被修缮成主打农家土菜的主题餐饮区，以农家生活植入，农耕文化体验与特色美食品鉴提高了服务业附加值。荻浦村产业转型的过程是文化引导下一二三次产业的有机融合的过程，产业的高度协同使荻浦村原有的农村集体用地在功能上更加丰富。荻浦村农用地权利主体转移（农地承包权和经营权的分离）、农村集体建设用地的流转（农村集体用地所有权不改变前提下的用地商业化）、农用地向农村集体建设用地的流转等土地流转参与乡村文化旅游的实践，打造并丰富了“就地城镇化”的产业链。

公共服务的健全和文化生态的优化提供了城镇化的保障。城镇化的实质是“人的城镇化”，增加城市功能的承载能力的“就地城镇化”，其重要路径便是增强公共文化服务能力，构建兼具时代性、创新性和开放性特征的公共文化服务保障体系。一方面，荻浦村不断改善稀缺的土地状况以获得更优的生活空间。例如用地270亩新建320国道、杭千高速等交通设施，用地200亩新建村办企业等基础设施，用地150亩兴建村民用房，用地80亩建水库、水渠、机耕路等设施，优化了城镇景观；近年来，荻浦村还拆迁了200多间房屋，100多个猪栏，增加了5000多平方米绿化面积，建成溪韵广场、孝义文化公园、梨花苑、荷花池等景观节点，恢复、重建了孝子牌坊、理公墓碑、古纸槽等文化古迹，在保持文化的多样性的同时不断提高公共文化服务的品质。另一方面，通过鼓励世代相传和复兴无形文化遗产来保持它的活力，在文化生态所诞生的原始氛围中保持其活力。例如以孝义文化为根基的文化之魂以及植木护松、开渠引水的不屈不挠却尊崇自然的价值观、引进纸业致富百姓的经济发展观等，在保存和利用、传承与创新、看护与生产、记录与传播之间保障人们的生活权益并寻找文化生态的永续平衡。

二　就地城镇化的主要经验

市场外向程度和思想解放度决定了城镇化的“速度”。市场开放、思想解放、创新发展的体制推动了文化改革的步伐，产业联动、区域联动、城乡联动的机制推动了经济发展和社会进步的前行，两者从不同层面上构筑了城镇化的前提和基础，并决定着城镇化的速度。由于经济发展起步早、速度快，市场体制较为完善，荻浦村所在的长三角经济圈民营经济发展迅速，已经跨越了粗放原始发展阶段，经营规模、技术手段、管理方式逐步提高，乡镇与城市的物资信息交流交往频繁，交流交往的空间半径日益扩大，内容层次也日益提升，为区域城镇化的实现奠定了基础。而荻浦村历来有外出经商做贸易的传统，尤其是以稻、麦草生产“坑边纸”，自发或组织外出贸易等，一度成为家家户户的作业。清代嘉庆年间，荻浦村全村便有上百只纸槽，利用荻溪石滩为主要晒纸厂，生产规模很大，造纸一度成为全村主要经济来源。此外，荻浦村田少人多的基本状况使人们不断探索新的生产方式，一直以来，村人从事泥水匠、木匠、篾匠和油漆匠的技术工人便很多，他们以自己的手艺发展家庭经济，且父携子、师带徒，代代传承。在大办乡镇企业的年代，诸如厨师、开豆品店、制汤粉皮和木莲粉、做炮米糖等的手工商人一度云集。本土市场的发展，本地消费的繁荣以及乡镇企业的兴起，使荻浦村农业人口离土不离乡，依靠生产方式和产业结构的转变实现了城镇化。

文化自觉和文脉传承决定了城镇化的“深度”。文化自觉作为一种意识，本身具有极强的创造性和开拓性。新型城镇化过程是将文化自觉融入城市并改变城乡生活方式的过程，地脉与文脉的有效融合和相互作用，标榜着一种基于传承的城镇化发展理念，标榜着市民与城市在历史文化个性与其走向现代化、国际化过程中的共性、和谐与梦想，是城镇化走向“深水区”的重要条件。以地脉与文脉作为关照的就地城镇化的本质，正是寻求城乡文化认同，实现理想身份，消弭心灵距离的“人的城镇化”。荻浦村依山傍水，水源丰富，丘陵连绵，因地缘环境优越，自古以来，荻浦村人引水泽民，耕读传家，和睦族居，终成渔浦芦荻之地，熙攘丰沛之村。据史料记载，清乾隆年间，荻浦村出了一个大孝子申屠开基，因孝子事迹感天动地，有乾隆帝御批赐孝子牌坊。而今孝子牌坊已复建于松垅里，孝子精神则成为荻浦特色孝义文化的发轫并被当地的村民世代传承。以孝义文化为非正式约束（除价值观、生活态度、生活方式以外还包括意识形态、习惯和习俗等）因素的文脉传承，体现了“包括生活方式、共处的方式、价值观体系，传统和信仰” 的文化延续，构成了基于文化自觉的“就地城镇化”的核心价值。可见，城镇化是为创造优化合理的生存空间、消费结构做出的发展布局，而文化是民族的黏合剂，也是族群认同的根基，城镇化不应该泯灭文化特色、淡化文化传统、消解文化基因，而应在基于文化认同前提下，以文化自觉为内在的精神力量，以文化创造活力激发人们探索集约高效、功能完善的城镇化之路。

文化遗产的“活态性”“传统性”与“整体性”决定了城镇化的“温度”。文化遗产是由经济与政治、自然生态与人文社会结合而成的复合型系统，在一定程度上影响着文化生产力的发展程度。历史文化名村镇的记忆是在历史长河中一点一滴地积累起来的，从文化景观到历史街区，从文物古迹到地方民居，从传统技能到社会习俗等，众多物质的与非物质的文化遗产，都是形成村镇记忆的有力物证和文化价值的重要体现。作为千年古村，荻浦村以古松垅、范家井和申屠氏始祖墓址等古迹记载着多氏族演变的古村落历史，以 40 幢保存完好，建筑别致的古屋诠释了淳朴古典的建筑文化，以工艺极为考究且对百姓经济贡献极大的古造纸文化、丰富村民文化生活的古戏曲文化等构成了记录“活态性”、体现“传统性”、具有“整体性”的文化遗产群落。尤其是古造纸文化，不但留下了完整而生动的遗址，而且记录了“拌草——腌草——踏草——洗草——捞纸——扦纸——晒纸——理纸——刨纸”等极为复杂的工艺流程。据《申屠氏宗谱》记载，清代道光年间，荻浦村民已“农隙则造纸者十居八九，夜以日继，灯火莹上，无间寒暑”，足见旧时，造纸是荻浦村百姓经济的主导产业。荻浦村文化遗产保护与开发的探索表明，以丰富的文化遗产为依托，盘活传统资源存量，创造文化产业增量，可以更加有效地寻找到就地城镇化的文化肌理。文化遗产从来都不是供移植或替换的模块，更不是铁铸石凿、僵硬凝固的古董，而是一个充满永不竭的创造能力，具有吸收和代谢功能的活态文化，一旦与区域社会经济发展相衔接，必将促进产业结构的调整和升级，通过转变经济增长方式实现又好又快的发展。

三　就地城镇化发展的思考

尽管荻浦村在依托乡土文化实现“就地城镇化”方面做出了积极探索并积累了丰富经验，但从其自身演进过程上看，由于其最初是从“田少人多”的现实境况中选择出路的“被动”城镇化，受制于各种客观原因的影响使荻浦农民不得不放弃农业生产方式和乡村生活方式，因而精神上的、意识上的城镇化仍落后于产业的和市场经济的城镇化，荻浦村距离以新型社区为管理和组织方式形成交往方式社会化、社会联系国际化、生活方式现代化、居民构成多元化和流动性的社会组织尚有较大差距；从产业发展看，以文化旅游为驱动、基于文化产业链条的分工与合作大多数以“家庭作坊式”的亲缘合作形式呈现，市场主导下的产业协同尚未形成，城镇化方式线性和粗放也限制了荻浦村产业升级；从乡土文化传承角度看，文化的流失与城镇化的速度相伴。荻浦村昔日产业繁荣、规模宏大的古造纸文化遗留下来的仅仅是夹杂在荻浦村民居和农贸市场之间、不足百米长的古纸槽，始建于南宋孝宗乾道二年丙戌（1166 年）的申屠始祖理公墓同样夹杂在现代化民居中。诸如荻浦村一样具有鲜明乡土文化特色并面临同样发展困境的中国乡村还有许多，而随着经济不断增长，探索一种由产业结构非农化引发生产要素流动和集中，使原来农村的生产方式、生活方式、思维方式逐渐与城市接轨并最终实现城乡一体化的社会演进，势在必行。

一是加强顶层设计，转变成长方式。荻浦村城镇化的探索和实践表明，依托乡土文化实现就地城镇化，不仅应保护文物古迹、历史环境、非物质遗产，还应以实现整个区域的自然、经济、文化可持续发展为目标，将“顶层设计”与“产业路线图”结合，以实现城镇文化空间的综合协调，国土资源开发利用和生态环境保护整治的相互协调，不同行政区域之间及区域内城镇之间和城乡之间的统筹协调，人口、经济、文化、科技、环境及资源等系统及其内部各要素之间的有机协调。对于诸如荻浦村这样具有充分的“就地城镇化”的文化条件和文化禀赋的地区，通过土地整合、城市公共设施和文化服务设施的植入、文化特色的挖掘和呈现，农民社区就业的整体解决，向文化旅游综合社区发展的城镇化方式，具有典型的文化价值并具备可复制的商业模式价值。而如何实现以文化遗产盘活为依托，以农旅产业链打造为核心，以乡村观光休闲度假功能为主导，以乡村商业休闲地产为支撑的城乡一体化功能，则需要在科学并富有前瞻性的“顶层设计”基础上，进一步转变经济发展方式，优化城镇产业结构，通过合理的产业与就业系统规划、紧凑型土地优化利用系统规划、公共福祉和社会保障系统规划、历史记忆保护系统规划、生态循环发展系统规划和人的现代化行动纲领规划等，实现“顶层设计”和“时间表”与“路线图”的协同创新。

二是坚守文化底线，盘活存量资源。文化遗产保护的未来，很大程度上取决于它与人们日常生活环境的整合状况。随着经济社会的发展，城镇空间资源开始呈现出高度的稀缺性，文化遗产的生存空间和拓展空间均受到将“土地财富”转化为“快速增长的内需”的商业化挤压而变得更加局促。历史文化名村镇是祖先留给我们的重大财富，具有不可再生性。城镇化不能以牺牲历史村镇遗产和周围环境为代价，也不能承包或变相出让历史村镇文化遗产资源而获得经济增长。历史文化名村镇实现“就地城镇化”并获得可持续发展，一方面可以通过借鉴国外保护经验和探索“社会化保护”新路的方式，即坚持“以古为本”“以民为本”的保护理念而非“旧城改造”“旧村改造”的开发模式，实施“新旧分开、有机更新”保护模式，还可以广泛探索历史村镇“社会化保护”新路，即地方政府在逐年加大财政保护资金投入的同时，可采取政府补助、社会赞助、个人捐款等多种方式筹集保护管理资金，通过土地、房屋产权的置换或租赁等方式，吸纳民营资本、风险投资基金、民间集资、使用人出资等资本参与历史村镇历史建筑的保护利用和管理，即以多元投入的方式创新城镇化管理和发展路径。

三是多元资本投入，实现创新驱动。新型城镇化要求健全市场制度体系，由过度依赖廉价劳动力、土地等“要素驱动”和大量投资形成的“投资驱动”发展阶段向“创新驱动”发展阶段转变，实现从重数量的外延式扩张转向重品质的内涵式发展，实现以创新为驱动力的城镇化发展路径。但由于存在市场失灵，仅仅通过市场选择难以实现最优均衡，这就需要政府创造适宜的硬件环境和软件环境，加快健全农村基本公共服务制度框架便提上日程。从宏观管理上看，必须逐步提高农村基本公共服务的标准和保障水平，调整国民收入分配格局，加大农村基本公共服务投入力度，建立保障水平与财政支出增速、经济发展速度等挂钩的增长机制；从城镇治理层面看，必须直面“人口城镇化”滞后于“土地城镇化”的体制缺陷，解决长期以来农民在被征地过程中缺乏话语权；从现实境况看，必须通过金融资源配置引导土地、劳动力等要素在区域间、城乡间、传统型与新型城镇化之间、产业间的配置，进而解决城镇化催生的“新市民”转移就业后面临产业资本链断裂导致经济紧张的普遍问题。多元资本投入的驱动模式，也将在城镇化中发挥更大的作用。

结语

中国城镇化率约为53%，工业化率为47%，而国际上发达国家城镇化率约是工业化率的2至3倍，城镇化滞后于工业化严重，就近就业率低：我国“漂”在城镇的农民工，70%以上希望在家乡周边就业。“就地城镇化”则提供了这一现实可能性。获浦村依托乡土文化“就地城镇化”的探索和实践，提供了一种在有效提高城镇化“速度”的同时，以文化自觉和文脉传承增加城镇化“深度”，以文化遗产赋予城镇化“温度”的本土化解决方案，其“就地城镇化”的经验表明：对于具有突出普遍价值的一类村落文化景观，如何将其文化、自然保护融入村落的经济、社会发展中，并实现村落可持续发展，如何以资本化、证券化的方式实现创新驱动的城镇发展路径，仍将是一个极富挑战的命题，而文化则是亘古不变的重要的要素驱动力。

作者

齐骥，中国传媒大学文化发展研究院助理研究员、博士，新型城镇化研究中心副主任，北京市“青年英才计划”入选者，文化产业（中国）协作体青年创业指导委员会委员。

浙江省建德新叶村建筑文化初探

◎ 吴梦愚

中国是世界上农业文明最悠久的国家之一，农业生产为人们带来了稳定的物质生活，也滋养出了特有的农耕文化，作为农耕文化构成的地理单元——村落，一直是社会结构中最基本的构成要素。它承担着人口繁衍，经济繁荣，文化传承的功能。而村落的发育形成既受自然环境的影响，也有人文因素的作用，本文粗略探讨了浙江省保存最为完整的古村落——新叶村在村落营造中的文化传统。

一　血缘村落的形成

新叶村位于建德市大慈岩镇，1949 年之前的新叶村称为“白下里叶”，白下指白崖山即玉华山，“里”为这个宗族的称呼。根据《玉华叶氏宗谱》记载：玉华叶氏始祖叶坤，“居寿昌湖岑，宋宁宗嘉定年间迁玉华，赘夏氏”。湖岑在新叶村北约 25 公里。始迁祖叶坤随宋室从中原南迁至浙江入赘夏家，后夏氏族人迁走，叶氏族人在玉华山下整修水利、耕作农业、繁衍人口、兴建书院、祠堂，逐渐兴盛成为以叶姓为主体的血缘村落。

始祖叶坤育有 2 子，叶光赞与叶光隆。叶光隆之子叶克诚时进行了第一次分支：叶光赞及其后代为“里宅”，叶光隆及其后代为“外宅”。“里宅”由于人丁稀少，逐渐衰落。“外宅”人口昌盛，成为了村落的主体。到明代中叶，由于人口增加，贫富分化，叶氏宗族开始了历史上规模最大的一次分支。宗谱《崇仁堂记》记载：“八世祖宗字行并克恢宏，接踵建厅，各聚其族属，凡有十一焉。”“各聚其族属”就是以分祠为中心形成各房住宅的团块，“接踵建厅”即分祠的建设，“十一”即十一个支派，十一支支派中较大的支族兴建了崇仁堂、崇义堂、崇礼堂、崇智堂、崇信堂，各房派住宅簇拥在本派分祠的两侧，形成团块，此后新叶村的布局格局一直是以血缘关系为纽带各宗字辈团块居住。

二　民居建筑

农业社时期人们改造自然的能力并不明显，村落的选址受到自然环境、文化传统和技术条件的影响十分明显。新叶村旧属兰溪县，兰溪境内多丘陵山地，树木茂密便于开垦，村子选址在玉华山和道峰山之间，两山之间各有两条溪流顺势而下，是最适合农耕的场所，至今这个村庄经济仍以传统农耕为主。

建德市地处浙江西部，与古徽州府相交界。明清时期，徽州商人沿着衢江、新安江这两条水路运出当地的货物，运进当地所需物品，互通有无。并且有相当多的徽州商人就此定居下来，或入籍于当地。徽州商人在进行商业贸易的同时也带来了徽州文化。新叶民居建筑无论是平面、立面还是室内外的装修风格都和徽派建筑一脉相承，一直沿用传统木结构体系，山墙多做层叠的马头墙，白墙黑瓦，院落内向，布局紧凑，石墙与砖墙只起围护和分隔的作用。

在住宅型制方面，根据《明史·舆服志》的记载“庶民庐舍，洪武二十六年定制，不过三间五架，禁用斗拱、饰彩色。”新叶村住宅型制在明代基本定型，有三合院和四合院，当地人称为“三间搭两厢”及“对合式”。由于地处山区，地理位置偏僻，经济方式单一，以农业种植为主。除个别住宅外，民居建筑的装修大多比较简单，在装饰题材上，多以花卉、琴棋书画、民间熟悉的戏曲故事为主。

三　祠堂建筑

封建社会时期皇帝自上而下的统治只到达县一级，在广袤的乡村实行宗族自治管理。宗族是由父系血缘关系的各个家庭，在祖先崇拜及宗法观念的规范下组成的社会群体。在乡土社会宗法制度下最重要的礼制建筑便是祠堂，它是供奉祖先神主牌位、举行祭祖活动的场所，又是从事婚丧嫁娶、议事宴饮的地方，因此祠堂建筑从选址到用料都十分讲究，往往倾其全族之力，精雕细琢。

新叶村内祠堂数量多，等级层次分明。西山祠堂为玉华叶氏的总祠，始建于元代，最初只是一座三开间两进大厅的简易祠堂。明代中叶，出于民间祭祖的现实需要，立祠不再只限于王公贵族，允许民间联宗立庙，并以朱熹《朱文公家礼》中“君子将营宫室，先立祠堂于正寝之东”“设置四龛以奉高、曾、祖、四世神主”作为参照，将庶民祭祀两代祖先改为曾、祖、祢三代，并将士大夫祭祀四代祖先的牌位顺序有自西向东一字排开改为左昭右穆。

祠堂建造的观念来自于房分或大小宗法层次的不同。“宗族的成长，是一个由主干不断分支衍化的过程，始迁祖一人繁衍成一族，产生了房族结构”始祖之下最初的分支，称为支派，支派之下又设房分，由房分形成宗族结构。血缘村落通常有一位“始迁祖”（太公），首先选址定居下来，其后裔在村落生产劳动、繁衍子嗣，经过几个世代人口的增加形成宗族，过了第五代就可以分支分派、兴建分祠。五座保存完好的支祠：有序堂、崇仁堂、荣寿堂、旋庆堂、永锡堂的格局基本按照儒家认为的“事死如事生”的观念进行布置。前堂后寝，前面为正厅用于办事，后厅为祖先住所，摆放主木，俗称牌位。在布局上为坐北朝南中轴线从前至后依次为门厅、戏台、正厅、后厅，戏台两侧为厢房。西山祠堂供奉始祖叶坤的牌位，两厢按照左昭右穆的序位供奉叶氏各支派祖先。

四　文教建筑

隋唐以后朝廷用“开科取士”的科举考试制度代替魏晋门阀世袭制度，官吏的录用从科举考试开始，此后中国社会精英主要由地主、士绅和官僚这三个阶层构成。这三个阶层之间同社会其他阶层之间的流动主要通过科举考试实现。地主阶层与庶民子弟都可以通科举考试取得秀才、举人这样的身份。

明清时期，即使只中秀才，虽然没有官职，在乡村已经是体面的人，村里的公共事务享有参与权。举人已经有资格做官，进士就已经脱离了庶民阶层，享有政治、经济的特权，如免除赋税、徭役，更可能有机会担任朝廷要职。相对公平的进士机会和现实利益给予庶民快速攀升阶级的通道，“朝为田舍郎，暮登天子堂”成为乡村青年有可能实现的理想，“耕可致富，读可荣身”成了乡土社会的理想。科举高中者可以在家乡建牌坊、立桅杆、祠堂挂匾额等。科举考试不仅关系到读书人个人的命运，甚至关系到整个宗族的命运。因此，宗族为鼓励子弟读书应试常办私塾、官学堂、书院，建文峰塔、文昌阁祈求文运亨通。

风水典籍《相宅经纂》对文峰塔有过这样的描述：凡都、省、州、县、乡村，文人不利，不发科甲者，可于甲、巽、丙、丁四字方位择吉地，立一文笔尖峰，只要高过别山，即发科甲。笔尖峰即文峰塔。依照风水术的说法，文峰塔建于村子东南面，与村口水口相呼应，象征笔墨之意，可以改变文运。

新叶村内文峰塔又叫抟云塔，取自《庄子》“抟扶摇而上者九万里”的意思，建于明代，是村内目前年代最久，保存状况最完好的一幢建筑。砖彻楼阁式，平面正六边形，七层高，约 30 余米。底层有三个券门。从二层以上各层有三个发券窗洞，相互错开排列。每层略有收分，层高逐级降低。塔内各层原有木楼板，以固定木梯上下。抟云塔的外面，用砖牙叠涩作腰檐，檐角微微挑起。塔刹由五个圆形石盘层叠，第三个最大，往上、往下渐小，塔身无任何雕饰。

同文峰塔相配套建筑有文昌阁，同样是为了祈求文运。清同治年间叶氏族人在文峰塔边上建造了文昌阁。《史记天官书》记载：“北斗之上有六星，合称文昌宫，掌人间文运。”文昌帝君主文运，文昌阁供奉文昌帝君。

五 结语

传统村落是我国数千年农耕文化发展的结晶，蕴藏着丰富的文化信息和历史记忆，是不可缺失的宝贵遗产。然而，在大举推进城镇化的今天，一大批传统村落正在逐渐衰退，有的就此消失。有着 800 多年农耕历史的新叶村在经济建设浪潮下不可避免地受到冲击，大量劳动人口外迁，古村落渐渐沦为空心村。对传统村落的保护已是刻不容缓，研究村落中建筑历史与文化传统是一方面，制定相配套的政策留住村民传承文化才是重中之重。

参考文献

［1］陈志华、楼庆西、李秋香：《中国乡土建筑》，重庆出版社，1999 年。

［2］冯尔康：《中国宗族史》，上海人民出版社，2009 年。

作者

吴梦愚，浙江省文物考古研究所。

富阳乡村传统造纸文化遗产保护的困境与对策初探

◎ 崔彪

富阳传统造纸具有悠久而辉煌的历史，然而在城镇化和工业化的冲击下，如今仅零星分布在少数山村。这些仅存的传统造纸文化遗产，由于产业难以为继，保护管理不足，也面临着消亡的危险。针对这些问题，升级产业使其具有竞争力，结合旅游使其扩大影响力，同时对传统造纸村落的自然环境、遗存本体以及村落格局进行全面的保护，将有利于这一珍贵的历史文化遗产的保护和传承。

一 前言

富阳位于杭州市西南的富春江沿岸，是闻名全国的“土纸之乡”，在我国纸业发展史上占有重要的地位[1]。至迟在魏晋时期，富阳一带就已经开始造纸[2]。一直到20世纪90年代，传统造纸都是富阳最具特色、占据支柱地位的手工业。历史悠久、工艺精湛、品类繁多的富阳土纸，在一千多年的发展过程中积淀了丰富的工艺技术和传统文化内涵。2006年，“富阳竹纸制作技艺”被国务院列入第一批国家级非物质文化遗产名录[3]。

近年来，一方面文化遗产保护日益受到人们的重视，乡村中的传统手工技艺及其相关载体与环境也得到了越来越多的关注；另一方面，在城镇化和现代化工业的冲击下，富阳的传统土纸正逐渐退出历史舞台。众多关于土纸生产的技艺濒临失传，大量土纸生产的作坊和工具已经消失，仅有部分山区村落还保留着这一古老的手工业，成为了富阳传统造纸最后的生存空间。在这个背景下，富阳的乡村传统造纸衰落和消亡的原因是什么，如何更好地保护和传承这一宝贵的历史文化遗产，成为亟待解决的难题。基于以上考虑，笔者对富阳几个保留有传统造纸产业和遗存的村落进行了调研，并针对上述问题进行初步的探讨。

二 富阳乡村传统造纸现存概况

富阳的传统手工造纸有竹纸、草纸、皮纸三大类，其中以竹纸为主。竹纸又有白纸和黄纸之分。白纸多用于书画，质量最为上乘，以嫩毛竹为原料，从斫竹办料、制浆抄纸，再到牵纸晒纸、后续加工，大小工序有数十道[4]。由于白纸工艺过于复杂，生产成本较高，目前富阳乡村土纸作坊多生产质量较为粗糙的黄纸，主要用作冥纸和包装纸，对原料的要求较低，工序较白纸亦大幅简化。近年来，由于现代机械的发展，部分土纸生产过程中所用的工具设备得到了升级改造，如在舂料和制浆环节改用电动打浆机，但办料、抄纸等主要工艺流程还是基本沿袭了传统的做法。

富阳保留有传统造纸的村落，大多分布在富春江南岸的渔山、灵桥、大源、湖源等乡镇。这些村落大多位于山坳深处，纯净的山溪和茂密的毛竹为土纸生产提供了便利的条件和丰富的资源；耕种用地的缺乏，又使得村民不得不更多地依赖手工业为生，因此产生了悠久的造纸传统，并有相当一部分遗存和产业保留至今。2012 年，富阳市评出的七个传统造纸文化村便是这些村落的典型代表，有湖源乡新三村、新二村，灵桥镇蔡家坞村、山基村、新华村，大源镇大同村、骆村等[5]。这些村落中目前保存下来的造纸相关物质文化遗存以土纸作坊为主，包括料塘、灰池、水碓、皮镬、抄纸槽、作坊建筑以及使用的工具等。由于土纸还在生产，很多作坊保存比较完整，但部分功能单元，如皮镬、水碓等，由于改生产黄纸以及设备升级，大多已经废弃。除了作坊之外，这些村中还保留有较多清末民国时期纸农旧宅，这些宅院的建造跟当时的造纸大户发家致富关系密切，足以见证纸业经济在当时当地居民中的地位。

三　乡村传统造纸遗产保护面临的问题

富阳的乡村传统造纸的衰落和消失，原因是多方面的。富阳地处东南沿海经济发达地区，工业化和城镇化的迅猛发展，极大地改变了乡村的物质条件和生活方式。在这个大环境下，像传统造纸这种“落后”的手工业，难免受到强烈的冲击，再也不复当年“老少勤作，昼夜不休”的盛景。很多纸农放弃了土纸生产而改操他业，大量的造纸作坊失去了自身原有的功能，在村民改善居住条件和村落环境的过程中被拆除，仅存的一小部分也是年久失修，日益破败。虽然很多人已经意识到保护乡村传统造纸文化遗产的重要性，并开展了很多工作，但就目前富阳的传统造纸村落现状来看，传统造纸在自身的产业生命力以及保护管理的操作上还存在一些问题，导致其保护和传承面临着较大的困难。

（一）产业难以为继

富阳这些传统造纸村落，虽然还在继续土纸生产，但产业规模上相比以前已经大幅萎缩。以山基村为例，村中现有农户三百九十户，总人口一千二百多人。据走访村民了解到，上世纪八十年代，几乎家家户户造纸。而目前村中还在从事土纸生产的仅寥寥数户，而且基本都是五十岁以上的老人。出现这一情况的原因很多：首先是现代造纸业的冲击。传统竹纸的制造流程十分复杂，需要耗费大量的时间和人力成本，而在产品的质量上，与现代机制白纸相比没有什么优势，在产品的类型上也没有过任何创新和深加工，故逐渐被现代大型纸厂所取代。其次是传统造纸生产条件差，劳动强度大，而收入又较低，导致愿意干的人越来越少，年轻人也不愿意继承上辈的技艺。据目前还在生产土纸的村民所述，早上 5 点左右便开始抄纸，一整天下来一个壮劳力能抄三件左右（每件 2000 张），每件售价约 150 元，扣除水、电、竹料、石灰等成本，利润约 80 元。由于其他工序也需要大量人手协作，而且并非每天都能抄纸，摊下来人均年收入仅万余元，投入产出比较低。故相比造纸，中青年劳力更倾向于进城工作，而还在造纸的老年人也往往并非以此为生，更多的是当做一种补贴家用的副业。还有一个原因是政府的取缔。土纸生产需消耗大量的水资源，而且腌料、浆料过程中会产生大量污水，对环境有较大的影响。从上世纪八十年代开始，富阳市便大力整治造纸产生的环境污染问题，废除了自制竹浆、木浆、草浆的传统造纸工艺，推行用废纸为原料的新工艺。在日趋严格的环境保护管理面前，传统造纸作坊几乎没有容身之地。

（二）缺乏保护管理

近年来，杭州、富阳等各级政府相关部门在传统村落和乡土建筑的保护方面做了很多工作，投入了大量的资金和人力。然而，村落中的传统造纸相关的遗存，却往往被忽视。之所以出现这个局面，一是因为对传统造纸文化遗产的价值认识不足，在资源有限的情况下，保护工作一般侧重于级别较高的文物保护单位以及重要的历史文化名镇名村。而富阳这些传统造纸村落，遗存大多为简陋的作坊、坑池，数量多，分布广，但单体价值不高，纸农旧宅的建筑质量也相对普通，村落整体的建筑风貌改变较大，故难以纳入常规保护工作的范畴。二是乡村传统文化遗产的保护是一项复杂的工作，涉及文物部门、非遗部门、住建部门、农办等多个机构，而这些机构在实际工作中往往各自为政，缺少系统的规划和指导。新农村建设需要对村落环境进行大规模的整治，提升农民的生活条件，如果这个过程没有合理的引导以及各部门的介入配合，很容易导致这些看似破败粗陋，实则蕴含大量历史、文化、情感价值的传统造纸遗存大量消失。

四　传统造纸文化遗产保护与传承对策探讨

对于富阳的乡村传统造纸的保护，应当遵循两个原则：一是整体性保护原则。传统造纸文化遗产，既包括造纸的工序、技艺等无形的遗产，也包括造纸的作坊、工具、宅院等有形的遗产，还包括这些遗产所赖以生存的自然与人文环境。对其进行全面、真实、完整地保护，才是有效的保护。二是可持续发展原则。与现代社会的脱节，是传统造纸逐渐消亡的根本原因。在保护好遗产原真性的基础上，适当对其进行更新和合理利用，使其在现代社会中保持活力，让纸农有继续从事土纸生产的动力，是传统造纸活态传承的核心。基于以上原则，结合目前富阳乡村传统造纸文化遗产面临的困境，笔者认为可以通过以下几点来推进其保护。

（一）推动土纸产业升级

中国传统工艺研究会会长华觉明先生认为，传统工艺的生存、传承和发展、振兴从来是和需求、和市场联系的[6]。因此，如何顺应市场需求、提高纸农收入是传统造纸既无法回避也没有必要回避的问题。参考其他地区的经验，可行的途径有两种：一是在保留手工造纸技艺的基础上扩展产品类型。目前富阳的传统造纸基本都是黄纸，质量粗糙，价格便宜，附加值低；而据笔者的调研结果，萧山、临安的一些传统造纸作坊和企业，以纸浆板为原料生产用于书画的手工宣纸，加工之后由外贸企业统一收购，产品远销日本、韩国，售价远远高出富阳土纸，其造纸流程和器具与山基村现在的黄纸作坊区别不大，进行一些简单的升级改造便可生产。二是可以借鉴日韩手工纸业的发展经验，挖掘手工土纸的使用功能，对土纸进行简单的二次加工，培养纸农与企业联合开拓新型旅游商品，如环保信笺、明信片、室内装饰工艺品等[7]，也可以有效地提高土纸产业的市场竞争力。在产业升级的过程中，政府应当起到引导和推动的作用，比如引进对土纸的产品改造和加工技术、对现有的具有土纸生产技艺的农民进行培训、扶持纸农创办相关的企业等等。

（二）发展乡村文化旅游

富阳的这些传统造纸村落都具有开展乡村旅游的优质先天条件，历史悠久，山清水秀，交通便利，离经济发达的上海和杭州均比较近，市场需求旺盛。外来游客的增多，不但可以提高纸民收入，还能有效扩大传统造纸文化的影响力。相关部门应当因地制宜，科学规划，挖掘传统造纸特有的文化内涵，加强传统造纸文化的宣传力度，整合传统造纸与其他的旅游资源，走文化保护与旅游产业联动发展的模式。在具体的操作上，可以考虑在临村的主要道路设置合适的标识系统；在村中安放若干指向牌、说明牌、导览图；利用村中的纸农旧宅开展能够结合土纸生产和当地特色的农家乐；将村中的公共历史建筑开辟为展示跟土纸相关的工具、流程、民俗、历史的场所；开发一些既能展示土纸生产，又能跟游客互动的项目；拍摄一些关于土纸生产的专题片等等。这样既有利于向外来游人宣传富阳传统造纸的深厚底蕴，也可以向本村对土纸产业了解较少的年轻一代普及相关的知识，培养他们对土纸文化的感情，促使传承和保护成为他们的一种自觉行为。

（三）保护物质空间载体

传统造纸作为一种手工技艺和生产活动，所依附的载体除了从事生产的纸农之外，还包括造纸活动产生和发展过程中留下的物质文化遗存，以及与造纸活动发生关系的自然与人文环境。对于后者，笔者将其概括为传统造纸的物质空间载体，对其的保护可以分为以下三个层面。

第一个层面是自然环境。两面青山夹一水，是这些传统造纸村落的普遍特征。山上的竹林和村中的溪水，是传统造纸业产生和发展的核心自然资源。对山水自然资源的合理利用，不仅保护了传统造纸中工艺流程物质空间的完整性，同时还可以围绕溪水和竹林开发一些乡村旅游相关的活动和产品，如戏水、挖笋、钓鱼、溪鱼农家菜、竹制工艺品等等。因此对于溪水，应当对现状进行整治，扫除污染物及污染源，尽量保持溪水的洁净和畅通；对于竹林应当加强管理，严禁过度砍伐。

第二个层面是遗存本体。跟造纸相关的物质文化遗存有许多，直接相关的便是造纸作坊建构筑物和工具，间接相关的有纸农的传统民居、祠堂以及村中的古桥、古井等其他历史文化遗产。这些遗存是富阳作为“土纸之乡”的最直接的实物例证，见证了富阳传统造纸的悠久历史，对于研究造纸业发展史、造纸工艺技术史、经济史、社会学、民俗学等均有重要参考价值。由于传统造纸遗存分布较广，数量较多，首先应当对全市的传统造纸遗存进行调查、汇总、整理，对其价值和保存状况进行详细的研究和评估，区分轻重缓急，制订保护规划，优先对一些价值较高的、保存状况较差遗存的进行整修。在整修的过程中应尽量使用原工艺、原材料、原做法，保持遗存的原真性和传统风貌。目前以文物部门为主体的乡土建筑保护工作对保护级别较低的传统造纸遗存投入不多，而以农办和建设部门为主体的新农村建设虽然资金充裕，但对文化遗产保护的理解往往不够深入，考虑到这个问题，政府应当牵头展开专项的保护工作，促进各部门的配合。

第三个层面是村落空间。传统造纸在村落中至少已经延续上百年，造纸工艺流程中许多环节都与村落环境发生着联系，也造就了传统造纸村落与其他村落空间形态的不同。这种空间形态印刻着一定历史条件下人的心理、行为与村落自然环境互动、融合的痕迹。虽然很多村落的建筑已经大多更新为现代建筑，但由于手工造纸业一直持续到上世纪九十年代，因此跟传统造纸相关的空间特征还基本保留：民居大多沿着山溪分布在两岸，形成了狭长形的村落格局；由于用地空间的缺乏，很多纸农会利用房前屋后的小面积空地围成料塘，用于腌制自家造纸使用的竹料；村中的大面积空地，往往建有皮镬、灰池等集体使用的作坊建构筑物；作坊的各个功能单元与村中水系之间有引水排水的沟通关系；水碓的选址布局需要对水流高差进行巧妙应用等等。这些空间环境特征，是诠释传统造纸工艺必不可少的要素。因此在新农村建设过程中，应当注意对传统造纸村落的这些空间特征的保护。比如村中零散分布的料塘，很多已经闲置，在村庄环境整治中大可不必拆除或者填平，种植一些观赏性的水生植物，养殖一些鱼虾，既能保留“房前屋后皆料塘”的原有格局，又能够大大提升村落的景观绿化效果。

五　结语

富阳的乡村传统造纸是富阳人民长期以来创造积累的重要财富，是留住文化记忆、延续民族文脉、维护精神家园的重要载体，具有独特的社会意义。在工业化和城镇化大举推进的今天，富阳的乡村传统造纸文化遗产的保护和传承受到了前所未有挑战，这是现代化产业背景下不可避免的。为了民族文化的一脉相传和实现中华民族的伟大复兴，我们必须在现代社会背景下给予乡村传统造纸更多的关注和发展空间，进一步增强对乡村传统手工业重要性和竞争力的认识，彰显传统村落的文化特质，保护好先辈创造并留传给我们的这些珍贵的遗产，保护好我们的民族之魂、历史之根、文化之脉和记忆之链。

参考文献

[1] 史庭荣：《富阳纸业概述》，浙江省富阳市政协文史委员会：《中国富阳纸业》，人民出版社，2005: 1–14。

[2] 洪岸：《 富阳竹纸制作技艺》《浙江档案》2009（1）: 29。

[3] 中华人民共和国国务院：《国务院关于公布第一批国家级非物质文化遗产名录的通知》《中华人民共和国国务院公报》2006（20）: 8–24。

[4] 庄孝泉：《富阳竹纸制作技艺》，浙江摄影出版社，2009: 44–59。

[5] 朱莎莎：《富阳竹纸 “纸中君子”》《钱江晚报》2012.6.1（6）。

[6] 华觉明：《传统手工技艺保护、传承和振兴的探讨》《广西民族大学学报》（自然科学版），2007（1）: 6–10。

[7] 许大鹏：《安徽手工纸现状调查研究》，中央美术学院硕士学位论文，2010: 17–24。

作者

崔彪，浙江省文物考古研究所。

查济古村的遗产保护和旅游开发

◎ 查从俭

古建筑，被梁思成先生称为“民族的记忆”，而古村落更加包罗万象，他蕴含了文化、经济、政治、建筑、哲学、历史、艺术、科学、技术、美学、景观、生态等许多学科领域，是中国过去社会的高度物化，是千余年历史的缩影结晶，文学家称其为精神的家园、民族的根。习总书记说：“望得见山，看得见水，记得住乡愁”。古村落的保护与发展要在当前日新月异一体化的城镇化大潮中不迷失自己，在社会主义美好乡村建设中走出自己的路，从而“风景这边独好”，无数仁者志士已走在前面，我们适逢其时，历史将查济古村的命运交给了我们，我们战战兢兢，如履薄冰，风风雨雨一路走来，今日有机会向大家汇报一下多年来的奋斗历程与心路历程，敬请各位领导与专家不吝赐教与指导。

一　查济简介

查济古称查村，为查姓聚居村落。解放后，建乡分村，以贯穿古村的溪流为界，溪北为新查村，溪南以查姓郡望济阳为名，乡名取两村首字为名，查济由此得名。

查济位于皖南泾县西南桃花潭镇内，南连黄山区，北邻青阳县，处于两山一湖（黄山、九华山、太平湖）襟抱中，格外山清水秀。村落四面环山、三溪流中。村依河而建，两岸及巷陌皆用石板铺砌。路随水转，曲折迂回，绵延数里。正街以外，宅第散布，高低错落，疏朗有致，是一派天然淳朴之田园景色。

查济古村选址布局奇特，古村沿三溪而建，村落四周布有四门三塔；村内古建丰富，古建筑从元至清，且门类众多，有村门、宝塔、牌坊、庙宇、社坛、祠堂、古桥、民居、古井、古墓葬、惜纸炉等等，如同古建博物馆。这些古建筑三雕精美，特别是花砖乃地域独特的建筑装饰材料；古村人才辈出，明清两朝，共出进士十三名，举人九十五人。当代名人、向邓小平谏言恢复高考的第一人、中科院院士查全性便是查济人。

查济地处徽文化与皖江文化过渡带上，形成了自己的独特地域文化，是研究徽文化影响边沿或徽文化扩展扩散与皖江文化交融的生动实证。

二　漫漫求索的古村保护之路

20世纪50年代以后，随着商品经济的被禁锢，深藏皖南山区的查济村人多田少的矛盾越发凸显，经济不断衰败，历经沧桑的古建筑维修举步维艰。进入“破四旧、立四新”时期，一些珍贵的建筑被随意毁坏、拆除，有些传统文化、传统技艺也被当做封建迷信，成为破除的对象。到了上世纪八十年代，随着农村承包责任田的推行，自然经济开始复苏，但作为生产队粮点的祠堂也完成了它们的使命，退出历史舞台，进入迅速的消亡期。幸好县文化局联系查济乡，他们的及时进言得到原查济乡政府的重视，在乡人代会上还把二门（钟秀门、平顶门）二塔（如松塔、青山塔）、宝公祠等古建筑列为乡保单位，并进行简单维护，应该说在当时的封闭的边远山村是了不起的创举。接着还在这个山村承办过宣城市文物保护年会，从此在古村播下了文物保护的火种。1990年，如松塔、青山塔被县政府公布为县级重点文物保护单位。由于时代的制约，文物的保护工作缺少专业人员、专项资金，文物的保护无论在意识还是行动的经济能力上都还非常薄弱。

20世纪90年代，泾县实行撤区并乡的区划调整，原查济乡被撤并。在经济基础极为落后的地方，上层建筑的文化势必边缘化，查济的古建筑保护力也愈加弱化。当一座曾作为学校的精美祠堂濒临倒塌无奈被拆卖时，当年播下的文物保护的星星之火终于燃烧。1995年1月，查济村内离退休干部、教师和社会贤达人员共五十八人自发成立了“查济古建筑群保护协会”，制定了《查济古建筑群保护协会章程》，他们不仅叫停了此次的买卖，还遵照《章程》各尽其力，身体力行，清理河道，维护祠堂，修复桥梁，收集散落民间的民居构件……他们的行动得到公众的积极响应，村民纷纷拿出祖传的物件陈列于二甲祠中，作为民俗博物馆对外开放，自愿为地方古建筑群的保护做出无私奉献。“查济古建筑群保护协会”的成立标志着查济古村文化遗产的保护开始有了广泛的群众基础，保护工作也从朴素的情感到有思想、有组织的阶段，保护的力量得到了明显的壮大。

一些古村落得以保护下来与美术家是密不可分的，查济也不例外。上世纪九十年代初，热爱古村创作的著名画家鲍加、柳新生、罗朗来到查济，他们笔下的美丽古村感染着村民，他们对保护古村的呼吁震撼着村民，他们介绍美院来写生富裕着村民，随后央美教授王维新、鲁美教授杭鸣时、上海油雕院院长罗朗、安徽省书画院院长王涛，纷纷在查济建立自己的工作室。现如今查济有众多的美术工作室，二百多个艺术院校写生基地。随着他们作品的流传，查济被越来越多的人所熟知，影视界也接踵而至。可以说美术家的言行进一步觉醒了村民，使村民坚定了保护的自觉性与决心，他们对于查济古村的保护也功不可没。

1998年5月，安徽省人民政府下发了皖政［1998］16号文件，将厚岸乡查济民居宝公祠、二甲祠、洪公祠、德公厅屋、进士门、怀素堂，共计六处明清古建筑列为省级重点文物保护单位。1999年，泾县县政府邀请著名文物专家罗哲文、谢辰生来考察指导工作，专家给查济古建筑、村落格局、周边环境给予的高度评价进一步鼓舞了人心。2001年，查济古建筑群被国务院公布为第六批全国重点文物保护单位，查济古建筑群的保护上升到了国家层面。2005年，县政府通过机构改革，成立查济古民居保护和开发利用办公室，后又更名为查济景区管理处，为财政全额供给的正科级事业单位，编制十四个，由县政府直接领导，同时出台了《关于加强查济古民居景区管理的通告》，进一步强化对查济古建筑群的管理与保护。2007年，查济景区管理处邀请同济大学着手编制《全国重点文物保护单位查济古建筑群保护规划》，2012年5月省政府予以批准发布，从此查济古建筑群的文物保护有法可依，有章可循。

在查济景区管理处努力下，2007年，查济村被批准为首届中国景观村落，2008年，查济村被国家住建部、国家文物局评为第五批中国历史文化名村，2012年首批中国传统村落。2012年9月，省建设厅组织评审通过《中国历史文化名村查济保护规划》，正在报省人民政府发布。申报的过程即是学习、提高认识的过程，也是提升保护水平的过程。查济古村的保护经历由个别精美建筑到古建筑群，再到整个古村及其周边环境的保护，不仅是保护对象量的变化，而是保护对象体系的形成，保护认知的提升，保护工作已日渐成熟。

查济景区管理处成立后充分发挥主观能动性，创造性地开展工作，注重提高村民的保护意识，激发他们保护的热情，打下保护的坚实基础。特别是充分调动发挥社会各个层次的力量，形成对古村落保护的合力。查济村委会在中国历史文化名村保护工作中担任着重要职责，他们把古村的保护纳入村规民约，在新农村建设中坚持走自己的特色，突出历史的原汁原味，打生态、文化牌。查济文物保护协会一如既往地热衷文物的保护，还充分发挥他们的优势，致力于非物质文化的挖掘与保护。新成立的查氏宗亲会、旅馆协会也把“自觉带头保护查济古建筑”作为协会的章程要求会员严格遵守。现在一个以政府为主导、社会参与、民众支持的格局已初步形成。

三　旅游发展对古村落保护的支撑

由于较长时间的封闭发展，查济古村的经济比较滞后。旅游业投资少，见效快的特点，无疑是带领古村落脱贫致富的有效途径，增加乡村经济收入，提高当地生活水平，扩大乡村就业率，改变贫穷落后的有效途径。我们选择了旅游这一既能符合村民的愿望，又能集聚资金有效保护古村的产业作为发展突破口。当然，旅游业是一把双刃剑，在它极大正面积极作用下也有很大负面影响。我们在日常工作中把引导转化作为工作的重点与难点，做好光大积极作用，尽量消弭负面作用。

旅游业的社会性和文化性特性，为弘扬地方文化提供了契机和条件，使本地的民俗文化借助旅游而日益发展、交流、传播、发扬光大。如蒲包扇编织工艺，由于旅游业的促进，不仅让老艺人有了用武之地，还培养了新艺人，使这一工艺得到很好的传承。结合现代广场健身活动，我们挖掘了传统的“莲湘舞”，结合龙的崇拜，我们恢复消停了几十年的龙灯会。我们的工作也因此得到更多村民的拥护与支持。

旅游发展也可以促进自然及文化环境生态的保护。当查济的居民认识到良好的自然及文化环境可以通过旅游实现经济价值的时候，便会自觉提高其对环境的保护意识。现在查济古村里郁郁葱葱，没有人乱砍伐树木，近年名贵古树再也没有发生偷卖偷运事件。村民踊跃传递信息，帮助我们复原了经幢这一文化建筑，修复了水口文化景观，改善了古井的周边环境。

旅游发展促进了查济古村的基础设施建设，改善了交通状况，提高了居民的生活水平。我们通过争取项目，修复古村石板道5000余米，全村安装上仿古路灯，开发了查济旅游商业步行街。由于旅游经济的发展，各通讯企业争先开通查济的业务，银行也抢滩在古村设立，村外KTV、野外营地也建立起来，群众的生活便捷而又多彩。

随着查济旅游业的蓬勃发展，游客数在查济村逐年递增，旅游业已渐渐成为了查济村的支柱产业。

从事旅游经营的村民达到了1150余人，带动了当地50%的农户。从事的行业包括旅游服务、农家乐、旅游商店、土特产店等等。其中农家乐60余户，有床位2000余张。旅游经济收入5000余万元，其中门票收入500余万元。实现了旅游富民的初步目标，也践行了政府不与民争利的诺言，为古村的科学发展进行了有益的尝试。

四　古村的保护与发展的探索

古村落的保护，必须遵循“以人为本”的指导思想，让古村永葆活力与生机。村民与古村落是休戚与共的关系， 无论是村中的古建筑，还是民风民俗等非物质文化都是原村民创造和传承的，村民是古村落的精魂所在。离开了其中的村民活动，古村落的特色和生命力就无所依附了。村民参与到古村落保护与开发过程是古村落永续利用、持续发展的关键，所以要把改善村民的社会经济利益放在第一位。留住原居民，我们首先是从保障方面入手，在人身方面帮助他们上缴合作医疗经费，现正研究给予养老的补助；在财产方面给予居民房屋翻漏定补和维护的差额奖补，并逐渐完善这些制度以及发放方式。其次是帮助增收，针对自身素质与文化素养所限的居民，请有关部门进行相关旅游知识和必要的职业培训，增长他们的技能，让他们在古村落的保护与发展中受益，从而激发他们进一步保护的自觉性和主动性。关爱原居民，直面富裕起来的农民迫切需要改善居住条件、享受现代物质文明的合理愿望与文物古迹保护之间构成的尖锐冲突，咬定“古村只做减法，村外可做加法”的原则，在村外划定范围，设立新区，可建与古村落相协调的新房，对于愿留在村中老房子里的居民，可定期请专家帮助进行个性化的设计，在不破坏原结构的基础上大胆合理利用，切实提高原居民的生活质量。

古村落的保护，最好是明确“政府主导、规划先行”的工作机制，走“保护为主，合理利用”之路。世界上文化遗产保护的先进国家其遗产都是政府主导的，世界物质文化遗产的评定其中的硬性规定便是该遗产必须属政府管理。科学的规划是古村保护和旅游发展的依据，可防止盲目地冒进和破坏性建设，有利于古村永续利用和旅游持续发展。泾县县政府站在文化遗产是不可再生资源，文化景观的价值远远大于能衡量的经济指标的高点，对查济景区管理处的工作要求是保护是第一要责，富民为目标，不以管理处的盈利论英雄，给我们创造了良好的工作环境。查济景区管理处通过学习参观，借鉴各地古村落保护的经验与教训，决定走“古村落文化遗产保护带动旅游业，以旅游业发展反哺遗产保护”的路子，不大搞旅游宣传造势，遵照两个保护规划，潜心练内功抓古村落保护、抓基础设施建设，“十年磨一剑”。十年来先后落架大修了宝公祠、洪公祠、二甲祠、镏公厅屋、德公厅屋儿座经典代表性的宏伟古建筑，拆除改建不协调的建筑，保护历史街巷的肌理，修葺垮塌的河岸河埠，复原卵石古石板道，地埋各种网线线路。加强村民教育及技能培训，加快专业人员的引进，为正确保护古村落以及旅游发展提供人才保障。由于政府作为长线的投入，避免了企业投入的短视与逐利，查济古村民风的淳朴性、古村的原真性得到了很好的保护。随着中国文物保护基金会组织的新闻媒体文化遗产保护之旅走进查济，藏身深山的查济很快被人熟知，旅游经济从此进入快车道。

古村落的保护，必须如文物维修一样遵从“最小干预”的原则。所有从事文物保护的工作者都知道文物的维修必须坚持“最小干预”的原则，才能最大地保护文物的原真性。谢辰生先生在中国文物学会古村镇专业委员会成立大会上举汶川地震古民居不倒和北京遭水淹而故宫内未积水的例子时告诫我们，“我们对古人的许多才智理解差距甚远”，所以我们在古村落的保护工作中必须谨小慎微，否则我们就会犯下保护性破坏的错误。如石板道的维修，我们都知道石板道具有防潮平整的功效，便于古人穿布鞋行走、推独轮车而进，但极容易忽视它兼具指路标的功用。通过过去的石板道岔道交集，我们可以发现主干道与支道一目了然。另外石板道的历史年轮也是不可忽视的。古村落的一草一木都需要我们用心去呵护打理，否则将留下不可弥补的缺憾。在古村落的开发中，我们千万不能迎合旅游“隔段有亮点，最后是高潮”的模板而改变古村落固有的格局，去开发增加人工打造的新景观，使古村落的历史被隔断，遭人疑忌使古村落品位下降，从而因小失大，得不偿失。

古村落的保护，必须高度重视防灾抗灾工作。去年以来，几个古村落先后发生火灾，或损失惨重，或毁于一旦。实际上古人早就防患于未然，查济的旧被称为“火龙地”的镏公厅屋一带就筑有活水穿村，建有半月塘，查济的卫星村坞内就布有七塘八井。对于古人的这些设施，我们不能漠视，只能重视，否则将会遭到惩罚。我们疏浚了这些古代消防设施，既古为今用，又增添景观。近年，我们成立了消防组织，购置了移动消防泵，多次在专业人员指导下进行演练，给每座古民居都配置了消防器材，对贫困户的居民帮助他们更新了老化的电线线路。今年我们又在国家文物局的大力支持下，启动了投资千万元的古建筑群的消防设施建设。山区雷击灾害也极具毁坏力，今年我们已请专业人员做好古村落的防雷灾害设计，现方案已呈报国家文物局评审，有望明年得以实施。查济村傍山依水，村落选址在两山之间，梅雨季节山洪暴发，给村落危害极大。上世纪六十年代和 2011 年两次五十年一遇的特大洪水给古村造成很大损失。我们正在调研设计、筹措资金，争取在水的源头修建一座小（二）型的水库，通过水库的错峰功能彻底降服这条蛟龙。重视规律，遵从规律，防患于未然，降低各种灾害可能给古村带来的损失。

古村落的保护，必须物质遗产和非物质文化保护两手抓，两手都要硬。非物质文化是古村的灵魂，古建筑是古村的躯干，二者是统一的整体，缺一不可。积极鼓励原居民合理利用古建筑从事传统习俗业态的经营，注重延续原生态的生活气息、风土人情、传统习俗，使其与现代文明适应，在现代化的进程中传承下去，并散发出新的活力。采取措施，高度重视非物质文化遗产的发掘、整理和传承，把家规家法中优秀元素同当前的精神文明建设结合起来，把古代的各种禁约的展示同村规民约的修订完善结合起来，把传统民俗活动同当前的健身活动结合起来。对非物质文化遗产精华的山歌、南坛会、各种匠作口诀、各种编织技艺等进行搜集整理提升，积极培养传承人，以解决文化技艺后继乏人、面临失传的问题。定时开展龙灯会、狮子会、南坛会、目连戏等节令文化活动。积极开展特色旅游文化活动，挖掘古村旅游文化内涵。我们有信心将查济古村打造成传统民间信仰较多，节日庆典丰富，风土人情独特，乡土文化浓郁的集中展示平台。

古村落的保护，必须注重周边环境的保护。村落是依托着特定的山水环境，再加上依附山水活动的人而诞生的。古村落周边的环境影响着村落的兴盛，他们一荣俱荣，一损俱损，相辅相成。对于村落环境，张安蒙女士是这样描述的：“那绿色有氧的生态，那泥埂小径的秩序，那小桥流水的致远，那摇曳清风的自在……”所以国外古村落的保护的先进理念是将其作为一座生态博物馆一并保护起来。谢辰生先生在 1999 年考察泾县的座谈会上就指出“这两个地方（查济、桃花潭）的明清建筑本身都很有价值，还有一个价值要补充的，就是这两个地方环境布局都是原来的，特别是查济。环境效益和环境的价值更超过每一个个体的价值，过去我们保护都是单体的。”随着旅游业的经济的强势，农田的抛荒将愈来愈重，为保护农耕文化的景观，今年我们对村落周边的农田种植了油菜的农户给予了奖补，还在公路两旁沿线大量种植向日葵。泾县县政府也出台了《泾县2014年景观农田建设工作方案》，给予补贴奖励政策，鼓励农户将成片种植油菜、紫云英等景观农作物，其中就包含有查济钟秀门至景区段600亩。如此既很好地传承了农耕文化，又打造最佳景观效果，比有些古村毁田植树更遵从了古村落的保护规律。保护古村落的环境，特别要重视古树的保护。古村落里的古树，与村落同在，与村民们的生活息息相关，与村民们同呼吸共命运。古树寄托着村里人对平安与幸福生活的希冀，见证了村落的盛衰与沧桑！

古村落的保护是一项长期的、科学的、不能急功近利的系统工程。古村落的特性决定了它既是国家的，也是民族大众的。它的保护不仅是文物、城建的职责，它还涉及土地、农业、林业、水利、环保等等部门，甚至是社会的广泛参与。如查济村有一棵500余年的古紫荆树，传说是王阳明的传人查铎栽种的，它是家族团结、家庭和睦的象征。古树不仅是挂牌保护就行的，它还需要林业部门经常给予它病虫害的悉心观察防治。最近我们正推荐它参与中国古村落与发展专业委员会和国家森林防护总站开展的一个"百棵人文古树"的申报工作，冀求获得古树保护、保健和复壮的理念、技术和措施，使历经沧桑，年迈苍老的古树得到跟踪检测与更好的保护机会。要得到各个部门的通力支持，给予古村落系统的保护，或者说协调如此众多部门我们有时也是力所难及的，需要政府的强力领导。政府的主要领导有科学发展观，将会给古村保护带来福音，否则极容易产生保护性的破坏，比能维持现状更糟糕，这样的例子在很多地方也发生过。要避免因主观性带来的负面效应，设立与古村没有直接利害关系的专家联系点制度，可以增强保护过程中的客观性与制衡力。在古村的旅游发展中，如何平衡因位置、素质带来的收益差距；抵制少数村民不顾后代吃饭而铤而走险的违建；远虑村民热情好客、淳朴善良的乡风民情受到商品经济和现代文明的洗礼而"人心不古"，如何自觉地保护或者延缓处于弱势的地方文化，使其不在文化趋同的洪流中失去文化特色和地域民风，从而丧失竞争力，……我们深感任重道远，面临着更多的挑战压力和生存抉择。

查济古村的保护，得到了众多专家的悉心指导，避免了多走弯路。查济古村的保护工作从无到有，从"乡保"升成"国保"，得到各级政府和文物保护机构的支持和关心。1999年罗哲文、谢辰生等专家来查济指导文物保护工作；2007年，清华大学楼庆西教授随同中国景观村落评审组的专家来到查济；2008年，上海同济规划设计院周俭、邵甬教授，法国文化部遗产保护总监阿兰先生，在查济开展工作，阮仪三教授给查济的活动作序。邵甬教授在帮助制定历史文化名村保护规划的基础上还帮助制定了《建筑修缮与设计导则》。该《导则》针对核心保护区、建设控制区确须维修、改建的建筑在建筑形式、高度、体量、材料、色彩以及尺度、比例上严格控制管理，提出具体要求和明确的操作流程、标准，有很强的操作性，对于缺乏专业人才的基层保护机构给予极强的支撑。2011年，马自树、杨志军、罗哲文、晋宏逵、付清远等文物保护基金会的领导、专家来查济进行文物保护的指导工作；2013年，国家文物局副局长童明康一行来查济视察指导文物保护工作。查济古村的保护是在专家的导引下罔入歧途，不断修正偏差地一路走来，在此借大会之机向各位专家表示致谢，也请各位专家一如既往地厚爱于查济古村。

作者

查从俭，查济景区管理处副主任。

九华山老田吴村古村落传统建筑保护探索

◎ 何翔彬

一　引　言

九华山风景区位于安徽省长江南岸池州市境内，景区面积120平方公里，保护面积174平方公里。九华山天开神奇，群峰竞秀，山峦叠翠，飞瀑流泉，怪石林立，九大主峰如九朵莲花，千姿百态，各具神韵，云海、日出、佛光等自然奇观，气象万千，美不胜收，构成了一幅幅幽静自然、清丽脱俗的动感山水画卷，有“秀甲江南”之美誉。山巅之上、峡谷之中寺庙林立，晨钟暮鼓，吟经诵唱，梵音缭绕，是中国著名的佛教圣地，素称“莲花佛国”，是中国佛教四大名山之一。

九华山初名“九子山”，唐天宝年间，大诗人李白应友人韦权舆、高霁的邀请，聚会于九子山西麓夏侯迴家，互相吟唱，写了《改九子山为九华山联句》，并在诗序中说：“青阳县南九子山，山高数千丈，上有九峰如莲花，按图征名无所依据。太史公南游，略而不书。事绝古老之口，复阙名贤之纪，虽灵仙往复而赋咏罕…闻，予乃削其旧号，加以九华之目”。他吟唱的“妙有二分气，灵山开九华”，佳句成了九华山的定名篇。

“天下名山僧占多”，九华名山的形成，与佛教的兴起密切相关。早在魏、晋时期，九华山就有佛教僧人活动，晋隆安五年(401)，天竺僧杯渡来山创建茅庵，传经布道。唐开元末，古新罗国（今韩国）王子金乔觉渡海来唐，卓锡九华，苦心修行75载，99岁圆寂，尸坐石函中，越三年未腐，众僧徒视之为菩萨示现宝相，建肉身塔供奉[1]。因其生前及逝后各种感应类似于佛经中记载的地藏菩萨，僧众遂尊为地藏菩萨应身转世，至此以降，九华山遂辟为地藏菩萨道场。地藏菩萨为“大

图1　九华山天台禅寺

愿菩萨”，据佛教经典记载，地藏菩萨是释迦寂灭之后，弥勒未生之前，度尽娑婆世界一切众生的菩萨，地藏菩萨发下 “众生度尽，方证菩提，地狱未空，誓不成佛”的宏愿，在“我不入地狱，谁入地狱”大愿精神感召之下，寺院日增，僧众云集，鼎盛时寺庙三百多座，僧众五、六千人，香火之盛甲于天下。据第三次全国不可移动文物普查资料统计，九华山有六大类文物点208处，其中：国保单位4处，省保单位5处，市保单位3处，风景区级（县保）单位16处，其他各类古建筑近100处，书院、书堂遗址20多处，具有一定文化品位的摩崖石刻50多处，古村落2处。九华山现存可移动文物3000多件，其中唐代贝叶经、明代大藏经、血经，明万历皇帝圣旨和清康熙、乾隆御赐墨迹等堪称稀世珍宝。

九华山属北亚热带湿润季风气候，受海拔高度、地形地势影响，九华山又具有阴、凉、湿的小气候特点。年均气温13.4度，气候温和。年日照1746.6小时，日照百分率为40%左右，日照时间不长。年均湿度在80%左右，湿度较大，春秋季多雾。年降水2167.8毫米，雨量充沛。九华山气候、土壤、雨量适宜植物生长，全山森林覆盖率达90%以上。

二　九华山老田吴村自然人文环境与保护现状

（一）老田吴村自然环境

古代，人们聚族而居，必定选择耕地肥沃、日照良好、视野开阔、饮用水方便、道路宽敞、环境宜人的地方居住。

老田吴村位于九华山风景区西北面，东、南、西三面环山，为花岗岩地貌。东面笔架山、天华峰等山峰，峰峦起伏，巍峨峭拔。南对插霄峰，错落有致，千姿百态。西为八都岗，层峦叠翠，林壑幽美。林立的石峰之中，清泉淙淙，碧流如织。由南向北的九都河（又称“九华河”）绕村而过。介于北纬30度32分、东经117度46分左右，平均海拔高度在40米左右。

老田吴村周围群山环绕，日照充足，气候温和，雨量充沛，自成气候。村周边有农田3000多亩，农业以双季水稻、蚕桑、苊麻等为主，村中地势平缓，土地肥沃，九都河绕村而过，灌溉十分方便，旱涝保收，是一个非常宜人居住的地方。

图2　老田吴村地形

（二）老田吴村人文环境

老田吴村不仅山川秀美，而且人杰地灵。

老田吴村吴姓人口较多，历代英才辈出。据《老田吴氏宗谱》（民国版）记载，自西汉至清末，老田吴氏中举入仕和取得“功名”的有73人，其中官至太常侍御史的有 2 人；州刺史、刑部主事的有 4 人；兵马指挥史、将军的有 2 人；明清时期官至太常寺少卿、兵科给事中的 1 人；内阁学士兼礼部尚书署御史 1 人；监察御史 1 人；知府 6 人；知县 11 人；著名书法家、理学家、隐士、社会名流 7 人。其中最有名者首推吴襄，吴襄（1661–1735），字七云，号悬水，晚年自号“崇伯学士”，清安徽青阳县老田吴村（今九华山）人。康熙五十二年（1713）中进士，《清光绪・青阳县志》记载：吴襄，九都人，康熙五十二年癸已（1713）第二甲第七名进士，授翰林院庶吉士，三年后授编修。雍正元年（1723），命直南书房，升侍读学士，督顺天府学政。雍正二年擢侍读学士，雍正三年晋内阁学士兼礼部侍郎，充经筵讲官并充会试同考官。从此，先后参加纂修《明史》、《治河方略》、《八旗通志》等史、书、志，主持编纂《诗经集注》，独自撰写了《贤良祠诸臣列传》，吴襄的才学备受雍正皇帝赞赏，说他是：“文章归大雅，学术在纯金。”后晋为礼部尚书，并代理御史。雍正十三年（1735）病逝，葬为典礼，谥“文简”。

“修身、齐家、治国、平天下”是中国古代读书人孜孜追求并为之奋斗的目标，由于吴姓宗族历代入仕做官者较多，官宦们致政归省或告老还乡后，为了实现“齐家”的需要，在家乡建起了很多豪宅，以达“光宗耀祖”和安度晚年之目的。鼎盛时，村落约四平方公里，村落人口达 6000 人。

（三）老田吴村古村落传统建筑遗存现状

经过资源调查统计，老田吴村建于 1911 年之前且保存较为完整的乡土建筑 10 幢，建筑面积约 2600 平方米，其中共用建筑（敦睦堂、吴氏宗祠东厢房、九华行祠等属吴姓共有财产）3 幢，建筑面积 520 平方米，在 10 幢古建筑中，目前仍有人居住的 6 幢，建筑面积 2080 平方米；部分完整的老建筑 8 幢，建筑面积约 2200 平方米；濒毁的有 24 幢，建筑面积约 5000 平方米；具有一定规模，今仅存门楼、石门框、房屋基础遗址的 30 余处。老田吴村古建筑大多建于明清时期，数百年风风雨雨，使木结构建筑糟朽、腐烂、虫蛀等情况突出，由于户主外迁，无人居住，或没有能力筹措维修资金进行维修等因素，造成古建筑大多处于摇摇欲坠的境地，破败不堪。

三 老田吴村古村落传统建筑遗存文化蕴涵

（一）老田吴村古村落文化特质

九华山地区的古民居在建筑形制上受徽文化影响极大，程朱理学发源地古徽州在明清时期，商贸十分发达，“贾而好儒”是徽商雄踞商界并影响政界的深层奥秘，强势文明所形成的徽派建筑文化更是影响了周边地区，老田吴村的古民居建筑保留着徽派建筑的基本形式。在建设和发展的过程中，相当程度地脱离了对农业的依赖。古村落居民的意识、生活方式及审美方面，大大超越了农民思想意识和一般市民阶层，处处流露出文人、官宦阶层的审美情趣，文化气息浓郁。这些大姓家族都有一个共同点，就是笃信程朱儒学，把“几百年人家无非积善，第一等好事只是读书”作为繁衍发展的主线。以读书入仕，光大门楣为荣。在老田吴村有“一门八进士”（当地俗称“八官堂”）的科举奇迹（图 3）。富豪乡绅们尊儒重教，十分注重文化设施建设。在村头建有一幢名为“敦睦堂”的书堂建筑，在建筑右厢房处镶嵌“池阳书舍”记事碑一块，该建筑始建于明代，为老田村吴姓宗族教化礼、义、仁、智、信的重要场所，对促进读书入仕、教化百姓起到了重要作用。

图 3　八官堂遗址

图 4　玉带河

图 5　巷道

（二）老田吴村古村落的总体布局

古人喜欢选择依山傍水的平地聚族而居，九华山地区老田吴村也不例外，它在总体布局上，依山就势，临山傍水，构思精巧，自然得体；在平面布局上规模灵活，变幻无穷；在空间结构和利用上，造型丰富，以马头墙、小青瓦为主要特点；在建筑雕刻艺术的综合运用上，融石雕、木雕、砖雕为一体，显得富丽堂皇。古村落外围由人工建起一条约 5 米宽的玉带河围绕村落（图 4）。玉带河为风水河，引入山上活水流入，它在村落中起到很大的作用，村内居民不仅可以很方便地下到河里洗衣、淘米、洗菜或取水，一旦发生火灾，也便于取水扑救，另外还兼有防盗的功能，可以增加盗贼隔河盗窃得手的难度，相当于护“城”河。村落内部民宅通过纵横交错的巷道连接（图 5）。整个村落疏密得当、虚实相生。强调天人合一的理想境界和对自然环境的充分尊重，注重物质和精神双重需求，有科学的基础和很高的审美观念。

（三）古村落单体建筑的平面布局和空间布局

现存的古建筑中，在建筑平面布局上，布置非常紧凑，基本单元为下图所示的三开间、内天井。分为“四正两厢（图 6），四正四厢（图 7）”等布局形式。随着家族人口的增长，该基本单元可以不断地向厅堂后扩展，也可以通过天井两旁的侧出向两翼扩展。我们发现最大的建筑群由这样大小不等

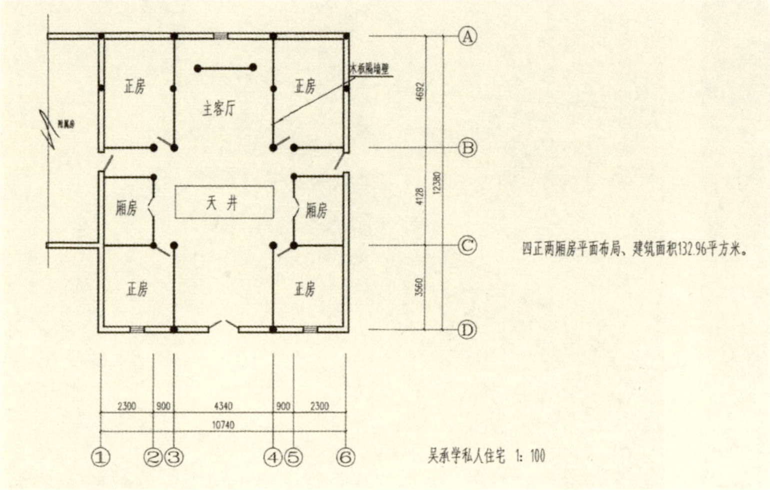

图 6　四正两厢平面布局

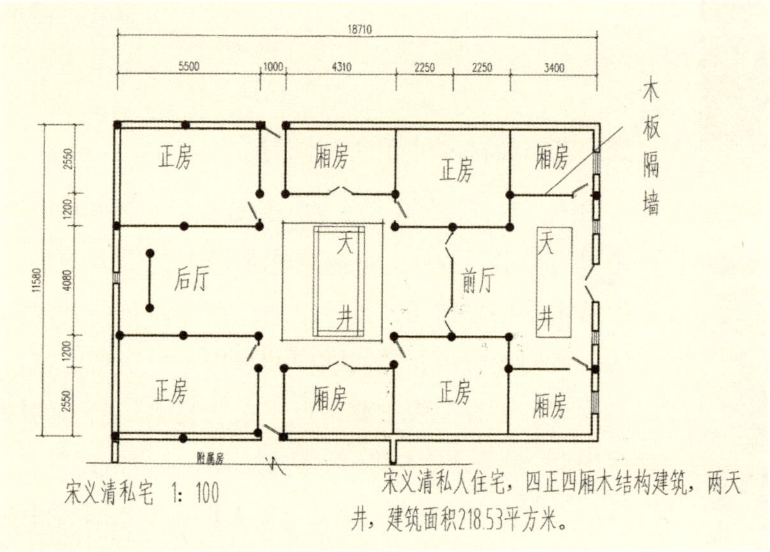

图 7　四正四厢平面布局

的 5 个建筑单元构成（现仅存中间 1 幢，其余因年久失修而坍塌，基础保存完好，四至范围及轮廓清晰），占地面积超过六百平方米。在基本单元中间开敞的厅是堂屋，堂屋两侧是厢房，出于防盗和心理安全的需要，一般都采用高墙大院的方式，外墙开设很小的窗户，甚至不开窗户（图 8），内部用天井采光和通风，所有的室内空间均通过天井采光，墙面开窗极小，这使整个建筑更加封闭，给人很强的安全感，同时也使得天井成了整个建筑唯一可以与外界联系、互通的精神中心。另外，从屋面图例中我们可以看出，整个屋面的雨水都向天井汇集，倾泻入天井内再集中排出室外，这个徽派建筑中典型的设计特征就是人们常常提到的“四水归明堂”，它的形成主要是基于徽州人视雨水为财禄，将天井作为聚四方之财的门户这一文化背景（图 9），天井内部暗藏有完善的排水系统（图 10）。

单体建筑的平面布局严格按照中轴对称的方法，道法自然，一般由前厅房、东西厢房、后厅、天井等建筑元素组成，外为整体，内为围绕天井而形成的内四合院。正房通过耳门通往附属建筑。在内部结构上，古民居建筑沿袭徽派民居形成的以木质框架结构形式，结合穿斗式梁架和抬梁式梁架为主的结构形式。小型民居采用穿斗式梁架（图 11），而大型民居为扩大使用空间，则多在厅堂等部位采用可以扩大空间尺度的抬梁式梁架（图 12），在周边住房和附属用房采用穿斗式梁架。这样的组合形式不仅可以在很大程度上节约木材用量，而且还可以使房屋的结构体系更为稳定。

（四）老田吴村传统古民居建筑的视觉效果

“白墙、褐瓦、马头墙”为徽派建筑的基本外形。九华山地区古民居建筑和徽派民居建筑的外观基本一致，采用色彩淡雅朴素的白色，但外立面轮廓线却非常丰富，这与皖南独特的地域文化和中国传统的儒家思想中强调的温和而内敛的特质是一致的。充分体现中庸的思想。

图 8　外墙

图 9　天井上部

图 10　天井

图 11　穿斗式结构

图 12　抬梁式结构

图 13　明堂门楼砖雕

图 14　封火墙

建筑正立面强调左右对称，正墙面居中位置设置大门，大门是外墙装饰的重点，一般人家采用简单的砖雕门罩，大户人家则用门楼。门楼主要由砖、石等材料构成，所有砖、石材料均嵌入墙内，并在表面进行精心雕凿，形成徽派民居引以为豪的砖雕、石雕工艺。与砖雕相比，石材受自身材质特点的限制，题材多为较简单的花卉、神兽、山水等，以浅层浮雕为主；明末清初，砖雕开始盛行，其雕刻风格渐趋细腻繁复，注重情节和构图层次（图 13）。建筑外围通常以高大的外墙作外围护结构，侧立面山墙通常高出屋面二到三米，并随屋顶坡度跌落，建成呈水平形封火墙，在檐口位置形成徽派民居典型的建筑元素“马头墙”。封建制度下严明的等级限制以及中国普通百姓崇尚的“财不外露”思想和风俗，在建筑外装上不敢过分追求豪华气派，在建筑的室内装饰上，为了显示家族不凡的博学修养，民居的主人还是将大量的精力投入到建筑的内装饰中。民居内的木雕艺术品几乎遍布每一个角落，梁、坊、廊檐等部位，大多装饰有木雕作品，雕刻工艺精湛。门、槛窗到床架、几案，遍布着民间雕刻艺术家的智慧结晶。外正门门楣通常除装饰精美的砖雕之外，还通常装饰彩画、墨画等，门口设有石鼓、石狮、旗夹石等石刻作品。

（五）老田吴村古村落防火

古代大面积居住、人口密集的大村落，十分重视火灾预防，特别是徽派建筑，往往采用一些简单的方法防范火灾。一是采用封火墙阻隔（图 14）。每幢建筑相邻部位的墙体采取高出屋面（或齐平）的方式。二是体量较大的单体建筑用设置备弄的方式。备弄与街巷不同，是两幢建筑之间通道，通道上方有屋面，两幢建筑向备弄开门都是错开设置，也起到防火分隔作用。三是引入活水进入。水是天然廉价的灭火剂，旧时古建筑火灾都是用水扑灭。因此村落十分重视内水和水池、水井等水系建设，老田村的玉带河，其消防的作用是不能低估的。四是单体建筑上防火采取“木结构不外露”的方式，古建筑材料主要是木材，木材易遭火灾且往往火烧联营，有时延烧几十家，为解决这一矛盾，古人在采取了封火墙进行防火分隔措施的同时，更进一步从建筑外部采用灰砖，对木结构进行全方位包护，大大减少了砖木结构建筑的火灾发生。五是成片建筑采用高低错落的方式，以期达到邻里失火不会相互殃及。

三　九华山老田吴村古村落传统建筑价值与保护措施

（一）老田吴村古村落和传统建筑保护价值

传统古建筑是反映一个历史时期建筑风格、风俗和人们对自然认识过程的浓缩。经过千百年的传承，有着悠久历史的老田吴村和柯村古民居建筑，作为一个载体，承载着各个历史时期的诸多信息，涉及宗教、民风民俗、历史、建筑美学等诸多领域，文化底蕴深厚，内涵丰富，主要表现在：

1. 文化价值。老田吴村古民居建筑包含了丰富的人文信息和时代信息，表现了中国传统农耕社会中人与自然和谐共处的基本理念，体现了在儒家思想占统治地位的社会中，人们的人生观和价值观。这些观念对于今天来说，仍有着重要的文化涵义和借鉴意义。

2. 学术价值。老田吴村古民居建筑以徽派建筑为主要特色，朴实而秀美，对于研究中国古建筑美学、人文学等有着较高的价值。

3. 旅游价值。以古民居建筑为平台，展现中国传统文化的魅力，挖掘文化内涵，提升文化含量和品位，能够作为九华山风景区重要的旅游资源补充，吸引游人，能够体现较高的旅游价值。

4. 民俗学价值。九华山古民居建筑虽以徽派建筑为主要特色，但在细部处理上又有着和宗教建筑的紧密联系，是宗教建筑和民居建筑有机融合，这种极富地域特点的民风民俗在古村落建筑中有着充分的体现和反映，对于研究佛教文化、九华山的民俗传统和历史变迁等，有着十分重要的作用。

老田吴村古民居建筑是典型的皖南徽派建筑，其整体布局和单体建筑均体现人与自然和谐共处，人文与建筑完美结合，充分反映了当地的民风民俗，在我国民间居住文化中占有十分重要的地位。保护好这些古建筑，把传承中华民族优秀传统文化、弘扬和培育民族精神、展示优秀的民风民俗同发展旅游经济紧密结合起来，充分挖掘古村镇、古民居的深厚文化内涵，发挥其积极作用，将会为促进九华山风景区旅游经济健康发展起到积极的和不可估量的作用。

（二）老田吴村古村落和传统建筑保护措施

这些珍贵的文化遗产极其脆弱（图 15. 16. 17. 18），如不加以保护，任其发展，可以肯定，在不远的将来会消失殆尽。大面积古村落在保护的过程中都会遇到这样那样意想不到的难题，这些困难和问题有些是具有共性的，有些是个性的。当然，最重要问题莫过于保护资金的问题。当前，老田吴村古村落在保护工作上必须解决好以下几个问题：

1. 编制《老田吴村保护详细规划》。严谨的规划是关乎未来发展的方向和目标，没有保护规划，保护工作无从下手。保护规划应以原来的村落规模、范围为主，对古村落进行详细测绘，进行全面的、深入细致的多学科综合研究，划定保护范围，进行建设控制，在保护好原有的历史风貌的前提下，对

图 15　颓败的老宅

图 16　颓败的老宅－雕刻

图 17　糟朽木构件

图 18．残破的老宅

不符合要求的新建筑进行必要的整治与改造，彻底杜绝破坏性建设和建设性破坏问题。

2. 古村落建筑保护与老百姓的民生问题有一定的矛盾。为了改善居住质量，有些老百姓将原来的老房子拆除，原址重建新房，这就给古村落环境风貌带来破坏；还有的老房子因产权为多人共有，由于各产权人经济状况不一样或对保护的看法不一样，导致有的人缺少维修资金，有的人不愿意出资维修。这就给保护带来一定的难度。因此，古建筑保护必须在改善老百姓居住环境、提升老百姓生活质量的基础上进行。需要拆建的住户，应给予另辟宅基地建设，减少对古村落的干扰。

3. 多渠道筹措资金加大修缮维护的力度，保护资金是古村落保护最大的问题。在今后的保护工作中，首先，逐步将古村落中的历史建筑申报为各级文物保护单位，争取政府资金对现存建筑加以有效保护。其次，采取有效措施，吸引民间资金进入古村落保护领域。

4. 着手逐步恢复部分历史建筑，文化遗产保护不能脱离生活而孤立存在，在古村落建筑的保护上，应努力保持老街房屋建筑的功能和居民的传统生活方式，使得当地乡土建筑的历史人文得以延续、文脉得以传承、特色得以保留。同时，深入挖掘文化底蕴，大力发展乡村旅游，提高收入，改善生活，让老百姓充分感受保护的作用和价值。

四　余论

文物资源是社会发展过程中积淀的珍贵文化遗产，是发展旅游经济重要稀缺的资源。社会各界有识之士在这些方面进行了积极有益的探索，在文物保护与旅游发展方面进行了有益的实践，并取得了较好的经济、社会和环境效益。因此，认真做好文化遗产的保护与利用，为经济发展服务，为社会事业服务，实现文物保护与旅游经济的全面、协调、可持续发展，将对未来的社会各项工作会产生深远的影响。

注释

［1］九华山志编纂委员会编：《九华山志》黄山书社，1997年9月第1版92页。

作者

何翔彬，安徽省池州市九华山风景区文物管理所。

芜湖县西河古镇老街传统建筑保护与利用刍议

◎ 陈尚前

芜湖县西河古镇是典型的江南鱼米之乡，古镇的老街形成于明代初期，地处青弋江西岸，青弋江发源于皖南山区，上溯到泾县、旌德、太平数县，下通芜湖汇入长江，历来为山区茶叶、竹、木、柴、炭等山区物产销售中转地，同时，来自下游的粮食、布匹、食盐以及大部分生活用品也通过西河古镇销往上游各县。在古代陆路交通不甚发达的条件下，水运成为运力最大，也最为便捷、快速的交通运输方式。明清社会政治稳定时期，西河古镇经济十分繁荣，是宣城、芜湖地区重要的商品集散地之一。现遗存了码头遗址和明清及民国时期的建筑数十座。

一　引 言

芜湖县地处安徽省长江南岸，长江和青弋江穿境而过，境内地势平缓、土地肥沃、水网密布，是典型的江南水乡和鱼米之乡。

在芜湖县红杨镇境内，遗存着一处极富地域特点的乡土建筑群——西河古镇老街（图 1）。老

图 1

街总长约700米，街宽2–3米，街面为青石板铺就，保存完好。经调查统计，老街上现有240多处建筑，分布在街道两侧，基本建于清代末期和民国初期，大多为商铺、店铺、作坊和住宅建筑，建筑形制为木结构、白墙褐瓦，层高大多为阁楼式两层，檐口高度4 ~ 6米左右。总建筑面积达12000平方米左右，其中48处建筑结构保存较好。室外廊檐和室内细部木构件采用木雕、砖雕、石雕等艺术表现形式。店铺、商铺、作坊基本保留前店后坊的格局。

通过调查发现，西河古镇老街有着明显的江南水乡特点和特色，蕴含了丰富的地域人文、历史信息，它既是一个物质实体，也是一种文化历程，与当地资源、文脉及民众的生活方式息息相关。但是，随着时代的发展，交通越来越便捷，西河古镇的水运优势荡然无存，贸易萎缩，商业功能退化，加上环境的变迁，人口的迁徙等原因，这些极富浓郁乡土气息、地域文化特色和丰富的历史记忆的乡土建筑，正以极快的速度消亡，已经和全国各地的许多古镇一样，逐渐走向式微，如不采取措施加以保护，若干年之后，西河古镇老街就会彻底消失。

当前，在政治稳定，经济繁荣的前提下，人们对传统文化和本土文化的保护意识越来越强烈，乡土建筑保护也越来越受到人们的关注，古村落和古民居的保护普遍受到当地政府的重视。各地的地方政府纷纷采取措施，挖掘和利用本地的地域文化资源，促进本地文化繁荣，推动旅游事业和社会经济全面协调发展。因此，笔者对历史文化老街和乡土建筑的调查与研究认为，通过开展西河古镇老街科学的保护与和合理利用，追寻西河古镇繁衍的脉络，不仅可以保护和保持本地历史文化特色，丰富本地文化内涵，还可以进一步实现民间文化可持续发展，促进本地经济、文化全面进步。

二　西河古镇历史沿革

西河镇为江南水乡古镇，历史上隶属于宣城县，因其坐落在青弋江西岸而得名“西河镇”。宋元时期为湖滩湿地，杂草丛生，人烟稀少，水患严重，俗称“草头湖”。因有庵堂建造于此，供过往商旅歇足饮茶，也称“茶庵”。“自三国东吴初期，境北金钱湖被筑堤圈圩（今宝圩）以后，历代相继因地就势圈圩修埠，垦造农田，尤以明代为盛”[1]，明洪武年间，西河始筑圩堤，治理水患[2]。自此以后，百姓徙此安居，逐渐形成小镇。

古镇的老街形成于明代。青弋江发源于皖南山区，上溯到泾县、旌德、太平等皖南山区数县，下通芜湖汇入长江。在古代陆路交通不甚发达的条件下，水运成为了运力最大，也最为便捷、快速的交通运输方式。山区盛产的茶叶、竹、木、柴、炭等物产需要运往外地销售，以换取来自下游的粮食、布匹、食盐以及其他生活必需品。因此，西河古镇在商品流通的过程中逐渐形成并具备商品交换集散地的重要功能。在社会政治稳定时期，西河古镇经济十分繁荣，成为宣城、芜湖地区重要的商品集散地之一。相传明隆庆年间镇上有浴池3家，饭店4家，杂货店44家，另有油坊、酱坊、豆腐坊、染坊等生产小作坊多家，店铺均为前店后坊，有的前后之间由阶梯相连（图2），视觉感觉亘古幽深。明万历后期直至清军入关后，房屋店铺屡遭兵燹，损失严重。百姓举家外迁，流离失所，古镇经济一度萧条。

清代中期，政治稳定，经济繁荣，人民生活安定，行商者逐渐增多，古镇又渐趋繁荣。竹木手工制作业盛行，街头巷尾遍布竹木器店铺，大户人家开设粮行，收购的粮食运销沿江城市，河岸上有竹、

图 2

木商行，镇上除山、杂、百货店外，还新开设钱庄分号、槽坊（酿酒坊）、糖坊、药铺、烟店、客栈、饭馆等，经商者多当地人，也有为江北巢县（今巢湖市）、无为及皖南泾县、旌德、太平等县人，商业兴旺，成为宣城县西乡重要的商品集散地。咸丰三年，太平天国定都天京（南京）后，由于宣城县及西河镇为天京（今南京）屏藩和前哨，同时又是重要的粮食生产区，为经济和物资的重要后方，因此，宣城、芜湖等地成为清军与太平军争夺的主要战场，1856 ~ 1864 年间，曾先后被双方三战三陷，历时 4 年 5 个月又 7 天[3]。战乱期间，物资交流中断，百姓深受其难，店铺大多倒闭，居民背井离乡，古镇再度衰败。

民国初，经过 40 多年的稳定时期，西河古镇又恢复了往日的生机，上世纪二十年代末三十年代初，集镇商业发达，青弋江中过往船筏增多，大批竹木排筏由山区载运停靠于此，船只日常达七八十艘，此时集镇已成内河重要码头。当时西河古镇各种店铺有 100 多家：有名的糕饼店有王义降、元泰和等，加工的糕点花色繁多，尤其是方片糕制作精细，片薄匀整香甜；中药店铺有 6 家，最大的有“陈恒生”“太和春”“胡广生”等，自制中药，诊病配方；布店 5 家，最有名的是“恒丰和”“同裕源”等；浴池有“沧浪园”“大乐园”“新新园”等，“新新园”有座位六七十；茶馆 3 家，有名的有“金谷春”“柳翠仙”等；杂货店 30 多家，粮行 6 家；另外，小商摊贩遍及全街。其时，纺纱、织布、找线、织袜、刺绣等手工制作开始盛行，本镇人氏王景巩还首创“西河私立培英小学”，兴盛时居民将近 6000 人，属宣城县七大集镇之一。但是好景不长，抗战期间，小镇曾遭日寇飞机三次狂轰滥炸，毁坏房屋百余间，到处是颓垣断壁，百姓跑反逃命、民不聊生，人口锐减至几百人；民国 33 年，古镇沦陷[4]，日军强化治安，恣意肆虐，交通断绝，古镇冷落。

1949 年 4 月 24 日，西河解放，集镇得以新生，人民安居乐业，镇上店铺摊贩增多，从事竹、木、铁手工业者日增，手工纺织业较发达，自纺自织生产的各种棉织品、麻织品、刺绣品小有名气，山区竹木柴炭在此转销量增大，四乡八邻的农副产品也都汇聚于此销售，购销两旺，市场繁荣。据资料载，居民时达 3800 多人，冠以标准集镇。

建国初，乡沿旧制，属寒亭区，为西红乡。1950 年 3 月撤销旧制，由西河区直辖行政村。1952 年划乡建政，成立西河镇和罗公、沈公 2 乡，属西河区。1958 年 9 月并入寒亭人民公社，1961 年 5 月成立西河公社，1965 年 7 月增设西河镇。1969 年 3 月，西河、和平和西河镇合并成立西河公社，1970 年 3 月分设，1971 年 1 月由宣城县划属芜湖县[5]，1974 年属红杨区，1984 年 4 月由社改乡，1986 年 5 月，西河乡并入西河镇。2003 年 11 月，西河镇与红杨镇、和平乡合并设置新的红杨镇，西河古镇改称幸福社区，直属红杨镇管辖。辖区面积 0.33 平方公里。

图 3

三　西河古镇主要特点及式微原因

（一）古镇老街现状、特点

西河古镇老街历史悠久，文化积淀深厚。老街为沿青弋江圩堤形成的“之”字形街道，呈南北走向，宽窄不均，一般为2—3米，街面以条石铺就，依照河堤曲折蜿蜒，总长约700米。房屋店铺均为木结构建筑，分布于街道两侧，两旁店铺门面屋檐相对，一般为两层，二层为阁楼的形式。由于河床持续抬高，大水年份防汛形势严峻，所以逐年加固加高堤埂，造成两旁的房屋店铺均低于街面1.5米，形成“街下屋”的奇特景观。沿河一侧的店铺和住宅采用当地产大块花岗岩石以河床为基础垒砌，形成河堤，露出正常水位以上8 ~ 10米，汛期任凭水冲浪击，可确保不坍不塌。河外沿为青石护岸，人可通行，成为街面。沿街店铺多为前后数进相连，前为店铺，后为作坊。贯穿街心的有侧巷，可延伸数十米至百多米（图3），保存完好的有张家巷、土地巷、芮家巷、徐会兰巷、江东巷等。在水运经济繁荣时期，沿河建有多处水运埠头（图4）。西河古镇老街除具有着江南古镇的一般特点之外，还有着明显的地域特点与特色。除西河老街遗存的建筑之外，还有社戏楼（俗称万年台）、观音庵、征粮点泽及堂（现存有5块清代同治光绪年间征粮捐输碑和一块军粮碑，惜房屋倒塌，仅存碑刻）（图5、图6、图7）等建筑遗存。清嘉庆年间，西河古镇曾设立过军事防务机构，一度曾称“西河汛”。古镇的小吃如馄饨，羊肉、蛋糕、油炸臭干子、方片糕、青弋江小鱼等颇负盛名。多年来，西河古镇以其皖南徽派建筑的主要特点和江南水乡的人文特色一直为艺术家们创作所青睐之地。

图 4

（二）单体建筑特点

西河古镇的建筑大多在其经济繁荣时所建，是当地的居民、商人和工匠自行设计并建造的，单体建筑有以下主要特点：一是

图 5

图 6

图 7

采用木结构构筑的手法，大部分采用木列架穿斗式结构，少部分建筑为扩大使用空间，采用抬梁式构架。青砖石灰勾缝墙、马头墙、褐瓦屋面，符合皖南古民居建筑的特点[6]，同时兼具江南水乡的主要特色；二是建筑平面采用前后数进相连的方式，前店后作坊，以满足各项生意功能需要；户与户之间大多采用共墙的方式；三是建筑的正立面基本为店铺格局，前檐不砌筑墙体，在列柱之间插以活动厚木板，取下木板，即为敞开式店面（图 8）；四是层高较低，檐口高度大多在 4 ~ 6 米之间。

建筑物内部大多以木柱列架穿斗的构造方式，用材以杉木为主，少部分构件用松木、柞木制成，雕刻构件以松木、樟树等为主。屋面采用在草架上钉木椽子、铺设施釉褐瓦的方法。外墙为不承重墙体，大多采用青砖空斗砌筑的方式，清水石灰勾缝，正立面砌筑有墙体的部位，均采用石灰涂白。

图 8

（三）走向式微的古镇

在漫长的历史时期，人类的运输完全依赖“人挑马驮”，交通闭塞的自然条件，加上人畜运力的有限，迫使人们在运输大宗物资的时候，选择运能最大，同时也是最便捷、最经济的水运方式。西河古镇由于其地处水陆要冲，在明清直至民国时期，西河古镇不仅是物资交流的内河港口，它还承载了货物转口贸易重要集散地的地位。解放以后，我国大力发展交通运输产业，芜湖县境内不仅修通了皖赣铁路，国道、省道及县乡公路四通八达。陆路交通的快捷，改变了货物运输依赖低速水运的局面。在这种背景之下，西河古镇作为物资交流、集散重要内河港口的地位逐渐被快捷的陆路交通所替代，水运优势完全丧失，加上行政区划的调整，西河古镇由于位置偏僻而并入红杨镇，使得古镇渐趋衰落。

四　西河古镇老街抢救性保护与利用对策

如今的西河古镇，青石板铺就的街面上，到处都沾染一些腐朽、颓败的气息，从小巷的斑驳中、古屋的蜘蛛网里，我们能够读出些许“苍凉”。透过遗存古建筑的门脸店面、完整的街道和光滑的青石板，依稀能够找寻到昔日的繁华。随着交通区位优势丧失、城镇化速度加快和行政中心撤并，西河老街居民大多外出谋生，或迁徙到湾沚、红杨、芜湖市等地谋生，商业中心也渐向县城新街道转移，老街繁盛的人气荡然无存，生意日渐冷落、萧条。目前西河古镇的居民以留守人员、空巢老人为主。由于没有保护规划，缺少保护及管理的头绪；缺乏保护资金，缺少专业保护人才，当地镇村和社区无力开展有效保护。同时，西河古镇老街的乡土建筑遗产价值远远没有得到正确和充分地认识，难以形成正确的保护理念。这些原因，都使西河古镇老街的保护与传承面临着极大挑战。当前，必须采取有效措施，多方宣传呼吁，引起全社会的重视和支持，多元化多渠道筹集维修资金对现存的老街进行有效的保护，将西河古镇历史老街的风貌完整的传承并延续下去。

（一）西河古镇老街抢救性保护措施

一是加强基础调查，编制保护规划。对古镇老街遗存的所有建筑进行基础调查，对老街的范围进行详细测绘，编制《西河古镇老街保护规划》，进行全面的、深入细致的多学科综合研究，确定保护范围，明确保护要求，在保护好原有的历史风貌的前提下，对不符合要求的新建筑进行必要的整治改造，以达到与历史风貌的统一。

二是保持古镇老街的居住功能。文化遗产保护不能脱离利用价值孤立存在，在老街的保护上，应努力保持老街房屋建筑的功能和居民的传统生活方式，使得当地乡土建筑的历史人文得以延续、文脉得以传承、特色得以保留。

三是加强保护与修缮。多元化多渠道筹措资金，对现存的建筑加以维护修缮。将西河古镇老街逐级申报为“文物保护单位”，以利于争取政府财政资金对老街加以保护，同时，也有利于各项保护措施的落实。

（二）西河古镇老街的利用

乡土建筑类文化遗产作为民族创造性和文明悠久性的实物见证，是当地乡民生活的舞台，是物质环境、自然环境的融合，也是千千万万普通百姓的文化根基，是十分珍贵和稀有的资源。保护好这些珍贵资源，科学利用，合理利用，才能满足可持续发展的要求，做到为社会创造财富。当前，社会进入了高速发展时期，年轻一代人价值观有着前所未有的嬗变，受外来文化影响，年轻一代普遍对传统文化漠视与忽视，因此，保护并利用好文化遗产，呼吁优秀传统文化理性回归，是当前亟待解决的现实问题。

因此，在西河古镇老街的利用上应体现以下几个方面：

一是充分挖掘文化内涵，让更多的人了解优秀传统文化的精髓。古镇老街和老街建筑是乡土文化中信息含量最大的组成部分，就西河古镇的现状看，它的发展脉络清晰，特点特色鲜明，应收集资料，对文化传统进行必要的挖掘整理，形成调研成果，引起政府和社会各界对西河古镇保护工作的重视。

二是西河古镇人文底蕴深厚，其历史人文价值及旅游开发有着巨大的潜力。应学习借鉴西递宏村、江苏周庄等地的成功案例，即：正确利用文化遗产开发乡村旅游事业，带动当地经济社会发展。可以利用西河古镇很多具有典型地域特点的地方小吃、特色菜肴等等，结合古镇文化底蕴，大力发展乡村旅游，吸引芜湖、宣城及周边区县的游客参与其中，增加古镇老街居民收入。

三是打造水乡影视拍摄基地。西河古镇和古镇老街以其皖南徽派建筑和江南水乡的人文文化为主要特点特色，在上世纪八十年代，电视剧《米市春秋》（芜湖为中国四大米市）曾以此作为外景拍摄基地，多年来，西河古镇和古镇老街为画家、摄影家提供了源源不断的精美作品和创作激情。打造影视拍摄基地不仅可以助推本地乡村旅游，增加地方收入，更可以提高西河、乃至芜湖的知名度。

五　余论

长期以来，文化遗产的保护往往被人们忽略，但是，和谐社会离不开优秀文化支撑。当前，我国各地乡土建筑文化正遭受前所未有的冲击，昔日的乡村风貌迅速改变，许多具有丰富历史文化积淀的古村落正在迅速消失，乡土建筑文化遗产保护迫在眉睫。在保护与利用的过程中，关键是要寻找到一种良性的循环机制，在不断地研究乡土建筑的基础上不断地认识乡土文化。用文化遗产保护来推动当地经济社会发展，用经济发展的成果，反哺文化遗产保护工作，实现社会和谐，人民生活幸福的目标。

注释

[1] 宣州市地方志编纂委员会编：《宣城县志·水利》，方志出版社，1996 年 11 月第 1 版 161 页。

[2]（民国）余谊密主修、鲍实总纂、芜湖县旧志编纂整理委员会编：《芜湖县志》，黄山书社，2008 年 12 月第 1 版。

[3] 宣州市地方志编纂委员会编：《宣城县志·人口》，方志出版社，1996 年 11 月第 1 版 87 页。

[4] 宣州市地方志编纂委员会编：《宣城县志·军事卷》，方志出版社，1996 年 11 月第 1 版 505 页。

[5] 宣州市地方志编纂委员会编：《宣城县志·建置区划》，方志出版社，1996 年 11 月第 1 版。

[6] ①何翔彬：《和谐自然的皖南古民居》《文物研究》，科学出版社，2011 年第 18 辑；②陆元鼎、杨新平：《乡土建筑遗产的研究和保护》，同济大学出版社，2008 年 6 月 1 日第 1 版。

作者

陈尚前，芜湖县政协常委，安徽省芜湖县文物管理所。

创新土楼及其村落保护与发展
——以福建省南靖县土楼及其村庄为例

◎ 阮黄南　钟宝英

世界文化遗产的“福建土楼”，由福建省永定、南靖、华安三县的“六群四楼”共46座土楼组成。福建土楼，包括闽南土楼和一部分客家土楼，总数约3000多座。风格奇异的土楼民宅散布在闽西的永定、武平、上杭及闽西南的南靖、平和、华安、漳浦等地。其造型、装饰和建造工艺世所罕见。土楼，俗称“生土楼”，因其大多数为福建客家人所建，故又称“客家土楼”。它是以生土作为主要建筑材料，掺上细沙、石灰、糯米饭、红糖、竹片、木条等，经过反复揉、舂、压建造而成。楼顶覆以火烧瓦盖，经久不损。土楼高可达四五层，供三代或四代人同楼聚居。南靖县的书洋镇有方形土楼两百四十座，圆形的一百零四座，其中包括联合国教科文组织在2008年列入世界文化遗产的田螺坑土楼群，这驰名中外的景点区域有数个小村落。福建土楼作为群居和防卫合一的大型家族性集体住宅，隐藏于青山绿水之间，是农耕时代的乡土建筑，服务于普通农民老百姓。历经数百年风霜雨打，福建土楼傲然挺立于群山之间，成为世界文化的瑰宝。随着现代化的发展，随着城乡的全面进步，土楼也面临着生存压力。此类生活空间随着社会的发展其原有功能逐渐衰退，在如今旅游业就是新农业的愿景下，只为短期利益的仓促开发屡见不鲜。当然，传统建筑的新功能需要时间培育，旧村落的发展也需要时间，文化保护更需要持续的时间不断弘扬。如何保护好、传承好土楼及其土楼村庄适应现代化建设和土楼文化的传承，让大山里的土楼村落可持续发展是福建土楼地区人民特别是当地政府面临的重大课题。

一　土楼保护——地域－村落－建筑的规划模式

历经数百年风霜雨打，福建土楼傲然挺立于群山之间，成为世界文化的瑰宝。随着现代化的发展，随着城乡的全面进步，土楼也面临着生存压力。土楼的保护应着眼于可持续发展，让古老村落焕发生机。因此这种保护不是注重眼前利益，为了单一的目的来开展的；相反，要充分应用社会研究、生态科学、经济策略、环境艺术与设计以及工程与建设等多学科多专业多领域的通力合作，规划设计与建设，并得到原村住民的配合与支持，当然重要的是这种保护不仅仅传承祖先的智慧，而且要具有现代的意义，能够给土楼村民带来实际的利益和生活的方便，并促进当地土楼古村落的各方面发展。如此，获得村民的支持，进而带动年轻人回归土楼新生活也才有一定的可能性。否则土楼不过就如一座博物馆罢了，这就与联合国教科文组织对世界文化遗产的保护要求相距甚远。

首先，要思考和改善区域状况。从土楼的外部环境、土楼的建筑物构造、土楼的内部空间我们可以看到：土楼一方面掩映在蓝天下、青山绿水之中；另一方面也与钢筋水泥、红砖楼房为伴。土楼类型构造各异，以圆形为最佳；土楼与高大厚重的生土墙和杉木框架构成。土楼内部功能十分健全，包括公用的庭院、客厅、祠堂、书斋，也有私用的厨房、饭厅、卧室、仓库，还有牛栏和猪舍等，但没有卫生间。随着时代的变迁，即惊叹我们的祖先在这复杂的山峦间升起如此宏伟壮观的建筑物；同时也惋惜这些聚集空间原有的灵魂和精神的流逝。原有土楼内逐群而居、门户相连、房间内没有卫生设施的居住方式，受到现代青年一代追求独立、相对单独生活观念与生活方式的冲击。在土楼周边，早已出现更多的非土楼建筑，砖瓦水泥结构，方块简洁的普通住宅样式，成为山里人更主流的生活追求。现在，更多的人走出了大山远离故土，土楼村庄成了记忆或者过年过节回归的祖籍地。土楼里一般只住几户人，而且大都老年人蜗居；土楼里早已不见年轻人，或者说已经没有一家几代人住在一起其乐融融，述说着过去、现在和展望着未来。那么，面对即将完全空壳的土楼我们要保护什么？要传承什么？留下什么？土楼过去是创新的产物，是内地避乱者在不得已恶劣环境下，在人生地不熟的异地他乡创造出来的生存方式与生活方式。土楼也是文化的产物，是特殊的建筑样式，文化意义极大。我们有责任与义务，将土楼文化保存下去、发展下去。土楼的生存与发展，仍然离不开创新，不创新只有死路一条。要结合现代人的生活需求与生活便利，改造、设计新式土楼。将大家庭的环境与小家庭的私密性更好更有机地结合起来，满足现代人的需求，传承祖先的智慧。

其次，要与社区和谐互动。这里的社区就是土楼聚集地的原住民生活区，对土楼的保护至关重要的就在于让土楼的原住民参与其中。一方面要认识到，福建土楼社区的居民是保护福建土楼的一线人员，他们对土楼的保护意识以及热衷程度都会影响到保护土楼的质量，而保护工作做得好坏直接影响到保护土楼的整体工作。因此，在对土楼保护的培训宣传中，一定要让这些居民认识到福建土楼是老祖宗留给他们共同拥有的财富，他们对土楼的保护是自身应尽的责任。土楼保护不在于为保护而保护，如此是死的保护，不过是成为文物的保护。另一方面更要认识到，我们要的保护是活的保护，是让土楼的所有功能能够发挥出来的保护，让土楼在现代社会家庭生活、社交互动中焕发生机。而且实际上，在现代社会，特别是老龄化社会的到来，土楼式的聚集居住、社区生活有其现实意义。荷兰 1988 年兴起建设的方形、圆形环绕或连体式排屋式聚集的环境友好和节约能源住宅示范小区，围绕一个大的公共空间而互为面对的各家庭居住模式，一改火柴盒式的住宅各家庭老死不相往来的状况，又不失作为家庭住宅的私密性。土楼本有这样的功能，这种模式不过从家族的聚居而扩展的社区，显然我们土楼的保护也可以有所借鉴，把这一功能发扬光大。通过深入的土楼社区调查研究，中老年土楼村民对土楼生活还是有感情的，也愿意使这一祖先的遗产发挥新的作用。但是，就目前来看要让人们在土楼生活，那是不现实的。因此，重要的是帮助村民创造再生环境，才能继续土楼的聚居生活。土楼能够留存并不至于消失，主要就是土楼的聚居生活的复现与土楼建造技术的传承和创新。保护土楼的目的根本不是为了经济利益，让它成为没有生命的供人们旅游参观的模型。因此，保护土楼实际上是从保护人开始，保护土楼人对土楼的热爱，保护掌握土楼建造技术和技艺的土楼人，并且尽可能在这片土地上挖掘、发展符合现代人需要的土楼建筑。只有在物质满足的基础上，进行文化与教育层面的引导，重视土楼建筑文化遗产和土楼聚居生活方式的保护，实现持续发展，这样土楼保护才是科学有效的保护。（参

阅马丽“对土楼聚居环境现状的思考”《城市建筑》2005年第2期）

最后，要实现土楼的保护，就必须尊重历史建筑、景观和当地实践，将其改造使适应时代需求。福建南靖土楼的价值主要在于两方面，一是独特的建筑造型，二是独有的文化内涵。土楼的建筑布局以及村落的布局是非常合乎建筑理论的，这种建筑可以融合到自然环境里，山水民居、美景天成，成为“天人合一”的典范；土楼在建筑上属于特殊类型，既非汉族风格，也非当地风格，但又非常符合建筑美学上“实用、美观、经济”的三原则，冬暖夏凉，而它的成因则与西晋时的战局有关，罗哲文认为，“当时著名的历史事件是‘五胡乱华’，中国出现了大动荡，以汉族为主的士大夫纷纷南迁，集中至福建、广东、江西交界地带，利用当地的地形建筑土楼，以后历朝历代遇动乱则南迁，都纷纷形成土楼群，同时也形成特殊的文化现象—客家文化。这里面有一种民族交融，也有一种文化交融。”（转引自《福建旅游之窗》2007年7月8日“福建土楼申报世界文化遗产成功”）

南靖县位于福建省南部，漳州市西部，处于九龙江中上游，是闽南沿海与闽西及粤东交界的山区县份。全境土地面积1961.58平方公里，总人口34万人，境内居民绝大部分为汉族，多数人讲闽南方言，少数人讲客家方言。在20世纪上半叶以前，南靖境内山区居民几乎都是居住夯土木架构的传统土楼住宅。南靖山区现存各类土楼具有九大特点：（1）高度集中于书洋、梅林、船场、南坑、奎洋、和溪等几个相连的九龙江中上游山区。这些地方在古代传统农业稻作文明曾经极为发达，为大型土楼集体住宅风俗的形成，提供了得天独厚的自然地理条件和姓氏家族聚居人口的物质基础。（2）南靖是中国传统夯土民居系列中，圆形与方形土楼最集中、相对密度最高的地域。在书洋、梅林、船场、奎洋、和溪等几个乡镇大约25公里半径范围内，有大型圆、方古土楼220多座。这一数量与规模表明，这些土楼所赖以形成和传承的汉族传统文明，有极为丰富的内涵。（3）由于连片区域高度集中，形成书洋田螺坑、曲江河坑、塔下、石桥、下版、奎坑以及奎洋上洋与梅林土楼群等许多令人叹为观止的自然人文景观。特别是田螺坑土楼群，为世间绝无仅有。（4）与其他地方散落的、孤立的和其他现代建筑杂生共存的土楼不同，南靖田螺坑、下版、曲江河坑与塔下等土楼群落，是这些村庄自其先民开基以来就有的，并为其一代又一代子民所传承下来，至今未变的传统建筑与传统居住文化模式，反映了居民的物质精神文明跨越漫长历史时空的一贯纵性传承性质。在当今社会剧烈变革，文化模式多元化发展，保存完整传统文化与古住宅模式的村庄越来越罕见的情况下，这些土楼村庄为中原汉族传统文化的传承发展变进的研究、为东方传统文明的研究，提供了不可多得的、极其宝贵的范本。（5）南靖土楼是中国传统建筑艺术与夯土文明的宝贵结晶。夯土文明发源于原始氏族社会，在西安半坡和临潼姜家寨原始遗址上，已经出现夯土文明。在古中原的无数文化遗址上，可见到夯土实物。殷商以后，中原夯土文明更为发达，夯土成为宫廷建筑的主流，阿房宫、大明宫、长城等都表明了古中原夯土文明的登峰造极成就。唐代以后，夯土文明在中原急剧衰落，取而代之的是砖木结构住宅建筑，但是夯土版筑技术随中原文明的南移而传到南方。从中原黄河流域往长江流域及闽粤赣边省区迁移的中原移民，在南方红壤地带继承古中原传统夯土版筑技艺，并且在漫长的实践中将它发展到令人吃惊的新境界。迄至清代中期，南靖的土楼匠师，已经能够以普通夯土造出墙体厚仅30厘米而高达12米的四层土楼。早在宋元之际，他们就开始使用特殊配方三合土，以这种特殊三合土，可以50厘米厚度的墙体造就高达20米的高层土楼。现在南靖境内。还存有大量技艺水平登峰造极的古夯土实物。（6）由于南靖县土楼区的人文地理位置正处于中国大陆客家方言民系与闽南方言民系区域的交界点，所以，南靖土楼村落无论是自然地理或人文地理位置，均处于古中原夯土版筑文明及汉族移民客家民系衍播区的边缘，同时．它相对的又是闽南沿海闽南方言民系文化区向内陆延伸的边缘。客家方言与闽南方言两大民系的文化在这里交汇接处，互相渗透。所以，南靖土楼可以作为古代中国夯土版筑文明传播时地空间的一个终点来看待，在文化学、建筑学等人文社会科学及其发展研究领域均具有极重要的地位。（7）南靖土楼的空间造型艺术，包括土楼聚居村落的总体选择在人文环境与自然环境协调方面的超凡成就，局部个体土楼及其群落与山水环境的巧妙调适，土楼造型与内部空间环境和住民的经济文化、生产生活及其传统习俗相契合的诗化意境，都是全面继承土楼文化成就并得到创新发展的结果。所以，从南靖土楼又可以深入、全面地了解研究中原汉族文明南移后的转变状况。（8）南靖土楼是中国传统向心血缘核心思想文化的典型物化模式，它既是血缘聚居的物构空间，也是血缘核心文化的产物与维系空间。（9）南靖是台湾地区居民的最主要祖籍地之一，也是东南亚许多华侨的祖籍地。南靖现有的土楼，大多是台湾同胞与侨胞的祖居。如塔下、田螺坑、河坑、石桥等这些土楼村，既是台胞重要祖籍地，又是重点侨乡。由于移民的关系，这些村落的土楼造型艺术，也对台湾及海外东南亚华人建筑艺术产生实际影响。如台湾及东南亚常见的方形围堡式别墅，其结构特点是一个大门、中天井、每层临天井修建大回廊，这种造型手法与南靖大型圆、方土楼如出一辙，一样是以古代中国民居建筑“四架三间”基本元素和核心天井空间造型制度为模式的，只是使用的建筑材料不同罢了。

南靖土楼，是与其所在乡村的文明开拓史同期并生的，它是居民所拥有的传统精神文化与物质文明的缩影，是中国汉族文明由北到南、从古到今跨越漫长时地空间而传承下来的，是最能反映传统汉族文明及其演变轨迹的实体。它包容了中华传统文化极其丰富的内涵，是凝固的音乐、立体的诗篇，是关于中国自然与传统文化的不可多得的宝贵遗产。南靖土楼的意义和价值，远远超出了其建筑物本身。高度集中的南靖大型圆、方古土楼群，综合反映了古代中国夯土版筑文明的成就与建筑造型艺术，是集古代中国民居艺术精华之大成的宝贵实物。而南靖田螺坑村的五朵玫瑰形的纯土楼群美景，是世间独一无二的天才杰作。塔下与河坑村的圆、方、五凤土楼群与祖祠、石笔、风水林相组合的自然生态与传统人文景观，是当今中国乃至全球稀有的未被现代化建设进程破坏改变的古老乡村样板。它们既有土楼文化的成熟、完整、典型价值，又是自然与人文生态巧妙结合的非凡环境空间。在当今世界各地钢筋水泥建筑物及其文化沙漠现象日益引起人们焦虑的情况下，南靖土楼村落的宜人生态环境，已引起世界各地学术文化界和建筑规划人士的极大重视，被当做21世纪适合人类居住建筑的可供借鉴的样板而被取样研究。

“福建土楼”由于贴近自然，村落与田野融为一体，展现了良好的生态环境、秀丽的田园风光和务实的循环经济；尊奉祖先，聚族而居的遗风造就了优秀的历史文化、淳朴的乡风民俗、深挚的伦理道德和密切的邻里关系。这种“清雅之地”，正是那些随着经济的发展、社会生活节奏加快、长期生活在浮躁城市生活的现代人所追求回归自然、返璞归真的理想所在。我们的保护也就是要以此出发，在历史、自然以及前人和当地人实践的基础上的推进，使之适应现代人的需要而得到更好的发展。

以南靖未被政府和村民开发成旅游点的书洋镇田中央村及其土楼庆兴楼为例（图1、2、3），家庭式的实践是土楼保护及其村落发展的一种有效途径。庆兴楼于上世纪五十年代开始兴建，是一座为了满足村民居住需要的非家族性集体住宅，沿袭传统客家圆形土楼的建造方式，外壁由厚一米多的蛮石夯土筑成，墙的上端开小窗，内部结合杉木框架木隔断，耗时十年左右大体建成。1958年大跃进开始即遭遇三年自然灾害，原本设计为四层的土楼，盖了三层半在1961年被迫停止。圆形土楼按梁架分间，每间大小相同，村民抽签分配。庆兴楼每层共有三十个开间，上下垂直三间为一户。每户底层做厨房和餐厅；二层给长辈父母居住；三层给年轻人和配偶，剩半层储物。二层、三层沿内圈挑出木构通廊，是公共走道，由均等的四个公共楼梯上下连接。正北处为全宅唯一的大门，正对着南面的庙堂，院内靠边有一口井。居民围绕土楼前后种地养牲畜，土楼后有半圈二层小楼，用来放农具和谷物。虽然政治动荡，资源匮乏，以农耕经济为基础的土楼在六十、七十年代最为热闹，生机勃勃。当时田中央村百分之九十的村民住在庆兴楼，再加上下乡来到农村的“城里人”，最多时达到两百多人；村里议事，婚丧仪式等公共活动都在这里发生。这一切也证明土楼并非只有家族才可以兴建和一起生活。改革开放以后，越来越多的青壮年走出大山，或去寻找自己发展的项目，或者求学之后离开家乡，或者进城打工找工作。这个过程中，有的老人搬到镇上城里去和儿女一起住，但又因无法适应或家庭矛盾搬了回来，以致庆兴楼大约剩下十来位老人留守，建筑逐渐衰败，屋顶漏水，院里杂草丛生。进入21世纪，加上土楼成为世界非物质文化遗产，福建土楼的人文生态正在快速地变化，为了符合世界级旅游景区的标准，一些土楼被博物馆式地保护，从宁静的农村社区变成了人满为患的旅游集散地。两极的另一端，是大量土楼由于居民离去而年久失修破损倒塌，同时伴随而来还有大批令人困惑的新农村建设。面对这一切，如何使庆兴楼得到保护和新生？一位曾经上山下乡在土楼生活过的华裔美籍人对土楼具有很深的感情，他们家庭成员又有从事可持续发展规

图1　田中央村土楼

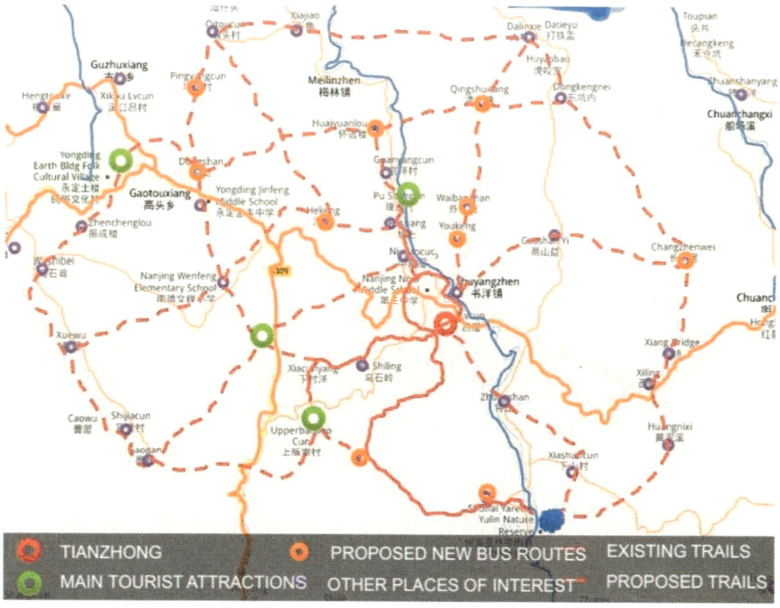

图2　田中央村位置

图 3　田中村土楼内部

划、自然资源保护与开发以及建筑科研和实务的经历，因此，带来了全新的具有国际先进水准的理念，他们认为若想把庆兴楼变成一个挂着红灯笼，售卖各种旅游纪念品的景点太容易了；但是土楼的真正保护必须找到一条有别于当今潮流旅游保护性开发模式之路。他们出于一种要保护庆兴楼的紧迫感，举家庭之力做出了“收养”的决定，通过与土楼原住民的沟通，直到 2010 年，经过两年时间讨论合作模式，确认双方的权利和义务，最后商订付予离开土楼房间空置的居民一定的房租，同时欢迎土楼人回归或正住在土楼里的人留下，并付予一半的租金，以换取三十年的保护维修和使用权。获得庆兴楼修复权后，他们马上投入资金，并安排当地人按照新的理念负责庆兴楼的修缮事宜，到 2011 年中，大约花了半年时间，清理整修已经半荒废的庆兴楼。庆兴楼的建筑结构保存尚好，按照修旧如旧的原则，除了将楼内的木作完全清洗、修补之外，主要的是从现代生活需要出发，解决漏水问题，污水管道，还有安装隐蔽新的水电系统、网络系统，现代环保化粪池，并新建厕所和上下水通道。现代人要想在土楼过生活，或者要真正了解土楼里的生活，应该在土楼里住上一段时间，而原来土楼最大的困难是没有卫生间。因此，他们在庆兴楼修整和保护建设中，将两户垂直单元用非破坏性方法改造成现代化卫生间，这样每个楼层就有一男一女两个公共卫浴设施。考虑到环保问题和满足现代人注重的私密性，在一部分房间里还实验性地安装了独立环保马桶，利用洗脸洗手的水用来冲马桶。第一阶段的修缮就使庆兴楼变得焕然一新。

或许修缮保护一栋无人居住的老建筑会简单许多，但更重要的是能在老一辈还在的时候，从他们身上学习土楼生活的意义。目前庆兴楼里仍有几位留守居民曾经参加过当年的兴建。庆兴楼的修缮，出资人从专业的角度提出科学可持续的要求并把握方向，具体实施还是有赖于当地人的支持。正是因为这种互动和“支持网络”，使得庆兴楼的保护真正有意义。庆兴楼的修缮还在推进中，下一步要完善的是公共厨房建设和家庭式居室、体验式居室的建设以及公共活动空间的设置（图 4、5、6），还有在土楼建设雨水采集系统，结合微型水利能源与雨水的采集重新使用二级水源（图 7）；庆兴楼的定位也仍在探索计划阶段。但已经非常明确的是土楼群居功能的保留，留守居民依传统土楼日常生活模式正常运转，土楼应成长期居住的社区。在此之外，希望有三个新的功能：作为乡村建筑保存的推动者；提供相关活动项目的场地；成立城乡可持续发展研究中心。庆兴楼暂时不向普通背包客，游客提供住宿，但可以向对土楼及其乡村各方面发展可持续未来感兴趣的专业人士或团体预约开放（包括文学艺术等社科专业人士），希望通过富有地域特色的居住体验来展示土楼的生活，传承土楼文化。

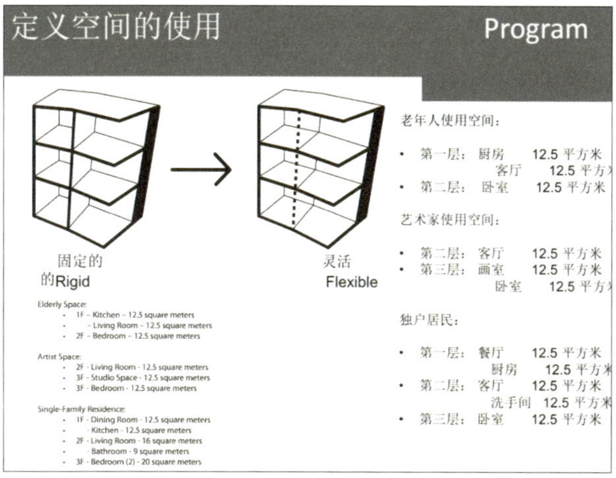

图 4　土楼家居空间设计

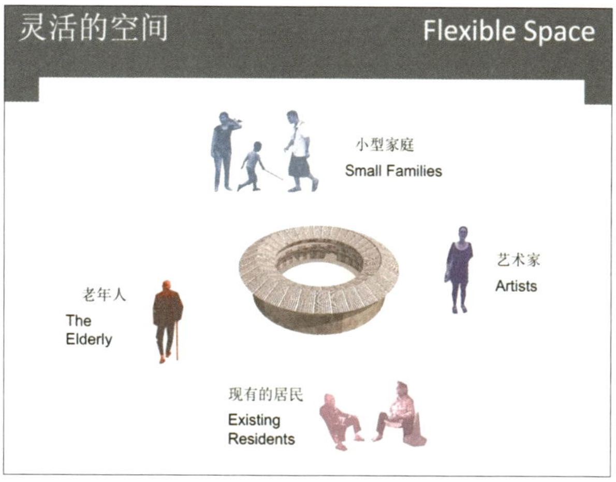

图 5　土楼家居空间适用

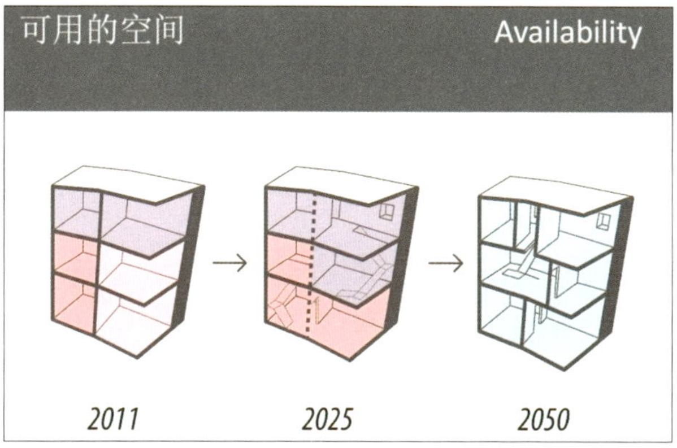

图 6　土楼未来空间设计

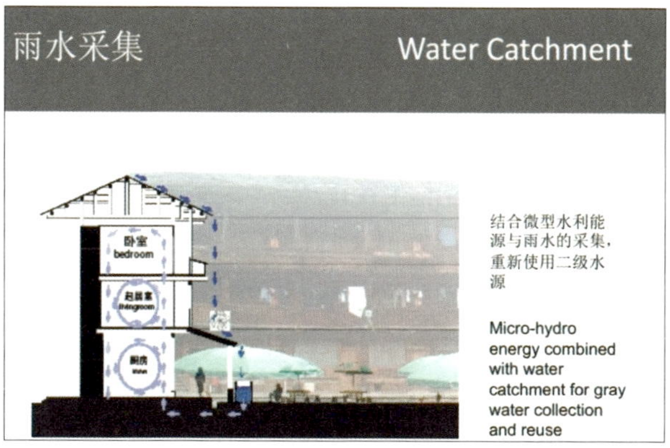

图 7　土楼水源利用设计

二　村落发展——乡村全面复兴

土楼保护的可持续性和真正的意义不在于成为一个参观景点，而在于土楼原生态的再现，土楼功能的进一步实现。这样的保护有赖于原住民的参与，实际上也就是土楼村庄的发展。只有土楼村落在土楼保护中能够得到全面的发展，土楼村民在土楼的保护中既得到经济利益，能够安居乐业，恢复土楼村落的生机和活力，那么土楼的保护和土楼文化的传承才有可能，也才有意义。这是作为世界文化遗产能够得到有效保护而不至于消失的重要考量。因此，如何在土楼保护中实现土楼村落的全面复兴至关重要。

土楼对于土楼村落来说是个品牌，那是山村原生态民居的神奇；而土楼村落的周边环境，这是土楼原住民祖先独具慧眼的选择。显然，要使土楼村落发展起来就必须着眼于这两个，即造物主自然馈赠的环境与先人创造的独特居所，盘活山村大地的山水田宅资源，开发富有创意性的生态农业及其文化，借助生态农业文化所具备的环保、经济、传承、和谐、复合、教育和观光、度假、体验、创作等功能，激活土楼文化，促进山村经济发展，让土楼原住民富裕起来（参阅陈湃麒、吕庆华“福建土楼世界文化遗产产业开发分析”，《北方经贸》2013 年第 3 期）。只有在土楼村落又富又美状态下，在土楼村民的积极参与下，土楼作为世界文化遗产将会源绵下来。同时，尽管这是土楼人自己的家园，也要定期或不定期地向土楼居民普及遗产地的自然环境、历史沿革、民俗文化、建筑特色等基础知识，让土楼社区居民熟知并热爱自己的家园和文化，对自己的文化形成认同感和荣誉感；宣传环境保护的观念，让社区居民充分认识到遗产保护与自身的密切关系，使环保观念深入人心，自觉保护遗产、保护环境；动员社区居民共同参与环境监测，监督旅游发展进程，及时抑制破坏环境，损坏遗产的不法行为，保证遗产地的可持续发展。

因此，要注意几点：一是增加农民收入。土楼成旅游热点后，土楼人家收入肯定增加了，但这仅仅是吃祖宗饭，我们要的是通过努力，在实业上有所发展，而不是旅游点通常做的买卖旅游品、土特产。当然这可以留给老年人老有所为的事。紧接着，二是创造新的工作岗位、教育和训练机会 。土楼村落要根据自己的自然条件和传统优势，开发出生态农业、有机茶叶、民俗风情、酒店服务、旅游管理、土特产生产基地等新的产业，创造出新的岗位，让村民参与其中。但是，我们也看到土楼居民大部分都只有初中文化水平，职业技能偏低。所以，当地政府有责任针对土楼人开设相关的就业指导、扶持和职业技能培训项目。而且我们还看到土楼人大都希望得到这一方面的培训和帮助。当然，在市场经济时代，人才甚至劳动力也都可以引进，比如生态农业人才可以引进来指导，但大多实际的操作和工作还得当地人来做，毕竟只有当地人才扎得下根。不过有进有出也正常。三是人口流动达到平衡。一个地方的发展不能没有人，土楼人家随着土楼热回归本土创业就业就是土楼全面发展的生力军；外来人冲着土楼这片热土，愿意在这里发展尽力也应极力欢迎。毋庸置疑，在这土楼开发保护初期不用担心人口过多，或破坏了平静的乡村。只要严格按照法规，加强监管，土楼村落的有序发展就可以实现，最终的常住人口也会趋于可接受的平衡。四是保留耕地。土地是农民的生命，土楼人也是在这片土地上耕耘的人。土特产还得通过这片土地耕作出来。不能因为开发别的项目就把耕地破坏掉。而且耕地还可以生产出现在经济价值依然很高的作物，比如茶叶在不少土楼村落都是很重要的主打产品。重要的是如何提高其经济附加值。五是保护生态功能。自然风光、生态环境是人们所向往的。土楼人家这天然的优势不可丢失。不能因为土楼旅游业的兴起把它破坏殆尽。如果没有了青山绿水，土楼摆露在一座座钢筋水泥建筑之中，那也将意味着这一遗产不可避免消失的命运。只有注重保护生态，把这一优势的功能发挥出来，土楼的生命力才会焕发出来。清新的空气、天然的水源、绿色的食品、有机的作物这些大自然的馈赠就在于生态环境的保持中。六是重新利用历史建筑、景观和资源。以田中村为例，现有人口超过 1400 人，村庄面积 3.2 平方公里，处于亚热带气候，主要经济来源于：农业（茶叶、水果为主），旅游服务业，矿业（辉绿岩、闪长岩、砾岩）。目前服务业、农业和工业占 GDP 的比例分别为：60%、30% 和 10%。过去农业占经济比重达 80%。要对全村做个总体规划，总体布局，一改过去新农村建设的千屋一色、整齐划一的模式，创建各具特色、有个性的乡村新景观（图 8、9、10、11）。而对于严重影响环境、破坏景观的构筑物应予以拆除。具体而言，村庄入口处加强到达感，扩大开放空间，村庄里在现有环境与历史建筑的结合中创造建设新的核心地带，在村庄内外加强步行联系和视觉通道。要保护耕地，改进土壤质量，改善水体质量和视觉效果，防止污染，实现生态功能；对原有历史建筑除土楼的重中之重的地位外，特别是祖屋、祠堂、庙宇充分利用，突出原有建筑与风貌，确定和改善现有的社会交往空间（图 12、13、14、15、16、17）；土楼依山而建，与周边自然环境和谐共生，要改变以往对土楼的保护和开发主要停留与土楼建筑体，较少关注土楼群落整体的景观风貌与环境特色的就思维，要对山水景观予以保护、整治和开发，以保持土楼群落原生的自然环境和真实

图 8　新农村建设旧方案

图 9　新农村建设新方案 1

图 10　新农村建设新方案 2

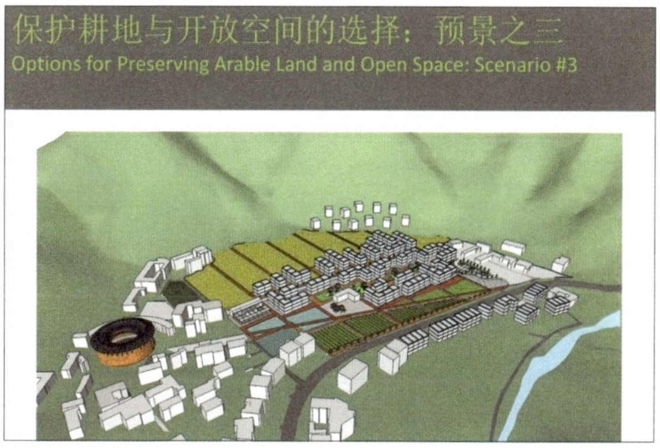

图 11　新农村建设新方案 3

图 12　新空间设计方案对比 1

图 13　新空间设计方案对比 2

的历史环境，体现乡土环境和文化景观的原生性、完整性，提高旅游吸引力（参阅缪洁、杨开“福建土楼景观保护与环境整治研究”，《城市建筑》2006 年第 12 期）。现在农业和旅游服务还有潜力可挖。在农业上，首先要加大茶叶种植，并优选品种，杜绝农药化肥的使用，提高产品质量；其次要扩大茶叶品牌营销，以自己的拳头产品、有机食品作为新的旅游吸引点和新的经济增长点。农业的发展要采取现代化的运行模式，可以设立公司加农户的方式来开展，把建立茶叶合作社和有机农耕结合起来。这样既增加了村民就业机会，也保证了稳定收入。在旅游服务上，首先可以增加小型家庭旅馆，但必

图 14　新空间设计方案 1

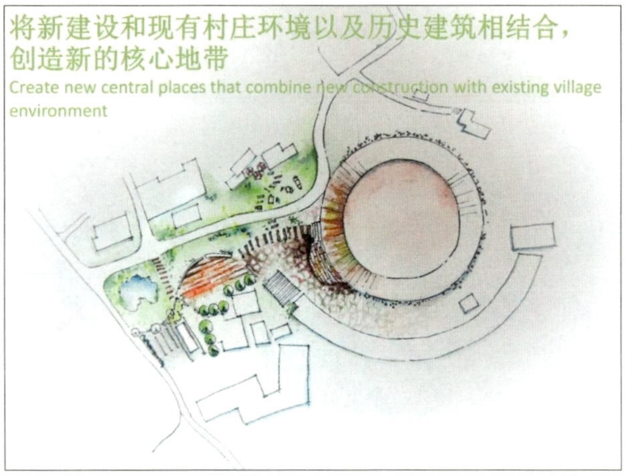

图 15　新空间设计方案 2

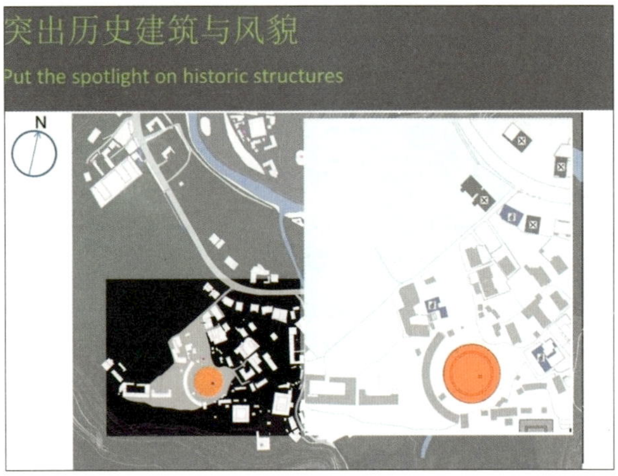

图 16　新空间设计方案 3

图 17　新空间设计方案 4

须在卫生、舒适、环保、整洁等方面达到星级标准，不因为小型而减低。其次可以扩大农家乐的规模，农家乐应包含吃、喝、玩、乐、验，并在其中融进土楼乡村文化的内涵。

三　文化传承——文化旅游业发展

土楼文化具有深刻的内涵，简单地说：土楼独特的建筑代表了客家人独特的艺术成就，是人类创造性的天才杰作；土楼聚集而居蕴含着客家同宗血缘凝聚力；八卦土楼包蕴了道家深刻的哲学思想；土楼学堂的设置与诗文对联的装饰既体现了中华民族文化与客家文化的渊源关系，也体现了客家文化的个性和精神追求；文化传承除了正常的家族或民族自觉的代代相传，更多的还需要有外力作用。现在很重要的一点就是文化旅游业的带动，土楼申遗成功对土楼文化的传承带来了极大的契机。当然，文化旅游业的兴旺需要有现代设施的载体，因此，南靖在保持原有风貌的基础上，按照保护规划，对土楼古村落进行维护和整治，但不搞大拆大建，而是加强对农房建设的管理和引导，新房建设应与古村落统一协调，并进一步完善古村落的道路、供水、排水、供电、通信、网络、垃圾处理等基础设施建设，使之适应现代生活所需。南靖县几年内就投入了 4 亿多元人民币用于土楼周边环境整治、道路配套设施的完善；2009 年全县投入 6500 万元，实施“青山绿水”工程保护森林植被和水资源；建立一套“全球眼”监控系统，用先进的科技手段呵护珍贵的世界遗产；紧接着投入 2 亿元实施福建土楼旅游配套工程，建设土楼旅游基础及配套设施；出台优惠政策实施“酒店建设年”，提高旅游接待能力。还借助外力，2010 年，首旅集团斥资 26 亿与南靖合作开发土楼，在旅游资源、客源市场、景区管理、人才资金等方面展开深层次、多领域的合作，争取将南靖土楼打造成世界级旅游目的地。这一切对土楼文化旅游业的发展，对土楼文化的传承打下了坚实的基础。

首先，对于土楼村落的传统艺术、传统民俗、人文典故、地域风情等非物质文化遗产要加大挖掘力度。推进特色产业发展，注重产业支撑，“一村一品”的发展格局，促进旅游产业，特别是农业旅游的发展，促进古村落可持续发展。

其次，重视媒体的作用。土楼作为一种文化现象和文化遗产，代表了一种独特的建筑艺术成就。在申遗成功后，土楼已成为影视文学热点题材，从而成为传媒业的新宠。通过影视作品、文学作品、网络传媒把土楼文化推出去。

最后，在旅游中把文化的内涵贯穿其中。当前，福建土楼的旅游开发仍以观光为主，单一的旅游产品造成游客游土楼时间短暂。对于土楼文化的了解，在旅游中仅靠走马观花是的十分有限的。因此，将游客停留时间从 1 天增加到 3 天不失为一个有效的创意，当然必须是有值得看值得体验的项目产生对游客有吸引力。在各个项目中，要创造游客之间，以及与土楼人家互动和参与的机会，在娱乐和体验中深入了解土楼文化。 比如，开发土楼节庆民俗产品。唱山歌是客家民俗文化的一种体现，每年元宵夜土楼人都举行山歌对唱的习俗。21 世纪是网络时代，把年年举办的山歌对唱比赛，设计成网络山歌大赛，让年轻人通过参加比赛传承土楼民俗文化。还有，可以通过挖掘整理，设计出富有客家风格的歌曲，让旅游者参与其中，学唱客家山歌，学说客家话。另外，通过现已有福建土楼文化节，再把具有特色的旅游产品加入到福建土楼文化艺术展览、 旅游产品推介等一系列丰富的配套活动中，通过宣传与营销，使其成为传统与现代相结合的新型旅游方式。再如：通过延续土楼周边梯田文化，创新土楼文化体验式旅游。政府出面与土楼人配合，对书洋镇的层层梯式田园开发，以土地分时或按日租赁的方式租给游客，梯田不仅可以进行传统的水稻或茶叶种植 ，还可成为果园、菜园。而游客可以在专门开辟的实践区内的专业指导下亲自体验各种农耕活动，或参观茶农生产作业情况，并实际操作，品尝购买新鲜无污染的茶叶等。此举不仅能延续土楼周边的梯田自然景观,还可以为当地居民增加收入，为游客提供体验式旅游项目（参阅郑雅频、林婧，“福建南靖土楼保护性旅游开发探析”《兰州教育学院学报》2010 年第 6 期）。甚至还可以如田中村土楼，改造成现代居家、旅馆，吸引多样化的游客，包括学生和年轻人、城市居民（父母和子女）、文人墨客、国际游客等，充分利用当地极其优美的自然山川生态环境，构建土楼研究考察、旅游驻足、爬上徒步和休闲度假的绝佳去处（图 18、19、20、21）。

总之，土楼及其村庄保护与发展的创新已经开始，而这种创新要与政府配合。福建南靖县十二五规划中突出的旅游业发展目标，提出构建生态、农业、旅游新格局，强调生态旅游和休闲旅游，发展与农业产品相关的节庆活动（包括茶、咖啡、 菌菇和水果），在书洋镇保护和发展生态旅游区，鼓励书洋镇的休闲旅游和乡村旅游发展。这一切正是我们提出的创新项目，诸如：农业旅游、文化旅游、遗产与生态旅游、增值活动、农业与林业产品发展、 茶叶合作社。可持续工具、新农村建设等试验项

图 18　土楼用于农业旅游

图 20　体验土楼生活

图 19　体验茶手工制作

图 21　土楼接待处

目相吻合。我们要继续贯穿先进理念，采用资源节约型的模式，使用和引进先进技术，达到节地、节能、节水的目的，建造、保护适应现代健康居住文化需求的生态型土楼，实现土楼文化的传承以及土楼及其村落的可持续发展，这样才能无愧于世界文化遗产，为人类文明作出新的贡献。

作者

阮黄南，福建省漳州市委党校教授。
钟宝英，维嘉房地产公司建筑师，经济师。

浅谈文物保护小组在古村镇保护实践中的作用
——以晋江福全村为例

◎ 吴金鹏

福建晋江地处台湾海峡西岸闽南，是全国著名的桥乡，台湾汉族同胞的主要祖籍地。历史悠久，文化积淀丰富，是福建的文物大县。现有全国重点文物保护单位 9 处，省级文保单位 13 处，市级文保单位 110 处。中国历史文化名村福全村 1 处。几年来，晋江文物部门在探索做好文物保护，特别是古村镇的保护实践中，找到了一条适合晋江实际的“国家保护为主并动员社会力量参与文物保护新路子”，即建立健全市、镇、村文物管理保护小组三级文物管理网络，并取得成效。今天，拟就以中国历史文化名村晋江市金井福全村为例，谈谈文物保护小组在古村镇保护实践中的作用，并求教方家。

一 政府主导，做好福全村的保护规划

福全村地处晋江东南部，东临台湾海峡，历史悠久，文化积淀深厚，独具闽南古村落和所城军事遗址特色，传统街巷保存较好，具有较高的历史价值、文化价值和旅游价值。2007 年 5 月，福全村被国家建设部、国家文物局公布为第三批“中国历史文化名村”。

明洪武二十七年（1394）明政府在晋江福全设所城驻军巩固海防，与崇武、浯屿（金门）同级，是闽南沿海的重要军事要塞，福全所城是一座“周六百五十丈，基广一丈三尺，高二丈一尺，窝铺十有六，为门四，建楼其上”的雄伟石城，福全城廓形似葫芦，且街道纵横交错多以丁字连接。福全设千户长管辖驻军，所以福全自古有“万人烟、百家姓”之说。嘉靖年间，所城守兵曾数度抗击倭寇入侵骚扰，保一方平安。作为军事要塞的福全，依旧人才辈出，历代出过 11 名进士、9 名举人，晚明时期还出了一个宰相叫蒋德璟，其故居尚残存。福全村有南音、提线木偶、布袋戏、纸扎工艺等民间技艺及祭祖、民间信仰等非物质文化遗产流传至今。福全古城遗址（共 7 处文物点）被列为福建省级文物保护单位。

2007 年月 5 月，福全村被国家建设部、国家文物局公布为第三批“中国历史文化名村”。2008 年，晋江市政府委托阮仪三教授领衔的同济大学国家历史文化名城保护中心编制规划；2010 年，福建省人民政府批复原则同意《中国历史文化名村晋江市金井镇福全村保护规划（2010 — 2030）》。并要求处理好历史文化名村保护与发展的关系，严格实施规划，除新建、扩建必要的基础设施和公共服务设施外，

福全村核心保护范围内（核心保护范围包括城墙所包围的古村落，及其城墙向外扩展约 10 米的范围，面积 34.34 公顷；建设控制地带以城墙为界，向外拓展城墙外围 30 米左右范围内）不得进行新建、扩建活动。建设控制地带内的新建建筑物、构筑物，应当符合《保护规划》确定的建设控制要求，其造型、体量、色彩等要与所处的环境相协调。

二　动员社会力量参与，建立健全福全村文物保护小组

文物保护小组的建立是动员社会力量参与古村保护的重要形式。福全村文物保护小组的组建从做好文物管理员的选聘入手，设定选聘条件及程序，保护小组组建后，明确职责任务，加强培训，强化管理。

做好文物保护小组文物管理员的选聘。福全村荣获中国历史文化名村后，晋江市文物部门就鼓励福全村要组建“文物保护小组”。福全村很特殊、常住人口 1500 多人，却有 23 个姓氏，旅居海外的乡亲更达 5000 多人。所以海内外有识之士的福全村人充分认识到，保护福全村应该是古村落文化的整体保护，不单要做好村里的古建筑，古街巷的保护，更要在古村落流传至今的非物质文化遗产及其传承人一并保护。所以就应文物部门的建议发起成立“中国历史文化名村福全村文物保护小组”。由文物部门设定选聘文物管理员的基本条件为“有较高的思想文化素质，热心文物事业，年富力强，在村里或族里有一定威望。”每个姓各推荐一名文物管理员参加文物保护小组，即成立一支 23 个姓 23 人组成的文物保护小组。

设定文物保护小组文物管理员推荐程序。文保小组的文物管理员由村委会充分征求各方面人士的意见后推荐。被推荐的文物管理员必须填写《福全古城文物保护小组文物管理员申请表》，由村委会填写推荐意见并加盖公章；报送镇政府审定；报送晋江市文物部门，由文物部门逐一确认，并确定小组长后发文同意成立“中国历史文化名村福全村文物保护小组的批复”，明确组成人员名单及小组长。批复中还明确了文物保护小组的职责，同时文物部门与文物保护小组签订《文物保护单位委托管理协议书》《文物保护单位使用责任书》《文物保护单位安全生产责任状》，即完成福全村文物保护小组文物管理员的选聘和文物保护小组的组成。

福全村文物保护小组的文物管理员有大专以上的年轻人，有当过村委会主任、村支书的老同志，有退休的老干部、老党员、老教授，也有政协委员，人大代表。他们觉悟好，身体好，威望高，责任心强，文化程度高，热心文物工作，成为福全村文物管理员的优点，也是福全村文物保护小组的优势。

加强文物保护小组的管理。对文物保护小组的管理本着严格要求严格管理的原则，在实际工作中，依照《文物保护单位委托管理协议书》《文物保护单位使用责任书》《文物保护单位安全生产责任状》的要求进行规范操作。首先，确定义务，明确职责。其次是加强培训。文物部门每年都举办不少于两次的文物管理员培训。聘请专家讲授文物保护的专业知识和文物的法律法规。聘请消防大队警官讲授古建筑消防知识，火灾急救及灭火的知识。开展实践实战演练，通过培训，让文物管理员不断学习，掌握一定的专业知识，懂得一些文物的法律法规，掌握灭火器的使用和灭火技巧，以便在日常管理工作发挥作用。同时，发放由文物部门统一制作的晋江市文物管理员工作证，开展工作时亮明身份，市财政每年拨专款给每位文物管理员发工作补贴，增强他们的使命感和荣誉感。

三　文物保护小组在福全村保护实践中发挥的作用

文物保护小组在福全村保护实践中，小组长发挥领导和组织作用，文物管理员达成共识，通力协作，在日常管理、宣传策划、规划编制、资金筹措、制止违建等方面取得成效。

1. 小组长发挥领导和组织作用。文物保护小组组长既是某高校退休的大学教授，又是福全村申报中国历史文化名村工作主要参与者和推动者。因担任大学教授具有较高的文化素质，拥有较多的社会资源，福全村又是他出生成长的地方，村里有亲人还有老宅，祖厝，祠堂，因为“乡愁”，所以平时常会回到福全村，与福全村有着千丝万缕的联系。所以，在福全村保护实践中发挥着领导与组织的作用。

2. 文物保护小组的文物管理员达成共识。文物保护小组的文物管理员全部由23个姓氏的村民担任，就有了文化自觉的根本动力，从而能积极热情的参与到福全村保护的实践中，并逐渐形成保护共识。这种共识一旦形成，在以熟人关系，宗族关系为主的村落社会里，就会起到一种内生性制度的作用，人们之间以熟人关系，宗族关系为主，共享着同样的伦理道德、价值观念，如果有人持一种非主流的价值观念，自然就会受到一种非正式的惩罚，或者会感到一种压力存在，迫使其持有与大家较为一致的观念与做法。基于以上的认识，晋江市文物部门积极引导文物保护小组开展福全村保护实践工作。

3. 文物保护小组在福全村保护实践中取得的成效。

第一，宣传先行，策划宣传推广多措并举。组织一场隆重的“中国历史文化名村”树碑活动，扩大福全村的知名度。编撰并出版《福全古城》画册，扩大福全村的美誉度。在香港晋江福全同乡会换届暨新界就职时，福全文物保护小组组织庆贺团赴港庆贺并就福全村荣膺中国历史文化名村进行宣传，就福全村的保护得到海外乡亲的支持。第二，注重规划，编制保护规划走名家效应。文保小组长利用其晋江市政府专家顾问团成员的身份，说服市政府高起点规划；有的文物管理员利用政协委员、人大代表的身份给政府写提案，提建议，最终市政府同意聘请阮仪教授领衔的同济大学国家历史文化名城保护中心负责福全村保护规划编制。第三，当好帮手，配合保护规划尽心尽力。同济大学国家历史文化名城保护中心专家到福全村实地调查，文物保护小组尽力配合，从族谱资料的提供，民间传说故事的收集，田野调查当好向导，古建筑测量当好帮手等等。第四，形成合力，筹措保护资金各显神通。充分发挥23个姓的文物管理员的作用，主动开展海内外的联络宣传，单13名港澳乡亲就捐款352万元，用于古城的西大门、北大门和石拱桥等工程的修复。第五，认真履职，日常保护管理取得实效。文物保护小组切实有效地做好古城中文保单位的安全管理，认真做好巡查，防火、防盗、防破坏，发现隐患，及时向文物部门汇报各种突发情况，进行妥善处理，有效地制止了部分村民乱搭盖，抢建。第六，依法依规，监督保护敢于坚持原则。福全村委会拟在古城城墙外30米的建控地带内建游客服务中心（实际上与村委会合用办公）。在未征询文物保护小组的意见前擅自开工建设，并盖了一层。此举犯了两个错误。第一，建游客服务中心，未办理工程选址。第二，游客服务中心的方案为组织评审，所以文物保护小组开始了抗争之路。文物保护小组先向住建部门、文物部门反映情况，后来以人民来信的方式向市政府反映违建，再到市长热线反映问题，再到网络报纸媒体反映问题，并联合海外乡亲坚决抵制。最终，游客服务中心被作为违章建筑被拆除。

四　结语

通过中国历史文化名村晋江福全村文物保护小组在福全村保护实践中发挥重要作用的个案分析，对于探讨动员社会力量参与古村镇保护有一定借鉴作用。他山之石可以攻玉。总之，古村落的保护离不开由原住民组成的民间保护队伍，离不开民间保护队伍对工作的坚持，离不开他们文化内生性而形成的保护共识，也离不开文物部门的引导和管理。社会力量参与古村镇保护的形式多样、作用不能忽视，值得进一步的深入考察和专题研究。

作者

吴金鹏，福建省晋江市博物馆馆长，研究员。

浅谈商业性质的历史建筑与民俗文化的保护问题
——台江上下杭街区为例

◎ 林敏

台江上下杭街区自古就是闽中商贸中心之一，至今还保留有大量具有商业性质的历史建筑、民俗文化，是闽商文化发源地之一。本文通过介绍上下杭街区具有商业性质的历史建筑、民俗文化，尝试性地就上下杭街区保护的关键因素，希冀抛砖引玉，能使更多人关注福州这片特色街区的未来发展。

一　上下杭街区商业性质的历史建筑

上下杭街区自古就是商业繁荣、人口密集之地，辖区内保留下来的古建筑数量众多，类型丰富，且以商铺、商业活动或商人生活相关的建筑为多，具有浓厚的商业气息。具体可分为商铺、行业或商帮集中地、商人故居或祠堂、主祀商业神的庙宇及其他商业活动相关的建筑[1]。

（一）商铺风格

商铺就风格而言，分成两种类型，一种是传统的中式商铺，往往是采取前面（或一层）为商铺，后面（二层）是作坊或住家的形式，另一种是带有强烈西式风格外立面的商铺（或商行）。以下仅举数例：

图 1　咸康药行大门

药店有：咸康药行旧址（图 1）位于下杭社区下杭路 219 号，为福州螺洲张桂荣、张桂丹两兄弟开办的老药铺。民国风格建筑。石门框上有郑孝胥亲题“咸康参号”四字，楷书，字迹遒劲有力。主体建筑一至三层中部中空，一层有楼梯可通往二、三层，二、三层三面设通廊、房间。

图 2　黄恒盛布行西式外立面

图 3　隆平路 15 号商铺大门

绸布庄有：黄恒盛布行旧址（图 2）位于上杭社区上杭路 217 号。民国风格建筑，北侧为欧洲哥特式风格，白条石砌成北墙。一层为敞厅，地面铺外国进口的红蓝相间瓷砖；二层中部中空，四周为房间，设挑廊，顶部为“玻璃天”。

茶栈有：生顺茶栈旧址位于下杭社区下杭路 238 号，建于清光绪十一年(1885，)由主座、厢房、次座等组成。主座为两层木构房，次座明间面阔三间、进深五柱。

百货有：百龄百货办事处旧址位于上杭社区上杭路 165 号。由门头房、主座、倒朝房等组成。民国双层砖木结构门头房面阔三间，进深三柱；中式风格主座面阔三间，进深五柱；后天井西侧为面阔三间的双层砖木结构倒朝房。

杂货铺有：如位于下杭社区隆平路 15 号的商铺（图 3）。共两落。四周青色砖墙，西墙中间为圆券顶石门框，两旁立一对多立克石柱，两侧圆券顶石窗。敞厅面阔三间，进深四柱，东侧有“丁”字形楼梯通二层；东墙有门通民国式宅院，正座面阔二间，进深五柱。

（二）台江上下杭街区的会馆

台江上下杭街区曾是福州市甚至福建省会馆、商会或商事研究所分布最为密集之处。据第三次全国文物普查资料位于上下杭的会馆：

清末民国，上下杭一带涌现出了许多商会、商事研究所，其性质、功能与会馆大致相同。清光绪三十一年（1905），福州富商张秋舫等组织“福州商务总商会”，并由商帮集资购买地皮，于清宣统三年（1911）在上杭兴建八角亭等建筑群作为会址。福州商务总会旧址（图 4）位于上杭社区上杭路 100 号，省级文物保护单位。此处是清末民国福州商业总会的总部所在地，是福州街区各商帮、商行从事贸易活动的中心地点，对各会馆、商会、商事研究所间的互动起到沟通作用。旧址由八角楼及两侧建筑等组成。八角楼为重檐歇山顶两层木楼，一、二层顶部均饰藻井，上绘彩漆。主座面阔三间，

名　称	年　代	地　址	备　注
周宁会馆	清代	上杭社区上杭路 113 号	
南郡会馆	清代	下杭社区下杭路 92 号	泉、漳、厦闽南商帮建立
建宁会馆	清代	龙岭社区平和里 13 号	又称建郡会馆
寿宁会馆	清代	上杭社区上杭路 115 号	寿宁商帮建立
浦城会馆	清代	上杭社区上杭路 176 号	浦城商帮建立
江西会馆	清代	上杭社区上杭路 155 号	江西商帮建立
兴安会馆	清 - 民国	下杭社区下杭路 82 号	莆田、仙游商帮建立

进深三柱，共两层。后天井东侧为二层木楼，一层有灰塑题字、绘画；西侧为面阔三间，进深四柱的倒朝房。

（三）商人故居或祠堂

据不完全统计，繁盛时期的上下杭街区集中了茶叶、木材、土产、油、纸、海运及海产干货、粮食及粮制品、棉花绸布、医药、百货、颜料、银行钱庄等数十个行业、数百家商家，涌现了许多富商大贾，因而上下杭街区亦保留了许多精美的巨商故居及其祠堂。

图 4　福州商务总会大门

巨商故居有：采峰别墅（图 5），又称“杨鸿斌故居”，位于上杭社区上杭路 122 号，建于民国九年（1920），省级文物保护单位。由主楼、附楼、花园等组成。主楼、附楼均三层（含地下室）。主楼平面呈倒凹型，两侧耳房为八角形，第二层设开敞式挑廊相连。附楼二层为半圆形阳台。别墅内配有大量古式家具，十分精美。楼房专用砖有“采峰”印记。杨鸿斌（1884 — 1974），曾赴马来亚谋生，创办“振光”公司，

图 5　采峰别墅局部

经营进出口贸易，兼发展橡胶林、椰林种植业，为人乐善好施。

富商巨贾的祠堂有：位于下杭路的曾氏祠堂、梁氏祠堂，位于上杭路的罗氏祠堂、高氏祠堂等。曾氏祠堂位于下杭社区下杭路198号，区级文物保护单位。由门头房、祠厅、花厅等组成。门头房面阔三间、进深三柱，门额嵌“入孝”“出悌”“南丰衍派”等字。祠厅面阔三间、进深七柱，穿斗式木构架，硬山顶。花厅仅余第一进。该祠为曾长兴土纸行老板曾文乾于20世纪40年代所建。

二　上下杭街区商业性质的民俗信仰

为祈祷生意亨通，祈求货物进出闽江或航行海上人货平安，商人们尤其重视祭祀神灵，如上下杭街区商人崇奉商神张真君、海神妈祖、海神陈文龙、诚信宗师关公及本业祖师等，利用神诞日、传统节日、年关尾牙等组织同业人员举行普度、祭祀等各种活动，既祈求神灵保佑生意兴隆，又藉此达到联络感情、解决纠纷等目的。

（一）商神张真君信仰

张真君被上下杭一带商户奉为商神祖师爷，福州商会、金融公会及部分商事研究所的会址均设殿内，许多商会活动都选择在殿中进行以求吉利。殿前临三捷河，民谣云“圣君殿河水两头涨，涌出黄金滚滚来”，指的是涨潮时在殿前形成的汇潮现象，旧时商家认为这是聚财吉兆。张真君祖殿（图6）位于下杭社区星安桥巷88号，省级文物保护单位、重点涉台文物。南宋绍兴六年（1136）始建，明代扩建，清初重建。由戏台、过雨亭、大殿等组成。戏台进深、面阔各一间，单檐歇山顶，穿斗式木构架；正殿面阔三间、进深五柱，穿斗式木构架，硬山顶。

（二）海神信仰

上下杭街区商人信奉的海神主要有两位：天后妈祖、水部尚书陈文龙。妈祖被华人视为海上女神，上下杭虽无专门的妈祖庙宇，但大部分会馆内都供奉妈祖，有的甚至直接在会馆大门上镶嵌“天后宫”石匾，如浦城会馆、古田会馆等。

图6　张真君祖殿

被认为具备同样神力的有陈文龙。陈文龙原为宋末抗元英雄，因其祠庙地近琉球驿，册封琉球的使团出发前必定就近先到陈文龙庙祭祀后启程，或将陈文龙造像置于册封船上陪同使团前往琉球，因屡屡“显灵”，明清两代先后被封为“水部尚书”“镇海王”，受到通过水运形式运输商品的商贾和水上居民的崇拜和景仰。陈文龙尚书庙位于下杭社区三通路2号，区级文物保护单位。明永乐年间始建，清乾隆、嘉庆、道光年间及民国皆有重修。由戏台、正殿、后殿等组成。正门横额“敕封水部尚书”，墙基堵石刻“民国十年东西社捐造石基全座”。正殿面阔五间、进深五柱；戏台面阔三间、进深三柱，皆穿斗式木构架，歇山顶。祠厅石廊柱有林则徐手书楹联：“节镇守乡邦，纵景炎残局难求，一代忠贞垂史传；英灵昭海澨，与信国隆民并峙，十洲清晏仗神庥”。解放前上下杭街区还有一个奇特的习俗与尚书庙有关，即旧时除夕到初一天亮前是一年中讨债还债的最后期限，商家会四处讨债，没钱还债的可以去尚书庙看社戏躲债，初一天亮时商家是不能讨债的，这样无力还债者就可以先熬过春节，体现了福州民俗中人性化的一面。

图7　武圣庙大门

（三）诚信宗师关羽信仰

武圣关羽以忠义守信为世人所推崇，而商人经商以诚信为立身之本，所以关公逐渐被商人视为武财神加以供奉。武圣庙（图7）位于龙岭社区龙岭顶39号。始建于明代，原为五帝庙，清康熙三十九年（1700）后，五帝庙被定为淫祠，为保五帝庙改祀关公，遂转为武圣庙。民国十六年（1927），中共党员陈碧笙受中共福州地委指派，组织成立“福州店员总工会”，会址设此。工会全盛时期拥有京果、布匹、百货、细木等30个基层工会，“四·一二”政变后被查封，现为台江区苍霞幼儿园所在。由大殿、侧殿等组成。五岳朝天式红砖门墙，青石门额刻“武圣庙”，左右侧门上方篆书“居仁”“由义”。大殿面阔三间、进深五柱，石檐柱刻有柱联。侧殿面阔一间、进深三柱。

各行业都有其尊奉的祖师爷，如木业以鲁班为祖师爷、药业以李时珍为祖师爷、茶业以陆羽为祖师爷等。汀洲社区山边街一带原为工匠聚集之处，因鲁班被瓦作、土作、石作、木作、彩画作、油漆作、搭材作、裱糊作等八大工种（俗称‘八大作’）的建筑工匠奉为祖师爷，所以在此立鲁班庙。鲁班庙建于清光绪二十三年（1897），目前尚存正殿，面阔五间，进深四柱，穿斗式木构架，硬山顶，封火山墙，大殿石柱柱联“构木仿皇初共讫圣人之宇，传薪贻我后群登大匠之门”。

三　上下杭街区保护关键因素

对于上下杭街区的保护问题，本人认为应该抓住三个关键因素：整体性、动态性、真实性。

整体性：要做好上下杭街区商业历史文化的保护，首先要厘清历史文化街区“保护对象是什么”

这个概念，对于一个历史文化街区而言（对于一个历史文化名城、名村、名镇的保护亦可适用），我们不仅仅要保护某栋或某片区域内历史悠久、保存完好的带有商业性质的历史建筑，还应将整片区域视为一个整体加以保护，包括要尽可能保留原有的路网结构、空间布局，如果条件许可的话，甚至可以保留或还原一些原住民原有的生活方式。在保护物质文化遗产的同时不要遗忘非物质文化遗产的保护、传承，把上下杭一带流传至今的具有明显商业气息的信仰崇拜、民谣俗语等非物质文化遗产也纳入保护范畴，才能体现保护历史文化完整性的真谛。

动态性：对于任何一个历史文化街区的保护利用，事前的优质规划产生的良性效应都要远胜于事后的补救措施，所以在文化建设、文化遗产日益受重视的今天，做好规划十分重要且必要。在规划中，不仅要解答诸如“如何修复以往留下的历史文化建筑受损”等历史遗留问题，解决好诸如“修复后的历史文化街区以怎样的方式丰富市民精神生活”等利用问题，还应在顶层设计中为历史文化街区的未来留足发展空间，也就是说，以动态的思维来考虑上下杭街区的未来发展，将上下杭街区的中长期保护规划纳入福州市各级政府未来五年甚至数十年的发展纲要中去。而流传数百年的带有商业性质的信仰文化、民俗文化等一直以来都是以动态变化的形式在普罗大众中发展充实，具有极强的生命力。与那些静静矗立的历史建筑一起，生动地展示了上下杭街区丰富的闽商文化，因此也应成为地方政府规划的一部分。

真实性：保护历史文化遗产的关键之一在于保障其真实性（在有些国家或街区也称之为原真性）。在上下杭街区的保护中，一定要将保护其真实性作为一切保护修复工程的底线。要避免在维修改造过程中出现仿古化、江南化的倾向，要避免在开发使用过程中出现过度商业化等问题，要避免出现打着保护的旗帜却造成再次破坏的事件发生。真实性原则同样适用于上下杭街区非物质文化遗产的保护利用。在开发利用过程中，要尽量保障上下杭街区那些最能体现特色闽商文化的民俗风情不随着原住民的搬离而消逝，这就要求相关文化工作者、城市规划者等相关人员要尽力搜集、保存相关文字资料、口碑资料，通过科学的分析还原，使上下杭街区形象更加真实立体。

注释

[1] 关于建筑部分的描述，参考第三次全国不可移动文物台江片区相关资料及《福州双杭志》，台江区人民政府在其网站政务公开栏中亦公布了第三次全国文物普查不可移动文物名录。本人在此谨以此文对那些为上下杭文物保护研究做出贡献的前辈致以衷心的感谢。本文所采用照片为本人所摄。

参考文献

[1] 第三次全国不可移动文物普查（台江区）内部资料。
[2] 福州市台江区政府、福州市台江区政协编：《福州双杭志》，方志出版社，2006 年版。

作者

林敏，福州市博物馆。

培田古村落文化遗产保护与民生改善

◎ 张仙玉

一　关于培田古村落

培田古村落位于福建省连城县西部，距县城 40 公里。全村面积 13.4 平方公里，现有人口 386 户，1489 人。这个 800 多年历史的客家古村落，明清时期是连城南部到汀州府古官道上的驿站，曾经繁华一时，名噪一方。古村落选址布局讲究风水，景观要素之间体现了一种极为协调的关系，使人感到特别亲切。村庄坐落在三面环山且狭长平坦的地带上，西面是卧龙山，东面最高处是笔架山，中间依着山形和地貌，有一条溪流呈外弧形，玉带般地蜿蜒穿过，把房屋和田野自然分开。山川、田野上色彩明丽的丰富植被，与青砖黑瓦的古民居建筑群，共同组成一个完整优美的空间。整体坐西朝东的恢弘古建筑群之繁华，弯弯的溪流、无垠的田野之寂静，两者相互映衬。它不仅有南方传统古村落的共性，而且独具个性。有“客家庄园”美誉的古村落跻身中国历史文化名村之列，由 1 条千米古街、30 余幢“九厅十八井”高堂华屋、21 座古宗祠、6 个书院、5 处庵庙、2 座跨街青石牌坊组成的培田村古建筑群现为全国重点文物保护单位。外界专家非常看好培田古村落。同济大学教授阮仪三认为：“培田作为一个古村落，其建筑布局、结构与装饰艺术之精湛，蕴含文化积淀之深厚，为国内罕见。”昆明理工大学教授朱文良评价：“培田民居向人们展示丰富建筑文化的同时，还装载着客家历史文化、系统宗教文化、淳朴民俗文化、宗族自治文化、造就人才的书院文化、改变农民命运的红色文化。”

培田古村落 2006 年成功入选十大“中国最美的历史文化名村（镇）”，2011 年，被评为“中国特色村”和“全国特色景观旅游村”。2012 年，成功申报国家 4A 级旅游景区及省级生态文化村，列入首批中国传统村落名录。2013 年，被评为福建省唯一的全国村庄规划试点村。

培田古村落变得越来越美丽，越来越宜居，越来越受人青睐，成功做法在于，把文化遗产保护与民生改善相结合。

二　培田古村落文化遗产保护

（一）编制保护发展规划，保护古村落传统风貌

为了让培田古村落的建筑群完整地保持下去，让客家古村落的传统风貌不受破坏，连城县建立保

护开发的长效运作机制，按照《历史文化名城名镇名村保护条例》《关于加强传统村落保护发展规划编制基本要求（试行）的通知》要求，分别委托国家历史文化名城研究中心、陕西古建研究所、同济大学，编制了《培田古村落保护与发展规划》《培田村古建筑群保护总体规划》《培田古民居 4A 级旅游区规划》《培田古村落总体保护规划》及大夫第等 7 处重点建筑保护维修设计方案。这些保护规划能够充分体现培田古村落文化内涵，具有较强针对性、操作性和前瞻性，是确保培田古村落文化遗产保护的前提和基础。

（二）做好文物维修，保护古村落历史建筑

培田古村落内的文物价值突出。例如这里的门楼，高大华丽，主要为牌楼式，门框以青石架设而成，再以青砖砌筑屏风样式的三开间或五开间，顶部鳌头饰以龙凤麒麟、狮子等；两侧浮雕高高低低错落有致；门框正上方书有遒劲雄浑、意蕴深刻的墨书大字；两侧为对联。这里最有代表性的古民居大夫第，第一个特点是大，号称九厅十八井，实际是十八厅二十四井，共有一百零八个房间，占地六千九百平方米，被称为民间故宫。第二个特点是精致。石狮、旌表、门当、桌椅、床铺、窗牖，以及所有梁柱、穹顶无不精雕细刻，透雕、浅雕、深雕、镂空、浮雕等雕刻手法一应俱全，有的图形纹样多达九个层次，真乃巧夺天工。第三个特点是科学，采用梁柱式框架结构，不怕地震，具有“墙倒屋不塌”的功能，四围砖墙皆为空斗立砖，中间填满卵石，可防湿、隔热。这些明清时期遗留下来的古建筑，经历了数百年的风雨侵蚀及村民生产生活活动的影响，普遍存在主梁与立柱腐朽、墙壁开裂破损、木构件残缺等问题，有的还面临倒塌的危险。近年来，当地政府及文物部门重视文物维修工作，多方努力争取经费，投入 2000 多万元，严格按照规划及维修要求，对大夫第、官厅、进士第、衡公祠、衍庆堂、致祥堂、锄经别墅、容膝居、绳武楼等处进行抢救性维修，同时做好日常维护工作，恢复了古建筑华丽、气派、精致的原有风格。

（三）保护古村落非物质文化遗产

有专家说过，在古村落新一轮保护工作中，要重视对古村落的内涵和活态文化，即非物质文化遗产的保护。培田古村落这个客家人聚居的地方，耕读传家思想根深蒂固，与传统农耕文化相关的生产技艺和生活习俗很多，吴氏家族制定的家训、族规、家法达到几十条，与村庄发展史、吴氏族人有关的传说故事代代相传。村民崇文尚武，能吟诗作画，会武术、演木偶戏、奏乐、剪纸。在保护古村落非遗方面，培田积累了一些经验。

1. 利用传统节气、时令传承非遗

培田古村落坚持办好民间传统节日、庙会。每逢会期，村里热闹非凡，祭祖、庆花魁、游龙灯、天后圣母诞辰庆典等民俗活动为村庄增添喜庆，十番、鼓吹乐、木偶戏、武术、根雕、剪纸等民间技艺各领风骚。这些民俗活动是村民日常生活的一部分，通过传统节日、庙会，自然而然传承下去。

2. 利用大型节庆活动扩大非遗的影响力

培田举办了三届春耕节，让源远流长的乡风民俗和农耕文化重新焕发活力，绽放魅力。春耕节期间，人们会看到庄严的“祭土地”仪式，感受春犁、拔秧、插秧的农耕文化，有机会品尝培田的美食，欣赏民间工艺和乡土书画，听到客家音乐，看到游龙灯、舞龙等民俗表演，可参加酿酒培训班。

3. 利用商业活动传承非遗

随着培田古村落旅游的发展，传统手工技艺类的非遗获得延续的时机。培田古商业一条街在当地政府主导下正恢复经营活动，原住民利用前街后店式的古建筑开办乡土展馆，在此按照传统工艺酿酒、做豆腐、制米冻，游客可目睹整个酿造流程，展馆兼卖当地土特产。有的开美食店，烹饪涮九品、芋子饺、漾豆腐、雪花鱼糕、慈菇猪蹄、白鸭鲍鱼、炒黄猄肉、红菇焖兔等闻名遐迩的美食，让美食文化以营销方式得到传承。村民准备建非遗展示馆，将非遗实物集中存放，场馆选在修缮好的文保单位，有些村民已经在收集整理全村的牌匾。

三　培田古村落民生改善

专家们认为，居民是古村镇遗产中不可或缺的一部分，无论对历史文化街区还是古村落文化遗产的保护，都不能只保护那些历史建筑的躯壳，更重要的是保存其中的原住民，保存其承载的文化，保存文化多样性。古镇、原住民与当地特有的生态环境长期和谐共处的才是有灵魂的遗产。没有居民生活融入的古镇就如同无根之木无源之水，是无法继续存活发展下去的。因此，古村落遗产保护不能以剥夺老百姓谋求幸福生活的权利，要在保护文化景观的过程中让村落的主人得到实惠，增加收入，让他们感受到保护给他们带来的是效益，而不是发展的束缚，从而自觉产生保护意识。周庄、平遥、凤凰等保护工作做得好，一定程度上得益于老百姓从中得到较为明显的效益。培田古村落在保护文化遗产的同时，很注重改善民生。

（一）改善人居环境

1. 完善配套基础设施

投资 380 万元实施电力、通讯、广电“三线下地”及自来水管网改造埋设工程；投资 185 万元完成村内景区主游路 1.2 公里的改造和鹅卵石铺砌工程；投资 15 万元完成对门山观景台和观景路建设；投资 40 万元新建公厕 3 座，垃圾中转站 1 座；对全村的河道进行河堤整治，清淤清泥，建设仿古水车，同时还在村庄主要路段进行了名贵花卉和树种种植，设置了垃圾收集点，优美的人居环境和村居环境得到进一步巩固，初步实现“四季常绿、三季有花、美观整洁”的园林式村庄。

2. 建设培田农民新村

随着经济发展，百姓生活水平普遍提高，富裕起来的农民不满足于古民居的昏暗、潮湿、现代生活设施的缺乏以及人口增多人均居住面积不够，不少有能力的村民开始在古民居周围建钢筋混凝土结构的新房，但这种做法影响了古村落原有风貌。为了解决这种保护与发展的难题，当地政府筹划在村尾建设新村，迁出一部分居民。先后争取上级支持，投入 150 万元用于新村道路、供水、供电、排污等基础设施建设。采取以奖代补的形式，对完成坡顶及外墙装修的建房户，每户奖励 4000 元。争取造福工程补助 68 万元，和村民签订协议，将资金统一用于购置玻瓦、涂料、墙裙瓷砖；在新村周围种树植草，安装体育器材，投入 80 多万元建设大型农民文化中心。目前，新村一期已搬迁入住 88 户；新村二期已完成房屋主体建设，搬迁入住的有 20 户。走进培田新村，一栋栋整整齐齐、高标准建设的小洋房矗立在眼前。

3. 建设美丽生态乡村

中国美丽乡村培田于2012年8月被确定为市级美丽乡村示范点后，县乡两级政府、村委会非常重视美丽乡村建设工作，出台相关文件，成立培田美丽乡村建设理事会，投入2860万元资金，开展专项工作。一是全面推进村庄环境整治。拆除与古村落整体风貌不相协调的建筑，拆除水泥路面，重铺鹅卵石路面，清理池塘6口，投放观赏鱼，种植莲花，清理环村水渠，新植草皮、新种红花继木，深入开展“家园清洁行动”，基本实现“道路硬化绿化，河道清澈清洁，村庄规划有序，农家干净整洁”的目标。二是推进生态文化建设。在村内宣和溪两侧建设亲水生态坡岸工程，组成花果带景观走廊，主干道两侧以香樟、天竺桂作为骨干树种，树下间植杜鹃、丁香、碧桃、紫薇等花灌木，创造宁静、古雅的空间，家庭庭院种植白玉兰、茶花、葡萄等，形成亲切宜人的农家氛围。以衍庆堂为基地，建立培田文化交流中心，连续举办乡村文明发展论坛，提供村民交流学习的平台，传承弘扬客家耕读文化。这些措施不仅使村庄古韵依然，而且生态更美。今后，还可以通过设立农耕文化展示馆，绘制文化墙等方式展现培田古村落的优秀传统文化，以此把古民居、古文化、自然山水、田园风光完美融合，深化美丽生态乡村的文化内涵。

（二）发展产业

不少专家认为，传统村落保护最不能忽视的就是它自身的造血功能。培田古村落通过“产业支撑”造福村民，让村民增收致富，生活红红火火。

1. 发展旅游产业

以旅游发展反哺遗产保护，这种模式有许多成功案例。培田优美的自然风光，独特的文化景观都是发展旅游的优势资源。

2009年，宣和乡和连城县旅游部门组织召开厅堂业主、党员、村民代表座谈会，通过民主投票选举产生厅堂代表，组成培田古民居保护与开发理事会，授权理事会代表全村与旅游公司签订保护与开发合作协议，约定按培田古村落管理站首道门票年税后实际收入的25％至28％支付给理事会，再分配给各厅堂和全村群众。

培田发展旅游业，不仅让村民从门票收入中取得分红，也带动村民致富。村里制定出台《星级农家乐奖励扶持办法》，向上争取每家补助2万元，培育海峡客家乡村旅游示范户30家，不少村民拿出空闲的房屋开办乡村客栈。新村房屋一户一栋，都为三层，乡村客栈的招牌林立，规格完全一致，客栈设计也大体相同，一层为店铺，二三层为餐厅和客房。从事旅游服务业的村民人均纯收入为6000多元，比以前好多了。2013年，农家乐示范户实现年纯收入4.2万元。

2. 发展观光农业

培田古村落在当地政府指导下，制定观光农业发展规划，引导鼓励农民大力发展观光农业，加快发展绿化苗木、雪薯等特色农业，并通过引导土地流转，设计村级融资担保基金等，扶持培育农业大户和职业农民，成立农民专业合作社3家，家庭农场3家，实现了生态农业的特色提升、规模化发展。2013年，培田村共种植绿化苗木300余亩、雪薯400余亩，推广种植油菜花、向日葵、荷花等观赏作物600余亩。以此加快经济发展步伐。

3. 发展文化产业

培田古村落被专家称为中国乡村多元文化的活文库，它不仅完好保存大片明清时期古建筑，而且真实延续着客家文明，环境越来越好。利用这些资源发展文化产业，是古村落可持续发展的良好出路。培田古村落正采取一系列措施打造客家文化影视基地。中央电视台、凤凰卫视、东南卫视等电视媒体拍摄播出介绍古村落的宣传片，让众多影响中外的制片人、剧作家和制片厂以震撼的眼光关注培田。“培田有很好的人文环境，很深的文化底蕴，大街小巷都有我片子所需要的东西，我觉得培田完全可以作为一个很好的影视基地来推广，让更多的影视作品来这里拍摄，因为这里是原始的，不用去雕刻，拍古装戏、近代戏、现代戏都具备。我还会再回来。”电影《英雄无语》导演王博涛意犹未尽。“培田有丰富的影视资源，同时也是不可多得的历史影视舞台！”国家一级编剧、《红色摇篮》总制片人和编剧邵钧林评价道。近年来，有《和谐村庄》《邓子恢》《古田 1929》《韭菜花开》《我的军号》《红色摇篮》《抚摸岁月之客家红》《客家妈妈》等多部影视剧在培田古村落取景拍摄。通过发展该项文化产业，培田村民从中获得可观的经济效益，在历经近几年的诸多剧组拍摄后，村民们大多参加过拍摄，具有群众演员的深厚基础。获得人均增收百元的经济效益，最多的一天发动 60 多名当地的群众演员；景点场租费最高时达一个景点 6000 多元。在协助剧组拍摄的当地群众中，有的连续两个多月里就收入 3600 元。

四　结语

无论哪个级别的文化遗产，对于身处其中的民众来说，更关心的是能给自己的生活带来什么样的好处。培田古村落文化遗产的保护无疑是成功的，它走的是一条科学保护与惠及民生相结合之路。

参考文献：

［1］吴国平著，曲利明摄影：《八百年的村落——培田纪行》，海潮摄影艺术出版社，2002 年 9 月第 1 版。
［2］张双敏主编：《中国文化遗产》，2014 年第 1 期。
［3］部分资料来源于《闽西日报》，作者为黄水林、李绍伟、陈析兴、罗展阳等。

作者

张仙玉，龙岩市作家协会会员，连城县博物馆文博馆员。

整体 原真 活态

——培田传统村落保护和利用的成功经验浅谈

◎ 黄丽珍

传统村落有别于一般的传统村落，它是指拥有物质形态和非物质形态文化遗产，具有较高的历史、文化、科学、艺术、社会、经济价值的村落，是指那些历史悠久、遗存雄厚、文化典型的村落。中国五千年的农耕文明形成了众多千姿百态的传统村落，她不仅是我们生存的家园，更是我们文化的血脉。

而如今，经济迅速发展和城镇化快速推进，人们生活生产方式随之发生重大转变，大批农民入城务工，大量劳动力向城镇转移，致使传统村落的生产生活瓦解，空巢化现象严重，再从“空巢”到“弃巢”，出现了人去村空的场景。据不完全统计，我国最近 10 年间，消失了 90 万个传统自然村，相当于以每年 9 万个的速度在锐减。保护好传统村落成为一项严峻课题。而目前如何才能更好地保护和开发传统村落没有直接可以参照的成功案例，我们只能见到一些零散的关于传统村落保护的原则与理念，还需要进一步去深入探讨和研究。现以连城县培田传统村落为例来探讨传统村落保护和利用之道。

一　培田概况

培田村位于福建省连城县宣和乡，面积 13.4 平方公里，辖 14 个村民小组 389 户 1489 人，始建于南宋时期，明中叶初具规模，鼎盛于康乾盛世，明清时期是连城到汀州府古官道上的驿站，历经 800 余年历史。培田古民居建筑群由 30 幢华屋、21 座古祠、6 个书院、5 所庵庙道观、2 座跨街牌坊以及 1 条千米古街组成，总面积达 7 万平方米。以“九厅十八井”为代表的经典建筑，青砖黛瓦，中轴对称丕基，四水归堂，明墙漏窗、花圃鱼池、培兰植桂、满院江南风光；巍峨的门楼，精细的檐画、卵石拼图……无不体现原住民信手拈来而又不失朴实无华的自然之美，无处不是人与自然的和谐画面。

2005 年起培，田先后被评为全国重点文物保护单位、中国历史文化名村、中国十大最美村镇、中国特色村、全国特色景观旅游名村、全国村庄规划试点村、国家 4A 级旅游景区、省级生态文化村、闽台十大乡村旅游实验基地等。2012 年，我国政府正式启动了传统村落的全面调查，培田村被列入中国传统村落名录。专家认为培田传统村落的保护之完整、建筑规模之大、布局之工、结构之巧、装饰之美、营造之精、文化之浓、古韵之香是少有的，不仅在省内，甚至在国内都堪称稀有，十分珍贵。

培田俯视图

二　合力共建　机制保障

长期以来，连城县把加强古建筑、传统村落的保护工作，作为建设“文化强县”的一项重要举措，坚持“保护为主、抢救第一、合理利用、加强管理”的文物保护工作方针，确立“群众主体、政府支持、专家领衔、社会参与”的古村保护机制，不断探索培田传统村落保护与文化旅游产业合作双赢的新模式，让保护利用成果惠及于民。

在政策方面，连城县出台了《关于建设文化强县的实施意见》和《关于加强文物和非物质文化遗产保护管理的决定》，进一步明确责任，并把这项工作纳入国民经济和社会发展规划、城乡建设规划中。

在机构、人员队伍方面，连城县推出一系列举措，如：

（1）成立了县加强文物和非物质文化遗产保护管理工作领导小组、县文物局，主抓全县文物和文化遗产的保护管理工作。

（2）成立培田管理站，具体负责培田文化、文物遗产保护工作。

（3）成立培田古民居保护与开发协会、理事会等民间组织。

（4）专门成立了培田传统村落保护与开发领导小组，抽调10余名领导和业务骨干进驻培田村，配合专家组织和开展各项保护和开发工作。

（5）成立连城县传统村落保护工作领导小组，县长亲自担任组长，小组办公室设在县文体广新局。

通过上述一系列举措，培田村整合了相关部门的职能，发挥了当地政府的主导作用，所有成员工作更具主动性，组成的管理

建筑单体

建筑内部图

团队能凝聚力量来共同承担责任，各项工作的落实和贯彻不会推诿扯皮，摆脱领导者独自负责和控制一切的现象。

三　规划先行　整体保护

规划是政府科学决策和指导传统村落保护和建设的重要依据，保护开发，规划先行。在2001年，培田村以“客家之旅与中国冠豸山培田古民居国际学术交流研讨会”的举办为契机，请各地专家、学者近百人就培田的保护和旅游开发提出了许多规划性意见和建议；2003年，又委托国家历史文化名城研究中心编制了《培田传统村落保护与发展规划》；2012年，还委托陕西古建筑研究所编制了《培田村古建筑群保护总体规划》；2014年5月，进一步委托福建省博物院文物保护中心编制了《连城县培田村传统村落文物保护工程总体方案》；期间，还委托广州谊华旅游规划设计有限公司编制了《培田传统村落申报4A旅游区改造规划与提升设计》等等，分阶段、分步骤推进各项保护工作。

把“自然生态、山水田园、客家风情”的美丽乡村建设理念与阮仪三等专家关于培田传统村落保护开发的规划要求结合起来，坚持最少干预、自然和谐、保持风貌的原则，杜绝违章搭盖、无序建设、插花混建、拆旧造新等等乱象发生；保持黑瓦、坡屋面、青砖墙等客家建筑元素，凸显客家建筑特色；规划中重视村落的传统选址、格局、风貌以及自然和田园景观等整体空间形态与生态环境、物质文化遗产与非物质文化遗产的整体保护，促使保持和优势发展，是培田在保护规划中的核心理念，这理念正是培田能在保护传承中稳步发展的坚实基石。

四　因地制宜　原真保护

培田经历了数百年的风雨沧桑，许多建筑主梁、墙壁已损坏，面临倒塌的危险。建筑修复时，必须选择具有相应资质、经验丰富的施工队伍和聘用业务熟悉、严格尽职的监理人员；避免大量使用现代建筑材料，如：钢筋、水泥、铝合金、瓷砖等，确保古建筑维修“修旧如旧”“修旧如故”；严格划定出建设控制地带、风貌保护地带，尽量保持古建集中连片的风貌。

保护培田不仅要保护传统民居和祠堂、古桥、古井、古树、古巷道等等历史元素，不改变其原有的历史格局和风貌，还要注意保留传统农村的特色和韵味，防止乡村“城市化”或“城市园林化”，实现原真保护。比如路面不能铺水泥，要铺石头；绿化带不能种马尼拉草，要种瓜果蔬菜、竹篱笆及本地传统乡土树种。此前，培田在开发中曾填了两处水塘，而后发现这是错误的做法，又重新挖塘恢复原貌，种上荷花，现在，荷塘成为游客非常喜欢的一个景点。

培田在新村建设时遵循“建筑风貌与古民居相协调”的原则，对新村进行统一规划设计、统一征地平整、统一配置砌基、统一外部装修、统一绿化美化，并指导建房户统一玻瓦、涂料、瓷砖等装修材料的购置和组织外立面的装修；在新村路灯安装时，结合培田传统村落房型、木柱、雀替、特色窗棂等建筑特色，挑选安装仿古路灯，保证新村路灯与培田传统村落整体景观的协调；对个别建房户未按规划设计建设或违规违章建设的，坚决给予拆除重建，确保了新村建设外观一致、有序美观。

培田非常注重古街修复，将原先破旧的沿街房屋打造成具有客家特色的千米商业古街，在古街内穿插众多古村原有的“活态”元素，如十番、鼓吹乐、武术、根雕、剪纸、龙灯等等，这些“活态”的非物质文化遗产不仅得到复活并且得到有效传承，使培田深厚的原生态的文化得以真实体现。

巷道

五　夯实基础　适度开发

传统村落的开发，往往因地处偏远、资金缺乏、宣传落后等元素而受到制约，培田开发伊始就意识到这些问题的重要性，在基础工作方面做了许多工作，如：

（一）挖掘整理，丰富文化内涵

积极调查、整理培田村蕴含的丰富的人文精神和文化内涵，尽力做好传统文化的发掘工作，全面搜集、记录和保存相关的文化现象。目前，与培田有关的专著有《培田·辉煌的客家庄园》（陈日源主编）、《八百年的村落——培田纪行》（吴国平、曲利明主编）、《培田传统村落》（俞如先著）、《培田——乡土中国》（厦大历史系教授郑振满、张侃著）、《闽西客家传统村落——培田村》（清华大学建筑系李秋香主编）等等，它们从不同角度、图文并茂地诠释分析了培田的历史文化与建筑艺术。

（二）文物维护，确保文物安全

近年来，我县聘请陕西古建筑研究所编制了大夫第等7处重点建筑保护维修设计方案，并严格按照规划要求及整治方案，结合培田实际对培田景区进行科学规范管理整治。完成了衍庆堂、衡公祠、致祥堂、锄经别墅、大夫第、古街、容膝居、绳武楼等抢救性的修复，接下去还会继续分批次有步骤地完成所有的文物维修工作。

（三）环境整治，完善旅游设施建设

近年来，当地紧紧抓住中央推进新农村建设和培田新村被列为省级百户新村示范点的机遇，完善建成全市第一个村级雨污分离的排水排污系统，铺设污水管网，新建污水处理池和垃圾中转站、路面硬化、活动广场等配套基础设施建设。实施培田传统村落国家4A级旅游景区系列改造提升工程，建成文坊至升星旅游公路、培田游客服务中心等。并且先后投入资金用于培田基础建设和村庄环境整治，通过电力、通讯、广电“三线下地”及市政管网改造埋设，拆除有碍观瞻的建筑、拆除新村屋顶水塔，安装路灯、铺地砖，种植草皮、苗木、阔叶林、完成景区一重山造林，清理河道、建有观景池塘、生态坡岸、鹅卵石亲水步道和沿河松木桩围栏，家园清洁行动、建立保洁长效机制等，彻底改变了培田过去“脏、乱、差”的面貌。

六　活态保护　活化利用

“活”是传统村落的灵魂。传统村落的保护除了保护其外在建筑的完整性，对其内在的活态文化的保护更为重要，切实传承和利用好培田客家历史文化、民俗文化、书院文化、耕读文化、红色文化等“活”的文化形态，对于培田的开发是否成功具有深远的影响。

我们在尊重地方习俗基础上，鼓励和引导村民开展丰富多彩的民俗文化活动，展现“地道”的培田特色。比如，鼓励村民传承民间习俗、使用传统用具、秉承四时耕作等等，保持延续百姓的真实生活。又如，支持村民开发木雕、石刻、陶饰、楹联、牌匾等文化遗产和宣和米冻、客家米酒、染织、剪纸等非物质文化资源，作为旅游发展的衍生产品。再如，协助村民组建秧歌队、腰鼓队、盘鼓队、十番乐队等文艺队伍，编排歌舞曲目，定期在古戏台上表演，传承和弘扬民间文艺。

此外，培田还开展创新各种文化项目，丰富培田的各种文化形态。

（1）举办全国传统村落文化遗产保护高峰论坛和海峡客家非物质文化遗产传承与保护研讨会；

（2）举办海峡乡村文明发展论坛和“生态文明与乡土文化研讨会”；

（3）举办福建高校志愿者经验交流论坛暨中国最美乡村培田传统村落生态体验营；

（4）举办中国唯一的春耕节，唤起当代人对传统农耕生活的美好记忆；

（5）开展“福建客家文化生态保护区”创建工作，现培田已有多个非物质文化遗产项目纳入保护区保护规划中；

（6）建立培田工笔画产业基地，成立著名画家李大成艺术工作室培田工笔画基地，推动文化产业发展；

（7）创办染织工坊等特色手工艺作坊，让农村劳动力“劳有所乐”；

（8）成立培田传统村落书画院、林涛画院，为艺术家采风创作提供平台；

（9）老人公益食堂。对培田村尊老敬老文化氛围的形成具有潜移默化的影响。

传统村落是脆弱的，传统村落的开发一定要少一些功利性，少一些商业性，不能一味追求收益的最大化，减少对财富的过分追求，所有工作的出发点是要保护文化，让这些文化原汁原味活态地保存下来，留住文脉，记住乡愁。

七　文化旅游　卓见成效

培田通过挖掘人文资源，开辟和利用新、老景点、乡村景观，发展各式各样的特色文化旅游，具体形式有：

（1）名人效应与旅游：针对名人故居（武进士、清廷四品带刀侍卫吴拔祯、首富吴华年）、名人题匾（纪晓岚题“渤水蜚英”等）、名人题字（江春霖题“乐善好施”等）、名人楹联、名人牌匾、名人事迹、名人典故等进行有力的宣传，带动旅游。

（2）建筑特色旅游：优秀的古建筑本身就是艺术展览馆，吸引古建筑爱好者、摄影爱好者等等人群前来游览。

（3）休闲观光农业旅游：如种植油菜花、向日葵、荷花和果树等，开展春季赏美景、秋季摘硕果、垂钓等活动，顺应了21世纪人们向往自然、崇尚自然、亲近自然的心理需求。

（4）特色农业类休闲旅游：结合培田特产和特色农业项目，在修竹楼创立了做竹篾的技工学校，向游客展示竹编制作的工艺流程，开发出了一系列的竹编旅游工艺品；在锄经别墅开辟了农具展示馆，成为可以“传授农业知识”的农业技术学校。

（5）农村节庆结合民俗旅游：通过举办海峡客家旅游欢乐节暨客家民俗大汇演，将整个连城县的民俗活动集中到一个展示的大舞台，包括姑田游大龙、罗坊走古事、培田十番乐队、芷溪花灯等等，将民俗文化的发展充分融入到培田旅游经济的发展中；

（6）农村美食文化旅游：开办美食大庄园、农家乐、乡村客栈等等，农村之“食”关键在于“野”和“鲜”，山区的野菜、野果、野鸡、野鸭以及农村的蔬菜采种等对想亲近自然的游客具有强烈的诱惑力。

八　和谐生态　可持续发展

中央美院教授乔晓光认为：传统村落保护的核心因素是人，传统村落的灵魂是通过人体现的，要尊重村落的主人，使村民热爱自己的文化。随着原居民逐渐迁出古村，古村的生活气息、传统文化不可避免地逐渐流失，最终使古村变成一个只有历史建筑物，而没有软文化的空壳。为避免这种情况发生，激发村民对家园的认同感、荣誉感，及对自己村庄保护的自觉感和使命感，培田运用了以下几个措施：

（一）责权分明

宣和乡政府组织召开厅堂业主、党员代表、村民代表、老干部代表座谈会，由他们民主投票选举产生厅堂的代表，再由其组成培田古民居保护与开发理事会，授权理事会代表全村与旅游管理部门签订保护与开发协议，理顺旅游管理部门和旅游资源业主以及村民之间的“责、权、利”关系。

（二）权益权衡

在宣和乡党委、政府的主持协调下，冠豸山风景区管委会和培田传统村落保护与开发理事会签订了《培田传统村落保护开发和旅游资源经营权合作协议》，协议约定：合作期限40年，合作期间，管委会按培田传统村落管理站首道门票年税后实际收入的 25 — 28% 支付给乙方。理事会所得的门票分成收入，由理事会进行二次分配。

（三）和谐人居

解决村民的住宅问题是保护传统村落的重点和难点。建设新村是缓解当前最好的途径。为缓解困难建房户资金压力，并积极协调信用社给予每户建房特困户贷款 4 万元，乡财政给予每户建房特困户贴息补助 5000 元，有效解决了建房户由于经济水平不等建房进度不一的问题；收取建房户每户 1000 元保证金，对按照规划设计进行建设的，建成后予以全额退还；采取以奖代补的形式，对完成坡屋顶及外墙装修建设的建房户，每户奖励 4000 元。

（四）开创新局面

培田联合 21 世纪教育研究院创办以培训农民为主的非营利性社会服务的公益组织——培田客家社区大学，制定了观光农业发展规划，引导鼓励农民大力发展观光农业，加快发展绿化苗木、雪薯等特色农业，推广种植油菜花、向日葵、荷花等观赏作物，并通过引导土地流转、设立村级融资担保基金等，制定出台《星级农家乐奖励扶持办法》，培育海峡客家乡村旅游示范户，扶持培育专业大户和职业农民，成立农民专业合作社、家庭农场，实现了生态农业的特色化提升、规模化发展，这对吸引外出劳动力回流有着积极的效应。

传统村落保护是我们责无旁贷的历史责任。我们将不断培育新的文化特色品牌，传承和利用好培田物质与非物质的文化遗产，继续探索培田新的保护模式，我们期盼有更多的人感知文化遗产的价值和魅力，进而行动起来一起守护祖先留给我们的珍贵文化遗产！

作者

黄丽珍，连城县新泉整训纪念馆。

漳州古村落——霞涌村、马公村

◎ 温欣

一　霞涌村

（一）村社概况

霞涌村位于福建省南靖县西北部。本村距离金山镇人民政府 11 公里；距离南靖县城 37 公里（途经北隙岭）；北与大山村相隔；南与龙山镇竹溪村接邻；东边有群山漫漫与金山接壤；西边隔山与船场镇梧宅毗邻。现全村人口 1500 多人，430 多户，辖 3 个自然村落，11 个村民小组。霞涌村平均海拔 500 米。全村共有耕地面积 2170 亩，山地面积 16500 亩，其中有林地 13800 亩，水果面积 1500 亩，荒山 1200 亩。山区气候长年较冷，受山区气候及条件影响，每年霞涌村都会发生洪水与霜冻现象。改革开放以前，霞涌村由于地处山区，基础设施落后，特别是交通不便。严重制约了社会、经济发展，是一个贫穷落后的老区村。党的十一届三中全会以来，村党支部、村委会认真贯彻党和政府的富民政策，加强基础设施建设。2013 年全村工农业总产值 1657 万元，村集体经济纯收入 12.8 万元，农民人均纯收入 8690 元。至 2013 年，全村共铺设水泥道路 14.8 公里，总投资 475 万元。村民经济也得到了巨大的发展，2013 年村民发展种植反季节蔬菜 250 亩，创收 125 万元；发展生猪养殖，2013 年全年生猪出栏总数达 2 万头，创收 200 万元；同时，蜜柚种植 250 亩，创收 200 万元；发展毛竹 1200 亩，年创收 240 万元；麻竹 200 亩，创收 80 万元。

霞涌村由来：据霞涌村福庆堂现存的石碑《南清下湧官山碑记》记载，霞涌村始于明太祖以来，在明万历年间，霞湧村住有萧、陈、吴多姓氏人家。

霞涌村原分为霞湧与祥湧二社，明代属永丰里二图。后又记载为金山总。在人民公社时期，与大山村划分为涌山乡。后又被简称为“下永村”，直到 2008 年，才被恢复为“霞涌村”。

（二）姓氏源流

1. 萧姓：现总人口 143 户，560 人。分布于霞涌村下过组、楼顶组、林脚组、楼仔组。开基祖为孟容公，于明正统十四年（1449）离开金山水美，进驻湧乡。先在霞湧角仔底定居奋斗，后开垦祥湧宝寨、古竹林、林脚、楼仔底、松柏岭、水东沓、中洋、小宗楼等地。

2. 吴姓：现总人口 226 户，782 人。是霞涌村第一大姓。分布于霞涌村楼后组、下厝组、下楼组、埔顶组、军洋组。开基祖为天宪公。天宪公原籍龙山东墩人氏，早年考中秀才，被霞湧社萧氏等 16 姓氏人家聘请为私塾先生。因天宪公知书达理、教育有方、深受众乡亲崇敬。数年后，霞湧乡亲将现建湧源堂的土地立契为约赠送先生久居开建。从明朝末年自此，吴氏裔孙日益兴旺，至今已经繁衍 15 代。

3. 陈姓：现总人口 46 户，172 人。分布于霞涌村径美组。开基祖为协期公。于明代万历年间由靖城布厦迁入，并开建“远成堂”至今已经繁衍 14 代。

4. 沈姓：现总人口 21 户，70 人。

（三）祠堂庙宇

1. 四美堂

在福建省南靖县金山镇霞涌村上涌社东边罗尖山麓的小山岗上，有一座古代堂庙式建筑，叫“四美堂”。它坐东北朝西南，占地面积三亩多。山冈上四周略为翘高，中间稍凹，形似圆盘，“四美堂”居于正中，犹如盘中之珠。这座“四美堂”是萧氏后代为恭奉、纪念萧氏“涌山”派开基始祖萧孟容。

“四美堂”为一进门，进厅庙式建筑，祠堂正厅书写“四美堂”三个大字牌匾，悬中堂樑挂起。进门三面筑有厚实的围墙，建筑面积 149 平方米。

每年农历正月初三、七月十四日，上涌社萧氏后裔都要来这里祭拜祖先，追溯祖德。而在台湾的萧氏宗亲，每年的“清明”或元旦佳节，也都有人回到南靖县霞涌村上涌社扫墓探亲。

据《南靖湧山族谱》记载：明正统十四年（1449）德隆之子孟容公因当时社会变故，意中自计肩挑行李，离开金山水美，进驻湧里，先在霞湧角仔底定居奋门，并娶龚氏为妻，夫妻同甘共苦传下八子。

数传后人丁兴旺，继续开垦祥湧之宝寨、古竹林、林脚、楼仔底、松柏岭、水东畓、中洋、小宗楼等地。明万历十八年（1590）八月十二日将原大宗在霞涌角仔底迁到上涌棹坪山二龙抢珠之穴地，称“金盘摇珠”，分金：坐癸向丁兼丑未。即是分之“四美堂”奉祀开基始祖孟容公祠堂。礼堂内奉祀五代祖考妣之神位共 57 主。每年春秋两祭，各房族备好祭品抬上“四美堂”统一奉敬。

四美堂

1986 年侨居日本萧胜徒宗老思乡心切，千里迢迢、漂洋过海第一个回乡谒祖，看到祖地道路不通、祖祠破堪、慷慨解囊，捐资修建石桥 2 座，修复祖祠先祖神位，以供后人奉仰。

1990 年台湾嘉义市北社尾六房二、十六世裔孙萧哲昌宗长回乡谒祖时，看到祖祠年久失修，独资 6 万元重修“四美堂”，以敬后世。

2007年8月，在萧辉阳宗长的倡议下，经湧山宗亲联谊会全体理事的努力及各位宗亲的踊跃捐资，开通前往“四美堂”的大道，并架上电灯，以便海内外宗亲回乡谒祖。

2011年，台湾萧氏宗亲萧火旺宗长率团一行50多人，回乡谒祖，并捐资30多万人民币，重建“四美堂”。

据中华民国八十一年岁次壬申台湾编修族谱载湧山“四美堂”开基台湾有：嘉义市社尾“孟容公”祠、南投市彰南路2段165巷4号“南兴祠”、嘉义市竹园子“湧山堂（萧万长先生供奉，系四房十七世）、南投市郑炳公祠”。

湧山“四美堂”字辈：孟廷孔仲时、伯士国乡汝、世元胜必昌、宗楼庆择长、承前应大进，启后裕文联。

湧山族谱云：景峰公——增远公——敬公——瑀公——复公——燧公——云龙公——维宗公——千八郎公——十四郎公——念五郎公——三八郎公——四二郎公——五十郎公——德隆公——孟容公等十六代记载清楚。

“四美堂”始建于明万历十八年（1590）八月二十日，至今已有420多年历史，萧氏祖先将原大宗在霞湧角仔底迁到祥湧棹坪山二龙抢珠之穴地，称“金盘摇珠”。“四美堂”四面群山环抱，山峰叠起，山清水秀，人杰地灵，诗曰：四面青山千古秀，美里绿水万年长。祠堂内奉祀开基祖孟容公等五十七主，每逢过节萧氏各裔孙备好祭品统一祭拜奉敬。“四美堂”是南靖县金山镇霞涌村涌山萧氏始祖孟容之祠堂，也是涌山萧氏十七世裔孙萧万长（曾任台湾行政院院长和台湾地区副领导人）的祖庙。“四美堂”于2005年11月被列为南靖县文物保护单位，2011年11月被列为福建省第七批文物保护单位。

2. 福庆堂

自明太祖以来，就有此庵号名“福庆堂”。原址在社中心，小地名叫下厝豆厝底。到清朝康熙二十五年，“福庆堂”才搬到社尾（现址），此地形号名叫“捆牛”。到清朝道光二十九年（1849），村民对“福庆堂”进行了第一次重修，到民国二十二年（1933）进行了第二次重修，时隔84年。解放后，到1985年10月，修建了右边小房间。1991年，在村民的捐献集资下，对“福庆堂”厝顶进行了重换与维修。时隔第二次维修已经58年整。

“福庆堂”择地建在社尾的卧牛山脚，此地前观罗顶俊峰，俯望九曲溪水相缭连，后依莽莽群山互绵延，风景优美，空气清新，寺堂建筑一大殿，殿中竖立四支金柱，中大殿安座观音佛祖等神像，为纪念陈元光平闽功德，左右小殿安座开漳圣王、辅顺将军等神像。堂内柱联：广德扬飘在昔平闽隆国史，兵戈晏息于今立庙答恩情。

按照历史的风俗习惯，福庆堂的神像，每逢四年为一次进香年，众乡亲组织迎送观音佛祖往

福庆堂

保福堂

湧源堂

漳州东桥亭，开漳圣王、辅顺将军往漳州步文白蘸，保生大帝往龙海角美青蘸参香朝拜，随行彩旗、锣鼓队伴奏。每十二年举行一次福庆堂二朝盛典，1993 年 9 月 23 日举行解放后首次二朝仪式，张灯结彩楼，楼内色灯闪烁，大小楼台幽室相连，酷似古代皇宫，景色十分迷人。

3. 保福堂

4. 湧源堂

霞涌吴氏宗祠“湧源堂”，建于清代康熙年间，建筑规模为中央一大殿，左右两厢户厝，前安外大门，连同围墙。中大斤四点金柱，正中安一大堪，左边供一神座：即观音佛祖、定公古佛、福德正神。宗祠位于社中心，后依连绵起伏群山，前观蓝田绿野，峰秀峦叠。正堪安座七世祖丕岳之灵牌，内金柱对联：涌祠巍峨诗书蜚声，源堂共碍人文慰起。外大门对联：湧自东墩承祖豆，源从渤海绍箕裘。清代到民国时期，湧源堂拥有公田出租，俗称“书租田”，为了鼓励子孙读书，逐年将书租谷赠给高小毕业生以上子孙。每年农历二月初一日定为湧源堂祭祖日，众裔孙中当年新婚和新添丁户负责办理，生猪祭拜，众裔孙各自备礼品，鞭炮贺祭，热闹非凡。

（四）民俗文化

“福庆堂”在每年的九月二十三日，为纪念开漳圣王、辅顺将军平闽之功德，全社乡亲诚心备足丰盛礼品敬奉，请潮剧团或芗剧团演戏三天，庆祝风调雨顺、国泰民安、五谷丰登，四方亲戚嘉宾光临祝贺游览，比大年初一更为热闹。

（五）乡贤名人

1. 旗杆厝进士萧元勲

在清朝嘉庆年间，霞涌村旗杆厝萧氏人家出了一位进士，名为萧元勲。他于嘉庆丁丑年考上进士，嘉庆戊寅年在直棣分州任职。

2. 台湾萧万长

斗转星移，时至今日，霞涌村涌山萧氏第十七代裔孙萧万长，曾任台湾国民党行政院长与台湾地区副领导人，现任海峡两岸共同市场基金会董事长，更显祖德流芳。

（六）古村景观名称

1. 五里凉亭

五里凉亭，位于霞涌村通往金山镇的关口。据传，该亭建于清代嘉庆年间，边上有座土地公庙，当年霞涌百姓往返金山，都要在此亭停驻歇凉。因该亭在霞涌村最高处的大山岭上，放眼望去，可直见金山鹅仙洞全景。2012年，霞涌村百姓深感五里福神庙亭经岁月沧桑过于简陋，各界人士纷纷提起,要重建凉亭与福神庙。村民们万众一心，群策群力，为重建福神庙，添砖加瓦，解囊献款，终成正果。今天，壮观的五里亭庙巍峨的矗立在大山岭上。五里凉亭碑文：福神圣地，星分翼鬓，地接衡麓。左昂鹅髻仙洞，右晓八仙围棋，前观通天蜡烛，后靠献天金锣，襟大道而通五岳，杭闽荆而引来各界名师参鉴。朝阳与神光普照，春水更长天一色，物华天宝，人杰地灵。

五里凉亭

2. 小宗楼土圆楼

霞涌村楼顶组有约20亩的原始森林。在山脚下，有一圆楼，共三层，四十五间，属土木结构，历经沧桑，巍然屹立。

小宗楼土圆楼

3. 岭头庵古树

霞涌岭头土地庙与著名风景区梧宅“石门宅”遥遥相对，相距仅5公里。庙边几十棵古树参天，其树龄都在几百年以上。

岭头庵古树

4. 下楼老厝

位于霞涌村下楼组的两座老厝，迄

下楼老厝

今已近一百多年的历史。经岁月轮回，老厝已经疲倦的驻足在霞涌村的土地上。屋顶已经长草，围墙也部分倒塌，十多年来，老厝已经没有住人，只作为杂物间，堆放着陈年旧物。1948 年下半年，闽南支队为开辟新区，靠拢和控制漳龙公路交通线，永和靖县工委船场工团和奎洋工团，先后派员进驻霞涌村，秘密开展活动，物色和发展接头户，并向土豪劣绅筹粮筹款，这两座老厝就是他们的驻地。1949 年 4 月 6 日，闽南支队副司令员吴扬带领第七连、八连在船场、下岭、梧宅一带开仓济贫后，部队即转移到霞涌村进行休整。当年，两年连队的官兵住在老厝的楼上、楼下与走廊，整整五天五夜。

二　马公村

（一）村社概况

马公村位于南靖县西北部，距金山镇政府所在地 1.2 公里，是该镇文化发达的中心地带，南靖县二中就坐落于马公村中心与风景秀丽的鹅髻山峰遥遥相望，历史悠久，钟灵毓秀，人才辈出，是闻名遐迩的“万利达集团公司”的发源地。北与河墘村隔溪相望，南与荆美、金山村毗邻，西与内安、碧溪村接壤，东是马公新大桥连接国道 319 线和漳龙高速相接，新都内线公路穿越全境，交通四通八达。总人口 4785 人，1350 户，村辖 22 个村民小组，是全镇第一人口大村，耕地面积 2605 亩，山地 2550 亩，其中有林地 1800 亩，水果面积 600 亩，其他经济作物 205 亩。村两委会认真贯彻党的富民政策，以万利达为依托，发展种养业、服务业、加工业解决了我村剩余劳动力就业 1.2 万人，2013 年全村工农业总产值 1 亿多元，农民人均纯收入 8800 元，如今全村共铺设水泥道路 6 公里，新建农贸市场、幸福园、老人活动中心、马公小学新教育大楼、马公新大桥等总投资 2000 多万元，村民经济也得到了很大的发展，生猪养殖：去年生猪出栏总数达 10 万多头，创收 1000 多万元，同时麻竹 1000 多亩，创收 400 多万元，香蕉 500 亩创收 300 多万元。

马公村开基于唐朝高宗年间，据考查，唐末宋初时期，马公村大部是“马”姓，沿马公溪两岸建房而居，昔时分为“顶马”，聚住于马公溪上游；“下马”散居在马公溪中、下游，故分有“顶马”与“下马”两大祖厝为派建，昔时马姓人多势众，有万人之多。唐末宋初南靖马公“马”姓人丁两旺，择农历九月半开始建庙纪念“辅国无双士，开漳第一世”陈元光寿诞时结合创建纪念陈元光“四大”部将之一的辅顺将军马仁，始建“马公庙”，庙前柱联刻勒对联是：“马不停蹄除隐患，公正无偏赐贞祥”。于是“马公村”便由此得名。

宋末元初（1279–1281年间）元朝统治者带领大军到金山地区，各家各户要负担养元兵的俸食，俸食一不合士兵的口味，就遭毒打甚至惹来杀身之祸，加上瘟疫流行，当时的马公村“下马”宗长马长俊，率众到台湾的澎湖列岛开垦谋生，并在那里建庙树碑，成为如今澎湖的“马公镇”。马氏后裔在澎湖亦建“两座宗祠”，即“马公庙”与“田墩祠”。

据传，民国初期，南靖马公村有个姓吴名克明的人，到澎湖“马公镇”做生意，看到这里也有“马公庙”、“田墩祠”时，便自称从大陆马公村的田墩祠认亲谒祖，在澎湖期间，吴克明受马氏宗亲的热情款待。返乡后，吴克明对此大力宣扬。慢慢的，两地“马氏”、“吴氏”直至他的子孙后裔，两地族亲都有互相往来，书信不断，后来，吴克明再次到澎湖马氏探亲时，还带回4竹篮白银，送给祖地修建马公庙。

相传“下马”宗族到了清康熙年间，马姓家族大部分迁往台湾澎湖一带开拓居住，随后“顶马”家族因“风水”纠纷，亦陆续迁居澎湖“马公”及漳州新桥、旧桥一带和温州平阳等地散居。后来，在马公村居住的马姓后裔逐渐减少，马公村逐渐由吴姓、林姓、邓姓接着开拓新居。

（二）姓氏源流

马公村主要姓氏有吴、温、邓、林、黄，其中吴姓占六成以上，分布于马公溪两岸、港口、坑井、京顶、仑仔、虎峰等地，人员来自五湖四海。

1. 吴姓：马公村吴姓905户，3226人，金山璧坑始祖顺德，明初由永定县铜锣坪迁入，派出纳，字道荣，称居赤岭。顺德的祖父玄佐，元代辛酉科（1321）进士。外迁台湾的有十世维以下各代20多人。金山荆溪，始祖世宗，一名光雀，定真后代，明初由漳州下陂迁入金山溪仑（马公，又称溪仔吴）。

2. 邓姓：马公村虎峰社85户，455人，始祖文惠，明末由漳平县官田迁入，派下部分移居虎峰社的田中、溪墘两个自然村。

3. 温姓：郡望，太原，河南温县，汲群。马公村温姓，现有65户，256人，派下移民京顶社，始祖学修，明末由永定、华安左华（马坑）迁入。

4. 林姓：金山马公村有141户，658人；始祖茂，象山九郎次子四十二郎之孙。明成化斗间由龙岩县适中入金山沿璧坑瓯坑仑仔尾，派出：一支移居和溪溪南桥长埔；外迁四川、浙江平阳、台湾各10多人。

5. 黄姓：金山马公村黄厝有28户人口115人，始祖友顺，明末由东山县迁入溪墘黄厝。

（三）建筑特色

1. 南靖二中

座位于人杰地灵的马公村，与风景秀丽的旅游名胜区——鹅仙洞遥遥相望。学校创建于1956年，1970年增办高中，是一所省二级达标高中。连续四届被评为省级文明学校。学校占地面积100多亩，拥有400米标准塑胶跑道的运动场，40间多媒体教室，3间计算机网络教室，2间多功能语音室，还有多媒体梯形教室，电子备课室、电子阅览室，音乐、美术专用教室；理化生实验配备了全县一流的多媒体演示系统；学校200多台电脑全部接入宽带网实现全校联网，现代化教学设施设备日臻完善。学校现有教职工226人，中高级教师150人，学校教育教学质量稳步提高，自2003年以来，学校共培

南靖二中校园

养出3000多位大学本科生，连续多年获得漳州市高中教育教学管理先进校。从工作出发2012年开始学校立足于加强初中教育教学质理的管理，发展高中艺体生培养的特色，争创人民群众满意的学校。

2. 马公庙

历史悠久，建于唐朝初年，经过多次搬迁与重建，现马公庙重建2004年6月竣工；相传：马公村在唐末宋初时期大都是“马”姓，沿马公溪两岸建房而居，听长辈说，马姓分为“顶马”与“下马”两大祖厝为派居，昔时马公人多势众，有万人之多。唐末宋初金山马姓人丁两旺，择农历九月半开始建庙纪念“辅国无双士，开漳第一世”陈元光的寿诞结舍纪念陈元光“四大”部将之一辅顺将马仁，然后建了“马公庙”庙前柱联刻勒对联是：“马不停蹄除隐患，公正无偏赐贞祥”。

马公庙

3. 慈济宫

古建筑“慈济宫”，又称“壁溪庵”，址在南靖县金山镇马公村庵前社后，始建于明万历四十六年（1618），清乾隆、光绪年间及1979年和1982年先后进行四次重修。

建筑物占地189.5平方米，系砖、石、木结构，坐南向北偏东，为二进二廊一天井，单檐悬山式，正堂面阔三间进深三间。抬梁式十一檩前步廊，八角石柱，两廊为卷棚轩顶，门楼为七檩前步廊，精雕构件，斗拱一斗三升，明间四攒，次间二攒，有驼峰做法，左右筑两长室，保存完好。

整座建筑物及石刻、石碑，于1988年7月20日，经南靖县人民政府，根据《中华人民共和国文物保护法》，确定为第二批县级文物保护单位。

附：清乾隆四十年（1775）慈济宫重修碑记

慈济宫者，金璧中之镇境也，崇祀

保生大帝及关圣帝君诸神，自明万历四十六年已鼎建于斯矣！里人岁时伏腊，春秋祈报，咸告虔焉！但历时久远，风雨侵蚀，而木桷陈朽者有之，非所以表敬于神，夫民神之主也。神既为御灾捍患，而民和年丰，忍听其栋宇之倾圮，而莫之葺乎！癸巳夏，里人会众，佥举董事、太学生吴国瑞、吴自罕等，择吉重兴。四甲众福户充出银三百余大员外，并先世迄今绅衿士庶捐资乐助，或题柱石，或捐杉木，而陈者新之，缺者补之，非敢更前人之旧制也。惟使庙宇焕然一新，群瞻仰焉。今者事已告竣，议立石碑，其经镌柱石者无容再及，余捐资诸人，各随其量，俾勒于碑，以垂不朽。而心田福地无不相因而至，此亦足以见神之慈仁普济于民者深，而民之崇祀以报之者无不竭诚且慎也，是为序。乾隆乙未年腊月重修。最近一次重修于 2012 年 3 月，由马公村主任吴奇出任基建组长（总指挥），广泛宣传，发动五湖四海吴氏子孙后裔，热烈踊跃捐资 200 多万元，精心规划，筹建重修于 2013 年 3 月顺利竣工，并举办数千人吴氏子孙隆重庆典活动。

4. 普明堂

址在马公村浮山脚社，供奉保生大帝。据传，普明堂建庙比慈济宫早，故每年正月初十和三月初十迎神赛会时，慈济宫的保生大帝途经普明堂庙前时，必须礼让普明堂的保生大帝先行，俗称“普明堂在先”。

5. 威惠庙

址在马公村大路上，供奉开漳圣王。此庙为大路上吴姓与虎峰邓姓、仓仔林姓共有。故亦称虎峰庵。相传，在民国时期及其以前，金山门内各社发生民事纠纷，如在本社家长调解不成的情况下，可请六社（壁溪、马公、山尾、都美、水美、内陈）的家长，到虎峰庵内进行协商解决。故此，虎峰庵亦称“六社庙”。

6. 追来堂

系璧溪吴氏大宗，址在马公村璧埔，坐丁癸兼未丑立五丁五未外坐向兼庚午

慈济宫

普明堂

威惠庙

追来堂

太原堂庆典活动

庚子分金。礼奉璧溪吴氏开基祖、一世显祖考讳保二大讳顺德谥启斋妣大太孺人陈氏，及二世至四世。追来堂占地约二百平方米，系砖、石、木结构，为二进二廊一天井。龛前左上方横梁挂太子保、兵部尚书、都察院、泉州磁头镇总镇府吴金龙的匾额“勇略超群”，龛前右上方横梁挂赐时士出身、翰林院编修吴鸿恩的匾额“光照玉堂”，称“文武世家”。于2012年吴氏后裔及海内外子孙捐资近百万元重修，同年10月竣工。

大门联：

德礼传家承厚泽

文章报国诵清芬

正堂联：

追至德之遗风济济跄跄敬典不忘列祖

来金山而肇迹洋洋赫赫灵承长在诸孙

7. 太原堂

南靖温氏太原堂坐在马公京顶社，是温氏宗族祭祖议事之处所。因历经沧桑，原址倒塌。这里温氏裔孙有76户372人。今由温和能、温欣、温福良、温源龙、温荣山、温秀全、温金川、苏香珠、王金莲等热心人，于2011年10月26日在漳州老干部温和能家里举行首次重建温氏太原堂议事会，会上一致通过重建温氏太原堂善事。该工程于壬辰年农历二月十九日动土开工，九月二十八日竣工，总开支三十八万元。壬辰年十月十三日卯时进火，十七日进行落成典礼，并有浙江平阳、福建上杭、永定、泉州、龙海等外地宗亲送来贺匾和派代表参加，隆重热烈，盛况空前。告慰了吾祖先之英灵。祈求祖先庇佑吾族枝繁叶茂世代炽昌，合境平安财丁两旺。亦以励后人，勿忘祖训：“勤劳、诚实、和谐、奋进”，再创辉煌。

8. 马公新大桥

金山马公人文荟萃，经济发展享誉八闽。两委策马创伟业，关注民生谱新篇，立志建好马公桥，干群同心一股劲。工程投资520万元，民办公助襄业，百姓筹资约275万元，政府拨款245万元。已丑仲秋奠基，庚寅季夏竣工。桥宽12米，全长近1里。金桥飞架两岸，天堑变成通途，村民进出便捷，福祉惠及四邻。桥通百业兴，致富更宽心。时代风光好无限，马公明天更美好

（四）民俗文化

1. 火烛节

马公村二十夜火把

据传，金山农历二十的火烛节，始于明万历年间，距今已有五百多年历史，来源于“璧溪二十迎土地”的传说。讲的是当地吴氏，于农历正月十六日，在庆祝石土地公寿诞时，要把参加迎神赛会的龙艺和棚仔艺迎到马公（璧溪）虎峰庵，并在鸭子桥埔戏龙抢珠，让当地民众欣赏。“璧溪二十迎土地”是指璧溪吴氏，农历正月二十日夜，在庆祝“土地公”寿诞时，要把参加迎神赛会的火烛迎到金山圩，让当地民众观赏火光冲天的夜景，以示两地同庆同乐，礼尚往来。

“璧溪二十迎土地”由于是在夜间进行的，加上主要活动形式是用火烛来表达的，所以也称“二十夜迎火烛”。然而，活动对火烛的制作要求却有一定的难度，能制作火烛的人已经不多。如今在金山镇只有吴田水一家人靠祖传的技艺制作火烛。

火烛有两种：一种是用一支两丈多长的竹竿，劈成三瓣的竹竿上，再浇上经过煮沸的生油，叫“火烛”；另一种是用各种高级色纸和竹片、剪贴、扎制成宝塔式的彩楼，五光十色，鲜艳夺目，叫“大支火烛”。

火烛，原本由璧溪吴氏一年来新婚或生男孩的人和各福户每人敬献一支，加上信士弟子祈神答谢的，多达数千支。大支火烛，均系信士弟子祈神答谢的，每年约有三、五支或六、七支不等。然而，现在随着时代的发展，新的婚育观也改变了原来点亮火烛只是生男孩家的专利。

活动开始前，于农历正月二十日黄昏，璧溪各个角落吴姓裔孙祀奉的土地公，包括“追来堂”土地公、“慈济宫”土地公、“普明堂”土地公、“田墩埔”土地公、“马公庙”土地公、“狗咬鞋”土地公、“禾仓坑”土地公、“仙师坛”土地公、“福坛”土地公、“寨头庙”土地公、“顶岭头”土地公、“下岭头”土地公、“龙坑土地公”计 13 樽，都在火烛、大支火烛、狮队、地艺、龙灯以及锣鼓队的簇拥下，全部到“追来堂”大宗祠前报到集中。

活动开始后，分为两路：一路以“追来堂”土地公为前导，以“慈济宫”土地公殿后，在锣鼓队和火烛队的簇拥下，从大宗出发，途经松林堂、上埔、马厝、猛虎坡、风格埔、甘公仑至圩头寨仔；另一种由不便于在山路上行下次的地艺、狮队、龙灯和大支火烛，从大宗出发，途经慈济宫、田墩埔、马公圩、南坪埔、马公圩、南坪埔至圩头寨。两路集中编队，仍以“追来堂”土地公为前导，以“慈济宫”土地公殿后，每个角落的土地公，最前面为一支平安牌，依次为锣鼓队、火烛、大支火烛、地艺、狮队、龙灯、土地公、途经七股祖厝、圩头大厝进入金山圩前街，穿过后街，然后再经圩头大厝、七股祖厝、圩头寨仔、南坪埔、马公圩，各自返回各个角落。当庆祝队伍所到之处，礼花绽放，鞭炮齐鸣，锣鼓喧天，街道上空一片火红，街道两旁人群拥挤，庆祝队伍长达数公里，活动时间持续七、八小时，直至深夜。

每年的火烛节，各表演队沿内线公路村社推陈出新、作出各种精彩的表演，金山大地到处出现“火把、灯树千光照，花焰万支开”五彩缤纷的景象。以戏剧娱乐，玩龙灯、耍龙艺、举火把、舞青狮、燃爆竹等活动达到高潮，人们尽情欣赏“万把火烛闪辉煌，开门处处见红妆”的太平盛世欢乐美景。

农历正月二十的金山火烛节，当地群众除了点亮火烛和大支火烛来，还有地艺、舞龙、舞狮、马队和龙灯等民间文化艺术的表演，可以说是融汇了闽南民俗文化大全，可以说是闽南民间最大型的传统性节日之一。现在当地的党委和政府正采取各种积极的措施，鼓励火烛、龙艺等民间艺人把技艺传承下来，通过每年举办火烛节发扬光大。金山廿夜火烛节，是春节娱乐达高潮之时，所以当地有句民谚：“二十冥过，安心做‘工课’”。

2. 畅销海内外的《金山香饼》

马公村是漳州市闻名遐迩的《金山香饼》发源产地。昔时马公圩有两间“香饼店”商号为《德兴》店与《瑞兴》店，隔街相望，很有名气，其生产出品的《金山香饼》松脆甜酥，清香可口，营养丰富，具有一定的补血功效，是畅销海内外的金山传统特产之一。金山香饼采用精标面粉、生油（或麻油）、红糖、八角大茴香等原料配制而成。它选料讲究，制作精细，工艺独特，是一种逢年过节馈赠亲友的礼品。

相传，清朝乾隆年间，南靖县金山乡马公圩“德兴”香饼店吴乌狗、吴赤狗两兄弟的父亲，一天到漳州城采购原料，漳州油行店员错把麻油当生油给他，用麻油代生油做成香饼，香气四溢，味道更佳，街上行人闻到香气，都禁不住停下脚步，纷纷争相购买品尝。因此，“金山香饼”声名远扬，闻名闽南各地及海内外。

据传“德兴”香饼新作声名远扬，给马公街“瑞兴”香饼朱老板很大震动；之后，她携带家人、技术人员走遍大江南北，周游各地求师学艺，在江浙一带幸得吴县周庄一老师傅指点，返闽之后，既把金山香饼祖传秘方与原料认真钻研、考究，加予发扬，而且结合江浙地方风味，制作出来的“金山香饼”口感更佳，香甜适中，老少皆宜，经当地官员选送给清朝乾隆皇帝嫔妃“坐月”溶鸡酒滋补，诞生后的小公子又胖又美，作为贡礼品尝，既清补、又爽神，龙颜大喜，得到嘉奖，从此之后，金山香饼，更加声名远播，故有“南方人参”称誉的美誉。近年来，海内外游客来到南靖金山“鹅仙洞”旅游，纷纷争先购买，带回作馈赠亲朋好友的礼品。

（五）乡贤名人

1. 吴金龙：生于明万历四十三年，吴氏顺德公第九代孙，清唐康熙年间“勇略超群”，名振闽漳，功加左都督，任泉州府城守，磁头镇总镇，敕封太子少保，兵部尚书，都察院、泉州磁头总镇府。

2. 吴雷桥：又名吴宪章，系吴氏顺德公第十三代孙，生于清乾隆三十七年，清嘉庆四年，赐进士出身，钦命正三品，特授大参戎，台湾鹿港总镇都督府。

3. 吴惠天：生于1943年6月，卒于2011年5月，生前是万利达集团有限公司董事长，全国政协委员。历任全国工商联常委、执委，福建省工商联副会长，漳州市政协副主席，南靖县政协副主席。

吴惠天白手起家，以创新发展，和谐致远成就了今天的万利达。如今万利达已发展成为拥有2万多名员工、两个管理和研发中心、四个工业园、六大产业集群的综合性消费电子制造企业。公司被评为“国家重点新技术企业”“全国文明单位”等。万利达为漳州市龙头企业和民营企业税利第一大户。“万利达 malata”是漳州市首批获得“中国驰名商标”和“中国名牌”的品牌，和水仙花一样成为驰名全国的漳州市的“城市名片”。

吴惠天的矢志创新使他在商界屡创奇迹。作为一个优秀的民营企业家，他积极参政议政，爱国爱乡赤诚奉献，他和他的企业成为漳州这一方水土上令人赞赏的“标杆”。吴惠天曾获得“全国先进工作者”“全国五一劳动奖章”“全国优秀中国特色社会主义事业建设者”“福建省劳动模范”“福建省突出贡献企业家”“福建省科学技术大会特别奖”“漳州市经济建设功臣”等诸多荣誉。

4. 吴振贵：1941 年 10 月出生于马公村浮山脚下，中共党员，毕业于上海科技大学。先后在中共上海市委组织部、上海第三钢铁厂、上海市革委会工交办、上海市革委会办公厅、上海市人大常委办公厅等部门，原上海市人大常委会办公厅副主任，现退休在上海。

5. 吴番根：1943 年 3 月出生于马公村路下社，中共党员，1991 年 1 月他在南靖县十二届人民代表大会第一次会议上当选为南靖县人民政府副县长。1994 年 1 月他在南靖县第十三届人民代表大会第一次会议上再次当选为南靖县人民政府副县长。

6. 温荣勇：1979 年 11 月入伍，历任 32515 部队后勤部部长，1993 年诏安县人武部政委、县委常委，2008 年调厦门市科学技术委员会任副主任。

7. 温亮：1972 年 8 月出生于马公村京顶社，大学本科文化，1990 年 12 月入伍，历任战士、干事、科长、政治处主任、边防支队政委、福建省公安边防总队教导大队政委，2011 年被公安部评为优秀党务工作者，《边防警察报》记者，全国公安文学艺术联合会员，公安边防文联福建边防文联福建省分会文学和新闻专业委员会主任，现任福建公安边防莆田市边防支队长、政委。

8. 吴伟明：1984 年 10 月 1 日出生于马公村南洋社，2003 年在漳州一中以优异成绩考进清华大学数学科学系，2010 年毕业清华研究生精算细算硕士学位，现在北京招商基金工作。

（六）古村景观

游览路线：从漳龙高速金山互通口向鹅仙洞自然风景区前进到景区牌楼路口再前进 100 米，过马公大桥，直到南靖二中——马公庙——普明堂——慈济宫——追来堂——温氏太原堂——威惠庙——马公村部。

参考文献

参考《吴氏宗谱》、《吴惠天传奇》、《南靖土楼》、《土楼神韵》、《守望蔚蓝》等。

作者

温欣，福建省南靖县金山镇党政办公室。

图片提供

李添福

江西吴城古镇旅游开发方案大纲

◎ 李建华

吴城镇位于鄱阳湖西岸的赣江与修河交汇处，是江西历史上的四大名镇之一，也是国家级候鸟保护区所在地和我国首批列入世界湿地名录的六大湿地之一。历史上吴城镇商业活动十分繁荣，是南北通道的重要水运码头，全国各省、府、县在吴城建驻的商业会馆就达 48 所之多，发达的商运给其带来了空前的繁荣。全国各地文化与民间习俗的涌入，使其形成了以赣文化为主体，同时具有各地域文化特征的多元文化特色和独特的码头文化。

当前，江西省政府已将开发旅游资源，建设旅游强省作为全省工作的重点，而文化与旅游深度融入是旅游业持续健康发展的关键。开发利用吴城悠久的历史、浓厚的文化底蕴和丰富的生态资源，必将极大地带动当地经济社会的发展。

对于吴城古镇的开发，应该把吴城的会馆文化作为发展旅游开发产业的切入点和突破口，从小从一做起，循序渐进发展。具体来说，吴城开发可以从以下三个方面着手：

一是以会馆文化为中心，改造吉安会馆和武宁会馆；恢复重建岭南会馆、全楚会馆、徽州会馆、浙宁会馆等 48 家会馆，并新建全国其余省市区的会馆，按各地的传统建筑风格重建，形成吴城会馆文化博物馆；恢复重建万寿宫，使万寿宫成为赣文化展示中心。

据了解，吴城镇是江西四大名镇之一，历史上是商家云集之地，许多地方都在这里设立了会馆，会馆文化实际上是商业文化。会馆多，说明历史上商业发达。20 世纪初叶，来自全国各地的水客和商人云集吴城，谈业务、话乡情、存货物，在这里兴建同乡会馆达 48 座之多，较著名的有：全楚会馆（湖南、湖北）、山西会馆、广东会馆、浙宁会馆、福建会馆、徽州会馆、奉新会馆、都昌会馆、龙南会馆、建昌会馆、江西会馆（万寿宫）。这些会馆范围庞大、工艺精致、雕梁画栋、叠额飞檐，富饶各地的建筑风格和特色。如全楚会馆纵深七进，前门在樊家垅街，后门延伸到黄土水运船埠。内有水池、假山、花圃和接官亭。会馆大门前有一对威武的石狮，显得气势恢宏，镶嵌于吉安会馆门前的“理学名臣”四个遒劲大字至今熠熠生辉。

具体来说，发展会馆文化，有以下主要的措施：

1. 以会馆文化为中心，恢复、修复和利用会馆。在吴城古镇修复当中，除了恢复原有的会馆，如万寿宫、白马庙在原址上恢复，部分原有遗址在原地修复，既开发了新址，又带动了老城繁荣。会馆不是摆设，可以利用，可以当做演出场所、住宿等。不要建立大型的现代宾馆。建筑要恢复古建筑，店铺要恢复古店铺。外古内现，外边是古色古香，里边有现代生活设施如水电等。

2. 成立全国性的会馆聚集区和会馆展览中心。全国现在还没有一个会馆聚集区，要使吴城成为全国会馆的露天博物馆。会馆恢复后，可作展览。每一个省都搞这样的展览。如福建会馆，展览其历史沿革等。以恢复后的江西万寿宫为核心，成为全国会馆展览中心，再搞个赣文化馆。通过会馆文化，展示每个省的商业文化。

3. 以会馆为中心，围绕赣文化、码头文化、候鸟文化、宗教文化、湿地文化、民间信仰文化每年策划一系列的活动。可起名叫赣天下或叫商天下。

各会馆大多有自己的民间信仰。如坐落于富贵地段豆豉街中部的徽州会馆，每遇朱熹生日或午节之时，该会馆均要张灯结彩，美丽的桌帏及椅子摆列整齐，大殿正中神龛上的朱熹神像前摆满了燃着的巨细香烛，照得屋内灯火通明，烟香袅绕。福建会馆供有天后娘娘的神位，山西会馆供有关羽神像，每逢这些神过生日，同乡人堆积到会馆中大祭和会宴数天，请外地戏班唱几天小戏（管内建有戏台），届时几天几夜灯火不熄，鼓乐喧天，围观者众多，热闹非凡。每逢诸神过生日，同乡亲朋便聚集于会馆中大祭和欢宴数天，并请外地戏班唱几天大戏：鄱湖民歌、黄梅古调、昆曲名剧等比比皆是，热闹异常。

饮食文化方面，广东会馆的狗肉，福建会馆的海菜很有名望。各个省的会馆搞各个省的口味。如湖南会馆经营湖南口味的饮食，使每个游客到这里来可以吃到全国的口味。使中国的烹饪文化也在这里发扬光大。

庙会文化方面，庙会是吴城古镇的一大特色，虽然它蒙上了一层封建迷信的色彩，但作为一种文化现象，有其深厚的历史渊源。庙会在吴城由来已久，全镇有庙、寺、庵、阁、宫 40 余座。香火特别旺盛的有聂公庙、伍显庙、令公庙、万寿宫、观音阁、太子庙、张飞庙、雷祖坛、火神庙。除此之外还有东岳庙、白马庙、水王庙、康公庙、财神庙、哪咤庙、瞳子庙、药王庙、冥王庙、社公庙、地母庵、天花庵、仙坛、经堂寺等。由于时代的变化，这些显赫一时的寺庙已不复存在，但其地名仍沿袭至今。可以策划一系列的庙会活动，如八月朝香。每年夏历八月初一到中秋，四周星子、都昌、鄱湖、永修等县的公众都要来吴城朝香，其热闹水平不亚于南昌西山万寿宫。他（她）们每人胸前都围上写着“万寿进香”字样的黄红锦缎，敲锣打鼓结队而来，随身所带的还有贡品（本地的特产）。

总之，要以会馆为中心，辐射赣文化、码头文化、候鸟文化、宗教文化、湿地文化、民间信仰文化、饮食文化等。

4. 结合具体的某一家会馆所独具的特点，实行有针对性的会馆保护方针措施，千万不可搞一刀切。会馆中各类行业会馆如船帮、茶帮、绸缎帮、晋商帮等占有相当大的比例。以盐帮的会馆开发为例，盐商会馆是各地盐商会聚之地，大批盐的转让交易在这里完成，各地与盐有关的商业信息在这里汇集传播，各类盐商资金在这里周转，与盐有关的文化在这里碰撞出火花，多少盐商们的喜怒哀乐悲欢离合曾经在这里发生。无疑这所会馆的特点就是盐。将这所盐商会馆有效保护下来，就等于是有效的保存了一部活生生的有血有肉的中国盐商史。我们在开发利用盐商会馆时，不要以为立一个广告牌，标明此处乃盐商会馆，仅此而已。我们有必要将这所盐商会馆复原，使其处处散发出盐商文化所特有的气息，让参观者真正感受到盐商的生活。为制造这种氛围，有必要查阅史料并向专家请教，如何进行馆内布局，如何进行装修装饰，让盐成为装饰装修的主格调主旋律。同时以灵活多样的手法介绍不同产盐地的生产流程、采矿加工、商贸规则、交易渠道、资金周转等行业规则、盐帮帮规等一系列化与盐文化历史，有关的知识都要在盐帮会馆中得到体现，盐工艺品也可在会馆制造盐文化氛围时，发挥出巨大的作用。这样一所以盐为特色的会馆，不愁门庭冷落车马稀，寻幽访古者，将会络绎不绝。会馆的保护也将在这一开发创意中得到更理想的保护。

类似的依托会馆丰富的文化资源特点，弘扬会馆文化特色的，可供开发的项目还非常之多。如戏剧、医药、晋商、民俗、结社、祭祀等。这些各具特色的会馆文化包罗万象，是一座座无尽的文化宝藏。可根据实际情况，将这份文化遗产在保护的基础上进行开发利用，使之为社会公众服务，不仅可以使传统文化得以传承，会馆文物得以保护，为子孙后代保留下了一份独具特色的文化遗产。而且更可以使古老的会馆古为今用，融入地区社会发展进程，加快区域经济发展。

5. 会馆办出自身特色应该注意抓好软硬件建设：

会馆自身特色无疑就是依托会馆这个建筑物，以此所会馆所独具的特点为中心，融入历史、人文、建筑、艺术、民俗、地域等诸多文化元素。这样的特色会馆应该如何打造与运作，才能实现开发与保护并举的目标呢？可在硬件与软件两个方面下功夫。

会馆建筑、装修装饰、这些在维护前必须由相关专家参与意见。如史学家考证的原始图样、建筑布局、室内布局、门窗设计、家具摆放、字画对联等都要尽量尊重历史，努力营造出原汁原味，最具本会馆特点的时代，切不可出现明朝会馆中摆放了清朝家具这种时空紊乱的情形的出现，也不可出现湖南会馆呈现出河北特色的地域混淆不伦不类情况发生。

如果是以科举制看点的会馆，其硬件打造，就要制造出科举文化氛围。如门前必须要摆放雕刻有连升三级浮雕的门墩，客舍要悬挂“挂角囊萤”“凿壁偷光”的励志字画，备齐文房四宝，装饰上要尽量制造出圣人门生的酸腐气息。同时在会馆中举办关于中国科举知识的展览，进行本馆最具文化、历史特色最显著故事的对入馆人员进行介绍，使进入会馆的人充分感受到科举制度状态下的儒生们的切身感受。要力争使会馆工作人员着古装、行古礼、讲古语，谈古事。让人有身临其境的感觉。进入会馆仿佛是时光倒流到了几百年前。

再如前文提到的盐帮会馆，突出盐帮特点的硬件设施，必须有相关商旅文化的特色，设置专门的商贸会谈厅堂，开设各类盐文化展览，介绍有关盐的生产与晒制知识、交易流程、历朝历代统治者对盐这种特殊性物资的垄断管理措施及对违犯者给予的严惩刑罚等作出详细说明。同时也可将各种盐类矿藏标本、近现代盐类艺术品、工艺品、作为装饰展现在入馆人员面前。客房住宿尽量让客人享受到盐商应有待遇，使其有身临其境之感。

会馆作为吴城古镇的一座标志性古建筑，其历史艺术价值和观赏价值极高。会馆文化让吴城古镇闪烁着神秘、古朴的风采。发展会馆文化，有利于促进当地会馆特色旅游业的发展。对于许多旅游者来讲，高楼大厦、高级宾馆已是司空见惯。追求特色、追求复古、追寻先人足迹，缅怀先辈业绩已渐成气候，只要宣传引导得当，游会馆、住会馆可以成为继“胡同游”之后又一新的社会时尚。成为吸引人的又一旅游亮点，一项零污染的朝阳产业。假定一个会馆文化爱好者，若是在几处不同主题的会馆各小住数日，就可在极短时间内，了解和感受到多种类型、多个行业、多个地域特色会馆文化。在个人文化修养收获颇丰的情况下，也给会馆实体和地方经济带来了可观的效益，而由于中国旅游人口基数庞大，这一市场前景将十分广阔。

二是对现存明清仿古街进行改造，建设成古镇风情旅游购物街；进行望湖亭改造和望湖亭文化广场建设；对豆豉古街、十八坡及蝉丝古街进行整修；以吴城古镇历史沿革、名人诗文为依托，建设碑林公园。修复原有的老码头，清理古货运码头遗址，恢复鸿雪轩，改造望湖亭周边环境，在亭旁设置文化广场、民间艺术表演馆。

三是建立以观鸟为主题的珍禽候鸟博物馆。

鄱阳湖是我国最大的淡水湖，鄱阳湖候鸟自然保护区是世界A级自然保护区，以吴城镇为中心，由蚌湖、大汊湖、象湖、大湖池、中湖池、朱市湖、梅西湖等九个大小不一的浅湖泊组成，半径15公里。吴城鄱阳湖国家级自然保护区是世界上最大的白鹤群体栖息地和最大鸿雁群体所在地，总量达3万只以上，每年来此越冬的鸟类多达100余万只之多，可谓候鸟王国。

建立以观鸟为主题的珍禽候鸟博物馆，使其成为以白鹤为主体的珍禽留鸟、水禽抚玩游览圣地，这是发展吴城旅游业的一个亮点。

作者

李建华，江西省社会科学院历史研究部助理研究员，历史学博士。

茶文化视角下的浮梁古村落保护探讨

◎ 吕东亮　崔鹏　付火水

历史上的浮梁因茶而起也因茶而落，浮梁的兴盛与衰落与茶结下了不解之缘，时至今日，浮梁悠久的茶文化深深地扎根于浮梁的古村落之中，浮梁古村落与茶文化形成了真正意义上的有机结合。本文正是在茶文化这一独特的视角下，来探讨浮梁古村落保护的可行之道。

浮梁县位于江西省东北部，隶属于景德镇市，是一个有着25万余人的小县城。浮梁本是一个产茶大县，在历史的记载中经济富裕，人民生活安定。但是伴随着景德镇瓷器文化的兴起和徽州文化的广泛传播，浮梁的茶文化渐渐衰落，直到今天仍然是一蹶不振，再也找不回当年的风采。时至今日，在浮梁的古村落中还保留着大量的茶文化遗存，浮梁茶文化是古村落的根基与灵魂，只有在茶文化这一独特的视角下来探讨浮梁古村落的保护方法，才是保护浮梁古村落的正确途径。

一　浮梁茶叶文化历史

历史上的浮梁因茶叶而闻名，南北朝时期浮梁茶叶就开始崭露头角，唐代的浮梁已经成为了全国的茶叶贸易中心，唐代的《元和郡县志》记载有："每岁出茶七百万驮，税十五万贯"。唐代大诗人白居易的《琵琶行》中也记载有："商人重利轻别离，前月浮梁买茶去"。入宋之后，浮梁茶叶的产量仍然很巨大，浮梁是全国最大的产茶地区之一。宋代浮梁茶的品质较之唐代有了极大的提高，形成了众多名贵茶叶的品种，且大量进贡朝廷。

浮梁县在明代的茶叶生产逐渐走向衰落，但浮梁茶叶的生产也不缺乏精品，明代汤显祖在《浮梁县新作讲堂赋》中就曾对浮梁茶赞誉："今夫浮梁之茗，闻于天下，惟清惟馨系其揉者；浮梁之瓷，莹于水玉，亦系其钧火候是足"。即使逐渐衰落，浮梁茶叶亦受到当时人们的赞赏，可见浮梁的茶叶在当时还依然有一定的影响力。

时值晚清，浮梁茶叶生产又迎来了又一个春天，至清同治光绪年间，浮梁开始研制生产红茶，浮梁茶在唐代之后再次进入鼎盛时期。这时期的浮梁红茶重新达到了一个顶峰，产量与销售量都极具增加，销售的市场极其广泛，甚至远销海外。这一时期的浮梁红茶以浮梁县严台村最具有代表性，严台村实际处于祁门与浮梁这两个红茶大县的中心地带，清代末年严台有茶园4000余亩，产量3000多担，茶庄7家，1915年，严台"天祥"茶号所产功夫红茶被国家推荐参加在美国旧金山召开

图 1　大新油坊内部图

的太平洋地区第一届巴拿马万国博览会评选，并获得金奖。从此严台茶叶更是名声大噪。浮梁县红茶在晚清民国时期产销量一直逐年增加，直到抗日战争的爆发，浮梁茶叶由于受到战事的影响，产销逐渐缩小。建国后，浮梁茶叶的振兴十分迅速，短短数年间，浮梁的产业生产规模就恢复到战前的水平。1950 年，严台红茶作为国礼庆贺苏联领导人斯大林七十大寿。此时的浮梁茶叶在全国的茶叶中占有重要的地位。

二　浮梁古村落与茶文化遗存

古村落是中华文化的根与魂，今天的古村落承载着五千年的传统文化，是传统文化在今天的活化石。在全国第三次文物普查活动中，浮梁县有五十余古村落中发现茶文化遗迹，以严台、沧溪、瑶里、磻溪、勒功等乡村茶文化遗产最为丰富。

严台村，2009 年获得中国历史文化名村殊荣，村内的大新油坊（图 1、图 2），是省内唯一一座保存较完整的油坊,此油坊主要生产茶油,内有保存至今的一套完整的清末民初时期的纯手工榨油设备。村北的制茶作坊现今已经废弃，坊内目前只残留有当时生产茶叶的炉灶和相关制茶用具，当年赠予斯大林的国礼红茶正是出自此作坊。村内目前存有民国四年纪年铭文的茶叶桶，桶上写有“民国四年江恒丰店办用”；严台“天祥”茶号所产功夫红茶所获得的巴拿马万国博览会金奖奖牌现存于浮梁县博物馆（图 3）。严台村的红茶制作技艺被认定为省级的非物质文化遗产，其用脚制茶的特殊方式成为一大特色。

沧溪村，2010 年获得中国历史文化名村殊荣，沧溪现有茶园 800 亩，制茶、茶油是村民的主要收入，清末民初村内曾有 6 家茶号，村内现存有完整的茶商宅院，宅院占地面积大、装饰豪华，可见当时沧溪茶叶贸易的兴盛。村内现在也还保留有传统的制茶技术。

磻溪村，古时是浮梁北部的古茶市，历史上的磻溪以茶叶为支柱产业，茶园面积最大时有 3000 亩，产量 900 担，茶号数十家，茶商收茶后直接送上海出口。清末民初，村内有茶号 24 家，是红茶传入浮梁的起始站。磻溪村现存有大茶商汪腾蓬茶号防伪木刻印章（图 4）及其茶号账本；并且在民居中发现有民国时期制茶的茶袋子和茶箱。

图 2　大新油坊及正立面图

浮梁的茶文化与古村落有着不可分割的联系，茶文化的兴盛造就了现今村落里丰富的历史文化遗存，大量遗留的茶号和茶商豪宅是古村落的重要组成部分，代表着古村落的巨大历史和文化价值。浮梁兴盛的茶文化造就了大量的富裕茶商，茶商大量建豪宅、开茶号、建茶馆、筑祠堂、建码头等等，持续扩大村落的范围，不断地促进村落的发展，吸引大量的人口扎根于村落之中。浮梁县的古村落与茶文化是一个不可分割的整体，两者在历史中相互促进，相互融合，最终形成了独具特色的“茶文化村落”。

三　浮梁古村落衰败的原因

（一）茶文化的衰落

古时的景德镇隶属于浮梁县，但是伴随着瓷器贸易的急剧发展，景德镇的地位大大超过了浮梁县，从宋真宗时期御赐“景德”名，到元代在景德镇设置浮梁瓷局，再到明清时期至高无上的御窑厂，无不显示着景德镇作为“瓷都”的崇高地位。在景德镇瓷业不断兴盛之下，浮梁的茶叶经济不可避免地走上下坡路。明清时期，徽州的文化急剧发展，徽商不停的壮大，徽商抓住茶叶需求的猛增，在全国经营茶叶生意。明清时期的徽州，是一个“以贾代耕”、商人足迹“几遍禹内”的经济活跃

图 3　1915 年巴拿马万国博览会金奖

图 4　磻溪汪腾蓬茶号印章

之区；又是一个人才辈出，“虽十家村落，亦有讽诵之声”的文风昌盛之地。徽州文化伴随着徽商贸易在全国的展开，逐渐扩散到全国，徽州文化在这期间展现了强大的影响力。

如图 5，浮梁茶文化区地处徽州文化区与景德镇瓷业文化区之间，伴随着徽州文化与瓷业文化的不断兴盛，浮梁的茶文化受到了两者文化的不断撞击，瓷文化与徽州文化就像两棵参天的大树，在不断的生长中“遮蔽”着浮梁茶文化的发展，正是这样的“遮蔽”，造成了浮梁茶文化的衰落，甚至一蹶不振。

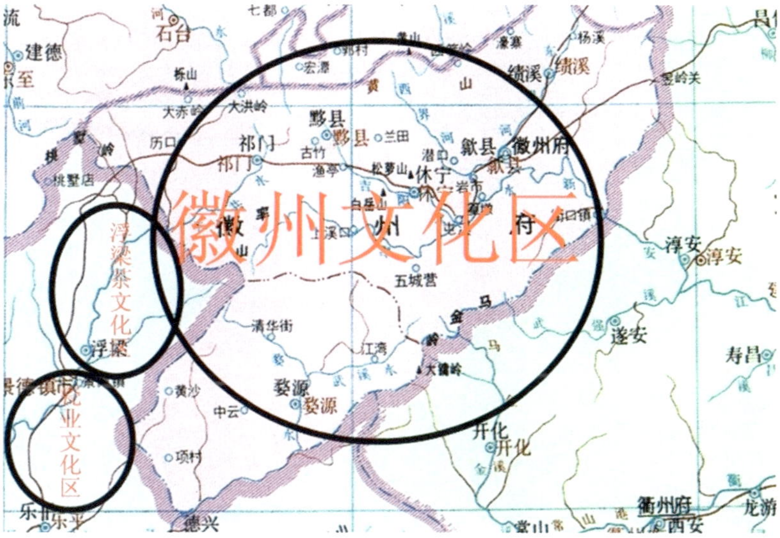

图 5　徽州文化、茶文化、瓷文化分布图

（二）浮梁古村落的破坏

除了茶文化的衰落，浮梁古村落的严重被破坏也是浮梁古村落衰败的原因之一，大量建筑和古遗物被破坏势必造成了古村落真实价值的流失。浮梁县的古村落破坏主要在体现在两个方面：

一是村落古建筑的私自拆除。如图六，从图片中我们可以看到，站在高处俯瞰村落的整体面貌，新式的楼房拔地而起（图 6），与周围的大环境显得格格不入。在浮梁的每个古村落都可以看见大量的现代建筑，通过调查，发现这些都是村民私自拆除古建筑然后重新修建新房屋。古建筑是古村落的最重要组成部分，代表着一个古村落的独特文化，建筑内的布局、雕刻等等更是代表着古村落独特的民风民俗，所以古建筑的私自拆除，就是一种直接破坏古村落的体现。

二是古遗物的严重破坏。这里的古遗物主要是指古村落中的一些碑刻、书籍、墓葬等等。在对浮

图 6　浮梁古村落全景

图 7　砌筑在巷弄地面上的碑刻

梁县古村落的调查中，古遗物的破坏随处可见，在严台、沧溪、瑶里等古镇的街巷中，随处可见把古碑刻当做铺路石（图 7），经过长年的磨损，碑刻的字迹已经辨认不清。这些碑刻大部分来自古墓葬，村民在不断的开垦土地过程中，大量破坏古墓葬。除此之外，在对浮梁古村落进行实地的调查之中，发现村落内的古遗物数量很少，大量的古遗物都在近几十年被破坏。古遗物是古村落文化的见证，遗物自身同时也记载了大量关于古村落的历史信息，但是伴随着古遗物的破坏，古村落的历史信息逐步减少，古村落也失去了其历史面貌。

四　茶文化视角下古村落保护的措施

（一）建设古村落茶文化历史馆

在浮梁的古村落中建设茶文化历史馆，目的是为了保护古村落的历史文物，展示古村落的悠久历史尤其是古老的制茶历史。2013 年 9 月至 12 月，在浮梁严台村开始茶文化历史馆建设的试点，通过前期对严台村历史文化的考察和论证，终于在 12 月通过对茶文化历史馆建设的提案，正式开始建设茶文化历史馆，严台村茶文化历史馆紧紧抓住严台村悠久的茶叶历史文化，通过茶叶种植历史、茶叶产销历史、制茶相关物件以及制茶的相关技艺为主要内容，来展示严台村悠久丰富的茶叶历史和文化。伴随着严台村茶文化历史馆的建设，其他村落的茶文化历史馆也开始逐步兴建。浮梁古村落通过茶文化历史馆的建设，既加强了对于茶叶文化的建设，也提高了对于古村落保护的重视。大量古老的制茶器具进入村史馆，得到了有效的保护，制茶的技艺在村史馆展示也让人们对此种技艺有了更加深刻的认识，吸引更多的年轻人去传承制茶技艺。同时茶文化历史馆也作为旅游的景点之一，可以吸引大量游客，提高其茶叶历史与文化的知名度，间接的促进古村落茶叶贸易与文化的发展，为浮梁的茶文化复苏起到重要的作用。

（二）加大浮梁古村落中制茶技艺的传承

非物质文化遗产是古村落遗产保护中的重要组成，如果说物质文化遗产是古村落的骨骼，那么非物质文化遗产就是血肉，骨骼与血肉缺一不可。在目前的浮梁县古村落的制茶技艺中，以严台村的功夫红茶制作技艺最出名，此项目已经被评为江西省非物质文化遗产，其用脚制茶的方法堪称一绝。在景德镇市所有 49 个非遗项目中，严台村的浮梁工夫红茶制作技艺是唯一入选的茶叶制作技艺。可见浮梁茶叶的制作技艺并没有得到应有的重视，浮梁各个村落间的制茶技艺各不相同，各有各的特色，除了制作茶叶，茶油的制作技艺也是一绝，但是在申请非遗项目中却一直得不到重视。我们应该加大对村落中茶叶制作技艺的扶持，扩大与浮梁茶叶相关的非物质文化遗产比重，对于浮梁制茶技艺的传承人要加大扶持的力度，将浮梁悠久的茶叶制作技艺与浮梁的古村落有机地结合起来，通过传统制茶技艺的复兴与传承来带动浮梁古村落的保护。

（三）加强古村落建筑的保护与复建

古村落是茶文化最重要的栖息地，是浮梁茶文化得以延续千年最重要的载体，古村落的消失就意味着浮梁千年茶文化的消失，所以加强浮梁古村落的保护是极其重要的。首先要在制高点对古村落进行鸟瞰视线控制，要保持浮梁古村落的徽派风格，对严重影响或破坏古村鸟瞰视觉完整性和统一性的近、现代建筑责令其改造或予以拆除。其次要严格控制主要街道两侧的建筑高度，保持视廊连续通畅，在可见范围内不得出现有碍古村街巷风貌协调的建筑物和构筑物。之后要整理电线、天线、路灯等到处乱堆乱挂现象，采用地埋、管线等方式使之有序，不干扰整体景观风貌，同时也是减少火灾的有效措施。政府应派专人定时巡逻村内的危房民居，加强对于危房的监视，对于出现倒塌的危房要及时进

图 8　徽饶古道浮梁段东线

图 9　徽饶古道浮梁段北线

行维修与复原，对于破坏严重有倒塌趋势的危房，要提前修补预防其损毁，政府部门对复原要有一个统一的标准，要严格监控复原的质量。对于村落内的古民居要区分等级进行保护，对等级高的建筑物要加大保护的力度和投资。对于浮梁古村落古茶号、作坊、茶商的宅地、茶楼以及其他与茶叶有关的建筑要尤其特别的标明，在每个建筑物门前要立详细的解说牌，对于坍塌的要第一时间予以复建。

（四）重塑浮梁与徽州间的"瓷茶"古道（徽饶古道浮梁段）

浮梁与徽州间的古道一直是两地瓷器与茶叶的主要运输路线，古时景德镇的瓷器和浮梁的茶叶正是因古道而逐步的走向全国。根据古文献记载和数年的实地考察，目前可以确定徽饶古道浮梁段主要分两个线路，东线到达今天的安徽休宁县右龙村（图 8），北线到达今天安徽祁门县的闪里镇（图 9）。从图中可以清晰地看出，浮梁著名的古村落几乎都是沿着古道分布，每个村落的茶叶都通过古道输送到徽州。重塑这条"瓷茶"古道的重要意义就在于将浮梁的古村落置于一种线性的、整体的保护，这种保护的方式有利于还原古村落的真实的面貌，单一的散点式的保护，会让人们忽略古村落在当时整个社会中的重要地位和作用。通过重塑"瓷茶"古道，可以再一次发掘出古道周边村落的历史文化遗迹，扩大浮梁古村落的保护范围，将过去遗漏的古村落进一步的纳入保护的大范围中。与此同时，还可以鼓励人们重走"瓷茶"古道，这样既可以让人们对古村落的重要作用和古村落的历史文化有一个深刻的认识，也为古村落的保护积累了一定的经济基础。其实这两条线路的重塑不仅仅对古村落有着重要的作用，对古代徽州与饶州间的经济、地理、人口流动、民俗风情等同样有着极其重要的意义。

（五）加强古村落生态旅游建设，主打"茶叶"牌

古村落的遗产保护与旅游开发一直是相辅相成的，合理的旅游开发才是古村落保护的物质保障。浮梁古村落众多，村落的面貌总体保持良好，具备了建设生态旅游的条件。浮梁古村落的生态旅游应该主打"茶叶"这张牌，目前在浮梁的各个古村落尤其是省级和国家级的历史文化名村中都开始打造生态旅游。比如：磻溪着力复原浮北古茶市的盛况，引导游客感受磻溪过去茶叶市场的繁忙，了解当时茶叶贸易中的些许趣事，感受博大的茶叶文化。严台村着力打造"茶文化农家乐"，在村外的河道

两边建设生态茶馆，改造大新油坊，让每位游客都可以亲自尝试茶叶的制作过程，在茶文化历史馆中深入了解严台茶叶的悠久历史文化，并有机会亲眼目睹严台制茶步骤的动态展示。严台还提供一部分茶园供游客亲自采摘茶叶，游客可将采摘好的茶叶拿到村史馆的动态展示平台上进行亲身的制作，制作好的茶叶以一定的价格买走。严台的生态旅游措施是将茶叶的历史文化、茶叶采摘、茶叶制作、茶油制作等有机的融合在了一起，形成了一个相互联系的过程。瑶里就是主打瓷器与茶叶这张牌，瑶里的古码头是昔日茶叶与瓷器贸易的主要场所，瑶里通过对瓷器和茶叶贸易的重现，让游客感受到当时贸易的繁华，感受浮梁茶文化与瓷文化的有机结合。生态旅游建设的展开，既促进了浮梁茶文化的复苏，拓宽了浮梁茶叶的销售渠道，同时也促进了浮梁古村落的保护。

五 结语

村落是浮梁社会的缩影，是浮梁茶文化的博物馆。浮梁千年的茶叶历史文化都凝聚在浮梁的每个古村落里，我们唯有通过对古村落的保护和研究，才能深刻的感悟到浮梁千年茶文化的真谛。也只有通过对浮梁古村落的保护，才能让千年的茶文化找到真正适合的栖息之地。在千年的峥嵘岁月中，村落是浮梁文明得以灿烂展示的平台，尤其是浮梁博大精深的茶叶历史与文化，更是在古村落的保护与建设中逐步走上复兴。

参考文献

[1] 付火水，罗亨江：《浮梁县茶文化历史遗存及茶文化线路的开发保护》《农业考古》，2011（2）。
[2] 蔡定益：《论明清时期浮梁的茶史茶文化》《农业考古》，2010（2）。
[3] 江西省浮梁县人民政府编：《浮梁县江村乡严台村保护规划》，内部资料，2008 年。
[4] 蔡定益：《严台茶叶历史与文化调查》《中国茶叶》，2010（9）。
[5] 张德山，黄焕义：《景德镇村落文化艺术探美：浮梁古村落》，江西美术出版社，2010 年。
[6] 唐力行：《明清以来徽州区域社会经济研究》，安徽大学出版社，1999 年。

作者

吕东亮，景德镇陶瓷学院陶瓷美术学院。
崔鹏，景德镇陶瓷学院副教授。
付火水，景德镇陶瓷学院副教授。

鲁中地区古村落大型建筑对其街道空间的影响初探

◎ 王玉虹

村落的空间聚居形式最能直接的反映地域属性，本文通过对村落的路网形式以及居住区的聚居形式，来探究大型建筑（宗教建筑等）对村落的各项职能在空间上的分布影响。进而来探究其对村落空间形成的影响。

宗教以及有些大型建筑的社会组织形态一直被认为是影响传统村落布局的重要因素，最直接的体现就是：村落中形成的以宗教等大型建筑为中心的空间节点，并以此来进行村落空间的组织。

一　鲁中地区古村落现状

山东省简称鲁，鲁中地区主要是指以省会济南为中心，包括淄博、潍坊、泰安等市，其具体地理位置如下图所示。鲁中地区的许多城市具有深厚的历史文化渊源，其中，济南、临淄为国家级历史文化名城，是齐鲁文化的发源地。鲁中地区的古村落又是当地地理、气候、社会文化的综合体现，具有很深的研究价值。

鲁中地区位置关系图（图片来源：网络）

鲁中地区的村落分布主要于以淄博为中心的区域中，其中主要选取两个具有明显空间导向的村落作为研究的对象。村落概况、地势以及气候特征如表所示。

村落概况、地势以及气候特征

名　称	概　况	地　势	气　候
淄博市周村区古街古商城	占地面积32.7公顷，由大街、丝市街、银子市街等古商业街组成。	南高北低	温带大陆性季风型气候
滨州市邹平县醴泉村	北临黄河，东接淄博，唐代置县，古称梁邹	南部山地丘陵，中北部黄河冲积平原	温带大陆性季风型气候

二　分析方法

本文主要用空间句法的理论和方法，从村落功能布局的角度来分析鲁中地区几个村落空间形态的结构特征。空间句法理论作为一种新的描述现代城市空间模式的计算机语言，其基本思想是对空间进行尺度划分和空间分割。空间句法中所指的空间，并不是欧氏几何所描述的可用数学方法来量测的对象，而是描述的以拓扑关系为代表的一种关系。空间句法关注的也非空间目标间的实际距离，而是其通达性和关联性[1]。其理论基础如表所示：

空间句法的理论基础

基本思想	方　法	条　件
空间尺度划分	大尺度空间（核心）	空间不可以被感知
	小尺度空间	空间可以被感知
空间分割	轴线法	城市系统建筑群比较密集
	凸多边形法	城市自由空间呈现非线性布局
	视区分割法	

三　村落街道空间解析

村落街道空间首先与自然环境紧密相关，如《管子·乘马篇》中所述："凡立国都，非于大山之下，必于广川之上，高毋近旱而水用足，下毋近水而沟防省。[2]"鲁中地区绵延着许多山脉，在其中散布着许多大大小小的古村落，其交通闭塞受外界的影响极少，而受自然状态、人口聚居形态以及本土文化的影响极大，从而形成了其特有的空间格局。以下来进行简要解析。

（一）周村古街古商城

淄博周村古街古商城位于周村的商业经济发展起源于寺庙经济，唐宋时期周村就以宗教建筑和商

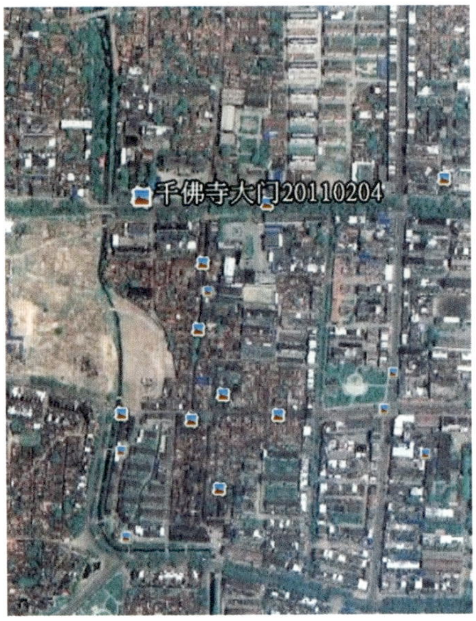

图 1　千佛寺位置（来源网络）

图 2　千佛寺现状（来源网络）

业文化而远近闻名。其中的千佛寺位于村落的南侧，商业街的路北，并作为村落和商业街的交汇以及联系纽带，引领了商业街的发展。其位置如图 1 所示。现状如图 2 所示。

周村的寺庙经济最初就形成于千佛阁庙群四周。据七十年代出土的《肃仪殿序》碑文中记载明教寺“始创于唐，重修于元”。原明教寺就位于山门东侧这个位置。明教又称为摩尼教，是古代波斯人摩尼于公元三世纪创立的一种世界性宗教，经丝绸之路传入中国，曾被列为四大宗教之一[3]。后来由于政治原因被禁锢了，但由于摩尼教教义反映了广大下层劳动人民的意愿和理想，因而在民间流传很广。因为每年定期的庙会和五天一次的集日，寺庙周围大街一带逐渐形成固定市场，这里是原“周村集”最繁华的地段。由于周村的商人来自世界各地，宗教信仰丰富，因此周村几处规模较大的庙群都具有佛、道、儒三教共处一地的特点，千佛阁庙群也不例外。

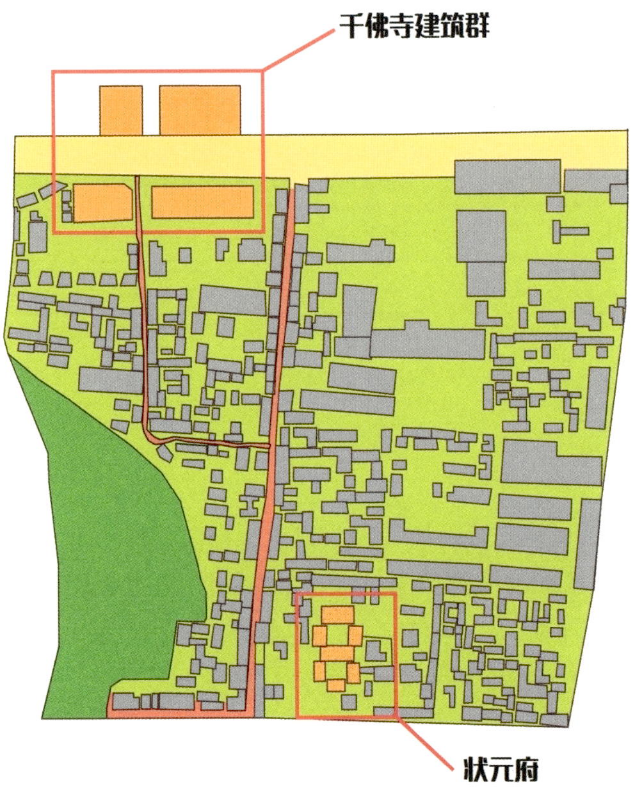

图 3　千佛寺位置关系图（作者自绘）

千佛寺位于大街古商城北首，是周村现存最完整、规模最大的宗教古建筑群。其位置关系如图 3 所示。千佛阁庙群原占地面积 17560 平方米，有寺庙、楼阁、宫殿 27 座。千佛寺周围的建筑形式采用类似鲁中民居风格，青瓦红柱，斗拱飞檐，辉煌里映衬粗犷，简约里溢出雄浑，建筑形式与商业活动高度和谐统一，给人以宾至如归的感受，可领略到齐鲁文化的

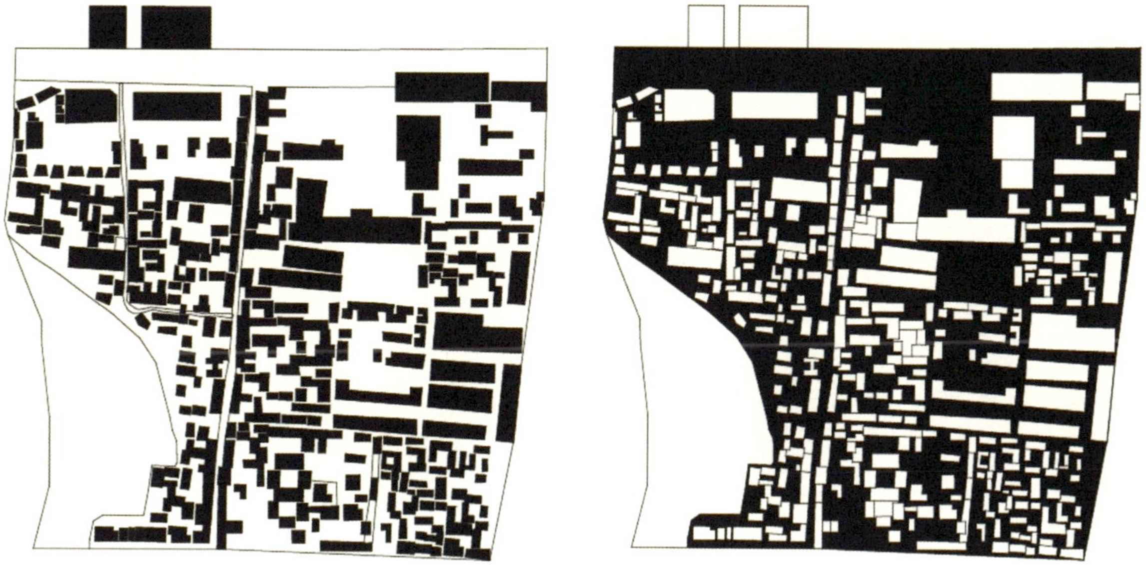

图 4　古街内图底关系（作者自绘）

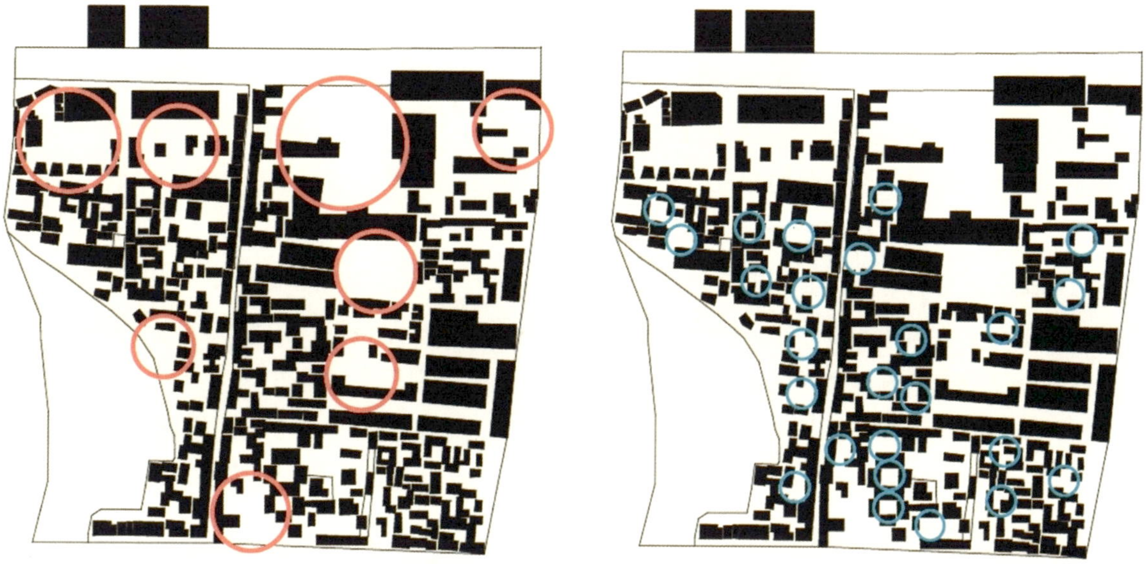

图 5　空间内的集散空间布置情况（作者自绘）

精髓。特别适合当地冬季寒冷，夏季炎热的气候，厚重的外墙与屋顶加强了保温隔热性能。

千佛寺以及位于商业街以状元府为代表的建筑群形成了街道空间的重要节点。其节点空间也成为整个区域空间的聚居空间衍生了整个街道的空间形式，其图底关系如图 4 所示。在某种程度上，其图底关系可以反映整个空间的集散空间，显示了重要建筑物对整个空间的控制情况，同时衍生出来的院落空间也影响了空间的组织形式，示意图如图 5 所示。在某种程度显示了整个古街空间具有良好的整合度。

其街道主要是由整个空间功能——即商业空间而产生，其他的邻里街道主要随着整个集散空间的形态自由的生长。

周村古街古商城的生长主要是由整个地块的集散特点衍生的，即大型宗教文化建筑的感召而吸引人流，进而衍生出整个商业空间，从而形成了整个古商业街的空间格局。显示了大型建筑对整个空间的控制力。

图 6　醴泉村空间形态图（来源网络）

（二）邹平县醴泉村

醴泉村位于邹平县青阳镇驻地东南 4.7 公里处，唐代已有此村，村南 1 公里处坐落着醴泉寺，该寺始建于南北朝时期，唐中宗时寺僧仁万重建寺院，当时东山有一泉涌出，中宗赐名“醴泉”，醴泉寺由此得名。醴泉村现有人口 2357 人，山林面积 6000 多亩，三面环山，风光秀丽。由于醴泉村村落形成的较早，具有典型的村落的衍生的痕迹，由图 6 可以看出，醴泉村的村落随着交织的路网而围合，形态不拘一格，靠近水源地。且位于山坡南向，具有良好的日照条件。

清代《阳居十书》中写道“人之居处，宜以大地山河为主。”“绿树村边和，青山郭外斜”也是古人所追求的居住意境。山地村落虽然建造条件较为苛刻，但却往往显示出比平原村落更大的宜居性。并且由于处在大山深处，所处环境相对封闭，因而山地村落也能更好的延续传统村落的空间特征。古人对环境的改造能力极为有限，自然力在人力面前常常被看做是神圣而不可侵犯的。在山地进行村落的营建就要充分的尊重山体的特征，尽量不改变其原有风貌，减小施工面，降低土石方量，因而山地村落的营建无论是道路还是建筑都因山就势，呈现出高低参差，错落有致的肌理特征。交通系统是整个村落的骨架，必然要与地形相契合，山地村落出于方便交通和利于防洪的考虑通常将道路平行或垂直于等高线布置，平行等高线的常以爬山街、之字路相连，作为村落内的一级道路串联起村内的各个部分，垂直等高线的巷道则是为了交通的快捷和邻里交流的方便，最大的特点就是灵活多变，并且不可避免地存在高差的变化，平面的曲折与高差的变化使得整个山地村落层次丰富，形态多变。建筑群沿乡道展开，总体布局紧密，依山就势，错落有致，山体、道路、建筑、加上溪流和植被，共同形成了山地村落特有的景致。

醴泉寺位于山东省滨州市邹平县境内西南长白山中，其环境幽美，为一方之名胜。已被列为县级古文化遗址及重点文物保护单位。醴泉寺始建于南北朝后期，寺内一泉，唐中宗赐名“醴泉”，原为济南七十二名泉之一，旧时有“先有醴泉，后有济南”之说，醴泉寺由此得名。醴泉寺现状如图 7 所示。醴泉寺风景区总面积 50 万平方 米。醴泉寺群山环抱，环境优美，是一座历史悠久的佛教名寺，也曾是范仲淹的求学故地。寺内主体建筑包括山门、钟鼓楼、天王殿、大雄宝殿、范公祠等。其中，大雄宝殿与范公祠如尻相对，形

图 7　醴泉寺现状（来源网络）

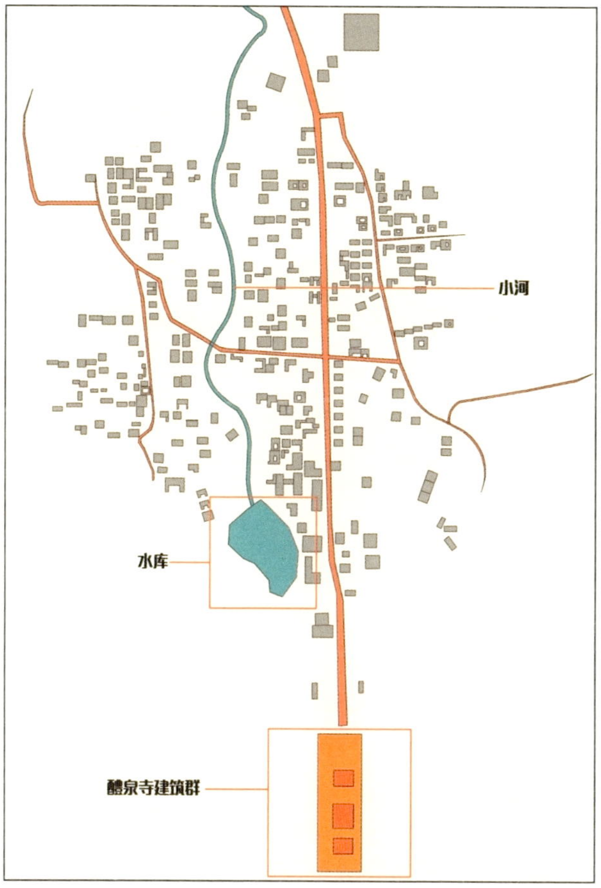

图 8　村落形态特征（作者自绘）

图 9　村落空间节点（作者自摄）

成了独具特色的佛、儒结合的建筑风格。景区存有珍贵的释迦牟尼千年石像及大唐开元年间的志公碑。

从其路网关系当中（图 8），可以明显的看出来整个村落的结构位置关系，整个路网结构沿着山势而建，中间有水渠穿过，解决了整个村落的饮水问题，平面布局依山势和水源而建，南侧建有寺庙，供整个村落烧香祈福之用，在两侧的山坡上开垦梯田进行耕作，一方面方便了村落之间水平方向上的交通，另一方面方便了村落汲水。

醴泉寺距离村落有一定距离，且位于村落的中轴线上，控制了村落的走向，同时也象征了寺庙在村落中的不可替代的地位。寺庙不位于村落之中，也象征了村里人对于宗教人物的推崇。所以醴泉寺作为引领村落空间布局的重要因素而存在，也是村里的精神寄托。

图 10　村落空间节点（作者自摄）

宗教建筑作为古村落中的重要组成部分，是影响传统村落布局的重要因素，一直被认为最直接的体现就是：村落中形成的以宗教以及大型建筑为中心的空间节点。对整个空间起到控制性的作用。

其街道的布局形式为典型的鱼骨式的结构形式，沿纵向的鱼骨式的主干路空间连接着横向的次干路，同时宅间小路穿插其中。同时院落之间以血缘关系为纽带，层层向外扩展，形成了层次丰富的组团、聚落空间，具有很强的归属感与认同感。同时，小农的耕作方式和较低的经济水平，决定了家庭人口结构的单一和经济实力的相近，因而村落内部的空间形态呈现出高度均质的特征。经济实力的限制使村里并没有供人们集中起来进行公共活动的场所，比较重大的宗教、娱乐活动只能在村落所属的市镇举行，各种日常服务设施如店铺等也都混杂于普通的住宅之中。村落内部的布局相对紧凑，一方面是由于血缘聚居的关系，另一方面是由于人多地少的矛盾。但是村落与周围耕地的关系却较为松散，其边界并不明确，而且村落内部建筑与空地显示出的图底关系也并非严格意义的“合院式”，这是由于自给自足的生产方式和农业劳作的间歇性特征使农民特别重视庭院养殖，因此人们在住宅建造中从自身要求出发，往往将可供养殖的庭院和住宅相结合，而并不恪守传统的合院模式。这样，住宅与庭院，紧凑与松散，私有与公用的搭配就构成了鲁中传统村落特有的空间节点（图 9、10）。

四　结语

分析显示，虽然有的村落内向布局的空间结构体现了宗族聚居社会的向心性和封闭性，但并未形成与宗族社会结构相对应的多中心、等级结构体系[4]。伴随着宗族的裂解和分房，村落除了形成以祠堂、宗教建筑为中心的局部空间节点，还出现了店铺等公共建筑向特定地段聚集的现象，从而逐渐形成了一个连续的、拥有较好的可达性和可读性的村落空间核心。

参考文献

［1］张红：《空间句法及其研究进展》，科学出版社，2006 年。
［2］王君荣：《阳居十书》，华龄出版社，2009 年。
［3］胡素贞：《古城保护开发与城市软实力的和谐共建——以周村古商城为例》，学位论文，2010 年。
［4］刘亮：《徽州古村落绿化树种配植与造景的研究》，学位论文，2009 年。

作者

王玉虹，大连理工大学。

破茧化蝶终有时

——历史文化名村山东章丘朱家峪的“活化保护”

◎ 李娉

“让文化遗产活起来”，面临城镇化发展的考验，古村落依靠“活化保护”可重获新生。古村落的“活化保护”不仅是传承文化遗产，而且要让文化遗产同人们的生活相结合，并在保护中让村落居民受益，改善民生，从而提高民众保护古村落、传承村落文化的积极性，提高民众的文化自觉意识，促进古村落文化遗产可持续发展。朱家峪在开发实践中重视“活化保护”，也在实践中不断解决出现的问题。

古村落被誉为民间文化中的生态“博物馆”，它们既是中华文明最遥远绵长的发源地，也是优秀传统文化的重要载体和象征。然而伴随着现代城镇化和新农村建设步伐的加快，大批古村落濒临消亡，有些村落没有《村落志》和《民俗志》，村落的历史和文明仅存于一代一代人的记忆里，口口相传。村落消失，珍贵的历史信息也就随着时间流逝殆尽，抢救和保护工作迫在眉睫。近年来一种新的文化遗产保护理念不断被理论化和实践印证，这就是“活化保护”。

从保护的角度来讲，古村落有两种保护方法，“一种是静态性保护，另一种就是活化保护。当然属于价值最珍贵，或者说时间凝聚非常久远，唯一性特别强，以及包括特别容易受损的老建筑是不合适做所谓的这种活化经营，所以应该是做静态保护的。但城市中还有大量的历史建筑中的中间级别，就是说它具有历史建筑的价值，另一方面还不至于达到一级保护的程度。这种类型的区域其实应该是活化保护。这种活化保护就是让它重新被好的经营者所利用和改造。[1]”涉及古村落的保护，著名学者冯骥才先生一再倡议，不应只是表面的修缮房屋、恢复旧貌，更重要的是要恢复文化、生活，让后一代人来传承村落所代表的文化遗存和精神价值，这也是“活化保护”的做法。山东济南章丘的朱家峪古村是中国169个历史文化名村之一，综合实际情况来看，朱家峪古村落比较适合进行“活化保护”，而在城镇化发展进程中，这种保护模式同样也存在许多其他问题，尤其是如何将村落保护与民生改善相结合，如何把政府、专家、村落居民的力量融合在一起共同参与保护等，值得深入思考。

一 “活化保护”的涵义解读

古村落承载着有关中华民族文化的历史信息，堪称中华文明渊源的“活证”。现今古村落文化在城镇化、新农村建设的冲击下，已经在潜移默化中发生改变。如何在旅游经济开发的热潮中保护好古

朱家峪全貌

朱家峪古老的双轨路

村落文化遗产，二者之间如何做到平衡？古村落的保护和发展模式正在这些疑问中不断被探索，而行之有效的是依据村落的实际情况，进行功能定位与分区改造，更注意在发展中“活化保护”。古村落的“活化”保护，即为历史建筑寻得新生命，在保留传统文明的基础上重获新貌，创造新价值。对于古村落的“活化保护”，其涵义大致有三。

一是，古村落“活化保护”的基础是重“古”。古村落是物质文化遗产和非物质文化遗产的综合体，“古”即代表了古村落的古老建筑群和原生态历史文化。随着时代变化，古村落处于不断的发展变化中，所以“活态”的整体的保存是古村落本质的必然要求。中国民协党组书记、驻会副主席罗杨先生曾指出，“虽然城镇化是一种必然，但不能用一种发展形态取代另一种文明形态，古村落不仅是我们的精神家园，也是文化传承的血脉。保护古村落不仅要强调古建筑的完整性，更要重视对古村落的内涵和村落中的活态文化的保护。[2]”村落保护不仅要重视维护村落的整体规划、保护好建筑公共设施、桥梁、树木等的原态整修和保护，“处理好新造建筑和已有建筑之间风格、体量、布局等的关系”。更应该注重传承古村落蕴涵的各类民风民俗、传承技艺、传统节日等“活态文化”，尊重并保护文化空间所承载的历史记忆与精神信仰，“保护原生态的文化和社区居民的利益，使之可持续发展。[3]”这是古村落的灵魂所在。

二是，古村落的民生改善是“活化保护”的落脚点。在今年第九个中国文化遗产日里，南京大学政府管理学院学者姚远先生指出，“保护传统村落需要政府部门、专家、大学学术力量等多方面因素形成合力，而传统村落的保护不仅仅是传承文化遗产，归根到底是在保护中让当地居民受益，改善当地民生，真正让传统村落这种文化遗产‘活起来’。[4]”村民是村落保护的最重要的群体，民生受益，村民更愿意守护自己的家园，古村落文化更有希望得以保存并有可持续发展。村落居民既能享受与环境相适应的传统生计、生活方式的同时，又能分享现代化建设的成果，和古村落环境和谐共存。

三是，村民的文化自觉是古村落“活化保护”的保障。有的古村落历史悠久，自古至今都是村民生产、生活的主要场所，村民在千百年的繁衍生息中“共享精神信仰、血缘纽带、规范惯习、生计方式”，更应成为古村落文化保护的主体。但是“活态”传承，整体保护，“村民参与都须建立在村民文化自觉的基础上”。村民的文化自觉和内省不光由道义和感悟层面而生，社会资本带来的生存利益和发展需求是最根本的动力。“古村落的社会资本则是村民进行社会行动的重要资源，特别是在现代社会仍然起作用的传统型社会资本，因为满足了村民生存发展的需要，成为了村民文化自觉的动力来源。[5]”这是古村落“活化保护”能长久延续的重要保障。

步步高升的台阶

二　城镇化中朱家峪的“活化保护”

朱家峪古村是山东省第一个国家级历史文化名村，属于北方典型的山村型古村落。朱家峪原名叫城角峪，明洪武四年（1371），朱氏家族先祖朱良胜自河北枣强县迁此定居，因朱系国姓，与皇帝朱元璋同宗，故改名朱家峪。古村域内面积七千亩，历经六百余年的沧桑历史，朱家峪至今仍较完整地保留着朱氏家祠、关帝庙、魁星楼、文昌阁、双轨故道、康熙立交桥、古校、古泉等文化遗址200余处，周围更有团山瀑布、狮子洞、云雾洞、仙人桥等自然景观100余处。村落格局与独特的自然风光巧相呼应，独具“齐鲁第一古村，江北聚落标本”的风采。在城镇建设热潮中，朱家峪及包括周边传统的聚落环境正在接受剧烈冲击，寻求古村落的保护发展尤其是“活化保护”的可持续发展势在必行。

康熙立交桥（此桥建于康熙年间，距今有300多年的历史，据考证为我国最古老的立交桥的雏形，上下都通行，下层道路雨季兼具泄洪功能。）

朱家峪历史悠久，但这座颇具明清古貌的山村虽然保存完整，没有跟其他古村镇一样随着时代变迁而变得面目全非，近几年来也已经列为章丘市的旅游景点，但祠庙、民宅、古街、古泉等年久失修，古村落的保护整体规划有待于提高。为更好地保护朱家峪的宝贵文化遗产，自2009年开始章丘启动了朱家峪景区改造提升工程，历时两年多，朱家峪现已经破茧化蝶，整体面貌有了很大变化。而真正让朱家峪重获新生的就是古村落“活化保护”方案。改造工程以创新的方式，开创了由政府引导、民间投资、深挖文化资源、村民集体受益的“活化保护”新路。

朱家峪的保护性改造首要任务是保护，尽最大程度保护古村原生态遗址，对古村整体风貌和各类建筑、文化元素等设定不同层次的保护与开发标准，严格规范历史文化遗产的保护与利用。在古村的修复工作中，按照“修旧如旧”的原则，遵循明清建筑风格对古村朱家老街进行了还原修缮，包括修复朱氏家祠、朱氏北楼、进士故居、女子学堂、李精一故居五大景点、修复四家餐饮大院、恢复了粗布坊、老茶馆、豆腐坊、煎饼坊、梨汁坊、铁匠铺、黑陶坊、葫芦坊八大传统作坊等；还将水体景观、乡村旅游度假区等全方位提升改造，其中的21处破损房屋也将进行全面修复；改造工程定位“山水古村、台地庄园、古村夜景”三大主题，同时结合“大旅游”的规划理念，强化基础设施建设和环境综合整治工作，主要包括景区规划设计、入口节点建设、旅游专线拓宽新建、景区绿化提升，同时实施了景观叠瀑、河道古桥、女子学堂、砚湖等近20项景点修建及基础设施综合配套；除了景区提升外，其他水电配套措施也为朱家峪开发建设提升奠定基础。“朱家峪水库增容防渗工程和西园水库增容防渗工程解决了景区饮用水和河道景观用水问题；增加变压器供给、安装地埋线路，解决了电力供应问题。[6]”通过改造提升工程，朱家峪古村环境得到综合整治和改善。

朱家峪既是宝贵的旅游资源，又是发展文化产业的主阵地，以古村民俗为依托、文化交融是古村朱家峪改造提升的重点。朱家峪古村现已形成以闯关东文化展示中心、文房四宝广场、朱家老街、水体景观、乡村旅游度假区等五条主线为精髓的特色民俗景区。朱家峪因是2008年《闯关东》热播大剧的拍摄地而闻名遐迩。闯关东文化是一部宏大漫长的移民史，更是一部苦难与反抗的奋斗史。改造提升工程专门修建了闯关东文化主题展馆，将大气磅礴的闯关东文化，与现代声光电技术相结合，让游客用“心灵感受”闯关东文化，在体验馆中4D、5D技术支撑下的“狗拉爬犁”“渡海历险”等活动，更让观众亲身体验到那段悲壮奋斗的历史；“知青之家”是朱家峪景区着力打造的集知青交流、体验、联谊、知青文化研究为一体的知青文化交流平台，还原知青历史、体验知青生活、弘扬知青精神。还有新修建的朱家峪民俗博物馆，以山阴小学为依托，用丰富的展品、独特的历史视角，对朱家峪村史、农耕文化、科举制度、私塾教育、状元文化、道教文化，石刻艺术、木雕艺术等进行形象展示，一展朱家峪古村的神韵。朱家峪民俗博物馆还将传统技艺如篆刻、根艺、织染、剪纸等和观众体验结合，使游人在参与体

村落墙上完整保存着的拴马扣子

验中了解古村的民俗文化。另外朱家峪所在的官庄镇还依托朱家峪“文化创意产业园”、影视基地、画家村等载体，有效推进影视剧产业的发展，并借助章丘市“中国书法之乡”这一品牌载体，建造了古村书画院，进一步丰富了朱家峪文化产业体系。

朱氏祠堂

朱家峪的保护性开发和改造提升工程直接改善了当地的民生，这也是朱家峪改造工程力求“活化保护”的重要落脚点。改造工程积极引进战略投资参与朱家峪开发建设，在对古村落保护性开发的前提下，综合提升了基础设施建设和环境综合整治，目标是将朱家峪建成配套设施齐全、服务功能完善、管理规范有序的休闲旅游度假区，这也直接改善了当地人们的生活环境；改造后的朱家峪旅游景区，将保护开发与村民致富紧密结合。章丘市创造性地提出，朱家峪村民个人资产可采取股份制入股、出售或出租等多种模式，参与到景区的经营中来。现如今沿街村民做起了生意，已自发开起了农家菜馆，销售山村货物。豆腐坊、煎饼坊等作坊的开办既带动旅游业发展，又促进群众就业增收；景区的开发也充分依托朱家峪的资源优势，大力发展生态旅游观光农业和服务业，从 2008 年开始每年都举办“赵八洞香椿采摘节”，由此拓展涉及全镇的“游历史古村、赏盛苑花卉，龙藏洞摘香椿、农村社区搞体验”等一系列旅游文化项目，极大地丰富了广大群众的文化生活，促进当地群众致富增收[7]。朱家峪所在的官庄镇也在近几年加强与周边旅游景区的合作，积极构建“全域旅游”，强化景区、旅行社和宾馆饭店、交通运输领域等六大要素全领域的合作，完善旅游产业链条；官庄镇借助章丘旅游一卡通，开通旅游专线等活动，将朱家峪与周边景区捆绑营销，进一步促进旅游产业经济发展，朱家峪的村民在文化遗产保护中也能享受到开发带来的经济实惠。

提高朱家峪本土居民的文化自觉是古村落保护的保障。村民对古村有着浓烈的感情，有着保护古村落的热情，因此古村落的保护不仅要依靠政府的引导、规划，更需要广大群众的支持和参与。提高村民的保护意识不仅仅侧重宣传和鼓励，而更应当始终把群众利益放在首位，把他们的要求和利益纳入保护开发规划。朱家峪的保护开发是由朱家峪的村民积极参与并长久维护的，从长远的角度出发，保护开发工程依托朱家峪的资源优势，大力发展服务业，积极吸纳当地群众参与其中，在促进群众致富增收的同时，也让群众在文化遗产保护中充分发挥主人翁精神和主体作用。

三　朱家峪“活化保护”的进一步思考

朱家峪在古村落的“活化保护”中迈出了崭新的一步，朱家峪改造、保护和开发的很多宝贵经验值得关注，但同时我们也应该看到，还会有发展中的很多问题等待我们去审思和解决。

山阴小学

首先，让古村落的民居建筑“活化利用”。尤其是在新农村建设热潮中，更应该正确认识古村文化遗产保护的复杂性，杜绝以改善居住条件为名的大拆大建、避免破坏历史文化村镇原有的历史风貌和传统格局。朱家峪为了整体改造将村民迁出古村之前，朱家峪为了达到“村容整洁”的目标也走了弯路，“多数民居原本石砌的外墙都被抹上了白灰，再也找不到古代建筑物古色古香的乡土风貌，此外由于缺乏指导，村民在翻修老房子时，随意增大建筑体量，使古村的风貌遭到一定程度的破坏。[8]”再者，由于朱家峪的开发，村民已经迁出并另立新村，朱家峪村民的起居空间已经脱离了古村，导致了大多数民居的破败、年久失修，在综合整治中对于村落建筑的保护资金投入也明显不足，即使后来部分村民看到开发整治有利可图迁回古村，但也是为了旅游经营等目的临时居住，古民居也没有得到妥善的保护。古建筑资源要利用才能“活”起来，曾有专家指出，“乡土建筑遗产的保护不宜采取迁走民众，实施单纯意义的‘博物馆式’保护，而需要将其纳入现代生活的轨道，探索更加积极的保护措施。[9]”建筑离不开人气，建筑的“活化利用”模式力求能通过体制创新和激励机制，提倡让一部分农民愿意回归古村，在保留建筑外观和内部结构的前提下，可以允许建筑的内部功能按照居民们新的生活习惯进行改变，应让有人气的古村落回归日常生活，“活态利用”是对建筑的最好的保护。

第二，加强对“活态”的民俗文化继承和保护，对其要深入挖掘、研究和展示。古村落“活化”关键在于人，人的生活才是文化遗产的灵魂，伴随古村落形成的丰富多彩的民俗文化，才是古村落的灵魂。民俗文化是人们在长期的社会生活中习俗文化的积淀，也是国家民族精神的重要载体，已构成了民族的文化血脉。著名的民俗学家高天星曾指出，“中华民族的文化价值观和丰沛的民俗文化创造力，是我国悠久传统文化的历史见证，维系民族精神的文化根脉。因为历史久远，屡遭劫难，传承危厄，所以显得弥足珍贵。对这些民族民俗文化，妥善保护、传承和弘扬，使其薪火相传、发扬光大，是我们今天的责任和使命。[10]”保护古村落不仅要强调古建筑的完整性，更要重视对古村落活态文化的保护，延续活态的人文传统。“要让百姓的真实生活、日常用具、生产耕作、四时变迁、节气迎送、迎神赛会、民俗信仰等成为古村落文化的丰富内容。[11]”闯关东文化是朱家峪的一张名片，《闯关东》影视大剧也向社会展示了丰厚的中国民间民俗文化，剧中涉及的关东、山东地区各种民俗文化现象如民间戏曲、婚礼、祭拜、寿庆等，都应深入研究利用，实现居民生活与旅游观光共存，综合当地拥有的优秀文化产业诸要素，如习俗、传统艺术、民间文学、庙会等结合展示，更能使传统文化艺术释放出丰富多彩的精神内涵。另外，文化产业发展仍需努力，朱家峪现虽也有经营旅游纪念品的商店，但经营的商品制作粗糙，没有本地特色，如能充分利用好当地的传统技艺篆刻、根艺、织染、剪纸等，开发具有典型代表性和独特文化内涵的旅游商品，经常性地开展游客参与性强的民俗文化表演活动，既有利于传承和展示传统文化，也能给当地居民带来可观收益。

第三，保护开发的同时更应注意生态环境规划。朱家峪的改造注意了这一点。改造规划也包括了生态环境规划、生态设施建设和生态管理，以群众为主体力量，立足生态进行环境整治，村民生态意识有了提高，环境设施也在不断完善。一是合理实施环卫设施配套工程，公共场所和主要街道实施全天候保洁，修建村内明暗排水沟，主干道、支干道及入户路大部分实现硬化；二是大力植树造林，培充绿色景点，全面推升山区林地；三是实施生态富民工程，加强沼气和太阳能等绿色能源的利用。经过改造提升，“农村生活饮用水卫生合格率95%，生活污水处理率达到52%；地表水声环境质量均达到环境规划要求，无工业污染源，生活垃圾无害化处理率98%；主要道路绿化普及率85%，农业生态环境良好。[12]”环境得到美化、生产生活设施初步配套、人与自然和谐相处、朱家峪已成为生态文明新村。

进士故居

最后，在顾及民生的同时应加强民众的文化保护意识，提高文化自觉。提高民众保护意识不能仅停留在官方宣传、鼓励感召层面，而是要将市场机制引入古村落的保护开发当中，由政府牵头，建立以“村民主体、政府引导、社会参与”的古村落长效保护机制。一方面，由地方政府、民俗专家和乡村居民共同参与推动，统筹考虑规划保护村落的文化肌理、建筑格局、自然环境等，确保既能最大限度地保存历史信息，又能体现出朱家峪的特色；其次，借助良好的合作模式，让投资者和古村落居民都能从中获益，可为古村落的保护提供必要的物质基础，并由此催生自觉保护的社会意识；再次，把古村落保护与旅游开发相结合，积极鼓励村民个人开办古村落“家居旅游”，提供餐饮及住宿，吸收村民以古建筑、农产品、劳力和资金等形式入股分红等，让当地群众获得更多的实惠；要教育引导驻地群众树立长远眼光和共赢的理念，进一步规范村内各类摊点、饭店等，维护景区良好形象，切实维护好村落保护和群众利益；发挥村民自治作用，成立村级保护组织，“成员由村里或周边德高望重的老人、党员代表、屋主代表、村民代表组成，由村委会牵头。保护协会主要行使古村落保护的巡查责任，严格执行保护规划。[13]”最后，古村落的“活化”理念还需要被不断传递，渗透在我们的日常生活实践中，成为代代累积沉淀的习惯和信念。

四　小结

“茅屋柴扉淡日长，闲春时坐古槐旁。小村身着杏花雨，农历深深深处藏。”朱家峪拥有幽雅的古村落环境和丰厚的民俗文化底蕴，是中国传统历史文化的优秀代表，保护和弘扬人民群众创造的传统村落文化，也就是留住“美丽乡村”建设的风骨所在。通过朱家峪的范例，我们意在探索有效的古村落保护办法和出路，唤起全社会对古村落保护的文化自觉。另外，在当今某些盲目“打造、改造、开发”之类的口号下，古村落的“活化保护”，是属于非常个性化、分众化和差异化的举措，任重道远，非政府或民众单单一方面能力所能达到。故在新时期更应该权衡利弊，让新旧文化都能在社会发展中互相补足，缔造出更具创意的鲜活形态。

注释

[1] 冯原：《活化历史建筑，才谈得上守望广州两千年文化》，《南方都市报》。2012 年 4 月 28 日。

[2] 程天赐：《古村落，多保一个就多一个文化基因库》，《农民日报》，2013 年 11 月 11 日。

[3] 游小文、温莹蕾，边克克：《古村落的保护与发展问题研究——以朱家峪村为例》，《规划师——济南专辑》，2007 年第 2 期，第 34 页。

[4] 上官云：《文化遗产日传统村落现状引关注 学者称可活化保护》，“中国新闻网”，2014 年 6 月 14 日。

[5] 聂存虎：《古村落保护的策略与行动研究—以山西下州村乃例》，中央民族大学博士学位论文，2011 年 3 月，第 1 页。

[6] 相关资料信息参考《加快科学发展建设美好家园——项目建设巡视·现在服务与旅游业之朱家峪古村展新貌》，“中国·章丘政务网”，2014 年 6 月 17 日。

[7] 《官庄镇打造朱家峪特色文化产业》，章丘市委政务网，2012 年 8 月 18 日。

[8] 尹怀玉：《古村落的保护与发展问题研究——以朱家峪村为例》，山东大学硕士学位论文，2010 年。

[9] 单霁翔：《从“文物保护”走向“文化遗产保护”》，天津大学出版社，2009 年，第 197 页。

[10] 高天星：《中国节日民俗文化》，中原农民出版社，2008 年版，前言第 3 页。

[11] 程天赐：《留住“美丽乡村”的风骨神韵》，《中国艺术报》，2014 年 3 月 4 日。

[12] 齐超、张兴红：《官庄镇朱家峪村：凝心聚力，加强生态文明建设》，数据来源于“中国·章丘”政府网。2012 年 10 月 18 日。

[13] 程天赐：《留住“美丽乡村”的风骨神韵》，《中国艺术报》，2014 年 3 月 4 日。

作者

李娉，山东博物馆馆员。

保护遗产资源　传承古镇文脉

◎ 张春岭

河南省社旗县县城所在地赊店镇，位于河南省西南部，南阳盆地东北部，古称“赊旗店”，因东汉光武帝刘秀曾在此“赊旗访将，起师反莽”而得名，始于汉，兴于明，盛于清，至今已有约2000年的历史。明清时期是驰名全国的水陆码头，清乾隆年间达到鼎盛，人口达13万人之多，各类商铺达1000多家，其中晋商达400多家。曾与朱仙镇、周口镇、道口镇并称为中原四大商业重镇，素有“天下店，数赊店”之美誉。近年来，社旗县注重保护文物资源，传承古镇文脉，在古镇的保护利用上取得了明显成效，赊店镇先后被国务院评为中国历史文化名镇和全国特色景观旅游名镇；被国家旅游局命名为国家AAAA级景区和河南省唯一古镇博物馆；被国家民族建筑学会评为第三批全国特色民族建筑旅游目的地。2014年4月，荣获“影响世界的中国文化旅游名镇”称号。

一　遗产资源丰厚 堪称古代商埠标本

明末清初，赊店镇假水运之优势，赖管道畅通之便利，成为北通汴洛之动脉，南达襄汉之津渡，东衢闽越之咽喉，西连山陕之要道，形成“四方百货兴贩之墟”，至清代乾嘉年间达到鼎盛。繁忙时节，沿河排船百艘，桅杆如林，成为“地濒赭水，北走汴洛，南船北马，总集百货”的“全国最富有的贸易中心”，在清代茶叶贸易中占据枢纽地位，成为可与丝绸之路相媲美的万里茶路的中转站和九省商品集散中心，曾吸引十多个省的商贾在此投资经商。

赊店完整保存了明清时代的城墙遗址、码头、航道、街道、商铺、民居、庙宇、会馆等，国内罕见、独具特色。十里城墙护卫，九座城门分设，72条街道、36条胡同对称布局，基本保存了原始商业街道肌理与商铺风貌。“山陕会馆”是一座巍峨壮观、金碧辉煌的宫殿式古建筑群，主体建筑有琉璃照壁、悬鉴楼、大拜殿和春秋楼等。其中的木、石、砖雕尤为精美，达到了“无木不雕，无石不刻”的境地。著名古建筑专家罗哲文、单士元、吕济民等对会馆的建筑艺术赞不绝口，誉为“辉煌壮丽，天下第一”“艺术辉煌，绝无仅有”。火神庙是全国仅存的烟花爆竹行业会馆。广盛镖局是中原仅存的古代镖局，是当时全国十大镖局之一，是清代最负盛名的心意拳发祥地。厘金局是全国仅存的清代“道台”级税务衙门。蔚盛长票号是中原地区第一家票号。此外，社旗非物质文化遗产资源丰富，目前已整理出1000余个重点名录。现存的商业规则碑刻等文物，为研究诚信文化、商业文化奠定了坚实基础。

二　规划在先　保护利用并举

（一）赊店古城恢复保护依法有力

社旗县委、县政府组织编制了《社旗县县城发展总体规划》《赊店历史文化名镇保护规划》《赊店古城核心区域修建性详细规划》《赊店古城古码头区域修建性保护规划》《赵河古航道区域景观规划》使古镇保护自总规到控规、详规、单体设计一脉相承，做到了依法有据，确保示范区各项发展规划符合社旗县土地利用总体规划和社旗县城市总体规划，在土地、消防、安全、节能、环保、卫生等方面符合国家、省市相关规定和标准，极大提升了赊店古城保护的层次和水平。

（二）古城保护快速推进

近年来，社旗县政府坚持大手笔、大投入、大保护的发展战略，先后投入资金2亿元，升级改造了山陕会馆、福建会馆、火神庙；按照“修旧如旧”的原则，恢复了厘金局、广盛镖局、蔚盛长票号、大升玉茶庄、信义轩茶馆、姜家大院、刘记酒馆、景德工坊和7个特色古民居；建设了瓷器博物馆、赊店文化广场、山陕会馆广场；仿古改造了永庆街、瓷器街、西阁内街等23条街道，基本恢复了古城核心区域古色古香的明清历史风貌。正在建设古镇博物馆、艺术博物馆、茶路驿站、铜艺馆、铁艺馆、茶文化大观园等一批新景点。

（三）着力营造古镇保护软环境

为了解决县城发展与古镇保护的矛盾，将整个县城划分为古城区、新城区和工业园区，陆续迁出古城区的行政机关和企事业单位，有效缓解了古城区人口密度过大的压力。改造了古城区的基础设施，核心景区全部完成青石铺路、管线入地、仿古路灯安装等。恢复使用古镇原有七十二条街巷名称。

（四）赊店商业历史文化得到了全面挖掘和弘扬

社旗县委、县政府专门成立赊店商埠文化研究会，创办了《大码头》等刊物，建设了赊店古城旅游网站，整理出版了《商埠雄魂》《赊店风云》《商业历史文化初探》《厚重赊店》《万里茶路枢纽赊店》等反映赊店商埠历史文化的书籍，央视近年六次走进赊店，录制了《商埠传奇》《水映赊店》《镖行天下》《铁旗商魂》《茶叶之路》等专题片，并在黄金时段播出，形成强烈反响。《杨家将》《陈庚》《人精》《彭雪枫将军》《南阳大会战》等10多部影视剧在赊店完成拍摄。2013年9月，全国万里茶路文化遗产保护利用研讨会在赊店召开，确立了赊店在万里茶路上的枢纽地位，形成了《赊店共识》。

三　古镇保护与利用中存在的问题

资金是古镇保护利用的瓶颈。在近年来赊店古城保护利用工作上，我们虽然采取了争取项目、筹措财政扶持资金、招商引资、单位帮建等多种筹资手段，但由于古镇保护利用耗资巨大，资金问题一直是工作中的瓶颈。古城墙的修缮、古码头区域的恢复，都因为资金问题进展缓慢。

古镇风貌保护与原住民生活质量提升的冲突。随着经济的发展，古镇原住民向往居住在宽敞明亮的现代建筑中，这与保护古镇风貌的宗旨存在冲突。如何使古镇原住民心情舒畅地生活在风貌古朴、设施现代、环境优美的环境中，并有效保护古镇风貌，应该认真探讨。

法律法规不完善。虽然国家有《文物保护法》，但管理对象重点在单体文物和列为保护单位的建筑物，对古镇、古村、古民居的保护缺乏现实指导性。赊店镇核心景观区的古建筑虽然得到了保护，但核心景观区以外的大量古建筑，因产权、保护级别、所需经费等问题，还存在着自然老化、年久失修等问题，需要下一步综合考虑解决。

作者

张春岭，河南社旗县文物旅游局。

湖北古镇文化游建议

◎ 孙君恒　温斌

湖北历史文化名镇，很好地集中保留了人文历史遗产，又有安静、美好的自然风光，是现代社会旅游的好去处。武汉理工大学与日本神奈川大学进行了合作项目“中日湖北古镇街道共同研究”，深入了解了湖北古镇资源。湖北大量的古镇，需要我们盘活，成为旅游目的地，体现其综合价值（文物价值、经济价值、旅游价值和发展价值），成为湖北经济和社会发展的“增长点”。多年来，我们寻访了湖北古镇，感到它们的价值尚未得到充分发挥，需要进行大力发展。

一　湖北古镇资源丰富

（一）国家级名镇

第二批中国历史文化名镇（2005）

监利县周老嘴镇

红安县七里坪镇

监利县周老嘴镇

红安县七里坪镇长胜街

第三批中国历史文化名镇（2007）

地　名	主要景观
郧西县上津镇	明清一条街为主的20多个闻名景观。其中包括：铁箍云峰、长堤柳浪、天桥古洞、松山仰面、白岩云桥、仙鹤凌霄、山山叠翠、伍峪青幔等。
洪湖市瞿家湾镇	“三横两纵”的自然水系、湘鄂西革命根据地，早已列入国家文物重点保护单位
监利县程集镇	“小汉口”

上津古镇老城墙

洪湖瞿家湾

湖北监利程集镇

第四批中国历史文化名镇（2009）

地　名	主要景观
咸宁市汀泗桥镇	“北伐名镇”
阳新县龙港镇	鄂东南革命根据地、“小莫斯科”
宜都市枝城镇	书法家、历史地理学家杨守敬出生地

第五批中国历史文化名镇（2010）

潜江市熊口镇

（二）省级古镇（湖北省级文物保护单位）

湖北省没有进行“湖北省历史文化名镇”的命名，但是湖北很多古镇是湖北省级文物保护单位，完全可以和其他省份命名的省级历史文化名镇相媲美。我们这里姑且称它们为“省级古镇”。

第三批（1992）

上津古城

仙桃市沔城回族镇沔城遗址

第四批（2002）

赤壁羊楼洞明清石板街

赤壁新店明清石板街

谷城老街古建筑群

第五批（2008）

大悟县双桥

丹江口市浪河老街

监利县程家集民居

其中，赤壁羊楼洞，有十分丰富的古代（老石板街、老房子、老井、老寺院）、近代（茶叶制造地，出口俄罗斯等地，中俄茶叶之路源头）、现代文化（抗美援朝伤兵医院、烈士墓地、文革期间五七干校、

羊楼洞砖茶

羊楼洞为中国人民志愿军国内三处烈士集中安葬地之一

知识青年下乡基地）等丰富历史文化见证和痕迹，羊楼洞志愿军烈士墓为中国人民志愿军国内三处烈士集中安葬地之一（有142个烈士墓），让人感到这里就是鲜活的历史博物馆，加上这里绿色的茶园、淳朴的民风、自然的环境，古色和绿色并驾齐驱，使人流连忘返。下面的照片再现了赤壁羊楼洞的历史辉煌：

羊楼洞明清石板街

羊楼洞志愿军烈士墓碑有20世纪50年代文风（碑头有“不朽”“若生”“永久”“千古”“常在”等字样）显示了时代烙印

原武汉市革委会五七干校校部（羊楼洞）

羊楼洞老知青茶庄

羊楼洞老知青当年宿舍

我们2010年前已经实地寻访的湖北古镇

地　名	所属地	特　色
龙泉	宜昌	稻花香酒生产地
昭君	兴山	昭君村
蕲州	蕲春	李时珍、博士街、金陵书院
清泉	浠水	文庙、闻一多纪念馆
歧亭	麻城	杏花村、老街
宋埠	麻城	举水河、老街
乘马岗	麻城	会馆、农民运动历史
胜利	罗田	老街、革命文物、烈士纪念塔
青山	武汉	古渡、古井、老街
白霓	崇阳	老街、古堰
新店	赤壁	河道、老街
余家桥	赤壁	老街、祠堂
羊楼洞	赤壁	茶叶、老街、民居、抗美援朝伤兵医院、烈士墓、武汉五七干校旧址、武汉知识青年下放地、圆通寺
双桥	大悟	老街、民居
张集	钟祥	老街、民居、附近古寨、自然山水
石牌	钟祥	豆腐、“十街三巷十八门”布局
柏泉	武汉东西湖	老街、天主教堂
黄花涝	武汉黄陂	渔港、老街、民居
沔城	仙桃市	普佛寺、诸葛亮读书台、陈友谅故居、玄妙观、东岳庙、东沼红莲
陨口	武汉东西湖	已经消失
上津	十堰市郧西县	秦楚咽喉，政治中心，军事要地。上津古城保存完整，有老天主教堂
汀泗桥	咸宁市咸安区	古桥始建于1247年，为湖北省现在最古老的石拱桥。北伐战汀泗桥战役而蜚声海内外

由于历史、地理（河流改道）和交通的变化（仅仅是水运或者传统道路运输，没有铁路、省级以上公路和交通枢纽优势），我们发现过去有名气的古镇，辉煌不再，严重衰落。这些古镇包括：

名　称	所属地	主要原因
羊楼洞	赤壁	镇治撤销；砖茶厂搬迁；交通问题
双桥	大悟	镇治撤销；传统农业；交通问题
黄花涝	黄陂	镇治撤销；传统渔业；交通问题
陨口	东西湖	汉水改道
沔城	仙桃市	州治改变；传统农业

二　湖北古镇旅游现状

近几年兴起古镇旅游热，市面上也不断出现《中国古镇游》《乡土中国》《中国古镇图鉴》这类图书。丽江、大理、凤凰、阳朔、平遥、周庄、婺源、同里……一个个古镇鲜活地走进我们视野。然而，湖北古村镇却令人感到陌生。2009 年蓝天出版社出版的《中国 100 个魅力古镇》，湖北名落孙山。其历史文化挖掘、整理，其开发利用，都值得认真思考。

例如，赤壁羊楼洞是明、清、中华民国和中华人民共和国专门历史的缩影和见证。明清老街全长千余米，保留着 80 余处古建筑。“川字茶砖”享有盛名。但是，古街道特别萧条，茶庄、钱庄、酒肆，现在都销声匿迹，成为普通民居。来访问的仅仅是零散的人员：其一为当年抗美援朝医院和伤兵有关人员，其二是网友、驴友寻访者。当地也没有在旅游上有收入，和她的历史地位和旅游资源非常不相称。

美国的艾梅霞所著的《茶叶之路》（中信出版社，2007 年版），图文并茂地生动再现了当年羊楼洞的生产和贸易盛况，留下古镇非常难得的珍贵镜头，是茶马古道历史寻觅的难得第一手资料。当年羊楼洞茶厂外景和茶叶制作、包装过程 7 张照片，惊现在这个老外原版书中。7 张照片都为茶叶生产方面的，一处清楚标明为羊楼洞茶厂外景，其他地方只是确定为华中、湖北。但是无法准确判断具体地点，有可能为羊楼洞茶厂，也有可能为汉口茶厂。照片拍摄者均为：俄国鲍威尔斯基。拍摄、制作很艰难：19 世纪，用的是玻璃底片。这张底片珍藏在俄国西北部涅瓦河畔古老而美

羊楼洞茶厂外景

家庭院子内的茶叶种植（1874 年）

选茶

筛茶

称茶

压砖茶

装箱

丽的圣彼得堡文化历史研究所里。有关茶的记载：大盛魁的主要茶叶生意由其小号“三玉川”经营、大盛魁的许多小号都喜欢用“川”来结尾。俄国人在汉口有七个茶叶工厂制作砖茶，以销往茶叶之路沿途。以下照片均来自艾梅霞所著的《茶叶之路》，真实表现了羊楼洞茶叶种植、生产的细节和当年的辉煌历史，说明了羊楼洞古镇的深厚茶叶文化和贸易的特色[1]。

近些年，古镇旅游如火如荼，尤其是江浙、西南的古镇旅游，社会和经济效益特别可观。与国内其他古镇对比，湖北古镇的旅游开发实在有些迟缓，宝贵的历史文化和自然资源利用需要加强：

我们的国内名镇2010年前的寻访，包括：

地　名	所属地
福宝、李庄、夕佳山	四川
平遥、碛口镇、娘子关镇	山西
阳朔	广西
东山、木渎、惠山	江苏
绍兴	浙江
枫泾、七宝、川沙	上海

地　名	所属地
宏村、毛坦厂	安徽
婺源	江西
唐家湾镇	广东
朱仙镇、神垕、冢头、荆紫关	河南
青岩镇、天龙镇	贵州
广府镇	河北

我们认为湖北古镇旅游的主要问题是：

1. 缺乏广泛、持久的宣传。或者说宣传力度需要加强。例如，仙桃沔城镇很古老，历史资源丰富，现在存在的东西很多，但是远在深闺无人知，更没有成为旅游产品。这样的事例，十分普遍。

2. 缺乏旅游公司开发。为了更好服务游客，现代旅游理念下的景区规划设计、公司管理和“打包”“捆绑”销售，很有必要。我们寻访的全国名镇，都依托地方旅游公司专门经营，旅游公司负责规划、资金、营销等各个方面。例如，上海的枫泾古镇，相对于苏州周庄古镇起步晚，但是有特色，我们参观的时候，发现它与2010年上海世界博览会成为合作伙伴，拉世界博览会的游客来古镇，大力推广了枫泾古镇，效果很好。我们也是这样来的其中的游客。服务不到位。湖北的历史文化名镇，缺乏管理、不收门票，值得游客观赏的地方，卫生环境一般，无专门的停车场，没有旅游饭店，旅游路线不明确，缺乏优质的服务，很不便利，满足不了游客需要。在网络上，只是QQ群和有兴趣的背包客、驴友这些少数人来的地方。

3. 缺乏集中、专题旅游。体现小镇的魅力的精华（雕塑、建筑等）不集中，分散在老街道、居民家。例如，小河、羊楼洞等古镇，除了老街外没有什么特别突出的、鲜明的文化遗产，不具备现代旅游的全面要素；老民居都是现在居民生活地，不便去参观；没有城楼关口大门把守，不好收费，也无法收费。湖北古镇旅游，应该着眼地方的、文化品位的、深度的资源，提倡“湖北人游湖北”，给予当地游客优惠，逐步提高知名度，旅游内外结合，让湖北人首先了解湖北古镇文化的深刻内涵（茶马古道、老码头、老民居、老店铺、老字号等），不应该只是看外地的景点，“墙内开花墙外香”。

孝昌小河镇雕花门

孝昌小河镇老街

三 我们的建议

湖北古镇资源丰富，值得充分挖掘和大力利用，开展“三色”（绿色、古色、红色）文化旅游。主要建议如下：

（一）突出楚文化和地方特色

武汉理工大学李百浩教授以翔实材料揭示了湖北古镇各自的历史特色。如赤壁羊楼洞因茶而兴，罗田屯兵堡因兵而兴，监利周老嘴因渡而兴，阳新龙港因埠而兴，监利程集因集而兴，赤壁新店因茶运而兴等。我们应该认真对湖北古镇的特色进行整理和挖掘，使之能够形成可看、可玩、可品味的旅游产品。

（二）充实、打造旅游景点

现在湖北古镇旅游不好收费，景点分散，老街道一般，应该学习上海、江苏、浙江等地的经验，充实、打造旅游景点，增加丰富的内容，在历史性、知识性、趣味性上下功夫。例如，上海枫泾，有朱学范故居、丁聪漫画馆、金圃宅第、东区火政会、程十发祖居、农民画世家展厅、人民公社旧址、毛泽东像章馆、吕吉人画馆、丁蹄手工作坊、施王庙，不是简单的小桥、流水、人家的江南小镇。这样的地方，即使收费，游客也感到应该，不是简单的古镇老街道泛泛一般的欣赏。

（三）先行推出示范古镇

地　点	优　势	区　位	旅游设想
青山	武汉城内唯一古镇：桃园古井、民国胡锦泰染坊铺面和旧居、五女粮店、70 年代青山镇码头、70 年代青山正街、鸡头山 1938 飞行员陈怀民就义处、黎元洪建设的武丰闸、张之洞海军基地、老驿道、老渡口	武汉中心“都市村庄”	武汉市民一日游；与天兴洲旅游对接
汀泗桥	“北伐名镇”、古桥、老街、烈士陵园、老碉堡、铁路桥、博物馆、山水秀美	武汉 2 小时车程	武汉市民一日游
羊楼洞	砖茶厂博物馆、抗美援朝医院和烈士墓、老街、五七干校、知识青年下乡茶厂	鄂南	武汉市民二日游
小河	明清街长达 1.5 公里、四官殿、老雕花窗民居院落（老中医张柏清家）、胡在田书画家院、老街 “慎终、追远”“守孝三年”等对联、东岳庙大殿，有“小汉口”之称	孝昌，距离武汉 2 小时车程	武汉市民二日游
金口	中山舰博物馆、金水闸、石板路、老民居、福音堂、三义庙	武汉近郊	武汉市民一日游
七里坪瞿家湾	红色旅游；2008 年，七里坪镇被纳入湖北省首批旅游名镇创建试点单位和“全国特色景观旅游名镇”创建试点单位。	鄂东北、鄂中	武汉市民二日游
谋道	土家山寨	鄂西	武汉市民三日游

武汉青山古镇桃园古井

武汉青山镇武丰闸（黎元洪题词）

（四）专题旅游

（1）革命历史文化旅游（红色旅游）。湖北境内的革命历史文化名镇主要有：红安县七里坪镇、洪湖市瞿家湾镇、监利县周老嘴镇、潜江市熊口镇和阳新县龙港镇。此外，罗田县胜利镇、大悟县宣化店镇等。

（2）名人旅游。例如蕲春，可以开展以李时珍为代表的、博士街旅游。

（3）茶马古道游。寻访羊楼洞的茶叶生产、制造、运输、交易过程，了解新店作为茶叶运输口岸的情况，认识汉口俄国茶叶加工和经营历史，沿汉水一线到襄樊，查看当年的老会馆、老码头，观赏晋商故事、《走西口》电视剧等。

（五）商业化运作

通过旅游产业带动古镇发展，重点开发食、住、行、游、购、娱旅游六要素产业。为此，需要商业化运作，协调旅游公司与古镇的利益关系，要让旅游公司古镇旅游有利可图，促进湖北古镇旅游项目的广泛开展，使少数人的寻访变为大多数人的旅游。

注释

［1］（美）艾梅霞：《茶叶之路》，中信出版社，2007 年。

作者

孙君恒，武汉科技大学文法学院教授。
温斌，武汉科技大学研究生。

湖南隆回花瑶传统村落保护与民生改善研究

——以崇木凼村为例

◎ 徐靖婷　柳肃

传统村落保护、旅游开发和民生改善之间的关系始终需要一种平衡。本文以湖南隆回县虎形山瑶族乡崇木凼村为例进行实地调研，从改善民生的角度应对旅游开发与村落建设的过程中可能存在的问题提出建议与对策。传统村落的保护需规避由于过度开发可能带来的建设性破坏，促进民生改善与传统村落的长远可持续发展。

在城乡一体化、建设新农村和大力发展乡村旅游的影响下，传统村落的样貌也开始逐渐“现代化”，即使依旧存在于那片土地上，人们的生产生活方式已发生了剧变。这些承载着我国悠久的农耕文明和灿烂文化的传统村落产生于历史，却逐渐在历史中消逝。

传统村落的消亡速度几乎与前期人们对它的关注程度成正比。据 2004 年统计：颇具历史、民族、地域文化和建筑艺术研究价值的传统村落，具历史、民族、地域文化和建筑艺术研究价值的传统村落总数为 9707 个，至 2010 年仅存 5709 个，平均每年递减 7.3%，每天消亡 1.6 个传统村落，消失的势头迅猛难以阻挡。这种现象仅给予关注是远远不够的。湖南省隆回县虎形山瑶族乡崇木凼村是个正在与旅游开发相互适应的少数民族传统村落，和中国南方其他地区城市化还在继续蔓延的农村一样，村民们更倾向于建造楼房取代曾经的木构旧宅，然而，外观的改造并不代表生活水平的提高和民生的改善，传统村落保护是旅游开发的根本，也是民生改善的基石。

一　湖南隆回花瑶崇木凼传统村落保护现状

位于湖南湘西南腹地隆回县虎形山——花瑶景区的传统村落是我国最大的花瑶聚居地，该区域的旅游资源具有独特性和稀缺性。自 2010 年虎形山——花瑶景区获颁国家重点风景名胜区后，旅游产业带来了经济的快速发展，也让传统村落的保护面临巨大的考验。一方面，经济发展也带来了“建设性、开发性、旅游性”破坏；另一方面，传统村落的建筑风貌与景观格局的改变也破坏了作为物质文化遗产的原真性和它所承载的文化信息，而浮于表层的对现代建筑简单的“穿衣戴帽”或“矫枉过正”的粉饰等并不利于传统村落文化遗产保护与长远可持续发展。

崇木凼村于 2012 年入围首批中国传统村落，2014 年 7 月被列为湖南省集中成片传统村落整体保

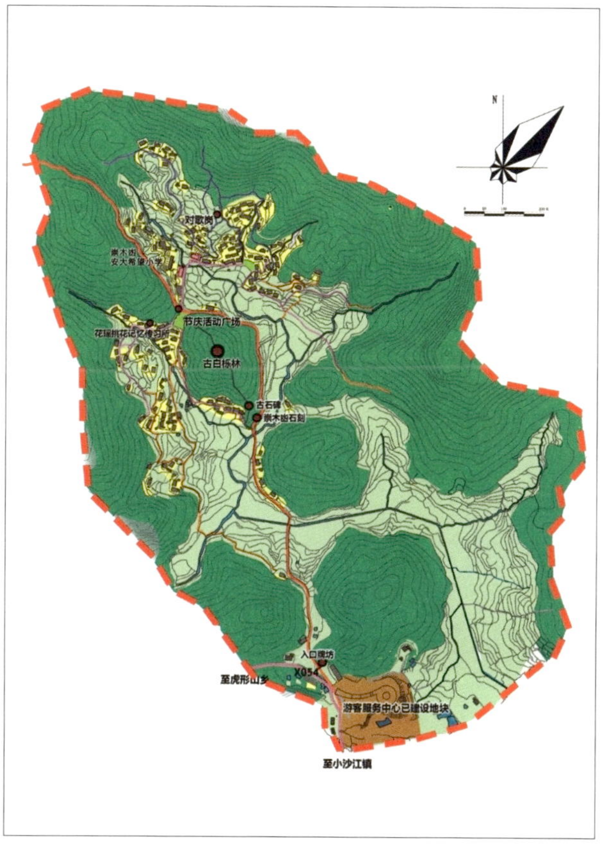

崇木凼传统村落及周边环境平面图（柳肃工作室绘）

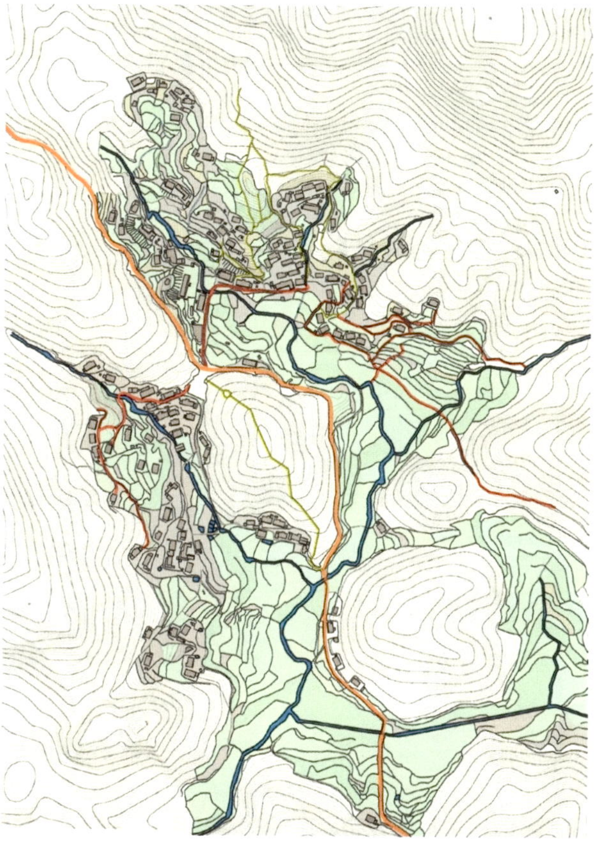

崇木凼传统村落平面图（柳肃工作室绘）

护与利用名单。这个神秘的瑶族村落恰如其名——以“崇木”著称，视古树为神灵。村内传统民居鳞次栉比、依山而建，围绕在神圣的古白栎林周围形成三片聚居地。传统民居多为穿斗式木构建筑的形式，风格淳朴且结构完整。

（一）土地利用现状

崇木凼村土地利用类型主要包括耕地、林地、居住用地、道路、水域等，保留了地块原始的肌理，传统村落的保护还在逐步适应旅游开发，目前还未建设完善配套的基础设施。耕地面积约 53.48 公顷，如图 2 中现状村庄周围地势平缓处或沿山势开垦的梯田，绵延分布在红线区域中部腹地，布局相对分散。水域面积约 2.31 公顷，主要为崇木凼村中蓄积的山泉、水塘和溪流。该区域森林覆盖率达 60.14%，林地面积约为 108.17 公顷，在村落中心的核心保护区域有一片古白栎林，与花瑶节庆聚居地对歌岗遥相呼应。原住民居住用地主要集中在图 1 所示的西北面，占地约 12.04 公顷。

（二）交通现状

崇木凼村道路占地共约 3.85 公顷，村落入口处临近县道 X054，入村的主干道是一条仅有 3 米的石板路，入口最宽处仅 5.5 米，难以满足消防需求。村内部分景点设有石板游步道，但西北面民居最密集的聚居点到对歌岗的游步道连续性较差，因缺乏完整保护意识加之经营管理疏漏，路面破损，山体滑坡、落叶也使部分道路被覆盖而中断。

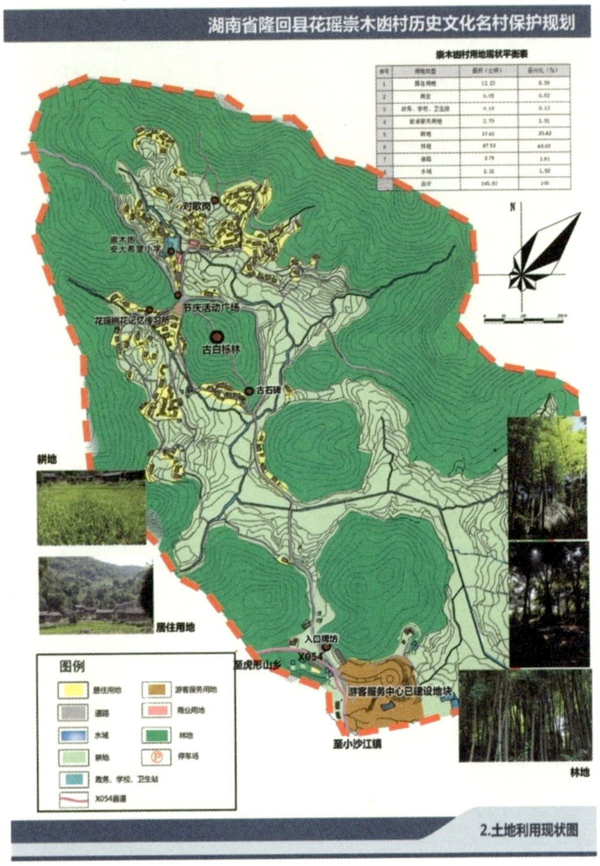

崇木凼传统村落土地利用现状图（柳肃工作室绘）

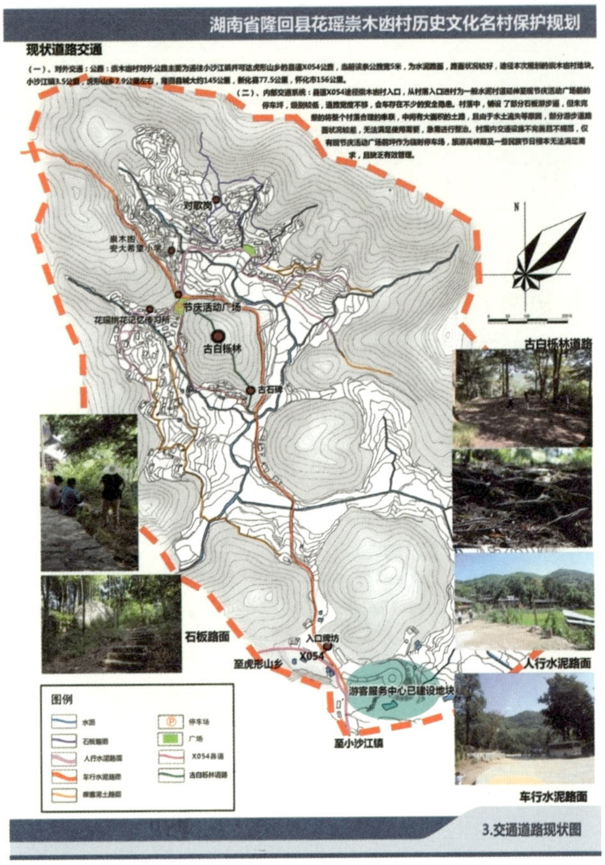

崇木凼传统村落交通道路现状图（柳肃工作室绘）

花瑶传统村落鳞次栉比的民居（作者自摄）

花瑶传统村落与梯田、山林的和谐共生（作者自摄）

（三）建筑保护现状

崇木凼村有建筑 150 余栋，传统建筑的比例高达 83.93%，多为单层或双层花瑶传统木构建筑。新建房屋中，与传统建筑风貌相符的建筑仅 4.76%；其余 11.31% 的建筑多为砖混结构。红线范围内。除个别砖混结构的民居和杂屋外，其余的均为花瑶传统的全木构民居形式，顺应自然、因地制宜，以地适应山地茂林潮湿温热的气候。

崇木凼传统民居（作者自摄）

崇木凼传统民居（作者自摄）

古树林掠影（张远博摄）

居住区通往古树林的石板路（张远博摄）

花瑶的传统木构建筑类似湘西吊脚楼，一般建两层，楼梯在外可见。二层常作架空层，以储物为主，有需求时可将木板壁围合成墙壁而作房间。生活起居主要都在一层，受到汉人生活习惯的影响，而在一层设神龛放置神主牌位，成为活动与待客的堂屋。根据前期调研资料，29.76% 的建筑质量不理想，亟待修缮与更新，使其与传统建筑风貌协调。

（四）非物质文化遗产保护与传承现状

崇木凼传统村落民居保存完整，人居环境与生态环境自然和谐。花瑶传统技艺和节日在此得到传

古树林掠影（作者自摄）

崇木凼瑶族村一角（作者自摄）

在对歌岗展示花瑶传统挑花技艺的姑娘们（http://www.lhhyyx.com/W-61.aspx）

在古白栎林对歌的花瑶女子（http://hxs.longhui.gov.cn/show.asp?id=1603）

花瑶女子展示还未绣完的挑花布（张远博摄）

在家劳动的老人和妇女（作者自摄）

承和展示。精美绝伦、浑然天成的花瑶挑花和婉转高亢的呜哇山歌是花瑶最独特的文化标志。2013 年花瑶挑花、呜哇山歌被引入小学课程，并列入花瑶民俗表演队的表演项目，群众基础日益广泛。此举以积极引导非物质文化遗产的传承人创办传习所，开门收徒，以“一人带一户、一户带一片、一片带一村”的模式，带动 2000 多名群众参与“非遗”传承和可持续发展。

二　崇木凼传统村落民生现状与问题

（一）基础设施条件需改善，村落管理与发展水平有待提高

崇木凼村基础设施条件普遍较简陋。首先是道路建设的不完善影响到了民生的方方面面，道路过于狭窄、聚居区域内部空间有限、和公共服务设施的缺乏等。村民的生活用水主要取自自然流下的山泉水、自建蓄水池取泉水或溪水和水泵抽取地下水。若不进行集中供水，一是影响地下水位进而影响生态环境；二是不利于未来的农业生产用水和旅游业的发展。在环卫设施方面，环卫车仅能通过 3 米的村道进入，垃圾回收站的点之间相距太远，且聚居地的高差较大，住在离垃圾站较远的人家处理非常不便，随意倾倒垃圾更会导致环境的恶化。在电路方面，崇木凼村虽已经过农电改造，但入户线路较为杂乱，未来发展旅游业需要对其进行统一规划与调整。

（二）人均可支配收入较低，青壮年劳动力流失

和其他农村普遍存在的突出问题相似，农民受教育程度和可支配收入普遍偏低，没有固定的工作

热闹的讨念拜节和讨寮皈节（http://www.agri.gov.cn/）

挑花的老妪凝视着自己的作品（http://www.lhhyyx.com/W-61.aspx）

山下村民取水洗衣之处（张远博摄）

山泉水简陋的蓄水池之一（张远博摄）

与场所，从事农业劳动的季节性强且稳定性较差。崇木凼村 85.87% 的青壮年劳动力选择外出打工，劳动力的的流失使空巢老人、留守儿童成为巨大的社会问题。

（三）继续教育普及率不高，新思想、技能推广难度大

当地村民的受教育程度普遍不高，在完成基础教育之后，许多村民会选择在外务工不返乡，对于新的开发理念与农业技术、管理技术的推广接受难度大。长期服务于劳动密集型产业不是发展的长远之计，提高村民的自身素质和职业素养，并对其进行与崇木凼传统村落旅游开发相适应的职业技能培训、吸收本地就业才能为崇木凼传统村落的保护与发展奠定人力资源基础，避免劳动力资源大量外流。

三　崇木凼传统村落保护与民生改善对策与思考

（一）传统村落保护、旅游开发与民生改善的辩证关系

传统村落的保护需要旅游产业的强大经济实力来支撑；而旅游开发业依赖传统村落物质与非物质文化遗产的保护来提升自身价值；二者与此同时也能促进民生改善和社会和谐，民生改善为传统村落保护提供人力与物质基础，对于旅游开发与后续管理与发展也有积极的推动作用。因此，三者是能相

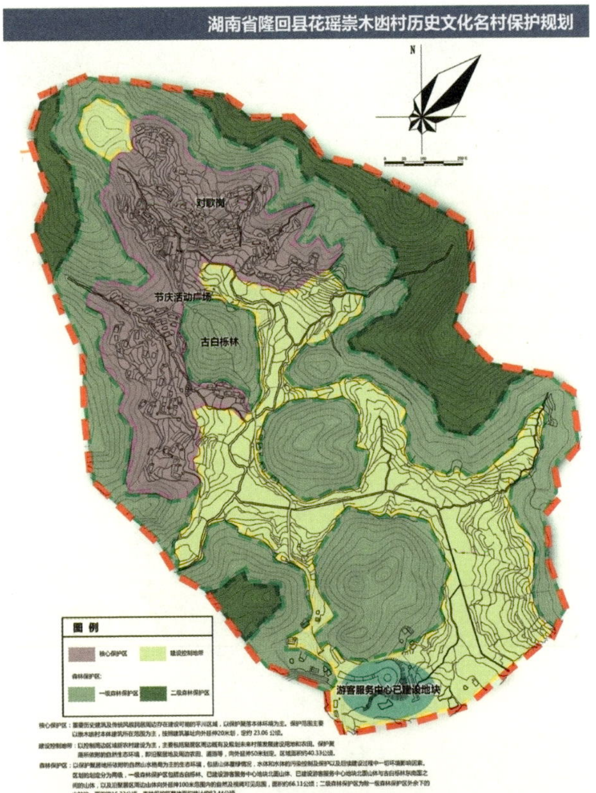

崇木凼传统村落保护范围规划图（柳肃工作室绘）

崇木凼传统村落给水工程规划图（柳肃工作室绘）

互促进、互为支撑的有机整体，三者的和谐统一能切实保护传统村落的长远可持续发展。保持崇木凼景区内花瑶文化风情的原真性，注重少数民族居民的居住地、居住方式、人口分布，严格保护当地居民的生产生活习惯及生存环境。保持传统村落及古白栎林景观资源的完整性、稳定性及土地资源与风景资源的统一性，以实现风景区的可持续发展。

崇木凼旅游产业的开发应当侧重保留其古朴的花瑶村寨与村落格局、视树木为神灵的民俗与茂密的森林资源，利用农业依托旅游业，旅游业反哺农业，为旅游者提供更好的产品与服务，为当地村民建设更好的生产生活条件。传统的金银花种植仍然可以成为景观观光要素之一，节庆期的对歌岗、花瑶挑花技艺传习所则有利于开发参与性强的体验型旅游。依托村落入口处已建成的游客服务中心作为虎形山花瑶国家级风景名胜区门户的始发优势，开发结合生态、奇景观光、民俗体验、农事体验的系列旅游产品。

（二）传统村落保护要合理整治、适度开发并与发展旅游相适应

传统村落保护既要科学整治自然环境及人文环境，又要加强传统村落基础设施建设。二是传统村落保护利用要与改善农民生活需求相结合。当然，农村生活条件的改善除了基础设施条件的改善之外也包括生活方式的多样化与生活需求的变化。在村落中可增加活动场所和集散广场，民宅前可视情况硬化小型的前坪。可增设公共建筑如小型图书室，网吧，棋牌室和普通健身器材，丰富居民生活，提高综合素质。使村民充分认识到村落保护与发展与切身发展需求与切身利益的关联性，引导居民参与旅游开发经营从而与传统村落保护有机结合，这样既能保护好传统村落物质与非物质文化遗产，又能充分发挥其旅游产业价值和对民生改善的推动作用。规避过度开发和建设性破坏，“把古迹当景点、把遗产当卖点”是典型的“杀鸡取卵”的思路，旅游产业打造的投其所好的市场经济产物和单纯的商业运作模式不适合传统村落的保护与利用，保护与利用要适度且平衡，以传统村落及文化遗产的保护促进旅游资源利用,才能在合理开发中发挥其历史文化价值和自然景观价值从而加强对传统村落保护。

2013 年 7 月，崇木凼村落保护依托湖南大学建筑学院，实施文化扶贫、项目扶贫、教育扶贫、科技扶贫等。并充分利用学科资源和专业的优势，大力支持花瑶景区的旅游规划工作，对核心景区崇木凼景区、大托景区、崇木凼景区制定了控制性详规，助力瑶乡旅游发展。

（三）传统村落保护利用及旅游开发要与改善农民需求相结合

传统村落保护在落实的过程中要与改善村民的实际需求相结合，调动农民积极性，让旅游开发成果惠及村民，引导和鼓励全民参与传统村落保护与管理。保障当地村民就业并参与经营是发展的基础。当地居民是瑶乡的原住民，也是传统村落保护的重要力量，因此要加大宣传力度，使当地村民意识到到保护传统村落的意义以及与其切身利益和长远发展的关系，传统建筑的抢救与保护刻不容缓，以人为本、关注群众民生、保障村民合法权益等更是传统村落保护重要的一环。

传统村落保护有望获得中央财政支持。根据 2014 年颁布的《湖南省全国重点文物保护单位和省级文物保护单位集中成片传统村落整体保护利用实施方案》，计划用 3 年时间，全面提升 28 个全国重点文物保护单位和省级文物保护单位集中成片传统村落整体保护利用水平。湖南将以省级及以上文物保护单位为重点，传统村落的重要文物古迹、乡土建筑、传统民居基本消除险情，得到全面维修、维护和合理利用。科学发掘和合理利用传统村落的非物质文化遗产，基本建立乡土文化活态传承的机制；

重点支持符合村落历史文化价值的特色产业；保持和改善传统村落的风貌、格局，维护和优化自然生态环境；实现消防、防灾避险等必要的安全设施以及水、电、路、通讯等配套基础设施基本齐全，促进民生状况进一步改善和传统村落保护的践行。

四 结语

传统民居的更新、村民的就业与发展、旅游开发与传统村落格局之间的矛盾，让我们深知传统村落保护任重而道远。最严厉的惩罚莫过于失去，生活着的历史指的不仅是屹立在乡村土地上的传统建筑与原生山林，更是那些土生土长生存在偏远少数民族乡村的同胞，他们世世代代守护着中华民族的精神家园，传承着厚重而古朴的文明。崇木凼传统村落的保护也是中国传统村落保护与民生改善实践的一个缩影。旅游开发对于传统村落来说是机遇，也是巨大的挑战，这条路依然任重而道远。

参考文献

[1] 周乾松：《我国传统村落保护的现状问题与对策思考》，我国历史村镇文化遗产保护利用的实证研究（10BSH032）国家社科基金项目阶段性成果，2013 年。

[2] 罗哲文：《历史文化名城与古建筑保护文集》，中国建筑工业出版社，2003 年。

[3] 刘锋：《“民生改善”引领旅游发展方式转变》，国务院发展研究中心，2010 年。

[4] 陆元鼎：《中国传统民居与文化一中国民居学术会议论文集》，中国建筑工业出版社，1991 年。

[5] 康健：《古村落保护与发展模式研究一以段村为例》，太原理工大学，2008 年。

[6] John Brickerholf Jackson.Discovering the Vernacular Landscape., 1984

[7] 吴承照，肖建莉：《古村落可发展的文化生态策略—以高迁古村落为例》《城市规划汇刊》2003（4）：5。

[8] 刘沛林：《古村落：和谐的人聚空间》，上海三联书店，1997 年。

[9] 钟国庆：《肇庆广府古村落景观格局特点及其保护研究》《城市规划》2009 年。

[10] 刘建平，韩燕平：《我国古村落保护与古村落城镇化探析——兼论古村落社会主义新农村建设之路》《生态经济》（学术版），2007.05。

[11] 叶崇凉，孙非寒：《试论古村落研究向度及当下发展趋势》《四川教育学院学报》2010 年。

[10] 周骏羽：《从历史文化传承角度保护中国古村落》《人民日报》2011 年。

[12] 李仲先：《历史文化名村在乡村建设中的困境与保护》《生态经济》（学术版），2009 年。

[14] 李小云，闵忠荣：《江西山地丘陵地带历史文化名村保护规划探析——以贵溪耳口曾家村为例》《华中建筑》2010 年。

[18] 刘华领：《可作为文化遗产的古村落保护与旅游开发研究》，华中科技大学，2004 年。

作者

徐靖婷，湖南大学建筑学院硕士研究生。
柳肃，湖南大学建筑学院教授、副院长。

试论佛山松塘传统聚落形态特征

◎ 唐孝祥　陶媛

佛山松塘村历史文化底蕴深厚，聚落形态独特，不仅具有岭南地区广府传统聚落的典型特征，而且因其独特的自然地理环境和深厚的人文内涵而呈现独特的文化地域性格。本文从风水形势、景观格局、布局模式和民居形制四个方面探析松塘村的聚落形态特征。

松塘村为区氏单姓村，建于南宋咸淳九年（1273），面积 11 公顷，有 800 年历史。松塘村位于广东省佛山市南海区西樵镇，是上金瓯村下辖的一个自然村。据族谱记载，为避兵乱，松塘村始祖区世来偕同弟侄，自南雄珠玑巷沿水路南迁，在广州府南海县西樵山脚下定居繁衍，已经历 28 代，现有 1600 多人。松塘村在村落规划、建筑、历史、人文等方面有重要研究意义，并于 2009 年 11 月获得“广东省第二批历史文化名村”，于 2010 年 12 月获得了“中国历史文化名村”的称号（图 1）。

松塘村地处岭南水乡地区，隶属于广府文化圈，其聚落形态不仅具有岭南地区广府传统聚落的典型特征，且因其独特的地理环境和深厚的人文内涵而呈现独特的文化地域性格。本文从风水形势、景观格局、布局模式和民居形制四个方面讨论松塘传统聚落的形态特征。

一　“山环水聚”：松塘传统聚落的风水形势

出于对天道自然的尊崇追求和趋吉避凶的心理需要，中国传统社会人们笃信风水。传统风水根基

图 1　松塘村景观（作者自摄）

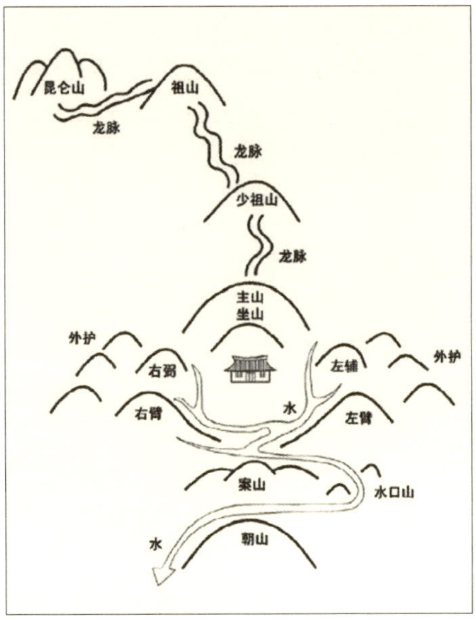

图 2　传统聚落理想环境模式（摘自《风水与建筑》）

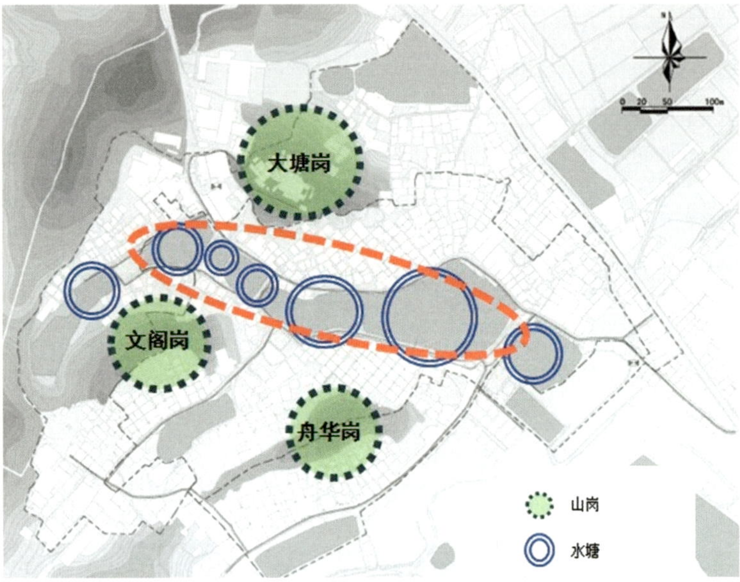

图 3　山环水聚的风水形势（作者自绘）

于天人合一观念，旨在追求理想的生存与发展环境。在风水理论中，传统聚落的理想环境模式应是背山面水，负阴抱阳。传统聚落的选址讲究主山龙脉和形局完整，即强调村基的形局和气场，认为村落的所倚之山应来脉悠远，起伏蜿蜒，成为一村“生气”的来源。同时要求村基形局完整，山环水抱，是上乘的“藏风、聚气”之地。如《葬书》中提到“风水之法，得水为上，藏风次之”（图 2）。

依托独特的山形水势，佛山松塘村因地制宜，形成了山环水聚的风水形势（图 3）。

松塘村毗邻珠江三角洲江河支系，有着典型的岭南水乡环境，同时村中还有山冈环绕。全村有大塘岗（北）、舟华岗（南）、文阁岗（西）三面冈峦环绕，村落建筑则依岗而建。在松塘村村志“松塘八景”[1]之“三台献瑞”中，就有对松塘村山形水势的描述，“本族来脉，由肇庆石龙过海，耸起大尧山为始祖，迤逦下递至金钟岗为少祖，由金钟岗至我乡老东岗、大塘岗之处，化为飞燕展翅，正对樵山，以结住场。”故有“燕子傍岗飞，代代着朝衣”之说。明嘉靖二十八年，村人区次颜中举返乡后“扶乩”[2]卜诗，领悟诗中之意，便与族人一同挖成村中大塘，水塘先后开挖七处。七个水塘相连延绵数十亩，自东而西纵贯村落中心，构成以线性水塘群为中轴线的视觉景观，谓之“玉带环腰，七星伴月”。松塘村由此形成四周冈峦环绕高起、中间低陷聚水的地理格局。

在松塘村自然环境的形成过程中，三座天然山冈形成来龙去脉，而松塘先人挖塘聚水之举，则形成聚落风水形势之“山环水聚”的标志性要素。松塘村后裔自撰的历史文献中记载，“松塘风水整体形局：山环水聚，发丁贵。”直接点名松塘古代先人为了松塘村风水格局的判定，为松塘人“代代着朝衣”的精神追求给予心理暗示。而事实上，松塘村自古以来就以学风治盛，能才辈出、科甲辉煌而远近闻名。自宋代以来，先后孕育出 20 多位举人、进士，其中 4 人入翰林院，故此，松塘村也有“翰林村”的美誉。

二　“依山傍水”：岭南水乡聚落的景观格局

基于山环水聚的风水形势，松塘村呈现出整体依山傍水的景观格局特点。但由于特殊的自然地理环境和多个居住里坊组团，聚落内部又呈现多重依山傍水的位置关系（图4）。

图4 松塘村平面图（图片摘自《松塘翰林文化村旅游开发规划》）

松塘村下辖有九个里坊，包括桂阳坊、桂香坊、圣堂坊、塘西坊、忠心坊、仲文坊、华宁坊、舟华坊、松北坊，是松塘村的居住组团单元。这九个里坊依托三座山冈和十个水塘的地理位置，均依山傍水而建。但与单纯的背山面水不同的是，由于有多山、多水、多里坊等复杂位置关系，因此每个里坊单元作为一个独立组团，面向都不尽相同，可以说每一个里坊就对应一组“山冈——里坊——水塘”关系，因此九个里坊对应九个朝向，形成九组对应的依山傍水关系。

松塘村的里坊朝向看似杂乱，实则有其规律特征。通过总平面图，我们可以发现每个里坊都会朝向一个池塘，而每个里坊的朝向则以所依托的山冈和池塘的区位关系确定。因有七个池塘位于村落中心，因此大多数里坊朝向聚落中心，形成一种内聚的形态特征。如桂香坊、桂阳坊都依托大塘岗而朝向中心月池；华宁坊则依托舟华岗而朝向中心月池；塘西坊依托文阁岗朝向中心月池。此外，还有忠心坊依托文阁岗朝向东南向池塘；仲文坊依托舟华岗而朝向西北方的小池塘；但并不是所有里坊都有山冈可依托，如圣堂坊和松北坊，朝向靠村外的池塘，而事实上这两坊在宗房亲疏上也较其他几里坊疏远一些。总的来说，松塘村九个里坊遵循坊坊朝塘，优者依岗的朝向特征。

在山环水聚的风水形势下，松塘村呈现依山傍水的整体景观格局，而九个里坊又因各自所依之山和所傍之水的区位关系呈现不同朝向，并遵循坊坊朝塘，优者依岗的朝向特征。

三　“巷巷朝塘”：岭南广府聚落的布局模式

岭南广府地区是以珠江三角洲平原为中心的广阔地域，这里夏热冬暖、河流纵横、地貌复杂。广府地区聚落形态丰富，结合社会组织方式，广府地区的聚落布局模式可分为以宗祠为核心的中心式布局、成排祠堂引领村落建筑群的梳式布局、社会结构较为扁平化、没有祠堂的单排线形村落三种类型[3]。其中，梳式布局是广府聚落形态的主要模式。而在松塘传统聚落则具体呈现为巷巷朝塘的布局模式和形态特点。

这种巷巷朝塘的布局模式整体规整，巷道纵横，肌理清晰，建筑群紧密相连，像梳子一样南北向排列成行，两列建筑之间有一“里巷”，大门侧面开向巷道[4]。建筑群前为广场，作晒谷之用，广场前挖土成水塘，呈半圆形或不规则长圆形，作养鱼、消防、灌溉等多种用途。广州黄埔区沙埔村（图5）、

图 5　广州黄埔区沙埔村（图片摘自《广东民居》）

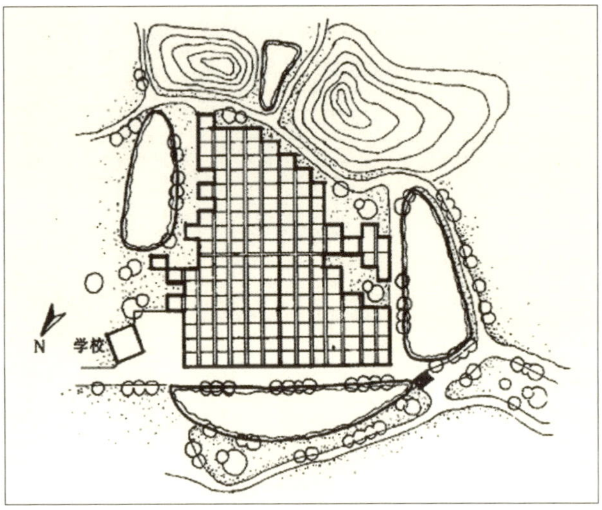

图 6　江门市开平中心村（图片摘自《广东民居》）

广州市花都塱头村、江门市开平中心村（图 6）、佛山市三水大旗头村等，都是巷巷朝塘的典型案例。这种布局模式可从肌理特征、空间特征和结构特征三个方面进行分述讨论。

（一）整齐规则的肌理特征

作为典型的岭南广府聚落，松塘村也呈现巷巷朝塘的布局模式。村中九个里坊皆依山傍水而建，各自朝向一个池塘。每个坊内街巷均垂直朝向水塘设置，里坊内建筑沿街巷纵向有序排列，形成了一个巷巷朝塘，百巷归源的整体格局，由此构成了松塘村有序而美观的聚落建筑空间。

（二）层层递进的空间特征

此外，巷巷朝塘的布局模式还使得一条条朝向池塘分布的巷道成为聚落里坊空间的主要脉络，同时巷道也成为室外进入室内的过渡空间。若以水塘为起点出发，人对聚落空间的体验秩序依次为池塘水面——广场——巷道——民居天井——正厅。在这一组间序列中，人的心理体验依次是，不能抵达的视觉开放空间（池塘）——作为公共活动的开敞空间（广场）——半私密的过渡空间（巷道）——各户半私密空间（天井）——私密空间（正厅）。由此，形成松塘村层层递进、逐步过渡的“面——线——点”的街巷空间形态。

图 7　位于前排的祠堂建筑群（作者自摄）

（三）祠堂主导的结构特征

巷巷朝塘的梳式布局不仅是对广府聚落肌理规整的描述，同时还呈现出广府聚落的结构性特征——以成排的祠堂为主导。祠堂作为宗族聚落的象征，其建筑形制最高，规模最大，装饰也最为精美华丽，是聚落的政治祭祀文化中心（图7）。

祠堂通常位于临水的第一排最佳位置，民宅只能排在祠堂后面，且仅有祠堂能朝向池塘和聚落建筑群外部开门，而其后排民宅只能朝向里巷开门。在松塘村，祠堂分别分布在桂香坊、圣堂坊、塘西坊、舟华坊等多个里坊中，祭祀松塘村始祖区世来的区氏总祠位于村心月池北岸，而松塘村的三大房系——孟房、仲房、季房的支祠则分别位于桂香坊、塘西坊和舟华坊，这三房后裔也多居住在各自支祠所在的里坊。在结构上，聚落以祠堂的空间位置为基点划分不同房系的血缘界限。

四 “三间两廊”：松塘聚落民居的形制特征

松塘村民居类型丰富，大致可分为祖祠家庙、书舍家塾、名人故居三大类，其建筑形制较为统一，多为三间两廊式，为广府地区最常见的民居形式（图8）。

三间两廊实质上是一种三合院的平面形式，建筑的平面尺寸大多为6.5m×8m左右，多以青砖为材料。厅堂前两廊分别是厨房、柴房和杂物间，中间天井内通常打一水井，供饮用。两廊的屋顶坡向内天井，取“财水内流”之意。厅堂在中间，一层设置神位，二层上空。厅堂两侧均为卧房，楼梯设在此间。在建筑造型上，由于除前排建筑外，巷内民居大门只能开向里巷，因此民居的山墙面和入口是建筑外观的重点装饰部位。民居山墙多采用镬耳墙形式，富裕人家则屋脊高大且装饰华丽。这些高低起伏，整齐有序的山墙形成村落优美的天际线，从巷口看去，巷道幽深，颇具韵律美（图9）。

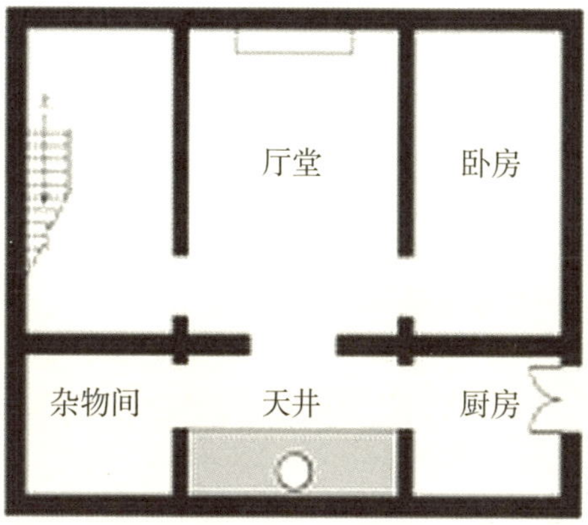

图8 三间两廊民居平面（作者自绘）

图9 三间两廊民居（作者自摄）

广府地区三间两廊的民居形制在自然通风、遮阳隔热，降温和防潮等方面采取一系列有效措施，创造出舒适宜人的生活环境，凸显出鲜明的地域技术特征。特别是在组织自然通风方面，梳式布局的巷道与民居厅堂、天井连续布置，利用风压通风和热压通风原理，将建筑外部风引入户内，形成民居内部自身的通风系统。

五 结论

佛山松塘村地处岭南水乡环境，又隶属广府文化圈，具备岭南广府聚落文化的典型特点，同时受自然地理环境和人文内涵的影响，又呈现出复杂独特的聚落形态特征。

在村落的整体风水形局上，松塘村有着山环水聚的学风治盛之势；在聚落景观格局上，整体呈现九里坊、九朝向的依山傍水格局；在梳式布局模式上，具体表现为整齐规则的肌理特征，层层递进的空间特征和祠堂引导的结构特征；而在民居形制上，则呈现为广府地区传统的三间两廊平面形式。松塘村聚落形态的形成，是文化的外在表现形式和特定地域人地关系的反映，同时也是岭南地域环境与广府民系文化性格契合而成的综合产物。

本课题为国家自然科学基金项目：
岭南建筑学派现实主义设计理论及其发展研究（立项编号：51378212）
亚热带建筑科学国家重点实验室自主研究课题创新探索项目：岭南建筑学派现实主义设计理论研究（立项编号：2013ZC06）

注释

[1]“松塘八景”，分别有“三台献瑞”“九曲凝庥”“华岭松涛”“横塘月色”“奎楼挹秀”“桂殿流香”“社学斜晖”“古榕烟雨”等八个景点。八景题名囊括了松塘村的自然景观、建筑景观和人文景观，简明扼要地点出松塘村的景观品题序列。
[2]扶乩，道教的一种问卜方法。
[3]冯江：《明清广州府的开垦、聚族而居与宗族祠堂的衍变研究》，华南理工大学博士学位论文，2010 年。
[4]陆琦：《广东民居》，中国建筑工业出版社，2008 年。

参考文献

[1]陆琦：《广东民居》，中国建筑工业出版社，2008 年。
[2]唐孝祥：《岭南近代建筑文化与美学》，中国建筑工业出版社，2010 年。
[3]杨小柳：《西樵历史文化文献丛书：南国古村 金瓯松塘》，广西师范大学出版社，2012 年。
[4]程建军，孔尚朴：《风水与建筑》，江西科学技术出版社，2005 年。
[5]冯江：《明清广州府的开垦、聚族而居与宗族祠堂的衍变研究》，博士学位论文，华南理工大学，2010 年。
[6]唐孝祥：《近代岭南侨乡建筑的审美文化特征》《新建筑》2002（10）。
[7]陆琦 潘莹：《珠江三角洲岭南水乡聚落形态》《南方建筑》2009（12）。
[8]孙杨栩 唐孝祥：《岭南广府地区传统聚落中的生态智慧探析》《华中建筑》2012,10。
[9]佛山市南海区旅游局，西樵镇人民政府：《松塘翰林文化村旅游开发规划》，2010 年。

作者

唐孝祥，华南理工大学建筑学院，亚热带建筑科学国家重点实验室。
陶媛，华南理工大学建筑学院。

河源古邑客家村落人文形态探析

◎ 蒋武生　袁凤忠

引言

过去10年，我国共消失了90万个自然村，平均每天消失80—100个村落。目前全国230万个村庄中，依旧保存与自然相融合有规划的村落、代表性民居、经典建筑、民俗和非物质文化遗产的古村落共有2000–3000座，相比2005年，消失了近一半。作为中国几千年农耕文化的最重要载体——村落的日渐消亡，让人扼腕。而广东，遍布在南粤大地上的广大农村承载着广府、潮汕、客家等丰富多彩的岭南特色文化。近年来，如何保护和唤醒岭南古村落引起了相关部门的重视。走访河源的古村落，探寻岭南客家古村的生存现状和保护之道。本文作者对古村落的历史变迁、建筑风格、民风民俗、文化积淀、村落风貌、保护发展等进行积极探索研究。

一　河源在保护古村落中存在的问题

1. 对保护工作的认识有待进一步提高。由于古村落散于农村，基础条件差，交通不便，而且古村落保护起步晚、基础差，有些地方对古村落保护缺乏应有的认识，没有放上位置，经费投入少，措施不到位，工作力度不够。

2. 保护规划和法规有待进一步完善。目前，我市多数古村落已编制保护规划，但古村落中的建设项目未得到有效控制，古村落周边环境仍有破坏现象，建设性破坏现象时有发生。有法不依、执法不严的现象依然存在。

3. 部分古村落和古建筑保护现状较差。调研发现，部分古村落一直处于控制保护状态，没有进行抢救性修复，十分破旧，历史遗存越来越少，古村落内的古建筑主要属于村民所有，多数村民无力按照古建筑保护要求进行维修，由于长期得不到必要的维修保养，多数古建筑破损严重，有的已发生局部坍塌。

4. 保护经费投入严重不足。保护工作举步维艰。

5. 社会化保护的政策瓶颈尚未突破。目前，社会上有一批具有一定经济实力且热爱传统文化的有识之士，有意于购买古村落内的古建筑进行保护开发。但是由于产权关系复杂、农村宅基地不能转让过户等原因，古宅民居不能进入市场进行合理流转，无法有效吸引社会资金进入到古村落保护中来。

二　客家古村落的发展演变

客家先民进入赣南之前，这里的土著居住的多为干栏式（架空地面楼居）居所。而土围子，则是明末清初时期，赣粤边境匪盗四起，社会动荡不安，家客的大户人家为有效地保住自家性命，保住聚集的财产，不惜耗费巨资苦心经营修筑，其结构形式由粤东客家标准格式——围拢屋发展变化而成。这一座座固若金汤的庞大建筑，四角建有炮楼，楼内连通，相互呼应，火力交叉如网；御火攻，围内设有多处消防注水口；防围困，围内置设多处粮仓……对于围屋，如果分得细一些，还可以看出两种基本模式：实心式空心式，实心式，围内主体建筑采用“厅堂式”，只是将两侧横屋升高，连成全封闭式的方形围屋平面，如关西新围，面积 10000 多平方米，内有三条（一主二次）三堂式中轴线，门道重垂，廊环巷深，厅前还有禾坪、照壁、马廊及花园等设施。空心式，如杨村燕翼围，面积 2500 平方米，围内不设主体建筑，只沿围的四周建房舍，中间除水井外，就是一个大禾坪。

河源市和平县兴井村，在不足两平方公里的范围内，有一个聚集了清代至民国时期罕见的古建筑群落。受国家文物局委托，广东省文物局由局长龙家有带队，专门派出一支专家考察队，近日完成了对这处古村落的考察鉴定。

林寨镇管辖 11 个行政村，有 48 个自然村，无论是丘陵地区还是平原，村村有角楼，即便是杨洞、坳洞等山坑角落，也随处可以看到历经沧桑的四角楼。最为著名的是在下正村与兴井村不足一平方公里的地方，兴建了二十三幢四角楼，加上散布在其他村落的，全镇约有二百八十幢大小不一的四角楼，一个乡镇拥有如此众多的四角楼，这在省内外很难找到第二个地方。

明末清初，林寨乡绅遍布粤、赣、湘、桂等地，开办店铺典当，山货茶庄蜂拥而立，一时声名鹊起，林寨人在外地开的店铺就达到四百多间。这些富庶户均各觅地建造房屋，由于林寨镇地处江洼地，地势较低，常常日遭三浸，为避水患和匪盗之忧，既雄伟坚固，又能防盗防洪的四角楼自然受到他们的青睐。四角楼内，屋柱、大门、檐石、阶石用青矿麻石，扇架、门额、屏风、雕刻、金漆，以石灰、大石、河沙夯成厚二尺墙壁，小窗户，屋顶为檐，用红砖、瓦檐封顶，金字角楼。

林寨的四角楼，大体上以大夫第命名，据说起源于清咸丰年间，各楼另有别名称谓，如新朝议第、老朝议第、司马第、中宪第、永贞楼、南薰楼、福谦楼、谦光楼、凤翔第、宝三楼、伦三楼、广文第、德馨第、三角楼、九栋屋、世美楼、美尽东南、颖川旧家、太邱家风、洋楼、天佑楼等。

说起林寨四角楼，就不能不说颖川旧家。该楼建在下井村开阔宽敞的显赫位置，是曾任广东省督军府顾问、民国期间连任两届和平县长陈襄廷的新楼。颖川旧家气势磅礴，雄伟壮观，是三进九厅大院，设计精巧，另具一格，是典型环保型楼宇，该楼石雕木刻，独具匠心，雕梁画栋，金漆油刷，器宇昂然，满屋廊门石柱书题楹联，皆出自徐傅霖之手笔，尽是三民主义之句，体现民生精神。徐傅霖乃陈襄廷儿时挚友，和平县下车镇人，早年参加同盟会，曾任临时国会议员、众议院议员，系国民政府中德高望重的邑人。

颖川旧家大门匾是首任国民政府主席谭延恺所题。谭延恺，系湖南茶陵人，曾任民国时建国军北伐总司令、1927 年在武汉任代理国民政府主席、1928 年任南京国民政府第一任主席。谭延恺与陈襄廷素有交往，故襄廷新楼落成后欣然为之书题“颖川旧家”四字为匾。据说谭延恺一生从未题过匾，惟此次例外。时到今日，保存完好，更显得弥足珍贵。

经省文物局古建筑专家认定：兴井村古建筑群保存了从清代至民国时期的24座客家方围屋，密集程度在广东省内乃至国内都属罕见。而此前，中国博物馆学会会长、原国家文物局局长张文彬专程到兴井村考察，并作出了“可与开平碉楼相媲美”的评价。

这里汇集的清代至民国时期的古代民居，是受客家、广府、潮汕文化多元影响形成的独一无二的客家风格方围屋，在广东乃至全国都具有独特性。

文物价值：独一无二的客家城堡典型的围屋，平面为方形，四角构筑有朝外凸出1米左右的炮楼（碉堡），外墙厚在0.6米~1.5米间。围屋立面高二至四层，四角炮楼又高出一层。外墙上不辟窗，仅在顶层墙上开设一排排枪眼，有的还有炮孔。屋顶形式以硬山为主。围内必设有一至两口水井。围门一般为一孔，大者则有两孔。围屋平面“口”字形的除四周围屋外，围内别无房屋，这一类数量较少，规模也较小。而“国”字形围屋则是在围内还建有一座带祖堂的主体建筑，这类府第式民宅较为常见，小者或一明两暗，但更多的是三堂两横，或规模更大的中轴线对称式宗祠民居，大者面积近万平方米。建筑材料以砖石为主，墙体大多采用俗称为“金包银”的砌法，即三分之一厚的外皮墙体，用砖或石砌，三分之二厚的内墙体，则用土坯或夯土垒筑。

围屋楼层一般比粤东的围龙屋高，而较闽西的土楼低。较之闽粤围楼，赣南围屋的防御功能更为完善。围屋四角所建的炮楼，其功用显然是为了便于警戒和打击已进入墙根或瓦面上的敌人。这些炮楼形制多样，不仅建在四角，有的还建在墙段之中，如同城防之“马面”。还有的则在四角炮楼上，再抹角建一单体小碉堡，从而完全消灭了死角。另外，在围门的设计上，也体现了追求万无一失的特点。门是整个围屋的安危所在，故一般在板门之后，还设有一道闸门。而有的围屋则在闸门之后，还设有一道便门，板门之前设一道“门插”（栅栏门，如同广东之“躺龙门”）。为防火攻，门顶还设有漏水孔。总之，防卫是围屋的最大特点。

黄森章认为广东古村落保护存在“上热下冷”现象。“上热”是指省委宣传部、省文联、省民协等部门对古村落保护比较重视。但“下冷”更应引起注意。

主要体现在镇村两级对保护工作认识不足、重视不够、力度不大。对此，黄森章提出五大建议，一是切实提高古村落的保护意识，尤其要加强对古村落的保护宣传；二是要发挥政府的主导作用，成立广东省古村落保护工作委员会，统一协调解决重大问题，政府必须承担这个责任，制订规划，落实经费，组织协调，动员社会各界参与；三是认真抓好古村落的保护规划，针对各个古村落的开发建设，要有长远规划、发展目标，包括划定范围、确立标志、建好档案；四是保护为主、合理开发。不能过度破坏古村落的生态环境，要保持古村落的原汁原味；五是设立专项基金，现在文物保护有专项基金，但古村落还没有。同时，通过政策引导，鼓励个人、企业、社会团体对古村落保护进行资助，拓宽保护、开发古村落的资金渠道。

如何保护古村落，很重要的一点就是保护古村落生命文化，也就是人的文化。人才是村落的文化生命，留住村落文化的传承人，如老作坊、老手艺人。要寻找和发现村落文化中的生动性和传递性，要认知这种传递，走近这种传递，将故事记忆和记载下来，这是村落保护的重点，也是目前最濒危的文化存在。客家围屋并不少见，但在方圆不足两公里的范围内，兴井村古建筑群保存了从清代至民国时期的24座客家方围屋，密集程度在岭南是绝无仅有的。广东省文物考古研究所博士曹劲，用“震撼”来形容第一次见到兴井村古建筑群时的感受。与常见的客家围屋圆形结构不同，兴井村古建筑群都是方形围屋，外部高墙合围，有的东西长近200米，看上去就像一座座坚实的城堡。

林寨古村悠悠两千多年历史，遗存着古巷、古井、古墙、古道、古寺、古亭、古桥、古树等独特的“老八古”。这里蕴含神韵，人杰地灵，俊材辈出，曾孕育清嘉庆庚辰科状元陈继昌、清光绪两广巡抚陈琼润等名人，林寨乡间有盛演粤剧、赛龙舟、舞龙舞狮、席床生日等习俗，这里是典型的客家文化之乡。和平县林寨镇建制于秦朝，有着2千多年的文化历史，由于水资源丰富，水上运输较为发达，带动百业兴旺，在石镇古村不足2平方公里范围内有86座古民居，其中四角楼24幢，其规模之大、工艺之精、文化底蕴之深厚，为国内罕见，林寨古村拥有中国最大的四角楼古建筑群、境内还有留云古寺、 七叠泉、 撑腰石、云外赏、响水滩、蟾蜍石等众多风景点，这里是保护最完整的客家古村、是蕴含中国历史文化底蕴的国学课堂、最具魅力的现代观光农业基地、是让游人震撼的摄影乐园，是广东省首批27个古村落之一。林寨古村有23平方公里耕地面积，且大部分在景区周边范围，是开发休闲农业最佳场地。林寨古村距广州、东莞、深圳和香港等城市均在3–4小时车程左右，交通便捷，是生态休闲旅游好去处。努力创建中小流域整治示范基地。林寨位于东江上游，原属十汛九灾之地。2008年，在全省率先启动了小流域综合治理工程，对林寨跃进段建立起综合防护体系，有效改善了当地生态环境，保障人民生命财产，有力促进了当地农业生产，大大增强了当地群众加快发展的信心，因而水上旅游项目随之而兴。如浰江漂流、水域观光、水面游乐、堤岸种植等项。努力创建农村环境整治示范基地。按照新农村建设“二十字”方针，重点实施村道改造，设置标准的垃圾收集点，规范日常管理制度，对村落开展了绿化、美化及亮化工程；深入开展讲文明、树新风活动，提高村民环保意识，良好的环境，推动当地传统民俗文化产业发展。努力创建现代观光农业示范基地。大力推进当地现代农业建设，充分发挥当地种植蔬菜、甘蔗、果木和紫云英、油菜花的传统优势，引导和扶持农民建设集生态、效益、观光为一体的现代农业园区，山地大面积恢复种植松、杉、茶叶、油茶等生态经济林，在林间养牛、养鸡，形成以七叠泉虫子鸡、楼镇萝卜、兴农苦瓜、原生态茶油、打石坑毛尖茶等当地龙头农业品牌，促进生态旅游业和现代农业协同发展，为当地村民创造商机。

努力营造全民参与旅游业的氛围，政府出台惠民政策，鼓励村民发展种养业，兴起“农家有景，景在农家”的新景象，众多外出务工者纷纷返乡经营休闲农业旅游。古村出现耕山热，随着产业链条的延伸，村民热衷山上再造新林寨。古村背后连亘山地种上万亩松树，三五年内可恢复“云山松涛”奇观，京九铁路桥下山地，种植千亩竹草，引进外地羊羔、牛种，发展养殖业，成为牛羊满山坡景观。农户沿江堤岸自留地种竹，塑造“十里浰江风情”，勾勒如诗如画美景。努力创建带动周边区域协同发展示范基地。把古村落与周边旅游资源规划成旅游线路，扩大景区范围，辐射带动周边7个镇25万人口的经济社会加快发展。如怡和温泉、彭寨马塘三高农业基地、天上人间温泉度假村、热水漂流、东源板栗基地等，编织区域链条式黄金线路。

河源是东江流域客家人的聚居中心。自“百越”时期，就有江浙一带的越民散居于少数民族之中。秦平百越后，迁陕陇之民居粤，带来了中原文化。此后，凡遇中原战乱，都有一批批的移民进入岭南。河源保留了许多客家文化的历史印迹，圆围、四方楼、排屋 ，迥异的建筑突出地反映出不同时代文化生活的种种特点。 客家人繁衍生息的乡村，山坳里、溪流边散布着一座座浓厚东方元素的建筑。以兴隆镇民俗风情村、林寨镇“大夫第群落”、热水镇石圳村九扇门排屋为代表的建筑，风格截然不同，展现了河源瑰丽多姿的客家文化。

这些客家方围屋气势宏大，平面呈四方形，一般均高达10米，外墙不设窗户，只设狭窄的枪眼和瞭望孔。占地阔绰，每座占地1000平方米至3000平方米不等。由于明清和民国时期土匪流寇较多，且宗族械斗也时有发生，当地人修建了这种易守难攻的围屋，俨然一座固若金汤的小型城堡：大门和侧门都异常坚固，围墙厚近1米，门外还用粗达10厘米的铁闩加固，防御性能极好。围内房屋众多，房间、仓库、厨房、厕所一应俱全，天井里还建有水井，四角楼兼修有碉楼。河源是客家古邑，地处粤东北东江中上游地区，秦汉以降，客家先民就在这片土地上繁衍生息。明清时期，客家族群逐渐取得了当地的政治经济地位，反客为主，成为这一地区的主导力量，建设家园的热情高涨，涌现出一批散落于山水环境之间的客家民居建筑群落。

然而，并不是所有的客家民居建筑群落都是古村落。

古村落是指那些至今地域基本未变，聚落环境和历史文化遗存保存较好的村落，是一种人类历史上的聚落人文形态，有着悠久的历史，承载着丰富的地域文化，真实记录了当地不同历史时期的传统建筑风貌和民俗民风，因而古村落有着深厚的文化积淀和特有的古韵氛围。

古村落的界定目前学界尚无统一的评判口径，一些学者和机构从不同的视界视角对古村落进行研究，形成了不同的古村落认定标准。

和平林寨四角楼、龙川佗城越王井、紫金中坝孙中山祖居地、苏区革命遗址、苏东坡后裔聚居地苏家围……这些文化遗存，近年来渐被学术界及外界熟知。经过近两年的文化挖掘与宣传，河源客家文化在海内外已显有名气。

广东省文联、民间艺术家协会、南方日报社等联合有关机构制定了7项指标，这7项指标是：

1. 为相对独立的自然聚落村。要有村民的认同和历史渊源，现存村落功能仍在。

2. 有较完整的村史和记载本村姓氏宗族族谱。

3. 村落民居与宗祠、庙宇、道观、学堂等，在建筑风格及建材、装饰方面具有鲜明的地域个性、传统风貌，其实体物质保留了50%以上的空间格局。

4. 村落民居与宗祠、庙宇、道观、学堂等建筑群及周边环境基本上原貌保存较好，历史传统建筑的核心区的建筑面积应在2500平方米以上（“核心区”是指现村落中，历史风貌最完整、集中的地区，区域内部保留的传统建筑占地在60%以上）。

5. 村落民居与宗祠、庙宇、道观、学堂等建筑物因年代久远曾经返修，但仍保留其地域个性、传统风貌，可以看到古村落原生态的文化元素存在和年代发展轨迹的历史符号。

6. 村落民居与宗祠、庙宇、道观、学堂等建筑物部分已被破坏，但“骨架”“核心”尚存，有文化价值的细部保存较完好，可以整体修复原貌并有保护和开发潜能的村落。

7. 古村落民间文化丰富，民风习俗的活态民间文化仍能较好的保留与传承（活态文化包括：饮食、医疗、丧葬、婚嫁、信仰、游艺等）。应有传统的民间文体表演活动和民间工艺美术的传承，民间故事、传说较为活跃。

这7项指标内容可归结为四个方面，一要有相对悠久的历史，并且被记忆在村落里；二要有较为丰富的历史文化遗存；三要有基本保留原有村落的核心体系；四要有鲜明活态的地方特色。按此评判指标，河源地区客家古民居建筑群落在“广东古村落”评选活动中，有20个客家古村落入选，入选名单如下：

第一批	和平县林寨镇兴井村
	东源县义合镇苏家围
第二批	东源县康禾镇仙坑村
	东源县义合镇下屯村
	东源县蓝口镇塘心村
	和平县优胜镇新联村
	和平县下车镇兴隆村
	和平县大坝镇水背村
	和平县合水镇彭洞村
	和平县东水镇大坝村
	紫金县水墩镇群丰村
	紫金县龙窝镇桂山村
	连平县陂头镇夏田村
	连平县大湖镇湖东村
	连平县油溪镇茶新村
	龙川县麻布岗镇大长沙村
	龙川县细坳镇小三村
	龙川县上坪镇青云村
	龙川县丰稔镇黄岭村
	龙川县黄布镇欧江村

2012年11月29日广东省文联、民协和南方日报社主办“广东十大最美古村落”评选活动，全省有132个古村参加评选，基本囊括了全省古村落精华。河源市和平县兴井村以其独特的四角楼建筑形制与群落当选为全省十大古村落，名列第三。

专家认为，古村落的特征主要体现在“古”“活”“和”三个字上。“古”即有历史，有年代，有文化底蕴；“活”即有传承，有沿革，有历史记忆；“和”即人与自然和谐共存的村落选址与建筑格局，文化与环境相调节适应的传统生计、生活方式，以及古朴的民风、和谐的人居环境等。“古”是古村落的基本要素，“活”是古村落的灵魂所在，而“和”则是古村落的生命之源。

但是，近年来，传统村落快速消亡。一些传统村落由于历史性老化导致建筑破败不堪无法修复，加上大量年轻劳动力外出务工导致的空心村现象，加速了传统村落的凋敝和损毁；一些传统村落由于村民想急切改变居住条件，无序地新建与翻建住房，造成新建筑与历史建筑、乡土风貌极不协调，破坏了传统村落的古风古貌。此外，过度旅游开发导致盲目拆旧建新、拆真建假，一些公路铁路项目对村落“开膛破肚”等，也破坏了传统村落。未来20年，我国城镇化仍然会保持快速发展的势头。因此，抓紧摸清传统村落的基本情况，加强传统村落保护，刻不容缓。

任何一个古村落的保护，目的都是为了建设美好家园，使大量的传统文化得以传承。古村落保护的关键是延续活态的人文传统，这就意味着不要让古村落成为“空壳村”，要让百姓的真实生活、日常用具、生产耕作、四时变迁、节气迎送、迎神赛会、民俗信仰等成为古村落文化的丰富内容。农村的祠堂、牌楼、戏台、家居、公共活动场所都是传播民间文化的重要载体，要加大对名祠、名屋、名墓、名庙、名匾、革命遗址及楹联、山歌、戏曲、手工艺等的保护力度，激发村民和全体人民享有民间文化的自豪感。

河源市是客家人的聚居地，有丰富的历史文化遗存，河源大地不仅保留有大量的文物建筑，而且保存有不少蕴含丰富历史文化内涵的古村落，是承载岭南千年历史文化的“活化石”。为进一步深入探寻、挖掘河源市古村落的历史变迁、人文景观，让更多的人了解、阅知河源市古村落，保护、发展古村落，弘扬客家文化，进一步擦亮“两地”文化品牌，推动文化河源建设，深入挖掘和开发利用凝聚岭南人民历史智慧、散发着浓郁岭南乡土气息的古村落，精心打造集生态、文化、旅游为一体的河源古村落文化品牌，对落实科学发展观，全面建设小康社会，保护历史文化资源，实现经济社会全面、协调、可持续发展具有重要意义。

三　客家古邑建筑形制与主要类型

自秦汉以后，客家人的祖先从中原南迁，跋山涉水，几经辗转，定居岭南。这个民系懂得和平之可贵，懂得安居乐业之可贵，更懂得居住的防御与舒适。客家人在社会生产和生活中，凭借智慧和勤劳的双手，在岭南秀美的大地，建造了城堡、土楼、围龙屋、四角楼等众多著名的古民居建筑。客家地区的古村落承载着客家人久远的历史记忆，是客家人千年辗转迁徙中艰辛而辉煌的创业见证，是客家文化的重要组成部分，是客家历史的重要载体。古村落是指保留古朴民风，建筑风格及生活方式保留历史习惯的自然村落。古村落承载着历史文化，真实记录了传统建筑风貌与艺术，以及原始环境空间的一种村落形态，通过单体古民居的建筑形制、建筑群落的空间布局反映出地方特色。因此，古村落形态类型的划分，往往依据古村落内的古民居之建筑形制来分类。

河源市列入广东省古村落名录的20个客家古村落，总体上可以说都是由客家围组成。在粤东北、赣南、闽西客家原乡地区，客家围在不同时期不同地域有着不同的建筑类型，可谓千姿百态、形状各异，体现出客家文化的多元化和差异性，从而使之具有不同的地方特色。

从建筑形制的传统因素考察，河源地区古村落之古民居，可归纳为三个方面的影响途径：

一脉来自赣南围堡建筑形态影响，以方围、围村为主。清中期以降至民国初期，东源、和平、连平三县经由忠定线古驿道北上赣州府，赣南文化影响深入东江中上游，村落多建四角楼、八角楼、城堡式方围或府第式方围，单体建筑体量庞大，如东源县仙坑八角楼、和平县兴井四角楼等古村落。四角楼、府第式围屋成为河源地区最有代表的建筑类型。

一脉来自兴梅地区围龙屋建筑形制影响，以围龙屋为主。明末以降至清末，河源地区所建古村落之古民居，深受兴梅地区典型围龙屋影响，结构布局基本一致，以堂屋为中心，一般分为二堂屋、三堂屋、两侧加横屋，后部加半圆形围屋。河源地区建村时间较为久远的古村落如龙川县的麻布岗镇大长沙村，其建筑形制属围龙屋类古村落。

一脉来自潮汕、广府海洋文化的影响，表现在单体建筑内部的结构布局上追求宽敞舒适，突破了传统客家古民居狭小的空间比例，体现出河源客家古民居的地缘特性，尤以和平县林寨兴井古村落为突出代表。

据此，可将河源地区的20个客家古村落按其建筑形制分为府第式、四角楼、围屋和其他类等四大类民居。列表如下：

府第式民居	东源县义合镇苏家围
	东源县义合镇下屯村
	东源县蓝口镇塘心村
	连平县大湖镇湖东村
	和平县下车镇兴隆村
	和平县东水镇大坝村
四角楼民居	东源县康禾镇仙坑村
	紫金县龙窝镇桂山村
	和平县林寨镇兴井村
	和平县优胜镇新联村
	和平县合水镇彰洞村
围屋民居	连平县陂头镇夏田村
	连平县油溪镇茶新村
	和平县大坝镇水背村
	龙川县麻布岗镇大长沙村
	龙川县上坪镇青云村
	龙川县丰稔镇黄岭村
	龙川县黄布镇欧江村
其他民居	紫金县水墩镇群丰村
	龙川县细坳镇小三村

文化是一个民族的根，两千多年来，中原文化与南越文化的不断融合形成了河源的客家文化，而河源古村落是河源客家文化的一个亮点。

古村落是岭南农村乡土建筑的聚居地，是岭南乡土文化，风俗和建筑的结晶。河源自然环境优雅，山明水秀，古村落建筑风格独特古朴、乡土人文气息浓厚、民风淳朴、自然与人文交相融合，且因历史、自然、地理、民俗等不同，河源各区古村落呈现出多样化的人文特色，这些都构成了古村落的基础条件。河源现属的大部分地区，为古龙川的一部分。古龙川，是广东最早的四县之一，沟通岭南岭北的要冲之一；古龙川更是滋生文化的沃土，是中原文化南下广东最早的发酵之地。“和辑百越”“汉越杂处”是赵佗在岭南的重要施政理念。赵佗让中原来的将士与当地越人友好相处，用中原文化教化当地越人，同时尊重越人习俗，大力提倡汉人与越人通婚。河源是赵佗“和辑百越”“汉越杂处”的基地，赵佗在龙川任县令6年期间，以“和而不同”理念，促进了中原文化与百越文化大碰撞，催生了岭南文化的萌芽。因此，河源是广东土著文化和中原文化最早相融汇的地区之一，后来也成为客家人的主要聚居地。

从目前调查的材料看，河源是我省古村落保存较多的地区之一。广东省现存最多省级古村落的市是梅州市，共有26个，河源市共有20个省级古村落，居第二位。

河源20个省级古村落，除第一批公布的苏家围和林寨外，另外18个是第三批即今年新公布的“省级古村落”：

紫金：水墩镇群丰村、龙窝镇桂山村。

东源：康禾镇仙坑村、义合镇下屯村、蓝口镇塘心村。

连平：陂头镇夏田村、大湖镇湖东村、油溪镇茶新村。

和平：优胜镇新联村、下车镇兴隆村、大坝镇水背村、合水镇彰洞村、东水镇大坝村。

龙川：麻布岗镇大长沙村、细坳镇小三村、上坪镇青云村、丰稔镇黄岭村、黄布镇欧江村。

河源古村落数量多、历史久远、客家特色明显，这是宝贵的岭南文化财富。但是，从我们调查的情况看，随着近年来我国城市化进程的加快，河源的古村落也毫无例外地受到了现代化的冲击，古村落的生存、保护和开发利用遇到很多新情况和新问题，积淀了客家文化基因的河源古村落正在减少、古村落的古味也在减少，有的古村落面临消失或濒临绝迹的严峻形势！古村落这种稀缺性历史文化资源与现代化建筑景观、生活方式形成强烈差异，如何保存好、保护好这些弥足珍贵的古村落，近年来成了社会各界探讨的热点话题。

四　地缘特征与人文形态

考察客家民居建筑群落的演变与发展，从赣南、闽西到粤东兴梅地区，再到东江中上游的河源地区，其建筑形制、类型、结构、营造技术和乡土风格呈现出极为鲜明的阶段性和地缘特征。赣南是客家摇篮，受中原寨堡建筑文化影响，客家民居多以坞堡式方围为主，注重防御性，这是该地区客家民居最为明显的特征和功能。闽西客家先民深居山区，客家民居随境赋型，多建不同形状的土楼，尤以圆形土楼为主，注重家族群体的和睦敦亲，彰显的是传统的宗族观念和道德伦理观念，个性化和私密性处于压抑状态。粤东北兴梅地区客家民居最为典型的是围龙屋，以梅县仁厚温公祠围龙屋为其典型代表，在造型布局上更多地引入了中原传统的风水观念，注入了屋前半月形水池、屋后花台、风水堪舆、风水林等建筑文化符号，注重了山势地形之龙脉的引导与传承。使建筑容积适度和文化内涵得到提升。

河源地区北接赣南，东连兴梅，南与惠州、东莞、广州接壤，东江成为客家文化与广府文化交融影响的通道，换句话说，山地文化与海洋文化在此碰撞交融。这种地缘因素反映在河源客家古民居建筑上，无论是建筑的形制，建筑的布局，还是内部的雕刻装饰风格，无不留有广府文化的烙印，和平县兴井古村建筑群体尤为典型。体量高大、雕梁画栋的兴井古村四角楼，由单一的注重防御性向注重审美发展，体现的是河源地区客家族群个性、开放、舒适的意境追求，这也充分表明了河源地区客家建筑群落的多样性和丰富性。与其他地区古村落的地域分布一样，河源地区古村落的发展演变也遵循一定的规律，大体上有三种分布途径。

一是分布在东江两岸河谷台地。水路是古代交通的主要线路，极为便利的东江水运功能，造就了两岸乡村经济社会相对发达，苏家围、塘心村、兴井村、大坝村等古村落分布在东江两岸，或为重要码头或为重点圩市"因水而盛，因商而旺"，诠释了这些古村落的发展特征与人文空间。

二是分布在东江中上游，区域环境相对偏僻独立的山区。连平夏田村、紫金群丰古村、龙川大长沙村、仙坑古村处于山水怀抱之间，其客家民居建筑群落与周围环境融为一体，静谧优美、因山就势，有如诗画境界，"山为骨架，水为血脉"的布局特征，体现了客家族群与自然环境和谐统一的精神追求，是一种山水田园与耕读文化的人文境界。

三是分布在忠定线、龙江线古代驿道附近小环境相对独立的山区。油溪镇茶新村、大湖镇湖东村、合水镇彰洞村、大坝镇水背村、下车镇兴隆村、细坳镇小三村等古村落，其兴旺得益于南来北往于古驿道上的商贾。随着近现代交通公路、高速公路等设施的修建，古代驿道基本废弃不用，交通重心发生偏移，这些古村落繁荣之象已成过去，也正因为得于此，这些古村落才得以保存下来。

五　综合开发与保护原则

河源的古村落文化，丰富多彩，包涵了农耕文化、建筑文化、商业文化、祠堂庙宇以及雕刻艺术、科举、宗族、民俗、风水等等方面的内容。现存的河源古村落有些建造年代可以追溯到宋代，而大多数是明清时期的。和许多客家地区的古村落一样，河源古村落的布局也继承了中原文化的传统，都讲究风水，在当年开村建设之时，大多数都运用了堪舆学的理论，使古村落能达到"天人合一"的境界，这也是河源古村落的一个重要标志和文化符号。

古村落是一种重要的历史文化资源，作为乡村旅游与休闲的重要载体，已经成为当地政府部门和投资开发商关注的对象。江西省婺源县江湾古镇、云南省腾冲县和顺古镇、广西贺州市黄姚古镇等等，经过品牌宣传和打造，已经成为国内外知名旅游热点景区。我市古村落的旅游综合开发处于初级阶段。苏家围早在 2008 年被评为广东省乡村旅游示范区，林寨兴井古村也是 2010 年第 23 届世客会之后才被世人关注，成为河源地区一个新的乡村旅游景区。

由于管理体制未理顺，投资主体实力不够，经营管理理念滞后，河源地区古村落综合开发尽管处在初级阶段，仍然存在着保护与开发研究不平衡协调的问题，突出表现在三个方面，一是旅游以实现古村落经营的最大化为目标，注重功利性；二是普遍缺乏编制古村落的保护规则，忽视综合研发的前瞻性；三是单一的乡村旅游开发模式，未能体现综合开发的多样性，在开发方式上忽视了古村落的可持续发展。现阶段古村落开发实践证明，旅游是古村落发展的战略产业，但是，旅游并不一定是古村落发展的最佳选择，更不是唯一选择古村落传统民族产业的整合与创新，特别是传统工艺产品的创意设计和地方特色的民俗歌舞演艺，也应该是古村落综合开发的有效途径。

保护古村落历史文化遗存，特别是古民居要坚持"控、保、修、编、捐、推、引、祀"等八个原则。

"控"即严格控制，防止乱搭乱建，防止破坏历史文化遗存面貌，"宁可把保护的标准降低一点，也要多保护一批。"严控的主要手段就是出台保护古村落的规定，控制建筑形制，统一建筑风格。

"保"是指要以保护为主，重点做好"三防"，即防火防漏防盗。要落实产权和责任，明确产权后，业主可以自己负担保护责任，也可以委托他人和有关机构来保护。对于成片的历史文化遗存可以建立文管所，而较为零散的则可以聘请村干部等作为文化协管员，以建立健全保护机制。

"修"是重点修缮，首先确保有保护价值或濒临坍塌的文化遗存，按照修旧如旧的原则，在文化部门的指导下得到及时有效的修缮。

"编"就是要编撰史料，做实基础性资料，编制保护规划和开发利用规划。

"捐"指的是在目前财政资金紧张的情况下，在政府引导、部门指导、社会动员的原则下，由有名望、有号召力的社会贤达等捐资、动员捐资，多方筹措历史文化遗存保护资金，形成保护历史文化遗存的热潮和自觉行为，这方面也有和平县青州镇赖氏蟹形围祠、紫金县南岭镇钟氏宗祠等发动宗亲捐款修葺的成功经验。

"推"即组织编修历史文化遗存资料，精心规划旅游线路，利用媒体、网络等推介宣传，以农家乐、乡村游等带动历史文化遗存的保护。

"引"是指引资开发，政府在税收、土地、规费等方面给予优惠，鼓励历史文化遗存业主以产权入股，并鼓励社会入资，达致保护与利用开发的双赢。

"祀"是指充分利用、运作好各种客家民俗活动，更好地传承客家历史文化和保护历史文化遗存。

古村落老房子包括以前的有钱人的大宅、祠堂、庙宇等等。我们在调查中发现，由于年代的久远，再加上"十年浩劫"的破坏，河源不少古村的老屋被遗弃，有的古宅已经老旧破败得灰头土脸、墙体开裂，有的祠堂庙宇也残破不堪。同时，在古村落中出现了与乡土环境、历史风貌不和谐的各类现代建筑，鹤立鸡群，严重破坏了古村落的原风古貌。

现代化生活与传统文化的矛盾使河源古村落受到越来越大的冲击，村民对现代城市生活方式和品质的合理追求，对原有居住环境的不满意构成了古村落保护的内部矛盾。由于现代生活观念和方式的改变，河源地区古村落原有的基础设施、房屋格局和居住环境已不能满足当地村民日益增长的现代生活需要。近十多年来，河源地区不少年轻人离开古村走向城市，许多古村老屋被遗弃，古村落大量空心化的现象时有发生。 农村人口不断增长与古村落保护的矛盾，河源古村落因古代经济、人口、地形所限，空间一般不大，容量有限。随着农村人口的不断增加，农村居住的环境矛盾日益突出，老屋人口拥挤，环境污染日益加剧，垃圾污水遍地，直接影响了古村落原来特有的人与自然和谐的居住环境和村民日常生活质量。许多有钱的村民都搬到离古村不远的新建小区居住，古村留下的大多数是老人和小孩，古村落的基础设施也就更缺乏保护和管理。村民外出务工也造成的老宅空巢现象，加速古村落的颓败和老房子的倒塌。缺乏保护利用经费，古村落是河源农村乡土建筑的聚居地，是客家乡土文化，风俗和建筑的结晶，承载着我们的历史和文化，是重要的历史文化遗产。但是，由于受到目前农村经济条件的制约，大多数古村落缺少保护和发展资金，不少古村落只能任自然摧残和人为破坏而日趋破败。同时，由于村民大量搬离，古村落面临"空巢化"，随之而来还有严重的古村落建筑构件和文物被盗窃的问题。

六　加强河源市古村落保护开发利用的建议

一是要切实提高河源古村落保护意识，河源古村落是历史的产物，是历史的沉淀，有着深厚的文化内涵。河源古村落，不仅体现了客家的传统文化，也表现出岭南文化的融合和发展的关系。以前谈客家文化的时候，比较多地谈到农耕文化，而河源的古村落，也可以看到客家人经商的传统。重商的传统、开拓的精神也是客家文化的一个重要方面。这也是河源客家受广府文化影响的体现。因此，河源古村落既是一种不可再生的历史文化资源，也是一种珍贵的民族遗产。要强化保护意识，坚持保护为主的方针，将古村落的保护纳入到各级政府和有关部门的重要议事日程。尤其要加强对河源古村落保护的宣传，提高全社会的保护意识。

二是要发挥政府的主导作用，建议成立河源市古村落保护工作委员会，统一协调解决河源古村落保护工作中的重大问题开展古村落文化保护是各级政府的职责，政府要切实担负起责任，制定规划、落实经费、组织协调、督促检查，动员社会各界参与保护工作。

建议成立河源市古村落保护研究会。其主要职责是承担河源市古村落申报工作，负责全市古村落保护工作的具体组织、业务指导、项目论证和宣传联络等工作。促进河源农村的经济文化建设，充分利用建设社会主义新农村的大好时机，进一步加快保护和开发河源古村落的步伐和力度。

三是要认真抓好河源古村落保护的全面规划，要科学规划，精心准备，遵循“先规划、后实施”的原则。目前，河源市大多数古村落的原貌还基本保存，村中建筑风格独特、民风民俗淳朴、乡土人文气息浓厚、自然环境优雅。因此，要保护和开发古村落，首先要邀请有关专家，制订河源古村落开发建设规划，要有长远的规划和发展目标，划定古村落的保护范围，树立古村落的保护标志，做好古村落的保护档案，控制好古村的用地，在保护好古村原貌的基础上对其进行合理的开发与利用，并按计划分步骤抓好实施。

四是要保护优先，合理开发，不能过度开发破坏古村落的生态环境，保护古村落与发展文化旅游相结合，以发展促保护，以保护促发展是河源古村落保护工作的基本原则。从现代旅游来看，古代村落也是旅游业一个重要依托，同时，旅游业的发展对古村落也有积极的保护和促进作用。但是，目前到河源古村落参观，最明显的感觉就是古村的配套设施跟不上，可观性较差。事实上，大部分河源古村落的旅游开发还处于规划准备阶段。因此，河源一定要保持古村落的原味，加强古村管理和规划，改善服务，进一步完善古村落的各项旅游配套设施和加强包装策划与宣传推介。建议把古村落的开发建设列入河源文化旅游招商项目，大力发展文化旅游业，不断提高古村落的知名度和影响力。

五是设立河源市古村落文化保护专项资金，用于河源市古村落文化保护和开发利用。建议通过政策引导等措施，鼓励个人、企业和社会团体对古村落文化保护工作进行资助。要多方筹集资金，积极拓宽开发利用古村落的筹资渠道。开发古村落不只涉及村镇、文化部门和旅游局，还涉及社会各个方面，需要协调解决问题较多，因此，不能仅仅局限于村镇、文化旅游部门的投入。必须争取社会各界的支持，多方筹集资金，不断完善古村落基础设施，改善古村落人居环境；采取市场运作方法，按照互惠互利原则，扩大对外合作，吸引社会民间资本参与开发建设古村落。要开拓以政府投入，文化部门、旅游部门及古村自筹经费及社会各方面投入相结合的多元化融资渠道。

六是突出特点，丰富内涵，避免出现古村落雷同开发的情形，寻求差异化。以客家文化为着力点，打造河源古村落品牌。充分挖掘、系统保护、科学开发河源的客家本土文化资源，打造“客家古邑”品牌，在对河源市古村落进行全面普查、确认、立档的基础上，将保护开发工作与传承客家文化、发展旅游、推进新农村建设和创建文明新村结合起来，推动古村落保护和开发工作上一个新台阶。

保护古村落，最重要的是靠当地村民对乡土文化的热爱，靠民间的力量，才是最根本最有效的保护手段。当地政府应加大对古村落保护的宣传力度，让村民与民众自觉珍惜和保护自己的文化。因此，要加快河源市古村落保护体系建设，推动古村落保护的社会化进程。同时，要加强报纸、电台、电视台等对古村落文化、民俗、旅游方面的宣传报道，从各方面提高河源古村落的知名度。这对于保护当地的历史文化资源，发展河源市的第三产业，促进社会经济发展，推动河源经济和文化发展有重大意义。古镇古村落是一种历史文化资源，是了解一个地区历史人文环境重要的见证。同时，古镇古村落也是一个文化综合体，它不仅有充满地域特色的民居建筑等物质文化遗产，也附着着一方地域的乡风民俗、宗教信仰、节庆礼仪、民间艺术等多样的非物质文化遗产。保护古镇古村落就是保护一个地域的历史记忆和文化。

（一）提高认识、加强领导、健全管理体制

各级领导必须有对历史高度负责的精神，高度重视古镇古村落人文资源的保护和开发工作。要认识到，丰富的古镇古村落人文资源是历史留给我们的宝贵财富，保护和开发这些资源，不仅可以满足社会不断增长的多元化文化需求，也有利于增强我市文化软实力，促进文化的繁荣。鉴于我市古镇古村落和其他文物保护乏力的现状，一是建议充实和健全市文保委员会工作机构，其成员应包括各区、相关镇、文化、国土、规划、建设、财政、宣传等单位，并设立精干权威的专业机构，充实专职人员，统一协调古镇村的保护开发工作。要建立健全有关组织、法制、资金、人才等方面的保障机制；重心下沉，明确市、县区、镇、村四级文物保护责任，落实属地管理的责任，形成四级保护与开发、利用的联动机制。二是建议市政府近期就古镇村的抢救保护工作召开专题会议，研究解决保护古镇村一些亟待解决的问题。当前，要重点抢救一批正在被损坏的古镇村的人文资源，对一些尚未评定文保级别的文物采取先保护起来的措施，对古镇村保护范围内所有在建和待建项目实行暂停冻结处理。三是建议要广泛深入宣传保护古镇古村落人文资源的重要意义，动员生活在古镇古村落的居民共同参与保护工作。探索居民自治机制，健全村级古村保护制度。要充分利用各种媒体进行广泛宣传动员，制作和编撰反映古镇古村落民俗风情、人文景观、自然风光的影视片、光碟、画册、文化丛书等，在市民中广泛宣传，引导广大群众共同参与古村落保护工作。

（二）强化措施，科学制订保护开发古村落规划

建议市有关部门要重点抓好科学制订保护开发古镇古村落规划的工作，聘请有关方面的专家对古镇村保护与开发进行指导，科学制定资源保护、开发和利用的短期、中期及远期目标。建议有关部门近期对全市古镇村现状进行全面清查，核定古镇村名单。将最能代表河源客家古邑的古镇村文化风貌纳入法定保护范围。当前，一是要尽快对一些名居和古建筑进行评估，并予以公布。有关部门应组织力量，摸清辖区内所有村落文物尤其是古建筑分布情况，结合民俗文化的研究，分门别类，列出重点

保护文物名单，定出保护级别与保护范围，对确实不能在原址保留的，制订科学的搬迁保护方案，最大限度保护古村落人文资源。二是要筛选一批具有历史艺术科学价值的文物景点分别向各级申报文保单位。在积极争取申报省级以上文保单位的同时，要及时核定公布一批市级和区级文物保护单位。三是要对一些新建而有损古村落风貌的建筑物，有关部门应视不同情况动员或责令将其拆除，并非违章建筑物的，可酌情予以补偿。国土规划部门要考虑通过土地置换、宅基地整合等方式帮助镇村规划新社区，建设新农村，切实制止古村落乱修乱建行为，确保古村落及其附属建筑原有特色和风貌。古镇古村落的保护开发应以人为本，坚持人性化保护。具体体现在处理保护和建设关系上，应当坚持疏堵相结合的原则。堵就是要严格禁止在古村内新建有破坏原来风貌的现代建筑物；疏就是要给村居民找出路，要整合村集体工业用地、村民宅基地等土地资源，易地规划建设新社区、新农村。

（三）加大对古镇古村落非物质文化遗产的发掘力度

鉴于我市古镇村非物质文化遗产挖掘力度不够、损失严重的现状，建议有关部门采取措施，加大对非物质文化遗产的发掘力度。要在保护古镇古村落物质文化遗产的同时，高度重视非物质文化遗产的发掘、整理和传承。要积极培养传承人，以解决文化技艺后继乏人、面临失传的问题。对一些民俗、礼仪等要深入研究，合理继承。要加紧培养文保专业人才。挖掘古镇村历史文化内涵。

（四）依法管理，尽快出台我市保护古镇村文物政策法规

对于古镇村文保工作，国家虽然颁布了《文物保护法》，但相应实施办法未出台，有关地方性法规也未形成。建议市政府根据我市具有立法权的条件，尽快制定有关古镇古村落保护开发利用的法规。鉴于我市目前古镇村文物损毁严重的现状，要尽快制定出台我市古镇村保护条例，使我市古镇古村落保护工作有法可依。古镇村的保护开发工作牵涉到方方面面，其管理涉及文化、建设、国土规划、城管等政府职能部门，单靠哪一个部门，难以奏效。因此，必须开展联合执法，综合执法。建议文管单位牵头，会同有关部门对影响我市古镇古村落人文资源保护利用的行为进行一次排查，区别情况妥善处理。各级政府要善于将做村居民的思想工作与有效行政执法结合起来，把人文资源保护与生态文明社区建设结合起来，让村居民享受到改革开放和文化发展成果，更自觉地参与到古镇古村落的保护工作中来。

（五）努力探索多元投融资体制，增加文保经费投入

从调查的情况来看，资金缺乏是制约古镇村文保工作的一个瓶颈。目前我市文保投入远远低于周边城市，甚至低于某些县级市（区），这在某种程度上反映了对文保工作的忽视。当然，古镇古村落的保护，是一项庞大的系统工程，需要大量的资金投入。如何解决资金来源，除政府必须增加投入外，还必须依靠社会力量，探索多元化投融资体制，积极筹集资金。

一是要积极引进社会资金参与保护古镇古村落人文资源。应创新体制，借鉴国内一些城市的经验做法，积极探索古镇村开发利用的市场化运作和产业化运作的方式。加强监管，切忌短期行为。二是在文物利用方面，必须坚持保护为主，利用为辅的原则，不宜大拆大建、推倒重来。古村落一般都有其独特性，浓郁的风情，适合旅游者进行社会考察与生活体验。应借鉴国内一些地区的先进经验，利

用古镇、古村落、古民居，开展古镇游、生态游、农家乐游等，不仅可增加经济收入，还可带动相关产业发展和村居民就业，从而使文化遗产保护与利用协调发展。

（六）整合古镇古村落资源，努力打造客家古邑特色文化品牌

我市古镇村人文资源虽然丰富，但较为散乱，缺乏整合。为了有效保护和开发利用古镇村资源，亟须对现有资源进行整合、规划、包装，着力打造客家古邑特色文化品牌。建议市区各有关部门根据不同地域的特色，统筹作好规划。

总之，凝聚着客家先民智慧与汗水的古镇古村落是不可再生的资源，科学有效地抢救保护古镇古村落人文资源，既是保护和传承我市优秀客家传统文化的精神，也对促进我市的文化大发展大繁荣有着积极的推动作用。只要各级领导重视，发动群众，广泛宣传，措施得力，规划到位，就一定能将我市的古镇古村落的保护利用工作做好，以慰前人，以利后代。 一座座古民居，汇集了石雕、瓷雕、木雕、泥塑、彩绘、书画等建筑艺术与装潢艺术；一座座古民居，充分体现了客家人的聪明才干与睿智豁达，体现了客家人的生活情趣，审美意识和人生价值取向；一座座古民居，在近代还吸收容纳了西方建筑艺术，使中西合璧式的客家传统民居具有鲜明的时代特征和建筑艺术特征；一座座古民居，蕴涵和传承着极为丰富的客家民间习俗；一座座古民居，犹如一串串客家先民迁徙的坚实脚步，印证着客家人文精神；一座座古民居，犹如一部部经典，记载着客家坎坷而又辉煌的历史。总而言之，一座座古民居，是客家物质文化遗产和非物质文化遗产的载体；尤其是客家古民居建筑群，更是典型集中地体现了客家人文历史的文化原生态，不但是客家物质文化遗产中的瑰宝，而且是反映出客家人聚族而居，守望相助，世代秉承儒家文化的传统习俗；反映出客家人相信和重视“风水”建筑，除了科学地对人居大环境的选择和小环境的因势利导的营造外，在传统民居建筑上充分体现了儒家“天人合一”这一中国古代哲学特色。只有保护和建立好客家文化生态区，让客家文化、人文历史“活着”，才能使客家优秀文化世代传承，发扬光大。因为，今天的村庄能否传唱过去的歌谣？围龙屋里能否汉乐悠扬？乡间田野能否山歌高吭？所有举凡涉及客家文化遗产的保护与传承的事项，都是我们这一代人的历史责任与神圣使命；所以，当前及今后，我们要认真贯彻党的十八大精神，努力做好文化遗产保护工作的科学化和规范化，为保护和传承客家珍贵文化遗产，建设“客家古邑”，不断提高“软实力”，作出新的历史性贡献。

1. 加强对古村落保护的宣传推介力度

文化遗产教育的核心是遗产的独特性、稀有性和不可再生性，这些特性决定了文化遗产的珍贵程度，也决定了人类必须加大力度保护好这批珍贵遗产的必然性。文化遗产不同于一般的文化资源，许多古老艺术品种都是这样，一旦老艺人故去，他所传承的古老技艺也会随着老者的过世而成为历史的绝唱。同样，许多古老村寨如果任其随意翻新，那些具有数百年历史、具有重要历史见证性质的古老建筑就会在我们身边迅速消失。到那个时候，具有千百年历史的古老村落何以证明自己坎坷的身世？何以证明自己所曾经历的辉煌？身世与文化是依存实物而生的，没了实物，历史文化名村名镇的历史也就会就此终结，而终结者正是开发商和缺乏专业知识与经验的村落管理者。不要认为开发就是贡献，事实上恰恰相反，许多古城的毁灭正是由于我们缺少理性的开发造成的。这样的历史教训不能不汲取。

2. 加大对客家古邑研究人才的培养力度

对文化遗产实施科学保护关键在人才。古村落保护需要各方面的专门人才，规划、建设、文化、旅游部门要组织古村落保护与利用、旅游开发与管理方面的专家对各地区相关人员进行知识和实践培训，学习先进的理念、意识、政策和措施。要想从根本上改变这种局面，除政府大力宣传外，还必须从培养人才入手。作为文化遗产的古村落的保护与开发不仅需要有文学、历史学、社会学、民族学、民俗学、历史学等方面的功底，同时还需要有建筑学、文物学、艺术学、宗教学、环境学等多方面知识，需要有文化遗产学等诸学科的系统介入。这是由文化遗产在其长期发展过程中与人类社会所建立起来的种种文化联系决定的。事实证明，没有人文科学、社会科学、自然科学的全面介入，文化遗产学的研究就不可能深入，文化遗产的产业化开发也不能获得可持续发展。

3. 做好古村落普查建档工作

古村落是历史文化遗产的重要组成部分，它反映了不同时期、不同地域、不同经济社会发展阶段形成和演变的历史过程，真实记录了传统建筑风貌、优秀建筑艺术、传统民俗民风和原始空间形态，是不可多得的人文瑰宝，具有很高的研究和利用价值。从村落环境、形态、人文等方面对现有古村落进行分类，在此基础上确定村落、建筑的保护等级，分别落实保护措施，加以分类记录建档。

4. 做好古村落保护规划的编制工作，是保护古村落的重要措施

对全市的古村落进行一次全面的调查摸底，建立古村落名录。在全面了解和掌握文化遗产分布状况、村民生活环境及保护现状后，相关部门要与乡（镇）、村共同研究，科学制定保护规划，明确保护范围，建立保护机制。古村落保护规划编制要与村庄建设规划编制同步进行，既要使急需建房的村民能住上新房，又要避免对古村落造成毁灭性的破坏。做到因地制宜，切合实际，重视对建筑、环境风貌、风俗人情的研究，充分征求农民群众的意见。古村落保护规划不仅是保护规划，而且是整治和发展规划，要对保护和建设划定范围，既要保护又要满足建设发展的要求。

5. 切实提高古村落保护意识

古村落是历史的产物，是历史的积淀，有着深厚的历史文化内涵。因此，它既是一种不可再生的历史文化资源，也是一种珍贵的民族资源。要强化保护意识，坚持保护为主方针，将古村落保护纳入到各级政府、各级有关部门的重要议事日程，并在工作中抓紧抓实。要积极采取召开座谈会等形式，走村入户，与村民面对面地开展宣传，有效地将古村落保护相关法律法规知识送入千家万户，切实提高全社会对古村落的保护意识。

6. 保护古村落与发展文化旅游业相结合

以发展促保护，以保护促发展应该是古村落保护工作的基本原则。与发展旅游业相结合是保护发展古村落的最好出路，要加紧编制古村落保护规划和旅游规划，积极鼓励村民个人开办古村落家居旅游，也可以建立村级旅游开发公司，使村民在古村落保护开发中得到实惠。或将地理位置相近的古村落点联合，把分散于不同乡镇的点状分布的古村落聚在一起，形成古村落群，大力发展古村落游，打造文化旅游线路。

7. 保护古村落与建设新农村相结合

如果规划有序，措施得当，新农村建设将与古村落保护相互促进，在新农村建设中古村落内的农民建房必须按规划实施，列入保护的建筑不得擅自拆建和随意改造。新村的建设风貌与传统民居要有

机协调，维护古村落的整体风貌，其实现代化的新农村也完全可以是古村落，两者相得益彰。

8. 多元投入

形成当地政府、村级组织及个人、外来投资者多元化的投资渠道，对古建筑进行修缮保护修旧如旧。同时，积极争取省政府在古村落保护资金上给予大力倾斜支持。各级政府要明确和充实古村落保护的工作机构，明确各职能部门及相关人员的权责界限，形成合力，为保护河源古村落做出积极的贡献，为打造客家古邑文化品牌出力献策！

参考文献

[1]《非遗保护二十年忧思》载《中国青年报》2008-10-14。

[2] 谭元亨：《客家新探》，华南理工大学，2006 年。

[3] 房学嘉：《客家民俗》，华南理工大学，2006 年。

[4] 蒋武生：《河源客家特质文化符号》，岭南美术出版社，2010 年。

[5] 河源电视台：http://www.gdhytv.com

[6] 河源旅游网：http://www.djmzh.com

[7] 河源政府门户网：http://www.heyuan.gov.cn

作者

蒋武生，河源市委宣传部副部长，市客家古邑文化研究会会长。

袁凤忠，河源市电视台资深记者，市客家古邑文化研究会副秘书长，广东省作家协会会员。

广西传统村落保护利用工作有关问题研究

◎ 谢日万

传统村落是传统文化重要载体，也是农村基层组成部分，做好传统村落的保护利用工作，对保护传承优秀传统文化、促进农村经济社会发展具有重要意义。结合当前工作实际，本文对广西传统村落保护利用工作有关问题进行研究，提出建议。

一　广西传统村落的特点及价值

根据国家有关部门部署，2012 年我区组织全区传统村落调查，经专家评审确认古建筑占现有村落建筑 30% 以上、有文化传承价值的有 272 个。结合已有资料，我们可以分析广西传统村落的特点、价值等基本情况。

（一）广西传统村落的特点

1. 分布较广

广西 272 个传统村落中，从行政区域看，全区 14 个地级市都有分布，以桂林、贺州和玉林 3 市居多。其中桂林市 80，贺州市 35，玉林市 32，来宾市 25，南宁市 20，柳州市 19，梧州市 12，百色市 11，防城港市 9，河池市 8，贵港市 7，钦州市 6，北海市 4，崇左市 4。从区域空间分布看，桂东（贺州、梧州、玉林、贵港）86，桂北（桂林市）80，桂中（柳州、来宾）44、桂南（南宁、钦州、北海、防城港、崇左）43，桂西（河池、百色）19。这些与历史上广西北部、东部和南部开发较早、农村经济较发达的历史背景基本一致。同时，也说明传统村落保护利用工作涉及地域广泛、人口众多，做好此项工作意义重大。

2. 历史悠久

从传统村落形成年代看，元代以前形成的 47 个，明代形成的 93，清代形成的 96，民国的 17，现代的 6；其他的 13。

3. 类型丰富

从传统村落类型看，有丘陵型、山地型、平原型、滨海型等 4 个类型。丘陵地区 127 个，山区 91，平原地区 29，滨海 3。传统村落分布以丘陵、山区为多，说明传统村落多数分布在位置偏僻、交通不便和经济欠发达地区，也正因此，开发建设慢而得以保存。建筑以明清时期为主，说明建筑年代久远、历史价值高，但同时维修保护任务也较重。

4. 民族特色鲜明

从传统村落的民族构成看，壮族为主的40个，汉族为主的154，瑶族为主的54，苗族为主的6，侗族为主的10，毛南族为主的2，回族为主的2，彝族为主的1，水族为主的2、京族为主的4。

5. 地域风格明显

从地域特色看，桂北和贺州地区的传统村落建筑有较多青砖黛瓦马头墙建筑，反映了这一带受中原文化影响深远。桂东南地区，主要建筑如宗族祠堂、大户住宅，房屋建筑样式多青砖墙硬山顶，尖山式或镬耳山墙建筑，体现出浓郁的岭南传统建筑风格。客家人地区建筑特色鲜明，普遍为土坯砖墙、悬山顶建筑。桂西和桂北的民族地区，以木结构干栏式建筑为主。侗族鼓楼、风雨桥建筑民族地域特色突出。

6. 生态环境优美

传统村落大部分依山傍水而建，建筑沿山分布，由低而高，层次分明，纵向成列、横向成排，反映了古代村庄经过规划布局。 大多数传统村落周围山势起伏，邻近有清澈河水，村前有荷包塘和开阔的农田，村后有山，村边树木葱郁，村落掩映在青山绿水中，自然景观与人文景观相得益彰，构成和谐的人间胜景。

7. 保存较完整

大多数村落传统建筑组群、街巷肌理清晰可见，聚族而居的宗族村落尤其突出。民居、祠堂、庙宇、书院、会馆、街市、门楼、碉楼、牌坊、石碑、石狮、寨墙、晒场、桥梁、码头、凉亭、石板路、猪圈、牛舍、磨坊、池塘、沟渠等传统农村生产生活需要的各类建筑物、构筑物保存完整齐全，反映出传统农村生产生活的基本形态。

（二）广西传统村落的价值

1. 有较高的历史价值

传统村落历史悠久，是中国农村发展相关历史阶段的重要见证，也是建筑历史研究的重要实物资料，具有重要的历史价值。虽然传统村落有文字可考的实物资料不多，但多数传统村落有世代相传的村落起源、名人掌故、特色物产等各种各样的传说故事，通过科学记录、整理和考证，可以形成一部部内容丰富、生动翔实的乡村史书。尤其是那些历史上曾经发生过重大事件或出过历史名人的村落，搜集整理可证史补史，对丰富中国农村发展史、地方史有不可估量的价值。

2. 有较高的艺术价值

历史上经济富庶的地方、家庭殷实的人家，在建筑上都讲求装饰，少数的甚至极尽奢华。传统建筑中尤其是大户人家、祠堂庙宇等较高等级的建筑，门窗、柱梁、屋脊、檐口、墙头、墙壁等部位装饰考究，保存下来的建筑装饰艺术实物丰富，建筑艺术价值极高，一些村落世代流传精湛的手工艺品及其工艺技术，使这些村落成为民间传统艺术宝库。

3. 有较高的科学价值

传统村落形成并世代相传至今，根本原因是村落选址适合人居，能够提供基本水源、食物、能源和建筑材料，以及基本的安全保障和必要的出行条件。村落的传统建筑虽然建筑物可能几经更新，但村落布局、街巷走向、房屋结构和样式世代相延，有顽强的生命力，说明村落选址、建筑结构和样式有合理性和科学性。

4. 有较高的文化价值

传统村落各类建筑物构筑物的选址、布局、高矮、形式、尺度等讲究风水，讲究长幼有序，讲究避凶趋吉，装饰图案寓意深刻，匾额楹联意味深长，处处体现着深厚浓郁的文化传统。村间世代相传的风俗习惯和技艺，很多成为有重要价值的非物质文化遗产。壮剧、桂剧、彩调剧等地方剧种都起源并世代流传在乡村中。这些都足证了丰富多彩、博大精深的传统文化根植于乡村村落。

5. 有较高的情感价值

传统村落寄托着各族儿女的乡愁。逢年过节，在外工作的人不远千里都要赶回与亲人团聚、探亲访友，很多人最终选择叶落归根。在异国他乡谋生发展的人，常会思念家乡，有的还会筹集资金回来修缮村中老屋宗祠，广做善事。从中可见传统村落在人们心目中的地位、向心力和凝聚力，寄托着深深的乡情。

6. 有较高的经济价值

随着农村经济、乡村旅游业的发展，土地、房屋产权和价值意识的提高，传统建筑特别是旅游区内、开发潜力大的经济价值不断攀升。租用、购置传统建筑开办乡村旅馆、农家乐，从事旅游、餐饮业的不断增多，传统村落、传统建筑升值空间大。

二 广西传统村落保护利用的主要成效

近些年来，在古城古村改造和城镇化新农村建设快速发展带来一系列传统文化保护问题的社会背景下，社会各界的有识之士对加强传统村落保护的呼声日益高涨，得到中央和国家有关领导高度重视，国家有关部门和地方各级政府陆续推出古城、古村、古民居、历史建筑、乡土建筑、民族村寨等有关保护、建设的政策措施，传统村落这一专门名词于 2012 年应运而生。广西和全国各地一样，传统村落等的保护利用工作也越来越得到重视，自治区和有关市县在传统村落保护利用上进行了大量工作，取得积极成效。

（一）将有关村落列入保护名录实施整体保护

根据国家的有关规定，将有关村落按照程序逐级推荐申报列为中国传统村落、中国历史文化名镇名村。将有关村落核定公布为自治区传统村落、历史文化名镇名村。至今广西已有中国传统村落 89 个，中国历史文化名村 9 个，自治区历史文化名村 28 个，自治区传统村落 208 个。对这些村落进行整体保护，是传统村落保护的最有效措施。列入中国传统村落的，住建部门牵头组织编制实施保护发展规划，安排专项资金实施中国传统村落保护发展工程，重点支持改善村落的基础设施和公共环境，包括整治和完善村内道路、供水、垃圾和污水治理等基础设施，完善消防、防灾避险等必要的安全设施，整治文化遗产周边、公共场地、河塘沟渠等公共环境，其工作成果逐步显现，成为重要的民生工程、民心工程。列入中国历史文化名镇名村的，由住建部门组织编制保护规划，牵头按照规定依法进行保护管理，保护工作逐步得到加强。

（二）将有关传统村落的重点文物列为文物保护单位、有关非物质文化遗产列入非物质文化遗产保护名录，实施重点保护

广西灵川县江头村和长岗岭村古建筑群、灵山县大芦村古建筑群已列为全国重点文物保护单位，兴安县水源头村、玉州区高山村等8个村古建筑群列为自治区文物保护单位。有关市县政府也核定公布一些传统村落中文物为市县级文物保护单位。这些虽然只是村落整体的一部分，但对传统村落整体保护意义重大。近年，地方文物部门按照规定和程序组织申报文物保护经费，对相关文物进行维修保护，也有效改善了文物保存环境，促进了传统村落保护利用，尤其是全国重点文物保护单位和省级文物保护单位集中成片整体保护项目的实施，成效显著。一批非物质文化遗产列入国家级、自治区级、市县级非物质文化遗产保护名录，相关地方文化部门多渠道筹集资金开展保护工作，在保护弘扬非物质文化遗产方面取得积极成果。

（三）与传统村落有关的民族生态博物馆、特色名镇名村、美丽乡村、乡村旅游、少数民族村寨防火改造等多项建设工程，有力推进相关传统村落的保护发展

完成2003至2011年，自治区选择传统村落保持比较完整、文化遗产保存较丰富的民族村寨建设民族生态博物馆，建成了灵川县长岗岭商道古村、龙胜县龙脊壮族、靖西旧州壮族等1 0个民族生态博物馆，近年结合百家博物馆建设继续支持有积极性的地方进行民族生态博物建设，广西已建成全国最大的民族生态博物馆群，龙胜县龙脊壮族生态博物馆列入全国民族生态博物馆建设示范项目。自治区2011年起相继实施广西特色名镇名村建设、美丽乡村建设、特色旅游村等工程，主要内容都是改善相关村落的基础设施、环境整治和绿化美化、村庄特色塑造等。自治区从2008年起实施以木构建筑为主体的少数民族村寨防火改造工程，包括水改、电改、灶改、寨改为主要内容，完成少数民族地区4市14个县区1933个村寨的防火改造，部分传统村落列入其中项目内容。与传统村落有关的系列建设项目，对促进传统村落保护发展、改善民生均具有重要作用。

（四）一些传统村落开发利用呈现出良好发展势头

随着人们经济收入增长、生活水平的提高，外出旅游逐渐成为时尚，乡村旅游业发展比较快。一些位于旅游线路、旅游区或交通比较便利的传统村落不少已经进行了旅游开发或规划进行旅游开发，有的地方还取得不俗业绩，如桂林市大旅游圈中的阳朔县、龙胜各族自治县等县区。龙胜县龙脊相关传统村寨纳入龙脊梯田景区进行旅游开发，这些村寨按景区旅游收入10%比例分红，村民在村落的保护利用中获得可观分红。阳朔县相关传统村落民居办成农家乐、乡村旅馆，村民的收益可观。乡村旅游业的发展，带动了很多传统村落正在规划或建设旅游景区景点，旅游开发成为传统村落开发利用的主要方式。一些地方传统村落村集体或村民挖掘传统资源发展特色产业，如三江县开发侗族大歌，靖西县旧州村开发壮族绣球，兴安、龙胜县发展传统特色种植等。

三　广西传统村落保护利用存在的主要问题

广西传统村落特点明显，价值突出，各级政府和有关部门也做了大量的保护发展工作，取得了一些成绩，但还存在一些比较突出的问题。

（一）一些地方对传统村落重要性认识不足、对保护利用重视不够

1. 一些地方干部群众认为传统村落破旧落后不适合使用应该拆改

传统村落是相关历史阶段发展的产物，发展至当今，与现代化村庄小区、钢筋混凝土楼房相比，传统村落和传统民居显得狭小、简陋、破旧，缺乏现代化生活设施，不能满足现代化生活的使用要求。因此，一些地方干部群众认为，传统村落及传统建筑已完成历史使命，应该淘汰。笔者在中国传统村落、全国重点文物保护单位灵川县江头村调研时，一户主要求上级部门批准他家拆旧房建新楼房，理由是他儿子相亲几次都不成功，原因是对方女孩家嫌他家没有新楼房、仍住破旧老房。笔者带队调研选择某申遗项目国际评估专家提出要考察的传统村落，所在地一些市县领导对我们和国家有关部门研究选定的传统村落意见很大，原因是该村已破旧不堪，不适合人居，也没有多少人居住了，已计划整村异地搬迁，让专家看了会丢了当地的脸。

2. 一些地方领导不重视传统村落保护

一方面，在保护与建设矛盾时，一些地方领导往往牺牲传统村落保护。近年广西个别地方的领导为了推动某个新项目建设，不顾有识之士的呼吁、有关部门的劝阻、传统村落村民的反对，极力推动拆除市内某广西传统村落，造成该村落受破坏。另一方面，对传统村落及其传统建筑、历史建筑、文保单位残损破败需维修保护，以及对拆改、环境风貌破坏等问题漠不关心、解决问题的积极性不高、办法不多。

（二）缺乏保护管理依据，造成拆旧建新和环境风貌破坏

1. 没有传统村落保护的专门法规

全国人大、国务院或自治区人大、自治区政府至今未制定实施传统村落保护管理的相关法律法规，目前国家有关部门联合制定实施的中国传统村落保护发展系列文件，仍属政府政策范围，不具备法律法规效力。按照“法无授权不可为”的原则，对发生拆除传统村落或拆改其中的传统建筑等破坏传统村落的行为，有关部门无法采取强制手段进行查处，更多的是依靠规劝、说服工作，这种情况造成保护工作苍白无力。

2. 大多数传统村落及其传统建筑未列为保护对象

从前面介绍可见，传统村落列入各级传统村落名录或历史文化名村名录，村内传统建筑列为历史建筑、文物保护单位数量很少，多数仍被视同为一般村庄。政府有关部门对这类村庄拆改、新建等问题，无权干涉和查处，也就无法进行有效保护管理。只有列为各级文物保护单位、历史文化名村的，才可依照《中华人民共和国文物保护法》或《历史文化名城名镇名村保护条例》进行保护管理。

3. 对拆旧建新和环境破坏难以管理

随着村内村民家庭人口增长，原有旧房已不能满足居住需要，加之传统建筑缺少水电、煤气、空调、网络、厕所等配套现代化生活设施，砖木结构或木结构传统建筑维修费用高，一户一块宅基地政策造成村民申请新宅基地困难，以及村民封建迷信和风水观念的影响等诸多原因，村民拆旧建新愿望迫切，在政府有关部门难以依法管理的情况下，其结果就是一些传统建筑被拆除新建或在村中空地建新房，传统村落中出现各式各样的现代化新建筑，传统村落的格局和历史环境风貌受到改变、破坏，逐渐失去历经几十年、上百年，甚至是数百年延续形成的原有乡土气息和环境风貌。

（三）传统建筑闲置损毁严重，抢救保护任务艰巨

1. 一些传统村落成为空心村，建筑闲置损毁严重

农村以耕种为主，农民收入较低，加之农业劳动辛苦、农村交通不便、基础设施落后，青壮年大多长期外出打工。一些有条件的村民迁出村外另建新房，或到城镇城市购房建房居住。村内很多传统建筑长期无人居住，闲置荒芜、自然损毁，村落成为空心村。笔者现场调查发现，很多传统村落只有老人或妇女、儿童，村里缺少生气活力，很多传统建筑闲置废弃，无人护理，损毁倒塌比较严重。

2. 传统建筑维修困难，年久失修损坏严重

传统建筑往往是老一辈或上几辈传下来的，其产权人多，后代对祖屋的维修意见难统一，甚至产生分歧争执或不管，导致维修经费落实困难，传统建筑因年久失修而自然倒塌、损毁。

3. 抢救保护任务艰巨

传统村落数量多分布广，每个传统村落传统建筑数量巨大，多为村民私人所有，且多已年久失修，残损普遍比较严重，需要投入的维修经费数额大。政府要进一步推动传统村落保护发展工作，需要下大力气才有可能取得实效。

（四）传统村落利用方式单一、开发程度较低

1. 开发利用方式单一

目前传统村落利用以旅游开发为主，其他类型如传统特色产业挖掘开发不多，资源优势没有能够及时转化为发展优势，因此大多数村民仍继续从事传统的农业生产或外出务工为主。

2. 开发利用程度较低

很多传统村落虽然山清水秀、环境优美、资源特色鲜明，但很少有外地企业前来开发，本地本村组织开发也不多，总体上开发利用程度很低。究其原因，一是宣传招商不够。政府有关部门组织调查研究、宣传推介、项目招商不多，传统村落知名度、美誉度不高，外界不了解传统村落资源状况、开发价值和发展前景，难以吸引社会投资。二是本地开发能力不足。本地本村人缺乏冒险意识和创业精神，或缺乏资金心有余而力不足。政府在组织引导和政策、资金、技术方面支持不够。有些地方由当地政府组织开发，但因缺乏经验、资金和人才，加上办法不多、机制不活，始终处于守摊子做不大的状态，业绩不佳。三是配套基础设施差。保存较好的传统村落，大多位置偏僻，交通不便，道路、水电等生产生活配套基础设施差，开发利用基本条件尚不具备。

四　加快推进广西传统村落保护利用工作的建议

广西传统村落具有重要的价值，加强保护利用具有重要的意义。各级政府和有关部门应当高度重视，采取有力措施，加快推进传统村落保护利用工作。

（一）提高认识，各级政府要增强责任感和紧迫感

1. 充分认识重要性

传统村落传承着各民族的历史记忆、生产生活智慧、文化艺术结晶和民族地域特色，维系着中华文明的根，寄托着各族儿女的乡愁。加强传统村落保护利用，是贯彻落实党的十八大、十八届三中四中五中全会精神，以及中央城镇化工作会议、中央农村工作会议精神的重要举措，对保护和弘扬优秀传统文化，构建社会主义核心价值体系，对改善民生和农村人居环境，实现传统村落的可持续发展，都具有十分重要的意义。

2. 切实履行政府责任

随着经济社会和城镇化快速发展，传统村落受破坏、消失状况日益严峻，加强保护迫在眉睫。各级政府和有关部门要增强责任感和紧迫感，认真履行职责，采取措施做好传统村落保护利用工作，确保传统村落文化遗产得到基本保护，具备基本的生产生活条件、防灾安全保障条件，建立基本的保护管理机制，增强保护发展的综合能力。

（二）加强领导，扎实推进传统村落保护利用工作

1. 加强组织领导

自治区和相关市、县政府应当相应成立传统村落保护利用工作协调小组，统筹部署推进相关工作，分级负责组织实施本辖区传统村落保护利用工作，协调解决相关重大问题。

2. 建立工作机制

传统村落保护利用工作责任主体为相关县级政府，市级政府和自治区相关部门为支持配合单位，传统村落所在村两委承担保护管理具体工作。各级各相关部门要建立分工协作、密切配合的工作机制，形成强大的工作合力。对国家和自治区已安排保护利用项目，要列入地方政府和有关部门领导年度工作绩效考评内容，强化责任和工作落实。实施专家指导制度，遴选熟悉相关专业工作、热心传统村落保护利用的专家担任指导专家，全程对传统村落保护利用工作进行具体指导，确保项目实施的科学性、规范性。

3. 实施总体规划

根据传统村落保护利用工作目标和总体要求，自治区相关部门组织编制实施中长期传统村落保护发展总体规划，明确保护利用对象、内容、方法和步骤，按照国家和自治区部署认真做好顶层设计和组织实施。市县政府要组织相关部门制定本地的实施方案，抓好落实。地方政府的相关部门应研究争取国家有关部门“十三五”及以后继续实施中国传统村落保护发展项目，争取自治区政府实施广西传统村落保护发展项目。

4. 加大资金投入

自治区财政应设立广西传统村落保护利用工作专项资金，用于列入国家和自治区传统村落保护利用项目的相关保护、公共设施建设，以及对传统特色产业扶持等。市县政府应当结合本地实际制定支持政策，按照一定比例给予资金配套，并对国家和自治区安排的相关补助资金进行整合使用。同时，各级政府有关部门应当积极组织申报相关专项经费，支持传统村落保护利用工作。

（三）加强保护，守护好传统村落资源

1. 公布保护名单

国家相关部门和自治区政府应当继续核定公布本级传统村落名录，市县政府应参考国家相关部门和自治区的做法，核定公布本级传统村落名单，使广西区域内保存较完整、有较高保护价值的传统村落都列入传统村落保护名单，使之具备合法保护地位。同时，各级政府要选择传统村落中具有较高历史、艺术、科学价值的古建筑、近现代代表性建筑公布为相应级别的重点文物保护单位，并按照程序组织申报历史文化名村。

2. 完善政策法规

全国人大颁布实施《中国传统村落保护法》或国务院颁布实施《中国传统村落保护条例》，自治区人大颁布实施《广西传统村落保护条例》或自治区政府颁布实施《广西传统村落保护办法》，为传统村落保护提供法规依据。市县政府应结合实际制定实施本地传统村落保护办法。鼓励和支持传统村落所在村自主编制村规民约，实行村民自律，提高保护意识，自觉参与保护传统村落。

3. 实施保护发展工程

按照国家相关部门和自治区部署，组织做好中国传统村落保护发展工作。一是组织编制实施传统村落保护发展规划，做到已列入传统村落名录的全覆盖。二是按照相关政策要求做好具体的保护管理工作，包括划定传统村落规划区保护范围，树立保护标志和说明牌，确定具体保护对象并制定实施保护措施，建立健全保护管理机构。三是切实抓好传统村落保护发展工程项目实施工作，改善当地传统村落基础设施和生产生活环境条件，增强其发展能力，让村民群众从中获得和感受到传统村落保护的好处。四是切实加强传统村落重点文物保护。按规定组织实施重点文物的保护规划、维修保护、环境整治、展示宣传等有关工作，推进国保单位和省保单位集中连片整体保护利用工程，改善文物保存条件和环境状况。

4. 多方筹集资金保护传统建筑

传统村落传统建筑数量多规模大，又多为私有，残损情况也较严重，不能全依靠政府财政解决维修保护利用问题，需要多渠道筹集资金逐步解决。一是国家、自治区和市县应分别安排一定资金。按照规定，一般情况下，政府财政资金不能用于私人产权房屋维修，但保护传统村落是政府的责任和事权，私人产权房屋户主日常检修维护、保护房屋安全，实际上履行了其保护责任和义务，各级政府财政应适当安排一定比例的传统村落传统建筑维修保护资金，这可让当地村民从中获得好处，也是对房主的扶持奖励，有利于调动村民保护传统村落的积极性。二是通过村民委托政府托管方式，将传统村落接收为政府托管资产，由政府财政安排资金或通过其他方式进行规划建设、维修利用。三是政府对村民自主维修传统建筑、历史建筑的给予适当补偿。当村民维修自住房屋时，政府应当给予适当补偿，达到鼓励支持目的。补偿标准可根据各地实际情况研究设定。四是政府或其他企事业单位利用传统村落进行旅游或其他产业经营，业主部门、单位应当安排适当房屋维修经费和相关补偿。维修费和补偿标准可以通过双方协商解决。村民在保护利用中获得利益，自然会认真配合支持保护工作，使保护利用工作具有可持续性。五是通过捐资、捐赠、投资、入股、租赁、使用权转让、认养等方式，引导社会力量参与保护，进行传统建筑、历史建筑维修利用，让传统建筑“活”起来。

5. 创新用地政策

申请新建房屋宅基地审批难是传统村落拆旧建新的主要原因之一。根据传统村落保护和村民住宅实际需要，土地管理部门应适当放宽新建房屋用地审批标准，改善村民的住房条件。对传统村落内新建住房用地需求量大的，规划、土地部门应考虑安排在村外适当位置安排新村建设或新建小区用地。

6. 保护非物质文化遗产

组织调查非物质文化遗产资源，建立非物质文化遗产数据库，出版调查研究资料。将有重要价值的申报列入各级非物质文化遗产保护名录，取得争取上级财政支持的资格条件，提升保护等级和项目影响。地方政府及有关部门与相关企业、单位合作，大力开展与保护传承有关的专题活动，举办地方特色的文化节、艺术节、庆典等重大节庆活动，提升地方及非物质文化遗产知名度和影响力，打造特色文化品牌，吸引更多游客参观。同时，组织评定非物质文化遗产传承人，建立起保护传承队伍，加大力度资助传承人开展活动。此外，大力组织研发适销对路的非物质文化遗产文化产品，进行生产性保护传承，既扩大非遗项目影响，又有利于增加农民收入。

7. 查处违法行为

列入国家或自治区、市县传统村落名单的，应当按照相关法律法规规定进行严格管理。公布传统村落名单之前已发生拆旧建新、造成环境景观影响的，设立一定年限的过渡期，要求户主在期限内拆除或整改，或由政府、相关单位通过补偿的办法进行拆迁安置，以保持传统村落历史风貌。公布传统村落名单之后，发生文物建筑、历史建筑、传统建筑拆除、损毁、失盗事件，以及造成历史风貌、环境要素破坏的，应当依据相关法律法规进行查处，情节严重、造成严重破坏和恶劣影响的，要视情节进行严厉打击。如有法不依、执法不严，往后的保护管理工作将难以开展。某县某古镇前些年曾发生拆除旧房建新房的案件，当地有关部门进行查处，有效遏制了此类事件的再次发生。

（四）加强利用，利用好传统村落资源

1. 编制开发利用规划

要做好编制实施新村建设、旅客服务中心、重要节点建设和产业发展、村庄整治、生态恢复、遗产展示等各有关方面的规划设计工作，并进行必要的科学论证，确保将要进行的每一个项目都思路清、方向明、标准高。在规划的指导下，进行各项开发利用工作，避免盲目性和带来不必要的困难和损失。

2. 发展传统特色产业

要组织调查研究，充分挖掘传统村落资源特色和发展优势，分清村落的自然景观、古建民居、民族风情类型属性，因地制宜，看准市场需求，多方征求意见，确定发展方向，走有本村传统特色的开发经营路子，强调坚持“一村一品”发展模式，创造独特的品牌，避免造成恶性竞争和双输的产业经营局面。

3. 合理利用村落建筑

传统村落极具地域性和族群特色，保存了丰富多彩的区别于其他村落的环境景观、民俗风情和活态文化，是活生生的村落。传统村落建筑的开发利用，要吸取古镇古村的成功经验和失败教训。要强调以人为本，不主张将居住在村里的村民整体迁走，将传统村落变成仅供旅人参观的建筑博物馆，或全部将传统建筑租卖给商户经营，从而变成大卖场，否则会失去传统村落的真实性、完整性和延续性，最终失去其生命力。因此，要正确处理好原住民生产生活与开发经营的关系。即使另建新村的，也要鼓励一定数量的村民在村里生活，让古村保持活力。

4. 完善各类基础设施

传统村落保护发展项目实施，将改善村落中的基本设施。但还要加大力度建设完善与村落有关的各项基础设施。比如，改扩建与邻近主干公路相衔接的公路、码头，改善出入交通条件；建立水电、煤气、网络，以及医疗、卫生、银行、学校、宾馆、娱乐等公共服务设施，为当地居民生产生活、子女上学及客商经营提供便利。这就需要当地村民村集体积极向政府和有关部门汇报争取，通过政府及相关部门安排资金或协调相关企业投资建设。

5. 大力吸引社会投资

政府能够提供的只是基本公共设施和项目前期工作服务，传统特色产业和乡村旅游业等开发经营主要通过本地村民、集体投资或对外招商引资的办法来进行。从实际情况看，涉农产业开发投资大，建设时间长，收益见效慢，一般村民、村集体难以承受。要做大做强特色产业开发文章，必须招商引资、吸引社会投资。这就需要当地政府和村民、集体协作，组织做好项目策划，通过各种方式进行宣传推介，协商引入适合传统村落保护利用项目的投资商，在保护传统村落的前提下进行项目开发和合理利用。

6. 调动村民的积极性

村民是传统村落的主人，是文化遗产保护传承的主体和开发利用的利益相关者，因此，村民积极性十分重要。政府及有关部门要组织宣传，动员村民群众积极参与，在政策范围内尽力满足群众诉求。鼓励村民、村集体进行开发经营，对村民、村集体开发建设积极性高、但缺乏资金的，政府及有关部门应出面协调银行贷款或给予贴息贷款，在村民企业运营过程相关部门给予专业和技术指导，扶持健康发展。与村落保护利用相关的企业、单位，在建设运营过程中要遵守当地风俗习惯，不损害村民村集体利益，充分照顾村民、村集体的利益。如企业、单位在用工上给予照顾，尽量多使用当地村民，村民、村集体参与经营的尽量给予优惠，收益分配上给予村民、村集体适当经济补偿。这样，在开发利用中可以有效促进村民在家门口创业、就业，增加村民、村集体收入，提高村民生活水平，传统村落保护发展工作就前景广阔。空心村、文化遗产保护传承难等问题，也就迎刃而解。

（五）加强培训，健全队伍提高业务水平

1. 开展多层培训

通过召开会议、专题培训等方式对各级政府及有关部门、企事业单位承担传统村落保护发展工作的负责人和工作人员进行业务培训，使之熟悉掌握工作要求、工作内容和工作步骤，通过他们落实相关具体工作。对传统村落所在地村两委负责人、村民小组代表要进行相应业务培训，使他们明确工作责任和义务，通过他们组织发动村民群众、落实保护管理具体工作。通过培训宣传，加深村两委干部和广大村

民群众对世居村落的了解，增强自信心和自豪感。要结合工作需要，适时组织村落保护管理、文化展示和旅游讲解、产业开发等相关方面人员业务知识培训，提升基层干部和一线人员的业务素质和工作水平。

2. 健全机构队伍

传统村落建筑技艺地域性强，每个传统村落或地域邻近相关村落应培养建立起古建筑维修队伍，常年负责传统村落相关建筑物、构筑物的修缮工作，使传统工艺得以传承。传统村落大多数地理位置偏僻，交通不便，离城镇城市较远，一旦发生火灾事故，难以求助于驻县城或城市的消防队。为做好传统村落消防工作，每个传统村落都应该建立本村消防队伍，并经常组织演练。传统村落还应设立专门的卫生清洁队，负责全村卫生清洁、秩序维护等相关工作，保持村容卫生清洁。

（六）加强研究宣传，营造良好的社会氛围

1. 组织调查研究

组织专家学者进行调查研究，系统收集整理传统村落的自然环境、历史沿革、族群繁衍、风俗习惯、传说故事、名人典故、建筑特征、文化艺术，以及村落现状等有关方面内容，建立村落档案，深入挖掘具有地域特色的各类文化遗产，丰富文化内涵。对较有价值的传统村落，进行重点调查研究，编辑出版调查报告和研究成果，为开展保护发展工作提供科学翔实的资料。同时，根据需要组织相关专家召开座谈会、研讨会等，交流经验和成果，扩大调查研究工作和村落的影响。

2. 进行广泛宣传

要采取多种形式进行传统村落宣传，特别是对内涵丰富、特色鲜明、价值突出、竞争力强的传统村落进行重点宣传推介，逐步提高其在国内外的知名度和影响力，打造有竞争力的传统村落品牌。有针对性进行传统村落保护发展工作宣传，让广大干部群众了解传统村落保护的目的意义、政策措施，提高对传统村落保护工作重要意义的认识，自觉参与和积极支持传统村落保护发展工作。尤其要对利益相关者进行深入细致、通俗易懂的宣传动员，发动他们积极自觉支持和参与本村的保护发展工作。

参考文献

[1] 广西壮族自治区住房和城乡建设厅、广西壮族自治区文化厅：《广西传统村落保护发展专题研究报告》（内部资料），2013 年 12 月。

[2] 住房城乡建设部、文化部、国家文物局、财政部：《关于切实加强中国传统村落保护的指导意见》（建村 [2014]61 号）。

[3] 住房城乡建设部、文化部、国家文物局：《关于做好中国传统村落保护项目实施工作的意见》（建村 [2014]135 号）。

[4] 国家文物局：《关于印发全国重点文物保护单位和省级文物保护单位集中成片传统村落整体保护利用工作实施方案的通知》（文物保函［2014］651 号）。

[5] 国家文物局：《全国传统村落整体保护利用工作现场会议材料》（2014.9.23–25. 于福建省龙岩市）。

[6] 广西壮族自治区文化厅、中国文物学会古村镇专业委员会：《城镇化与古村落保护研讨班材料》（2014.9.19–23. 于广西龙胜县）。

[7] 胡彬彬：《我国传统村落及其文化遗存现状与保护思考》《光明日报》2012.1.15。

[8] 冯骥才：《传统村落的困境与出路——兼谈传统村落类文化遗产》《人民日报》2012.12.7。

[9] 周乾松：《我国传统村落保护的现状问题与对策思考》《中国建设报》2013.1.29。

[10] 宁国用：《先保护后利用——广西传统村落困境和出路调查》人民网，2013.8.27。

[11] 单霁翔：《从“文物保护”走向“文化遗产保护”》，天津大学出版社，2008 年。

[12] 谢日万：《广西乡土建筑保护若干问题的探讨》《广西考古文集》（第三辑），文物出版社，2007 年。

作者

谢日万，广西壮族自治区文物局副局长。

古村镇文化遗产的现状与价值认定及保护利用
——以广西桂林灌阳县月岭村为例

◎ 谭小荣　郑文成　夏虹

保护历史文化遗存，弘扬地方传统文化是古村镇文化遗产保护中需要重点解决的问题。文章以广西桂林灌阳县月岭村为例，在介绍月岭村景观及其表现特征的基础上，从月岭村文化遗产保护现状及其价值认定入手，对月岭村如何保护与延续地方传统风貌，如何开发历史文化资源等重要问题进行探索与思考。认为月岭村的保护应与利用并重，正确处理保护与发展之间的关系。

一　月岭村概况

月岭村位于广西桂林市灌阳县文市镇（图 1），核心建筑群为唐氏建筑群，由六大院组成，依次命名为“翠德堂”“宏远堂”“继美堂”“多福堂”“文明堂”“锡嘏堂”。整个建筑群宽敞明亮，讲究宗法礼制，雕梁画栋，追求文人情趣，传统文化内涵深厚，是至今保存最完整、最典型的湘南式

图 1　月岭村大门及两旁的石柱

古民宅建筑，现为广西重点文物保护单位。据说，宋末元初唐氏祖上从湖南陵零迁居于此，一脉相传迄今已 28 代，至今已有 750 年的历史。目前村落中还居住着 500 多户人家，约 2500 多人，全为唐氏人家。

二　月岭村景观及其表现特征

“景观”一词来源于德文，意指风景、景物、景色等。地理学上将景观分为自然景观和人文景观两类，更多的是指因人的活动而创造的叠加于自然景观之上的人文景观，或称文化景观，具有历史传承性和地域色彩。其中，聚落布局与形态是文化景观的重要内容。文化景观通常被认为是文化地理学研究的核心内容，美国著名地理学家苏尔（Car l O. Sauer）则主张以解释文化景观作为人文地理学研究的核心[1]。可见“文化景观”在地理学研究中的地位之重要[2]。由此，“月岭村景观”的概念也就进一步明确化，它不仅仅指一种普通风景的景观，更多的是指因居住在此的人群在活动时所创造的叠加于自然景观之上的村落文化空间形象，即文化景观。这些文化景观意象很好地表达了中国传统文化。

（一）趋吉避凶意象

物竞天择，在人类选择生存环境的进程中，逐渐形成了一个适合人类居住的风水宝地的环境模式，即“前朱雀，后玄武，左青龙，右白虎”的居住格局。用现在的话说就是一种理想的背山面水、左右围护的格局。月岭村后山如犀牛望月，左右有低岭岗阜环抱围护，前不仅有灌阳河，还有暗河流过，良田千顷与远山近丘对景呼应。村中还有精心设计的平阴阳之衡的九大水井，作为人工补景，既成为村中主要景观中心，又是村民重要的日用水源。山、水、田、建筑交织一起，形成一个有机整体，具有田园诗境般的环境要求，体现山水相宜，藏风聚气，天人合一等居住理念（图 2）。

图 2　月岭村全貌

（二）聚财兴文运意象

在中国传统文化中，水被看做是财源的象征，“水环流则气脉凝聚…，后有河兜，荣华之宅；前逢池沼，富贵之家；水左右环抱有情，堆金积玉”[3]。所以，村落水口处风水好不好关系到村民财源、命运和前程。所谓“水口”本义是指一村之水流入和流出的地方。故对水之入口处的形势要求不严格，有滚滚财源来即可；但对水出口处的形势就要求很严格了：“源宜朝抱有情，不宜直射关闭，去口宜关闭紧密，最怕直去无收”。对于自然形胜不太完整或者风水条件不是特别理想的村基往往还

图 3　出水口处的白竹岩入口

图 4　村落排水渠

图 5　文昌阁和步月亭

图 6　催官塔

要采取一定的补救措施，常见的做法是在水口自然地带建筑桥梁，作为“关锁”，辅之以亭、堤、塘、树等镇物，达到留住财富、文运之气的目的，客观上形成了所谓的“水口园林”[4]。月岭村先民非常重视水口建设，水口出处有一白竹岩（图 3），岩洞口砌一小小的石拱门，岩内有一暗河，人从洞口进去，因岩洞内漆黑一片，只听见水声，看不见其形。村中水沿沟渠排至岩洞口便不知去向（图 4），用村中老人的话说，有紧锁水口，防止好水好财外流之意；先民于良田之上筑长堤，沟通村落与水口；一亭居中，曰“步月亭”，建于康熙年间，亭旁有一高出几倍的阁，名为“文昌阁”（图 5）。康熙六十一年建，用于村民攻书。村里当时流行着一种说法就是“文昌坐水口，财宝样样有，男人坐水口，未来有官当”。在“文昌阁”对面小山丘上坐东朝西地修了一座催官塔（图 6），以达到留住财富，文运兴旺的目的。山水、村舍、田野、亭阁建筑为一体，形成了所谓的“水口园林”，确有“自成天然之趣，不烦人事之工”的景观效果[5]。

（三）宗族礼制意象

在封建时代，人们聚族而居并突出宗祠在村落中的主体核心地位。它反映了古时人们对封建宗族礼制的敬畏和服从，对家族和祖宗至高无上的膜拜和尊崇。月岭村先民聚族而居，家族观念相当突出，

图 7　唐氏大宗祠大门外观

图 8　三品官唐景涛故居大门

除了在六庭院中各建小祠堂外，还在村落中建有唐氏大宗祠（图 7），显示其家族的威严和显赫。村落大小事务都在此商议解决，不仅是村民日常生活的重要空间，更是村落文化的焦点和村落建筑的醒目标志。此外，各庭院的形制和布局也反映着人的社会地位的尊卑和对神明的敬仰。大门上方有四个簪子的（图 8），代表屋主人很有地位；庭院平面布局对称，等级和功能划分非常清楚，上尊下卑，井然有序。主人、妻妾、儿女、家仆等房间有严格的规定，长者居上房（东侧），少者居下房（西侧）。平时中门紧闭，从侧门进出；一般朋友或客人来访时，中门也不能打开，访客从中门两边侧门进入到一进正堂，主人在此接待；重要的朋友或贵人来访时，中门大开，访客从中门进入到二进的正堂，主人在此接待；所有外客不能过屏门，女眷不能出屏门，仆人只能走厅外便道，长工不能进巷。用族人的话说，就是“人路、神路分清，主人路、仆人路各走其道”。

（四）建筑文化意象

整个建筑群沿中轴线而建，以砖、木、石为原料，以木构架为主，一律为“五岳朝天”的马头墙，气势恢宏。单体宅居为三间两廊式，以天井为核心成合围之势。一进大门，见一中门，从中门两侧进入必有一天井，天井左右是廊房，正面是正房，多为两层，楼下中间为开敞的堂屋，堂屋左右次间为卧室。无论是正房还是厢房，其屋顶都是向内天井处倾斜，一旦下雨，四周的水都汇聚天井，寓意为“四水归堂”“聚四方之财”。细部装饰主要为石雕、木雕和砖雕。石雕主要集中在村落大门、单体门槛、门柱、柱础等部件上；木雕则主要集中在屏门、窗棂、斗拱、雀替等各处上；砖雕主要集中在大门、照壁、巷道墙壁上。雕刻的多为动植物纹样（图 9、图 10），如猴纹、马纹、鱼纹、竹纹、牡丹纹等，取其“高风亮节”“富贵吉祥”“马到封侯”“年年有余”等吉祥寓意。老祖宗唐禹琮的老房子大门上方有“豫顺呈祥”四个字，字的左右刻有“燕子”“蝴蝶”图案，上方有“梅、兰、竹、菊”图案，喻“福如东海春常在，寿比南山不老松”。这些雕刻艺术作品，造型生动，寓意吉祥，不仅为古建筑增色生辉，还反映了主人的文人情趣和志向追求，具有较高的审美价值和历史文化价值。各庭院的排水系统很讲究，生活用水从暗沟汇集到天井，与天上之水汇合，从右往左经过天井排水口往右经中门后再往左排到庭院外的水沟。天井排水口很窄呈花瓣状，村中老人说，天井的水是“七星贵水”，为防止好水好财外流，设置狭窄的排水口，主要用意是把好水好财留下，把污水和不义之财排出去，寓意为“肥水不流外人

图 9　精致的马头墙

图 10　大门上方动植物纹（局部）

田”“不义之财不能要”，故排水沟不是直的而是之字形的也是这个原因。庭院暗沟中设有沉沙池，以防赌塞，上面覆盖青石或抹上水泥，既实用又美观。

（五）历史文化意象

村落人文景观与自然景观相映成趣，众多的人文古迹和古代建筑保存完好。有建于清道光十四年至十九年（1834–1839）的“孝义可风”贞孝牌坊（图 11），被专家誉为石雕博物馆，列入自治区级文物保护单位；有建于清乾隆年间的“步月亭”和“文昌阁”；有县级文物保护单位的“催官塔”；有反映民风民俗的建于清宣统二年（1909）的“百岁亭”（图 12）；还有“唐景涛故居”“将军庙”“古石寨”（图 13）“唐孔林墓”“古井旋螺”“上井石泉”“双发井”等等，这些人文古迹和古建筑彰显月岭村深厚的文化底蕴。“步月岩”（图 14）“步月仙桥”“白竹岩”“沙江晚渡”等自然景观，不仅给人文景观锦上添花，还完美体现了天人合一的居住理念。

月岭村是空间形态与意识形态的完美结合， 它具有以下表现特征：一是以风水理论指导村落选址布局， 背山面水， 特别注重对水的活用和水口园林的营造；二是以家族、血缘关系为纽带的同姓同族家庭聚居地；三是注重宗族礼制文化孝义教育，有祠堂、牌坊、文昌阁、催官亭等建筑，文化底蕴深厚；四是建筑风格、形制规整统一， 建筑以木结构为主，砖、石为辅；五是建筑装饰以木、石、砖雕为主，雕刻精致细腻，有很高的艺术水准；六是每个庭院皆有反映主人情趣、志向的堂名、对联、动植物纹饰等，寓意吉祥深刻；七是建设资金主要来源于唐氏祖上经商、购买大量田地所取得的巨大财富。

三　月岭村的保护现状及其价值认定

在新的历史条件下，月岭村受到的最大挑战是如何保护和发展的问题。作为历史遗存，月岭村已成为自治区重点文物保护单位；谈发展，月岭村已挂上了旅游景点的牌子。可月岭村的保护和发展现状却令人担忧：整个村落的古建筑格局日渐被现代建筑所破坏；虽然成了旅游景点，但除了在村门口挂上了旅游景点牌子，设收费处，在村中标明旅游线路和景点名称之外，可作为旅游景点的人文景观和自然景观没有开发出来，村落深厚的文化内涵也没有挖掘出来，对游客的吸引力不大。如何保护？

图 11　贞节牌坊

图 12　百岁亭

图 13　古石寨遗址

图 14　步月岩

怎样发展？才能使月岭村将自身的历史文化资源转化为经济资本，达到既保护又利用的目的。笔者认为，要对月岭村进行更好地保护和利用，首先要清楚月岭村目前的保护现状及开发利用的价值。

（一）月岭村保护现状

月岭村保护目前存在如下主要问题：历史建筑得不到有效保护，村落内部土地利用率低，传统空间格局被破坏，公用设施缺乏，环境质量较差。具体表现在：

1. 自然风化破损严重

由于资金缺乏、年久失修，核心建筑群内一些建筑已破败不堪；一些公用设施，如水井周边已起青苔，水逐渐枯竭，水质浑浊，已不能使用。

2. 战争造成的损坏

据村里的老人说，抗日战争时期，日本侵略者在村里待了八个月，很多房屋就是那时被他们破坏的。由于资金缺乏也没能维修。

3. 现代建筑物见缝插针

一是人多地少，住不下，只能拆旧建新；二是生活观念和生活方式的改变，希望能将破败、阴冷、黑暗、潮湿的老屋换成宽敞明亮干净的新楼房；三是政府对古村落规划保护的相关政策出台晚，对历史文物和历史建筑周边区域的建筑形式和建筑风格控制不力，村落传统外观格局遭到破坏。

4. 居民人为损坏

随着社会制度的更新，资产的转移，房子分给了很多户人家。分到房的人家，为了自身有独立的空间和生活上的便利，在原房屋内任意隔墙、砌炉灶、猪栏，堆放禾柴和其他杂物，房屋内部原有格局被打破，越来越加速古民居的损毁。

5. 古民居空置率逐渐上升

一是古村落内部建筑密集、通风采光差；二是旧有的巷道空间狭窄，无法满足现代交通工具通行的要求；三是古建筑内结构都是木质的，易发生火灾。且村里无任何消防设施，存在着很大的安全隐患；四是缺少为村民日常生活服务的健身场所和设施；五是无配套的环卫设施，污水随处排放，垃圾随意丢弃，总体环境卫生质量不高。由于以上种种局限性，大多村民弃老宅子不用，也不进行更新，纷纷外迁建新房，空宅率日渐上升，土地利用率较低。

6. 文化传承主体流失严重

由于生活观念、生活方式和生活习惯的改变，加上外界影响和村落发展滞后，许多文化传承主体举家搬迁到城里，不仅在地域空间上永远离开了原居住地，在心理上、观念上也淡化了村落文化，放弃了对村落文化的传承。文化传承主体的流失，意味着传统建筑无人维护，传统文化无人继承，村落的生产生活方式和家庭结构也随之发生了转变，空巢现象、人去房空和“留守老人”等也成为月岭村保护面临的难题。

如何针对月岭村现状更好地保护是值得深思的问题。

（二）月岭村价值认定

1. 社会转型使月岭村的利用价值开始显现

月岭村有着悠久的历史和厚重的文化，但是，在不同的社会阶段人们对月岭村的价值认定却不一样。以近几十年的情况看，在温饱问题尚未解决时期，人们更加看重月岭村的使用价值，满足生活需要，几乎认识不到其历史和文化价值。在满足了物质生活需要之后，富裕起来的农村人不再盲目地羡慕城里人，城里人也因为居住的环境污染太大，越来越向往原生态的生活，开始大量往生态环境好的古村落跑。在这样的背景下，人们日渐看重月岭村的历史和文化价值，月岭村的文物属性开始进入人们的视野。如何突显其文物属性，将月岭村蕴含着的历史文化价值转化为资本，也提到了当地政府的议程上来。

2. 月岭村的开发价值

价值取决于需要，取决于能够满足需要的资源情况。现代人对自然之美的需求所以日益旺盛，不仅因为那里的山水风光能够使身体健康，也因为那里的人文环境可以颐养精神，使人们得到身心上的愉悦。而月岭村恰恰是这两种资源的集合之地。可作为研究古民居建筑理念、建筑文化，人文景观与自然景观相结合的实物例证。更为重要的是，月岭村中蕴含着的一些人居智慧，可以为当今的新农村建设达到可持续发展提供参考。

（1）月岭村追求人与自然的和谐关系

月岭村村落选址、空间格局的过渡、“水口园林”的营建等等无一不追求人与自然的和谐关系。

当下新农村建设普遍出现环境建设、村容整治让位于经济建设，处理好人与自然的关系问题，才是新农村建设可持续发展的关键。

（2）月岭村注重人与人的融洽与亲和

月岭村村民住在一起既有邻里之情，又有血缘之亲，个人的生老病死往往能引起全村的共同关注，牵动每一个人的心；平日上门串访、节日庆典、祭祀活动、村屯桂剧表演等往往是交流情感、凝聚亲情的最好方式；人与人之间的关系融洽亲和，成了月岭村最有魅力的生存之道。当下农业生产是以家庭劳作的方式进行的，家庭与家庭、个人与个人之间的联系比起集体劳作时疏远了许多，且人与人沟通交流以利益当先，更加剧了彼此之间关系的冷漠。如何建设新农村人伦关系或许可从月岭村中得到一些启发。

（3）月岭村重视建筑艺术和传统文化建设

月岭村主要建筑材料木、石、砖均从当地采集，地域特色明显；文人志趣的追求，纹饰图案和雕刻艺术的讲究，勤学孝义的教育等等都使整个村落的文化氛围健康向上。目前，由于盲目效仿西方建筑，城市的特色在消失，地域的特征在弱化，加上外来虚伪、庸俗、不健康文化的强劲渗透，新农村建设中普遍存在建筑千篇一律，地方文化原真性丧失，低级庸俗文化方向性明显的问题。如何改变这种状况，建设具有民族特色的，健康向上的新村落，祖先留在月岭古村落中的经验可能有着无可替代的借鉴作用。

（4）月岭村可以作为研究中国传统宗族民居的实例

作为保存相对完整的宗族民居古村落，其建筑理念、形制、布局、装饰等有着中国传统宗族民居的人文因素，整个村落建筑群体及单体民居都向人们展示着地域文化特色以及宗族聚居、人地和谐的居住模式，至今仍具有较高的居住实用和历史文化艺术价值。其布局之工、结构之巧、装饰之美、营造之精、规模之大、文化内涵之深，不仅在桂北，就是在整个广西乃至全国也是非常少见的，可作为研究桂北、广西、全国宗族古民居与其他地域宗族民居异同的典范。

月岭村体现的景观意象及与之相匹配的生存经验和智慧，凝聚着中国文化的不少精华。尤其是人与自然的相处规则，人与人之间和谐共生之道及生存空间保持文化个性的种种讲究值得我们去研究，去传承。那么，如何挖掘其文化内涵，传承其文化传统，以达到有效利用。笔者认为，其发展定位：一是可立足于自身的文化特色，以文化营造环境，以文化带动产业，形成特有的文化经济，这是月岭村在新的时代条件下焕发活力的根本。二是可作为传统文化教育基地，美术写生基地和导游实践基地来进行建设。

四　月岭村的保护与利用

国务院参事、中国民间文艺家协会主席冯骥才曾向媒体提供这样一组数据：自 2000 年至 2010 年，我国自然村由 363 万个锐减至 271 万个，平均每天消失 80 到 100 个，其中包含大量传统村落。[6]这就警示我们保护古村落的文化记忆已经是刻不容缓。月岭村在生生不息中形成的具有地域特色的民族传统，附于各种物质载体上的文化内涵是其灵魂，是人与自然长期磨合的产物，“天人合一”是其永恒的追求，也是最大的特色。因此，保护好月岭村，不能机械地保护几座古建筑、古巷道等物化表现形式，更应保护月岭村所形成的民俗民风、宗教信仰、娱乐形式等非物质文化，使公众能清晰的认知古村落形成、发展的脉络，让古村落的历史文化得以延续和传承，让“乡愁”有处可寻。因此，在月岭村保护中应遵循以下原则：

（一）整体性保护的原则

保护好完整的唐氏古民居、宗教建筑、水文景观、历史文化遗迹等古建筑，传承唐氏家庭在生产生活中形成的非物质文化。维护唐氏家族传统建筑空间形态的统一性、完整性和院落空间的轴线及秩序；在保持传统空间格局的前提下，对月岭村进行分区保护与整治。如核心保护区应以保护修复为主，对区内建筑实行局部改造和内部更新。风貌控制区则是保护、建设并重，新建筑要延续历史风貌特征。协调发展区以建设发展为主，区内建筑要与整体历史环境尽量协调一致，不产生明显的视觉冲突；尊重在平面布局中村民因为生活需求而对局部进行的改变；延续宗祠作为宗族祭拜活动、处理家族事务和家族精神教化的功能；保留文昌阁、催官塔、贞节牌坊等古建筑在空间过渡上原有的的特点，延续其作为村民留住财富、企求文运兴旺、讲求孝义等精神文化追求的地位和功能；传承具有 300 多年历史的村屯桂剧文化和世代积淀在村里的特有的文化与习俗、与生俱来的天人关系和人与人的亲和关系。然后按“修旧如旧”的原则，根据建筑等级和质量状况对古建筑进行适当的改造，在维持原貌的前提下，增加必要的厨卫设施，以改善居住条件，解决旧有居住形式与现代生活方式之间的矛盾。同时，清除乱搭乱建的建筑，增加环境绿化，提高环境质量，还其天人合一的居住环境。

（二）保护与发展并重的原则

在整体保护的基础上求发展，在坚持原真性、完整性的前提下来做保护，开发唐氏宗祠、文昌阁、贞节牌坊、催官塔、水文景观、步月岩、古石寨、百岁亭、沙江古渡等旅游景点，挖掘其蕴藏的历史文化价值，通过发展旅游业获得经济效益，提取一定资金再投入到保护的事业中，走“以保护促进旅游、以旅游养保护”的可持续发展道路。充分尊重和满足居民的合理诉求，提高广大居民的生活质量，让居民在古村落中住得方便、住得舒心，充分享受古村落保护的成果，并自觉内化为保护行为。

为此，地方政府要坚持科学发展观，编制好月岭村保护和发展的科学规划，对月岭村的空间规则、保护规则和行为规则等都要有明确的规划，防止在旅游开发利用过程中“变味”，并按规划的既定目标稳步发展。要建立、健全民间开发力量协同政府和原住居民一起参与月岭村保护与发展的机制；组织相关专家对月岭村丰富的历史和文化内涵进行挖掘、抢救和整理，保护无形的民间艺术和民俗精华，使其在旅游开发中转化为资本，带动第三产业的发展，并产生一定的经济效益；要努力改善村落的基础设施和服务设施。比如排水、燃气、道路照明、垃圾处理、消防、教育、医疗等等，合理规划停车场地，严格控制古村落及其周边环境的广告、商业标志、电力电信电缆、路标及街道装饰；要引导优秀传统文化复兴，展示社区文化，为居民提供特定的政策补偿及资金保证，满足居民对现代生活的追求，实现古风再现、诗情画意、经济繁荣、安居乐业的社会目标；要建立资源综合利用的生态循环链，有效控制古村落未来发展的两大污染问题，即村民生活垃圾污染和旅游污染。重构古村落生态系统结构，引进现代生态技术（填补生态技术，再生能源工程技术，资源节约技术等），发展庭院经济，促进农业废弃物的多层次利用。发展低投入高产出的高效农业，优化生态链结构，形成资源综合利用的生态家园，赋予古村落新的生态活力；要建立月岭村保护性数据库，防止实物丧失时，“乡愁”无处可寻。

总而言之，要让来此观光的游客能体验到当地的民俗民风，观看到具有地方特色的桂剧，了解到村落的历史文化，领略到传统建筑艺术和天人合一的和谐生态家园的魅力，使月岭村物质文化和非物质文化能够在保护和开发中焕发生机，变身为一个传统与现代、静态与活态完美结合的古村落。

五 结语

古村镇是我国几千年农耕文化的缩影，是世界文化遗产保护领域的一个重点。村落整体空间的布局、建筑的形制、外观和装饰风格等，不仅展示了当时工匠精湛的工艺水平，也表达了人们的精神和文化诉求，展现了传统农耕文明的生活方式。同时，古村落特有的传统手工艺、歌舞和戏曲表演艺术以及生产、生活习俗等非物质文化遗产或遗存也是古村落的先民在特定的自然环境和社会历史背景中所形成的智慧的结晶。[7]月岭村作为传统的宗族聚居地，不仅保存有完好的村落建制与建筑，也遗留着村落传统的民俗民风和生活方式，村落景观意象有着独特的个性和鲜明的地域性。因此，月岭村旅游开发利用必须以合理保护为前提。而目前古村落保护利用却出现了一类非常独特的问题，即许多原本鲜活的古村落因为保护利用反而变成了毫无生命力的“文化标本”，产生了“保护开发性破坏”的异象。这种情况在世界古村镇保护领域并不多见，而在中国高速发展的时代背景下却有愈演愈烈的趋势[8]。导致这种现象的原因是人们把古村落的保护和利用割裂开来，在旅游开发中只注重古村落某些景观意象，而对其他景观意象一概忽略不论。其实，古村落景观意象及其存在形式复杂多样，在旅游开发与保护中缺一不可，只重视对建筑等显性要素的开发而忽视对非物质文化等隐性资源的挖掘保护和利用，将致使古村落旅游只停留在景观意象的表象上，制约古村落旅游的可持续发展；更严重的是随着时间的推移古村落将会因其赋存文化的流失而消失。因此，对于古村落的保护利用来说，应以村落整体空间为保护范围，将其所包含的物质形态要素以及非物质文化要素都容纳其中，结合村民现代生活的需求，进行活态的、本土的、整体性的保护，这样才能使村落中的文化资源得以完整的保护。这是对其进行合理、科学地展示、保护、传承和利用的最好方式。

注释

[1] 王恩涌：《文化地理学导论》，高教出版社，1989 年。
[2] 刘沛林：《中国古村落景观的空间意象研究》《地理研究》，1998 年 3 月 32 页。
[3] 王三北等：《从风水的视角看古代人居环境的选择》《西北师范大学学报》2005（2）。
[4] 朱永春：《徽州建筑》，合肥安徽建筑出版社，2005 年。
[5] 程积悦：《徽商和水口园林》《建筑学报》1987（10）。
[6] 中国文物报：《古村落保护：与推土机赛跑，何处寻觅“乡愁”？》2014 年 1 月 10 日第 1 版。
[7] 周天然：《非物质文化遗产保护中的民俗博物馆》，紫禁城出版社，2006 年。
[8] 雷蕾：《中国古村镇保护利用中的悖论现象及其原因》《人文地理》2012 年第 5 期 94 页。

作者

谭小荣，桂林博物馆副研究员。
郑文成，桂林博物馆馆员。
夏虹，桂林博物馆馆员。

桂东桂东北古村镇文化遗存现状探索及保护对策

◎ 陈晓林

自古来，桂东、桂东北地区就是岭南与中原连接的重要道口，南越门户，很早以前，该区域就是从中原进入南越的汉人戍守、避难、安家的首站和理想之地方，他们从中原各地而来，在这里建村立寨，从而形成了该区多元的乡土文化，历经数百上千年，这里许多村寨古风犹存，本文旨在从该区域古村镇（传统村落）文化遗存及现状，探索其保护对策。

桂东、桂东北地区自古来是从中原进入南越后的重要区域，从舜帝南巡守到秦始皇的戍边参沙到汉武帝开拓九郡，该区域已不再单纯"南蛮"，历朝历代或戍守、或被贬、或逃难避乱，该区域都是从中原进入南越的汉人的第一站，历来是戍民杂处的地方，从秦汉时期开始，这里既是戍边将士戍守的地方，也是各地百姓汇聚的地方，目前所知在该区域居住的居民绝大多数已不是原住居民，而是各个时期从各地迁入的以汉民族居多的区域，当然也有部分瑶、壮等其他少数民族。从中原进入南越的汉族人不但带来了先进的生产技术，也带入了文明、文化，由于经过长时期的积累，积淀成厚重的乡土文化，为我们了解汉民族在该区域的发展状况提供宝贵的资源，下面笔者就桂东北汉族古村镇、传统村落文化遗存状况向大家作个汇报，并对该区域汉族古村镇、传统村落文化遗存的保护提出自己的意见和建议，与大家商榷。

一 古村镇、传统村落的文化遗存

谈到传统村落，讲到家乡、讲到故土，人人都能把小桥、流水、人家连在一起，但一座经历数百、上千年的汉民族传统村落，远远不止这些，它的主体是传统民居、而围绕这些民居而建的还有宫观祠庙、书院学堂，门楼炮楼、戏台亭塔，桥梁渡口码头，还有牌坊照壁、旗杆石、碑刻崖刻、书院、私塾学堂，有井台、泰山石敢当、石墙石阶老巷，有古树池塘及河堤河坝水渠等等，而且部分村落的传统建筑由于在革命战争年代曾经为革命者使用过而成为革命文物，正是这些元素、内容构成传统村落的乡土文明。在桂东、桂东北地区桂林、贺州传统村落里，尽管不是每个村庄都应有尽有，但或多或少常常都会有那么一部分，这些元素使这些传统村落更为完整。

桂东、桂东北地区，大多地处喀斯特地貌，取石方便，且该地区雨水丰富，草木茂盛，便于烧制砖瓦，为该区域砌建各种建筑提供了坚固的用材，也使得许多使用这些材料而建造的古建筑和文化元素经数百年而得以留存，让今天的人们有幸看到先人聪明才智，而也正是这些传统的乡土文明留存至今，才使今天的人们看到古老的传统村落风貌，领略到古老的传统村落魅力所在。

桂东、桂东北古村镇传统村落

历史上从中原进入南越的汉人，大多是一些吃苦耐劳的群体，到了南越后经过自己辛勤劳动，建立起自己的家园，形成自己独立的居住村落。经数百上千年的经营，村落中除了积淀许多有形（物质）的文化遗存外，也由于吸收各地不同的文化元素，继承、保存了许多无形（非物质）的文化遗产，如民间艺术、武术杂技、祭祀仪式、手工技艺、民俗风土、稻作农耕、神秘绝技、名人名宦逸事、传记，风水择吉等等，形成区域性多元化乡土文化。风水择吉是该区域重要文化内容，就是在今天这区域仍非常盛行。要了解一个传统村落历史，首先得从村落风水开始，这个村落风水用今天人们的眼光看也就是村落环境科学。

按照汉族人传统文化习惯与标准，选择一个坐北向南、坐西向东（或坐西北向东南）、背靠青山，前有水塘或水田，左有来水，右有虎丘，可谓前朱雀后玄武，左青龙右白虎的风水宝地（环境）开基立寨、建立家居是最佳地理。桂东北地区除了山，水资源也比较丰富，寻找这样一个宝地不难，而汉族人在该区域建造一个村落，往往也根据所选择的地理位置，以金木水火土的平衡关系和阴阳八卦关系构筑和营造这样一个理想环境，如缺水且掘筑一方水塘，如缺木就在村前村后种一些风水树林，如犯煞，且在村前（村口）种一棵大树、树一方泰山石敢当（特别是从山东进入的汉民），为了唤起村落的人文，一些村庄也会在村中建一座文昌塔或文星阁。经过长期的改造，从而营造一个宜居的村落环境，建造成一个理想的聚落家园，因此这里古老村寨，是非常有村寨韵味的村寨。

该地区，许多传统村落，除了保存着不少传统建筑外，且大多都能看到几棵大树，几方水塘，这些大树、水塘，即可调节村中气候，也营造一个理想的村落环境，大树可成为人们乘凉之所，水塘可养鱼、种藕，也利于排污，供消防之需，但这些大树、水塘更是确立一个村落风水格局的重要组成部分，根据一个村落风水格局，可以使我们从中窥视到这个村落人文历史。了解一个古村镇、传统村落，

民俗文化抢花炮

文昌塔

桂东、桂东北古村镇传统村落环境

泰山石敢当

村前古树

村落风水（村落环境）是一个重要内容，也是一个古村镇、传统村落文化遗存第一元素。

汉族人在该区域安居后，随着生活的积累，除了挖掘池塘、种风水林、筑坝修渠，营造一个理想的风水环境和生产生活环境，渐渐地在自己居住的村落中，建起体现自己民族的文化特点的纪念和祭祀建筑，如建立敬奉祖宗的祠堂，为自己所敬奉的神灵建起各类庙宇。土地庙是该区域建得最早，也

社公

业主老尊

协天宫

广福寺

城隍庙

祠堂

是建得最多的。在汉民族看来，土地生五谷，是养育万物之神，是人类的“衣食父母”，作为世代农耕的民族，人们最敬奉的是土地，因此在该区域的汉族传统村落中，无论村落大小，几乎都建有土地庙，或曰“福德祠”，或曰“业主老尊”。而随着生活条件的改善，有的也会建起如三界庙、城隍庙、龙王庙（龙福庙）、观音阁（观音庙）、文庙武庙、协天宫、三清观、天师观等各种各样不同的寺、庙、

井台

石牌坊

粤东会馆

绅士碑

戏台

庵、观等，以供奉自己所信仰的神灵；为祭祀自己的祖宗，建起本族祠堂；为了生活的便利，修筑井台；为了经商的便利，建起会馆、驿站；同时为了弘扬正能量，以激励后人，有的村庄为村中贤能贤良建起牌坊，树立旗杆石；为了娱神娱人，从搭建临时戏台到兴建永久的戏子楼（戏台）；为便于出行，架建便于自己出入的津渡、桥梁、码头、凉亭和修筑石板道；为了便于后人记忆，雕刻记载一定历史

石拱桥

凉亭

字纸炉

碑记

门楼

炮楼

庑殿式民居建筑

意义石刻碑记；有的为了体现自己尊孔敬儒的一种思想理念，有的村庄且在村头建起用以焚烧有字纸的字纸炉；为了避邪，在村头、村口种几棵大树，设立泰山石敢当，在门前建起照壁。渐渐的积累众多的代表一定内容或象征性的历史建筑，刻立纪念性碑记、崖刻，构建属于自己的小天地，形成自己村落文化特征，这些历史建筑、文化遗存是构成桂东北地区的汉族古村落的生命、灵魂。同时随着社

街道式建筑

桂东、桂东北古民居

围拢式民居建筑

中西合璧洋房式

精雕细刻的民居门坎

会的变化，为了防御的需要，许多古村落且建起防御墙，在村口、巷前、街头建起门楼，在村落中建起炮楼，构建属于自己的防御工事。该区域的传统建筑形式以硬山式为主，悬山式和庑殿式、歇山式也有小部分，歇山式多用在以公共建筑上。民居建筑以三开间主屋加两侧间的小三合和加前廊的小四合院落式为主，部分加单边围拢和多边围拢，此外且有部分为街道式建筑，也还有部分大户人家为多进式的大堂建筑和中西合璧的“洋房”，大多传统村落都比较有规划，民居建筑以数座纵向联排和横向联排较多，也有数座组合一起的和单体的。内部布局以单一平面为主，也有少部分双平面变异干栏布局，主屋高者三层，低者二层。在目前所保存的许多精品建筑中，大多把中华民族优秀绘画艺术、雕刻艺术及瓷塑、灰塑艺术融入建筑里，增强了建筑的艺术美感，特别是在一些祠堂、寺庙、宫观、会馆及书院学堂等公共建筑及一些大户人家建筑，多使用这些艺术装饰墙头门头、博古、翘角和主殿主厅，使建筑不仅只有使用功能，而且还有着很高的欣赏功能，使今天的人们不仅了解到这时期的建筑科学，同时也让今天的人们欣赏到把绘画艺术、雕刻雕塑艺术融入建筑美学那儿，别有的一种美感，容易给人留下记忆，记住乡愁，感受到乡土厚重的文化。

精雕细刻民居门楼——明经楼

二　传统村落空巢存在原因

汉民族是一个以农耕为主的民族，世代农耕的先辈们非常珍惜土地，他们开垦一块田地不容易，建造房子，从不轻易占用良田沃土，桂东北地区的许多汉族传统村落多是建在山脚岭脚坡地上的，一方面节省良田，另一方面有利于排水防涝。而建在坡地上的村落，不可避免都存在一个阶梯问题，这个阶梯自然成为现代人的一个阻隔，有一部单车要扛在肩上才能到家，且传统村落封闭、密集，巷道狭窄、且采光、透气、排水排污都不是很好，对于今天的人们而言，出入、取水、用电、通讯等方面都存在许多不便，在许多问题上都不是很适合今人居住，买一部单车到了村口就要下车，更何况买一部摩托车、小汽车；由于双轮车也进不去，打一箩谷子要在村口晒干风净，靠肩挑才能到家，一切进出的物产都得靠人力的肩扛手提，喝一口水也要靠到村外水井挑回，时代大变了，谁还能守住这古居老宅。

从旧社会过来的人对这些老宅仍保留着许多情感与念想，但他们已老了，住在老宅连水都难以喝上，他们需要年轻人照顾，得与年轻人住在新居里；而从上个世纪六七十年代成长起来的人，虽然也从父辈中承接其部分对老宅情感，但在经历破四旧、立四新，对许多东西都已淡泊，对村中历史公共建筑也任其自然损毁，对祖辈留下的青砖瓦屋，也无心呵护，况且很多因为不是自己祖辈留下的，而是解放初期分地主的，没有多少情感；年轻人没有经历那个艰难时代，他们接受的是新文化，有了与时代同步的新思维、新思想，他们外出打工赚钱，他们要过上现代人的生活，他们也要有自己的新房子，那些老房子不管怎么说，都不愿意住回去。在男青年的心中，如住在这样的老宅恐怕连老婆也娶不了；女青年也都想过上时尚生活，有谁看得上这些老宅。许多老宅的前面是新居，明显反差，谁还能安居于老宅？谁还愿住在这样的老宅里？

现存的许多传统村落青砖青瓦房建筑，大多是清朝和民国时期所建，少则近百年，远者数百年，过去也许是几个人住的房子，到如今其主人早已是儿子有孙子，孙子有儿子了，过去几口人住的一座

村阶村巷

桂东、桂东北古民居

桂东、桂东北古民居

古民居——爱吾庐

大宅，到如今早已是一户只能占一个角，解放初期分房时是你得一个房间，我得一个房间，大家住在一座青砖瓦房里，在那个时代是一种奢侈和福分，而现如今几家人早已是儿孙满堂，如何还能居住在一座老房子里？只好你的放草，我的堆茅，你的养猪，我的关牛；许多老房子由于年久失修，梁檐朽坏，漏雨严重，年轻人外出务工，老年人又不能上房检修，无人理会，谁也不愿住，谁也不敢住，空巢村落现象也因此而产生。

桂东、桂东北古民居

桂东、桂东北古民居

传统村落门楼

由于传统建筑的用材问题，不像现代建筑那样稳定，三两年都要进行必要的维修、维护，农村许多人也不愿去做这些既要出钱又要出力的事，而且由于年轻人大多数都到外地打工，上屋顶捡瓦的工作没人去做，得不到保障；而现代的混凝土建筑多是建在交通便利的地方，一劳永逸，门前掘一口井，吃水没问题，打一挑谷子双人车、农用车运到家门，晒在门前或楼顶，十分便利。现代建筑即方便自己，也造福子孙。传统村落的空巢现象不可避免地存在，而且会也愈来愈严重，如何才能做好这些传统村落的保护呢？在这新农村建设、城镇化建设新旧更替时期，是摆在我们面前的一个不得不考虑的重要问题。

三　对传统村落的保护的思考

桂东、桂东北汉民族传统村落的科学价值、艺术价值、历史价值不言而喻，但就是这样的古老文明的传统村落，在当今新农村建设、城镇化建设、风貌改造、危房改造的社会变革中，却离我们渐去渐远，像一位耄耋老人，如不加以保护，即将失去其生命。我们提出对古村镇、传统村落的保护，核心的内容是对传统民居、乡土建筑的保护，我们界定一个古村镇、传统村落，必须得有一定规模的传统民居、乡土建筑，也要有一定的村落历史，还得有比较深厚的文化积淀。经历改革开放几十年，我们的国家开始走向富强，我们的人民也摆脱贫困而走向富裕，迈向小康，许多古旧的村落变成新村，很多传统民居、乡土建筑在新农村建设、城镇化建设、旧房改造中消失，而取而代之的是小洋房，水泥楼，再不做好保护，我们民族自己的乡土建筑就会被小洋房、水泥房所代替。传统民居、乡土建筑是我们中华民族经数千年发展创造的智慧和结晶，特别是那些独特、优秀的乡土古建筑，它不但凝结主人几代人的心血，同时也凝结了建设者的智慧与成就，我们不

桂东、桂东北古民居

桂东、桂东北古民居

能看着它被取代，被消失，虽然我们不能对所有的传统村落都保留、保护，但也要对一些历史久远，文化积淀丰厚，传统民居、乡土建筑较为集中的村落加以保护；保护了这些传统村落，就保护住了我们民族的传统民居、乡土建筑，也就是保住了我们中华民族的文化根基。

由于历史的原因，在桂东北地区，现能知晓的比较老的传统村落多是宋朝和明朝时期所建的村落，但在该区域我们已经很难看这时期的乡土民居建筑了，现存的民居古建筑大多数是清朝和民国时期兴建的，特别是一些大的公共建筑，如祠堂、寺庙、会馆、桥梁等大多是经康乾盛世后发展兴建的建筑，这些古老的传统民居、乡土建筑是我们了解一个村落历史、了解农村社会发展变化的一个窗口，也是留给后人的一笔厚重的财富，现如今基本完整的古村镇（传统村落）已经不多，抢救保护已迫在眉睫。

我们对传统民居、乡土建筑的保护，要采取两手办法，一是对散落于一些村庄中的个别精致或比较有价值的传统民居采取迁移的办法集中保护；一是对传统民居、乡土建筑比较集中、文化积淀比较深厚的古村镇、传统村落进行整体保护。

对古村镇、传统村落的整体保护，必须要解决好两个问题，一个是修缮好，一个是利用好。由于长年失修，许多传统村落中的传统老民居建筑因多年无人居住而梁朽檐落、天面破损严重，公共老建筑如祠堂庙宇、书院学堂，门楼炮楼、戏台亭塔因缺少集体资金，无人主持修缮而破落荒芜；而一些旗杆石、碑刻碑记由于经历文革，经历“破四旧，立四新”，却成为架桥修路的铺路石；传统村落中的池塘淤泥积满，浮萍漫延；大树下本是人们纳凉的地方，现却成为牵牛的地方，牛粪到处是。要保护首先必须对古村镇、传统村落修缮、整治好；要传承必须管理、利用好，不修缮好，保护就无从谈起，没有利用，就没人管理，就难以传承，也达不到很好的保护。修缮是保护的起点，传承是保护的过程，不能或缺，当然，相比之下，传承才是关键。

旗杆石

对传统村落的修缮，首先应从恢复村落原有风貌、自然环境、风水格局入手，清理一些不适宜的乱搭乱建，修缮村巷，清理村中积淤和历史垃圾，整治村中环境，适当恢复村中原有历史场景，

福德祠

桂东、桂东北古民居

桂东、桂东北古民居

古民居神龛

卵石古道

古民居门檐

村前石阶

理清村中文化积淀，不管是物质的还是非物质的，只要是无害的，尽可能的重新恢复、捡起，重新唤起古村落文化气运。其二是做好公共老建筑和主体古民居建筑的维修保护，严格依照文物维修修旧如旧的做法，加强对传统古建筑的修缮管理；对传统古建筑的维修，不能省舍，也不能增添，画蛇添足，绝对保证传统古建筑不走样，不失真；不同年代或不同艺术风格的建筑构件，不能胡乱使用，强拉硬套，凑在一起；对于一些古建筑中的壁画、雕刻及灰塑，艺术水平不到位的，不要随意修改，要保持原状，做好保护；对失落的旗杆石、碑刻碑记重新找回复原、原位树起。

对修缮好的传统村落，要做好传承保护，必须做好后续管理使用，从现在桂东北的古村镇、传统村落存在状况看，做好古村镇、传统村落保护，不能单靠原住居民，最好的办法是寻找到一位有文化理念与情结、有能力、有实力的业主开发使用，对传统村落的传统古民居放开让人领养或认购，把其古民居变成可转让资产经营，这是一个最好的保护办法。从目前全国名村名镇成功事例看，多数名村名镇的古民居都是别人在经营使用，从而使其得到很好的维修保护，而不是仅靠能力有限的当地村（居）民承担。

古村镇、传统村落，以传统民居为主体，而目前对于这些传统民居，乡土建筑且往往是对其有保护产权的人，且没有能力保护或不愿保护，而有能力保护的人或愿意保护的人却没有对其保护的资格（产权），从这个问题上说，对古村镇、传统村落中的传统民居的保护，最好的办法是争取取得双方的有利共营。一、通过与村民签约，由当地政府或文物管理部门、住建部门代管，转由有能力的实体经营、开发使用，并把适当的利益回馈原产权者。二、由有实力的业主与村民共商，达成合作，共同开发利用经营。三、通过对传统民居产权人的转变，由原产权人有偿转让出来，成为有能力保护者的资产，可以抵押贷款，当新的产权人没有能力保护，或不愿再对其保护时，也可以通过再次转让，使其得以很好的传承与保护。当然对国家级传统村落也可以通过国家投入，对传统村落民居做全面改造，包括用水、用电、排污、装修。对村落传统建筑天面瓦做相对固定处理，使其在三五年内不轻易损坏；对村落传统民居作必要的整合，原来一座房子是几家人住的，通过转让整合为一家人居住，并做好古民居的内部装修改造，特别是对内部卫生间的建立和对厨房的改造，使其符合当代人生活需求。只有这样才能使传统村落得到很好的传承和保护。

传统村落，古老的宅居，是民族文化的根基，是乡愁。有多少人不经炊烟、不谙乡土而成为蓝领白领住进大城市的高楼？保护传统村落，保护古老的乡土宅居，使传承数百年的乡土建筑得以延续，才能留住记忆，留住乡愁，留住我们民族文化的根，要不然我们的物质文化遗产若干年后也就成为“非物质文化遗产”了，仅存于人们的意识形态上。一个传统的村落承载着一个村落的历史，积淀一个村落的文化，如果一个村落的传统建筑没有了，那么它所积淀的文化也将被新建筑所淹没而消失，炮楼没有了，门楼也没有了，旗杆石、碑刻成为铺路石，祠堂寺庙衰落，香火不景，村落的历史没有物体为证，曾经的村落文明就不能为后人所识，那是对后人不负责任的态度，现如今国富民强，是该捡起记忆的时候了。

作者

陈晓林，广西壮族自治区钟山县文物管理所所长，副研究馆员。

石桥培中古村落的文化传承与保护利用

◎ 陈水德

广西苍梧县培中古村落是一个有着深厚历史渊源的乡土建筑群落，二百多年的历史沉淀赋予了这个古村落特殊的意义。以古石桥、龙岩、天后宫等丰富的人文环境及自然景观，体现了石桥镇社会的历史变迁，反映了苍梧大路官道商路的盛衰兴废的历史，见证了东安文化的起起落落，更体现了历史文化在现代得以传承，对古村落的保护利用也是我们当下一代的责任。

广西苍梧县石桥镇培中古村落是有着特色鲜明、文化内涵深厚的乡土建筑群落，具有较高的历史、文化、社会、规划、建筑等价值，深受各界的关注，是苍梧县文化遗产的重要组成部分，属文化景观遗产范畴。崇山叠嶂拥抱的培中村里，一座座古宅沿着古老的石街两旁整齐排列开来，鳞次栉比，错落有致。而培中村的古民居如同一本史书，彰显出风雨沧桑的培中历史、文化底蕴和培中人的文明足迹。清幽秀丽的古村落散发着浓浓的传统文化气息，给人一种悠悠思古的热衷与敬仰。古村落建筑为个体财产，第三次不可移动文物普查中登录，现已公布为我县文物名录。

一　古村落的社会历史背景

培中古村落位于苍梧县北部的石桥镇培中村，坐落在 207 国道旁。是苍梧县前东安区的中心地带，也是本县地域文化——东安文化的发源地。自宋代以来，这里均为本土文化与北方中原文化、南方岭南文化碰击交汇的前沿地带。直到清代，“苍梧大路”的商道作用达到了鼎盛时期。由这里水路转陆

古村落建筑风貌

路运送的农副产品源源输出，加上官商驿道的交汇贯通，石桥镇繁荣一时。在清嘉庆、道光时期，石桥古镇成为了苍梧北部的一个经济、文化交流中心。

古村落局部

由于有了石桥这个经济文化中心镇作为依托，本地人积累了一定程度的经济基础，加上受“聚族而居”“叶落归根”“荣归故里”及风水学说的影响，这些因经商或仕途功成名就者，往往回自己的本村大兴土木，“遍察山水形胜”，辟基拓产，营造各村鳞次栉比且十分讲究的民居群落，并且资助家族修建祠堂、学堂、岗哨楼等公用设施和纪念性建筑。现在仍存的古村落，大都是处在优美而有特色的自然环境之中。这都是因为创始和建设古村的人们，大都是以天人合一的环境观念意识，去选择建村的缘故，所以大都具有并体现这种环境文化的内涵与特色。

培中古村落就是其中保存得比较完好的一个村落，古村落主要由护城水塘，城墙城门，岗哨楼，祠堂，学堂，古井，民居等单元组成，规划整齐划一，功能设备完善是古村落给人最深的印象之一。

二　古村落的区域文化元素

石桥镇位于苍梧县的北边，离县城约六十公里，一条叫东安江的小河由北向南蜿蜒而流，两岸稼穑郁郁葱葱，待到秋来，稻香十里。这片土地年产米粮不下四万吨，有着“苍梧粮仓”的美称。在石桥，这里有类似桂林的石灰岩地貌。一座座孤山相隔一两里，各有风姿秀色。而最有姿彩的一座，叫龙岩山，就在离镇街道尽头几百米处。山有二洞，曰龙岩洞和三星岩。龙岩洞之宽阔，足可以举行数百人的集会。洞中有一泊镜湖，水清冽袭寒，石笋和石钟乳遍布，令人目不暇接。龙岩山山体不高，但怪石随处可见。一些从石缝里长出来的植物，骨骼瘦弱而清奇，顽强地生存在石缝之间。洞里环境幽深莫测，大自然的鬼斧神工，外面日光普照，里面却是一片清凉。龙岩今存的多处石刻，属于摩崖石刻，有李宗仁书写的“奇雄壁立”、白崇禧的“破壁而飞”等，还有革命时期广西学生军粉刷的宣传标语遗迹，“团结抗日的进步力量，打倒日本帝国主义”，依稀可辨。三星岩在龙岩后侧，亦有一泊清池，水色清澈碧然，有假山式嶙峋奇石卓立水面，水后为洞，洞里迂回曲折。三星岩上有里人莫子昶书写的“三星岩”摩崖石刻，还有蔡灏的摩崖石刻题诗。石桥镇的人们借助龙岩洞和三星岩这两处具有天然环境艺术之美的风光名胜，大力挖掘自然环境和人文景观相结合的游览胜景，在龙岩山的南面的一个岩洞里，建造了一座北帝庙，供游客供奉和游玩。每隔三年在这里举行石桥镇的“三月三节”，北帝庙这里游人如织，热闹非凡。

在石桥圩中心，有几处县级文物保护单位：龙岩山石刻、古石桥、抗战时期的地下党支部，还有一座年代久远的天后宫。天后，民间称之妈祖，是沿海百姓崇祀的海神。石桥镇的天后宫始建年代无考，据天后宫的花岗岩檐柱纪年记载，檐柱于“清道光十七年岁次丁酉仲秋吉旦立”，根据该檐柱的纪年记载，天后宫于清道光十七年重修了一次，又于宣统二年重修。天后宫是当时石桥镇本地人和过往商贾集资兴建，表达了人们祈求行商顺利、旅途平安、生意兴隆的美好愿望。

位于石桥圩的南面，有一座千年石拱桥。据石拱桥的碑文记载此桥“始建于宋时”，据资料考证，此桥在明代重建。石拱桥厚实牢固，外观庄朴，结构精密，青石板裁凿十分完整。桥的建筑材料全部为人工凿成的石灰岩青石板，每块青石板衔接口不露缝隙，整齐划一。这座石拱桥虽经历近几百年的风雨沧桑，但基本完好，桥身安然自泰，只是两边桥墩的某些青石板稍有下陷。相传，石桥镇就是以这座石拱桥而取名石桥的。石桥镇除了这座古老的石拱桥之外，还有塘蓬村石拱桥、广圳石拱桥、蓬木山石拱桥这些县级文物保护单位。

清代，东安江水路的农副产品源源输出，加上官商驿道的交汇贯通，石桥镇繁荣一时。正是这个时期，石桥乡、梨埠乡、六堡乡、沙头乡、木双乡形成了一个以东安乡为纽带、以镇龙亭为中心的东安大乡。在语言以及风俗习惯、风土人情等各方面，东安一地都与苍梧的其他地区有着明显的不同。除了一般的年节、二月二、三月三等传统节日外，东安人还有补天节（农历正月二十）、分龙节（夏至后第一个辰日）、寒衣节（农历十月初一）的习俗。东安江水陆贸易输出的发达，广东福建沿海一带的行商往来频繁，成就了一个苍梧北部经济、文化交流中心的石桥古镇。在石桥古镇，各民族和谐共处，在此休养生息，各种民族传统思想、经济社会形态的交织汇流，形成了石桥古镇独特的习俗文化。

东安江深厚的习俗文化也反映在其地方特色上。东安文化有一种闻名岭南的九月九酒，酒的浓度在50–60度最为优良。九月九酒一般在农历七月七日开始酿造，经过两个月的酿造发酵，到了九月九日，就可以熬制成酒了。九月九酒香醇可口，有和血养气，暖胃辟寒，通行药势等功效。东安江人们在秋收后畅饮九月九酒，呼出的酒气中都带着一种浓浓的丰收喜悦之情。

古村落石街

培中村是一座有着浓厚文化气息的古村落，每座古屋的门楣，装饰用的壁画，除了花草鱼虫，更多的是文字，而且都有出处。如王羲之的《兰亭序》：“群贤毕至，老少咸集。此地有崇山峻领，茂林修竹……”还有王勃的《滕王阁序》：“物华天宝，龙光射牛斗之墟，人杰地灵，徐孺下陈蕃之榻……”到七十年代，这批旧屋还十分繁荣。一家门前还有用红漆写的毛泽东诗词：“别梦依稀咒逝川，故园三十二年前……”培中村是石桥镇出文人最多的地方，培中村人的朗朗书声仿佛从没停止过。在天后宫的一块捐赠碑刻上，我们还发现了梁嵘椿、梁廷栋父子的名字，据碑刻记载，父子俩都是清同治甲戌科进士，当地人称为“父子同榜”。在这次甲戌科举中，东安人还有其他学子也寒灯挑尽考中了进士。可见当地文人风气的兴盛。

三　古村落鲜明的建筑风格

在培中古村落带有鲜明清代、民国风格的特色建筑随处可见。现存最古老的建筑历史约200年左右，鼎盛时期有30多座建筑，人口500人左右，村落中现存的古建筑，最早为清乾隆年间，最迟也在民国初年。

从建筑的总体布局设计来看，它是整体效果比较好的，因为它当时有护城河、护城墙和九道门；村落四角设有炮楼，有瞭望、防御各方面的功能。古村的建筑群是“井”字形结构，建筑布局设计照顾全面，规模恢宏，当时最繁荣的时候，这种院落有三十多间，古宅多为石砖青瓦的砖木建筑。从建筑形制来看建筑构件里所表现的信息。例如柱础，是清中期工匠用精巧技艺制作，选材是花岗岩石料的，在当地花岗岩石作建筑材料是清代以后才开始用。再看木雕的纹饰，在清代多用吉祥寓意的纹饰，比如瓜蒂连绵、福禄寿等清代常见，所以在风格上从这些方面可以看出南方建筑的时代特征。

这个建筑群最显著的特点就是“中轴”管理发挥的整体效果，当时培中村里有祠堂、学堂、公共晒场、吸排水设施等，无论是生活设施还是公共设施都比较完善。公共设施的建设，譬如巷道、给排水、包括防盗的设施都是整体做出来的效果，每间屋子是相连的，空中走廊也是相连的。在培中古村落，我们发现，这里的吸排水系统保存得比较好，即使到了今天，它依然可以发挥一定的作用。在防盗设施上根据当时动荡的社会形势进行设计，几乎所有的房屋的大门都是岭南特色的九栊拉闸门。村里其中有一间潘氏民居的建筑就是五逾砖，其中间有一逾砖是不施灰的，外来的盗贼挖盗洞的时候那一层砖便会卸下来，自动封闭盗洞。在外墙，居民还在墙上用花岗岩石开凿出的镂空窗口，窗口里大外小，以便观察屋外情况。看到这种设计，我们真为建筑者的巧妙构思而折服，令人叹为观止。走进这座民居，首先映入眼前的是美轮美奂的神龛。神龛横额为“英灵不坠”的卷书装饰，顶上装饰有生动的双凤朝阳祥云镂花，镂花下是精美的牡丹卷草雕花，左右两边也有“喜上眉梢”的雕花。神龛中间摆放着造型小巧的神案，两旁是一副对联：神恩共浴知春煦，祖德常明似日光。神龛的底座也有一副对联：盖世文章垂世业，合家和睦满家春。在屋子的房檐下方，还横放着一个望梁，望梁雕刻着福禄寿和祥云雕花，两端装饰有雀替镂花。房屋的左右两旁的墙还凿出了两个空格子，是这户人家古时用作放书之用。造型精巧的神龛、浓浓的文化气息，都昭示着石桥古村落深厚的文化底蕴。

古村落石巷

古村落的整体规划到房屋细节的构造，在这里能彰显出它独到之处。村里一幢幢华阁拔地而起，雕檐塑脊的古民宅突现在视觉之中，深入石巷之后，才真正领悟到培中村的神秘。古民居、古石巷和门楼、楹联、牌匾

古村落巷道

以及墙体灰塑、配诗壁画，这古韵犹存的建筑艺术风格，让人感觉到时间的流逝，恰是古村落的精魂所在，历史和文化的积淀，它生生不息地流动和延续。建筑装饰艺术精美的石雕、砖雕、木雕和镂花、雕花工艺的神龛还有那梁柱、斗拱、檩椽和脊兽、脊朔以及山墙灰塑，却又千姿百态，既富态堂皇，又玲珑别致，独具一格，更令你神思缠绵，挥之不去。分明向世人展示着潘氏先人的智慧和培中人的文明足迹。

四　古村落的科学文化价值

古村落的科学文化价值反映在聚落规划，村落防匪，人居环境，文化生态，文化景观，文化整合等方面，都得到很好的体现。从文化生态角度看，培中古村落与培中的自然环境具有制约，适应，再现和选择关系。培中古村落秀丽的风光给予这里的人以特有的书生意气，谦谦君子，彬彬有礼，在书的海洋里孕育美好的品质；开阔的胸襟，落落大方，一呼一吸间尽显优雅。

从文化景观角度看，培中古村落观照了中国传统文化的内向气质，和谐风格和伦理内核。在大岭顶山上俯瞰整个村落，我们会发现几条纵向的巷子把村落房屋巧妙地隔开，在陡斜的土地上古屋摆放得整整齐齐，一座紧挨着一座。培中古村落的古屋建造的高度不是很高，每座房屋的屋檐上描绘的精致的图画，一如国人的优秀品质，低调而细腻，含蓄而和谐。继续向前远望，眼界得到大大的开阔，整个石桥圩镇都展现在眼前，美轮美奂，让人心旷神怡。勤劳的人们、热闹的圩镇节日、在烟雨中朦胧可现的龙岩山和几座古石桥，都让我们回想起古石桥的“苍梧大路”上繁华的商业贸易情景。

从文化整合角度看，培中古村落是培中潘氏家族整体经济实力和东安文化以诗书传家思想观念的外在表现。培中古村落地处商业交汇的地带，本土东安文化、北方中原文化、南方岭南文化在这里碰撞融合，富庶的经济、优异的文化造就了古村落的琅琅读书声。经过时间的沉淀，褪去对金钱的激进追逐之情，古村落的人逐渐积累了浓厚的书生之气，古有孩提幼子稚嫩读书声，今有耄耋老人手持诗词集细细品味，时间流淌，不变的是培中古村落的深厚学风。

培中古村落实质就是我县先人们物质生活和精神文化生活的重要见证，是一部凝固的史书。它见证了昔日的繁华辉煌，经历了百年的风风雨雨，陪着一代代的村民们，日出而作，日落而歇。暮色中的培中古村落，留给我们的除了几分寂寥的记忆，更多的是保护这些古村落文化生态的一份责任。

五　古村落保护现状和存在问题的分析

培中古村落的保护现状属于一般，原先的城墙和护城水塘除了后山城墙残留部分外，已不复存在。

岗哨楼已拆除。旧的祠堂已不存，现祠堂属于近年新建，规模比原来的小了许多。街巷路面的卵石散落，青砖路基也多脱落缺失。情况稍好的就是现存老房民居 14 座，除两座为民国初年建造外，其余都是清代建造。有几座已经闲置，多数仍有村民居住，但仍年久失修。原因在于这些民居虽然整体结构尚存，有个别区域保存完好，但多数局部的保护不尽如人意，除了文革时期拆毁破坏的部分，还有现在居住者拆除新建的部分，有几座民居的局部已经腐朽破烂，有坍塌的危险。居住的村民在民居堆放柴草杂物，保护情况也不好。

南方特色九龙门

鉴于调查研究的情况，我们认为还是存在一些难点和问题：培中古村落年久失修，并且局部残缺，缺乏必要的保护；村民对古民居保护意识差，保护与利用的发展观念落后；当地政府、村委没有制定可行性实施的保护发展方案计划，加之财力不足，缺乏相关的政策扶持和修缮资金；培中古村落的周边设施和环境与保护的条件不协调。居民混建、改建、拆旧建新的情况严重。

不可否认，随着社会的发展和人们生活水平的提高，古民居的结构和布局越来越不能满足现代人追求舒适生活目标的需求，而且传统建筑的部分功能也在逐渐衰退，越来越多的古建筑只能让位于现代建筑的建造，这也导致了对古建筑的严重破坏。随着近年来城市旅游业的发展和对古建和古迹的保护和开发，传统建筑被纳入到城市的整体规划和开发策略中，这是对古建筑的一种强有力的保护。研究培中古村落，具有一定的历史和现实意义。传统的民居是历史人文不可多得的活动载体，中国古人讲究安居乐业，一座祖屋记载了历代先人所追求的梦想，民居精致而又复杂的装饰则是先人对中国美学特有的理解和展现，这对研究中国传统建筑文化具有深刻的意义。培中古村落的古建筑为该地区的建筑考古研究提供了充足的例证，为现代建筑装饰艺术提供了更多内容、形式、技法和理念的启示和借鉴，为现代建筑设计提供了更丰富的参考借鉴元素。

结语

其实真正的难点还是居民的实际生活要求和古村落保护之间的矛盾，要解决这些问题，必须要政府重视并且大力支持，调拨资金，协调群众。更需要各部门的专家学者费尽心血研究考量，想出真正切实可行的保护方案。总之，社会在进步，培中古村落日益成为我们的一笔巨大的财富，是人文历史的，是现在的，也是子孙后代的，保护培中古村落势在必行，也会任重而道远。希望我们的古村落调查研究能引起更多人对古村落的重视，使这些独特的不可再生的文化资源得到更好的保护。

作者

陈水德，广西梧州市苍梧县文物管理所。

黎族传统民居的现状与保护

——以海南省东方市江边乡船型屋为例

◎ 郑嘉禹　任维钧

本论文旨在通过对海南省东方市江边乡白查村、俄查村、那文村的实地调查研究，统计到黎族传统民居的现状资料，结合黎族本民族的特点和东方市江边乡的具体情况，探索出适合当地黎族传统民居保护与发展的道路。

船型屋是黎族最早的一种房屋。相传，黎人先人是百越中的一支，从闽浙一带武夷山脉驾船渡海而至海南。黎族先祖就将当时所乘之船翻过来，下以木棍支撑，上覆茅草，房屋便成。这就是黎族传统民居——船型屋。

要想保护黎族民居，首先要了解民居。下面我仅从实地考察过的海南省东方市江边乡的白查村、俄查村、那文村的村落布局，村落规模，建筑类型及形态方面，尽可能的归纳出黎族传统民居的特点。

一　黎族传统民居的介绍

船型屋从外观上看，因其酷似一只倒扣的木船，故取名为船型屋。详细记载见于清代“居室形似覆舟，编茅为之，或被以葵或藤叶，随所便也。门倚脊而开，穴其旁为牖。屋内架木为栏，横铺竹木，上居男妇，下畜鸡豚。熟黎屋内通用栏，厨火寝处并用其上；生黎栏在后，前留空地，地下挖窟，列三石，置釜，席地炊煮，惟于栏上寝处。黎内有高栏、低栏之名，以去地高下而名，无甚异也[1]。”

（一）村落特点

山区一带，户数一般在10—30户，村落的直线距离多在3—5公里之间。丘陵及平原一带，一般在30–100户，距离在1–3公里左右。较为宽广的平地和肥沃的水田之中，可达300户以上。选址遵从五个原则：1.靠近耕地，便于农耕；2.靠近水源，便于生活；3.靠近山林，便于日常柴薪以及建房；4.村庄依山坡下寨，多呈半弧状，以利于排水；5.没有鬼魂和妖魔之地。

（二）房屋分类

1.纵向式茅屋（船形屋）

船形屋有高架船形屋和低架船形屋（落地式）之分，其外形像船篷，拱形状，用红、白藤扎架，上盖茅草和葵叶。屋子分为前后两节，门向两端开，茅草屋中间立 3 根高大的柱子，黎语叫“戈额”，象征男人；两边立 6 根矮的柱子，黎语叫“戈定”，象征女人，这代表了一个家是由男人和女人共同组成的。屋内为泥地，村民从外面接回黏土，把地面铺平，浇上水后双脚踏平，晾干或晒干地面，使之平坦坚硬。

2. 横向式茅屋（金字形屋）

金字形屋以树干为支架，竹干编墙，再糊稻草泥抹墙。较纵向式茅屋（船形屋）先进，房屋高，通风好，采光条件好。屋顶坡度大，利于排水。因为受汉族房屋影响，有些地区金字形屋还用砖块或水泥夯筑地基，并且在房屋上已用到榫卯结构，使得房屋更加牢固。

以上主要是大概介绍了一下黎族传统民居的一些普遍特征，下面将根据对海南省东方市江边乡白查村、俄查村、那文村进行实地调查的情况，介绍当地黎族传统民居的现状。

二　白查村、俄查村、那文村实地调查介绍

东方市江边乡（北纬18′ 33″ ，东经108′ 47″ ）是黎族美孚方言（黎族人按方言分为五类：哈方言、赛方言、祁方言、润方言、美孚方言）主要聚居的民族乡镇。是东方市最边远、最贫困的乡镇，属于省级特困乡镇。全乡有 19 个自然村，人口 6565 人，其中黎族 5696 人，苗族 439 人，汉族 430 人。年人均收入 1100 元，现有贫困人口 5524 人，约占 90%，其中绝对贫困人口 1179 人，约占贫困人口数的 21%（截止 2012 年）[2]。

截止 2013 年元月，江边乡 19 个自然村旧房改造工程已经全部结束，在原址上直接砖瓦改造的占 16 个，现今有较大规模传统民居的村子仅仅只有白查村、俄查村、那文村三个村庄。其中白查村国家已设立保护点，但保护力度相当弱，其余两村均无保护。其中俄查村房屋基本完好，坍塌和损毁数量较少，但那文村房屋坍塌严重情况不容乐观。正因为如此，江边乡黎族茅草屋的保护和开发才迫在眉睫。

为此，对海南省东方市江边乡白查村、俄查村、那文村进行了实地考察。下面将具体介绍三个村子茅草屋的现状。

（一）白查村

白查村是保护较完整的一个黎族村落。现有 87 间船型屋和 10 间谷仓。白查村茅草屋已确定为国家非物质文化遗产，作为船型屋保存最多最完整的古村落。现在，村民已经集体搬迁，东方市已经进行了初步的保护。东方市为了加强拯救与维护茅草屋，由东方市文体局出面成立了保护小组，已经完成了对全村的船型屋和谷仓进行编号保护，购置了灭火消防器，聘请了 6 名日常维护员。对村庄的道路进行平整并用水泥浇筑，安置了 16 块宣传警示保护牌。保护员对损毁、坍塌的房屋进行统计，将数据上报给东方市文体局，并申请经费用于修缮。尽管东方市已经有了许多举措并且规划与其他单位进行合作保护，让当地农民参与进来保护。但是，对于这样一个世界仅存的留有黎族传统烙印的村落的保护作用无疑是杯水车薪，并且已经突显出许多的弊端，这不光是个别现象，是中国对于保护非物质文化遗产通病。

白查村

俄查村

（二）俄查村

俄查村保护较为完整，最具有生活气息。村庄依山下寨，成三阶分布，中间有两条道路横穿村庄。村庄规模大，村民已于 2012 年 6 月左右基本迁出，现已无人居住，只有少量老年人因不愿离去，而居住在这里。该村无专人看管保护，但其原始的风貌却是三村中保护最为完整的。房屋大约有 80 间，只有三五间坍塌，10 余间有不同程度的受损，其余皆完整。据当地村民说，这样的房子如果无人居住多则五六年，少则三四年，就会全部坍塌，

（三）那文村

基本没有保护。该村地势低且平坦，积水现象严重。此处多是船型屋，房屋较矮，屋顶呈半圆状，屋顶茅草已经接近地面，底部用木板铺筑以便防潮。村中有房屋 90 余间，其中 20 余间已经坍塌，30 余间已有不同程度的损毁。那文村较其余两村，房屋为以前式样，且村民搬离时间长，积水严重，加之无人看管，已经面临消失的境地。

那文村

总之，黎族船型屋在海南，甚至在中国就仅有这三个村子和昌江下王乡的洪水村。并且现在各地保护的现状不容乐观，因此保护的重要性和紧迫性可想而知。

三 保护的重要性

《保护非物质文化遗产公约》在论及非物质文化遗产重要性时强调“它是文化多样式的熔炉，又时可持续发展的保证”；“是密切人与人之间的关系以及他们之间进行交流和了解的要素，它的作用是不可估量的。”我国政府和学者认为“它是中华民族代代相传的文化财富，是我们发展先进文化的民族根基和重要的精神资源，是国家和民族生存和发展的内在动力”（《中国民族民间文化保护工程实施方案》前言）。

（一）唤醒人们，尤其是黎族人民的文化自觉和自豪感

海南在古代称之为蛮夷之地，黎人被中央王朝称为化外之民。今日之保护黎族传统文化，目的在于一改昔日人们对黎族人愚昧、落后的偏见。首先让黎族人自己明白，自己民族的先祖们创造了属于自己的文明，唤醒黎族人的“记忆”。增加黎族人的自豪感、自信心和凝聚力，使整个民族团结起来，为保护本民族乃至中华民族的文化而努力。保护船型茅草屋便是唤醒黎族人古老的记忆，为世人展现出本民族文化。

（二）打破海南现今的旅游发展模式，提升海南文化旅游的内涵

自海南建设国际旅游岛项目实施启动以来，海南旅游业迅速发展，接待境内外游客人数不断增加，旅游配套设施不断完善。但是，目前海南岛旅游意识还停留在自然资源的利用上，文化开发缓慢已成为制约海南旅游发展的一个因素。固然，一个旅游地的资源是有所倚重的，有的偏重于自然景观，有的偏重于人文景观。但，某个主要资源并不是唯一资源，主要资源与其他资源只有相得益彰，才能发挥最佳效果。从旅游心理来看，旅游者总希望自己的旅游费用和时间能够得到最大的回报，获得最多的旅游收获[3]。

对于海南，热带海滨自然景观为其主要部分，文化资源为辅助部分。但是海南今年来仅仅依靠自

然资源 ，在局部地区文化旅游却是一片荒漠。游客感觉，景色美不胜收，但缺乏厚重感，缺少回味的余地。长此以往，还会因其旅游资源各地均有可替代性，而造成各旅游区之间恶性竞争，对海南旅游业发展很是不利。

（三）保护非物质文化遗产的生存机制，增强其生存能力

随着经济的发展，许多古老的东西因不适应现代发展的需要而走向消亡。这就需要我们进行保护，给非物质文化一个生存的环境，让其在这个环境中自我发展。留存住民族的记忆，让后人有“根”可寻。保护的目的便是唤醒其生存机制，活态传承，让其更好的流传下去。

（四）丰富中国精神，实现伟大的中国梦

党的“十八”大提出，“实现中国梦就要有中国精神，即以爱国主义为核心的民族精神和以改革创新为核心的时代精神，这种精神是我们的兴国之魂、强国之魂”。保护传统文化，让非物质文化流传下去，让这种文化丰富中国精神。以中国精神为脊梁，更好的实现伟大的中国梦。

四　保护的总思路

概括来说，就是将非物质文化遗产产生及演进所处的环境，所具有的自然状态保护起来，建立一个生存机制让非物质文化遗产能够在其中得到传承和发展。在此，提出保护黎族古村寨的两个原则，即保护它的“原始性”和“主体性”。

黎族古村落的“原始性”体现在村落结构的初始状态以及自然演进的真实痕迹之中；主体性即保护村落的价值主体，是村落民居所承载的生活习惯和风俗习惯。将黎族特有的风俗习性保存下来，这才是重点。我们保护的目的绝不是为了给世人进行展览，而是要发挥黎族古村落在构建一方社会涵养一方人民中的重要作用。这样我们的保护才有意义。

黎族村寨首先是当地黎族地区的、黎族人民的，其次才是中国的，全民族的，世界的。那么以村庄当地地域形态，从当地黎族人具体主体出发便成了我们保护与开发最基本的出发点。而现今的白查村现状却大相径庭，将作为非物质文化遗产的船型屋用以固化的模式保存，用汉人所理解的黎族的生活方式和生活习俗将具有生活气息的黎族古村落进行思维定式的保护与开发，无疑是对这种村落的新一轮破坏。比如，在村内种铺设水泥路面，将房屋美化修缮，在房屋中尽可能摆些生活用品，用以增加黎族的生活气息等等。这违背了保护村落的“原始性”又混淆了“主体性”，这种保护方法是不可取的。如果这样，若干年后，黎族古人的生活形态便不是原始的，而是经过后人加工而成的。

五　具体的保护措施

（一）村民自发保护

黎族传统民居保护主体是黎族风俗习惯，将一种非实体性的东西用民居这种形态来承载。让当地

黎族人参与进来，不能仅仅建造一种静态的“博物馆”式的观光旅游。更不能将保护仅仅局限于上层政府部门或社会的有识之士身上，若得不到下层的它的原生土壤文化创造者的支持，必定会被现代文化所取代。所以，终究在一点上，便是“村民回归，政府引导”。首先，唤醒出当地人的一种“主体”意识，明白自己是黎族传统民居的传承人、重新确立与船型屋的息息相关之感。自发地组织起来，成立保护与修缮协会组织，发挥当地人在保护船型屋的主体作用。例如，江西省九江市都昌县苏山乡村民自发保护起清同治年间的古宅。将他们祖先留下的民居完完整整地保护了起来。让他们的后代有祖可祭，有宗可寻。而今天的东方市江边乡的村民却截然相反。随着经济和社会的快速发展，黎族不管从生活方式还是居住习惯已经基本上融入了汉族，船型屋可能已在形式上不适合当地人所需。这便是当地人集体弃之而不顾的原因所在。他们仅仅认为传统民居船型屋是他们一种落后的表现。但未看到其本质在涵养一方水土中凝聚精神的作用。因此，“唤醒”尤为重要。其次，要不断增加船型屋的“使用价值”。要让村民觉得有用，有用的东西才会保存下来。例如内蒙古成吉思汗陵，其能保存下来的原因之一就是有着五百个达尔扈特守灵人的保护。而达尔扈特人保护成陵原因之一便是蒙古族人用于祭祀的物品可以满足达尔扈特人日常的所需。虽然，船型屋在黎族人心中的地位远不足成陵在蒙古族人心中的地位，但这个也不乏是一个保护的原因。总之，要有当地居民的参与，并且该团体要为主力军。开发一种社区聚落的保护模式，用生活化的方式将古老的村落和风俗保护下来。构建基于生活化、原生态、居民参与的具有社区文化性质的黎族风情村。

（二）政府扶持进行保护

政府在保护传统民居过程中发挥着不可替代的作用。首先，海南省有关部门颁布保护条例，以法律的形式将黎族传统民居保护下来。再在保护区外围拨出专门的安置区将居民安置下来。让居民先安居后乐业。第二，东方市有关部门牵头，上下联动。上至海南省有关部门，下至东方市有关部门。集合海南省民族研究所和海南省民族博物馆、海南省博物馆以及岛内岛外的科研院所和高校共同保护。具体由东方市文化馆、站牵头成立一个保护组织，加强这方面人才引进，鼓励社会组织和个人从事黎族传统民居的保护工作，建立集管理、保护 、研发、传承为一身的机构对居民从事传统文化方面的保护。第三，建立保护基金，通过分类定级，给予一定的资金补偿，鼓励当地居民保护自家房屋的完整，不改扩建。在保护中，任何人都不得截留、挪用保护经费，审计机关应当对经费依法审计监督。就如西安市对 108 处传统民居保护，在莲湖区、碑林区的北院门、三学街、湘子庙街、书院门等地，安排了 5000 万元的专项资金用于对民居建筑的保护和修缮，并且成效显著。这不失为保护民居的一项重要举措。总之，政府要积极做好保护工作，鼓励居民用原始方法对村落进行维护和修缮。以尽可能的保护黎族船型屋原始村落的形态。

（三）引入市场机制进行保护

引入市场机制，改变江边乡落后，贫困的局面。让村民觉得有利可图，增加他们的收入，造成一种良性循环。

在引入市场机制的同时，市场可能与当地村民存在着文化上的分歧和利益上的冲突，这就需要很好的协调保护与市场开发之间的矛盾。建立一种博物馆式公园型的“黎族村寨园”，一定要让黎族的船形屋为核心产品，应最大限度地保持原貌，杂糅入黎族的图腾文化，歌舞文化，黎锦文化，防止黎族风俗的异化。

其一，具体用以下思路来协调开发与保护之间的矛盾，村民提供村寨资源，以世代居住的船型屋建筑群落自然生态环境、田园风光以及古老的图腾文化，长期生活劳作中形成丰富多彩的民族文化构成风情园的主背景。投资企业改造景区的基础设施，改善环境，统一筹划。村民与企业两者共同参与，走向市场，互惠互利，共同开发。

其二，海南旅游结构单一，并且黎族文化又是海南所独有的。因此，江边乡的茅草屋旅游质量很高，开发一种原生态的旅游项目，开发一种黎族村寨公园式旅游环境，让远方来的游人吃在茅草屋、住在茅草屋。白天用传统黎族的方式招待客人，晚上再欣赏传统的黎族歌舞。让游人真真切切体验到黎族生活化的文化，况且这些对于世代居住在这里的黎族人来说，成本并不是很高，收入却很可观。原始性茅草屋便成为了当地村民的谋生手段，他们定会保护其原始原貌。云南西双版纳的傣族园不仅获得了保护，而且带动了当地村民的富裕。

（四）媒体宣传的保护

黎族是仅仅生活在华南地区的一个少数民族，很少有人了解，黎族村寨就更加鲜为人知，媒体的宣传作用便成为了关键。首先，加大宣传，增加人们对黎族的好奇之感，扩大黎族民居的影响力。在杂志、报纸、电视、网络进行报道既引起了政府部门的重视，又吸引了众多的游客、学者、画家、摄影爱好者前来参观旅游。用全社会的力量将茅草房保护起来，成立学术年会，让各行各业的专家、学者商讨黎族传统民居的保护和发展方向；电视台可以拍些旅游宣传片、纪录片，相关部门可以定期举办有关传统黎族村落房屋的书画大赛、摄影大赛、征文大赛等等。其二，构建一个黎族文化产业。用群众喜闻乐见的形式将黎族村落文化，歌舞，织锦，图腾文化，农耕文化，饮食文化表现出去。就单单拿黎锦举例，黎锦在清朝时期曾是皇家贡品，闻名中外。但，因其产量很少，价格高昂，慢慢的便衰落下去。现今也只有民族研究所在少量加工。黎锦有着很大的包容性，它的图案可以是千变万化，但是其本质制作方法却只能是纯手工并且一成不变的。为什么黎锦在今天没有发展起来？究其原因，是根本没有融入本民族的特色，没有将黎族文化的诸多方面打造成一个文化体系。打造一个文化体系，许多文化都是非物质的，我们必须找出一个能够承载的物质基础，这只有凝结着黎族各种文明共同体的传统村落。找到非物质文化能够成长的土壤，找出当时创造出这些文化的根的所在地。将它们的“空间性”“地域性”结合在一起，这才是少数民族文化走向外面的关键。就如我们的藏族，文化有着神秘感，让人很有兴趣的了解这个民族，走入这个民族生活的地方。为什么？它在向外传播文化内容，均以当地的生活景象为原型，找到了文化能落到实处的土壤，向外传播的歌舞，唐卡都在描述藏人的村落形制，生活方式。这便吸引了很多人去藏区，感受原汁原味的藏族文化。而现今的黎族文化向外传播时内容已经进行了重大的改变。内容已经没有了独特性，更别谈外人能够被这种文化所吸引，去追寻这个文化的发源地，去寻找这个文化赖以生存的土壤。总之，扩大宣传，把这种文化的独特性宣传出去，让更多的人来寻找这个文化的渊源，更多人去保护这个文化承载的物质基础即原始的村落。我们的保护目的也就达到了。

黎族传统民居就像是三江源的浪花，奔下了青藏高原，跨过了南岭山区，在海岛停息涵养数千年后，宛如一颗璀璨的明珠在浩瀚的南中国海中发出耀眼的光芒。

注释

[1] 张庆长：《黎岐见闻》，广东高等教育出版社，1992 年。
[2] 海南省东方市江边乡乡政府数据
[3] 吴国清：《旅游资源学》，清华大学出版社，2009 年。

参考文献

[1] 国务院：《关于推进海南国际旅游岛建设发展的若干意见》（国发 [2009] 44 号）。
[2] 李景新：《民族文化在海南中部旅游文化中的地位及开发思路》《首届海南省民族研究所客座研究员座谈会文集》，2013 年。
[3] 容炜俊：《深挖民族文化元素助推国际旅游岛建设》《首届海南省民族研究所客座研究员座谈会论文集》，2013 年。
[4] 吴国清：《旅游资源学》，清华大学出版社，2009 年。
[5] 张庆长：《黎岐见闻》，广东高等教育出版社，1992 年。
[6] 王儒民，李颜：《国际旅游岛建设背景下黎族文化旅游发展研究》《海南民族问题研究课题汇编》，2013 年。
[7] 赵世林：《论民族文化传承的本质》《北京大学学报》（哲学社会科学版），2002，39（3）:10。
[8] 王学萍：《中国黎族》，民族出版社，2004 年。
[9] 王雪梅：《社会学概论》，北京出版社，2005 年。
[10]（清）邢定纶，赵以谦：《崖州志》，广东人民出版社，1983 年。
[11] 吴永章：《黎族史》，广东人民出版社，1997 年。
[12]（明）唐胄：《正德琼台志》，海南出版社，2006 年。
[13] 林耀华：《民族学通论》，中央民族大学出版社，1997 年。
[14] 宋蜀华：《民族学理论与方法》，中央民族大学出版社，1998 年。
[15]（清）屈大均：《广东新语》，中华书局，1977 年。

作者

郑嘉禹，海南大学管理学学士。
任维钧，海南大学应用科技学院助教，硕士。

线性文化遗产——嘉陵江流域古镇适应性保护研究

◎ 陆韵羽

本文在线性文化遗产整体性保护思路下，提出嘉陵江流域古镇整体性保护和利用的新模式。在笔者实地调查研究的基础上，指出该流域古镇保护存在的一些问题。并根据嘉陵江流域地貌环境相似、历史时期以来的流域经济相通以及文化遗产资源分布相对集中等诸多区域特性，提出嘉陵江流域古镇整体保护的新思路。

一　线性文化遗产与区域文化遗产保护

（一）线性文化遗产的概念与实践

线性文化遗产作为世界遗产的一种形式，主要是指在拥有特殊文化资源集合的线形或带状区域内的物质和非物质的文化遗产族群，往往出于人类的特定目的而形成一条重要的纽带，将一些原本不关联的城镇或村庄串联起来，构成链状的文化遗存状态，真实再现了历史上人类活动的移动，物质和非物质文化的交流互动，并赋予作为重要文化遗产载体的人文意义和文化内涵[1]。

我国符合线性文化遗产定义且已成功申报世界遗产的有两项：丝绸之路（中国、哈萨克斯坦、吉尔吉斯斯坦联合申报）和京杭大运河[1]。从以上两项我们可以看到，虽然线性文化遗产内涵较为丰富，有其特定的指向性，而在现实中受到极大关注的，基本是以长时段历史时期中形成的人类运动线路为基础，即古代交通线路为基础，串联起沿线的有形和无形文化遗产，从而形成一个文化遗产共同体。这样的理论模式有利于文化遗产的整体性保护，使文化线路、物质文化遗产与非物质文化遗产相互融合，形成“一体化”的文化遗产综合保护体系。

然而，当我们从整体化保护的思路出发，我们会发现，需要整体性考虑的并不只有这些庞大的，具有超长线路的，以典型文化线路为主体的线性文化遗产。那些联系了一个区域的，对于一个文化区域整体性文化形态、风俗习惯、历史发展的形成具有重大和细微影响的区域内交通文化线路，同样可

1　2014 年 6 月 22 日在卡塔尔多哈进行的第 38 届世界遗产大会宣布，中哈吉三国联合申报的丝绸之路“长安 – 天山廊道路网”成功申报世界文化遗产，成为首例跨国合作、成功申遗的项目而成为世界文化遗产；在该届大会上，中国大运河也获准列入世界遗产名录，成为中国第 46 个世界遗产。

以用线性文化遗产的“三位一体”理论形态来整体研究、保护与利用。如在嘉陵江流域这一相对具有独立文化的区域内，其内部交通线路水陆混合，异常复杂，但是其相对独立的地理单元也决定了其文化面貌的相对独立性，其内部的水陆交通对其区域文化面貌的形成起了决定性作用。由此，在研究这样一个区域内的历史文化遗产，我们使用线性文化遗产整体化保护的思路与理念，是相当合适的。

（二）区域文化遗产保护与利用

鲁西奇曾经指出：“不同区域之间的差异不仅表现在地理景观上，还表现在区域社会经济与文化发展的过程与特点方面：不同区域经济开发的进程与开发模式、生产生活方式的演进乃至政治模式、文化形态诸方面都会有很大差异。”[2]这种区域的差异在历史时期的积累反映到现实世界中，便是区域间文化遗产的存在差异，因此同一区域间，具有相同或相近的、具有广泛联系的文化遗产，这种遗产的内涵的研究，正是需要将区域视为一个整体来考虑，这也正是本文理论的基础。

大量考古学资料与研究成果证明，古代文明往往依靠河流诞生与成长，而流域环境与人类的互动对人类社会有着重要的影响，也必然影响其社会物质文明形态。以流域作为一个“区域”，可以有效地联系起历史地理要素的起源、空间传播及其连续性，从而探索流域历史文化遗产的产生和发展，更为深刻的理解其现状与内涵。

二　嘉陵江流域及古镇概况

（一）嘉陵江流域概况

嘉陵江为长江上游支流，发源于秦岭北麓的陕西省凤县代王山，因流经陕西凤县东北嘉陵谷而得名，根据凤县县志记载，嘉陵江在陕西省内的河段称为“古道河”，流入四川盆地才称为嘉陵江。现代所称的嘉陵江，是泛指从凤县东河桥以下的所有河段。

干流流域面积 3.92 万平方公里，流域面积 16 万平方千米，是长江支流中流域面积最大，长度仅次于汉江，流量仅次于岷江的大河。主要支流有：八渡河、西汉水、白龙江、渠江、涪江等。全长约 1120 公里（一说全长 1119 千米）。其流域包括陕西省、甘肃省、四川省、重庆市；包括天水、汉中、广元、巴中、达州、广安、绵阳、遂宁、合川、大足、北碚、江北等 11 个地级市或市辖区。嘉陵江干流及其涪江、渠江、西汉水流经青藏高原及其黄土高原边缘、穿越秦岭、大巴山山地和四川盆地，是沟通西部陕、甘、川水上交通大动脉和重要的文化、经济分布地带。

嘉陵江流域拥有辉煌的历史文化和军事战略地位，楚汉战争期间萧何坐镇汉中支援刘邦反击三秦，唐代控制山南、剑南三道，南宋时期的抗金、抗蒙战争，清王朝平定吴三桂战争，嘉陵江流域的水路及陆路交通都曾多次作为用兵和漕运的通道，特别是抗日战争期间，在卢作孚先生主持的民生公司主导下，嘉陵江更是作为抗战运输的黄金水上交通线，作为军事运输的生命线支持了抗战后期的运输任务。嘉陵江下游的重庆从近代成为长江上游地区的水陆交通枢纽。1891 年依据中英签订的《烟台条约续增专条》，重庆开埠，成为对外通商口岸，1937 年，由于抗战的全面爆发，重庆成为国民政府的战时首都；1997 年重庆上升为直辖市；在上世纪六十年代“冷战”的国际背景下，嘉陵江中下游又成为国家备战备荒战略下的三线建设重点地区，大量国防军工企业西迁沿江山区[3]。这些历史进程，在区域内留下了众多历史文化遗迹。

目前，陕、甘、川嘉陵江沿线地方政府也都在努力挖掘地方历史文化资源，从事旅游资源开发。而文化遗产正是发展旅游业的重要资源基础，是拓展旅游市场的核心品牌，也是带动城市和社会全面发展的重要动力，因此，从参与现实经济社会建设角度而言，嘉陵江流域的文化遗产研究具有重大的现实意义。

（二）嘉陵江流域古镇概况

古镇，是我们现实生活中对具有较长时段发展的历史小城镇的一种通俗称谓，按照我国在2002年新修订的《中华人民共和国文物保护法》中对历史文化村镇的定义，古镇属于“保存文物特别丰富并且具有重大历史价值的城镇”。

在长期历史文化发展过程中，历史小城镇的形成与历史时期的自然与人文历史变迁密切相关，作为一个人类社会的小型聚合体，其物质文化生活达到一定的程度，且在城市化和现代化进程中受到的影响相对大城市较小，保留了比较多的历史文化精髓。

据笔者的走访与调查，目前嘉陵江流域保存较为完好的古镇有22处，其中国家级历史文化名镇10个（重庆5个、四川4个、陕西1个）、全国重点文物保护单位54个（重庆8处、四川35处、陕西11处），省（市）级历史文化名镇10个（重庆2个、四川8个）。

据笔者依据国家住建部、四川省住房与建设厅、重庆市规划局网上公开的资料统计，将嘉陵江流域内古镇列举如下[2]：

所在省（市）	市、县（区）	古镇名称	级　别	场镇性质
重庆	合川	涞滩镇	国家级历史文化名镇	军事场镇
	潼南	双江镇	国家级历史文化名镇	农业场镇
	北碚	金刀峡镇	国家级历史文化名镇	交通场镇
	铜梁	安居镇	国家级历史文化名镇	交通场镇
	开县	温泉镇	国家级历史文化名镇	资源场镇
	大足	铁山镇	重庆市历史文化名镇	商贸场镇
	沙坪坝	磁器口镇	重庆市历史文化名镇	交通场镇
四川	阆中	老观镇	国家级历史文化名镇	交通场镇
	巴中	恩阳镇	国家级历史文化名镇	交通场镇
	广元	昭化镇	国家级历史文化名镇	军事场镇
	平昌	白衣镇	国家级历史文化名镇	商贸场镇
	三台	西平镇	四川省历史文化名镇	交通场镇
		郪江镇	四川省历史文化名镇	交通场镇

2　此处系笔者依据各网站公开发表的资料自行统计。

四川	通江	毛裕乡	四川省历史文化名镇	军事场镇
	金堂	五凤镇	四川省历史文化名镇	交通场镇
	大竹	清河镇	四川省历史文化名镇	农业场镇
	达县	石桥镇	四川省历史文化名镇	军事场镇
	江油	青莲乡	四川省历史文化名镇	商贸场镇
	旺苍	木门镇	四川省历史文化名镇	商贸场镇
	广安	肖溪镇	一般古镇	交通场镇
	蓬安县	周子镇	一般古镇	交通场镇
陕西	宁强	青木川镇	国家级历史文化名镇	农业场镇

三　嘉陵江流域古镇的适应性保护初步研究

（一）嘉陵江流域古镇的保护现状与问题

在现实情况下，嘉陵江流域的古镇同样也面对着所有历史文化遗产所面对着的共同挑战与自身困难。根据笔者对嘉陵江流域古镇实地调研和访谈，发现目前该地区的古镇文化遗产保护工作已经得到了国家相关部门的重视，地方政府也在积极寻求古镇保护和发展的出路，但是，目前为止仍存在很多突出问题，集中体现在以下几方面。

1. 落后的经济形态

目前嘉陵江流域的经济发展模式仍比较落后，工业基本以高能耗、高污染经济类型为主，如煤矿、天然气资源的开采，大规模的水利工程建设，沿河开设的高污染源工厂，这些符合我国西部大开发的经济需求，但不符合该地区可持续性经济发展要求，对嘉陵江流域文化遗产、生态系统以及生活方式都造成了持续的巨大破坏。

2. 不科学和不可持续的旅游开发

现代旅游业的发展虽然带来了更多的资金投入，国家历史文化名镇等荣誉称号的评定，使嘉陵江流域的古城镇得到更多的关注，如南充阆中古城、北碚金刀峡镇、沙坪坝磁器口镇的成功开发，一方面树立了良好的典范，但是另一方面，在旅游开发过程中，跃进式的发展也带来了对文化遗产的破坏。沿河居民的思想观念、民风民俗、文化传统、经济模式都发生了急剧变化，如磁器口镇，在进行旅游开发以前，常住人口为 1.8 万，流动人口 0.3 万；在旅游开发以后，旅游高峰期的日均流动人口超过了 1 万人次，古镇大街两侧原住民房屋改建为商铺，古镇基本商业化，原有的历史风貌已徒具其“形”，而失其“神”，这种历史文化遗产原真性丧失的弊端与城镇内外功能失调的矛盾也逐渐暴露出来，其实质不利于文化遗产的整体保护。

又如四川大竹清河古镇，其旅游开发缺乏可行性的规划，停留在口号式、“运动式”的开发上，在提出以后热闹一阵，其开发过程中真正的困难，如基础设施建设、旅游接待能力、文化遗产内涵的发掘和研究等，却无一得到解决，最后所谓的旅游开发也就不了了之。

3. 缺乏线性文化遗产的整体保护观念

目前嘉陵江流域内的文化遗产保护处于个体保护状态，由于其跨越的川陕渝三个省市，且并没有意识到这一流域内的文化遗产的形成背后有着的长期的、相互联系的历史积淀，仅就“古镇”保护“古镇”，没有将个体的古镇纳入大的文化遗产体系中进行保护与利用思考，没有形成系统的线性文化遗产保护意识。但是，近年来，随着线性文化遗产概念的提出与广泛接受，尤其是蜀道线性文化遗产概念的提出与申遗工作的前期开展，流域内相关相关县市也开始尝试以线性文化遗产的概念与思路开展文化遗产保护与利用的合作[3]，这是一个良好的开始，这种状况必将影响到流域内古镇保护体系系统性和整体性的形成与完善。

4. 古镇保护与水利资源开发建设的矛盾

嘉陵江流域的绝大多数古镇是临河布局的码头市镇，沿江鳞次栉比的吊脚楼和古老沧桑的水码头是该流域古镇的重要标识，但是自20世纪90年代嘉陵江水利资源被国家和四川省列为重点开发项目，作为该流域地区经济开发重点后，嘉陵江广元至重庆段陆续规划和建成了16座水电站，其中嘉陵江南充段，仅298公里流程上就有沙溪、新政、凤仪、金溪、金银台、小龙门、青居、红岩子、马回等9座中小型水电站，这一方面提升了嘉陵江的通航能力，但是另一方面，由于引起流域大部分地区的水位上升，造成很多古老的古镇的淹没、搬迁或沿河拆吊脚楼修防洪堤坝，破坏了古镇风貌，改变了流域的原生态环境。如笔者在走访广安肖溪古镇时发现，由于下游水电站的修建导致嘉陵江水位抬升，造成古镇老街汛期水涝灾害不断，古镇居民受此影响多选择外迁，一般迁移到镇政府旁高地，多数年轻人更选择外出打工或者直接向外地迁移，迁移人口大约占古镇居民的三分之二，余下未搬迁的居民除部分正在准备搬迁以外，多半为无力搬迁的老年人。而无人居住的空屋自然因缺乏修缮与维护逐渐破败[4]。

事实上，上文所提到的古镇保护与发展的现状与困难只是其所面临的各类问题的冰山一角，归结起来，基本是“保护与发展的矛盾”“传统与现代的协调”的问题[5]。

（二）适应性保护与线性文化遗产“三位一体”保护模式

所谓“适应性保护”，就是针对古镇保护中的现实问题，基于古镇自身特征的分析来确定契合古镇实际的保护目标和方向，并以此为依据研究和拟定古镇保护的总体策略、技术方法和制度环境等内容的有关理论（包括普适性理论和专属性理论），从而达到解决问题的目的[6]。

这意味着要在深入调查与研究古镇的历史与现状情况下，不仅要将区域内的“古镇”作为一个具有共性的群体进行保护与利用的思考与研究，同时，也要注意到针对每一个古镇个体的特性进行保护与开发规划。

在针对线性文化遗产理论的探讨中，部分学者提出了将物质、非物质文化遗产与文化线路本体相结合的“三位一体”保护模式。此举即指从线性文化遗产的特性出发，以文化线路本体为轴线，串联起其附属和沿线区域内的古遗址、古墓葬及古建筑等物质文化遗产，划定保护区域，再选择本区域内

---

3 2009年11月9至11日，中共四川省委宣传部，四川省文化厅，四川省建设厅，四川省旅游局，广元市人民政府在广元共同举办2009中国蜀道·广元国际论坛，同时发起中国蜀道申报世界文化线路遗产的倡议。

相应的各类非物质文化遗产融入其中，使三者有机结合，形成“一体化”的文化遗产综合保护体系[7]。

嘉陵江流域的古镇在大巴山和嘉陵江的共同哺育下，依存着相似的地貌环境、相通的流域经济、共融的多民族文化，依靠着先民们披荆斩棘开拓出的水陆交通，区域内的古镇呈现出无法割断的历史联系和文化面貌的相似性，承载着厚重的地域文化，成为中国文化遗产中一条重要的文化廊道。由于独特的山地流域自然环境和巴蜀人文历史的影响，山地、溪河、古树、古桥、吊脚楼、小青瓦、封火山墙、码头、街巷等是嘉陵江流域古镇给人们独有的印象，也是其独特的具有共性的物质文化遗产。而嘉陵江流域地处我国羌藏文化、巴蜀文化、秦陇文化与荆楚文化的交汇地带，在唐代就是“地理兼南北，语音杂秦蜀”，为五方杂处之地，明清时期四川盆地因战争而导致的土著人口空前减耗及其清代大规模的外来移民——湖广填四川运动，使嘉陵江流域人口、方言、饮食、地域性格、民间信仰和文化格局皆发生重大改变，其民族融合、文化交流与碰撞造就了区域内众多的非物质文化遗产。

可以说，古镇就是在嘉陵江流域历史道路交通体系这条文化线路网上一个个物质与非物质文化赖以生存的“文化生态区”。

由此，笔者认为，古镇的适应性保护在面对嘉陵江流域古镇群落时，都不能忽视物质、非物质文化遗产与文化线路这三大要素。古镇本身的产生和发展依赖于历史时期的交通线路，这些原生社群与外界之间的互动过程，遗留下来的珍贵文化遗产，便是我们今天所见的“古镇”。

无论是发展还是保护，文化遗产保护的最终目的只有一个：活化与传承。只有将文化遗产活化与传承下去，文化遗产才真正达到了保护的目的，旅游开发才有可持续发展的依凭，忘记这个目的进行的所谓“开发”，便意味着毁灭与破坏。

注释

[1] 单霁翔：《大型线性文化遗产保护初论：突破与压力》《南方文物》2006（3）。
[2] 鲁西奇：《中国历史与文化的“区域多样性”》《厦门大学学报》（哲学社会科学版），2010（6）。
[3] 马强：《嘉陵江流域历史地理研究的现实意义》《光明日报》2012.2.9。
[4] 陆韵羽：《古蜀道基于线性文化遗产的“三位一体”保护模式再探》《中华文化论坛》2014，（1）。
[5] 戴彦：《巴蜀古镇历史文化遗产适应性保护研究》，重庆大学，2008 年。
[6] 戴彦：《巴蜀古镇历史文化遗产适应性保护研究》，重庆大学，2008 年。
[7] 陆韵羽：《古蜀道基于线性文化遗产的“三位一体”保护模式再探》《中华文化论坛》2014，（1）。

作者

陆韵羽，重庆北碚博物馆，重庆师范大学历史与社会学院硕士研究生。

义利之辩与重庆洪崖洞传统民居聚落再生改造

◎ 杨林

城市传统民居聚落因自然条件和人文环境的差异呈现出多元化的发展面貌，是遗存最多的“城市化石”。然而在轰轰烈烈的城市化进程中，伴随着地产开发商挖机轰鸣，原有地域建筑形体和传统聚落格局被破坏殆尽。较之于散布乡野的受到现代文明侵蚀较弱的古村镇，城市传统民居存续时间短且再生改造难度大，加之未能得到相关法律政策的庇护，在“中国式大拆大建”的旧城改造浪潮中，传统民居聚落处境堪忧。文章以重庆洪崖洞民俗风貌区为例，分析洪崖洞改建方案编制和论证过程中“传统聚落面貌与现代商业模式，政府宏观政策与开发商经营策略，社会期望与企业效益，原住居民迁徙前后的生活状态”等这四对范畴间的关系，重点解读洪崖洞在“民居聚落原样修复”和“面向市场的保留性改建”两种方案之间如何取舍，剖析民居建筑改建中的“义利之辩”，最后上升到对城市化进程中加强对传统民居聚落的保护与更新模式的研究。

一　城市街区传统民居聚落的生存境遇

民居建筑是中国传统建筑中出现最早、分布最广、遗存数量最多的建筑类型，因地方自然条件和经济结构、生活方式、风俗习惯等人文因素的差异，各地民居聚落的住宅建筑结构和居住环境空间形态呈现出多样化的面貌。民居聚落蕴藏着地域文化积淀、历史记忆以及手口相传的营造理念，有着“城市化石”之称谓。1964 年第 2 届历史古迹建筑师及技师国际会议通过的纲领性文件《威尼斯保护历史性城市的国际宪章》指出：“不论是自然中的整个居住群落，还是被大城市稠密区包围的局部的市中心、街区或建筑群，这些历史性城市和街区越来越面临着失去结构的完整性、凋敝和彻底破损的危险，这将导致它们所代表的城市价值和文明价值的丧失。历史性城市或地区的保护包括经常不断的维护和修理，而为了使它适应当代的生活，需要细致地设置或者改进公共设施。[1]”1977 年被封为城市规划设计圭臬的《马丘比丘宪章》（CHARTER OF MACHUPICCHU）强调：“城市的个性和特性取决于城市的体型结构和社会特征。因此不仅要保存和维护好城市的历史遗址和古迹，而且还要继承一般的文化传统。一切有价值的说明社会和民族特性的文物必须保护起来。 保护、恢复和重新使用现有历史遗址和古建筑必须同城市建设过程结合起来，以保证这些文物具有经济意义并继续具有生命力。[2]”

自 20 世纪 90 年代以来，土地有偿使用政策的实施和房地产业的快速发展，为满足商业和居住用地的需要，大量传统商业街区和民居聚落被整片整片推倒重建，代之以宽阔的马路、并列的大板楼，原有的地域建筑形体和传统聚落格局被破坏殆尽。在快速的城市化进程中加强对传统民居聚落的保护与更新，是当下保持文化多样性的世界性课题。尽管在《中华人民共和国文物保护法》和《中华人民共和国文物保护法实施条例》等法律规范的基础上，各省市结合地域特征制定具体详实的执行方案，然而传统民居聚落未曾纳入到这类文件的保护范围，其保护历史城镇和城区的原则、目标和方法也未能适用于传统民居聚落。但必须承认，这些文化遗存无论其等级多低，均是保持和延续城市文脉的载体，是城市最醒目和最为鲜活的城市肌理。相较于散落在田间地头的乡村传统民居聚落温和的、缓慢的演变模式，城市传统民居聚落则多数是以激进的、强制的乃至伴有流血冲突的方式上演。城市传统民居聚落的保护与改造不可避免地要与轰轰烈烈的城市化进程发生碰撞，留给他们调整与更新的时间很短，且不得不考虑到政府宏观政策、开发商意图和原住居民的生活要求等社会因素，是亟待解决的社会问题。

改造前的洪崖洞

改建后的洪崖洞

洪崖洞传统风貌区将重庆地方独特的山地地貌特征与传统吊脚楼民居相结合，引入现代商业经营模式，将其拓展为城市旅游资源和展示地方传统建筑和饮食文化的建筑群落。洪崖洞在商业运作与民居保护中取得可观的成绩，却又引起学术界对传统民居聚落保护的“义利之辩”。洪崖洞面临的问题是当下中国轰轰烈烈的城市化进程中如何保护和发展传统民居村落的共同问题，其解决问题的方法又与重庆独特的地形地貌、文化结构和生活方向密不可分，不失为研究城市化进程中传统民居聚落再生改造的典型个案。

二　洪崖洞：传统民居聚落的地域文化特质

洪崖洞原属洪岩洞街，坐落在重庆市渝中区朝天门半岛北段，北临嘉陵江边，其历史最早可以追溯到秦国大夫张仪在渝中半岛尖端修筑土城。据清乾隆《巴县志》记载：“洪崖洞在洪崖厢，悬城石壁千仞，洞可容数百人，上刻‘洪崖洞’三大篆字，诗数章漫灭不可读。”民国时期，洪崖洞被重庆商埠督办公署开设各类码头，是当时甚为繁忙的河运货物集散地。船工、搬运工、小商贩等城市底层居民为求栖息之地，在靠近码头的坡地上不断搭棚造屋，为减少土石方工程量，房屋多采用“占天不占地”的吊脚楼形式，尽量缩小建筑的基底面积，建筑上部向四周扩展，以便争取更多的使用空间。长此以往，逐渐形成高低错落、重屋垒居、跌宕起伏的吊脚楼建筑群，并结合三横六纵的街巷格局，构成独特的山地建筑景观。

2002 年重庆市政府进行旧城改造，洪崖洞因其浓厚的重庆民生味道，故而改造、重建被视为开发洪崖洞的政策基调。在面向国内外的公开招标中，重庆小天鹅集团的规划设计方案夺标。2006 年洪崖洞民俗风貌区改建工程完工，项目沿江全长约 1.2 里，商业总建筑面积逾 50000 平方米，以最具巴渝传统建筑特色的“吊脚楼”风貌为主体，融入古城墙、雕花门窗、青石板街、吊脚楼等重庆传统建筑特色，恢复包括洪崖滴翠、巴将军炮台、东川书院等在内的古迹，整个建筑群落依山就势、沿崖而建，将摩崖建筑与吊脚楼演绎到极致，通过分层筑台、吊脚、错叠、临崖等山地建筑手法，把餐饮、娱乐、休闲、保健和特色文化购物等 5 大业态有机整合在一起，形成了别具一格的“立体式空中步行街”商业格局，是目前重庆市范围内最具有层次质感和商业景观的大型商业建筑。如今，洪崖洞整体业态分为纸盐河酒吧街、天成巷巴渝风情街、盛宴美食街及异域风情城市阳台四条大街。四条大街分别融合巴渝民俗文化、山地民居的建筑文化、码头文化、现代商业文化、西方酒吧休闲文化等传统和时尚元素，已然成为引领重庆娱乐生活方式的新标向。

三　改建方案编制与论证过程中的“义利之辩”

在洪崖洞改建项目公开招标的过程中，渝中区政府为此还专门组织城市经营专家、巴渝文化专家、建筑设计专家、城市旅游专家、房地产专家和营销专家等进行论证，历时三年，七易其稿，最终选定小天鹅投资集团的“都市文化旅游”规划设计方案[3]。在此之前，重庆建筑大学李建华小组的“乐业山居”和四川美术学院郝大鹏的“自然民居博物馆”方案，显然要比最终选定的“立体式空中步行街”设计方案更能保留洪崖洞传统民居聚落的建筑形态和空间结构，但民居改建并不等同于文物的原真性保护，个中必然考虑到政策、利润和社会效益三者间的“义利之辩”。

（一）乐业山居：一个不能为商家赚钱的设计

早在 1998 年，重庆市政府未决定对洪崖洞进行改造以前，五位来自重庆建筑大学的在校学生已经对洪崖洞片区的山地民居进行研究。通过对保护山地生态环境、维持传统社区的邻里交往、延续山地历史文脉、促进社区经济发展等方面综合考虑，提出：历史街区是城市个性的重要载体，“文物保护”型的旧城改造，应该在改善市政基础设施的基础上维护原貌”的改建理念，并落实到四点具体的设计原则：

（1）尽量降低房屋造价，探索多方集资修建，邻里结构顺应地形并保持城市肌理的延续；（2）为每户居民提供相应面积的房屋供出租和经商，保证其稳定的经济来源；（3）简洁明晰的交通体系，让居民的出行及外来人流方便快捷，互不干扰；（4）完善公共设施，使住房具有良好的通风及采光，充分利用江景，改善生态环境[4]。

李建华小组“乐业山居”设计方案力求完美再现洪崖洞民居特色，贴近民居聚落原真性保护理念，该方案还曾荣获第 20 届世界建筑师大会学生设计竞赛第六名“Kundtadt Foundation”奖。但该方案试图募集资金，依靠原住居民修缮传统建筑、改善交通出行条件、完善公共设施等措施来提高居住品质和舒适度，开发商在项目改建中难以获利，设计方案没被开发商采用也在意料之中。对此李建华坦言："按照该方案，开发商不可能赚钱，所以它只能停留于设计。"

（二）自然民居博物馆：复兴本土风格建筑，体现巴渝特色

由四川美术学院郝大鹏教授操刀的设计方案试图在洪崖洞复原一个自然民居博物馆，方案将保留原来洪崖洞所有的建筑符号和原住民的生活自然形态。具体的规划设计中，保留下原来的三横八纵的洪崖洞原始生态，比如河边码头、洪崖洞洞口。所谓三横，是山城人面水而居，建筑依山而建，来往交通日渐积累下来的生活原生态的体现。将原来的水岸码头修复，借助一层层石板铺就的小路链接民居聚落，洪崖洞身后的崖体和最具特色的石梯基本上得到很好的存续。

郝大鹏认为："洪崖洞这里原来是重庆传统的吊脚楼最集中的地方，这样完整的原生态的山地建筑群在全国范围内都实属罕见。若论后来以'修旧如旧'模式保护下来的湖广会馆，也不及洪崖洞更具本地特色。"

在招投标中"自然民居博物馆"方案获准通过，但就在小天鹅集团实施洪崖洞改造开始，"洪崖洞民俗风貌区"改建项目由重庆大学建筑学院的李向北教授的方案取而代之。小天鹅集团总裁何永智指出："郝大鹏的设计方案从营销的角度来讲是不可行的，仅仅站在学术的、艺术的角度来考虑，并没有考虑到企业的利益。小天鹅投资集团看重的是地产开发和商业运作，不可能站在纯公益的角度来看问题，必须考虑到商业效益。[5]"究其根源，则是试图保留洪崖洞传统民居建筑符号和原住居民的生活形态的设计方案，因容积率没有达到开发商预期目标而被废弃。

（三）立体式空中步行街：摒弃完全还原与完全更新这两种思路

最终选定的重庆大学李向北"立体式空中步行街"设计方案，摒弃完全还原与完全更新的两种思路，强调设计在继承该区域原有的性格特征基础上（码头、要塞、民居、自然等），全面归纳、浓缩了从远古到明清，重庆地区固有的文化符号和建筑元素，尤其是吊脚楼的元素，从而复原出具有深厚历史文化积淀的文化活化石。

具体设计手段上，以吊脚楼为空间语言，表现了重庆的文化特色，充分体现出洪崖洞的地理特点与重庆先民的生产方式、生存方式（吊脚楼、桥、亭、楼、阁等）和生活方式（民风、民俗和社会生活）的有机统一。一切建筑形式、民风、民居、社会生活均源于地理环境，从而融山水风情、码头文化、民风民俗、历史文化遗址，涵盖从巫山猿人巴文化、三国文化、宋文化，以及陪都文化、三峡文化、城市沿革、军事要塞于一体。试图在50M的高崖下，在城市和江岸之间创造一个城市作品，一个可以容纳当今都市生活的民俗、民居的综合体。

此设计方案在郝大鹏项目小组成员王林教授看来："前后两个方案可谓天壤之别，原来我们设计的容积率只有0.2，也就是2万多方，后来历经一次次的修改后，我眼看着它变成了3万多，再到5万多，终至现在的9万多，已经超过了原来的四倍多，已经超过了这一地块所能承受的能力范围，我不知道它最终还会做成什么样子。我不相信一个容积率9万多的建筑群落能够复原一个重庆山地民居的场景。这么密密麻麻的铺陈下来，我看采光都成问题。""另外，作为原来方案中重要部分的崖体没有了，只有现在的协调区还能看到原来的影子。千百年历史的记忆和我们祖先深层智慧的结晶就这样被毁坏

掉了。而且这是无法挽救的，我深为惋惜。”

（四）民居聚落“原样修复”与“面向市场的保留性改建”两者间的义利之辩

改建前的洪崖洞保留着原生态的吊脚楼民居建筑，但也是重庆主城最贫困、破败的民居聚落之一。这里也是最低收入阶层的聚居地，四、五十年代搭建的棚屋年久失修、几近倒塌，社会秩序混乱，是滋生“黄、赌、毒”的土壤。为维护社会治安稳定，改善居住环境，洪崖洞民居片区不得不整顿、改建。

洪崖洞亟待改建的问题毋庸置疑，关键是持何种态度和方法。正因为地域建筑群落的不可替代，重庆市政府组织专家学者对洪崖洞历史风貌和文化传统进行过系统的调研，参与者一致强调要保护历史文脉。在公开招标中，政府要求开发商在保留传统民居聚落特色的前提下经营，开发商则担心民居聚落改造成本高且利润空间小，从最初投标的 11 家房地产开发商，到最后只剩下龙湖、协信和小天鹅投资（控股）集团公司三家争执不下，而龙湖与协信都从地产开发的角度编制设计方案，显然不符合民众意愿和政策要求，小天鹅集团提出的折中方案——“都市文化旅游”规划设计方案夺得头筹。李建华指出：“开发商依照商业原则去做这个项目，而政府的想法又缺少财力支撑，加上有关部门管理失位，这就造成了一些历史建筑在保护中的争议。”由此可知，纯粹的原样修复不符合商人追求利益的目的，推倒重建也会受到大众苛责，唯有面向市场的保留性改建是解决洪崖洞困境的不二法门。

尽管在设计方案论证环节有相关领域的专家把关，设计方案的初衷是在保护民居风貌的基础上，有选择性的开发盈利项目。但在方案实施过程中，由于缺乏监管，项目改建如脱缰野马，偏离原来的改建目的。已经通过论证的“自然民居博物馆”方案被废弃，代之以李向北“立体式空中步行街”设计方案，原因就是纯粹以保护传统民居为主的设计方案让开发商看不到利润市场。重庆小天鹅物业管理公司总经理张奇坦言：“最初的设计方案在保护风俗文化上没问题，但是商业价值低，利润空间不大。对于像洪崖洞这样的大型建筑群来说，如果经济效应跟不上，后期的维修维护可能都是一纸空谈。”便重新修订设计图纸，兼顾民俗特色和商业价值，故而便有了眼前的洪崖洞民俗风貌区。

“重庆最后的吊脚楼建筑原生态群落就这样永远的消失了，我只能说，非常惋惜，非常惋惜。”洪崖洞项目的原设计者郝大鹏在谈到洪崖洞时扼腕叹息。也说明原汁原味保护民居聚落的方案是行不通的，开发商不会自觉地去延续一座城市的文脉，唯有在义（原样修复）与利（面向市场的保留性改建）之争中需求最大限度保护传统聚落文明的折中方案。

四　城市街区传统民居聚落改造再生策略探析

城市街区传统民居聚落改造再生不能一概而论，因针对资源富集程度、经济和社会价值、改建难度、项目实施的可行性等因素做系统考量，对每处民居聚落提出有针对性的改建策略。一方面，对待历史文化价值较高、民居建筑独具特色且具有改建可行性的民居聚落，可选择在原址基础上原样修复，同时完善公共服务基础设施，提高民居的舒适度和便捷性。一方面，对待历史文化价值较低、改造难度大且无法实现原样修复的民居聚落，则可选择面向市场的保留性改建，在维护民居聚落整体风貌的基础上，引入现代城市规划和经营理念。改建方案的编制和实施必须兼顾包括政府、开发商、民众、原住居民等在内的各方利益，并符合城市整体规划思想。具体“面向市场的保留性改建策略”可从以下三个方面落实：

（一）完备的法律保护体系和监督体系是民居聚落改建的制度保障

传统民居聚落不属于文物和文化遗产的保护范畴，故而现行的《中华人民共和国文物保护法》《中华人民共和国文物保护法实施条例》《中华人民共和国非物质文化遗产法》等法律法规无法为民居聚落提供相应的制度保障。早在1913年，法国就制定出世界上第一部保护文化遗产的现代法律——《保护历史古迹法》，1962年又颁布《历史性街区保存法》，如今的法国已形成以《遗产法典》为核心，以物质文化遗产保护为主体，与《城市规划法》《环境法》《商法》《税法》《刑法》等相互配合有机协调的完整的法律保护体系，使得文化遗产的行政管理体系、资金保障体系、监督体系、公众参与体系等制度法制化。意大利专门立法对历史文化名城实施成片保护，房屋拆迁、维护必须依法，不得擅自修缮。他山之石，可以攻玉。故而，加速制定针对民居聚落保护再生的专项法规，用法律手段影响国家政策的制定，约束开发商改建行为，保护原住居民和民居聚落的独特风貌，形成完善的分类与登记的法律保护体制、整体保护的法律理念、专业性的法律保护程序与措施、在民居聚落保护与利用方面的协调平衡的法律制度。

（二）设立专门的管理机构，评估民居聚落保护价值，制定改建技术策略细则

由政府组建包括城市经营、文化研究、建筑设计、城市旅游、房地产以及市场营销等领域的专家学者构成的半官方组织——民居村落保护与开发领导小组，资助组织成员对辖区内的民居聚落开展调研，评估值得保护或亟待改建的民居聚落类别，并录入"传统民居聚落保护名录"。借用遗产资源价值的评估方法，如成本核算法、市场价值法、替代市场法、假设市场法（contingent valuation method，简称CVM）等，对民居聚落价值做出综合评估，提出改建的总体方法和策略。并从基础设施修建与功能划分，空间布局与建筑结构，形式、体量及高度的控制，以及色彩、材料及装饰构件的选择等方面，着手制定传统民居建筑保护利用技术策略细则，以此作为未来开发此类民居的主要依据。

（三）邀请民间组织和媒体机构，对改建方案实施与民居建筑后期维护实施全程监管

邀请民间组织参与改建项目公开招标的论证工作，监督政府有关部门认证贯彻和落实民居聚落保护与开发的相关法规政策，并对方案中可能存在的对传统民居聚落的破坏提出修改意见。同时邀请新闻媒体全程跟踪报道改建方案的实施，重点关注实施过程中是否达到预期中对民居聚落保护的效果，发挥舆论监督作用。对违背保护原则的项目，政府主管单位应勒令其整改，对破坏传统民居聚落较为严重者必须追究其法律责任。

注释

［1］《威尼斯保护历史性城市的国际宪章》，第2届历史古迹建筑师及技师国际会议，威尼斯：1964年。

［2］《马丘比丘宪章》，1977年国际建筑协会利马会议，利马：1977年。

［3］老凯：《城市阳台洪崖洞再现老重庆》《重庆建筑》2005（5）。

［4］《洪崖洞民居，另一种可能的风景》《时代信报》2005年07月20日版。

［5］《重庆吊脚楼一曲最后的挽歌》《时代信报》2005年07月13日版。

作者

杨林，四川美术学院设计艺术学院2012级设计理论专业研究生。

渝西地区地主庄园聚落石龙门古村落初探

◎ 张亮　丁燕飞　王世俭

本文主要从石龙门古村落文化遗产形成背景、发展的影响因素、空间布局及构成要素、文化习俗、特征方面入手，对受陈氏家族影响所形成的村落文化景观做了初步探讨，类似的探讨在新农村建设广泛开展的今天，将有益于古村落的保护与可持续发展。

一　自然地理背景和历史沿革

江津，位于长江中上游，三峡库区尾端，重庆西部，东经 105° 49′ 至 106° 38′ 、北纬 28° 28′ 至 29° 28′ 之间。江津四面高山环抱，境内丘陵起伏，地貌以丘陵兼具低山为主，分平阶地、丘陵地和山地，其中丘陵占 78.2%，低中山占 21.8%。地质结构为“川东褶皱”和“川黔南北构造带”的过渡地带，构造形迹受其影响，轴线多扭曲呈“S”形。江津属亚热带季风气候，光照充足，气候温和，雨量充沛。日照时数年均 1207.9 小时，常年平均气温 18.2℃，年平均降雨量为 1034.7 毫米。石龙门古村落，地处国家级历史文化名镇塘河北部，东经 106° 03′ 10.3″ 、北纬 28° 58′ 59.1″ 。

江津古为巴国地，南北朝齐武帝永明五年（487）建县，为江州县。北朝西魏（553-557）江州县改为江阳县，县治在今江津樊西口；北周孝文帝元年（557）县治迁至今几江，隋开皇 18 年（598）因

石龙门古村落位置图

县城地处长江之要津而改江阳县为江津县。清代江津县编为三里，即笋溪里、杜市里、思善里。每里分四都，全县共十二都，都下设甲。塘河为思善里十都二甲。民国初年，沿袭清制。民国十年属十全镇，民国三十年建乡，解放后仍为乡，属永兴区所辖，1994 年撤区并乡，塘河建镇。2001 年江津再次调整乡镇规模，设塘河镇。石龙门古村落从清代开始一直隶属于塘河镇。

二　石龙门古村落形成与发展的影响因素

渝西地区地形以低山、浅丘为主，受自然条件的影响，这一地区以地主庄园为依托、建立在可持续土地利用基础上的山地聚落比较普遍。经实地调查发现，以陈氏家族为主导地位的石龙门古村落在渝西乃至重庆地区具有一定的代表性。根据石龙门古村落境内的清代“王母杨儒人”墓碑考证推判，最晚至清代乾隆八年（1743）石龙门古村落已初具雏形。

石龙门古村落空间布局效果图

1775 年左右，陈氏家族于在“湖广填四川”大背景下于湖南辗转迁居至石龙门后，通过一百余年的不断积累，逐渐形成了以陈氏家族为主导，其余姓氏家族、佃户、长工为依附，兼备生产、生活、祭祀、教育等各功能区的古代村落社会组织。受陈氏家族影响控制的石龙门古村落逐步发展，至清末陈氏家族达到了耕地上万亩、佃户上千户、年收租上万石的鼎盛状态。民国时期，随着主流社会经济文化的变迁，陈氏家族利用雄厚的资金从事四川“井盐”承运活动，还创办了四川第一家民营商业银行—江津晋丰银行。佃户、农户的交租方式也由原来的交付粮食变为交付等额货币。佃户或另找田土耕种、或脱离陈氏家族的影响另谋营生。由此我们便不难理解石龙门古村落周边的塘河、白鹿、石蟆、稿子、几子等场镇于清末民初逐渐兴盛的原因。

石龙门古村落空间布局效果图

三　石龙门古村落构成要素

石龙门古村落是由地主庄园、跑马场、古道、古井、学堂、药铺、佃户住房、祠堂、水田、池塘、水田、古树等要素共同构成的特殊网络结构。其面积以石龙门庄园为中心南北长 3.6 千米、东西长 3.3 千米，总占地面积约 12 平方公里。

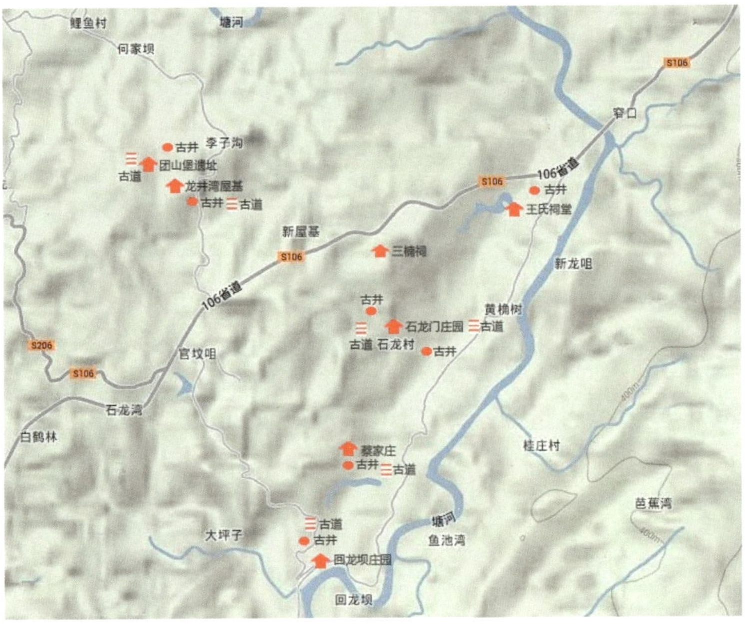

石龙门古村落文化遗址分布图

（一）石龙门庄园

石龙门庄园所在地原名康家湾，康家落败后，陈氏家族 1805 年左右买下康家老宅，因门前有条石埂形状像龙，取名石龙门。后期经历代陈氏家族逐步扩建，形成占地面积 13200 平方米，建筑面积 7300 平方米的地主庄园。1951 年土改时，分给当地 38 户当地农民，人口 112 人，现大部分农户迁出石龙门庄园，现居住农户 7 户（但房屋产权仍为 38 户），现居住人口数量 18 人。

石龙门庄园历经陈氏家族几代人完成，整体布局按照陈氏家族的经济实力发展水平以及地形地貌顺势而建，形成了独特建筑格局。建设初期陈氏家族因经济实力有限，仅沿袭康氏老宅地基重建了一组规模较小的院落。陈氏家族第五代陈宝善时期（约 1825–1880），陈氏家族经济实力迅速增长，以陈衍凤时期修建的房屋为中心向东、南、北三个方向自由式扩展，修筑 2 重围墙、5 道朝门及 18 个单体院落。

内围墙外侧，修建有牛栏、马厩、柴房等附属建筑，外围墙外侧则是庄园主人所属的田地、祠堂、

石龙门庄园鸟瞰效果图

学堂、跑马场、网球场、佃户住房等设施。所谓自由式扩展就是在基本保持主体院落空间形态不变的情况下，其他部分可以根据地形随意扩展，和严格的纵向、横向、纵横双向扩展有一定的区别。自由式扩展使得该庄园因地制宜地处理了环境、交通、生产、生活起居之间的关系，最大限度与浅丘地区地形、地貌结合，形成了科学、合理的生产生活、教育、休闲娱乐集中区。

龙门庄园全貌

1. 建筑选址

石龙门庄园选址与规划时，从实用的角度出发，重点处理环境与功能的关系。主要体现在以下几个方面：

石龙门庄园周边环境

一是选址非常注意小气候。石龙门庄园三面环山，周边植被覆盖率较高。庄园西、北方向以山为屏障，东、南方向地势相对于开阔，使得冬季西北寒风小，夏季有山谷风，庄园内气温在冬季不太低、夏季也不太热。石龙门庄园周边植被覆盖率高，也使得该庄园不太过湿润和干燥。

二是选址近水利而避水患。石龙门庄园靠近塘河接近水源，但地势高于塘河洪水位。接近水源，一方面方便生产、生活用水，另一方面，发生火灾时可取用之。

三是选址考虑社会环境。石龙门庄园地处江津、永川、合江三县的交界处，因而形成了位置比较偏僻的“三不管”地带。政府行政力量对此区域鞭长莫及，陈家在此修建了规模宏大的庄园，具有一定的影响。

四是选址注重交通畅通。供给有保障。石龙门庄园作为陈氏家族生存的承载体，交通便利、畅通是其生存和发展的重要条件。庄园距塘河仅有1公里，水运十分方便。庄园陆路到白沙码头为10公里。依托便利的陆路和水路交通，不仅使陈氏家族对外能迅速便捷联系，同时使更大的区域纳入陈氏家族控制范围之内。

2. 建筑装饰艺术

石龙门庄园虽是一组典型的巴蜀合院式民居院落，但其建筑细部装饰在保持本地民居装饰特点的

石龙门庄园窗花

石龙门庄园如意式封火墙

石龙门庄园马头墙

基础上，大量使用了长江中下游民居建筑的装饰手法，表现出兼容并蓄，和谐共生的装饰特点。石龙门庄园窗棂为典型的苏式风格，图案变化多端，雕刻细腻精致，尤其是墙脚之上雕花干栏板的设置，为川渝地区民居建筑所少见。石龙门庄园封火墙采用两种样式，一种是本地较常见的如意式封火墙，形若拱背，造型优美流畅；另一种为徽氏的马头墙样式，造型端庄典雅。两种封火墙交相辉映，形成独特的建筑装饰效果。

除此之外，石龙门庄园的木雕撑拱、建筑彩绘、石雕柱础也具有较高的艺术价值。

石龙门庄园撑拱

石龙门庄园彩绘

石龙门庄园柱础

石龙门庄园排水沟

石龙门庄园排水口

石龙门庄园单独柴房

石龙门庄园水缸

3. 建筑排水系统

石龙门庄园的排水系统是本体建筑的一部分，对该庄园本体建筑安全起着非常重要的作用。经现场勘查，该庄园排水沟分为阳沟和阴沟，呈中心高，南北低，西高东低的布局，排水道终端出口设置在东北、东南角，现仍在使用。石龙门庄园的排水系统设计布局合理，使得大量生活用水和雨水可以顺利排泄，而不至于堵塞于天井之中。

4. 建筑消防系统

石龙门庄园的消防系统比较完善，损毁建筑大多为后期年久失修垮塌，并未发现因火灾导致的房屋建筑损毁。究其原因，主要体现在庄园功能分区的科学性，易燃材料堆积房屋是单独设置的，与庄园建筑相分离，在一定程度上缓解了大面积火灾的发生可能性。另外，各个天井也设有水缸，厨房设有灰箱，一旦发生局部火灾就能迅速进行补救措施。

5. 庄园建筑选材

石龙门庄园材料选择遵循贴近自然，就地取材的原则。夯土为石龙门庄园最基本的原材料，无论是房屋地基还是夯土墙，都是经过多次夯实加入特殊配方而成，其夯土墙紧密和强度较高，有糠壳、竹筋、糯米浆等材料痕迹。夯土的取材简单，可塑性强、可承重，并有一定的保温性。

石龙门庄园夯土墙

石龙门庄园梁架木材

石龙门庄园台阶

庄园主体构架用材大多为当地香樟、柏木、杉木等，材质轻，容易加工，多作为屋面椽、檩和装饰材料。石材多用于台基、柱础、铺地、围墙等易发生腐朽、损坏的部位。

（二）其他相关遗存

1. 三楠祠

三楠祠为陈氏家族宗祠建筑，现地面建筑已损毁。三楠祠原建筑由正殿、中殿、亭子、戏楼四部分组成。建筑屋面为黄绿琉璃瓦，屋脊由镂空砖砌成，每层屋脊正中均设脊刹，山墙两边设有高耸的封火墙。解放前，陈氏家族在“三楠祠”开有小型药铺，救济孤、老、病、残和赤贫者，或施予茶水、药以及简易棺木。

2. 蔡家庄

位于石龙门庄园西南 1.8 公里处，始建于清末民国初年，坐西北向东南，土木结构。蔡家庄解放后分给刘安义等 3 户当地居民。该建筑现存部分堂屋和厢房，现存厢房面阔 8.8 米，进深 4.6 米。

3. 回龙坝庄园

回龙坝庄园位于石龙门庄园西南 2.7 公里处，建于清代，座西北向东南，土木结构。回龙坝庄园解放后分给李明标等 6 户当地居民。经实地走访调查，该建筑为陈氏家族对其“马夫”修建庄园。庄园现存院落由前厅、中厅、后厅、厢房、两进院落组成，总进深 26 米，面阔 46 米。

4. 网球场

陈氏家族在石龙门庄园东北方向 1.5 公里处先后修建 2 个网球场。第一个网球场在山顶上，四面都是坡，网球打出场地后不利捡球，后废弃。重新修建的网球场，地势平坦。位置在大路旁边，可以骑马到网球场，交通便利。经现场勘查，网球场为长方形，长 40 米、宽 20 米。陈家后人回忆，网球场是用煤炭渣滓填充铺设，四边有围墙（现已毁）。后开垦为田地，取名“球场田”。

5. 跑马场

跑马场起点距石龙门庄园 500 米，经现场勘查和陈氏后人回忆，跑马场宽 4 米，长 500 米，为陈

三楠祠院坝

三楠祠柱础

蔡家庄现存建筑

蔡家庄石台阶

回龙坝庄园大门

回龙坝现存建筑

氏家族遛马娱乐场所。

6. 古道

以石龙门庄园为中心至周边的古道，路面均为 0.4 米至 0.8 米宽的石板路。陈氏家族出行的现存古道主要有：石龙门庄园向东行至白沙水码头的古道，现存石板路 1.5 公里；石龙门庄园向西北行至

网球场

跑马场

石龙门至白沙码头石板路

石龙门至稿子场石板路

石龙门至白鹿场石板路

稿子场的大路，全程为15公里左右，现存石板路0.5公里；石龙门庄园向西南行至茶马古道白鹿场的大路，全程12公里，现存石板路0.8千米。

7. 古井

石龙门庄园古村落现存古井7口，井口呈正方形，边长1.5至2.5米。古井深2米至15米不等。石龙门庄园附近的一口古井位于石龙门庄园东北角10米处，井水终年不枯。

8. 学堂

肖家学堂建于清代，土木结构，小青瓦屋面，进深4.5米，面阔15米。陈氏家族为解决佃户子女的读书问题曾在此聘请老师办学。

9. 佃户住房

石龙门庄园东北1500米处“大仓头”保存一栋较好的佃户住房。该建筑为土木结构，进深6米，面阔20米。

石龙门古村落水井

石龙门古村落水井

石龙门古村落学堂

石龙门古村落佃户住房

石龙门古村落水田

石龙门古村落旱田

10. 田土

石龙门古村落的田土主要有水田和旱田。水田围有田埂，蓄水种植水稻，由于受地形的限制，一块水田大概长20至30米、宽10米至15米。旱田大多为房屋周边坡度较小的零星土地。一般种植有玉米、红苕等。

石龙门古村落植被

石龙门古村落黄桷树

石龙门古村落银杏

石龙门古村古墓

11. 古树

石龙门古村落种植有松树、柏树、黄桷树、银杏、荔枝等。其中一颗黄桷树的树杆直径 1.2 米，树干高 4.5 米，树冠直径 6 米。

12. 古墓

陈先华墓，墓碑为四柱三开间，明间刻有“清逝陈公讳先华墓”明间柱子刻有“巽木地钟灵、乾金山毓秀”，左次间刻有“乾山巽向、清道光四年（1824 年）九月二十六日”，右次间刻有“孝男陈衍盛、陈衍德、陈衍章、陈衍儒、陈衍凤□祀”，外侧柱子刻有“鸡舞焕人文”等字样。该墓墓碑宽高 1.4 米、3.8 米，墓冢宽 4.8 米，长 7.6 米。

（三）非物质文化要素

石龙门古村落的非物质要素主要体现在乡村居民的精神文化生活层面。石龙门庄园及周边的塘河镇的文化与民俗活动丰富，传统民风、民俗、民情，传统生产用具，构成了独特风情画。每年春节组织玩龙灯，端午节举行龙舟竞渡，逢年过节或喜酒场中，还保留有婚俗、耍狮子，川剧座唱和民间吹打等多种民俗活动。

四　石龙门古村落主要特征探析

石龙门古村落的特征主要反映在：自成一体

的散居特征及完整的生活体系，以及在此过程中形成的文化习俗、乡村社会结构、社会意识形态等。

（一）石龙门古村落的空间布局是对自然环境的适应

石龙门庄园通过长期的建设，多院落、多天井先后组合在一起，形成了一个带有时间轨迹的建筑群。不仅是主体建筑连续扩张，还有依托陈氏家族的佃户住房、公共建筑物亦在不断扩张，形成了具有相当规模的、带有等级的散居形态古村落。究其缘由，浅丘地区耕作的土地较为分散，佃户、自耕种农住房必然相应一样分散，这种散居方式较为适应当地浅丘地形土地耕作分散的客观状况。佃户就近靠水田建造自己的住所，便于农活耕作及田土的管理看守。久而久之，散居形式成为一种历史相传的制度性风俗。

石龙门古村落非物质文化—端午龙舟竞渡

石龙门古村婚俗

（二）石龙门古村落生活体系是对历史环境的适应

庄园本体建筑、公共设施、祠堂、田土、水井、树木等物质文化遗产现状保存完整，目前还发挥着作用，承担着不同的使用功能。河流、对外道路、田埂是该古村落的骨架，不仅是联系不同板块的通道，而且是陈氏家族控制势力的重要途径。农业是石龙门古村落最为核心的组成部分，是该古村落赖以生存发展的基础。民国时期陈氏家族对周边村落的控制影响有所减弱。但不难看出，在此之前的清代，陈氏家族对古村落具有实际意义上的管治权，陈氏家族是高踞全部佃户、长工之上的主宰者，其权

石龙门古村吹打

利甚至大于县邑县令。主要体现在：一是陈氏家族控制着全村可持续利用土地，佃户每年租地耕种所得粮食交租数量基本上由陈氏家族决定。陈氏家族通过这种经济手段把全村佃户掌控于自己的管辖之下。二是陈氏家族为维护自身安全利益，不仅设有石龙门庄园家丁保卫，还通过抽调年轻力壮的青年男子轮流对整个村落进行安全巡察，防范土匪以及外来人员的入侵。从而形成了以地主庄园为依托、功能齐全的生产生活、教育、娱乐、祭祀为一体的生活网络体系。

（三）石龙门古村落独特的社会意识形态是地域性文化的反映

石龙门古村落自成一体的散居特征及生活体系同样对该村落的社会意识形态产生了一定的影响。主要体现在“父子异居，自昔既然”“人大分家”的风俗习惯，使得该古村落的小家庭制度十分发达。石龙门庄园内的陈氏家族按小家庭分灶吃饭分配院落，陈宝善的两个儿子陈鼎臣、陈兴臣分家分别居住在庄园的南北院落。这与同时期北方中原地区的“累世而居”的正统封建家族礼教似乎不太一致，完全是特殊的生产方式导致的地域性文化意识形态使然。

五　结语

石龙门古村落是以地主庄园为依托，建立在土地的持续使用（农业）为基础之上的一种人与自然的关系，不仅包括自然环境，还包括了地主庄园建筑、耕种、佃户、非物质文化等人工要素。古村落因地主庄园起到主导作用，因而极大地表现出了区域性与阶级性的差异。通过研究石龙门古村落的历史信息，挖掘渝西地区封建社会末期农村社会结构形态。不仅可以认识传统精神文化对现实农村生活的影响，同时也为渝西地区传统村落的传承与发展提供历史依据和理论支持，更重要的是为探索新时代农村经济社会发展提供可贵资源和不尽的财富。

作者

张亮，重庆市江津区文物管理所。
丁燕飞，重庆市江津区文物管理所。
王世俭，重庆市江津区文物管理所。

后发型农村社区建设中少数民族村落文化保护

◎ 陈光军

在我国后发型农村社区建设中，村域内所有制结构已呈现出农户经济、村组集体经济、合作经济与工商业主经济等三足鼎立的态势；发达村域的产业结构已经呈现出农业为基础，工业为主导、服务业为支撑的三次产业共同发展的格局，未来农村将加快由传统农业社会向现代工业社会转轨。因此，传统村落及村落文化正在大规模消失、衰败，保护传统村落及少数民族村落文化意义重大而具紧迫性。民族地区的文化保护具有特殊的意义，在各民族传统文化中蕴含着对今日有启示意义的与大自然和谐相处的宝贵智慧。此次调研走入甘孜州这个多民族聚居区，深入村寨实地考察其文化保护现状，探索自然村里的生态文明建设和区片联创等实践创新模式，为后发型农村社区建设中少数民族文化保护提出可行性意见，达到经济文化和谐发展的目的。

一　引言

保护传统村落和村落文化，就是保护中国乡土文化、农耕文明、农民的乡土田园和农村经济社会可持续发展的珍贵资源。同时民族文化起着维系社会生活、维持社会稳定的重要作用，是维系民族生存和发展的精神根基和精神纽带。因此民族地区的文化保护具有特殊的意义，在各民族传统文化中蕴含着对今日有启示意义的与大自然和谐相处的宝贵智慧。而这种智慧，至今尚未完全为人们所发现、认识。中国少数民族传统文化变迁进程中，如何在发展经济的同时，保护民族村落文化，是一项必须认真对待，妥善解决的历史性问题。

村落是人类较早的居住形式，也是少数民族群居的主要形式。村落的发展是适应一定的自然生态环境和一定的社会历史发展，由于历史发展的特殊性，自然环境的多样性，民族文化物质构成的多元性，各民族创造了“百花盛开，各领风骚”的村落文化，这是我国十分宝贵的文化遗产。 村落与城市相比而言有自己的特点：覆盖面广；波及的人口多；在市场经济中多种产业并存。所以村镇环境建设将成为我国造福人民，改造社会，调整人口分布体系的杠杆，成为我国社会主义现代化建设的组成部分。

在后发型农村社区建设的过程中，乡村工业化、村落城镇化、农民市民化、城乡一体化的大趋势下，伴随一个个新村庄的崛起，传统村落正在大规模消失，村落文化也在快速衰败。村落与村落文化消失的原因有五：（1）行政村撤并，全国行政村从 1990 年的 743278 个减少到 2005 年的 640139 个，减少了 103139 个，平均每年减少 6875.9 个。（2）地区发展推行三集中：工业向园区集中、土地向规模集中、村落向城镇或社区集中，“多样化”的传统村落及村落文化正在被“千村一面”的小集镇和农民社区化所取代。（3）工业型村落、产业集聚型村落、专业市场型村落转型为工业社区、中心市镇。（4）城市扩张，大量村落被圈进“城中村”，进而被改造成为城市社区。（5）异地脱贫、下山移民、库区整村搬迁，以及对未纳入新农村布局规划的村落实行“萎缩”管理，使大量传统村落消失或衰败。

村落文化保护面对如此严峻形势，主要是乡村城镇化变革这一过程中的盲目性、无规划或规划的不科学性造成的。很明显，村落不会终结、农民不会消亡，仅靠中心村、中心镇和农民社区，绝对容纳不了 8 亿多中国农民。少数民族村落保留了大量各具特色的民居建筑，承载了厚重的中华农耕文明和乡土文化。中华乡土文化的基本特征其实就是村落文化在地域特色上的概括和提炼。在少数民族地区，伴随着村落的衰败丧失的是本就处于危急状态的少数民族文化，因此少数民族地区文化保护成为摆在我们面前的一项十分艰巨而紧迫的任务。

二　后发型农村社区建设中少数民族村落文化保护所存在的问题

（一）　基础削弱

农村地区社会经济条件相对落后，伴随社会主义市场经济大潮的冲击，民族文化基础遭到削弱。原有民族文化氛围淡化、现代气息增强，地方性文化或民族文化逐渐被抛弃，民族文化主体不断缩小，农村地区民族文化保护的难度不断加大。

（二）　同化变异

现代政治、经济、文化教育、科技及大众媒体在农村地区的迅速发展和交互作用，使得民族文化同化变异日趋突出，民族文化本真性不断退化、特色淡化，原有的地域民族文化平衡被打破，尤其是思想观念、生活习俗等变化明显，失去了地方文化吸引力。

（三）氛围淡化

社会主义市场经济思想深入人心，市场经济利益的思想一定程度上也影响了农村地区居民的思想文化观念：受经济意识驱动，许多良好的民族文化氛围逐渐淡化消失。

（四）　缺乏规划

随着村镇建设中规划意识的不断普及，地方政府对规划的重视程度越来越高，但是可能是缺乏文化上的认识或受限于经济实力等原因，这种重视往往只在于物质层面，对于文化保护规划却缺乏必要的重视，造成民族文化资源不断流失。

（五）　脱离生活

现有农村地区民族文化保护往往脱离生活实际，追求“古、新、奇”的“眼球效果”。实际上，民族文化是一种生活文化，任何脱离生活实际的民族文化保护的做法，都是一种虚伪的做法——没有生活的底蕴，民俗文化的个性和特色将不断淡化，而失去民俗文化特征的文化也将不再是民俗文化。

三　甘孜州民族文化现状

（一）政区，人口

甘孜藏族自治州（简称甘孜州）是四川省西部的一个地级自治州，位于青藏高原东南缘。总面积15.3万平方公里，州府驻康定市。全州辖康定、泸定、丹巴、九龙、雅江、道孚、炉霍、甘孜、新龙、德格、白玉、石渠、色达、理塘、巴塘、乡城、稻城、得荣1个县级市17个县，325个乡（镇），2734个行政村。境内有彝族、藏族、羌族、苗族、回族、蒙古族、土家族、傈僳族、满族、瑶族、侗族、纳西族、布依族、白族、壮族、傣族等25个民族。各族群众以大范围聚居小范围杂居形式分布于全州。2011年年底，全州户籍人口108.81万人，全州常住人口110万人，分别比上年增长2.6%、0.6%。2011年人口出生率10.6‰，人口死亡率4.31‰，人口自然增长率6.34‰。户籍人口中，男性55.06万人，女性53.75万人，性别比为97.62 ： 100；非农业人口16.3万人，农业人口92.5万人。户籍人口中，藏族89.1万人，占81.9%；汉族15.78万人，占14.5%；彝族3.26万人，占3%；其他民族0.67万人，占0.6%。

（二）特色民族文化

甘孜州有悠久的历史、灿烂的民族文化和多姿多彩的民俗风情。州内德格与西藏拉萨、甘南夏河被称为藏区的三大古文化中心，是藏文化的发祥地之一。古朴厚重的民俗风情，流派纷呈的藏戏，风格各异的锅庄，弦子和踢踏舞蹈，独树一帜的藏族绘画和雕塑，神奇奥妙的藏传佛教等，使甘孜州独具特色的民族传统文化蒙上了一层神秘色彩，为世界人民所关注。甘孜州地处高原，各县地域环境、语言均有差异，且地近内地，汉族、彝族、纳西族音乐文化也有浸溶，因而民歌体裁、音韵、调式不全同于其他藏区。甘孜州的歌和舞，在不同县之间，甚至同一个县因山沟、村落不同，也存在较大差异，故呈多姿多彩状况，藏族民歌极为丰富多彩，两性相爱有情歌，劳动之时有劳动歌，伐薪、放牧有山歌，新友相聚有酒歌，婚嫁有婚礼歌，劝人勤于耕作有月会歌，还有新房落成歌，游春之时要跳弦子、锅庄、踢踏舞，还要打“箍箍卦歌”等。总之是无时不歌，无事不歌，人人能歌善舞，故甘孜州有“歌舞海洋”之美称。 藏传佛教在甘孜州广大藏族人民中有着广泛而深刻的影响，是具有悠久历史的藏族文化的一个不可忽视的组成部分，尤其是那精湛艳丽的唐卡、金碧辉煌的壁画、形态各异、造型生动的佛像雕塑等艺术品，是古代藏族人民留下的宝贵财富。甘孜州历代喇嘛教僧非常重视佛教艺术，在风格上始终坚持以藏族传统审美意识为主流的同时，又不断吸收和借鉴印度、尼泊尔，特别是根据康区地近内地的地域特点，积极吸取和借鉴汉族地区美术艺术的丰富营养，逐渐同康区美术融为一体，形成了康区佛教美术传统。由此可见，康区喇嘛教的美术风格，似藏而又别具康区风格。作为一种物质文化，因小区域自然地理环境和地域文化的差异，康巴藏区服饰与西藏、安多有一定差异，形成了独具特色而又多姿多彩的服饰系列。可分为康北农区服饰、康南农区服饰、木雅饰、嘉绒服　饰、牧区服饰五类。康巴藏区服装类主要有藏袍、无袖坎肩、围腰、袍裙、围裙、长布衫、毡根、僧装、皮褂、领夹、衬衣等；

喜穿传统藏靴；帽类以金盏帽、礼帽、狐皮帽最为流行；男女装饰极为丰富，从头到脚都有不同色彩、形状以及不同图案的装饰，一般由金、银、玛瑙、翡翠、珊瑚、松耳石等精细制作而成，给人古朴庄重、厚实豪放、贵重之感。各区的装束饰品又显出复杂多变的特点。较典型的有德格、白玉等地妇女弥腊珠松耳石头饰和男子节庆时的装束，既华美又独特，传说是岭·格萨尔王娶珠牧时的装束；石渠、新龙等地男子的装束，富贵中透出剽悍，充分展现出康巴汉子的风貌；理塘妇女的银饰，古朴中透出几分神秘。还有乡城稻城、炉霍、丹巴、得荣等地的男女服饰，极富地域特色。

（三）民族村落文化保护情况（以康定为例）

在此次调查中我们选取了康定市区，塔公乡，雅拉乡，新都桥镇四个地点的居民作为问卷调查对象。调查情况如下：

1. 对藏族传统文化的了解情况

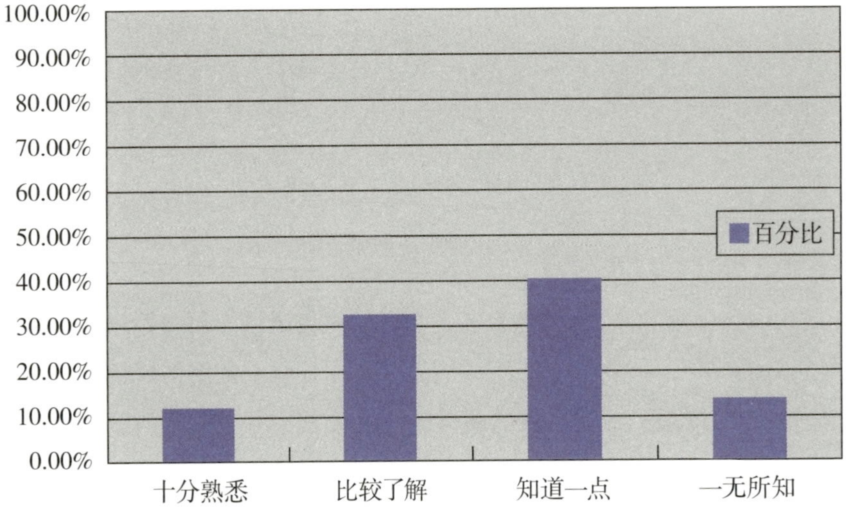

2. 对彝族传统民族文化的了解情况

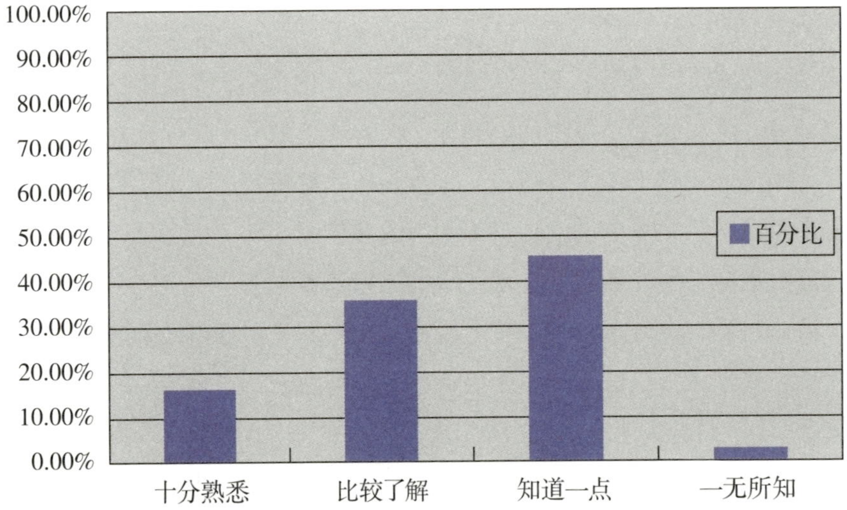

3. 是否需要加大对少数民族村落文化的保护

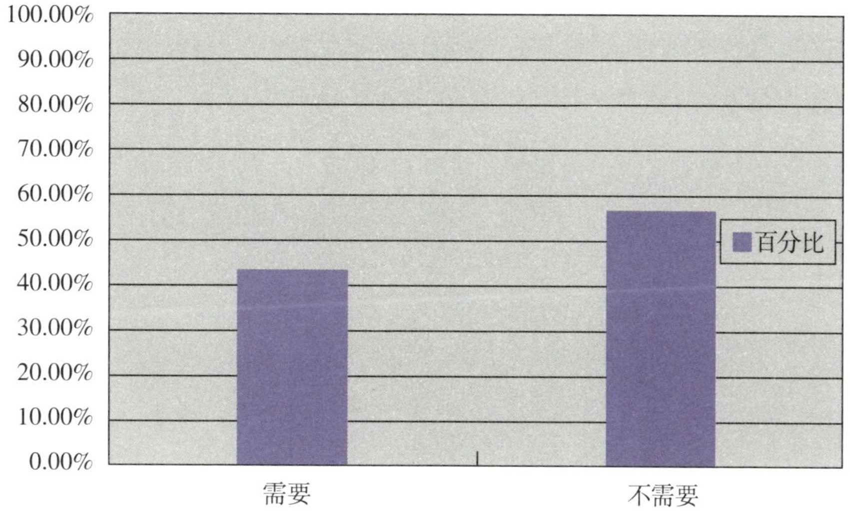

4. 对在后发型农村社区建设中少数民族文化保护的看法

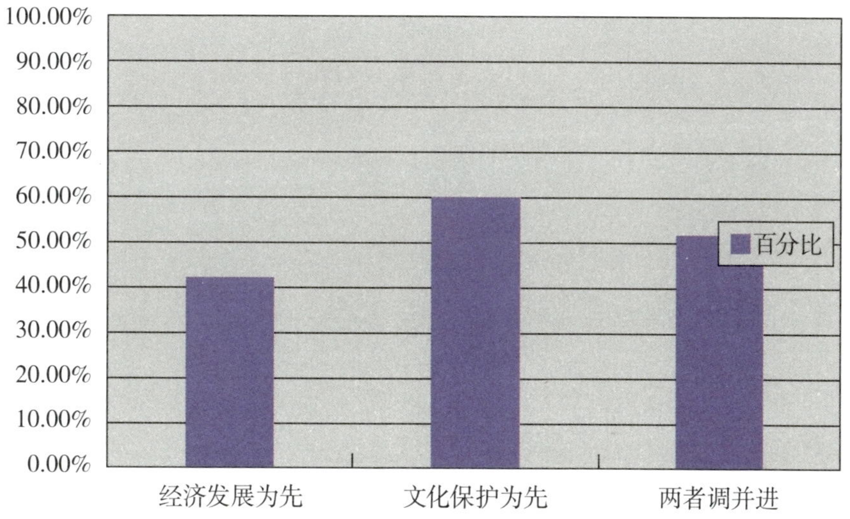

针对以上调查我们可以看出，1. 部分居民不再珍惜、爱护自己的民族文化，而倾心于汉化，洋化，这是民族文化大量流失的主要原因。2. 追求短期经济利益，忽视民族生态文化，导致资源流失。3. 政府没有严密有力的政策法规保护民族文化。藏族文化代表了甘孜州的基本历史和文化，是甘孜州社会的百科全书。但这几年，藏族文化成为了真正的“留守文化”，就是一个典型的例子。民族村寨建筑的大量异化，丧失村落文化可持续发展的根本资源，应根据群众建房的需要开发替代木材的建筑材料，规划保护范围，解决保护与开发的矛盾。

四　各地保护民族村落文化措施

（一）村庄整治及古村落保护

浙江省自2003年6月始启动了“万村整治、千村示范”工程，从治理村庄布局杂、乱、散，农村环境脏、乱、差等问题入手，按照布局优化、道路硬化、四旁绿化、路灯亮化、河道净化、环境美化的要求编制规划，开展建设，其目的是为了搭建城乡一体化的平台，解决富裕起来的农村“有新房、无新村”等问题。村庄整治分为示范村、整治村和改造村三种类型，每种类型有不同的标准。至2006年，浙江省共完成8236个村的环境整治，建立852个示范村；累计用于村庄整治建设的资金总投入287.5亿元。浙江省还比较重视古镇、古村落的保护和开发，乌镇、诸葛村的保护与开发是其中成功的案例。2005年，浙江省启动了“历史文化研究工程”，一大批古村落纳入研究视野，这将为古村落保护与合理开发提供理论和政策支持。“万村整治、千村示范”以及古村落保护，为我们处理后发型农村社区建设与传统村落及村落文化保护中的矛盾提供了经验。

（二）文明生态村建设与“区片联创”

文明生态村建设是海南人民创造的集“建设生态环境、发展生态经济，培育生态文化”为一体的“绿色小康”后发型农村社区建设模式，是在自然村展开的新村建设。到2005年底为止，海南省累计投入资金5.3亿元，建成文明生态村5300个，占全省自然村总数的22.8%。“区片联创”即在一定的区域内组合若干自然村联合创建，是海南省文明生态村建设克服自然村零星分散的不足，为节约资源、发挥规模效益而摸索的行之有效的方式。美兰区共4镇、694个自然村、划分为10个片区，目前已有485个村建设成为文明生态村，占全区自然村总数的70%。演丰镇是海南著名的革命老区和侨乡，他们把13个村划分成3个区片，其中滨海的5个村民委员会92个自然村全部建成文明生态村，连成一片，成为海南重要的黄金海岸“农家乐”旅游点。海南省文明生态村建设实践创新有鲜明的地域风格。（1）它是以自然村为单位的普遍的创建活动，并不强调农民向中心村、社区或小城镇集中，只是修缮传统民居、彻底清除垃圾并设立垃圾清扫和处理人员。这样做降低了新村建设成本，避免了拆迁对传统民居、环境以及村落文化的破坏。（2）它用“区片联创”的办法化解自然村布局分散的缺陷，使若干个自然村或若干行政村连成一片，共建基础设施，节约和共享公共资源。（3）它“以迷人的环境和好客的传统‘收容’那些城市中的逃亡者和向往大自然的人们”。这种做法与“全球生态村联盟”所针对过度工业化、城市化的生态危机，为长期在城市且厌倦了城市生活的人服务，或专为逃避城市生活服务建立的生态村有异曲同工之妙。

（三）扶贫新村建设

四川省巴中市三县一区，其中三个国家级贫困县、一个省级贫困区。2003年，巴中市启动了扶贫新村建设项目，列入项目的村落（行政村），国家项目经费投入30万元，省市区三级政府投入扶贫资金50万元，有条件的乡镇再投入配套经费20万元，建设周期2年，建设目标是文明新村。我们调查的巴州区马鞍村是扶贫新村之一，这里的新村建设主要是：（1）基础设施建设“五改三建”，即：改居，农民住房刷墙粉脊，每间补贴 80 ~ 100 元；改厨，沼气利用或省材灶，全村已建沼气池 120 口，每建一口沼气池补助 1000 元；改厕；改水，全村打机压井 168 口，使用自来水 115 户，占总户数的 23.6%；改电，改路，村通晴雨路，户通石板路；建池，全村建微水池 280 口，每口蓄水 300 ~ 500 立方米；建园，发展庭院经济；建家，发展家庭农业和工副业。（2）农户经济建设——以项目开发带动农民收入增加。第一饲养生猪，2004 年全村生猪出栏 1.8 万头，户均约 37 头，推广养猪新技术后，每出售一头猪获利 300 元；第二发展水塘和稻田养鱼，全村有养鱼户 16 户，每户收入一般在 5000 元左右；第三养鸭，全村养鸭 2.6 万只；第四推广新技术及发展循环经济。贫困地区的扶贫新村建设实践创新，以“五改、三建、五通”为主要内容，把基础设施建设、旧村改造或文明村创建，与农业综合开发、扶贫开发等经济活动有机结合起来，全方位展示了后发型农村社区建设的内涵，对我国广大欠发达地区特别是贫困地区有重要借鉴意义。

五　结论及意见

甘孜州村落文化产业的建设要突破旧制，实现一举多得，把乡镇文化建设、民族文化资源保护、民间文化产业开发、民族地区扶贫攻坚、基层文化单位改制各项要务结合起来。综合各方经验，笔者认为应该做到以下几点：

（一）政府带动少数民族文化资源的产业化发展

（1）从文化资源的保护性调查、注册入手，重点是传统知识人才（智力）、技艺（工艺）、产品（品牌）等等可实现资本化运营的资源，注重民间文化产品的市场化定位评估，着力于村落文化产业生长点的论证和培育；（2）扶持和引导民间文化传人成为类似“科技示范户”那样的新型生产带头人，促使并帮助文化蕴涵深厚的乡村作为文化产品生产的“专业村”走向市场，组织特殊技艺（技术）、特色产品（品牌）申请专属权，形成品牌获得有形或无形资产增值；（3）培训和推动乡村文化人向文化策划人、产业经纪人发展，尝试并推行基层文化馆、站向兼有文化策划、经纪、生产、营销职能改制或部分转型的体制创新，促进完善文化发展与旅游开发规划的良好整合；（4）在具备规模化开发前景的项目上引入社会资金建立文化产业股份公司，在西部各中心城市和内地、沿海大城市设立相应营销公司实现与国内外大市场对接；村落文化产业化必须以特色旅游业为依托，支撑点是将民族村寨建设为文明、小康、生态的西双版纳旅游精品，拉动其他产业发展。满足追寻原汁原味人文及生态的收入较高、有旅游经验的相对成熟的游客群对旅游产品的需求。

（二）村落文化产业与旅游对接开发并对不同的村寨采用不同的开发模式

（1）在适宜发展特色文化旅游、生态旅游产业的村寨，建设开放型村落。扶持、推介开发自然生态环境和民族文化传统一向保护较好，具有浓郁的地方特色、民族文化特色的村寨作为示范加以推广。（2）在适宜发展不同类型的民间工艺品文化产业的村寨，鼓励和扶持发展特色工艺品产销业，建设工艺文化型村落。（3）在适宜发展不同样式的民族演艺文化产业的村寨，鼓励和扶持发展民族民间艺术展演业，建设民艺展演型村落。（4）在暂不具备各方面开发条件但濒危的独特文化资源具有重大保护价值的村寨，建设文化养护型村落。（5）对于历史已经形成和近期以来得到公认的文化名村，建设控制型村寨。

（三）加强宣传教育

深入开展后发型农村社区建设中村落遗产保护的宣传教育工作，增强各级政府保护文化的意识，引导、鼓励广大民众参与文化保护。各级政府要从对国家和历史负责的角度，从维护国家文化安全的高度，充分认识保护乡土文化遗产的重要性，进一步增强保护的责任感和紧迫感，并针对各地实际制定相应政策文件或采取必要措施，切实解决当前民居村落保护中的各种问题；同时把保护文化遗产的内容纳入到建设社会主义新农村的总体规划中，使乡村建设规划的制定、实施与当地文化保护规划相协调，努力寻求文化保护与当地经济发展良性循环的道路。

（四）未雨绸缪，提前为“城乡一体化战略”由东部向西部渐次推进做准备

国内外经验表明，当城市人口达到一定比例（70%）之后，逆城市化现象（城市人口、产业向农村转移）将出现。目前我国东部区域性城乡一体化战略也将渐次向中西部地区推进。但是，城乡一体化不是城乡一样化,城乡一体化意味着城乡居民共享现代文明。未来的乡村应该是城乡居民混居的家园，应该提前进行相关试验、总结和政策储备。合理的做好村落文化保护的规划工作。

总而言之，甘孜州村落民族文化产业开发与保护的规划建设坚持民族文化传统的原生地存活状态原则，要保持文化资源的永续利用，就必须保证文化源泉的活水长流，这就是村落文化产业开发的根本要义——“生态”之所在。

本课题为四川省教育厅重点项目“藏区和谐文化生态构建研究”及四川省高等学校人文社会科学重点研究基地——农村社区治理研究中心 2014 年度重点项目 “后发型农村社区发展机制与社区建设路径研究”（项目编号：SQZL2014A01）。

参考文献

[1] 李贻衡著：《中国乡村发现》（2007.10 — 2008.1）湖南人民出版社。
[2]《西双版纳村落文化保护与开发的探讨》。
[3]《少数民族的村镇规划与村落保护浅谈》《小城镇建设》1997 年 01 期。
[4]《新农村建设中传统村落及村落文化保护》。
[5] 林毅夫：《中国城市的发展与农村现代化》《北京大学学报》2002.7。
[6]《村落及村落文化保护话题应扩展至文化景观》。
[7]《贵州首个村落文化景观保护示范村的传承与保护》。
[8]《坚持发展村落文化产业，坚持保护村落生态环境》。
[9]《新农村建设中村落文化保护与创新》。
[10]《保护古村落文化急需人文精神》。

作者

陈光军，四川民族学院康巴发展研究中心副教授，法学硕士。

川西少数民族古村落保护中的常见问题及对策

◎ 孔佳

在经济高速发展的冲击下，农村文化体系不可避免地被城市蚕食，尤其是少数民族村落，在客观条件上更加窘迫，其非物质文化遗产价值未被充分重视，保护也就更迫切。本文将石棉县蟹螺堡子、木耳堡子作为典型案例，通过分析和比较正在发展文化旅游及完全未开发的村落的情况来探析川西民族地区古村落文化遗产保护在新农村建设和城镇化的进程中常见的几个问题及其处理方法。

在经济高速发展的冲击下，农村文化体系不可避免地被城市蚕食，这是时代发展的趋势，也是文化的遗憾。古村落文化遗产保护研究成为学界关注的热点，国家和社会各界也正积极开展古村落的保护行动，先后几批村落入选《中国传统村落名录》，在一定程度上得到了保护。住建部《关于开展传统村落调查的通知》认为值得保护的传统村落必要符合“传统建筑风貌完整”“选址和格局保持传统特色”“非物质文化遗产活态传承”三个条件。在古村落文化遗产保护中大众一般较为关注的是传统建筑的保护，对聚落景观的重要性不清楚，对非物质文化遗产的内核更为模糊。但非物质文化遗产才是古村文化价值的精髓所在，正如冯骥才先生所说“只注重保护乡土建筑和历史景观，忽略了村落灵魂性的精神文化内涵，最终导致村落魂飞魄散”[1]。笔者认为古村落与其他文物古迹不同，并不局限于某个时代的特征，更重要的是村落里的人的生活印迹。尤其是一些少数民族地区往往缺乏文字和历史文献资料，村落就是其历史和文化，这些地区的非物质文化遗产比物质文化遗产更值得重视和维护。

在这样的浪潮下，川西民族地区正以发展特色工业、文化旅游产业来助农增收，其中开发民族地区的文化旅游作为一种特殊的旅游形式——既能弘扬民族文化，也给民族地区带来了巨大的经济效益和社会效益。但旅游开发带给古村落文化遗产的负面影响也是明显的。有的传统民居推倒重建，有的甚至全村重新规划布局以迎合游客，大大破坏了传统建筑群及聚落景观；更严重的是文化旅游对村落文化传统的伤害是难以逆转的。川西民族地区也有村子是完全没有开发过的，保存较完整的聚落景观，但因偏僻和贫穷，年轻人纷纷出走，使村子的民俗文化后继无人。

2013 年 9 月笔者到四川盆地西缘的石棉县蟹螺藏族乡调研。其中尔苏（或称鲁苏）藏族的蟹螺堡子和木雅（或称木涅）藏族的木耳堡子是川西具有典型性的两个少数民族村落，先后入选第一批、第二批中国传统村落名录。本文将石棉县蟹螺堡子、木耳堡子作为典型案例，通过分析和比较正在发展文化旅游及完全未开发的村落的情况来探析川西民族地区古村落文化遗产保护在新农村建设和城镇化的进程中常见的几个问题及其处理方法。

一 川西少数民族古村落的两种发展模式及其问题

在石棉县政府大力建设社会主义新农村之初，蟹螺藏族乡的蟹螺堡子和木耳堡子就做出了完全不同的选择。蟹螺堡子先民的聚落是建在溪沟西侧的山坡上，现存最老的房子至明清。早在20世纪80年代，村民就陆续从山坡上搬至坡下的河谷中，至本世纪初尔苏居民基本整体搬迁完成进而配合旅游发展[2]。而木耳堡子的木雅人则坚持留在故地保持原有的生产生活方式，直到上世纪末县政府才修了一条从山脚直通村口的公路。一晃十数年过去了，两个村子都面临新的问题。近几年，蟹螺堡子在县、乡政府的支持下重修装修民居、加盖民宿、整理道路，红红火火的搞起旅游，村民们都因此渐渐富裕起来，可是也因发展旅游引发经济和文化的新矛盾。木耳堡子仍然贫穷，年轻人纷纷出走，人们开始渴望离开古老的村落到外面生活。

蟹螺堡子和木耳堡子两个古村的发展模式是目前川西民族地区古村落普遍的选择，这两个村落在文化遗产保护上出现的问题也可以代表普遍情况。尽管发展模式完全不同，但它们都在“传统建筑”“聚落景观”“文化传统”这三个方面的保护上表现出来一些问题。

第一，传统建筑的人为破坏和无作为破坏。随着经济的发展，老建筑饱尝人为破坏和无作为破坏的苦楚。

蟹螺堡子老建筑的人为破坏就较为严重。堡子的居民从山坡上搬到下面的河谷，以前老堡子的很多房子都被拆除用于新堡子的建设，现在老堡子里只存有几处明清时期的老房子了。而新堡子最初也按原样复建，但近年来旅游开发，县政府和乡镇府花了大力气装修新堡子的房屋，村民的居住条件确实大为改善，不过已不是原来的建筑结构和风格了。而木耳堡子的老建筑头几年确实保护的不错，可是近年来村里的劳动力全部外出打工，村里的一些建筑无人看顾，已显颓势，甚至濒于坍塌。年轻人到城镇工作，堡子里又缺乏经济的吸引力，渐渐将全家迁出堡子到城里生活。那么用不了多久木耳堡子的村民将散居各处，这对古村建筑和文化的保护都是大大不利的。相对来说，蟹螺堡子开发旅游倒是把外出打工的年轻人又吸引回村里。

木耳堡子是典型的“空壳村”，年轻人外流，致使村落建筑年久失修；蟹螺堡子则是典型的“旅游村”，激进的发展使古村一切都变成新的。不论是“空壳村”无作为的破坏还是“旅游村”人为的破坏，村落历史建筑的维护问题都迫在眉睫。蟹螺这两个古村表现出来的状况可以说是西南少数民族地区古村落传统建筑保护的共有问题。

第二，聚落景观的忽视。古村文化的另一个独特性就显示在它的聚落景观，村子的地理位置、自然条件都是村落先民生产生活的例证。但是比起历史建筑的保护，聚落景观的重要性往往被忽视。

蟹螺堡子的老堡子当初选择修建在山腰，一是与村民农作放牧的习惯有关，同时也与他们的信仰礼俗有关。堡子最重要的祭祀活动“还山鸡”到现在还是必须在老堡子里完成。老堡子沿山腰修建，后方就是各家族的祖地，每年都要祭拜。而新堡子修在山下的河坝里，规矩又整齐，与老堡子的聚落景观已经完全不一样。木耳堡子的地势又要更高，正对着木雅人的送魂山，民居铺满山坡，层层叠叠、十分紧凑。木耳堡子的聚落景观保存的很完好，然而堡子里的村民并不明白这所谓“聚落景观”，因其村路狭窄陡峭，房屋老旧紧凑，已经默默酝酿着改变。

村民改善居住条件是无可厚非的，但村落文化景观、聚落景观的独特性、重要性不能忽视。下至古村的村民、上至各级政府相关部门对聚落景观的了解和重视都不够。

第三，文化传统的嬗变和失传。文化遗产分物质和非物质的，在保护村落文化遗产中只注重建筑和聚落是片面的，古村文化遗产的精髓在其“文化传统”，是一种礼仪式的民俗文化。

在文化传统的保护上，旅游经济对其利弊皆有。民俗旅游的兴起，使逐渐没落的农村民俗又有了市场。像没有发展旅游业的木耳堡子，在相对隔绝的环境中，尚有使用木涅语言的人，可传统的节庆、祭祀活动却几乎无人清楚，可以说木耳堡子的很多文化传统是处在失传的状态。相反旅游业可以为民族文化带去一丝生机和活力，开放的蟹螺堡子保留下来较为完整的祭祀流程和节庆活动。可是同时，也产生了文化嬗变的问题。

2007年，尔苏藏族的传统节日“还山鸡节”申报为四川省第一批非物质文化遗产项目，县镇府以此为契机开发蟹螺堡子的文化旅游。在蟹螺堡子经济增长的同时，其文化传承和保护、文化产业可持续发展上产生了一些问题。

首先，文化旅游项目匆匆上马，缺乏科学的考证。如尔苏语“heihjulo”音似蟹螺，登记村名的时候直接用其汉译谐音“蟹螺”，结果反而演绎出古时盛产“螃蟹和海螺”的故事。而这种说法随着旅游开发竟渐渐传开，反倒成为主流，甚至尔苏的一些年轻人也采信了这种说法。

其次，传统节日过度娱乐化，失去原有“神圣性”。为了接待一些VIP客人，或为了招商引资，也可能只是为了吸引游客，一些传统的隆重的节祭活动逐渐演变为纯粹的表演性活动了。

再则，政府行政干预过度。为了提高效率，一些地方政府把传统节庆活动一手包办，制定流程、安排彩排、统一服装、指导歌舞，将不同民族的传统节日包装的越来越像，同质化也庸俗化了，丧失了民俗节庆活动的活态性。

在城镇化进程和新农村建设中的古村落保护产生了不同的问题，学界一般将其归为四大类。一是“空壳村现象”，年轻人纷纷外出打工，导致村落建筑失修或坍毁，传统民俗文化后继无人；二是发展乡村旅游业、乡镇经济导致的乡村植被、水源污染，破坏了乡村景观；三是无序发展，盲目开发，对村落景观保护和文化传承是致命的；四是伦理规范缺失，法律不健全，利益分配不均等，致使古村文化景观保护与社区发展矛盾日益尖锐[3]。在蟹螺堡子和木耳堡子可以明显看到类似的问题。

二　针对川西少数民族古村落文化遗产保护提出的几点建议

在保护古村落文化遗产的过程中，始终贯穿两个老问题：经济要发展，文化要传承。在川西少数民族地区经济发展与文化传承的矛盾比其他地方更剧烈。西南经济一直较为落后，尤其是少数民族聚居地往往受地理条件限制，经济状况更为恶劣。不仅如此，西南很多小族群缺乏文字，所以文化传承就更显艰难。

要如何使经济和文化和谐发展呢？笔者针对蟹螺两个古村的状况，对川西民族地区古村落文化遗产保护中产生的问题的解决方案进行了思考。

（一）传统建筑群的维护和村民居住条件的改善

改善古村居民的居住条件并不一定就和维护传统建筑产生矛盾，这是可以协调的，同时也需要政府的大力支持。国内较为认可的方案是保留聚落构成，保留标志性建筑，在不破坏整体文化景观的情况下修缮和新建。法国、意大利等欧洲国家对传统民居的保护方式与此相似，保持传统建筑外观上风格的一致性，但内部是现代化的。而标志性的历史建筑则必须原样保存。在不破坏整体街道风貌的情况下，新建所需建筑。

若碰到像蟹螺堡子这样整体搬迁的村落，只能尽力保存故居的设施，可以考虑让原主护原屋，故居变露天博物馆。所谓的“整体搬迁”，如蟹螺堡子，几乎整个村子都集体搬到不远处但交通更便利的河坝；“原主护原屋”则是故居不拆不毁，仍属原来的屋主，由他定期维护。这样原来的老村子就完整地保留下来了，不论是传统建筑还是聚落景观都没有被破坏。不过，这必须得到政府的资金补助，用于建筑新居和维护旧居。如此，老村子就变成了露天博物馆，同样能够用于旅游开发，在适当的增添配套设施，这样的露天博物馆不仅能够为村民提供新的就业机会，也能吸引游客。这种方案不同于现在的民俗村旅游，将经营与生活分区，在西南少数民族地区既可最大限度地维持当地少数民族正常生活，也能够维护古村原有文化景观，同时也可旅游创收。难处是初期需要政府的资金支持。

村落景观属于文化景观的范畴，它包括了田地、山川、一定区域内活动的人群和他们的传统行为模式。人是古村的重要构成，我们需要把人留在古村里，就必须改善他们的生活环境，才能有益于文化传统的继承和文化景观的保护。西南少数民族村落最主要的困难一是道路不畅，像木耳堡子的道路非常坎坷逼仄，是需要修缮的；二是山区供电不足，非常影响居民生活。这都是政府要着力解决的问题。解决好居民的实际生活困难，才能把人留在村里，才能使村民愿意配合保护古村的文化景观。

（二）非物质文化遗产保护和民俗旅游的开展

诚如前文所说村落的文化传统是一种礼俗性的民俗文化，往往表现为节庆、祭祀、集会等等，都有固定的时间和场所。“民俗活动、礼仪、节庆”在联合国《保护世界非物质文化遗产公约》及我国制定的《国家级非物质文化遗产代表作申报评定暂行办法》中都属于重要的保护内容[4]。而我国传统村落的评价体系中也将非物质文化遗产纳入重要考量。

美国人类学家罗伯特·雷德菲尔德（Robert Redfield）认为散布在村落中多数农民所代表的生活文化是所谓的“小传统”。相对于都市的“大传统”，农村的文化传统弱势而被动。文化传统是古村落重要的文化遗产，对于西南少数民族地区许多像尔苏这样缺乏文字和历史文献记载的小族群来说更是意义非凡。因此在旅游开发要在保护非物质文化遗产的前提下进行。

首先，社会要重视古村落的非物质文化遗产的价值。我们的政府是有意愿也有能力在保护文化的前提下发展经济的,但现在没有做好的原因归根到底是没有搞懂非物质文化遗产保护的什么,所谓的“文化空间”要传承的是什么，民俗文化的价值在哪。只有懂得少数民族文化传统的价值是什么，才知道如何入手去保护。

其次，旅游开发要在“原真性”的前提下合理调整细节。“原真性”（Authenticity）原则可以说是非遗保护的基础。美国人类学家 MacCannell 认为“旅游体验是旅游者用来回应现代生活的方式，一种寻找生活真实性的体验。原真性可以理解为是旅游者对旅游情境的主观判别或者赋予它的一种价值[5]”。文化的区隔必从原真性中体现出来，而有独特元素的文化才是吸引人的、有价值的。但“原真性”并不代表墨守成规、一成不变。

文化传统是可以变化的，非物质文化遗产具有流变性。随着社会经济的发展，所有的一切都在产生变化，今时今日许多少数民族的传统节日的细节已无法复制或难以复制。如“还山鸡节”焚香从前都用柏香枝，现在这种树已濒临绝种，所以拿沙枝代替也是无可厚非。然而变化是有“度”的。自然的流变不能阻挡，但人为地、刻意地，为逢迎经济利益而做出的有损文化内涵的改变则应坚决抵制。

（三）无模式发展

每个村落都有自己的实际情况，寻求一个一劳永逸的万能模式几乎是不可能。针对不同村落应有不同的保护方法，若非要找到最佳的解决方案应称为“无模式发展”。这种“无模式”的模式也有其规律：充分调查古村落文化景观之内核，经过科学的分析判断其应选择外部介入性开发还是内生性开发模式。“外部介入”与“内生性”开发属于“社会资本”的范畴，具有社会学和经济学的双重功能。顾名思义，“外部介入”是引入外界资本，企业来投资管理旅游业的开发，而“内生性”则是内部资本的运用，主导权也就仍处于社区居民手中。

明显“外部介入”模式对偏僻落后的村落具有很强的优势，能够在短时间内改善村落的经济状况，但后续问题较多。村民和外部资金最终将争夺主导权，而村民肩负经济发展和文化传承的双重压力势必要与外部资金抗争到底，其结果往往会影响村民工作的积极性，使旅游产业萎靡，经济文化皆不可持续发展。“内发性”的模式据调查成功率较高，因为村民一直掌握主动权，积极性也较高，但缺点是初期资金和技术都较为困难，需要政府的财政倾斜。

无论是哪种资本运作模式，都必须在充分考量村落文化内核的情况下进行。尤其是像川西少数民族地区，物质文化遗产可能较汉族村落匮乏，但它们拥有丰富多彩的非物质文化遗产以弥补其不足，须充分重视。而政府的政策支持及财力、人力的供给，是古村落文化遗产保护的重要保证。

注释

[1] 冯骥才：《传统村落的困境与出路——兼谈传统村落是另一类文化遗产》《民间文化论坛》2013（1），第8-12页。
[2] 李星星：《蟹螺藏族：民族学田野调查及研究》，民族出版社，2007年。
[3] 刘夏蓓：《传统社会结构与文化景观保护——三十年来我国古村落保护反思》《西北师大学报》2009-3，第118-122页。
[4] 王文章：《非物质文化遗产概论》，教育科学出版社，2008年。
[5] MacCannell, D. Staged Aut henticity: Arrangement s of Social Space in Tourist Settings. American Journal of Sociology, 1973, (79).

作者

孔佳，四川省社会科学院研究生学院2012级专门史专业研究生。

走马古镇非物质文化遗产保护的适应性研究

◎ 丁梦玲

一 引言

巴山蜀水，历史悠久，文化深厚。蜀中场镇作为其中的典型代表，在历史变迁中积淀了众多具有地域特色的民俗民风，使之成为巴蜀地区独特文化的展示场所。基于巴蜀古镇特有的文化内涵，以及对文化遗产保护观念的提升，古镇的开发和保护开始成为各方的焦点，于是针对巴蜀古镇的保护、开发现状以及今后的发展研究就显得举足轻重。本文立于全球现代化的视角，在了解现代化形势下的非物质文化遗产的基础上，概要分析了走马古镇非物质文化遗产的生存现状，进而提出适应性保护方法，并对之进行探索。

二 现代化形势下的非物质文化遗产

21 世纪是一个经济全球化的时代，改革开放的国策决定了我国将成为国际家庭的一员。在这样的时代背景下，扎根于广大民众和群体中的中华民间文化，随着现代化、城镇化和全球化步伐的进程，其赖以生存和发展的土壤越来越虚弱，原本强势的地位已经变得极其脆弱。因此，保护和抢救濒危的民间文化，已成为时代赋予我们这一代人的无可推卸的责任和使命。

历史文化名城（镇、村），作为一种不可再生的文化遗产，在满足当代人精神需求的同时，应当真实、完整地传承给下一代人。1982 年根据《中华人民共和国文物保护法》（1991、2002 和 2007 年分别有修订），将“保存文物特别丰富并且具有重大历史价值或者革命纪念意义的城市”由国务院核定公布为历史文化名城[1]。并且，中国历史文化名城名镇名村实行动态管理机制。

我们要认识到，民间文化是中华民族的根源，一旦这个民族之根被销蚀了、被削弱了，甚至于有朝一日被外来文化所取代，那将会是我们民族的最大灾难。所以，抢救和保护我国非物质文化遗产是一项刻不容缓的大工程。

三　走马古镇非物质文化遗产的生存现状

（一）走马古镇保护价值

走马古镇位于重庆市九龙坡走马镇内成渝古驿道旁，始建于宋代。其地势形如一匹正在奔跑的骏马，所以当地人亦称之为“走马岗”。在驿站交通时代，从重庆市区（通远门）出发，步行到此正好一天的行程，走马古镇也因此形成繁华的市面。其独特的山地文化、热情好客的乡民、包容开放的民风、鳞次栉比的民居、保存较为完好的市井街区，与虬枝苍劲的黄桷树、见证岁月沧桑的古驿道一起构成并丰富了“民间文学之乡”的内涵。

联合国教科文组织、中国民间文艺家协会于1998年联合授予魏显德“中国民间故事家”称号；并于2006年，走马镇民间故事被列入第一批国家级非物质文化遗产名录，魏显德等人为该文化遗产项目代表性传承人；继而在2008年和2009年，走马镇被命名为“国家级历史文化名镇”“中国曲艺之乡”和重庆市首个“故事创作基地”称号，同时获评“重庆市十佳魅力小城镇”。在全国同时拥有“国家级非物质文化遗产”“国家级历史文化名镇”“中国曲艺之乡”三块招牌的街镇实属罕见。由此可见，走马古镇的民间文化在我国占据举足轻重的地位。

1. 古镇历史悠久

根据文献典籍资料分析，走马古镇的历史当追溯到汉代。两千多年以来，走马的先民们为这里留下了丰富的历史文化遗产。走马古镇物质文化遗产保存基本完好，古街区格局尚存，石板路、古建筑以及古民居都还在默默地发挥着功能。非物质文化遗产内容丰富，类型多样，数量巨大。

2. 古镇特色鲜明，颇具研究价值

走马古镇是以自然山水环境为基础的传统山地古镇，其历史建筑、自然景观等依旧保存完好，凸显了走马古镇悠久的历史和深厚的人文风貌。同时，它也是古代巴蜀两地之间陆路运输的交通要津和重要驿站。清朝康熙以来，走马古镇商贸虽历经兴废，但其巴蜀中转站的地位仍不断攀升。清初，以店铺作坊、茶馆酒肆等作坊经济为代表，逐渐出现了分工明确的民间商会，在不断的商贸往来过程中，总结和约定俗成出一套自我调节和约束的运营机制，推动了巴蜀两地经济文化与物资的交流，对于研究中国古代商会文化、商贸制度的发展具有较高的研究价值。

3. 古镇民间文学繁盛，享有“民间故事之乡”美誉

作为明清时期重要的古驿站，走马古镇除了有与之相关的建筑遗址，如茶馆、戏楼、宫祠、庙宇，还有丰富的民间艺术和风俗习惯。其中包括民间故事、山歌、戏曲、耍狮舞龙等。走马民间故事已被列为“国家第一批非物质文化遗产推荐名单”[2]。走马民间文学内容丰富，形式多样，数量巨大。民间故事讲述者众多，且在人民群众中深具影响。抢救和保护这些民间文学，不仅可以丰富人民群众的文化生活，还能为文化学、宗教学、社会人类学、民族学、方言学等多种学科提供研究资料，展示其丰厚的历史文化价值。

（二）走马古镇存在的问题

1. 古镇的建筑风貌日益衰败并遭到破坏

古镇经济逐渐由繁荣走向萧条，人们的生活水平也因此而降低，对更高层次的美的追求也日益减弱，古镇的建筑越来越简陋。古镇原有三座戏台，但是随着戏剧表演活动越来越少，戏台也逐渐失去了在古镇中的地位，所以很少有人去追求古镇形态，刻意去保护它。

古镇上原有的庙宇，大多已遭到破坏，只留下断壁残垣。比如，修建于走马古镇制高点的魁星楼，已被完全拆除、破坏；有的已改做他用，如原有的万寿宫，最初作为山西会馆，早在民国时期就已经改建成老年康乐中心，现如今已经荒废。那些已经定了级的文物古建，如戏楼，虽然保住了建筑单体，但其周围环境却没有得到控制，新建建筑物，多是形式单调、施工粗糙的砖混建筑，与原来的民居形式极不协调，严重破坏了古建原有的自然景观和有序的空间序列。

2. 古镇的居住环境缺乏活力

镇区居住环境缺乏活力，人口老龄化，是许多古镇面临的问题。随着近年来社会经济的发展，走马镇在原有基础上逐渐向外部扩展。由于新区交通便利，发展空间大，古镇人口逐步向新区发展，从而影响了旧城区自身的保护和发展。大量青壮年迁往新城，使得镇区人口老龄化严重。

另外，古镇核心区的环卫设施缺乏，现有垃圾收集站一个，公共设施简陋，已不能满足居民日益增长的生活需求。电力线、给水管等市政设施管线暴露在外，不仅埋下火灾隐患，同时也影响传统街巷的景观。

3. 居民对传统文化认识淡薄，保护意识薄弱

从古镇居民的受教育程度来看，由于滞留古镇的以中老年人为主，因此受教育程度不高。他们不理解古镇的保护价值。因此，对一般居民的保护古镇建筑意识的加强是非常重要的，否则，他们意识不到老房子存在的价值，且他们有过舒适生活的需求。要想真正有效地做好保护工作，必须普及保护意识，调动公众自觉保护的积极性。

四　适应性保护研究

（一）适应性概念的提出

“适应”概念用在不同的场合有不同的词意，达尔文主义的“适应”，实际上衍生于达尔文进化论，后经发展被应用到许多研究人与自然的科学中。罗士培从地理学角度解释了“适应”，既意味着自然环境对人类活动的限制，也意味着人类社会对自然环境的利用的可能性[3]。这表明“适应”就是人类与环境之间的一种双向影响和互动过程。将适应理论引入历史文化遗产保护领域，“适应性保护”则是根据遗产自身特点所指向的保护目标和方向，拟定专属性的策略、技术和制度等方面的保护对策[4]。

在瞬息万变的客观世界中，我们所掌握的理论老化现象常常发生，面对复杂的城市系统不断更新的观念，使思想认识适应实际需要尤为重要。在文化遗产保护的过程中，往往会发现客观现实与设想会存在一定的差距，这就需要从实际出发，以适应新的情况。

同样的，对古镇保护的创新性研究也必须立足于古镇自身现状分析，基于古镇的“特征保护导向”认识来探索保护理论，而这些理论的选择与构建归根结底是围绕遗产自身特点来确定的。因此，适应性保护具体来说就是根据古镇文化遗产的本质特征来确定保护目标和保护方向。

（二）探索走马古镇非物质文化遗产的适应性保护方法

科学规范地阐明“非物质文化遗产”的概念对于正确理解其内涵是十分重要的。联合国教科文组织在《保护非物质文化遗产公约》中对“非物质文化遗产”的定义是：“指被各社区、群体，有时为个人，视为其文化遗产组成部分的各种社会实践、观念表述、表现形式、知识、技能及相关的工具、实物、手工艺品和文化场所。[5]”正确理解非物质文化遗产的本质，才能根据其本质特征制定相应的保护目标和保护方法。

1. 整体性保护

首先，要对遗产及其衍生的社会环境加以整体保护。非物质文化遗产生成于特定的社会环境中，这种环境是非物质文化遗产成长的土壤。从某种意义上来说，相对于物质文化遗产，非物质文化遗产对社会环境的依存性更大。因此，我们在对某一具体的遗产文化内容进行保护时，不仅需要保护该遗产本身，而且必须将该遗产的衍生环境一起加以保护。如果只孤立地保护遗产本身，而不注重遗产衍生社会环境的保护，这就无异于切断水源，将活鱼晒成鱼干，最终必然使得非物质文化遗产丧失养料而枯萎。例如，走马古镇拥有的包括民间故事、山歌、川剧坐唱、耍狮子和舞火龙等在内的民间习俗，因为还存在有益于遗产保存和发展的社会环境因素，所以还在发挥着作用。至今仍很活跃的民间故事会还在深深影响着当地和外来的游客，每月 8 日、18 日、28 日都会在关武庙举行民间故事会。

其次，必须对遗产的整体内容加以全面保护。在遗产保护实践中，如果只重视整体中代表性要素的保护，轻视乃至割弃其他相关要素的保护，就会形成大量的文化碎片，造成非物质文化遗产内容的缺失。所谓文化碎片，是指原本是一个整体性的文化结构，成了支离破碎的状态[6]。非物质文化遗产保护的不应该只是文化的碎片，而是一个系统而整体的文化内容。目前，走马古镇已经出现了碎片式保护的现象。例如，万寿宫又名山西会馆，该建筑物修建于清代乾隆年间，是走马原有五座会馆建筑群之一，为走马山西籍谢氏家族所建，用于家族祭祀、办会和接待同乡之用。现如今，只重视对万寿宫这座建筑物的保护，而对于其所包含的传统祭祀仪式和会馆文化的保护却较为忽视。

2. 静态的“记忆”保护

所谓“记忆”保护模式，是指那些已经消亡或濒临消亡的非物质文化遗产，通过挖掘和整理，将其记录、陈列、还原、塑造和展示出来，并使该非物质文化遗产成为永久“记忆”的一种技术方式[7]。“记忆”式保护在走马古镇非物质文化遗产保护中已经获得较为普遍地应用。古镇已有陈列馆和博物馆，这种通过馆藏展示的方式来实现遗产的“记忆”保护，对了解古镇历史和社会演变有着重要作用。

形象表达也是记忆保护的一种方式。所谓形象表达，是指将与古镇非物质文化遗产中有关的民间传说典故、传统生活场景、历史事件等抽象性的文化遗产内容采用绘画、雕塑等艺术形式表现出来，借以生动形象地还原和再现历史，并让大众从中获得遗产信息和象征意义。魏显德老人是中国十大民间故事家之一，1998 年联合国教科文组织在调查口头及非物质文化遗产代表作时，首次授予了包括他在内的 10 位艺人为中国民间故事家。他和胞弟魏显发被联合国教科文组织的专家称为中国的格林兄弟。

在万寿宫前院，用雕塑的形式再现了魏显德讲故事的情景，使民间故事文化得到生动形象的表现。

3. 动态保护

因为古镇具有双重性，所以它与历史文物的保护存在差异。我们不能用单纯的“博物馆式”的方法将古镇固定的保护。古镇作为广大居民的居住现实，是“活生生”的环境，人们要一代代地在其中繁衍生息，它与现代生活是息息相关的，所以我们要以一种动态的保护方式激发它的生命力，发挥它在现代生活中的作用。走马古镇的民居建筑大多采用前店后宅式或者上宅下店式，既合理利用空间又与造型巧妙结合。义园茶馆、一品客栈、国光茶馆等商铺，至今仍以这种形式进行商贸交易。并没有失去在现代社会生活中的作用。这种活态保护方式，不仅注重保护人类赖以生存、活动的物质载体，更注重保护人的生产、生活方式，保护人类文明进步的轨迹与进程。

4. 基因保护

基因保护是一种对历史延续性的保护，是吸收了传统建筑中的优秀成分，适应现代功能要求，运用现代技术、材料的兼收并蓄的保护方式[8]。这种保护要求对某些质量较差又没有保留价值的民居进行拆除重建，而对一些现状保存较好，具有较高研究价值的民居进行必要的“原状保护”。在对旧址拆除重建时，要吸收传统民居建筑的基因，运用现代技术和现代材料，是适应现代功能的“重建”，不是对传统民居的背弃，而是一种“基因保护”。走马古镇在对一些旧民居进行拆除重修时，应吸取传统建筑中的精华，同时又满足现代生活需求。

五　结语

非物质文化遗产是人类在生产和生活过程中所积累的重要财富，同时也是一种技能、方法和知识，是人类智慧的结晶。这些遗产与人类历史共同进步，是一种时空对象，它的时间要素会因人们审美观念的转变而发生变化，也会因时代的不同而不同。所以在保护历史文化名城（镇、村）时，不能大拆大建，应该走适应性更新的道路，这样不仅满足了对物质空间的需求，也实现了对传统文化资源的有效利用和有效保护，保持了城市的持续发展。

注释

[1] 彭兆荣：《文化遗产学十讲》，云南教育出版社，2012 年。

[2]、[8] 赵万民：《走马古镇》，东南大学出版社，2010 年。

[3]、[4]、[6]、[7] 戴彦：《巴蜀古镇历史文化遗产适应性保护研究》，东南大学出版社，2010 年。

[5] 彭兆荣：《文化遗产学十讲》，云南教育出版社，2012 年。

作者

丁梦玲，四川美术学院，2013 级艺术学理论非物质文化遗产专业方向研究生。

建设魅力文化新村的路径研究

——以四川省内江市为例

◎ 文国云　虞小明　李茂萍

党的十八大对推动社会主义文化大发展大繁荣作出了重要部署，对加快推进农村文化建设提出了明确要求。通过对四川省内江市的调查表明，农村文化建设实践在取得长足进步的同时也面临诸多困难，主要存在农村文化基础设施滞后、现有资源尚未有效利用、农村文化创新能力薄弱、农村文化队伍严重不足、农村文化资金投入不够等问题。通过对路径研究，提出六项对策措施：以优化服务体系为重点，努力构建“农村文化网”；以打造名镇名村为手段，努力挖掘“农村文化源”；以推进产业发展为目标，努力打响“农村文化牌”；以建设幸福新村为载体，努力建好“新村综合体”；以丰富群众生活为取向，努力唱好“农村文化戏”；以增强人才支撑为核心，努力培育“农村文化人”。

前言

文化是民族的血脉，是人民的精神家园，是新农村建设的灵魂。加强农村文化建设，既是全面建成小康社会的内在要求，又是建设社会主义新农村、满足农民群众精神文化需求的有效途径，对于促进农村经济发展和社会和谐进步具有重大意义。近年来，党中央国务院、四川省委省政府高度重视农村文化建设，制定出台了《关于进一步加强农村文化建设的意见》《关于推进社会主义新农村建设的意见》等一系列政策措施，着力推进重点文化工程建设，加快农村文化产业发展，积极培育农村文化市场，扎实开展农村文化活动，农民精神文化生活显著改善，农村文化建设呈现良好发展态势。通过对四川省内江市的调查表明，当前农村文化建设面临诸多困难，立足新的起点，推进文化建设、打造幸福新村，必须研究新思路，探寻新路径，实施新举措，全面提高农村文化的凝聚力、吸引力和影响力。

一　推进农村文化建设的内江样本

四川省内江市位于四川盆地东南部、沱江下游中段，辖区面积5386平方公里，辖市中区、东兴区、资中县、隆昌县、威远县2区3县和内江经济开发区，有121个乡镇（街道）、1680个村、257个社区，总人口430万，其中农业人口337万人，农村劳动力180万个；总耕地面积247万亩，人均耕地0.58亩。

内江历史文化源远流长，自古以来人文荟萃、才俊辈出，涌现了著名的“一师、二相、三状元、四大家”（一师：孔子之师苌弘，二相：南宋宰相赵雄、明朝礼部尚书兼文渊阁大学士赵贞吉，三状元：唐朝开元年间范崇凯、南宋状元赵逵、末代状元骆成骧，四大家：国画大师张大千、张善子、新闻巨子范长江、被孙中山授予“大将军”称号的喻培伦），“书画之乡、文化之乡”美名享誉海内外。由于曾盛产甘蔗、蜜饯，鼎盛时期糖产量占到全川的68%、全国的26%，故内江被誉为“甜城”。

近年来，内江市依托深厚的历史文化底蕴，大力实施“文化强市”战略，制定出台了《关于加快文化改革发展努力建设文化强市的决定》等一系列政策措施，从战略上对内江文化改革发展进行全面部署，着力推动文化产业快速发展、丰富农民群众精神文化生活、培育淳朴乡村文明风尚、营造齐抓共管的浓厚氛围，农村文化建设取得了明显成效和长足进步，走在了全省前列。

（一）农村文化服务体系逐步完善

着眼于满足农村群众文化需求，保障村民文化权益，逐步建立完善了覆盖全社会的公共文化服务体系。1. 健全农村文化服务场所。围绕“县有文化馆、图书馆，乡镇有文化站，村有文化室”的目标，加强农村公共文化基础设施建设，完善公共文化设施，全市现有乡（镇）文化站111个，农家书屋1680个，形成了设施齐备、功能俱全的农村公共文化活动中心和服务场所。2. 建立基层广播电视站。按照“政府指导、企业自主、公益支撑、开拓市场”的要求，组成以县区为中心、乡镇为依托、服务农户的农村广播电视、信息传播公共服务网络，构成了农村公共文化服务体系的信息传播渠道。全市所有乡（镇）均设有广播电视站，配有专门维护场所和维护人员，制定了维修管理制度、安全管理制度和维护管理流程等，确保了维护工作常态化。3. 提高文化传媒覆盖率。建立以数字放映为龙头、以乡镇为重点、以村为基点、公共服务和市场服务相协调的农村电影放映体系，全市已建立播出机构5个、有线广电网络分公司5个、无线发射塔6座及省台3个、远程教育终端站点1828个、文化信息资源共享工程站点603个，广播电视村村通覆盖率达到98%以上，远程教育网络实现立体式全覆盖。

（二）文化旅游新村打造逐见成效

大力开展乡村旅游示范和文化品牌建设，以内江市乡村旅游文化节、隆昌乡村旅游节、云顶鬼市风情游、东兴区中山桃花节、市中区荷花节和葡萄节等节庆活动为载体，着力培育在一定区域内具有影响力的乡村旅游品牌，有力推动了乡村旅游产业发展。全市农家乐231家、乡村酒店13家、乡村古镇4个，市中区十里休闲走廊被确定为全省17条重点推荐乡村旅游线路之一，东兴区中山乡、隆昌县云顶镇被评为全省乡村旅游示范乡（镇），东兴区田家镇正子村、隆昌县界市镇包家山村和山川镇曙光村、资中县甘露镇甘露寺村和重龙镇宁国寺村、威远县连界镇船石村和龙会镇水库村等7个村被评为全省乡村旅游示范村。

（三）文化提升新农村综合体档次

按照“城镇相近、产业相融、地理相似、民俗相通、发展相当”的原则，依托现代农业园区、现代农业产业基地，挖掘文化元素，赋予文化内涵，基本建成了5个各具特色的新农村综合体，其中：市中区依托当代画家晏济元故里，打造“画乡新村”城郊型农业体验、文化旅游型新农村综合体；东兴区依托中国长江记者家园，打造生态农业、现代村落、红色旅游相结合的赵家坝新农村综合体；资中县依托银山现代农业园区，打造田园生态农家、现代农业园区、观光休闲旅游于一体的平安寨新农村综合体；威远县依托现代农业产业基地，打造“果香农家”生态院落、文化娱乐休闲于一体的四方新农村综合体；隆昌县依托现代水产园，打造“群乐人家”川南水乡、立体农业、娱乐休闲于一体的新农村综合体。同时，积极探索开展建设用地“双挂钩”试点工作、制定农房风貌补助政策、整合农业和涉农项目资金等，着力破解新农村综合体建设的土地、资金等要素制约。目前，5个新农村综合体共聚居农户1400户、建成连片产业基地2.25万亩，将辐射带动5万多农户。2013年底全市将再启动建设5个新农村综合体和110个新村聚居点建设，力争到2015年建成新农村综合体25个、新村聚居点2100个以上。

（四）农村文化活动载体充实丰富

扎实开展文化建设年活动，通过丰富农村文化载体，完善公共文化服务体系建设，满足农民群众精神文化需求，让群众共享公共文化服务，促进了农村两个文明建设协调发展。1.扎实开展“送文化下乡”活动。坚持将文化艺术送到乡村，隆昌县艺术团常年在乡（镇）巡回演出，累计演出400余场，观众达65万人次；资中县木偶剧团将木偶戏送到农村学校和幼儿园，累计演出300余场，受益师生70余万人次，受到广大师生和家长的好评。2.扎实开展“送电影下乡”活动。组建数字电影放映队54支，累计放映公益电影8万场次，农村观众达1480万余人次，深受广大农民群众的欢迎。3.扎实开展传统节庆演出活动。各县（区）、乡（镇）组织农民群众在元旦、端午、春节等传统节庆日，开展丰富多彩的文艺汇演。隆昌县“初八舞龙文化艺术节”举办20届，部分乡（镇）组建了特色龙灯队；资中每年一届的“资中之春”活动，连续举办21届，并延伸到乡（镇）、村社。4.加强农村文艺队伍建设。全市各乡（镇）均建有农村文艺演出队，每逢节假日把节目送到农家户院。市中区组建各类文体队伍86支、队员2000余人；威远县组建业余文艺队伍26支、队员800余人；隆昌县民间成立舞龙、秧歌、腰鼓等演出队伍67支、队员2000余人，常年活动在乡（镇）、村社。

（五）农村文化艺术创作繁荣发展

坚持“繁荣文化、展现特色、服务群众”的创作思路，加强农村题材文化艺术创作，繁荣农村群众文化生活，推出了一批优秀的农村文艺作品，受到了社会各界和农民群众的欢迎。威远县观英滩镇被文化部命名为“中国民间文化艺术之乡”，威远县石坪山歌、越溪牛灯舞、资中木偶、资中冬尖、盘破门武术分别被省政府命名为省级非物质文化遗产。在文化部主办的“中国首届农民艺术节”活动中，威远牛灯舞、资中木偶剧获得“节目表演精粹奖”，中国夏布画、资中叶脉画、隆昌通灵石雕获“一村一品优秀奖”，夏布画《沱江山水图》、通灵石雕《麒麟》、叶脉画《总理爱人民》获“个人优秀作品奖”，隆昌夏布制造技艺、资中叶脉画技艺获“非物质文化遗产优秀项目奖”，威远“牛灯舞”道具、资中叶脉画《大吉》、夏布画《沱江山水图》和《蜀山春韵》及隆昌夏布织机等5件作品被中国农业博物馆永久收藏。

（六）农村文化资金投入不断加大

建立重点支持基层公共文化服务体系建设专项资金，按照突出农村适当兼顾城市、突出基层适当兼顾各级、突出硬件建设适当兼顾服务提升的“三突出、三兼顾”原则，实行市、县（区）、乡（镇）

三级联动的运行机制，着力健全完善基层公共文化服务网络，提升基层公共文化服务水平。1. 保障基础设施建设。全市投入建设资金 5000 余万元，重点用于图书馆、博物馆、文化馆“三馆”建设和乡（镇）综合文化站、农家书屋、文化信息共享工程三大文化惠民工程建设，加快了农村公共文化服务设施体系建设。2. 保障广电工程建设。“十一五”期间，市、县（区）加大广播影视公共服务体系建设政策资金的扶持，累计补助广播电视“村村通”建设资金和维护经费 1500 余万元、补助“2131”工程 230 余万元、补助广播电视发射塔建设资金 400 余万元。3. 保障文化专干待遇。全市乡（镇）文化专干平均工资 1000 元左右，大多数文化专干能享受乡（镇）干部的同等经济待遇，大部分文化专干工资均由财政全额拨款，实现按月足额发放。业务活动经费根据当地政府财力予以核拨，各乡（镇）能保证每年举办 1—2 场大型文化活动。

二　制约农村文化建设的成因分析

通过对内江市的调查，可以发现推进农村文化建设的成效明显，但当前农村文化建设还存在与经济社会协调发展不相适应、与农民群众精神文化需求不相适应、与全面建成小康社会目标要求不相适应的现状，困难和问题客观存在、不容忽视，主要表现在以下五个方面。

（一）农村文化基础设施滞后

农村文化设施不配套，主要表现为区域之间不平衡、村社之间不平衡，农村文化设施建设相对落后，农村文化活动开展较少，广大农民群众精神文化生活相对贫乏、单调的问题未得到根本改变。全市大多数文化站尚未达到国家最低要求，站址简陋，文化设施差，以东兴区为例，全区 29 个文化站中仅 3 个达到 400 平方米以上，甚至有些设施长期不维护。

（二）现有资源尚未有效利用

虽然全市农村公共文化设施总量不断增大，但由于管理和相关配套措施滞后，导致农村公共文化设施作用发挥不充分，部分已建公共文化设施利用率较低，运行状况不理想，农村公共文化产品也不够丰富。一些设施名义上是文化设施，而实际上却闲置或被挪作他用。农村一些文化站（室）缺乏活动设备和活动项目，除了棋牌室较为热闹外，其他场所冷冷清清、无人问津。

（三）农村文化创新能力薄弱。

随着农村经济社会的发展，农村群众已不满足于“日出而作、日落而息”的传统生活方式，越来越渴望丰富多彩的精神文化生活，以满足娱乐、交流、健身的需求。目前，农村文化活动缺乏吸引力，文化活动形式单调，文化内容陈旧，创作能力薄弱，节目更新缓慢，缺乏创新活力，活动场所及文化产品尚不能满足农民群众尤其是农村老年和青少年日益增长的文化精神需求。

（四）农村文化队伍严重不足

各乡（镇）文化站和广播电视站实行“县乡共管、以县为主”的管理体制，文化专职干部的人事任免和管理权限由乡镇负责，文化部门只负责业务指导，致使部分乡镇文化站专职人员不到位，文化队伍的专业素质偏低，难以承担对本地区群众文化活动的开展。许多民俗文化处于后继无人状态，许多民俗手工技艺、表演绝技和口头文艺正面临失传的风险。

（五）农村文化资金投入不够

一些县（区）、乡（镇）对农村文化建设还存在着重经济建设、轻文化建设的现象。主要表现为：地区经济基础薄弱，财力捉襟见肘，农村文化建设投入有限；政府投入农村文化建设资金总量偏少，严重制约农村文化事业发展；农村文化建设氛围不浓，社会力量参与极为有限。内江市是吃饭财政，加之县（区）财力薄弱，拿不出更多资金发展农村文化事业，造成农村基层文化活动缺乏经费保障，节假日文化娱乐活动仅靠乡镇政府划拨或社团、企业及个人赞助来开展，日常文化活动难以有力推动。

三　加快建设文化新村的路径探索

党的十八大强调：全面建成小康社会，实现中华民族伟大复兴，必须推动社会主义文化大发展大繁荣，兴起社会主义文化建设新高潮，提高文化国家软实力，发挥文化引领风尚、教育人民、服务社会、推动发展的作用。建设社会主义新农村，离不开农村文化建设；农村的发展需要文化，农民生活质量的提高更需要精神文明的支撑。对内江市而言，农村文化是发展之根、前进之本、立市之魂，传承文化精髓，建设文化内江，重点在农村，难点在农村，必须研究新思路，探寻新路径，实施新举措。

（一）路径定位

坚持以邓小平理论、“三个代表”重要思想、科学发展观为指导，全面贯彻落实党的十八大、省委十届三次全会和市委六届七次全会精神，牢牢把握先进文化前进方向，以注重社会效益满足群众精神文化需求为首要追求，充分展现内江历史文化底蕴和独特文化魅力，充分发挥文化引领风尚、教育人民、服务社会、推动发展的功能，大力繁荣农村文化事业，加快振兴农村文化产业，全面提升农村文化软实力，为内江奋力推进“三个加快”、打造成渝经济区重要增长极提供强大精神动力和良好文化条件。

（二）推进要求

大力倡导新农村文化建设的“三风”（即：文明道德新风、团结奋进新风、勤劳节俭新风），着力增强新农村文化建设的“三力”（即：影响力、吸引力、创造力），突出提升新农村文化建设的“三性”（即：乡土性、群众性、公益性），全面彰显新农村文化的“三气”（即：接地气、鼓士气、增底气），不断推动农村文化建设实现新突破、再上新台阶。

（三）工作举措

以“建设文化内江、打造幸福新村”为主题，坚持以政府主导、农民主体、市场运作，不断加大农村文化建设资金投入力度，加快推进农村文化建设步伐，突出重点、狠抓难点、创新举措，引导城市资金、人才、技术向农村流动，努力构建“农村文化网”、挖掘“农村文化源”、打响“农村文化牌”、唱好“农村文化戏”、建好“新村综合体”、培育“农村文化人”。

1. 以优化服务体系为重点，努力构建“农村文化网”

优化管理体系是加强农村文化建设、满足农民群众精神文化需求的前提条件。各级党委、政府应充分发挥主体作用，把优化工作管理体系作为加强农村文化建设的重中之重，加快构建市、县区、乡镇、村社联动推进的文化网络。一是科学制定农村文化建设规划。坚持以科学发展观为统领，制定农村文化建设总体规划和专项规划，推进与经济社会发展规划、城乡一体化建设规划、新农村发展规划等多规衔接，明确目标任务、方法步骤等，科学指导农村文化建设。二是加快构建农村文化服务网络。坚持以政府为主导、群众为主体、社会各界参与，加快构建“以乡镇综合文化站为龙头、以村民文化活动中心为阵地、以农村文化社团为骨干、以农村文化示范户为延伸、以惠农文化服务窗口为平台”的农村综合文化服务网络。三是强化农村文化建设指导考核。建立齐抓共管工作机制，加强农村文化建设项目的争取、督促、检查力度，加快构建工作有人管、经费有保障、事业有发展的良好局面。坚持把文化建设作为考核农村领导干部的重要指标，建立长效考核机制，保证农村文化建设各项工作落到实处、见到实效。

2. 以打造名镇名村为手段，努力挖掘“农村文化源”

文化是乡村旅游产业发展的源头活水，只有赋予文化元素和内涵，乡村旅游才会有持久的生命力。一是保护“民俗文化”打造一批特色产业。进一步保护和传承隆昌夏布画、大千葫芦刻绘、资中叶脉画等民间传统手工艺，进一步挖掘和打造资中木偶、威远牛灯舞、石坪山歌、隆昌鬼市等民俗文化，全面提高乡村旅游产品的文化品位和艺术格调。二是开发“历史文化”打造一批古镇古寨。大力开发内江历史文化，着力丰富旅游产品，重点打造资中县铁佛古镇、东兴区松柏寨、隆昌县云顶古寨、威远县穹窿古寨等名镇名寨文化，加快形成具有内江地域文化特色的旅游发展格局。三是挖掘“农耕文化”打造一批旅游乡村。深入挖掘底蕴深厚的内江农耕文化，以市中区曾家大院为中心建设“糖业博物馆”，以十里休闲走廊等为主线打造“糖业寻踪之旅”；以东兴区田家镇正子村为中心，以“农画印象”等项目为依托，建设娱、购、游为一体的乡村旅游，并在全市加快打造一批在成渝经济区有影响力的乡化旅游村落。

3. 以推进产业发展为目标，努力打响“农村文化牌”

深入挖掘内江独特的“甜城、大千、长江”等文化品牌，努力打造一批品牌企业和品牌产品，不断提升农业发展质量和水平。一是丰富“甜城文化”打响农产品品牌。丰富“甜城”文化内涵，重点打造“黄老五、威宝、塔罗科、福元多多、金四方、老干妈”等一批在成渝地区有影响的土特产品牌，不断提高产品知名度和美誉度。二是借力“大千文化”提升农产品形象。充分利用丰富的文化人才资源优势，积极开展送文化、送书画进农村、进企业、进基地等活动，邀请本土知名书画家，用书画、诗词、笔墨等创作手法来彰显内江农产品的个性，不断提升农产品品位。三是弘扬“长江”文化培育知名农企业。传承范长江精神，鼓励和支持企业发展企业文化，广泛开展文化活动，倡导龙头企业家做内外兼修、具有社会责任感的企业家，增强企业员工的向心力和凝聚力；搞好市场营销策划，在产品包装、策划、宣传上，赋予文化内涵，不断提升企业影响力和产品竞争力。

4. 以建设幸福新村为载体，努力建好“新村综合体”

应按照“全域、全程、全面小康”的要求，坚持“统筹城乡、产村相融、成片推进”的思路，努力打造功能设施完善、产业特色鲜明、人口集聚适度、生态环境优良、社会事业进步的新型农村社区，逐步缩小城乡差距，促进农民增收致富和安居乐业。一是注重统筹城乡。坚持因地制宜、突出特色、彰显文化，提炼具有鲜明地域特色的建筑符号，凸显农村特色和现代田园风光，突出把握好新农村综合体建设与农民新村规划的关系、与小城镇建设的关系、与商业网点布局的关系、与公共服务的关系等“四大关系”，注重发挥农民主体作用、注重严格标准完善规划、注重建设体制机制创新、注重协调沟通合力推进、注重强化措施和统筹发展“五个注重”，努力建成集生产与生活一体、寓管理与服务一体、含经济与文化一体、融继承与创新一体、集开发与保护一体的“五个一体”农村新型社区，使新农村综合体更具品位和吸引力。二是推进产村相融。坚持以新村带产业、以产业促新村，强化产业支撑，同步规划主导产业、培育与主导产业发展配套的资源条件，加快建设一批规模化集约、标准生态的农业产业基地，推动集中、集约、集聚、集群发展，形成新农村综合体与现代产业互推共融的新格局。坚持从实际出发布局产业，实行差别化发展，做到宜工则工、宜农则农、宜商则商、宜游则游，避免“千村一面”。三是坚持整体提升。坚持科学规划引领，加大新农村建设支持力度，不断提升村容村貌、提升产业发展水平、提升农村基础设施配套和公共服务水平、提升基层组织的凝聚力战斗力，成片整体推进新农村综合体建设。尤其要完善功能配套，坚持道路、供电、给水、排水、通信和广电“六通”，统筹考虑村社公建用房，加强商贸、文化、教育、卫生、社保等服务体系建设，同步推进工、青、妇等群团服务建设，整体提升农民群众生产生活条件。四是打造文明样板。按照“除四乱、讲卫生，达四化、讲文明”的要求，集中开展乱倒垃圾、乱倒粪便、乱贴广告、乱设摊点、乱建房屋“五乱治理”，扎实推进农村改水、改厨、改厕、改圈“四项改造”，力求实现环境整洁化、村庄园林化、街道明亮化、能源新型化、饮水安全化、住房舒适化“六化同步”，全面改善农村环境，提高农村文明程度和农民生活质量。

5. 以丰富群众生活为取向，努力唱好“农村文化戏”

广泛开展“文化扶贫”系列活动，不断拓展基层文化活动方式，增强农村文化造血功能，不断满足农民群众精神文化生活的新需求，让先进文化、主流文化占领农村文化阵地。一是大力发展现代文化。以“文化大院”“文化下乡”“农家书屋”“电影放映”等为载体，普及农村文化知识，提高农民文化素质。通过科普、法律知识的传播，促使农民群众掌握法律知识和业务技能，促进发展产业，实现增收致富。二是大力传承传统文化。挖掘继承农村传统文化，加快整理农村传统文化品种，全力保护即将消失的传统文化，组织力量挖掘和继承现存的优秀传统文化；挖掘传统节日文化内涵，广泛开展传统文化教育普及活动，以农民群众喜闻乐见的形式进行宣传；深入发掘地域文化资源优势，大力推进文化产业建设，着力打造农村文化亮点。三是大力培育特色文化。实施农村特色文化战略，以“政府主导、农民主体、乡风文明”为主线，把农村地域特色文化有机融入到农村精神文明建设全过程，大力培育和挖掘大千文化、农耕文化、长江文化、青石化、牌坊文化等农村地域特色文化，不断提升新农村建设文化内涵，充分体现“一镇一品”“一村一韵”的独特魅力，充分展现民间特色文化项目生生不息的艺术活力。

6. 以增强人才支撑为核心，努力培育“农村文化人”

人才资源是农村文化建设最根本的资源，必须进一步增强人才支持对农村文化建设的引领作用。一是配强农村文化骨干队伍。坚持学历教育与岗位培训相结合，提高基层文化干部的知识水平和文化技能。以乡镇为主体，组建和培育一批素质过硬、演技精湛的业余文艺队伍。二是配强农村文化人才队伍。注重培养文化传承人，鼓励和吸纳优秀高学历文艺人才，特别是具有文艺专长、热心基层建设的有志青年投身农村文化建设。大力培养本土文化传承者，加强对农村文化活动的指导，不断提高农村文化活动的质量，实现农村文化活动由普及型向质量型转变。三是配强农村草根文化队伍。通过演出、比赛等多种形式，积极发现优秀农村民间艺人，保障民间艺人的经济待遇，提高民间艺人的社会地位，加大对这些草根文化队伍的培训培养，鼓励其参加各种世界级和国家级演出、比赛，不断提高其演绎能力和水平，确保优秀传统文化源源不断地流传下去。

结论

推进文化建设、打造幸福新村，须从统筹城乡发展的战略高度出发，从文化渊源和服务方向进行全面梳理，并在路径理论框架下，正确认识和协调处理好与经济建设、政治建设、社会建设、生态文明建设、党的建设之间的关系，处理好农村文化建设内部环境与外部环境的基本关系，实现文化建设从框架构想到路径建设的现实转变[9]。因此，在城乡一体化发展的宏观背景下，农村文化建设从框架构想到路径建设，是我国农村文化建设的基本取向，这符合构建社会主义和谐社会的根本要求，符合四川实施多点多极支撑战略和“两化”互动、统筹城乡发展战略的现实需要，符合内江经济社会发展的实际情况。相信在以科学发展观为统领的路径建设推动下，内江市农村文化建设一定能取得更加长足的进步和可持续发展。

参考文献

[1] 中共中央办公厅、国务院办公厅：《关于进一步加强农村文化建设的意见》，中央办公厅文件，中办发〔2005〕27号。

[2] 中共四川省委、四川省人民政府：《关于推进社会主义新农村建设的意见》，川委发〔2006〕1号。

[3] 中共四川省委办公厅、四川省人民政府办公厅：《关于进一步加强农村文化建设的实施意见》，川委办〔2006〕15号。

[4] 中共内江市委：《中共内江市委关于加快文化改革发展努力建设文化强市的决定》《内江日报》2012-3-16（1版）。

[5] 胡锦涛：《坚定不移沿着中国特色社会主义道路前进 为全面建成小康社会而奋斗——在中国共产党第十八次全国代表大会上的报告》《人民日报》2012-11-18（1版）。

[6] 王东明：《王东明同志在省委十届三次全会上的讲话》，中共四川省委办公厅通报，2013。

[7] 曾万明：《曾万明同志在市委六届七次全会上的讲话》，中共内江市委办公室、党办通报，2013。

[8] 中共内江市委农工委：《加快文化建设 打造幸福新农村》《四川农村》2012（1）。

[9] 吴佳丽：《城乡一体化背景下农村文化建设的路径研究》，华中农业大学硕士学位论文，2012.P37-38。

作者

文国云，四川省内江市委办公室。

虞小明，四川省内江市委农工委经济发展科。

李茂萍，威远县文广新局。

城镇化进程中民族村落文化自救路径求索
——以傈僳族古村落为例

◎ 梁婷

云南众多少数民族中，傈僳族分布在云南三江流域的山区，交通不便、经济和思想落后，这主要体现在他们的营养与身体健康、教育、生产生活工具、居住条件等方面。尽管傈僳族古村落落后，也不可避免地受到城镇化现代文明的影响。通过对傈僳族古村落分析为例，指出民族古村落受到外来文化侵蚀之前，通过改善教育、拓宽经济收入、引进先进工具、自主修路的自救探索。在自救过程中，使少数民族古村落意识到本族民族文化的重要性，避免在没有预兆的经济发展中，形成民族自鄙心理和自毁行为。

一　傈僳族古村落概况

傈僳族是我国文化悠久的少数民族，主要分布在三江流域，包括怒江流域的贡山、福贡、泸水、兰坪等县；澜沧江流域的维西傈僳族自治县（迪庆）；金沙江流域的丽江、华坪等县，以及德宏、大理、楚雄等地[1]。傈僳族发源于青藏高原东部河流谷底，为寻找更优的生活环境，南迁至四川、云南地区，后因汉族和其他强大名族（如纳西族）对傈僳族的战争进攻，迫使傈僳族不断的往南和西部迁徙，甚至还迁徙到缅甸、老挝等东南亚国家。

傈僳族古村落多集中于滇西北高原和横断山区的半山、高半山上，这种村落布局在当时起到军事防御，还有利于发展高半山的畜牧业和半山农耕。新中国成立和改革开放以来，西部地区也受到了我国经济发展的雨润，但傈僳族因深居滇西北和云南西部的高山区，交通极为不便，直到现在，傈僳族仍然生活在海拔 2000 米以上的山上，受现代经济发展和文明影响甚小。

二　城镇化影响下的傈僳族古村落

随着现代城镇化经济发展和云南旅游热潮带动下，现代文明强烈地冲击着云南少数民族古村落，这些少数民族古村落坐享国家经济和旅游业发展带来的经济利益和现代文明。2012 年，迪庆州的三大产业总值中，第三产业实现增加值 588282 万元，同比增长 17.3%，对经济增量的贡献率为 55%，农业增加值仅有 90879 万元，对经济增量的贡献率为 3.7%[2]。迪庆形成了以旅游发展为主导的第三产业，丽江古城更是在第三产业的带动下，形成了以旅游业为主导的产业经济。在旅游业和现代经济的影响下，曾经的纳西族古村落——丽江古城，已不再是淳朴的纳西族村落，纳西族文化也被现代文明严重扭曲，发展成一座带有古城头衔的商业都市。尽管云南大部分少数民族古村落受到城镇化现代文明的冲击，但山区深处的傈僳族，由于交通不便、语言的障碍、社会和文化习俗的显著差别等因素，至今仍然处于与世隔绝的传统生活状态，在维西傈僳族自治县各村（尤其是同乐村）、怒江贡山、福贡县和泸水村落均可见。

傈僳族古村落是经过几代人创造与传承，积淀了几百年的物质文明和精神文明，也是傈僳族文化发展的基础和原动力，至今保留完好。任何事物都是处于不停的发展变化之中，傈僳族古村落发展必须遵循社会发展的客观规律，它不是一个故步自封的个体，而是一个与外界事物有着千丝万缕联系的社会群体。因此傈僳族古村落避免不了受现代文明的影响，这种影响是随着乡镇经济与外商投资的发展，汉族和其他民族经济文化的潜入，以及旅游业的带动，主要表现在物质文明（生产生活工具、交通工具、网络通信、服装等方面）。据笔者调查得知，1. 生产劳作中，傈僳族人普遍使用的肩背篓和马匹，部分家庭还在县城购买摩托车和拖拉机运输农产品和方便出行；2. 交通工具中，摩托车作为傈僳族人的外出的主要交通工具（许多傈僳族古村落只有步行）；3. 网络通信方面，同乐村傈僳族也受到一定影响，但普及率较低，只有一家之主（年轻男子）才拥有一部手机，近 60% 傈僳族家庭中拥有一部电视机（包括黑白和彩色电视机），借助卫星信号接收器来获取电视信号；4. 建筑方面，同乐村傈僳族有三处住所，高半山、半山和河谷地带。高半山的住处是在高半山集中耕作和放牧时的临时住处，半山才是主要的长期的居住地，因半山耕地较多，适合傈僳族长期以来的农耕文明发展，在河谷地带有少量的土地供他们居住和耕地，数量非常有限，不能大量发展农业，所以不常住。河谷地带建筑在国家扶贫工程的帮助下，将传统的木楞房和千脚落地房改建成宽敞、明亮的瓦房或者水泥房，也有部分村民因此而从山上搬迁至砖瓦房中居住，但绝大多数的傈僳族人仍然住在山上的木楞房中，继续他们的农耕生活；5. 在服饰中，傈僳族人的传统民族服饰没有被丢弃，整套传统服饰会在傈僳族文化自娱活动和重大节日时穿戴。但日常生活中也不会整套着装，女性会佩戴传统围裙或头饰。不论男女，每天穿胶底鞋戴蓝布帽，及现代服装。

三　傈僳族古村落自救必要性

通过对傈僳族物质文明发展现状的分析，傈僳族已经初步受到现代文明的影响，但从总体上来说，傈僳族古村落处于与世隔绝的生活状态。在怒江州福贡县境内（怒江峡谷岸边的傈僳族人逐渐被汉化），居住在山区的大多数傈僳族古村落，过着让人意想不到的隔绝的生活：没有乡村公路，摩托车也不能使用，只能走蜿蜒山路，从乡镇进入这些傈僳族古村落最近的也要走上三个小时，最远的都需要两三天时间（单程）。他们几乎不下山，自给自足，这取决于傈僳族本身一直以来的刀耕火种、一种与自然环境亲密和谐的传统生活方式和适应性。傈僳族古村落在强势文化和经济高速发展面前，面临边缘化的境地，没能分享我国经济和社会发展带来的优越成果，这在傈僳族人不良的营养与健康、教育状况、劳动工具、通信工具、建筑等方面均可以得到反映。

（一）营养状况与健康

傈僳族古村落刀耕火种的小农经济，饮食上吃的也是自己的劳动成果，主食有苞谷稀饭、洋芋、豌豆稀饭、荞麦，都是都市人向往的绿色生态食物。傈僳族古村落海拔高，不适宜种植水稻，因此很少吃米饭，只有招待贵客的时候才吃上一点。尽管傈僳族人一直延续爱吃肉食的传统，因生活贫困，不常吃肉食，只有在重大节日的时候才能饱餐肉食一顿，一只老母鸡或者吃一只小乳猪则是最高级别的礼遇，笔者在考察中，也受到了这般高的待遇，内心无比惭愧。饮食条件落后，很少吃肉，缺乏蛋白质、钙和其他营养，这里的小孩的共同特征：黑瘦，个小，且不注意卫生，营养和身体健康状况较差。

（二）教育状况

进入傈僳族古村落，随处见到乡镇街道教育宣传语：接受九年义务教育，外出打工也方便，十几字教育宣传语就深刻揭露了傈僳族古村落受教育状况非常落后。通过调查了解到，这里的绝大多数小孩小学都没有完成，就选择务农或者外出打工。外出打工多是在县城或乡镇街道，很少跨省打工，因为小学都没有完成的傈僳族人说着一口的傈僳族语，他们既听不懂普通话也不会说普通话，且文化水平低，给打工带来极大的不便，且容易上当受骗。在福贡县上帕镇通往乡镇府的公路上（碎石路），这一带居住的都是傈僳族人，考察中，在公路两旁一群群工人在修建公路，工人中，不乏未成年小孩，最小只有的八岁，最大的才 18 岁，都选择辍学帮助父母务工。这些傈僳族古村落的基本温饱都没有解决，且思想相对落后，家长不会选择对小孩进行教育投资，因为教育投资不会像外出打工一样获得明显的经济效果。

（三）生活工具状况（劳动、通信）

在现代文明的影响下，云南傈僳族古村落也受到了一定的影响，但是这种影响局限于小众个体，所占的比例非常低。在福贡县的各乡镇，现代工具使用情况更不如意，很多乡镇连公路都不通，全是傈僳族人踏出的草木丛生的羊肠路，更不用说现代农用运输工具，全部靠人力或者畜力。生产劳作中所用的工具都是依靠当地丰富的自然资源,创造设计出的简单质朴适合山地耕作的工具,如竹编的背篓、依靠湍急河流修建的水磨房、自然生成的木锄头等。因为怒江地区峡谷陡峭，崇山峻岭，地质不稳定等众多因素，国家的通信设备没有辐射到傈僳族古村落，村落中的手机通信条件非常薄弱。外地手机在这些傈僳族村落中或者通往村落的途中，信号为零；当地手机通信在古村落内有信号，在通往村落的路上，山高谷深，信号塔不能辐射到位。

（四）居住状况

傈僳族的建筑主要有木楞房、竹篾房、土墙房，傈僳族人根据当地自然环境建造的适宜高山环境居住的传统民居，具有坚固耐用、温暖、防潮、防湿、防震的特点。但傈僳族建筑矮小、人畜共住（牲畜住一层，主人住二层），门窗小、无卫生间、室内黑暗的条件，迫使傈僳族人更愿意住砖瓦房。不论是木楞房还是竹篾房，人畜仅隔一层木板或竹篾片，牲畜身上的跳蚤和异味随时钻到二层屋内；傈傈族人家中没有厕所，在维西同乐村，全村共有130户，只有半山上一个公厕，非常不便；傈僳族的火塘即主屋，火塘房即是家庭活动的主要场所，常年生火，也是取暖的地方，冬季寒冷，老人小孩都睡火塘房取暖。火塘房窗户很小，甚至没有窗户，屋内黑暗，多靠火生光，且常年烟雾熏人，粉尘多，对呼吸道健康极不利。

傈僳族古村落与现代文明环境相比较，傈僳族并不追求现代都市生活，因为这些不适合他们原有的生活方式，他们需要的是扭转极为不便的交通、落后的教育和引进比较先进的工具，使他们经济更一步的发展。傈僳族古村落在现代文明面前已经不是落后可以形容，而是都市人无法想象的原始生活状态，在傈僳族人的心里，他们迫切渴望改变，希望国家经济均衡发展，雨露均沾。

四 傈僳族古村落文化自救路径求索

民众对古村落历史感的认同在城市化背景下已经发生了磁暴现象，古村落的历史感弥散在已渐趋碎片化的传统民居空间景观之中[3]。正因如此，在汉文化中心周围的其他少数民族的文化自救是在传统古村落与现代开发的冲突、少数民众的民族历史认同感欠缺、文化理念丧失的前提下，为保护其传统文化免受现代主流文化的破坏，采取自救方式，保护其传统文化、原有生活方式、文化理念和道德。而傈僳族古村落文化自救是为了让他们充分分享国家经济发展带来的成果，摆脱原始封闭的生活方式，消除傈僳族的自闭自卑心理，引导他们认识到本族传统文化的重要性，采取自救方式，实现科学有效的保护傈僳族古村落文化。在历史中，傈僳族一直受汉族和丽江纳西族土司的政治上的压迫和经济上的剥削，社会地位不受重视，至今一直深居山上。傈僳族古村落地势险要，交通不便，高山险阻的自然障碍无法完全解决，成了傈僳族与外界沟通交流的最大障碍。傈僳族人则需要依托国家和当地政府发展本族经济，靠自己实现文化自救，脱离原始封闭的生活，带着本族特有的传统文化走出大山，让世人认识沉静许久的傈僳族的物质与精神文明。

（一）教育是实现傈僳族古村落文化自救的根本

“中国传统文化一直是孕育在自然经济和低技术水平的农耕环境下，形成了以小农思想为主体的农耕文化，而正是这种小农思想在中国现代化进程中构成了思想意识障碍，造成了中国的现代化是一种被耽误了的现代化。[4]”这种传统农耕思想对我国偏远山区农村的影响深远，以“耕读传家”的农耕思想在傈僳族村落根深蒂固。为了增加生产劳动力，家中小孩相应较多，读书不仅增加家里经济负担，教育投资的直接效果不明显，他们形成了一种共识：教育无用。因此傈僳族古村落中辍学和未成年打工现象非常普遍。在此，国家和当地政府需要加大对教育的宣传力度，并帮忙解决傈僳族古村落小孩家庭的经济困难。国家和当地政府的力量只是外因，帮忙解决物质困难，最根本的是在慢慢的宣传教育过程中，积极配合当地政府的教育措施，并可相应提出家庭难处，申请政府支援。进而转变落后的思想观念，不仅关注小孩的物质生活，更注重对小孩进行学校教育，提高小孩的文化水平和基本道德素养，为后代的工作提供更好平台，并将本民族传统文化的传承与发展工作交给具有文化水平的后代。这一受教育过程不仅体现在小孩身上，也是对大人进行思想教育，了解自身现状、与外界差距，更是认识本族文化的重要性，而不是在现代文明面前忘记本族精彩丰富的民族文化。

（二）拓宽经济收入来源

傈僳族古村落的主要经济来源于农作物、经济作物和畜牧业，其中 80% 的粮食作物储存在仓库，剩下的粮食、畜牧业和经济作物拿到集市上卖，相对于市场中的批量生产的农作物和牲畜，他们产量非常小收入微薄。农耕经济的生产方式是生活的基础也是根本，起居有定，耕作有时，追求生活的安宁与稳定，只能满足基本温饱。笔者建议傈僳族可以走出大山，进入县城务工，农忙季节又可务农。县城务工不仅可以增加家庭收入，也不耽误农忙耕种时间，更有利的是可以接触各种先进文化，增长见识，学习新的语言和沟通（学习汉语同时学会沟通）。

（三）引进先进生产生活工具

在怒江福贡县许多傈僳族古村落，农用工具全是粗加工自然材料，质朴而又原始，生产效率非常低。引进先进工具，不仅可以增加劳动生产率，在使用过程中，傈僳族人可以自行研究先进工具原理，并可以借用先进技术和原理，运用到传统生产生活工具中，提高他们的创造性和生活多样性。

（四）农闲自主修路

进入 21 世纪，部分傈僳族古村仍然落不通车，没有公路，只有脚踏出来的蜿蜒山路，以人背马驮为主要的交通运输方式。不仅是傈僳族，云南山区许多少数民族古村落分布散，规模小，地广人稀，形成只闻其声不见其人的现象；山区山石多，给山区公路建设带来众多困难，地方财政能力有限，不能满足每一个古村落通公路。在这样的条件下，我们民族古村落不能坐以待毙，不能仅期望外界或政府的帮助。应该主动申请资金和技术援助，自发的组织修建公路，每一个村寨修一截路，即可将一截一截的公路连成整体。在人员组织上，可每家派出一两名劳动力，农闲季节妇女和家庭其他成员也可以加入，长此以往，公路也会慢慢建成，尽管不是水泥路也不是柏油马路，就算是碎石或者黄泥路，也能方便傈僳少数民族外出行动，从长远考虑，加强与外界沟通交流，学习外来先进文化。

五　民族古村落文化自救的适度原则

少数民族古村落文化自救的过程中避免不了与现代文明的摩擦碰撞，也会被现代文明的灯红酒绿所侵蚀，商业利益和经济价值时刻迎面而来。傈僳族古村落文化自救的途径中，笔者目的在于引导傈僳族人自救方法论，通过何种途径，学习自救方法：即加强基础教育，学习语言文字；拓宽经济来源和引进先进工具过程中，与外界沟通，掌握汉文化和其他民族文化在保护过程中遇到的问题与经验。如果不提高文化素养，就如傈僳族，村民不会认识到本族物质文明和精神文明的精髓以及重要性，也许在慢慢的发展过程中，会对本族文化产生自鄙心理和自毁行为。因此，不如乘现在这些少数民族古村落未被开发，加强教育和文化交流学习，培养对本族文化保护的意识。

注释

[1] 云南省社会科学院编著：《三江腹地的傈僳文化王国——维西》，云南人民出版社，2005 年。

[2] 迪庆藏族自治州人民政府网 国民经济数据 http://www.diqing.gov.cn/mldq/gmjj/
[3] 韩雷、韩昕谕：《居住空间认同与古村落保护》《温州大学学报·社会科学版》第26卷第5期。
[4] 辛秋水：《传统文化与现代文明对接的若干问题》《学术界》2010年第141期。

作者

梁婷，四川美术学院2013级艺术学理论设计批评方向研究生。

城镇化与传统村落文化遗产保护

——以宁夏为例

◎ 薛正昌

我国社会主义新农村建设过程中，一些村落已受到影响。城镇化过程中，面对新一轮古村落保护的选择，这种程度可能还要加重。宁夏地域特殊，历史悠久，地面文化遗存丰富，同全国一样，存在如何保护的问题。这些文化遗产都依托在村落之中，要充分认识到保护历史文物也是城镇化过程中重要内容之一。村落文化消失很快，以2013年调查的相关数据看，上报的1.2万余个传统村落，仅占全国行政村总数的1.9%。而具“有较高保护价值的现存不到5000个。[1]”村落是中国最大的文化遗产，堪称中国文化中的万里长城。“我们国家的非遗大部分保存在村落里面，少数民族的非遗基本上保存在村寨里。如果少数民族村落没有了，这个民族就可能消失。[2]”村落遗产保护亟为迫切。

一　传统村落承载的文化意义

村落与文化遗产相伴随。村落文化遗产是我国传统文化的重要组成部分，是非物质文化的重要载体，也是民族文化发展的根基。传统村落的形成经历过一个长期的历史积淀，它是特定自然地理环境孕育而成的“聚族而居”的天然村落。这里有水系，有丘陵，可耕可牧。它承载着这个族居空间的历史文化信息，族居传承中的血缘关系，包括相邻村落的这种连带关系等。从村落的更大背景看，它是构成社会的基层组成，是国家形成过程中的细胞。从村落文化的意义上，它“是中国传统文化的基础，是‘修身、齐家、治国、平天下’的人文理想的文化依托，是我国传统社会乃至现代社会品质、正统文化及政治精神的基本载体和驱动力之一。[3]”村落承载着大文化，也承载着小文化。所谓大文化，是国家层面上的文化，小文化是地域文化。“百里不同风，十里不同俗”，正是对村落小文化的诠释，包括宗教文化。历史时期不同，南北地域差异，地域上生存的民族不同，他们的习俗就是差异。古人对此早有过精辟的论述。

传统意义上的中国是一个农业社会，古村落又是传统农业社会最重要的组织单位和民俗信仰的承载者。传统意义上的村落，既有物态文化的遗存，也有非物态文化遗存。“作为非物质文化有续的最重要的原生态文化空间——传统村落一旦消失，失去的不是一座座民居，一条条街巷，还会丧失掉丰富的地方性知识。对于历史的记忆，远不是建几个博物馆，保存几件文物就可以，散布在乡村社会的民间记忆、经验与官方史料具有同等价值。[4]”地方虽小，老房子、古堡子、古村落也有不少，实际上没有引起足够的重视，也缺少有效保护。“传统村落如果彻底消失，将意味着难以解读数千年来，中华民族先哲们留给我们的、可以喂养我们民族精神的山水田园诗文；将意味着失去数千年来，中华民族行哲们留给我们陶冶心性的田园风景；将意味着失去数千年来，中华民族先哲们为我们所营造的、可以安放灵魂的精神家园。[5]”村落文化的意义和价值，既体现在物质层面，也体现在精神层面。

二　宁夏传统村落文化现状

与村落文化遗产相关的文化遗存，除已列入国家重点文物保护单位者外，宁夏可圈可点的文化遗产种类多，遗存丰富。古窑洞，是远古人类文明的象征，也是黄土高原古代先民居住的重要形式。在国外人的眼里，窑洞是一种神奇的文化现象。同样是土窑洞，宁夏南部的窑洞与陕北又不同，尤其是其外形装饰。现在，窑洞仍是宁夏南部不少农家的居住形式。近年，随着退耕还林政策的实施，政府实施移民计划，一部分农民已分期分批迁入宁夏平原黄河两岸，但迁走后成片成片的古窑洞，其中有特色的部分应该保存下来。仍在居住的窑洞，应该有意识的给予保护。10年前，著名学者历以宁先生在宁夏固原讲过，窑洞就是旅游资源。其实，这还是从文化遗产的角度看的。分布在固原市隆德县境的左公柳（清末左宗棠时期栽种），已经是凤毛麟角了。黄河文化，是大自然造就的宁夏历史悠久的文化现象，黄河古渡遗址是应该很好地调查和保护的。宁夏黄河平原灌区，应该是有很多桥梁的，清代的地方志书里就记载了不少，现在还有多少？法国五十年以上都是遗产了。宁夏地处边地，历史以军事为伍，古城堡和古墓葬随处可见。红军西征时在宁夏村落留下不少文化遗存，如同心县红城水、固原市原州区黑城祁家堡子的标语等。

“传统村落作为乡村社会的生活空间，存储着大量的历史文化信息。通过一座座古村落所包含的环境文化、祠堂文化、屋宇文化、家居文化、民俗文化等等，可以反观一个地域乃至我们民族的文化风度、精神气质和心灵历史。[6]”传承于宁夏南部的村落院墙“干打垒”样式，近一二十年基本被砖砌墙所代替，新旧院墙的更替过程中，原有的“干打垒”消失。现在，村落间已很难看到这种传承了很久的院墙。传统建房子由大樑、檩条、椽子等建筑材料盖成的各种造型的架子房，现在都变化了水泥板式的平房。传统老房子窗户的木棂格，过春节或家中有喜庆的事，五颜六色的剪纸窗花就贴在一个个窗棂格里。现在的水泥平房大窗户，已经没有了窗花的位置；剪纸窗花成了非物质文化遗产，却没有了贴窗花的归宿。由房子到窗户、再到剪贴窗花的变迁，失去的是传统民俗文化。相关的内容远不至这些。

地理学家、美国阿克伦大学教授 Allen G. Noble 的《传统建筑物：一份有关结构形态与文化功能的全球调查》一书我没有读过，但中国学者对它有研究性介绍。“建筑是历史的物质记录与文化的物质表达……他把乡土建筑看作历史变迁的载体，将其作为文化传播研究的关键因子……乡土建筑是文化的重要表征，既是空间的，也是历史的。[7]”传统院墙的新式、房屋结构等实实在在地承载着村落的历史与文化。

以上提及的这些不同时代不同地区的文化遗产，基本都在农村。近30年乡村社会变迁，带来的是传统地域上劳动力的大量外流，传统耕作已在发生根本变化，近百年间乡间学校布局也在发生变化，尤其是乡村传统的民俗也在悄然变化。村落三件宝，“鸡叫狗吠孩子噪”，现在都呈现一种清静原始的状态。城镇化的强势推进，传统农业耕作方式的逐渐淡出，村落随之悄然冷落。研究者对有保护价值的传统村落田野调查发现，2004 年总数为 9707 个，到 2010 年锐减至 5709 个，平均每年递减 7.3%，每天消亡 1.6 个[8]。因此，城镇化推进的过程中，应该科学设计，合理规划与布局，要有利于保护村落文化遗产。同时，要注意保护古村古镇的历史风貌和农村风情，使得村庄的布局，无论是建筑、道路、河道、地形、地貌等，都应体现传统文化背景与和谐文化特点，但又不强求一律，避免盲求新求洋千村一面。

三　传统村落文化保护

首先，新农村建设过程中应加强村落文化保护。小城镇历史文化遗存，是中华民族五千年文明的基础和缩影。农村的古村镇，同样是我国悠久传统文化发展的基础，它们体现了中华历史文化的丰富内涵。历史文化遗产是我们祖先创造的精神文明和物质文明的总和，是历史发展的见证。文化遗产自身承载着厚重的历史和文化，又为我们提供了强大的凝聚力和震撼力。因为，历史是根脉，文化是灵魂。城镇化过程中，要将文化遗产保护紧密衔接起来，既保护好文化遗产，又美化了我们的家园。天人合一，人与自然的和谐统一。保护好文化遗产，守住精神家园，体现的才是传统村落的精神风貌。不要把“新”与“旧”对立起来，要让人们明白文化古村落所承载的历史信息和文化内涵，新建成的小洋房和水泥路是不能、也无法取代的。中华民族的文化根基在农村，在一座座村庄、集镇和田野下，它们承载的是各具特色的乡土建筑、民情风俗、手艺技能和文物古迹等。据统计，在我国政府公布的近 7 万处各级文物保护单位中，约有半数在农村。因此，保护农村文化遗产是城镇化过程中关系到我国文化安全的艰巨任务。

加强文化遗产保护的同时，政府和各地文物、文化遗产管理部门要大力宣传《中华人民共和国文物保护法》，使相关法律和法规家喻户晓，深入人心，使人们从心理深处认识到文化遗产保护就是在保护自己的家园，形成文化遗产保护人人有责的新的社会风尚。这样，才能使文化遗产资源优势转化为推动社会经济发展的动力，也才能促进新农村文化建设的和谐发展。

其次，文化遗产存的保护与经济社会发展的“双赢”。新农村建设过程中，文化遗产的保护是一个问题的两个方面。一方面要着力保护，另一方面要在保护的基础上利用。著名古建筑专家罗哲文先生说：“既要保护好，也要用好。一些古建筑修好不用，关起门来很快就毁坏了。”文化遗产的保护与经济社会发展的“双赢”，在三个方面值得我们考虑：一是可作为弘扬民族文化、增强民族凝聚力、培养爱国主义意识的实物例证。二是发展旅游业，旅游业不仅可以增收，还可以带动其他产业发展，乡村游可直接为农民带来经济效益。三是环境效益，很多小城镇当地青山绿水之间，体现的是自然与人文的和谐共生，社会环境特别重要。所以，在新农村建设过程中，对待文化遗产要科学保护，合理利用。保护好了，利用好了，效益自在其中。

第三，未成年人教育与古村落保护。改革开放以来，虽然我国农业生产和农村经济取得了巨大发展，但农村文化建设却相对滞后，加之近十余年间农村劳动力的持续转移和农村人口的大量流动，面临的新问题是，许多农村的未成年人因为父母外出打工而由爷爷奶奶照顾。爷爷奶奶既要耕种田地，又要照料孙子，很少能有时间来沟通，也无法沟通。生存在这个环境中的未成年人，生活枯燥无味，精神空虚。宁夏南部山区近年劳动力大量持续转移，包括一些成家不久、孩子很小的年轻夫妇，也都成了劳务输出大军中的一员。劳动力转移越多的地方，这个问题越是显得突出。

民间民俗和乡土风俗是传统文化教育的主要内容，尤其是极富民族特色的节日习俗，逐渐成为未成年人了解本民族和乡土文化知识的重要窗口。而实际上，现在的孩子对本民族的传统节日显得淡漠，存在“西化”的现象。农村孩子，还是城市孩子，对那些产生于农耕社会的古老习俗知之甚少。无论如何，一个民族不管曾经创造过多么灿烂的文化，如果不被后人所珍视和承传，这无疑是一种悲哀。从2006年起，有了一个新的日子——国家文化遗产日，它将为未成年人开阔新的视野，让他们对传统文化有更深入的了解，从小树立他们的民族自豪感和自信心。当然，这远远不够。村落文化是一个内容十分丰富的体系，但保护村落文化使其多层面、长时间传承才是根本目的。

第四，村落文化景观保护。中国城市化的发展进程在以前所未有的速度推进。如何解决好古村落发展与保护问题，是我们必须认真对待的现实问题。

近年来，农村的生产关系和经济规模的不断变化，人们的生活观念和方式也在发生着变化，传统村落建筑及民居建筑形式、民情风俗也在发生着深刻的变化。以宁夏固原为例，村落的布局与民居建筑形式很多已经不是传统的建筑样式了。延续了数千年的窑洞建筑，在一些地方同样淡去；干打擂式的传统院墙也逐渐在消失。中国五千年的历史是一部农业文明史，村落文化景观在中国文化遗产中占有重要的位置，但是在城市化的进程中，它却面临着巨大的危机。从本质上说，村落文化的变迁是来自于人的变化，人又是时代的产物，文化的产生与消失都与人直接相关。那么，如何使传统风格的村落文化景观在时代进程中不至于彻底消失，这就要首先考虑生活在其中的主体——古村落居民，因为他们是本区域发展的根本动力。古村落文化景观的保护，必须在既保护古村落，又满足老百姓追求现代生活的前提下，考虑与之相配套、相互协调的建筑或改造方案，否则，古宅子、古村落是难以保住的。

四　建立六盘山大村落文化保护区

宁夏花儿、剪纸、刺绣、纸织画等非物质文化，应该关注生态环境的整体保护，尤其是花儿。花儿的传承与发展过程，与自己特有的生存环境密切关联，要与它的生态文化环境融为一体，同样依附着古村落文化的空间中。因此，六盘山大村落文化保护模式有其特殊意义，有利于文化保护传承体系。

村落文化生态保护区建设，在某种程度上与地域民俗圈是一致的。非物质文化的传承，与当代意义上行政建制的区划范围不完全一样，它是“受制于同一地域民俗圈的影响和制约……指的是有其相同民俗类型和展演特色的文化空间范围。它与有特定生态环境的地域连在一起，构成地域民俗圈。[9]”因此，建立六盘山村落文化生态保护区，在文化背景上它是超出地域范畴的，应该是真正大六盘山村落文化生态保护区，是一个可供表演和展示的相对固定的大舞台。这里所说的大六盘山村落文化生态保护区，是指超出行政区划意义上的生态保护，具体表现在：一是以同源性为依据，界定整体区域，如六盘山花儿等。二是以编制规划为先导，制定具有科学性、前瞻性、系统性村落文化建设生态区保护规划。三是以传承人为保护核心，促进活态传承。四是对六盘山区域村落原住居民生活方式的保护。宁夏实施移民战略，移出地主要在六盘山区，对这一地域的文化保护尤为重要。

《非遗法》第二十六条强调，对非物质文化代表性项目集中、特色鲜明、形式和内涵保护完整的特定区域，当地文化主管部门可以制定专项保护规划，报经本级人民政府批准后，实行区域性整体保护。村落文化生态保护应当遵循“生态保护与生态建设并举”的原则，以保护其原生的自然状态。建立六盘山村落文化生态保护区，将非遗项目的保护转向和依托在六盘山生态文化区的整体保护上，才能真正体现其保护与传承的意义。因为，村落文化原生地的保护与传承，才是保护与传承的常态化模式。

村落保护，“采取划分保护层次的方式，将村落整体环境分为核心保护区、建设控制区和环境协调区，”这种划分法是科学的。“将传统村落的保护与非物质文化遗产保护、文化生态保护区建设相结合，将产生于村落非物质文化遗产置于村落环境之中，让村落成为构成文化生态保护区的基本单位，将更有利于实现由点到面的文化生态整体保护。[10]”六盘山村落文化生态保护区，是传统村落与非物质文化遗产生存和发展的原生土壤，将产生于村落的非物质文化遗产置身于其中，才是最自然合理的保护。在有效保护的同时，走村落保护与旅游相结合的路子。

五　村落文化保护措施

首先，村落文化遗产的保护，除了借助于我国现行的《文物保护法》等，建立国家级、省级、县（市）三级保护模式，对尚存的“村落”包括村落遗址进行普查，摸清家底。要从实际出发，“因村制宜，一村一策”，重视对村落历史文化内涵的研究，并使相关人员能够明白保护的意义和价值。

其次，充分调动民间力量，民间力量是保护村落文化的关键。在我国以政府为主导的体制下，民间力量是保护遗产的关键。“老建筑，尤其是民居是要有人来维护的，老建筑能被保下来要靠人，老百姓自主保护修缮是延续老建筑生命力的重要一步。让建筑遗产修复成为人们的自觉行动，让群众自发地保护祖先留下的好东西，这样才能让遗产得到真正的保护，而实现这个保护的前提是大家对建筑遗产有价值上的认识。[11]”这个关系处理好了，民间力量即得以发挥，是有效的途径。

第三，城镇化过程必须保护传统村落。城镇化过程中不少乡镇村落消亡，活生生的地域文化随之消失。城镇化是中国必须要走的路，但不能在城镇化“合理”推进过程中将祖先传承下来的“村落”文化“化掉”，要有整体性思想，即“乡土建筑研究不能局限于孤立的单体，而必须关注其整体语境”[12]，这就既要保护村落文化自身，也要保护村落文化周围环境。要强化整个村落的人文环境与生态环境，不能出现村落文化与周围环境的断裂。要确立“文化城镇”化的思想，避免“千城一面”的困惑，体现城市特色，传承乡土村落的延续。城市特色是历史形成的，支撑的核心内容是“文化遗产”，即有一定历史积淀的乡土建筑、古树、古井、古碑、古桥等凡与地方文化记忆有关联的村落文化遗存。一定要留下城市的记忆，守住村落文化传承。

第四，城镇化的过程中，乡村农民向城市迁居，在改变农民属性的同时，改变着城市人口的结构，也在改变着传统乡村文化体系。改革开放三十多年来的经历，对于乡村青壮年来说传统乡土文化已经淡去了许多；当彻底离开乡村进入城市，生活方式与文化认同又发生着新的变化，这就面临着新的选择。“新型城镇化建设代表了一种乡村之外的强大力量。这种力量的植入，应注意与原有传统中的组织系统有效兼容”，这就是以“城镇化为契机重构乡土”文化[13]。这个观点是有利于村落文化在新的环境中保护与传承。城镇化是大趋势，城市生活与乡土文化尽可能地兼容，会成为重构新环境里本土文化传统的可能。

第五，城乡结合部的遗产保护。全国的不少有影响的文化遗产，分布在城乡结合部。城市化推进过程中，这些地方逐渐都进入城镇的范围，以宁夏固原古城以南羊坊村为例看就是这样。上世纪80年代，考古工作者在这里发掘了数十座墓葬，其中以隋唐墓葬影响最大，出土了大量的文物。固原是汉唐时期关中以北的军事重镇，为古丝绸之路必经之地，中西文化沿丝绸之路进入固原，留下了大量的文化遗产。中国与中亚五国联合申报丝绸之路世界文化遗产的过程中，固原隋唐墓地作为预备景点纳入其中，尤其以中亚粟特人墓葬群为著名。对于这类文化遗址的保护，就不能只限于遗产本身的保护，而是要连同遗产地周围环境一起保护，即不能割裂文物与其周边环境的共生关系。原来的文化生态改变了，其实是对文物古迹及其环境的建设性破坏，割断了历史文脉，失去了文化记忆[14]。《文物保护法》也明确规定，古建筑、古遗址、古墓葬等各类有价值的历史遗存，与其密切相关的周边环境都在保护范围之内。因此，当下意义上城乡结合部的重要文化遗产，即身处乡村，又靠近城市，对其保护更要下工夫认真对待，改变过去的思路，在保护遗产本身的同时，一定要保护好遗产周边环境，它们是一体的。“固原隋唐墓地”未能最终进入丝绸之路世界文化遗产，其中一个重要原因就是周边环境保护问题。

参考文献

[1]、[3]、[5]、[8] 方莉：《传统村落急剧消失意味着什么》，光明日报，2014年1月9日。

[2] 李静、王学思：《冯骥才：为理想努力的过程是快乐的》，中国文化报，2012年9月28日。

[4] 邱春林：《古村落，重要的文化空间》，中国文化报，2013年3月25日。

[6] 李慧：《如何让传统村落活起来》，光明日报，2014年1月9日。

[7]、[12] 潘曦：《乡土建筑：人文地理学的新领域》，中国社会科学报，2013年1月30日。

[9] 陈建勤：《共同的文化记忆和历史遗产——关注地域民俗圈非遗项目的联动综合保护》，中国文化报，2013年1月28日。

[10] 汪欣：《传统村落保护不能标本化、碎片化》，中国社会科学报，2014年4月30日。

[11] 丁艳丽：《阮仪三：民间力量是保护老建筑的关键》，中国文化报，2012年8月23日。

[13] 张士闪：《以城镇化为契机重构乡土》，中国社会科学报，2013年12月6日。

[14] 刘曙光：《古城：要坚持保护为主》，光明日报，2014年6月28日。

作者

薛正昌，宁夏社会科学院历史研究所，研究员。

后 记

本论文集的出版，源于2014年9月，在广西壮族自治区龙胜各族自治县召开的《城镇化与古村落保护研讨班》。2013年11月，预先刊于《中国文物报》的“城镇化与古村镇文化遗产保护”征文启事，得到了一些专家学者和古村落保护基层从业者的热切回应。再加上研讨班组织筹备时，与各相关领域专家学者和古村落保护实践者的积极联络，研讨班召开之前，既已收到围绕古村落保护主题及内容的学术论文一百余篇。研讨班召开后的半年时间里，仍陆续不断收到投递的相关学术论文。这些饱含作者认知、想法和情感的文章，不结集出版，总显遗憾。在广西壮族自治区文物局和中国文物学会古村镇专业委员会的主持下，经过认真整理、择取、编校，终可将本论文集呈现于广大读者面前。回溯出版历程，需要表示感谢的人很多。只能借此机会，对关心和支持本论文集出版的单位和个人一并表示感谢，尤其要感谢论文集中各位作者的信赖与理解。囿于编者水平，疏漏和错误之处，还请作者、读者批评指正。

《城镇化与古村落保护论文集》编委会

2015年10月